MAHATMA GANDHI

Gandhi antes de ser o Mahatma, 1906.

Vinte e cinco anos depois, 1931.

JOSEPH LELYVELD

Mahatma Gandhi

E sua luta com a Índia

Tradução
Donaldson M. Garschagen

1ª reimpressão

Copyright © 2011 by Joseph Lelyveld

Grafia atualizada segundo o Acordo Ortográfico da Língua Portuguesa de 1990, que entrou em vigor no Brasil em 2009.

Título original
Great Soul: Mahatma Gandhi and his struggle with India

Capa
Rodrigo Maroja

Foto de capa
Gandhi, c. 1910 © Bettmann/ CORBIS (DC)/ LatinStock

Preparação
Silvana Afram

Índice remissivo
Luciano Marchiori

Revisão
Carmen T. S. Costa
Adriana Cristina Bairrada

Dados Internacionais de Catalogação na Publicação (CIP)
(Câmara Brasileira do Livro, SP, Brasil)

Lelyveld, Joseph
Mahatma Gandhi : e sua luta com a Índia / Joseph Lelyveld ; tradução Donaldson M. Garschagen. — 1ª ed. — São Paulo : Companhia das Letras, 2012.

Título original: Great Soul : Mahatma Gandhi and his struggle with India.
ISBN 978-85-359-2113-7

1. África do Sul - Política e governo - 1836-1909 2. Estadistas - Índia - Biografia 3. Gandhi, Mahatma, 1869-1948 4. Índia - Política e governo - 1919-1947 5. Nacionalistas - Índia - Biografia I. Título.

12-05162	CDD-954.035092

Índice para catálogo sistemático:
1. Estadistas : Índia : Biografia 954.035092

[2017]
Todos os direitos desta edição reservados à
EDITORA SCHWARCZ S.A.
Rua Bandeira Paulista, 702, cj. 32
04532-002 — São Paulo — SP
Telefone: (11) 3707-3500
www.companhiadasletras.com.br
www.blogdacompanhia.com.br
facebook.com/ companhiadasletras
instagram.com/ companhiadasletras
twitter.com/ cialetras

Para Janny

Não sei se você viu o mundo como ele realmente é. Quanto a mim, posso dizer que, a cada momento, eu o enxergo em sua cruel realidade.[1] (1918)

Não, eu não sou um visionário. Não aceito o título de santo. Pertenço à terra, sou matéria. [...] Sou propenso a muitas fraquezas, como qualquer pessoa. Mas conheci o mundo. Tenho vivido no mundo de olhos abertos.[2] (1920)

Não desespero com facilidade.[3] (1922)

No caso de homens como eu, cumpre medi-los não pelos raros momentos de grandeza em sua vida, e sim pela quantidade de poeira que juntam nos pés no decurso da viagem da vida.[4] (1947)

Mohandas Karamchand Gandhi, 1869-1948

Sumário

Nota do autor 13

I. ÁFRICA DO SUL

1. Prólogo: Um visitante inconveniente 21
2. A questão dos intocáveis 50
3. Entre os zulus 77
4. Câmara Alta 105
5. A rebelião dos trabalhadores 134

II. ÍNDIA

6. O despertar da Índia 169
7. Inaproximabilidade 203
8. Ave, Libertador! 233
9. Jejum até a morte 263
10. Aldeia de serviço 296
11. O caos generalizado 328
12. Vencer ou morrer 370

Glossário 403
Vida de Gandhi — Cronologia 407
Notas 411
Fontes 441
Agradecimentos 451
Créditos das imagens 457
Índice remissivo 459

Nota do autor

O Mahatma havia deixado a África havia meio século, mas quando visitei o lugar pela primeira vez, em 1965, parentes seus ainda viviam na comunidade Phoenix, nos arredores de Durban, costa leste da África do Sul, a do oceano Índico. Um menininho, que me disseram ser bisneto dele, começava a dar seus primeiros passos pela sala. Estava morando com a avó, viúva do segundo dos quatro filhos de Gandhi, Manilal, que permanecera na África do Sul para editar o *Indian Opinion*, semanário criado pelo pai, e para manter vivos a colônia e seus valores. O patriarca decidira ser o pai de toda uma comunidade, então transformou a fazenda numa espécie de comuna onde pôde congregar uma família ampliada de seguidores — tanto europeus quanto indianos —, sobrinhos, primos e, por fim, sem nenhuma posição especial, a mulher e os filhos.

Eu não era um peregrino, mas apenas um repórter à procura de uma boa matéria. Por ocasião dessa minha visita, fazia quase dezoito anos que o Mahatma morrera; nove anos depois, Manilal também se fora; e o *Indian Opinion* tinha deixado de ser publicado em 1960. Não havia muito que ver além das casas simples em que as pessoas moravam. Numa delas ainda se via a plaquinha de latão com o nome "M. K. Gandhi". Já começara o grande programa de segregação racial — que as autoridades brancas chamavam de apartheid. Pequenos lavradores indianos, que antes viviam e trabalhavam entre os zulus, agora se acotovelavam nos quarenta hectares da comunidade. Escrevi uma matéria sobre a visita num tom pesaroso, destacando que os indianos e outros sul-africanos já não acreditavam que a resistência passiva gandhiana pudesse dar algum resultado naquele país. "A resistência passiva não tem nenhuma chance contra esse governo", disse um administrador da comunidade. "Ele é brutal e insistente demais."

Se meu próximo posto como correspondente estrangeiro não tivesse sido a Índia, onde vivi por alguns anos no fim da década de 1960, aquela tarde talvez não houvesse ficado marcada em meu espírito como lembrete de um assunto ao qual eu precisava voltar. Para mim, o Gandhi sul-africano seria sempre mais do que um mero antecedente, uma longa nota de rodapé ao Mahatma plenamente realizado. Tendo contemplado as verdes colinas da África de sua varanda, pensei, com o simplismo dos repórteres, que ele seria o tema de uma grande reportagem.

Os turbilhões da Índia podem ter ofuscado, mas nunca apagaram aquela intuição. Quanto mais eu me enfronhava na política indiana, mais me via refletindo sobre a aparente desconexão entre as teses de Gandhi acerca de questões sociais e as prioridades da geração seguinte de líderes que, reverentes, invocavam seu nome. Com frequência, naquele tempo, esses líderes eram homens que tinham conhecido pessoalmente o Mahatma e se dedicado à luta nacional movidos por seu exemplo. Por isso, quando se diziam seus herdeiros, havia em suas palavras mais do que um mero ritual patriótico. Todavia, era difícil dizer o que restava dele além da aura.

Com a aproximação do centenário do nascimento de Gandhi, em 1969, surgiu uma oportunidade para levantar essas questões. Preparando-me para escrever sobre o que sobrava de seu movimento, acompanhei Vinoba Bhave, o último apóstolo do mestre em dedicação integral, em suas andanças pelas áreas mais miseráveis de Bihar, que era, como ainda é hoje, um dos estados mais pobres da Índia. Ali ele tentava convencer os proprietários de terras a ceder aos desvalidos uma parte do que possuíam. Vinoba arrecadava escrituras referentes a milhares de hectares de terra árida, não utilizados e impossíveis de utilizar. Já idoso, o protegido do Mahatma parecia uma figura estoica, senão trágica, ao ver sua missão infrutífera avançar para um fim irrelevante.

"Ele se transformou em seus admiradores." Quem disse isso foi Auden, aludindo a Yeats. Há três decênios, V. S. Naipaul usou essas palavras para falar do declínio da influência de Gandhi em seus últimos anos, justamente quando era mais venerado. A combinação de devoção e indiferença — de modo nenhum uma exclusividade da Índia — perdurou como um reflexo cultural, sobrevivendo à explosão da primeira bomba nuclear indiana.

Com o tempo e o distanciamento geográfico, minhas experiências na África do Sul e na Índia juntaram-se em minha mente. Gandhi era um vínculo óbvio entre elas. Passei a pensar de novo sobre a comunidade Phoenix, para onde voltei duas vezes — a segunda delas depois que o lugar foi incendiado na violência de facções, de negros contra negros, que acompanhou os estertores da supremacia branca. Mais tarde, a colônia foi reconstruída com a bênção de um governo eleito pela via democrática e ansioso por canonizar Gandhi como um dos fundadores da nova África do Sul. Foi então que me peguei a pensar sobre o próprio Gandhi, imaginando de que maneira a África do Sul contribuíra para formar o homem que ele veio a ser, de que modo o homem em que ele se transformou na África do Sul confrontou a realidade da Índia, de que forma sua iniciação como líder político numa das margens do oceano Índico prenunciou seus maiores desapontamentos e suas ocasionais sensações de fracasso do outro lado do oceano. O que eu pretendia investigar era se havia pistas, no começo de sua caminhada, que elucidassem o fim de sua jornada como líder.

Não sou, de modo nenhum, o primeiro a levantar essas questões, nem serei o último. Mas pareceu-me que havia ainda uma reportagem a ser pesquisada e escrita, temas que poderiam ser rastreados desde o começo da vida política de Gandhi num país até seu florescimento em outro, com toda a ambiguidade de seu legado em cada um desses lugares. Por fim, a tentação de refazer meus próprios passos e, ao mesmo tempo, reconstituir os de Gandhi mostrou-se irresistível.

Este livro não pretende ser uma nova biografia convencional de Gandhi. Eu menciono brevemente ou simplesmente omito períodos ou episódios cruciais — a infância na região feudal de Kathiawad, em Guzerate, sua transição para a vida adulta em quase três anos de estudos em Londres, suas posteriores interações com autoridades britânicas em três continentes, as vitórias e os percalços políticos do movimento, os pormenores e o contexto de seus dezessete jejuns — a fim de fazer este ensaio conformar-se às linhas narrativas específicas que escolhi. Essas linhas têm a ver com o Gandhi reformador social, com a forma como evoluíram a visão que ele tinha de seus representados e sua visão social, e a narrativa, de modo geral, se subordina à da luta pela independência da Índia. O Gandhi que busquei é o que afirmou, certa vez, "ter tentado, durante toda a minha vida, identificar-me com os mais iletrados e oprimidos".[1] Correndo o risco de minimizar seu papel como estrategista político, como marechal de campo da resistência não violenta ou como pensador religioso e exemplo de cidadão, tentei rastreá-lo nos locais mesmos de sua atuação, quando ele se esforçava por impor sua visão a uma Índia muitas vezes recalcitrante — mais recalcitrante ainda, como percebeu, quando ele punha à prova não apenas a paciência nacional, como também a reverência generalizada para com ele próprio, com suas arengas sobre o "crime" e a "maldição" representados pela atitude do país em relação aos intocáveis, ou sobre a necessidade, para a maioria hindu, de aceitar a substancial minoria muçulmana.

Nenhum desses dois temas, na verdade, pode ser explicado sem referência ao longo aprendizado de Gandhi na África do Sul, onde ele por fim se definiu como líder de um movimento de massa. Meu objetivo consiste em amplificar — e não substituir — a narrativa convencional da vida que Gandhi levou em dois continentes, detendo-me em incidentes e temas aos quais, com frequência, não se dá a devida ênfase. Não pretendo diminuir uma figura imponente que hoje é, de modo geral, exaltada como um peregrino espiritual e um santo secular. O que quero é vê-lo de um jeito novo, numa tentativa de compreender a sua vida tal como ele a viveu. Mais me fascina o homem em si, o longo arco de sua vida tenaz, do que qualquer coisa que possa ser apontada como doutrina.

Gandhi propôs muitas definições parcialmente coincidentes e abertas de seu objetivo supremo, que por vezes ele definiu como *poorna swaraj*. Não foi ele o único a empregar o termo *swaraj*, em geral traduzido como "autonomia" ou "autogoverno", no léxico político em seu período na África do Sul. Mais tarde, a palavra passou a significar "independência". Tal como empregada por Gandhi, a expressão *poorna swaraj* levava seu objetivo a um plano ainda mais elevado. Para o aspecto utopista de Gandhi, tratava-se de uma meta não só para a Índia mas também para cada indiano; só então ela seria *poorna*, ou completa. Significava livrar-se não só do domínio britânico, como também dos costumes britânicos, rejeitar a sociedade industrial moderna em favor de uma renovação da Índia de cima a baixo, começando por suas aldeias, nada menos que 700 mil, de acordo com a contagem que ele utilizava para o país que existia antes da partilha, em 1947. Gandhi foi, portanto, um revivalista, tanto quanto uma figura política, no sentido de que desejava instilar valores nas áreas mais carentes e conservadoras da Índia — de justiça social, autoconfiança e higiene pública —, valores que, promovidos em conjunto, floresceriam como uma renovação material e espiritual em escala nacional.

A *swaraj*, dizia esse paladino de muitas causas, era como uma figueira-de-
-bengala, que tem "inúmeros troncos, cada um deles tão importante para a árvore quanto o tronco original".[2] Queria dizer com isso que a *swaraj* era mais
importante do que a luta pela mera independência.

"Ele foi gradualmente deixando de ser um líder político sério", disse um
destacado intelectual britânico.[3] Gandhi, que se desligou formalmente do Congresso Nacional Indiano* já em 1934 e nunca retornou ao partido, talvez concordasse. Se o líder conseguisse expulsar os colonizadores mas seu revivalismo fracassasse, ele teria de se ver como um derrotado. A *swaraj* teria de ser para todos
os indianos, mas, em suas formulações mais desafiadoras, Gandhi dizia que ela se
destinava especialmente aos "milhões de trabalhadores famélicos".

A *swaraj* significava, declarou ele em certa ocasião, falando nesse tom ape-
lativo, "a emancipação dos esqueletos indianos".[4] Ou, de outra feita: "A *poorna
swaraj* designa um estado de coisas em que os mudos passam a falar e os aleijados
começam a andar".

O Gandhi que desfraldava esse estandarte particular de justiça social como
meta suprema não era sempre coerente; nem seu discurso, quanto mais suas
campanhas, era fácil de acompanhar. Mas esse é o Gandhi cujas palavras ainda
têm o condão de ressoar na Índia. E essa visão — sempre, no caso dele, um trabalho em andamento — aparece primeiro na África do Sul.

Hoje em dia, a maioria dos sul-africanos e dos indianos professa reverência
pelo Mahatma, como muitas outras pessoas em todo o mundo. Mas, tal como a
comunidade Phoenix reconstruída, nossos vários Gandhis tendem a ser réplicas
apartadas tanto de nossa vida quanto da época em que ele viveu. Sempre valerá
a pena buscar o original, com toda a sua estranheza, sua evanescência e seu dom
para reinventar-se, sua crueldade ocasional e seu profundo humanismo. Ele próprio nunca cultuou ídolos e em geral parecia indiferente às nuvens de idolatria
que rodopiavam a seu redor. Sempre exigia uma resposta na forma de mudanças
de vida. Mesmo hoje, não é condescendente com os indianos — ou, aliás, com
nenhum de nós.

---

* O Congresso Nacional Indiano, fundado em 1885, é um dos dois grandes partidos políticos indianos, sendo o outro o Partido Bharatiya Janata (Partido Popular Indiano). No Ocidente, é em geral
chamado Partido do Congresso, denominação que será usada neste livro. (N. T.)

I. ÁFRICA DO SUL

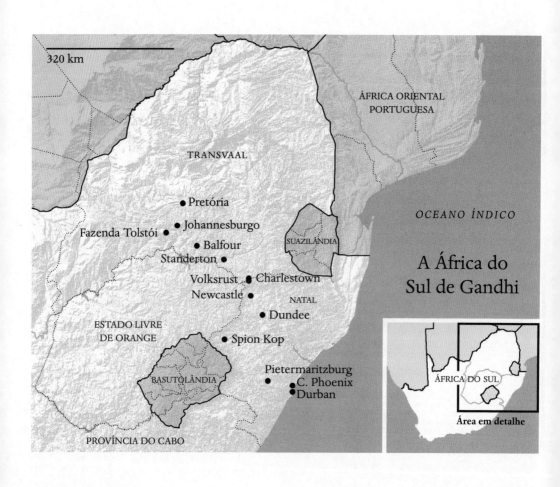

I. Prólogo: Um visitante inconveniente

Aquele era um caso que só mesmo um advogado sem clientes teria aceitado. Ao desembarcar na África do Sul, Mohandas Gandhi era um assistente jurídico de 23 anos, inexperiente e desconhecido, e vinha de Bombaim, onde seus esforços para se firmar como advogado se arrastavam sem êxito havia mais de ano.[1] Sua estada no país seria temporária, no máximo de doze meses. No entanto, nada menos que 21 anos se passaram antes que ele enfim retornasse à pátria, em 14 de julho de 1914. A essa altura, estava com 44 anos, era um político e negociador tarimbado, líder de um movimento de massa recente, criador de uma doutrina específica para esse tipo de luta, autor prolífico de panfletos vigorosos e mais que isso: um evangelista autodidata sobre assuntos espirituais, nutricionais e até médicos. Ou seja, estava bem encaminhado para se tornar o Gandhi que a Índia viria a reverenciar e, vez por outra, seguir.

Nada disso fazia parte de sua incumbência original. De início, sua única missão consistia em prestar assistência num encarniçado litígio cível entre duas empresas comerciais muçulmanas com raízes em Porbandar, pequeno porto no mar da Arábia, na extremidade noroeste da atual Índia, onde ele nascera. Toda a contribuição do jovem advogado para a lide deveria ser a fluência em inglês e guzerate, sua língua materna, e sua recente formação em direito no Inner

21

Temple, em Londres. Sua modesta tarefa seria atuar como intérprete, linguístico e cultural, entre o comerciante que o contratara e o advogado inglês deste.

Até então não havia indício de que algum dia ele tivera ideias políticas próprias. Durante três anos de estudos em Londres — e nos quase dois anos seguintes, em que procurou começar uma carreira na Índia — suas causas foram o vegetarianismo dietético e religioso, bem como o culto místico chamado teosofia, que afirmava ter absorvido a sabedoria do Oriente, em especial a do hinduísmo, em relação ao qual Gandhi tinha mais curiosidade do que conhecimento teórico, em busca de consolo numa terra estrangeira. Não tendo nunca antes sido um místico, aproximou-se, em Londres, de outros aspirantes à espiritualidade que viviam numa área que equivalia, metaforicamente, a uma pequena periferia agreste, que ele julgava ser um terreno comum entre duas culturas.

Em contraste, a África do Sul o desafiou, desde o primeiro momento, a explicar o que estava fazendo ali com sua pele morena. Ou, mais precisamente, com sua pele morena, sua garbosa sobrecasaca, suas calças risca de giz e seu turbante preto achatado, à moda de sua região natal, Kathiawad, com o qual Gandhi compareceu a um tribunal em Durban, em 23 de maio de 1893, um dia depois de sua chegada. O juiz considerou o adereço uma demonstração de desrespeito e ordenou ao desconhecido advogado que o tirasse; em vez disso, Gandhi deixou, altivo, o tribunal. No dia seguinte, o jornal *The Natal Advertiser* registrou o incidente numa notinha mordaz intitulada "Um visitante inconveniente". Gandhi se apressou a enviar uma carta ao jornal, a primeira de dezenas que escreveria a fim de desmontar ou esvaziar os argumentos dos brancos. "Da mesma forma que, entre os europeus, tirar o chapéu é um sinal de respeito", escreveu ele, um indiano mostra respeito mantendo a cabeça coberta.[2] "Na Inglaterra, ao comparecer a reuniões em residências particulares ou a festas noturnas, os indianos conservam sempre a cabeça coberta, e as senhoras e os cavalheiros ingleses parecem entender a consideração que com isso demonstramos."

O jovem e ilustre desconhecido estava no país havia apenas quatro dias quando a carta foi publicada. O fato é digno de nota porque se deu quase duas semanas *antes* de um incidente chocante de insulto racial, num trem que ia do litoral para o interior, e que é visto por muitos como o episódio que deflagrou o espírito de resistência de Gandhi. Pode-se dizer que a carta ao *Advertiser* já revelava que seu espírito de confronto não precisava ser provocado. Pelo que se viu depois, os matizes de zombaria e de competição jocosa da missiva eram típicos dele. Entretanto, foi o incidente no trem que veio a ser visto como transformador, não só no filme *Gandhi*, de Richard Attenborough, ou na ópera *Satyagraha*, de Philip Glass, como na própria *Autobiografia* de Gandhi, escrita três décadas depois do ocorrido.

Se o episódio não formou seu caráter, deve tê-lo despertado (ou aprofundado). O caso é que Gandhi foi expulso de um compartimento de primeira classe, em Pietermaritzburg, porque um passageiro branco se recusou a dividir o espaço com um *"coolie"*. O que normalmente é minimizado nas incontáveis narrativas do incidente no trem é o fato de que o jovem e energético advogado acabou levando a melhor. Na manhã seguinte, disparou telegramas para o gerente geral da ferrovia e para seu patrão em Durban. Criou um barulho tão grande que por fim foi autorizado a embarcar no mesmo trem e na mesma estação, na noite seguinte, sob a proteção do chefe da estação, ocupando um compartimento de primeira classe.

Como os trilhos da estrada de ferro, na época, não chegavam até Johannesburgo, ele foi obrigado a fazer o trecho final da viagem numa diligência. E, mais uma vez, se envolveu num confronto claramente racista. Gandhi, que se abstivera de protestar por viajar sentado do lado de fora, na boleia, ao lado do cocheiro, foi tirado de seu lugar numa parada por um funcionário branco da companhia, que desejava o lugar para si. Diante de sua resistência, o homem o chamou de *sammy* — termo sul-africano pejorativo para designar indianos (consta que seria uma corruptela de *swami*) — e passou a agredi-lo fisicamente. Segundo a narrativa de Gandhi, seus protestos tiveram o efeito surpreendente de fazer com que passageiros brancos intercedessem em seu favor. Ele conseguiu manter seu lugar e, quando a diligência parou num certo local para pernoitar, enviou uma carta ao supervisor local da companhia, que assegurou um lugar dentro do veículo para o jovem estrangeiro completar o percurso.

Todas as reações quase instantâneas do recém-chegado, em cartas e telegramas, nos mostram que o jovem Mohan, como era chamado, levou consigo para a África do Sul seu instinto de resistência (que o psicanalista Erik Erikson chamou de sua "eterna negativa").[3] O ambiente estrangeiro se revelaria um local perfeito para o florescimento desse instinto. Numa sociedade que ainda era basicamente de fronteira, o anseio de dominação por parte dos brancos ainda não produzira uma ordem racial estabelecida. (Isso jamais aconteceria, de fato, ainda que houvesse uma tentativa sistemática nesse sentido.) Gandhi não teria necessidade de procurar conflitos; eles o encontravam.

Nesses primeiros dias acidentados numa nova terra, Mohan Gandhi se mostra, nos confrontos iniciais, uma figura firme e combativa, de fala mansa, mas nada reticente. Seu inglês está a caminho de se tornar impecável, e ele se apresenta vestido com tanto apuro, à maneira inglesa, quanto a maioria dos brancos com quem se relaciona. Não cede terreno, mas tampouco se comporta de forma assertiva ou agitada demais, a ponto de trair insegurança. Mais tarde dirá que era tímido nessa fase da vida, mas na verdade exibe constantemente uma tenacidade que poderia ser uma questão de herança: é filho e neto de *diwas* ocupantes da mais elevada posição civil nos tribunais dos minúsculos principados que proliferavam no Guzerate em que cresceu. Um *diwa* era uma mescla de ministro-chefe e administrador de propriedade. Evidentemente, o pai de Gandhi não metia a mão nos cofres de seu rajá em benefício próprio e foi sempre um homem de recursos modestos. Mas deixou uma herança de posição, dignidade e firmeza. Esses atributos, em combinação com a pele morena e suas credenciais como causídico formado em Londres, bastam para marcar o filho como uma avis rara na África do Sul daquele tempo: para algumas pessoas, pelo menos, uma figura simpática e cativante.

Ele é uma pessoa suscetível a apelos morais e doutrinas edificantes, mas não mostra muita curiosidade em relação ao novo ambiente ou ao emaranhado de questões morais que são tão características da nova terra quanto sua flora resistente. Deixara na Índia esposa e dois filhos, e ainda teria de trazer para junto de si a fieira de sobrinhos e primos que mais tarde iriam ter com ele na África do Sul, levando, assim, uma vida muito solitária. Como não logrou impor-se como advogado na Índia, sua comissão temporária representa todo o seu meio de vida e o de sua família, de forma que seria razoável supor que ele esteja atento a oportunidades de dar início a uma carreira. Deseja que sua vida tenha sentido, mas não sabe ao certo onde ou como isso acontecerá. Dessa forma, como a maior parte dos adultos jovens, está vulnerável e inacabado. Procura algo — uma carreira, um modo de vida santificado, idealmente as duas coisas — a que se ligar. Quem lê a autobiografia que ele escreveria às pressas, em entregas semanais, mais de três décadas depois, não percebe com facilidade, mas nessa fase ele está mais para o herói não valorizado de um *Bildungsroman* [romance de formação] do Oriente e do Ocidente do que para o futuro Mahatma por ele retratado que vivenciava poucas dúvidas e desvios após suas primeiras semanas em Londres antes de completar vinte anos. O Gandhi que desembarcou na África do Sul não parece ser um destinatário provável do título honorífico — Mahatma significa "Alma Grande" — que o poeta Rabindranath Tagore mais tarde afixou a seu nome, quatro anos depois de seu retorno à Índia.[4] Sua transformação ou autoinvenção — um processo que foi tanto interno quanto externo — levou anos. Entretanto, uma vez começado, Gandhi nunca mais foi estático ou previsível.

Perto do fim da vida, quando não era mais capaz de controlar o movimento que liderara na Índia, Gandhi encontrou numa canção de Tagore palavras com que expressar a percepção constante de sua própria singularidade: "Acredito em caminhar sozinho. Cheguei sozinho a este mundo, caminhei sozinho no vale da sombra da morte, e partirei sozinho, quando chegar a hora".[5] Gandhi não teria se expressado de forma tão incisiva quando chegou à África do Sul, mas se sentia caminhando sozinho de uma maneira que decerto não teria imaginado se houvesse permanecido no casulo de sua família ampliada na Índia.

Ele viveria outros confrontos raciais de variados graus de gravidade numa África do Sul rude e grosseira, onde os brancos ditavam as regras: em Johannesburgo, o gerente do Grand National Hotel olhou-o com desdém e só então descobriu que o estabelecimento estava lotado; em Pretória, onde uma portaria municipal reservava calçadas para uso exclusivo de brancos, um policial de guarda diante da residência do presidente Paul Kruger ameaçou pôr o recém-chegado na rua a bofetadas, por ocupar indevidamente o passeio;[6] também em Pretória, um barbeiro branco recusou-se a cortar seu cabelo; em Durban, a Associação de Direito objetou a registrá-lo como advogado, o que até então era prerrogativa de brancos; numa igreja anglicana foi-lhe negado o direito de participar de um culto.

Seria necessário ainda todo um século para que tais práticas cessassem, para que o domínio pela minoria branca acabasse chegando ao inevitável e merecido fim na África do Sul. Hoje, monumentos a Gandhi espalham-se pelo país, refletindo o papel heroico que a nova história lhe atribui. Vi esses monumentos não só na comunidade Phoenix, como também em Durban, Pietermaritzburg, Ladysmith e Dundee. Quase sempre eles mostram a figura idosa a que Winston Churchill se referiu de forma mordaz como "um advogado sedicioso do Middle Temple que deu para posar de faquir [...] andando meio nu", e não o advogado sul-africano em ternos impecáveis. (É provável que isso se deva ao fato de a maioria dessas estátuas e bustos ter sido distribuída pelo governo indiano.) Entretanto, em Johannesburgo, num amplo espaço urbano rebatizado como praça Gandhi — antes ela levava o nome de um burocrata africânder —, o Gandhi sul-africano é mostrado como um jovem à paisana, caminhando em direção ao lugar onde ficava o tribunal, hoje demolido, em que atuou como advogado e a que compareceu como prisioneiro: na estátua de bronze, a toga de advogado drapeja sobre um terno ocidental. A praça Gandhi fica bem perto da esquina das ruas Rissik e Anderson, perto de seu velho escritório de direito, onde ele recebia visitantes sob uma imagem colorida de Jesus Cristo. O restaurante vegetariano, a poucos passos dali, onde ele conheceu seus mais chegados amigos brancos, há muito fechou as portas; bem perto de onde ele ficava, talvez no mesmo ponto, ergue-se hoje uma loja da cadeia McDonald's, que nada tem de vegetariana e vai de vento em popa. No entanto, a nova África do Sul não força demais a realidade ao reivindicar Gandhi como um de seus heróis, muito embora ele não tenha conseguido prever isso quando viveu no país. Ao se radicar ali, ele formou a persona que assumiria na Índia durante os últimos 33 anos de vida, período em que fez de si mesmo um exemplo que povos colonizados em todo o mundo, inclusive os sul-africanos, viriam a julgar inspirador.

Um dos novos monumentos a Gandhi encontra-se sobre um pedestal perto da bela e velha estação ferroviária de Pietermaritzburg — ou simplesmente Maritzburg — sob uma cobertura de ferro corrugado enfeitada com o que parece ser a ornamentação vitoriana original, não muito longe do local onde o recém-chegado foi retirado do trem. A placa diz que a expulsão do trem "mudou o rumo" da vida de Gandhi. "Ele assumiu a luta contra a opressão racial", declara. "Sua não violência ativa teve início naquele dia."

Trata-se de uma paráfrase motivacional da *Autobiografia* de Gandhi, mas, como história, não passa de pieguice. Gandhi afirma nessas memórias que, ao chegar a Pretória, convocou uma reunião com os indianos que ali residiam, para animá-los a enfrentar a situação racial. Se fez isso, a iniciativa de pouco valeu. Naquele primeiro ano, ele não havia ainda assumido um manto de liderança. Não era sequer visto como residente, mas sim como um jovem advogado trazido de Bombaim para uma missão temporária. Seu trabalho na Justiça deixava-lhe tempo de sobra, que ele dedicava mais à religião que à política. Nesse novo ambiente, tornou-se um aspirante à espiritualidade ainda mais sério e eclético do que fora em Londres, movimento para o qual era levado tanto pelas circunstâncias quanto por uma inclinação natural. O advogado que ele deveria auxiliar revelou-se um cristão evangélico bem mais interessado na alma de Gandhi que no conflito judicial em que deveria atuar. Ele passava grande parte do tempo em longas tertúlias com evangélicos brancos que o julgavam um provável prosélito. Participava até de cultos de oração diários, que normalmente incluíam preces para que a luz de Cristo brilhasse em seu coração.

Dizia a seus novos amigos, todos brancos, que do ponto de vista espiritual não tinha compromissos, porém mais tarde quase sempre negou que algum dia tivesse cogitado seriamente converter-se. No entanto, de acordo com o autor que realizou o mais detido estudo do envolvimento de Gandhi com missionários, ele levou dois anos para resolver a questão em seu próprio espírito.[7] Em dada ocasião, admitiu isso a Millie Polak, mulher de um advogado britânico que fazia parte de seu círculo íntimo nos últimos dez anos que passou na África do Sul. "Cheguei a pensar seriamente em abraçar o cristianismo", ele teria dito, segundo ela. "Senti uma grande atração pelo cristianismo, mas por fim concluí que não havia nada em suas escrituras que não estivesse nas nossas, e que ser um bom hindu significava também que eu seria um bom cristão."[8]

No fim de 1894 vemos esse jovem descompromissado e ecumênico flertando, ou pelo menos às vezes assim parecia, com várias seitas religiosas ao mesmo tempo, escrevendo ao jornal *The Natal Mercury* em favor de um movimento denominado União Cristã Esotérica, uma escola sintetizadora que, como ele explicou, procurava conciliar todas as religiões, mostrando que todas elas representam as mesmas verdades eternas. (Essa foi uma ideia que Gandhi repetiria mais de meio século depois, nos últimos anos e meses de sua vida, em cultos de oração tão ecumênicos que se entoavam hinos como "Ó, Deus, nosso refúgio na eternidade" em meio a preces hinduístas e muçulmanas.)[9] Numa carta que enviou a um editor em 1894, recomendando uma coletânea de textos religiosos, Gandhi se identificou, orgulhoso, como "Agente da União Cristã Esotérica e da Sociedade Vegetariana Londrina".[10]

A julgar por seus textos autobiográficos, é possível, até provável, que Gandhi passasse mais tempo em Pretória com os catequistas evangélicos do que com seus patrões muçulmanos. Seja como for, esses eram seus dois círculos, que não se superpunham, nem representavam algum tipo de microcosmo do país em que a África do Sul estava se transformando a passos largos. Era inevitável, até mesmo por opção, que ele permanecesse um estrangeiro. A rudeza de algumas de suas primeiras confrontações com brancos deixara patente que tentar progredir naquela nova terra poderia levá-lo a conflitos. Fazer valer seus direitos e reivindicar cidadania equivalia a cruzar uma fronteira e penetrar na política. Dois meses depois de se instalar em Pretória, Gandhi ocupava-se em escrever cartas sobre assuntos políticos aos jornais em língua inglesa, procurando se impor, mas ainda representando somente a si mesmo.

Em 5 de setembro, mal transcorridos três meses de sua chegada ao país, o *Transvaal Advertiser* publicou a primeira dessas cartas, uma lengalenga bem comprida que já trazia implícitos os argumentos políticos que mais tarde Gandhi exporia como porta-voz da comunidade. Nessa carta, ele reagia ao emprego do termo *"coolie"*, epíteto comumente atribuído a todos os imigrantes de pele morena da Índia britânica. Ele não se importava que o termo fosse aplicado a trabalhadores em regime de engajamento [*indentured servants*],* indianos miseráveis transportados em massa, em geral para o corte de cana-de-açúcar. A partir de 1860, foi esse o processo pelo qual a maioria dos indianos chegou à África do Sul. Esse movimento, parte de um tráfico humano um degrau acima da escravidão, também levou dezenas de milhares de indianos às ilhas Maurício, a Fiji e às Índias Ocidentais. A palavra *"coolie"*, afinal, parece derivada do nome de um grupo de camponeses de regiões ocidentais da Índia, os *kolis*, tidos como avessos à lei e com suficiente coesão grupal para serem reconhecidos como uma subcasta.[11] No entanto, argumentava Gandhi, não deveriam ser depreciados dessa forma ex-trabalhadores sob contrato de engajamento que não retornavam à Índia ao fim do contrato, mas que permaneciam no país, mantendo-se como pudessem, assim como comerciantes indianos que haviam pagado sua própria passagem. "Fica evidente que indiano é a palavra mais adequada para essas duas classes", escreveu ele. "Nenhum indiano é um *coolie* de nascimento."[12]

---

* *Indenture, indentured servants*: esses termos não têm tradução muito consolidada entre nós. Há quem fale em "servidão [ou escravidão] temporária", "servos" etc. Uma *indenture* é um contrato de prestação de serviços por tempo determinado, geralmente em troca do sustento (casa, roupa e comida) do trabalhador, por exemplo entre aprendiz e mestre. Daí o fato de alguns entenderem a *indenture* como uma "servidão por dívida". Mas, embora os termos de uma *indenture* acarretem a privação temporária da liberdade do contratado, trata-se de uma modalidade de trabalho muito específica do capitalismo em sua expansão colonial, e não há como confundi-la com a servidão. No Brasil, encontramos com frequência o mesmo fenômeno, citado nas fontes como "engajamento" e "engajados". Assim, adota-se aqui para *indenture* e *indentured servants* "engajamento", "contrato de serviço a termo", "engajados" e correlatos. (N. E.)

Essa é uma afirmação que não lhe teria ocorrido com facilidade se ele tivesse permanecido na Índia. O ambiente estrangeiro, é razoável imaginar, havia incitado nele o impulso de colocar-se do lado de fora da comunidade e refletir. Nessa atitude — a primeira declaração nacionalista de sua vida — está implícita uma distinção de classe. Ele defende os indianos, mas não os *coolies*. Nas entrelinhas, parece enunciar que o máximo que se pode dizer em favor dos *coolies* é que a posição deles não é necessariamente permanente. Em nenhum ponto de sua carta ele toca nas terríveis condições a que esses "semiescravos" temporários eram submetidos.

Gandhi admite que os *coolies* pudessem ser arruaceiros e até roubar. Sabe, mas não faz questão de dizer, que a maioria daqueles que ele agora concordava em chamar de *coolies* era de casta inferior. Na verdade, ele evita falar em casta. Não diz que os *coolies* são, em essência, diferentes de outros indianos. Podem tornar-se bons cidadãos quando seus contratos terminam. Por enquanto, porém, a miséria e o desespero deles não lhe despertam muita piedade. Ao menos por enquanto, Gandhi não se identifica com eles.

Os habitantes brancos da África do Sul e o Colonial Office, em Londres, viam na África do Sul confrontada pelo jovem Mohan quatro diferentes estados ou territórios. (Havia também a Zululândia, que se encontrava sob supervisão britânica e tinha ainda de se fundir completamente com Natal, o território com governo autônomo que cercava a terra dos zulus. Na visão dos brancos — dos colonizadores e das autoridades coloniais — os reinos africanos que subsistiam no subcontinente só existiam, longe das principais vias de comércio e sem nada que se assemelhasse à soberania, graças à condescendência deles.) Os estados considerados importantes eram aqueles com governos brancos. Os dois territórios litorâneos eram colônias da Coroa britânica: o Cabo, na extremidade sul da África, onde os brancos tinham se instalado no século XVII e onde os oceanos Atlântico e Índico se juntam; e Natal, na verdejante costa leste do continente. No interior ficavam duas repúblicas bôeres (ou seja, africânderes), sem acesso ao mar e quase independentes: o Estado Livre de Orange e a chamada República Sul-Africana, um núcleo de fronteira, culturalmente isolado, no território conhecido como Transvaal. Essa república — criada como uma Sião para uma população branca autóctone de *trekboers*, agricultores de ascendência basicamente holandesa e huguenote que haviam fugido ao domínio britânico em suas duas colônias — estava praticamente invadida por um recente influxo de estrangeiros, sobretudo britânicos (chamados *uitlanders* no dialeto holandês simplificado que começava a ser reconhecido como uma língua separada, dali em diante chamada *afrikaans*, ou africânder). Isso porque havia sido descoberto no Transvaal, em 1886, o mais rico filão aurífero do mundo, apenas sete anos antes da desastrada chegada do inexperiente advogado indiano a Durban. Esse filão estava fora do controle formal dos britânicos, mas, como uma tentação, ao seu alcance.

A África do Sul que Gandhi deixou tantos anos mais tarde tornara-se mais que uma designação geográfica para um conjunto aleatório de colônias, reinos e repúblicas. Era agora um Estado uno e soberano que assumira o nome de União Sul-Africana, não mais uma colônia. E achava-se sob o firme controle dos brancos locais, o que significava que um advogado que se apresentava como porta-voz de uma comunidade imigrante não branca — era isso o que Gandhi se tornara — não podia mais pretender ter êxito na vida dirigindo petições ou liderando missões a Whitehall — ao governo inglês. Gandhi fora pouco mais que um espectador dessa notável transformação política. No entanto, essa mudança teve o efeito de afastar da mesa de negociações seu melhor argumento em favor de direitos iguais para os indianos. De início, Gandhi baseara sua defesa na interpretação idealista que ele próprio dava a uma proclamação da rainha Vitória, feita em 1858, que estendera formalmente a soberania britânica sobre a Índia, prometendo a seus habitantes as mesmas proteções e privilégios concedidos a todos os seus súditos. Ele a denominava "a Magna Carta dos indianos", citando um trecho em que Sua Majestade declarara seu desejo de que todos os seus súditos indianos "de qualquer raça ou credo, sejam livre e imparcialmente admitidos às repartições de nosso serviço".[13] Para Gandhi, tais direitos deveriam vigorar para os "indianos britânicos" que haviam deixado sua terra para viver em postos avançados do Império, como as áreas da África do Sul sob o domínio dos britânicos. Não era bem isso que os conselheiros da rainha tinham em mente, mas o argumento era difícil de rebater. Na nova África do Sul que passou a existir em 1910, esse argumento não tinha o menor valor. Para conseguir cada vez menos, constatou Gandhi no decurso de dois decênios, suas táticas tinham de se tornar cada vez mais agressivas.

Essa transformação, como, na prática, tudo o que tivesse a ver com a África do Sul e coincidisse com as primeiras atividades políticas de Gandhi, estava ligada, em última análise, ao ouro e a tudo aquilo que as novas minas trouxeram consigo — altas finanças, litígios trabalhistas e a primeira experiência importante, no século XX, de um tipo de guerra que poderia ser chamada de luta anticolonialista ou de contrarrebelião, ainda que os combatentes, de ambos os lados, fossem na maioria brancos: a Guerra dos Bôeres, que entre 1899 e 1902 calcinou savanas e encostas desnudas da África do Sul. Foi preciso um exército de 450 mil homens (entre os quais milhares de britânicos e indianos, trazidos do Raj* pelo Índico, sob comando britânico) para enfim subjugar os destacamentos bôeres, milícias que em nenhum momento chegaram a totalizar mais de 75 mil homens. A guerra custou a vida de quase 47 mil combatentes, dos dois lados; além destes, quase 40 mil civis — sobretudo crianças e mulheres africânderes, mas também seus empregados agrícolas e criados negros — morreram de disenteria e doenças infecciosas, como sarampo, em paliçadas segregadas onde o Exército os reunia à medida que avançava país adentro. Criando um termo funcional e antisséptico para esses depósitos de sofrimento a céu aberto, os britânicos chamaram-nos campos de concentração.

Gandhi desempenhou um pequeno papel nessa guerra. O homem que, nas duas décadas seguintes, viria a se tornar o mais conhecido defensor da não violência da era moderna participou pessoalmente das ações armadas nas fases iniciais do conflito, como suboficial fardado, chefiando durante cerca de seis semanas um destacamento de 1100 padioleiros indianos não combatentes. Com trinta anos na época e já reconhecido como porta-voz da pequena mas crescente comunidade indiana de Natal — que não passava então de 100 mil pessoas, mas em breve superaria os brancos da colônia —, Gandhi foi à guerra a fim de comprovar junto aos líderes brancos o que ele afirmava: os indianos, qualquer que fosse a cor de sua pele, se consideravam cidadãos plenos do Império Britânico, dispostos a arcar com suas obrigações e merecedores de todos os direitos que o Império tivesse a lhes oferecer.

Assim que os britânicos obtiveram a supremacia em Natal e a guerra passou para o interior, os padioleiros indianos foram dispensados, o que encerrou

---

* Denominação oficiosa do domínio colonial britânico (de *raj*, "reino", em hindustâni) sobre a Índia no período 1858-1947. Pode referir-se também à própria Índia britânica. (N. T.)

a guerra para Gandhi. Seu recado tinha sido dado, mas não tardou muito para que ele fosse esquecido por aqueles a quem tentara impressionar. A elite racial de Natal continuou a promulgar leis destinadas a restringir os direitos de propriedade dos indianos e a banir das listas eleitorais os poucos (algumas centenas) que haviam conseguido registrar-se. Pode-se dizer que o Transvaal tinha mostrado o caminho. Em 1885, ao reivindicar soberania com o nome de República da África do Sul, o Transvaal aprovara uma lei que negava aos indianos os direitos básicos de cidadania; isso aconteceu oito anos antes que Gandhi desembarcasse em sua capital, Pretória.

No começo, ele preferiu imaginar que a suada vitória britânica, que unira as duas colônias e as repúblicas bôeres sob a potência imperial, só poderia redundar em benefício dos "indianos britânicos". O que sucedeu foi o oposto. Em oito anos formou-se um governo nacional, encabeçado por generais bôeres que, derrotados no campo de batalha, haviam obtido na mesa de negociações a maior parte de seus mais importantes objetivos de guerra, aceitando pouco menos que soberania completa em matéria de relações exteriores em troca de uma virtual garantia de que somente os brancos ditariam o futuro racial e político da nova União Sul-Africana. Alguns "nativos" e outros não brancos protestaram. Gandhi, ainda tentando obter um acordo tolerável para os indianos, manteve-se quase em silêncio, com exceção de alguns artigos concisos nas páginas do *Indian Opinion*, o semanário que era seu megafone desde 1903, seu instrumento para trazer à baila questões de interesse, mantendo a comunidade coesa. Seus escassos comentários nas páginas do jornal sobre a nova estrutura de governo mostravam que ele não estava cego ao que realmente acontecia. Em termos gerais, porém, era como se nada desse contexto sul-africano maior e tudo o que ele pressagiava — a tentativa flagrante de postergar para sempre qualquer ideia ou possibilidade de um eventual acordo com a maioria negra do país — tivesse alguma relevância para sua causa, ou conseguisse afetar sua consciência. Nos milhares e milhares de palavras que ele escreveu e proferiu na África do Sul, só umas centenas mostram que ele estava cônscio de um iminente conflito racial ou que se preocupava com seu resultado.[14]

Todavia, se o Gandhi de 44 anos, que mais tarde viajaria da Cidade do Cabo a Southampton às vésperas de uma guerra mundial, parecia serenamente alheio à transformação do país onde até então ele passara a maior parte de sua vida adulta, não existia, provavelmente, ninguém que houvesse mudado mais do que ele. O advogado novato criara uma bem-sucedida banca de advocacia em Durban e, após uma tentativa prontamente abortada de regressar à Índia, instalara-se em Johannesburgo. No processo, transferira a família da Índia para a África do Sul, depois de volta à Índia, de novo para a África do Sul e, por fim, para a comunidade Phoenix, nas cercanias de Durban, que ele criara com base numa ética de autossuficiência rural, adaptada de suas leituras de Tolstói e Ruskin. Os ensinamentos dos russos, como ele os interpretou, foram então traduzidos numa litania de recomendações para um estilo de vida austero, vegetariano, de abstinência sexual, de orações, ligado à terra e autossustentável. Mais tarde, deixando a mulher e os filhos na comunidade Phoenix, Gandhi permaneceu em Johannesburgo por um período que se estendeu por mais de seis anos.

Quando partiu da África do Sul, tinha passado apenas nove de 21 anos na mesma casa que a mulher e a família. Segundo seus próprios padrões revisados, não se poderia mais esperar dele que pusesse a família acima da comunidade maior. Em vez de concentrar-se na comunidade Phoenix, ele lançou, em 1910, um segundo núcleo comunal, chamado fazenda Tolstói, na encosta nua de uma *koppie* (colina) a sudoeste de Johannesburgo, ao mesmo tempo que dava prosseguimento à sua campanha sem trégua para enfrentar a barragem de leis e regulamentos que a África do Sul, em todos os níveis de governo — municipal, provincial e nacional —, continuava a erguer contra os indianos. O que incentivava essas restrições era o medo irracional, mas não de todo infundado, de uma gigantesca transferência de populações, um jorro de massas humanas pelo Índico, de um subcontinente para outro, sob a égide de um império que possivelmente teria interesse em aliviar as pressões demográficas que tornavam tão difícil governar a Índia.

Sábio, porta-voz, panfletista, peticionário, agitador, vidente, peregrino, dietista, enfermeiro e admoestador — Gandhi assumiu de forma infatigável cada um desses papéis até que eles se fundiram num todo reconhecível. Sua contínua autoinvenção avançava em paralelo com sua função não oficial de líder da comunidade. De início, falava apenas em defesa das empresas, muçulmanas na maioria, que o contratavam, a minúscula camada superior de uma comunidade imigrante lutadora.[15] Ao menos um de seus clientes, Dawad Mahomed, proprietário de terras e imóveis, empregava indianos em regime de engajamento, cabendo presumir que os contratava nos mesmos termos leoninos que os patrões brancos. O próprio Gandhi pertencia a uma subcasta de comerciantes hindus, os *modh baneanes*, um grupo próspero, mas apenas uma das numerosas subcastas baneanes, ou de comerciantes, da Índia. Os *modh baneanes* ainda desaprovavam, e às vezes proibiam — como ele próprio descobrira quando foi a Londres pela primeira vez —, viagens pela *kala pani*, ou água preta, a países estrangeiros, onde os membros da casta poderiam sucumbir aos engodos da tentação alimentar e sexual. Esse era o motivo pelo qual ainda eram poucos os baneanes desse lado do oceano Índico. O fato ajuda também a explicar o predomínio inicial de muçulmanos entre os comerciantes de Guzerate que se aventuravam na África do Sul. Por isso, os primeiros discursos políticos de Gandhi foram feitos em mesquitas sul-africanas, um fato de imensa e óbvia relevância para sua inabalável recusa, mais tarde na Índia, a aprovar divergências comunitárias.[16] Um dos pontos altos da epopeia sul-africana de Gandhi ocorreu do lado de fora da mesquita Hamidia, em Fordsburg, bairro com alta concentração de indianos e limítrofe à zona central de Johannesburgo. Ali, em 16 de agosto de 1908, mais de 3 mil indianos se reuniram para ouvi-lo falar e queimar, num enorme caldeirão, seus vistos de residência no Transvaal, numa manifestação não violenta contra a mais recente lei racial, que restringia a chegada de novos imigrantes indianos. (Meio século depois, na era do apartheid, os nacionalistas negros lançaram uma forma semelhante de resistência, queimando seus passes — passaportes internos que eram obrigados a sempre ter consigo. Alguns historiadores têm procurado comprovação documental de que se basearam no exemplo de Gandhi, mas até agora nada localizaram.) Hoje, na nova África do Sul, numa Fordsburg antes declarada "branca" no regime do apartheid, a mesquita renovada rebrilha num entorno de miséria e degradação. Do lado de fora, uma escultura de ferro, na forma de um caldeirão apoiado num tripé, relembra o protesto de Gandhi.

Esses símbolos rememoram não só lutas sul-africanas posteriores como também as campanhas de Gandhi na Índia. Quando os muçulmanos de Johannesburgo quiseram enviar humildes saudações a um novo imperador otomano, na cidade que ainda se chamava Constantinopla, contaram com seu porta-voz hindu para escrever a missiva e levá-la ao destinatário através dos canais diplomáticos apropriados em Londres.[17] Mais tarde, depois de uma guerra mundial em que o Império Otomano se aliara ao lado perdedor, Gandhi conquistou o apoio dos muçulmanos indianos para a causa nacionalista ao proclamar que a preservação do papel do imperador como califa e protetor dos lugares sagrados muçulmanos seria um dos mais prementes objetivos da luta indiana em prol da independência. Em dado nível, isso foi uma leitura perspicaz das marés emocionais que varriam a comunidade muçulmana; em outro, um exemplo acabado de oportunismo político. Fosse o que fosse, a ideia dessa medida nunca teria ocorrido a um político hindu a quem faltasse a experiência de Gandhi na tentativa de aglutinar uma pequena e diversificada comunidade de indianos em além-mar que se inclinava à divisão.

Se o Gandhi de Johannesburgo se sentia à vontade para defender os interesses de muçulmanos, podia defender todos os indianos, concluiu. "Não somos nem devemos ser homens de Tamil Nadu ou de Calcutá, maometanos ou hindus, brâmanes ou baneanes, mas pura e simplesmente indianos britânicos", ensinou a seu povo, buscando desde o primeiro momento superar suas evidentes divisões.[18] Na Índia, disse ele em 1906, os senhores coloniais exploravam as diferenças regionais e linguísticas entre hindus e muçulmanos. "Aqui na África do Sul", disse, "esses grupos são pequenos do ponto de vista numérico. As mesmas limitações pesam sobre todos nós. Por outro lado, porém, estamos livres de certas restrições que atormentam nosso povo na Índia. Por isso, é mais fácil para nós tentar alcançar a unidade."[19] Vários anos depois, ele diria prematuramente que o santo graal da unidade havia sido conquistado: "O problema hindu-maometano foi resolvido na África do Sul. Compreendemos que uns não podem viver sem os outros".[20]

Em outras palavras, aquilo que os indianos haviam realizado na África do Sul podia agora ser apresentado como um projeto de demonstração bem-sucedido, como um modelo para a Índia. Para um arrivista obscuro que procurava ascender na vida em outro continente, muito além do mais remoto limite da Índia britânica, essa era uma afirmação audaciosa, até mirabolante. Num primeiro momento, não causou nenhuma impressão discernível fora das salas onde foi proferida; mais tarde, veio a ser um dos principais temas de Gandhi quando ele se tornou a voz dominante do movimento nacionalista indiano. Durante algum tempo, então, o apoio dos muçulmanos fez a diferença entre a vitória de Gandhi e um lugar na segunda fila de líderes. Esse apoio lhe garantiu a ascendência na Índia.

Mas isso ainda estava, provavelmente, além da imaginação do próprio Gandhi. Os fatos em breve mostrariam que o ideal de unidade tampouco seria alcançado tão facilmente na África do Sul. Revivalistas hindus e muçulmanos chegavam da Índia com mensagens que tendiam a polarizar as duas comunidades e solapar a insistência de Gandhi na união. Graças à pura força de sua personalidade, ele logrou aplainar cisões em seus últimos meses no país — uma solução temporária que lhe possibilitou declarar, com perdoável exagero, como faria ainda por muitos anos, que sua demonstração de unidade na África do Sul era um feito que a Índia deveria copiar.[21] Era também, claro está, seu próprio teste de campo no exterior, seu grande ensaio final.

A grande ideia de Gandhi — no começo denominada "resistência passiva" — ocorreu em 1906, com a convocação para o desafio a um novo exemplo de legislação anti-indiana, a Regulamentação da Lei dos Asiáticos. Gandhi criou para ela um epíteto: a "Lei Negra". Ela exigia que os indianos — só eles — se registrassem no Transvaal, onde ainda eram relativamente poucos, menos de 10 mil: em outras palavras, que requeressem direitos de residência, que eles julgavam já ter na qualidade de "indianos britânicos", uma vez que a lei britânica fora imposta no território em consequência da guerra recém-terminada. De acordo com essa medida discriminatória, o registro envolveria tirar as impressões digitais — dos dez dedos — de todo homem, mulher e criança acima dos oito anos. Depois disso, sempre que solicitado, o documento teria de ser exibido à polícia, autorizada a entrar em qualquer moradia para esse fim. "Nada vi nessa medida a não ser ódio aos indianos", escreveria Gandhi mais tarde.[22] Conclamando a comunidade a resistir, disse que a lei tinha sido "criada para ferir a própria raiz de nossa existência na África do Sul".[23] E, claro, era exatamente esse o caso.

A resistência que ele tinha em mente consistia em desobedecer à ordem de registrar-se conforme a lei. Foi o que declarou num evento lotado no Empire Theater, em Johannesburgo, em 11 de setembro de 1906 (um 11 de setembro anterior, de significado oposto ao daquele que conhecemos). É provável que os presentes, apenas homens, não chegassem aos 3 mil que a repetição descuidada acabou por consagrar; o Empire — arrasado por um incêndio na mesma noite, horas depois que os indianos se dispersaram — não comportaria tanta gente. Gandhi falou em guzerate e em híndi; suas palavras foram repetidas por tradutores em tâmil e télugo, por atenção ao contingente de indianos do sul. O orador seguinte foi um comerciante muçulmano chamado Hadji Habib, que, como Gandhi, era de Porbandar. Declarou que jurava diante de Deus jamais se submeter à nova lei.

Em decorrência de sua formação jurídica, Gandhi teve "no mesmo instante um sobressalto e fiquei alerta", diria ele, devido a esse posicionamento inegociá-

Queima dos documentos de registro na mesquita.

vel, mas que, à primeira vista, não parecia tão diferente daquele que ele próprio acabara de tomar. Seu outro lado — o do aspirante à espiritualidade — não conseguia pensar num juramento desses como simples jogo político. Toda a questão dos juramentos, o peso e o valor deles, achava-se no primeiro plano de sua consciência. No mês anterior, ele fizera um voto de *brahmacharya*, o que significava que o pai de quatro varões propunha-se a guardar o celibato pelo resto da vida (comportamento, aliás, que ele aparentemente manteve durante todos os anos em que ficou separado da mulher, em Londres e na África do Sul). Ele já havia discutido seu voto com companheiros da comunidade Phoenix, mas ainda não o anunciara em público. Informara apenas a sua mulher, Kasturba, pressupondo que o voto não envolvia sacrifício nenhum por parte dela. Em seu entender, ele se dedicaria a uma vida de meditação e pobreza, como um *sannyasi*, ou santo homem indiano, que renunciara a todos os vínculos mundanos. Mas Gandhi alterava o conceito de forma heterodoxa: permaneceria no mundo para servir a seu povo. "Dar a vida para servir aos outros seres humanos", diria ele mais tarde, "é coisa tão boa quanto viver numa gruta."[24] Agora, em sua opinião, de repente Hadji Habib tinha ido além dele, pondo o juramento de desafiar a lei de registro no mesmo plano. Ou seja, a desobediência à lei não era uma questão de tática ou mesmo de consciência; tornara-se um dever sagrado.

Naquela noite, discursando pela segunda vez no Empire, Gandhi advertiu os presentes que eles poderiam ir para a cadeia, encarar trabalhos forçados, "ser chicoteados por carcereiros rudes", perder tudo o que tinham, ser deportados.[25] "Mesmo que sejamos ricos hoje", disse, "poderemos ser reduzidos à miséria absoluta amanhã." Ele mesmo cumpriria sua palavra, prometeu, "mesmo que todos os mais recuassem, deixando-me sozinho para aguentar as consequências". Para cada um deles, falou, aquilo seria um "penhor que poderia levar à morte, não importando o que outros fizessem". Aqui Gandhi se expressa com um fervor que para ocidentais seculares parecia de uma religiosidade de recém-converso. Em despachos para Whitehall, autoridades britânicas hostis o pintavam como um fanático, e um de seus principais biógrafos acadêmicos chega perto de endossar essa visão.[26] No entanto, naquela noite, Gandhi não falava para uma plateia ocidental de laicos. Também é improvável que Hadji Habib ou a grande maioria daquele público tivesse alguma noção de seu voto de *brahmacharya*, de clara inspiração hinduísta. A ideia de desobediência civil não havia partido de nenhum dos dois homens. Pouco tempo antes, fora tentada pelas *sufragettes* em Londres. A ideia de que pudesse exigir castidade era de Gandhi, e só dele.

Em seu espírito, os dois votos que tinha feito estavam agora ligados de forma praticamente inseparável. Gandhi acreditava num princípio hindu tradicional segundo o qual qualquer perda de sêmen enfraquece o homem — uma opinião que, como às vezes se ouve dizer, é comum entre pugilistas ambiciosos e seus treinadores — e por isso, para ele, seus votos, desde o primeiro momento, tinham a ver com disciplina, com força. "Um homem que faz uma promessa de forma deliberada e consciente, e depois a quebra", afirmou ele naquela noite no Empire Theater, "renuncia a sua virilidade."[27] Um homem assim, prosseguiu, "transforma-se num pobre-diabo". Anos depois, ao saber que a mulher de seu filho Harilal estava de novo grávida, Gandhi o repreendeu por ceder a "essa paixão debilitante".[28] Aprendendo a vencê-la, prometeu, "você ganhará uma nova força". Ainda mais tarde, quando era o líder incontestе do movimento nacionalista indiano, escreveu que o sexo conduz a um "desperdício criminoso do fluido vital" e a um "desperdício igualmente criminoso de energia preciosa", que deveria ser canalizada para "a forma suprema de energia para o benefício da sociedade".[29]

Pouco depois, ele passou a procurar um termo indiano que substituísse "resistência passiva". Não gostava do adjetivo "passivo", que parecia transmitir uma ideia de fraqueza. O *Indian Opinion* organizou um concurso. Um sobrinho dele propôs o termo *sadagraha*, que significa "firmeza na causa".[30] Gandhi, já habituado a ter a última palavra, mudou a proposta para *satyagraha*, que em geral se traduz como "força da verdade", ou às vezes, mais literalmente, como "firmeza na verdade" ou até "apego à verdade". Defender a verdade era defender a justiça, e fazer isso sem violência, opondo uma forma de resistência que por fim levaria o opressor a perceber que sua posição se baseava no oposto — na inverdade e na força. A partir daí, o movimento teve um nome, uma tática e uma doutrina. E tudo isso ele também levaria para seu país.

Gandhi estava sempre mudando, experimentando uma nova epifania a intervalos aproximados de dois anos — a comunidade Phoenix (1904), o *brahmacharya* (1906), a *satyagraha* (1908), a fazenda Tolstói (1910) —, cada qual representando um marco na rota que ele estava abrindo para si mesmo. A África do Sul tornara-se um laboratório para aquilo que ele mais tarde chamaria, no subtítulo de sua *Autobiografia*, "minhas experiências com a verdade", frase difícil de entender, que me faz pensar que era ele próprio, o homem que buscava a "verdade", que estava sendo testado. O pai de família renuncia à família; o advogado abandona a atividade profissional. Por fim, Gandhi adotaria um traje semelhante ao de um hindu santo errante, um *sadhu* entregue a sua própria peregrinação solitária, mas ele seria sempre o oposto de uma pessoa que abandona a sociedade. Para ele, sua tanga simples, fiada e tecida à mão, não remetia à santidade, mas sim a seu sentimento em relação às dificuldades dos pobres da Índia. "Não pretendi dizer", ele escreveu mais tarde, "que eu podia me identificar com os pobres pelo mero uso de uma veste. O que eu afirmo é que até aquele paninho é alguma coisa."[31] Ele estava ciente, é claro, político que era, de que a tanga podia ser lida de mais de uma forma. A ideia que ele fazia de uma vida de serviço também incluía permanecer no mundo e defender uma causa, às vezes várias ao mesmo tempo.

O chefe de família retira-se para o campo e se instala numa fazenda. "Nossa ambição", explica um de seus companheiros, "é levar a vida das pessoas mais pobres."[32] Gandhi era um político, mas na África estava livre, num grau surpreendente, como não estaria na Índia, para seguir o caminho que lhe aprouvesse. Os laços familiares e comunitários, apesar de menos compulsórios no novo ambiente, de qualquer forma tinham de ser reinventados; ele tinha espaço para "experimentar". Ademais, evidentemente, não havia cargos a buscar. Os brancos ocupavam todos.

É difícil apontar com precisão em que momento, na África do Sul, o advogado transplantado e ambicioso se torna reconhecível como o Gandhi que viria a ser chamado de Mahatma. Mas isso aconteceu por volta de 1908, quinze anos depois de sua chegada ao país. Ainda chamado *bhai*, irmão, ele se submeteu naquele ano a uma série de entrevistas feitas por seu primeiro biógrafo, Joseph Doke, um pastor batista branco de Johannesburgo, que, aliás, ainda nutria o desejo de converter seu biografado. Chamar o bem escrito livro de Doke de hagiografia não o deprecia, pois esse é, claramente, o seu gênero.[33] Seu personagem principal é definido pelas qualidades de um santo. "Nosso amigo indiano vive num plano superior ao dos outros homens", escreveu Doke. Outros indianos "espantam-se com ele, indignam-se com seu peculiar desprendimento". Também em nada diminui Doke o fato de o próprio Gandhi ter assumido a distribuição do livro. Ele comprou em Londres toda a primeira edição, para poupar Doke de "um fiasco", disse com falsa modéstia, mas, na verdade, para dispor de volumes para dar a membros do Parlamento e enviar à Índia. Mais tarde, providenciou uma edição indiana, feita por seu amigo G. A. Natesan, que tinha uma editora em Madras, e toda semana, durante anos, publicou no *Indian Opinion* anúncios em que promovia a venda do livro pelo correio. Nas mãos de Gandhi, o livro de Doke se tornou uma biografia política para uma campanha que ainda não tinha sido lançada.

Gandhi ainda usa uma gravata e um terno ocidental na fotografia em grupo para a qual ele e Kasturba, empertigados, posaram no porto da Cidade do Cabo, no último dia que passaram no país. No entanto, olhando-se com atenção, nota-se, talvez, um ligeiro prenúncio, em sua cabeça rapada e nas sandálias feitas à mão, de uma renovação da indumentária que ele já ensaiara em várias ocasiões. Ele exibiria essa renovação em sua chegada a Bombaim dali a seis meses, e no decorrer dos seis anos seguintes iria em frente até reduzir seu traje à simplicidade insuperável da tanga e do xale tecidos em casa. Nas fotos de sua chegada a Bombaim, o terno e a gravata foram banidos para sempre. Ele usa um turbante e a túnica larga, chamada *kurta*, em cima do que parece ser uma *lungi*, ou saia enrolada no corpo. A *lungi* em breve seria substituída pela *dhoti*, uma ampla tanga, que em mais alguns anos, em sua forma mais exígua, seria toda a sua vestimenta.

O que desejava, dizia em tom de caçoada, numa réplica à zombaria de Churchill, era viver "o mais nu possível".[34]

Como que num travelling digital no tempo, o advogado sul-africano Gandhi, que passa por essas mudanças, transforma-se sem cortes no futuro Mahatma indiano. Esse plano sequência narra uma história heroica e extraordinária: no breve período de cinco anos e meio que se seguiu ao regresso a sua imensa pátria, e embora praticamente desconhecido pelo grosso da população, que ainda não provara o gosto da política moderna, Gandhi assume o comando do Partido do Congresso — até então um mero clube de debates, em geral pacato, que encarnava as aspirações de uma pequena elite anglicizada, formada sobretudo de advogados — e o transforma no primeiro movimento de massa anticolonial do século, levantando um clamor em favor de uma ideia relativamente exótica, a de uma Índia independente. Contra todos os obstáculos interpostos pelo analfabetismo e pela ausência absoluta de meios de comunicação modernos que chegassem às 700 mil aldeias em que vivia a maioria dos indianos antes da partilha do país e da independência, ele conquista ampla aceitação, ao menos durante certo tempo, como autêntico representante da renovação e da unidade nacional.

O resultado, claro, não estava predeterminado. Se os primeiros fotogramas forem congelados e o Gandhi sul-africano for examinado de perto, como seria fácil fazer um ano ou dois antes do fim de sua estada na África, não é um mahatma o que se vê, e sim um ex-advogado, um porta-voz político e um aspirante à espiritualidade. Nessa imagem, Gandhi aparece como um personagem que causava forte impressão. No campo político, porém, ele não passa de um líder local que domina, mas cada vez menos, uma pequena comunidade de imigrantes e lida com uma hoste de seguidores, críticos e rivais. Nessa perspectiva, se fôssemos arriscar um palpite, pareceria mais provável que sua trajetória findasse numa pequena comunidade ou *ashram*, numa Phoenix transplantada, perdida em algum ponto na vastidão da Índia. Ali ele estaria cercado pela família e por seguidores, todos empenhados numa busca tão religiosa quanto política. Em outras palavras, em vez de terminar sobre pedestais na Índia, como Pai da Nação, o protagonista de uma epopeia nacional decantada com emoção, tema de legiões de biógrafos, intelectuais e autores que talvez tenham feito dele a pessoa a respeito de quem mais correu tinta nos últimos cem anos, o Gandhi da África do Sul poderia ter-se tornado mais um guru indiano cujos devotos dispersos talvez recordassem durante uma geração, duas no máximo. Na África do Sul seria mesmo possível que fosse recordado como um fracassado, em vez de ser reverenciado em monumentos, como acontece hoje, como um dos fundadores da nova África do Sul, no esplendor já agora meio esmaecido do advento de um governo democrático, supostamente não racista.

Na verdade, pouco mais de um ano antes de deixar o país, o Gandhi sul-africano foi dado explicitamente como fracassado pelo irascível editor de um semanário de Durban que concorria — às vezes em tom respeitoso, outras vezes com malevolência — com o *Indian Opinion*, de Gandhi. O *African Chronicle* dirigia-se antes de tudo a leitores de origem tâmil, entre os quais Gandhi tinha seus principais correligionários. "A fama e a popularidade efêmeras do senhor Gandhi, na Índia e em outras partes, não repousam em nenhuma realização gloriosa para seus compatriotas, e sim numa série de insucessos cujo resultado foi acarretar sofrimentos incontáveis, perda de patrimônio e privação de direitos existentes", invectivou P. S. Aiyar numa sequência de ataques dispersos.[35] Sua liderança, no decurso de vinte anos, não "resultara em nenhum benefício tangível para quem quer que fosse". Ele e seus auxiliares tinham acabado como "objetos de escárnio e ódio em todos os setores da comunidade na África do Sul".

A diatribe de Aiyar não deixava de ter fundamento. O apoio a Gandhi vinha se reduzindo havia algum tempo, e era visível o encolhimento do exército pacífico de indianos dispostos a aceitar o "sofrimento voluntário" que se seguia à atuação deles como *satyagrahis* — ou seja, que se ofereciam como bucha de canhão para campanhas de desobediência civil lideradas por Gandhi contra leis raciais injustas, procurando ser presos, indo para a cadeia e com isso perdendo empregos ou vendo seus negócios malograr. Esse exército estava quase reduzido a sua própria família e a um grupo de leais partidários tâmeis de Johannesburgo, membros da chamada Sociedade Beneficente Tâmil. As campanhas haviam forçado o governo a fazer algumas concessões, mas estas ficavam a léguas das aspirações de direitos de plena cidadania exigidos pelos indianos mais combativos, e com frequência as autoridades davam desculpas e voltavam atrás com relação a suas modestas promessas.

Apesar de tudo isso, o ano de 1913 foi um divisor de águas. A experiência de Gandhi no decurso de duas décadas na África está repleta de pontos de virada em sua vida interior, mas em sua vida pública, no plano político, foi essa virada que melhor explica sua posterior disposição e a capacidade de habilitar-se à liderança nacional na Índia. Ele poderia ter-se afundado no semiesquecimento se tivesse retornado à Índia em 1912. Entretanto, os últimos dez meses que passou na África do Sul transformaram sua percepção do que era possível para ele e seus liderados.

Foi somente então que ele se permitiu envolver-se diretamente com os *"coolies"* que descrevera vinte anos antes, em sua primeira carta a um jornal em Pretória. Eram os indianos mais oprimidos, que labutavam em plantações de cana-de-açúcar, nas minas de carvão e nas estradas de ferro, com contratos renováveis de cinco anos que lhes davam direitos muito pouco diferentes dos de escravos. Uma autoridade colonial que ostentava o título de "Protetor dos Imigrantes" tinha a incumbência legal de garantir que esses "semiescravos", como dizia Gandhi, não fossem submetidos a privações ou obrigados a trabalho excessivo, violando a letra de seus contratos. No entanto, os arquivos mostram que esses supostos protetores, no mais das vezes, atuavam como feitores em nome dos proprietários das plantações ou de outros detentores dos contratos. Segundo o sistema de engajamento, o trabalhador cometia um crime se deixasse o local de trabalho sem autorização: podia não só perder o emprego como ser encarcerado e até açoitado. Entretanto, num período de semanas, em novembro de 1913, num surto coletivo de ressentimento e esperança, aconteceu o impensável: milhares desses indianos deixaram as minas, os canaviais e as estradas de ferro para seguir Gandhi na última e maior de suas campanhas de resistência não violenta na África do Sul.

Para Gandhi, essa foi uma mudança de tática súbita e radical, um risco calculado: em parte o resultado de fatos que se aceleraram e saíram de seu controle, transformando e renovando a maneira como ele próprio via o grupo que representava, as pessoas em nome das quais ele falava. Tivesse Gandhi voltado para a Índia no começo daquele ano, como de início tencionara, é discutível que pudesse ter concebido, que dirá executado, tal mobilização de massas. Mas ao retornar à Índia em 1915 ele acumulara uma experiência que nenhum outro líder indiano jamais tivera.

Gandhi não percebera a aproximação desse desfecho. Em junho de 1913, delineou suas expectativas para essa luta final numa carta a Gopal Krishna Gokhale, o líder indiano moderado com tintas de estadista que ele tomara como mentor anos antes e de quem esperava se aproximar em seu retorno. Gokhale acabava de visitar a África do Sul, onde fora saudado tanto por brancos como por indianos como um tribuno do Império. "Pelo que posso avaliar por ora, cem homens e trinta mulheres começarão a luta", escreveu Gandhi. "Com o passar do tempo, poderemos ter mais."[36] (Recordando o caso, muitos anos depois, ele observou que na verdade começara a campanha com apenas dezesseis pessoas.)[37] Ainda em outubro de 1913, o *Indian Opinion* declarava: "Os indianos em regime de engajamento não serão convidados a aderir à luta geral".[38]

Foi então, apenas dois dias após a data da edição citada, que Gandhi viajou à cidade mineira de Newcastle, no norte de Natal, a fim de falar aos trabalhadores em regime de engajamento, que já tinham começado a abandonar as minas. Tinha rapado a cabeça, e pela primeira vez o ex-advogado participou de um evento político na África do Sul em trajes indianos, querendo com isso mostrar lealdade e apoio aos trabalhadores.

"Foi um passo ousado, perigoso e importante", comentou o *Indian Opinion* uma semana depois. "Uma ação orquestrada desse tipo não fora tentada antes com homens que são quase totalmente ignorantes. Mas no caso da resistência passiva, nada é perigoso ou ousado demais, desde que envolva sofrimento por parte deles e desde que seus métodos não incluam o uso de força física."[39] São palavras que parecem uma passagem que o próprio Gandhi poderia ter ditado em pleno calor do movimento. A referência à ignorância dos grevistas é típica e constante de Gandhi. Mais tarde, já de volta à Índia, ele se referiria com frequência aos "milhões sem voz", ao insistir em que o movimento nacional atuasse em favor dos mais pobres entre os pobres,[40] ou, numa ocasião em que refletia, com certa ironia, sobre o âmbito de sua influência, aos "incontáveis homens e mulheres que têm uma fé ingênua em minha sabedoria".[41] Nesse teste sul-africano da *satyagraha* como forma de mobilização de massas, a nota de receio de que os broncos e ingênuos descambassem para a violência prefigurava o Gandhi que escreveria depois que sua primeira convocação de um movimento nacional de não cooperação com o domínio britânico na Índia degenerara num surto de incêndios e mortes: "Sei que a única coisa que o governo teme é a imensa maioria que eu pareço controlar. Mal sabem que eu a temo mais ainda do que eles".[42]

É evidente que na África do Sul ele não controlava exatamente uma maioria. Ali, a verdadeira maioria era negra. Mas, de qualquer forma, na obsessão de conquistar para os indianos o que ele via como seus direitos de cidadãos do Império Britânico, Gandhi parece nunca ter se perguntado como ou quando a massa poderia ser mobilizada. Se a convocação dos trabalhadores indianos de

Natal lhe parecera uma grande ousadia, fica claro que continuava a julgar a mobilização de massas uma arma política perigosa — tentadora, mas arriscada. Ele a tentaria em escala nacional na Índia apenas de dez em dez anos, mais ou menos — em 1921, 1930 e 1942 —, como se ele e o país precisassem de uma década para se recuperar em cada caso. Nessa ocasião, no entanto, na África do Sul, o futuro Mahatma encontrou a fortaleza, a vontade política, para lançar mão dessa arma — porque precisava demais e com urgência de reforços na linha de frente da resistência não violenta, num momento em que o apoio por parte de sua gente se reduzira, e porque seus seguidores mais dedicados, que ele treinara para a resistência disciplinada, queriam que ele agarrasse a oportunidade. Ele estava lutando por seu povo, mas também por sua própria sobrevivência política. A perspectiva de regressar à Índia como o chefe que se aposentava depois de um movimento exaurido e derrotado não lhe agradava e pode até ter sido um estímulo à ação. Não tirar proveito do momento seria reconhecer a possibilidade de afastar-se da cena. "Os pobres não têm receios", ele escreveu mais tarde, estupefato, lembrando a onda de greves que se espalhou rapidamente por Natal depois que ele e os companheiros acenderam o rastilho.[43] Foi uma descoberta importante.

O que sabia ele sobre os trabalhadores em regime de engajamento? Maureen Swan, autora de um estudo pioneiro que veio preencher as lacunas da história consagrada da estada de Gandhi na África do Sul — com isso a desmistificando —, observa que nunca antes ele tentara organizar esses trabalhadores, e que esperou até 1913 para cuidar dos problemas das "classes oprimidas de Natal".[44] A história antes aceita era a versão narrada pelo próprio Gandhi, é claro, com base nas lembranças que mais tarde, na Índia, ele registraria por escrito. No período sul-africano, essas histórias saíam semanalmente no jornal publicado em seu *ashram*, como parábolas ou lições de *satyagraha*, até que um dia foram reunidas numa autobiografia. Swan, historiadora, fala e trabalha usando o conceito de classe social. Sua análise não toca nas categorias nas quais os indianos que foram para a África do Sul costumavam se enquadrar. Refiro-me às categorias de região e de casta, ou — para ser um pouco mais específico sem mergulhar num labirinto de categorias sobrepostas mas não equivalentes — *jati* e subcasta, os grupamentos com os quais os indianos pobres em geral se identificam. O fato de as "classes oprimidas" de Swan serem de castas baixíssimas não era relevante para sua argumentação. Mas pode ter tido alguma relevância para a forma como Gandhi as via, pois logo no início de sua longa temporada na África do Sul ele passara a se sentir, por suas vias peculiares, moralmente afrontado com a injustiça do sistema indiano de castas, em especial com a discriminação contra os chamados intocáveis.

As ideias de Gandhi a respeito de igualdade social continuaram a se desenvolver durante sua estada na África do Sul e também depois, quando ele se confrontou com o turbulento cenário indiano. Lutara pela igualdade de indianos e brancos ante a lei. Como era inevitável, isso o levara à questão da igualdade entre indianos e indianos. Ele cruzou os limites de casta antes de cruzar o de classes, mas todas essas categorias por fim se baralharam e se sobrepuseram em sua mente, tanto que, anos depois, em 1927, pareceu-lhe natural recordar sua luta na África do Sul quando fazia campanha, na Índia, contra a questão dos intocáveis: "Creio implicitamente que todos os homens nascem iguais. [...] Combati essa doutrina de superioridade na África do Sul passo a passo, e em virtude dessa convicção inerente me apraz declarar que sou um catador de lixo, um fiandeiro, um tecelão, um agricultor e um trabalhador braçal".[45] Aqui Gandhi repete o comentário que fizera, meio de brincadeira, a seu biógrafo, Joseph Doke, em Johannesburgo, vinte anos antes: o primeiro estudo sobre sua vida poderia chamar-se "O catador de lixo".[46] De outra feita, disse que a "melhoria social dos *harijans*" — termo que significa "filhos de Deus" e a que ele tentou dar curso em lugar de intocáveis — tinha lhe ocorrido na África do Sul, como uma ideia e uma missão. "A ideia me ocorreu na África do Sul e no quadro sul-africano", disse ele a seu fiel secretário Mahadev Desai.[47] Se estava aludindo a sua vida política — às ações que realizava na vida prática e não apenas aos valores em que passara a acreditar interiormente —, há pouca coisa em toda a atuação de Gandhi na África do Sul, além da campanha de 1913, que possa servir de base a essa afirmação.

Referências a catadores de lixo e a outros intocáveis não fazem parte da terminologia da luta de classes usada por um revolucionário como Mao Tsé-Tung. Mas essa terminologia é radical em seus próprios termos — em seus próprios termos indianos — e faz a ligação entre as lutas que mais tarde Gandhi travaria na Índia pelos intocáveis e as greves dos engajados que ele liderou, apreensivo, na região mineira do norte de Natal.

Muito antes de pensar em utilizar esses trabalhadores em sua luta, Gandhi estava atento à opressão a que eram submetidos. Ao fazer dessa opressão uma causa, ele não explicitou uma conexão, uma sobreposição, entre esses trabalhadores e os intocáveis. Mesmo assim, não podia deixar de percebê-la. Esse era um tema em geral evitado, mas todos os indianos na África do Sul sabiam que a questão os espreitava no novo mundo em que viviam. A maioria deles tinha ido para a África do Sul como engajados, ou descendiam de engajados. A maioria desses trabalhadores vinha de castas baixas;[48] e é quase certo que a proporção daqueles tidos como intocáveis fosse bem mais alta na África do Sul do que na Índia, onde, na época, era estimada em cerca de 12% da população em todo o país, chegando a 20% em algumas regiões. Uma atração do sistema de contratos a termo, destacada pelos recrutadores que agiam no sul da Índia e na planície do Ganges, era que ele podia aliviar o ônus que pesava sobre os trabalhadores considerados sem casta. Atravessar um oceano, mesmo que em decorrência de um contrato de quase servidão, tornava mais fácil mudar de nome, de religião ou de ocupação. Em suma, mudar de vida. Mesmo que não fizessem nada disso, podiam esperar que no novo país a questão da casta se tornasse menos importante como pedra de toque e imperativo social. Contudo, ela não deixava de existir. Como Gandhi era liberal em questões de casta, pôde ver-se como líder de trabalhadores sob contrato de engajamento, da mesma forma como lhe era fácil conceber que hindus e muçulmanos, tâmeis e guzerates vivessem como um só povo no quadro de uma comunidade de imigrantes onde todos estavam juntos — o que raramente acontecia na Índia.

Nesse ponto, na África do Sul, o Gandhi político e o Gandhi religioso se unem, e não pela primeira nem pela última vez. No fim de sua vida, pouco antes da independência da Índia e logo depois dela, um Mahatma deprimido esteve à beira de se admitir como um fracassado. Via hindus e muçulmanos entregues a um paroxismo de chacinas mútuas, aquilo que mais adiante viria a ser chamado de "limpeza étnica". Nas aldeias, onde a maioria deles vivia, os intocáveis continuavam a ser intocáveis; o compromisso de libertá-los como parte da conquista da liberdade, que ele tentara instilar nos hindus, parecia ter virado matéria de pura retórica, quaisquer que fossem as leis promulgadas. Ninguém, por mais inspirador ou santo que fosse, poderia ter realizado a renovação da Índia de alto a baixo em apenas duas gerações, o tempo transcorrido desde que Gandhi começara a concebê-la como a sua missão, ainda na África do Sul. Foi lá, escreveu

Gandhi mais tarde em sua resenha final, *Satyagraha in South Africa*, que ele se dera conta "de minha vocação na vida".[49]

Aqueles que confiavam na chamada "força da verdade" sentiam-se "estranhos ao desapontamento e à derrota", afirmou ele na última linha daquele livro. No entanto, ali estava ele, no fim de seus dias, expressando um desencanto crônico e, vez por outra, sensação de derrota. Gandhi fora mais responsável pela independência da Índia do que qualquer outra pessoa — ao declarar que aquela era a meta e tornando-a exequível, ao persuadir a nação de que era uma nação —, mas não esteve entre os que comemoraram o grande dia. Em lugar disso, jejuou. As celebrações foram, em suas palavras, "uma coisa triste".[50]

Em nossa própria época, é inevitável que a palavra "tragédia" se ligue a algum evento desastroso. Um engavetamento de veículos na estrada, um tornado que cause perda de vidas, um tiroteio numa agência dos correios ou um ato de terrorismo — tudo isso será classificado como "trágico" no noticiário da TV, como se tragédia fosse tão somente um sinônimo de calamidade ou fatalidade sinistra. Naipaul escreveu que falta aos indianos um sentido do trágico.[51] Não mencionou Gandhi de forma específica com relação a essa questão, mas, se alguém lhe perguntasse, é provável que o fizesse. Todavia, no sentido mais profundo da expressão — que a liga à personalidade e à mortalidade inelutável, e não ao acaso —, há um elemento trágico na vida de Gandhi, não porque ele tenha sido assassinado, nem porque suas mais nobres qualidades tenham inflamado o ódio no coração de seu assassino. O elemento trágico está no fato de que ele acabou sendo obrigado, como Lear, a contemplar os limites de sua ambição de refazer o mundo. Nesse sentido, a peça já estava sendo escrita quando ele embarcou no vapor na Cidade do Cabo em 1914.

"O santo partiu de nossas praias, e, sinceramente, eu espero que para sempre", escreveu seu principal antagonista sul-africano e adversário ocasional em mesas de negociação, Jan Christian Smuts, então ministro da Defesa.[52] No começo de sua longa estada no país, ele fora chamado de "um visitante inconveniente"; agora, ao partir, era "o santo", embora obviamente ainda fosse uma presença inconveniente. Não era fácil dizer o que Gandhi havia alcançado, além de sua notável autocriação e do exemplo que deixara. Uma alta autoridade britânica temia que ele pudesse ter mostrado aos negros sul-africanos "que eles têm um instrumento em suas mãos — ou seja, união e resistência passiva — em que ainda não tinham pensado".[53] Passariam anos antes que essa hipótese fosse seriamente testada.

No entanto, para o próprio Gandhi, a África do Sul fora mais que um prelúdio. Entre sua chegada e sua partida, havia adquirido algumas ideias com as quais estava comprometido, e outras que mal havia começado a pôr à prova. A *satyagraha* como meio de militância ativa para alcançar um objetivo nacional pertencia à primeira dessas categorias; a *satyagraha* envolvendo os mais pobres dos pobres, à segunda. Essas foram as ideias que ele carregava em sua bagagem, no mais exígua, quando por fim deixou a África.

Outra variação concebível sobre esse tema — uma luta que não só envolvesse os mais pobres, mas que fosse travada especificamente em favor deles — nunca chegou a se materializar de verdade na África do Sul. Mais difícil ainda seria concebê-la nas circunstâncias da Índia para a qual Gandhi retornou.

Para entender como a estada de Gandhi na África do Sul o pôs em sua rota de originalidade brilhante e, em última instância, problemática, temos de nos aprofundar mais em alguns dos episódios que constituíram essa longa fase de vivências, ver como suas experiências naquele país moldaram suas convicções, como essas convicções plasmaram um sentido de missão e de si mesmo que estava quase plenamente formado quando ele voltou à pátria para sempre.

2. A questão dos intocáveis

[...] *o menos indiano dos líderes indianos.*[1]

V. S. Naipaul escreveu essas palavras com a intenção de provocar surpresa, até espanto. Que maneira de descrever a figura icônica, de tanga, a quem Nehru, educado em Cambridge, chamara "a quintessência da vontade consciente e subconsciente" da Índia aldeã! Como poderia Gandhi ser ao mesmo tempo "a quintessência" e "o menos indiano" dos impulsos mais profundos do país?[2] Eu tinha chegado à Índia havia pouco, perto do fim de 1966, quando dei com essas palavras de Naipaul. Para mim, foram as mais memoráveis de seu primeiro livro sobre a Índia, *An area of darkness* [Uma área de escuridão], mordaz e às vezes hilariante, publicado em 1964. Falava, entre outras coisas, do período que Gandhi viveu na África do Sul e de como essa experiência o moldou.

Eu desembarcara em Nova Delhi como correspondente, vindo da África do Sul via Londres, tal como Gandhi em 1915, o que talvez explique por que estava suscetível ao comentário lisonjeiro segundo o qual os estrangeiros viam o país com mais clareza do que seus habitantes mais sofisticados. Na primeira geração após a independência, era uma insolência, senão uma heresia, para qualquer indiano, principalmente se nascido em Trinidad e residente em Londres, dizer que a figura paterna da Índia, o amado Bapu, como era chamado em seus *ashrams* e fora deles, havia mostrado do que era capaz no exterior — e logo na África — e fora transformado para sempre pela experiência, traumática, mas inevitável, de enxergar sua pátria com olhos que tinham se tornado estrangeiros. Em outras palavras, que ele via a Índia da mesma forma que Naipaul. O autor era franco. Não desperdiçava palavras, o que era uma parte essencial de seu talento. Em essência, dizia que Gandhi estava horrorizado com o país por cuja libertação ele fora tido como responsável. O fervor reformista do futuro Mahatma fora despertado pela opressão social da Índia e por sua imundície — ver pessoas se agachando, displicentes, em vias públicas para aliviar os intestinos e depois, com a mesma displicência, largar ali suas fezes para que os coletores de dejetos as removessem. "Ele olhou para a Índia como nenhum indiano era capaz de olhar", escreveu o jovem Naipaul. "Sua visão era objetiva, e essa objetividade foi, e ainda é, revolucionária."[3]

Naipaul encontrou comprovações do que dizia na *Autobiografia* de Gandhi, um livro que ele continuaria a garimpar a cada dez anos, ou mais ou menos isso, em busca de novas informações sobre o "multifacetado Gandhi". Nesse primeiro exame, ele se concentrou numa visita de Gandhi a Calcutá em 1901, por ocasião de uma viagem a seu país que de início ele tencionara ser de retorno permanente. Gandhi não sabia, mas ainda viveria doze anos na África do Sul. Dali a um ano ele se permitiria ser chamado de volta da Índia. Esse é o Gandhi pré-*satyagraha*, com 32 anos, autor de petições a autoridades remotas, e não um líder de manifestações de massa. Gandhi está em Calcutá para participar de sua primeira reunião anual do Partido do Congresso, um movimento que um dia ele transformaria e dominaria, mas que nessa época mal tomava conhecimento de sua existência.

Naipaul é econômico ao expor o contexto, mas algumas palavras ajudarão. No começo do século xx, Calcutá era "a cidade apinhada e pestilenta" descrita por Kipling, mas nessa época também era a sede do vice-reino, a capital do Raj, a "segunda cidade" do Império, e capital também de uma Bengala indivisa (uma área de maioria islâmica, por pequena margem, que ocupava todo o delta do Ganges, incluindo a atual Bangladesh e o estado indiano de Bengala Ocidental). E não só isso. Foi também um importante celeiro de movimentos reformistas hindus e estava agora na iminência de uma fase de fermentação que poderia ser chamada de pré-revolucionária. Nesse sentido, era a São Petersburgo da Índia. Recém-chegado à política, Gandhi recebeu nada mais que cinco minutos para falar da situação que os indianos enfrentavam na distante África do Sul. A não ser ele próprio, ninguém atentava à participação desse advogado vindo de Durban. Ele era tão importante para os trabalhos quanto seria um delegado de Guam ou de Samoa numa convenção política americana.

Mas vejamos o que acontece. Naipaul, brilhante, se apropriou de três parágrafos da *Autobiografia*. Não é preciso destacar-lhes a importância. Um quarto de século depois, ao escrever sobre seu primeiro contato com o Partido do Congresso, Gandhi ainda parecia atônito, nada menos que horrorizado. "Até mesmo lá, ficou bem evidente a questão dos intocáveis", ele registrou, descrevendo as precauções que os hindus de casta alta do sul da Índia julgavam que tinham de tomar em Calcutá para jantar sem se poluir com a vista de outros. "Portanto, uma cozinha especial precisou ser construída para eles [...] cercada por paredes de vime. [...] Servia de cozinha, refeitório, lavatório, tudo junto — era um cofre-forte sem saídas. [...] Se — eu dizia a mim mesmo — existe tamanha ideia de intocabilidade entre os próprios delegados do Partido do Congresso, imagine-se como não se comportariam os eleitores."[4]

E havia ainda o problema das fezes, que não deixava de estar ligado à questão dos intocáveis, uma vez que os varredores de ruas, coletores de dejetos, bhangis ou como quer que fossem chamados eram considerados os mais baixos, os mais intocáveis dos sem casta. Leiamos Gandhi de novo:

> Poucas eram as latrinas, e a lembrança de seu cheiro fétido ainda me nauseia. Chamei a atenção dos voluntários para esse fato, e me responderam bruscamente: "Isso não é conosco, mas com os lixeiros". Pedi uma vassoura e um de meus interlocutores me fitou, perplexo. Consegui uma, e com ela limpei a latrina. [...] Alguns dos delegados não tinham o menor escrúpulo em utilizar as varandas contíguas a seus quartos para satisfazer as necessidades durante a noite. [...] Ninguém se mostrou disposto a limpar nada, nem a compartilhar comigo a honra de fazê-lo.[5]

Se o Partido do Congresso continuasse reunido, conclui Gandhi, sarcástico, "aquele ambiente favoreceria muito o alastramento de epidemias". Um quarto de século separa o encontro de Calcutá e sua narrativa dessa lembrança. As condições melhoraram, mas não o suficiente. "Mesmo hoje", diz ele, com seu jeito insistente, intimidante, "não faltam delegados que desfiguram o acampamento do Partido do Congresso [...] onde quer que estejam." (Quarenta anos depois, quando, pela primeira vez, assisti a uma sessão do Comitê do Partido do Congresso, o partido — no poder havia uma geração — havia descoberto os banheiros químicos.)

Naipaul considera a intensa preocupação de Gandhi com a higiene e as castas um óbvio subproduto de sua vida na África do Sul. Não vai além disso. Gandhi conta outra história, mas é incompleta e em nada explica sua disposição de fazer o trabalho do coletor de dejetos no banheiro de Calcutá, ou sua posterior disposição de fazer disso uma de suas causas. Ele afirma que se opunha à existência de intocáveis desde os doze anos, quando sua mãe o repreendeu por brincar com um jovem *bhangi*, Uka, exigindo que ele se submetesse à "purificação".[6] Mesmo quando criança, diz ele em suas várias narrações desse incidente, não conseguia ver alguma lógica na exigência de sua mãe, ainda que, acrescenta, "sem dúvida lhe obedecesse".

A memória não é só de Gandhi ou de sua época. Indianos de hoje, quando a discriminação contra os intocáveis está proibida por lei há mais de sessenta anos e é mais ou menos renegada pela maioria das pessoas instruídas, lembram-se de cenas semelhantes em datas mais recentes. Isso é verdade mesmo entre os indianos na África do Sul, onde a discriminação contra os intocáveis raramente era reconhecida e nunca veio a ser uma questão debatida abertamente. Numa visita recente a Durban, ouvi de um amigo advogado, já idoso, um caso parecido com o de Gandhi: sua mãe se recusara a servir chá a um de seus colegas de escola que ela identificou como um pária (a palavra, do tâmil, nos veio desse grupo de intocáveis do sul da Índia). Mas a experiência de Gandhi na infância não explica sua conduta em Calcutá. Aos doze anos, ele não pensava em ajudar Uka a esvaziar a latrina da família Gandhi, e sua disposição para pôr de lado a questão dos intocáveis não se transformou no mesmo instante numa ânsia de assistir ao fim da intocabilidade. O caminho que ele seguiu até a reunião do partido em Calcutá teve reviravoltas e passou, afinal, pela África do Sul. Mas começou na Índia, onde a questão da intocabilidade começava a cair em descrédito entre hindus esclarecidos bem antes de Gandhi abordar o tema. Cair em descrédito, bem entendido, entre um pequeno setor de uma elite anglicizada que, em maior ou menor grau, fora educada em inglês. Ao mesmo tempo, de acordo com estudos recentes fiáveis, a discriminação contra os intocáveis se tornava mais rígida e opressiva nas aldeias, onde a elite só raramente pisava. Isso acontecia enquanto subcastas em ascensão procuravam garantir sua própria posição e seus privilégios, traçando uma firme linha entre elas próprias e grupos dependentes que, convenientemente, elas tachavam de "impuros", mas exploravam de forma sistemática. Do mesmo modo que a segregação racial tornou-se mais rígida e formalizada na era Jim Crow no Sul dos Estados Unidos e no período do apartheid na África do Sul, de modo geral, segundo essa linha de interpretação, as barreiras da intocabilidade não diminuíram, mas, ao contrário, cresceram ainda mais na Índia colonial.[7]

O que os estrangeiros e muitos indianos creem saber sobre o sistema de castas e o fenômeno da intocabilidade deve muito à taxonomia colonial: os classificadores britânicos — autoridades distritais chamadas comissários, recenseadores e intelectuais — não poupavam esforços no sentido de catalogar a multiplicidade de subgrupos e pormenorizá-los, da mesma maneira como Lineu definiu as categorias botânicas. Ao delinear o sistema, tendiam a congelá-lo, imaginando terem enfim desvendado uma estrutura antiga que fundamentava e explicava os constantes fluxos, entrechoques e embaralhamento de grupos sociais e seitas indianas em disputa. Todavia, o sistema fixo que eles acreditavam ter delineado não podia ser imobilizado para exame; permeado por todas as incoerências, ambiguidades e aspirações conflitantes da Índia atual, além de seu inegável caráter opressivo, o sistema mantinha-se em movimento e mutação. Nem todos os indianos indigentes eram intocáveis, mas quase todos aqueles classificados como intocáveis viviam na mais ignóbil miséria. Os sudras, camponeses da mais baixa ordem de casta, podiam ser desprezados, explorados e enxotados em eventos sociais sem serem considerados poluidores por seus superiores. Alguns grupos de intocáveis praticavam a intocabilidade em relação a outros grupos de intocáveis. Se um grupo podia ser visto como mais poluidor do que outro, o fenômeno da intocabilidade passava a ser uma questão de grau. Ainda assim, nascer intocável significava, quase com certeza, receber uma pena vitalícia de viver em desgraça, muito embora a localização daquilo que a historiadora Susan Bayly chama de "barreira de poluição"[8] — a fronteira entre os grupos hinduístas "puros" e aqueles considerados "impuros" ou poluidores — pudesse mudar no tempo e no espaço. Em algumas regiões, sobretudo no sul da Índia, o mero contato com a sombra de um intocável podia ser visto como poluição. Em poucas áreas, porém, mulheres supostamente intocáveis estavam livres de exploração sexual por parte de homens de casta superior, supostamente "puros".

Alguns grupos sem casta conseguiam, no decurso de gerações, livrar-se da pecha de intocáveis, deixando de exercer profissões consideradas poluidoras, como a coleta de dejetos humanos para uso em fertilizantes, recolhimento de carcaças de animais ou trabalho com couro. Outros logravam distanciar-se das origens humildes convertendo-se ao cristianismo ou ao islã. (Entre os cristãos indianos, num traslado cultural tenebroso que contrariava as promessas aos missionários, para não falar do Sermão da Montanha, alguns continuavam a tratar irmãos de fé como intocáveis.) Os costumes variavam de região para região, tal como a autoridade dos brâmanes de casta elevada, clérigos que definiram o sistema e eram, normalmente, seus principais beneficiários.[9] Os britânicos e os missionários que seguiam suas pegadas ensinavam aos membros do amplo espectro de várias seitas mais ou menos semelhantes, dedicadas a deuses diversos, que eles pertenciam a um vasto coletivo chamado hinduísmo. O mais importante é que, ao mesmo tempo, os indianos estavam descobrindo isso por si mesmos. (Os antigos persas descreveram os "hindus" mais de dois milênios antes da chegada dos britânicos; e estudos recentes indicam que o termo "hinduísmo" foi criado por um indiano, no começo do século XIX.)[10] Da mesma forma, membros de grupos específicos que eram alvo de intocabilidade — *chamars*, *mahars*, *malas*, *raegars*, *dusadhs*, *bhangis*, *doms*, *dheds* e muitos mais — vieram a saber que integravam um grupo maior, o dos chamados intocáveis. Em breve, alguns começaram a chegar à conclusão de que podiam formar uma frente única para seu próprio progresso.

Antes que Gandhi voltasse em definitivo da África do Sul, havia brâmanes dirigindo escolas em Maharashtra para a educação de intocáveis. Nem por isso, porém, tinham o hábito de fazer refeições junto com aqueles que estavam educando. Em vista da possibilidade, na época apenas teórica, de que um dia houvesse eleições e apuração de votos na Índia, um movimento denominado Arya Samaj via com apreensão o número de intocáveis que se convertiam ao cristianismo; e assustava-se mais ainda com o número daqueles que se convertiam ao islã. Por isso, instituiu o ritual da *shuddi*, ou purificação, para intocáveis que pudessem ser atraídos ao "redil hindu" (como Gandhi viria a chamá-lo). Também nesse caso, a igualdade que ofereciam estava sujeita a limitações rígidas. Nem todos os adeptos do movimento aceitavam que os intocáveis "purificados" ou reconvertidos fossem autorizados a tirar água de poços usados por castas superiores. Talvez fosse mais conveniente conceder-lhes poços iguais mas separados. Não bastava considerar poluídos os que exerciam profissões poluidoras. Os reformadores de casta alta não viam por que devessem assumir, eles próprios, essas tarefas sujas e desagradáveis.

Mais no fim da vida, Gandhi revela ao menos alguma familiaridade com essa história reformista, mas sem jamais admitir que ela possa ter influenciado seu próprio pensamento. O tema — no sentido literário, o conceito — de uma autobiografia que tem como subtítulo "A história de minhas experiências com a verdade" é que ele sempre fora um personagem independente, fazendo, destemido, suas próprias descobertas, baseadas quase exclusivamente em sua própria experiência. No domínio político, ele nunca se mostra como um seguidor, mesmo ao escrever sobre seus estreitos vínculos com Gokhale, o líder indiano que abriu caminho para seu retorno à Índia, vendo em Gandhi um possível herdeiro e a quem Gandhi reconhecia como guru político. No domínio religioso, ele também reconhecia um guru, o poeta jainista (e comerciante de diamantes) Shrimad Rajchandra, de Bombaim, junto a quem buscou orientação ao se sentir pressionado por missionários cristãos em seu período de Pretória. No entanto, Rajchandra, que morreu cedo, em 1901, não era um reformador social. Gandhi fez uma série de perguntas a esse sábio. Suas respostas incluíam conselhos sobre o chamado *varnashrama dharma*, as regras da correta conduta de casta. Gandhi foi então advertido de que não devia fazer refeições com membros de diferentes castas e, sobretudo, que evitasse fazê-las em companhia de muçulmanos.[11]

Por muito que ele admirasse Rajchandra, e até o reverenciasse, essas restrições a refeições na companhia de pessoas de diferentes castas o faziam hesitar. Pessoas da família de Gandhi que guardaram a ortodoxia levaram anos para aceitar refeições não sectárias. "Minha mãe e minha tia purificavam os talheres usados por amigos muçulmanos de Gandhiji, pondo-os no fogo", lembrou um jovem primo que cresceu na comunidade Phoenix. "Para meu pai também era problema comer na companhia de muçulmanos."[12] Mais tarde, já de volta à Índia, Gandhi às vezes argumentava que a relutância dos hindus a fazer refeições com muçulmanos não passava de outro desdobramento da questão dos intocáveis, que ele deplorava. "Por que os hindus teriam problemas para confraternizar com muçulmanos e cristãos?", perguntou ele em 1934. "A intocabilidade cria uma barreira não só entre hindu e hindu, como também entre homem e homem."

Como ele chegou a suas atitudes independentes? Responder a essa pergunta ainda exige alguma investigação. Segundo a narrativa do próprio Gandhi, depois de ser advertido contra contatos físicos com o intocável Uka, aos doze anos, ele só voltaria a se confrontar com a questão de casta quando resolveu estudar direito em Londres. Nessa ocasião, os *mahajans*, ou anciães, dos *modh baneanes*

— a subcasta de comerciantes a que todos os Gandhi, hindus, pertencem — o convocaram a uma reunião formal em Bombaim, hoje Mumbai, na qual ele foi severamente admoestado e, ao mesmo tempo, advertido de que seria submetido ao equivalente de uma excomunhão se insistisse em atravessar a "água preta", com isso se expondo a todas as tentações humanas (em especial carne, vinho e mulheres) que podem seduzir uma pessoa em terras estrangeiras. Se ele viajasse, avisaram-no, seria o primeiro membro da subcasta a desafiar essa interdição. Na época com apenas dezenove anos, ele enfrentou os anciães, dizendo-lhes que fizessem o que bem entendessem.

Cabe-nos imaginar que os *mahajans* já exerciam pouquíssimo poder, pois a mãe de Gandhi, uma hindu ortodoxa, e seu irmão mais velho, Laxmidas, deram-lhe apoio, em parte porque ele jurou solenemente três vezes, diante de um clérigo jainista, viver no exterior como viveria um baneane em sua terra, e em parte porque sua formação como advogado era vista como crucial para a segurança financeira da família ampliada. O que não podemos fazer é concluir que o jovem Gandhi já estivesse em rebelião aberta contra o sistema de castas. Ao afirmar sua independência, ele não chegou a renunciar à casta que estivera à beira de declará-lo intocável, avisando a seus membros que refeições ou contato próximo com ele seria poluidor. Três anos depois, ao voltar de Londres, Gandhi viajou com Laxmidas a Nasik, um lugar sagrado em Maharashtra, a fim de submeter-se a um ritual de "purificação" que incluía imersão no rio Godavari sob a supervisão de um sacerdote que depois emitiu atestados, conservados por Gandhi, declarando que ele havia realizado as abluções.[13] Quase duas décadas depois, o Gandhi baneane, que vigiava com cuidado suas contas e despesas, fez questão de queixar-se a seu primeiro biógrafo, Doke, reclamando que o sacerdote lhe cobrara cinquenta rupias.[14]

E isso não foi o fim de sua purificação. A família Gandhi precisou então oferecer um banquete aos membros da casta na cidade de Rajkot, em Guzerate, onde ele passara grande parte da infância e onde sua mulher e o primeiro filho haviam permanecido durante todo o tempo em que esteve no exterior. O próprio jantar incluiu um ritual de submissão. O filho pródigo deveria desnudar-se até a cintura e servir pessoalmente todos os convidados.[15] Gandhi, cujo torso estaria sempre visível na parte final de sua vida, submeteu-se. A maioria dos membros de sua *jati* ficou satisfeita, mas outros, entre eles a família de sua mulher, nunca mais correram o risco de se permitir ser vistos tomando refeições na presença de uma pessoa tão rebelde, mesmo depois que ele se tornou o líder reconhecido do país. Gandhi fazia todo o possível para não causar embaraço aos renitentes, alguns dos quais emitiram sinais de que estavam prontos a ignorar a interdição na privacidade de suas casas. Gandhi preferiu não lhes causar embaraços. "Eu não tomava sequer um copo d'água nas casas deles", ele escreveu, jactando-se de sua própria "não resistência", que lhe valeu a afeição e o apoio político dos baneanes que ainda o viam como excomungado.[16]

Ou assim ele disse. A linha que separa a humildade da santimônia pode ser tenuíssima, e às vezes Gandhi a cruzava. Exemplos disso são sua inclinação para transformar a própria vida numa série de parábolas — em suas memórias, escritas a toque de caixa na década de 1920 e, à medida que envelhecia, em seu discurso cotidiano. O fato é que ele desafiara os anciães de sua casta mas, mesmo depois de submeter-se à cerimônia de purificação, recusava-se ostensivamente a transgredir a antiga proibição, em respeito a quem temesse que ela ainda fosse válida. O modo como ele lidou com a questão pode ser visto como passivo-agressivo: um prenúncio da *satyagraha* na arena da família. Essa era a forma de Gandhi conquistar vantagem. Tudo isso aconteceu mais tarde. Ao retornar de Londres, ele tinha fortes motivos práticos para estabelecer boas relações com sua casta — boas relações com os *modh baneanes* seriam importantes para seu futuro como advogado, pois era deles que decerto viria a maioria de seus clientes.[17]

A cerimônia de purificação em Nasik e o banquete em Rajkot demonstram que ele estava longe de rebelar-se contra os princípios de casta durante o intervalo entre sua volta de Londres e sua partida para a África do Sul. Fossem quais fossem suas opiniões privadas, a atitude do novo advogado em relação ao sistema de castas e sua função na sociedade indiana ainda eram, basicamente, conformistas. A experiência de tornar-se intocável em sua própria subcasta, relativamente privilegiada, não dera a Gandhi nenhuma percepção especial da vida dos oprimidos. No máximo, o episódio incutiu nele a ideia de que a casta poderia não ser uma barreira intransponível. Foi apenas um passo, portanto, no caminho para Calcutá em 1901. É quase certo que Naipaul tivesse razão: aquele confronto talvez nunca tivesse acontecido como aconteceu se ele não houvesse ido para a África do Sul. Se examinarmos com cuidado as primeiras experiências de Gandhi naquele país, vários momentos críticos de conscientização parecem convergir num período de mais ou menos um semestre, a começar do fim de 1894, quando ele estava se instalando como advogado em Durban.

Poderia seu contato com os missionários cristãos naquele período ter algo a ver com o surgimento de uma consciência social? É evidente que os missionários britânicos e americanos ajudaram a instilar uma noção de igualdade social no pensamento indiano. Esses primeiros sinais de uma clara condenação estavam sempre implícitos — e às vezes explícitos — na crítica geral que faziam a uma ordem social que consideravam iníqua e em seus ataques mais específicos à autoridade dos brâmanes. A casta sacerdotal era pintada nos livros cristãos como egocêntrica e corrupta. ("Onde quer que se vejam homens, eles têm duas mãos, dois pés, dois olhos, duas orelhas, um nariz e uma boca, não importa qual seja sua raça ou seu país", lia-se numa carta a um jornal missionário três décadas antes do nascimento de Gandhi.[18] "Portanto, Deus não poderia ter em mente criar muitas castas entre os homens. E o sistema de castas, só praticado na Índia, foi criado pelos brâmanes para manter sua superioridade.") No entanto, não há provas de que nas conversas entre Gandhi e os missionários que competiam por sua alma em Pretória e Durban tenha havido debates sobre castas e igualdade social. Tudo com relação às primeiras experiências do recém-chegado na ordem racial emergente leva a crer que tais assuntos podem e devem ter vindo à baila. Mas o que esses evangelistas tinham em mente era a salvação, e não reforma social. Por tudo o que realmente sabemos a respeito de suas conversas com Gandhi, eles só pensavam no mundo do além, e não neste.

É aqui que entra em cena Tolstói, vindo das estepes. Em algum dia de 1894, ao que parece em suas últimas semanas em Pretória, Gandhi recebeu, pelo correio, um pacote remetido por um de seus admiradores na Grã-Bretanha. Tratava-se de Edward Maitland, líder de uma ramificação cristã e esotérica do movimento teosofista. Maitland lhe enviava a recém-publicada tradução de Constance Garnett de *O reino de Deus está em vós*, em que o grande romancista russo confessa, no fim da vida, uma ardente fé cristã, fundamentada na consciência individual e numa doutrina de não violência radical. Dez anos depois, Gandhi toparia com Ruskin e, passados alguns anos, com Thoreau. Posteriormente, ele se corresponderia com o próprio Thoreau. Mas se houve uma experiência iluminadora no desenvolvimento intelectual de Gandhi, ela começa no momento em que ele desembrulha o pacote em Pretória. O autor de *Guerra e paz*, obra que o jovem advogado teria achado menos fascinante, descompõe a alta cultura das classes educadas, que professa a fé na fraternidade do homem, condenando em sua argumentação todas as instituições da Igreja e do Estado na Rússia czarista. O que elas têm em comum, ele invectiva, é a hipocrisia entranhada, nunca mais falsa do que quando se põem a arengar sobre o tema da fraternidade:

> Somos todos irmãos, mas eu vivo de vencimentos que me são pagos para acusar, julgar e condenar o ladrão ou a prostituta cuja vida é derivada de todo o teor de minha existência. [...] Somos todos irmãos, mas eu vivo do salário que ganho cobrando de operários necessitados impostos que serão gastos nos luxos dos abastados e ociosos. Todos somos irmãos, mas recebo espórtulas para pregar uma falsa religião cristã, na qual eu mesmo não creio e que só serve para impedir que os homens entendam o verdadeiro cristianismo.

E mais: "Somos todos irmãos... e, no entanto, toda manhã um irmão ou uma irmã esvazia os vasos noturnos para mim".[19]

Começamos aqui a ter uma ideia clara de como se formou a consciência social que Gandhi levaria para Calcutá em 1901. Não foi apenas o fato de viver na África do Sul que a inspirou. Foi refletir sobre a Índia enquanto vivia na África do Sul e lia Tolstói, como continuaria a fazer nos anos seguintes. Ao chegar à reunião de Calcutá, Gandhi já lera a jeremiada seguinte de Tolstói, intitulada *Que fazer?*.[20] Nessa obra, no mesmo tom profético, Tolstói mostra às classes educadas como podem se salvar: por meio de uma rejeição inflexível do materialismo, de uma vida simples e de trabalho físico a fim de prover todas as suas necessidades. ("Trabalho corporal" e "trabalho pelo pão" são frases dessa obra, uma linguagem de que Gandhi acabou se apropriando para seus próprios fins.) Nesse contexto, Tolstói, agora decidido a abandonar os privilégios de aristocrata, volta à questão das fezes humanas. As leis de Deus serão cumpridas, escreve ele, "quando homens de nosso círculo, e depois deles a grande maioria dos trabalhadores, não mais considerarem vergonhoso limpar privadas, mas considerarem vergonhoso enchê-las para que outros homens, *nossos irmãos*, deem um destino final a seu conteúdo".[21]

A marca profunda que Tolstói deixou na alma de Gandhi foi suficiente para que, anos mais tarde, um de seus críticos indianos a apontasse como prova de que ele nada mais tinha de indiano, era um estrangeiro. Esse crítico foi Sri Aurobindo, brilhante revolucionário bengalês que defendia o terrorismo sob o nome de Aurobindo Ghose e depois viveu sua longa existência como místico e guru num *ashram* do pequeno enclave francês de Pondicherry, no sul da Índia. "Gandhi", disse Aurobindo em 1926, "é um europeu — na verdade, um cristão russo num corpo indiano".[22] Gandhi, na época já quase o líder incontesté do movimento nacionalista na Índia, poderia, plausivelmente, redarguir que Aurobindo era um anarquista russo num corpo indiano, mas a observação do bengalês ou lhe passou despercebida ou não mereceu dele maior atenção.

O Gandhi jovem, o advogado e peticionário sul-africano, viu de imediato a contradição entre os ensinamentos proféticos de Tolstói e os valores vigentes entre os indianos de sua classe. Logo começam a se acumular indícios de que as ideias de Tolstói o haviam deixado mais do que apenas tocado. Em maio de 1894, ele viaja a Durban, presumivelmente para encerrar seu trabalho na África do Sul e embarcar num navio de volta à Índia. O relato de Gandhi sobre o que aconteceu então tem sido aceito pela maioria dos biógrafos: numa festa de despedida, seu olhar caiu por acaso numa nota de jornal sobre o avanço na tramitação de um projeto de lei que retiraria o direito de voto aos indianos de Natal; ele chamou a atenção da comunidade para aquilo e foi então persuadido a ficar e encabeçar a luta contra esse projeto. No entanto, um intelectual indiano, admirador de Gandhi, T. K. Mahadevan, observando que o projeto estivera então tramitando em etapas pelo Legislativo colonial durante mais de meio ano, dedicou todo um livro a denunciar a "fantasia" e a "perfídia" de Gandhi no relato do episódio em sua *Autobiografia*.[23] Com toda a veemência de um advogado criminal dirigindo-se a um corpo de jurados, Mahadevan concluiu que o jovem causídico estava cuidando, principalmente, de seu futuro. Em vez de voltar para um futuro incerto na Índia, segundo Mahadevan, o que ele queria era abrir um escritório de advocacia em Durban.

Mais generoso e, provavelmente, mais correto será admitir a possibilidade de motivos múltiplos, numa mescla em que altruísmo e ambição desempenharam seu papel no cancelamento de sua viagem para a Índia. Seja como for, em agosto de 1894 Gandhi estava dedicado ao que hoje seria chamado de uma vida voltada para o bem público, redigindo petições e, logo, uma constituição para o Congresso Indiano de Natal, uma recém-formada associação de indianos com melhores condições de vida, na maioria comerciantes e, na Durban da época, em geral muçulmanos.[24] E pela primeira vez, na alvorada de sua carreira política, ele toma conhecimento dos indianos pobres e os menciona. Com Tolstói lhe soprando coisas ao ouvido, ou pelo menos assim podemos conjecturar, Gandhi relaciona, entre os sete "objetivos" do novo Congresso, dois para os quais é difícil imaginar qualquer outra fonte de inspiração em suas leituras ou suas experiências: "Pesquisar as condições de vida de indianos que trabalham sob contrato e tomar medidas apropriadas para minorar seus sofrimentos [...] [e] ajudar os pobres e desvalidos de todas as formas razoáveis".[25] Ele pode ter feito pouco pelos trabalhadores sob contrato até quase o fim de sua estada na África do Sul, mas é evidente que eles estavam em seu espírito e em sua consciência desde seus primeiros dias na política.

Esses "objetivos" não passaram de palavras, pairando durante anos numa esfera de aspirações elevadas, sem chegar a constituir um programa. Gandhi não viajou de imediato às minas e aos canaviais para fazer uma pesquisa *in loco*. Anos depois, de volta à Índia, ele atribuiu sua hesitação a suas próprias ansiedades sociais. "Morei na África do Sul vinte anos", disse ele então, "mas nem sequer uma vez pensei em ir visitar as minas de diamantes daquele país, em parte porque temia que, como 'intocável', me negassem ingresso e me insultassem."[26] Nessa altura, o fato de ele equiparar o racismo britânico ao sistema de castas indiano — a ideia de que todos os indianos fossem intocáveis aos olhos britânicos — transformara-se no gume retórico de sua argumentação como reformador social. Esse gume lhe convinha também como nacionalista.

Em 1895, com fundadores do Congresso Indiano de Natal, na maioria comerciantes muçulmanos.

Mas não foi ali que ele começou. De início, sua meta era a igualdade social, no seio do Império, para seus benfeitores e clientes, os comerciantes indianos de classe superior. Por isso, os trabalhadores indianos sujeitos ao engajamento não foram convidados a aderir ao Congresso Indiano de Natal. A taxa anual de participação, no valor de três libras, era proibitiva para eles. Os sofrimentos deles não foram mitigados, mas dali a vários meses Gandhi teve seu primeiro encontro importante com um engajado. Foi um exemplo da realidade que se impõe com fragor. Um jardineiro tâmil, Balasundaram, ligado por contrato a um conhecido branco de Durban, procura o recém-aberto escritório de advocacia de Gandhi, onde um dos funcionários, também tâmil, traduz sua história. O homem chora e sangra pela boca, onde faltam dois dentes, quebrados. O senhor o açoitara, conta. Gandhi o manda a um médico e depois o leva perante um juiz de paz.

Essa é a versão do episódio que consta da *Autobiografia*, que deve ser relativizada, tal como seu tratamento no cinema. Nenhum dos biógrafos de Gandhi parece notar o quanto esse relato, escrito após o transcurso de três décadas, se afasta de outro que ele registrou apenas dois anos após o caso. Na versão inicial, o homem já tinha procurado, por conta própria, a autoridade chamada protetor dos imigrantes, que o encaminha a um juiz de paz, o qual faz com que ele seja hospitalizado por "alguns dias". Só então ele bate à porta de Gandhi. Seus ferimentos foram tratados, ele já não sangra, mas sua boca está tão ferida que ele não consegue falar.[27] Surpreendentemente, porém, ele é capaz de escrever em tâmil o que deseja: que o advogado obtenha o cancelamento de seu contrato. Gandhi pergunta se ele aceitaria que o contrato fosse transferido para outra pessoa, que não seu empregador, no caso de ser impossível o cancelamento. Passa-se meio ano, mas por fim Gandhi consegue a transferência do contrato de Balasundaram para um conhecido seu, pastor metodista, a cujos cultos dominicais Gandhi vinha assistindo sem muita regularidade.[28]

Balasundaram não é um engajado típico. Em vez de se esfalfar numa mina ou canavial, onde grande número de trabalhadores fica confinado em áreas delimitadas, o jardineiro mora na cidade, que conhece o bastante para chegar sozinho ao gabinete do protetor dos imigrantes e ao escritório do único advogado indiano de Durban. O fato de ele ser no mínimo semialfabetizado leva a crer que talvez não fosse um intocável. Mais tarde, atribuindo a si mesmo mais mérito do que pareceria justo, Gandhi descreve essa causa como um divisor de águas. "Ela chegou aos ouvidos de todos os engajados, e eu passei a ser visto como amigo deles", escreveu na *Autobiografia*. "Um fluxo constante de engajados começou a afluir a meu escritório."[29] Ele diz que passou a conhecer suas "alegrias e tristezas". Essas afirmações generalizantes têm sido aceitas sem discussão. ("Ele praticamente veio a ser visto como se, sozinho, fosse um órgão de assistência jurídica para esses indianos pobres", escreveu um eminente intelectual indiano, Nagindas Sanghavi.)[30] Entretanto, não são muitos os fatos conhecidos desse período que ratifiquem aquelas afirmações. Nem o próprio Gandhi cita causas posteriores envolvendo engajados; se havia registros desses processos, desapareceram há muito.[31] Salvo informações superficiais sobre duas coletas em fins de semana, no final de 1895, destinadas a arrecadar dinheiro para o Congresso Indiano de Natal, nada indica que ele tenha procurado se reunir com os trabalhadores sob contrato no período em que morou em Durban.

Consta que em 26 de outubro de 1895 ele visitou casebres perto da Point Road, onde moravam estivadores e pescadores indianos, arrecadando apenas cinco libras. (Depois do fim do apartheid, a Point Road, via pública por onde ele primeiro passou ao desembarcar em Durban, recebeu o nome de Mahatma Gandhi Road, numa homenagem bem-intencionada, mas que desgostou os indianos da cidade, por ser a rua uma área de prostituição.) No fim de semana seguinte, ele foi à área canavieira, no norte, com alguns membros do Congresso, mas, impedido de falar aos trabalhadores na fazenda Tongaat, concentrou-se em comerciantes indianos do lugar. Um juiz de paz de Durban pediu a um fazendeiro britânico que prestasse informações sobre as atividades de Gandhi. O fazendeiro não era vidente, e eis o que escreveu: "Ele vai causar alguma perturbação, disso eu não duvido, mas não é homem capaz de liderar um grande movimento. Seu rosto é fraco".[32]

A atitude real de Gandhi, nesse período, em relação aos trabalhadores engajados fica nítida nos argumentos que ele sustentou na primeira de suas causas perdidas na África do Sul: a da proteção do direito de voto dos indianos que possuíam propriedades e eram alfabetizados. Esses indianos, escreveu ele em dezembro daquele ano, "não têm nenhum desejo de ver indianos ignorantes, dos quais não se pode esperar que entendam o valor de um voto, integrando a Lista de Eleitores".[33]

Se lhe passou pela cabeça a ideia de seguir os ensinamentos de Tolstói durante sua breve incursão à área canavieira na costa norte de Natal, ela ainda não o levara a concluir que precisava realizar trabalho físico com as próprias mãos. Ao que parece, ele tampouco tentou de novo entrar nas fazendas, depois de não conseguir fazê-lo da primeira vez. Assim, para quem busca a origem de sua obsessão pelo problema dos intocáveis — tão evidente por ocasião de sua viagem a Calcutá em 1901 —, o caso Balasundaram quase nada esclarece. O máximo que se pode dizer é que ele talvez tenha ajudado a preparar o ambiente para a revelação seguinte de Gandhi, que veio não de contatos reais com indianos pobres, mas sim do fato de ele se ver no lado perdedor de uma discussão com brancos. Quase na mesma época, não mais que algumas semanas depois da ida do jardineiro a seu escritório, Gandhi, o advogado e peticionário, recebeu um puxão de orelhas do editorialista de um jornal de Johannesburgo, *The Critic*.

O editorial analisava a primeira incursão de Gandhi na panfletagem política, uma carta aberta aos membros do Legislativo colonial em Natal, publicada no fim de 1894. Nela, Gandhi abordava "a questão indiana como um todo", perguntando por que o indiano era tão desprezado e odiado no país. "Se esse ódio baseia-se só em sua cor", escreveu o neófito de 25 anos, "ele não tem, é claro, nenhuma esperança. Quanto mais cedo sair da Colônia, melhor. Faça o que fizer, ele jamais terá pele branca."[34] Mas se o ódio era o resultado de mal-entendidos, talvez sua carta contribuísse para aumentar a apreciação da riqueza da cultura indiana e do árduo e próspero trabalho que tornava os indianos cidadãos tão úteis. A situação era diferente, reconhecia Gandhi, no caso dos trabalhadores engajados, importados aos milhares com salários de fome, mantidos em condições servis e carentes de qualquer coisa que pudesse ser descrita como "educação moral". Com uma sutileza discretíssima, tão discreta que é provável que muitos leitores brancos não a tenham percebido, Gandhi escreve: "Confesso minha incapacidade de provar que eles cheguem a ser humanos".[35] O que ele está dizendo é o seguinte: Certo, eles não têm higiene e são degenerados, mas o que vocês podem esperar, em vista das condições em que os mantêm confinados? É possível que pela mente dele tenha passado a imagem de Balasundaram, o único trabalhador engajado que ele conhecera até então.

O jornal agarra esse argumento e o vira de cabeça para baixo. O que condenava os trabalhadores indianos a ser "uma raça servil" era o sistema de castas e não as leis de Natal. "A categoria de hindus que enxameiam em Natal e em outras cidades pertence necessariamente à mais baixa casta, e diante disso, por mais que façam, nunca poderão ascender a posições que imponham respeito, mesmo por parte de seus conterrâneos." Gandhi, escreveu o editorialista, deveria iniciar "seu trabalho na Índia".[36]

Foi Pyarelal, biógrafo autorizado e durante muito tempo secretário de Gandhi, que chamou nossa atenção para essa passagem. Isso pode indicar que ele encontrou um recorte que Gandhi — grande colecionador e indexador de recortes durante toda a sua carreira — guardara desde seu tempo na África do Sul. Ou, uma vez que Pyarelal esteve ao lado de Gandhi durante quase trinta anos, a partir da infância, pode significar também que discutiu o editorial com o homem que ele chamava de "Mestre".[37] Pyarelal era dado a hipérboles floreadas, mas, ao escrever a respeito do editorial de *The Critic*, ele parece seguro de si ao narrar uma epifania:

> O dardo farpado transpassou o coração de Gandhiji. A verdade irrompeu em seu coração com a força de uma revelação: enquanto a Índia permitisse que uma parte de sua população fosse tratada como párias, seus filhos deveriam estar preparados para ser tratados como párias no exterior.[38]

O dardo arremessado por um editorialista inglês em Johannesburgo iria se tornar constante no arsenal de argumentos do próprio Gandhi. ("Não nos puniu uma Nêmesis justa pelo crime da intocabilidade?", perguntaria ele em 1931. "Não colhemos o que semeamos? [...] Segregamos o 'pária' e somos, por nossa vez, segregados nas colônias britânicas. [...] Não há acusação que o 'pária' não possa atirar em nossos rostos e que não atiremos nos rostos dos ingleses.")[39]

Segundo Gandhi, o argumento usado pelo editorialista em Johannesburgo fora o mesmo que ele enfrentara várias vezes. "Durante minhas campanhas na África do Sul, os brancos me perguntavam que direito tínhamos de exigir deles melhor tratamento se éramos culpados de maltratar os intocáveis que vivem entre nós."[40] Não importa que o argumento fosse brandido rotineiramente ou que tenha sido usado apenas uma vez. O fato é que ele calou fundo.

Por fim, Gandhi realmente "iniciou seu trabalho na Índia", se em "seu trabalho" incluirmos sua preocupação tolstoiana com a higiene e a limpeza das latrinas. Em 1896 ele retornou mais uma vez à Índia, com o objetivo de reunir a família e levá-la consigo para Durban. Pouco depois de chegar a Rajkot, irrompeu uma epidemia de peste em Bombaim. Incluído numa comissão de saneamento em Rajkot, ele fez da inspeção de privadas sua principal tarefa. Nas casas dos ricos — e até mesmo num templo hindu — os banheiros eram "escuros e fedorentos, além de imundos e cheios de vermes".[41] A seguir ele entrou na área dos intocáveis: "a primeira visita em minha vida a tal lugar", admitiu.[42] Somente um membro da comissão se dispôs a acompanhá-lo. Viram que os intocáveis não tinham privadas — "Privadas são para vocês, os grandes", lhe disseram, ou assim ele se lembrava. Eles se aliviavam a céu aberto, mas, para surpresa de Gandhi, mantinham os barracos em que viviam mais limpos do que as residências das castas superiores. Dali em diante o saneamento e a higiene passaram a ser para Gandhi a prioridade máxima de sua agenda de reformas — ou quase isso.

O primeiro sinal claro de que Gandhi começara a vincular sua obsessão com a limpeza das privadas a suas convicções sobre a questão dos intocáveis surge em Durban, mais ou menos um ano depois. Segundo seu próprio relato, ele mostrou-se cruel com sua mulher, a sofredora Kasturba, com relação ao esvaziamento de um urinol. Pela primeira vez, vemos o imperativo categórico de "trabalho físico", derivado de Tolstói, traduzido em ação contra a indianíssima instituição da intocabilidade, que Gandhi passou agora a abominar pelo fato de ela prejudicar sua campanha em prol da igualdade dos indianos na África do Sul. O urinol em questão tinha sido usado por Vincent Lawrence, um dos funcionários do escritório de advocacia de Gandhi, por ele descrito como "um cristão, nascido de pais *panchama*". Um *panchama* é um intocável. Lawrence estivera hospedado na residência de dois andares de Gandhi em Beach Grove, a pouca distância da baía de Durban. A analfabeta Kasturba, em geral chamada apenas Ba, esposa hindu submissa segundo o retrato feito por seu próprio marido, concordara, ainda que a contragosto, em dividir com ele a inominável tarefa de limpar urinóis. "Mas limpar os usados por uma pessoa que fora um *panchama* lhe parecia passar do limite", escreveu Gandhi.[43] Ela carrega o urinol do funcionário, mas com protestos veementes, chorando e censurando o marido, que reage exigindo com firmeza que ela cumpra seu dever sem queixas.

"Não vou tolerar esse absurdo em minha casa", ele gritou, de acordo com seu próprio relato.

"Fique com a casa para você e me deixe ir embora", ela respondeu.

O futuro Mahatma está agora tomado de fúria. "Peguei-a pela mão, arrastei a frágil mulher para o portão [...] e comecei a abri-lo com a intenção de empurrá-la para fora." Nesse momento, ela pede perdão, e ele admite que se arrependeu. Trinta anos depois, ele não se lembra ou prefere não dizer quem finalmente esvaziou o urinol.

Temos aqui um claro prelúdio da cena de Calcutá em que Naipaul se concentrou. Ela mostra que Gandhi não precisava voltar à Índia para se ver diante da persistência da intocabilidade. Por esse motivo, ele podia ameaçar sua própria mulher, mas devia saber que ainda teria de convertê-la. Ainda em 1938, ele teve outro acesso de raiva ao saber que Ba entrara num templo em Puri que ainda barrava a entrada de intocáveis. Sua indignação transforma-se em motivo de jejum, e ele perde pouco mais de dois quilos.[44] O que continua meio indecifrável ainda, depois do primeiro incidente em Durban, é a questão de sua própria atitude em relação aos miseráveis, aos *panchamas* e outros indianos de baixa casta oprimidos pela instituição que ele odeia. Seu funcionário cristão é um exemplo fácil demais. Trata-se de um cidadão educado e de respeito, que usa colarinho duro. O que dizer dos trabalhadores engajados nas fazendas canavieiras, com quem ele não tem contato, pelos quais às vezes pede desculpas, os que se enquadram no estereótipo dos brancos de uma "raça servil"? Gandhi se importa com eles apenas de forma abstrata, pensando em si mesmo, porque objeta à impressão que eles deixam dos indianos? Ou realmente se interessa por eles?

Algumas linhas na *Autobiografia* levam a crer que a conversão ocorreu no período de Durban. Gandhi, que adquirira o que ele chamou de "paixão" pela enfermagem ao cuidar de um cunhado moribundo em Rajkot, passou a prestar uma ou duas horas de trabalho voluntário, em muitas manhãs, num pequeno hospital beneficente. Isso o pôs, diz, em "estreito contato com indianos sofredores, na maioria trabalhadores contratados tâmeis, télugos ou do norte da Índia".[45] Mas isso foi tudo o que ele disse. É uma observação feita de passagem. Não ficamos sabendo quanto tempo durou esse trabalho de enfermagem voluntário, mas apenas que lhe valeu como boa preparação para a Guerra dos Bôeres, quando os padioleiros que ele chefiou às vezes cuidavam de soldados britânicos feridos. Esses "papa-defuntos", como os soldados os chamavam, eram na maioria trabalhadores engajados. Foi a guerra, mais do que o trabalho voluntário como enfermeiro, o que realmente lhe proporcionou um envolvimento intenso com os mais pobres dos pobres indianos antes da campanha final da *satyagraha* na África do Sul.

Dos 1100 padioleiros que estavam nominalmente sob seu comando, mais de oitocentos eram trabalhadores engajados, recrutados nas fazendas de açúcar e remunerados à razão de uma libra esterlina por semana (o dobro do que a maioria deles normalmente ganhava). Esses homens, Gandhi deixa claro, atuavam "sob a responsabilidade de supervisores ingleses". Tecnicamente eram voluntários, mas na verdade tinham sido recrutados como resultado de uma solicitação oficial do governo a seus empregadores, transmitida pelo chamado protetor dos imigrantes. Arrebanhados nas propriedades em que trabalhavam, esses "semiescravos", como Gandhi os chamava, as deixaram sob o comando de seus supervisores habituais. Seria exagerado, mas não de todo incorreto, descrever Gandhi como um conveniente testa de ferro nessa transação. Num trecho revelador, ele admitiu depois que não tivera nada a ver com o recrutamento da maioria dos padioleiros: "Não cabe aos indianos o crédito pela inclusão dos trabalhadores engajados no Corpo, que por direito deveria ser dos fazendeiros. Entretanto, não resta dúvida de que os indianos livres, ou seja, a comunidade indiana, mereceram crédito pela excelente administração do Corpo".[46]

Mas uma vez Gandhi diz claramente que os "indianos livres" são membros da comunidade: os trabalhadores indianos engajados, não. Assim, embora Gandhi nos tenha dito nas páginas da *Autobiografia* que era então reconhecido como "um amigo", um homem que conhecia suas "alegrias e tristezas", sua afirmação de ter "entrado em contato mais estreito" com os trabalhadores engajados com os quais serviu nas orlas dos campos de batalha na Guerra dos Bôeres parece um tanto oca.[47] Ele não fala de pessoas, nem de incidentes, apenas de "um maior despertar entre eles", uma percepção de que "hindus, muçulmanos, cristãos, tâmeis, guzerates e sindis eram, todos, indianos e filhos da mesma pátria". O despertar se dá "entre *eles*". Podemos quase visualizar sua plateia cativa anuindo enquanto ele discursa, ainda que grande parte dela — sobretudo os tâmeis — não falasse sua língua. Contudo, não temos certeza de que ele tenha feito esses discursos na época. É mais provável que essas palavras tenham sido dirigidas a outra plateia, em outro lugar, e numa data posterior: gandhistas na Índia que acompanhavam, semana após semana, os capítulos das memórias de Gandhi em seu jornal. Muito depois dos fatos que ele narra, Gandhi, o político indiano, configura e reconfigura as experiências de Gandhi, o advogado sul-africano, a fim de promover na Índia seus valores e seu programa nacionalista.

Parte dessa reconfiguração envolve suas lembranças de atos de bravura diante do perigo. A ideia original era que os indianos não fossem expostos ao fogo e aos riscos do campo de batalha. Segundo Gandhi, no entanto, quando os britânicos se viram batendo em retirada diante de sérios reveses, seu comandante resolveu reabrir a questão com os indianos da maneira diplomática e discreta.

"O general Buller não tinha intenção de nos forçar a atuar debaixo de fogo se não estivéssemos dispostos a correr esse risco", escreveu ele, "mas, se o assumíssemos de forma voluntária, eles ficariam muito gratos. Estávamos mais do que dispostos a entrar na zona de perigo."[48] Anos mais tarde, Gandhi habituou-se a empregar metáforas marciais a fim de infundir coragem em seus voluntários em campanhas de resistência não violenta. Talvez seja isso o que ele faz nessa passagem. Todavia, a impressão que deixa é exagerada. Ele nunca se encontrou com o general Redvers Buller; não se sabe sequer se o general o conhecia de nome. Ele está falando de ordens e despachos feitos em nome do oficial comandante. E na realidade seus padioleiros jamais atuaram nos campos de batalha. Viveram a maior situação de perigo quando, por pouco tempo, lhes foi pedido que carregassem suas padiolas por uma ponte flutuante e por trilhas sabidamente ao alcance da artilharia bôer. Os canhões, porém, permaneceram em silêncio e nenhum indiano foi morto ou ferido, ainda que as primeiras batalhas em Natal para as quais foram despachados — Colenso, em meados de dezembro de 1899, e Spion Kop, um mês depois — tenham depressa se transformado em ossuários para os britânicos, com o total de mortos, feridos e capturados ascendendo a 1127 na primeira dessas batalhas e a 1733 na segunda. Como nem um único membro do corpo de ambulâncias foi vitimado por um atirador ou uma granada bôer, fica claro que suas árduas e decerto fatigantes atividades na "zona de perigo" não podem ter sido tão perigosas.

Ao descrever esses acontecimentos, Gandhi emprega o tom viril e modesto de um líder que não quer se jactar. Numa releitura, essa voz também parece trair um toque de falso heroísmo; suas pequenas ambiguidades parecem resultar mais de cálculo que de descuido. Não obstante, os biógrafos tiram o melhor partido delas. Eis Louis Fischer, um dos primeiros e ainda um dos mais legíveis, falando dos padioleiros: "Durante dias, atuaram sob o fogo dos canhões inimigos".[49] Pyarelal, o apóstolo transformado em biógrafo, assim relata o papel de Gandhi no transporte do general Edward Woodgate, o comandante da tomada de Spion Kop, mortalmente ferido, ao hospital de campanha: "A agonia do general foi torturante durante a marcha, e os padioleiros eram obrigados a correr em meio ao calor e à poeira".[50] Dois meses se passariam até que Woodgate por fim morresse, devido a seus ferimentos. Talvez ele estivesse consciente enquanto a padiola ou, mais provavelmente, o palanquim cortinado[51] em que era evacuado sacolejava ao longo do vale do rio Tugela, num percurso de pouco mais de seis quilômetros até o hospital de campanha em Spearman's Camp, onde o general Buller instalara seu quartel-general. Os detalhes físicos da evacuação são esparsos na narrativa de Gandhi. Nunca fica de todo claro se ele acompanhou o comandante ferido em todo o percurso.

Spion Kop era um morro estratégico que Woodgate capturara com suas tropas no meio da noite. De manhã, porém, percebeu que não tivera o cuidado de tomar o cume da elevação. As trincheiras estavam ainda pela metade quando a névoa da manhã se dissipou e os bôeres abriram fogo. Woodgate, temerariamente de pé fora das trincheiras, acabou atingido por uma bala que lhe atravessou a cabeça. Teve de ser arrastado para uma trincheira cheia de fuzileiros de Lancashire, mortos ou moribundos, e depois evacuado por padioleiros britânicos para "o primeiro hospital de campanha" antes que seu corpo pudesse ser entregue aos indianos. O livro *The Times history of the war in South Africa* [A história do *The Times* da guerra na África do Sul] faz uma narrativa detalhada dessas ocorrências, indo ao pormenor de referir-se a um certo tenente Stansfield como o chefe do pelotão que desceu o morro com o corpo de Woodgate.[52] O relato não menciona os indianos, e assim também procedeu um jovem correspondente britânico que subiu o morro mais tarde, depois que "as longas e demoradas horas de fogo infernal" haviam chegado ao fim.

"Feridos em profusão ainda desciam e obstruíam o caminho", escreveu Winston Churchill em sua matéria para *The Morning Post*.[53] "Cadáveres juncavam o chão. Muitos ferimentos eram medonhos." No sopé do morro, "crescia uma aldeia de ambulâncias". Dali em diante foi muito raro que Gandhi e Churchill voltassem a estar do mesmo lado. Na verdade, só estiveram juntos uma vez, numa breve reunião oficial em Londres, em 1906, que acabou sendo a primeira e única. É fascinante imaginar que talvez tenham passado um pelo outro em Spion Kop. O que mais causa espécie é a completa ausência, nos relatos de Gandhi, do quadro descrito por Churchill. Ou ele assistiu a muito pouco daquilo ou, por algum motivo, as lembranças da carnificina logo se desvaneceram.

Trinta indianos instruídos de Durban tinham sido nomeados "líderes" e recebido uniformes (pagos por comerciantes muçulmanos, nenhum dos quais se apresentou como voluntário). Os líderes também recebiam barracas. Os homens recrutados nas fileiras dos trabalhadores engajados eram obrigados a dormir ao relento, muitas vezes sem cobertores, ao menos nas primeiras semanas.[54] Gandhi era o líder dos "líderes". Nunca fica de todo claro se os líderes realmente carregavam padiolas. Em seus vários relatos, Gandhi não explicita a questão. O mais provável é que supervisionassem o trabalho, acompanhando os padioleiros e estabelecendo o ritmo (ainda que Doke, o primeiro biógrafo de Gandhi, tenha acabado suas entrevistas com a impressão de que o entrevistado realmente carregava padiolas). Quando tudo terminou, Gandhi escreveu uma carta suplicante ao secretário colonial, observando que "o chocolate da rainha" — que, mais do que como um presente, era oferecido como uma benevolência real — acabava de ser distribuído às tropas britânicas em Natal. Ele solicitava que o chocolate fosse dado também aos líderes uniformizados do corpo de ambulâncias, que haviam cumprido seus breves períodos de serviço sem remuneração. Nada pediu em favor dos trabalhadores engajados, em número muito maior, que ele não recrutara pessoalmente. No fim, nenhum indiano recebeu o chocolate.[55] O diálogo teve um final lamentável. O secretário respondeu, secamente, que o chocolate se destinava apenas a soldados regulares e suboficiais. Poderia ter dito que se destinava apenas a brancos, pois era assim que Gandhi, à cata do menor reconhecimento de cidadania em comum, por simbólico que fosse, entenderia a mensagem. Oito indianos, entre eles Gandhi, ganharam medalhas. Nenhum dos padioleiros teve o trabalho reconhecido, com exceção de uma carta do próprio Gandhi, acompanhada de um modesto presente.

Vincent Lawrence, o intocável que trabalhava para Gandhi e cujo urinol causara tamanho desgosto a Kasturba, encontrava-se entre os "líderes" que dormiam em barracas, o que mostra que para Gandhi o grande divisor social se tornara uma questão de classe, não de casta. A ideia de cruzar essa linha divisória só é apresentada mais tarde. Na época ele julgou extraordinário que os padioleiros se dessem bem com os soldados britânicos que iam conhecendo, uma vez que considerava os trabalhadores engajados "um tanto brutos".[56]

Esse tom de superioridade é típico de Gandhi, embora nem sempre ele fosse tão desdenhoso. Bem mais tarde, na Índia, depois de ter cruzado a linha divisória social, ele adotou como filha uma menina intocável, chamada Lakshmi. Anos depois da morte de Gandhi, quando o escritor Ved Mehta a procurou, Lakshmi detalhou a obsessão do pai adotivo com o sistema de saneamento que ele impôs em seu *ashram*: seus seguidores deviam juntar fezes e urina em baldes brancos, num reservado caiado, cobrir as fezes com terra e, por fim, esvaziar os baldes de fezes numa vala distante, cobrindo o que ali era depositado com grama cortada, e depois usar a urina para lavar o balde. "Bapu achou serventia até para a urina", disse Lakshmi.[57] Ved Mehta não comenta se isso foi dito com orgulho, ironia ou um pouco de cada coisa. Talvez ela estivesse apenas contando o que viu, e nesse caso oferece um exemplo para quem quiser entender a atitude dele sobre essas questões.

O *ashram* e os refinamentos de seu sistema sanitário ainda pertenciam ao futuro quando Gandhi esteve em Calcutá em 1901. No entanto, já começava a apontar nele a vontade de viver na mesma Índia da massa de indianos do campo, mais ou menos como Tolstói procurou conhecer a Rússia que seus ex-servos habitavam. É possível que essa vontade tenha sido gerada pelo espetáculo de brâmanes do sul da Índia procurando erguer paredes de vime como escudo contra a poluição. As fronteiras de casta eram obviamente mais fortes na Índia, até mesmo em dependências do Partido do Congresso, do que na África do Sul. Lá, ao menos entre os trabalhadores engajados, não eram raras as relações entre pessoas de diferentes castas, às vezes formalizadas em casamentos, devido à escassez de mulheres resultante da decisão das autoridades coloniais de limitar a imigração de mulheres a duas para cada grupo de três homens. Seria difícil para um trabalhador encontrar na mesma fazenda uma companheira de sua subcasta e de sua região. Talvez ele nem pensasse mais nisso. Num esquete cômico da época, satirizando as expedições de recrutadores às áreas agrícolas mais pobres e remotas da Índia, os agentes alegavam que as restrições de casta eram reduzidas ou até abandonadas na África do Sul.[58] O agente prometia altos salários, trabalho leve e nenhum sacerdote "para obrigar você a respeitar as tradições de castas". O trabalhador poderia comer, beber ou se deitar "com qualquer menina que você desejar, sem que ninguém se oponha ou negue seus direitos".

De fato, em 1885, uma comissão judicial formada para averiguar a condição dos trabalhadores nas fazendas de açúcar de Natal encontrou "homens de casta alta casados com mulheres de casta baixa, maometanos com mulheres hindus, homens do norte da Índia com mulheres tâmeis do sul".[59] Mais tarde, quando o sistema de contratos temporários chegou ao fim, indianos que por terem ascendido socialmente preferiram permanecer na África do Sul começaram a reerguer as barreiras que haviam deixado de vigorar. Em 1909, quinze anos depois de Gandhi ter-se apresentado como porta-voz dos indianos de Natal, 29 hindus enviaram uma petição ao protetor dos imigrantes exigindo a demissão imediata de dois párias que tinham sido nomeados policiais em sua comunidade. "Esses dois indianos são enviados para executar mandados", queixaram-se os peticionários, "e em outras ocasiões para revistar as nossas casas. [...] O que desejamos salientar é que se um pária toca em nossas coisas, ou efetua uma prisão, nós [ficamos] poluídos. Além disso, eles se dão ares."[60]

Hoje, cinco ou seis gerações depois, casamentos entre pessoas oriundas do norte e do sul da Índia, para não falar de hindus com muçulmanos, ainda causam tensões familiares na África do Sul. Contudo, os sites sul-africanos de casamentos na internet costumam ser menos incisivos a respeito de requisitos de casta do que ainda são na Índia, embora às vezes ainda façam alusões veladas. Hoje em dia, em anúncios pessoais para casamento, na Índia, de vez em quando há referências explícitas a *dalits*, o nome dado atualmente aos que até há poucas décadas eram chamados de intocáveis. Na África do Sul de hoje, tais referências ostensivas à intocabilidade parecem estar fora do padrão dos anúncios para casamento dirigidos à minoria indiana. A intocabilidade nunca é mencionada. A não ser em raros estudos acadêmicos, é possível que a própria palavra não tenha saído em letra de fôrma desde que apareceu, há muito tempo, no jornal *The Star*, de Johannesburgo.[61] O título de uma breve matéria na edição de 18 de junho de 1933, quase duas décadas depois de Gandhi deixar a África do Sul, dizia: ABOLIDA A INTOCABILIDADE EM JOHANNESBURGO.

Segundo o artigo, os anciães do templo hinduísta no bairro de Melrose haviam decidido aceitar a entrada de intocáveis, em resposta a um jejum contra a proibição, encerrado pelo Mahatma na Índia três semanas antes. Sem que o dissesse de forma explícita, o artigo admitia, portanto, que durante muito tempo alguns indianos tinham sido considerados intocáveis por outros indianos na África do Sul e que a entrada deles no templo fora vedada ao longo de toda a estada de Gandhi no país.

Gandhi certamente sabia disso. Mas, como não era praticada de forma ostensiva, a intocabilidade nunca precisou ser apontada como alvo de seu zelo reformista, por mais que ele a abominasse. Mesmo que ele tivesse vontade de lançar uma campanha contra a intocabilidade entre os indianos que viviam na África do Sul, como fazê-lo sem reforçar os preconceitos anti-indianos dos brancos, ou sem provocar uma divisão na pequena comunidade indiana? No fim de 1901, Calcutá era um caso bem diferente. Na sessão do Partido do Congresso, a intocabilidade era um fato escancarado, uma prática social não questionada. Gandhi não só a viu com um olhar estrangeiro, como reagiu a ela.

Terminada a reunião do Partido do Congresso, ele permaneceu em Calcutá durante um mês, hospedado, na maior parte desse tempo, na casa de seu guru político, Gokhale, e visitando figuras proeminentes, entre elas Swami Vivekananda, reformador hinduísta a quem seus seguidores chamavam "Mestre Seráfico". Tendo causado sensação, de um dia para outro, no Parlamento Mundial de Religiões, realizado juntamente com a Feira Mundial de Chicago, em 1893, com apenas trinta anos, Vivekananda fora saudado como prodígio, até como profeta, em alguns círculos religiosos do Ocidente. Mas quando o advogado colonial quis visitá-lo, ele se achava em seu leito de morte, aos 39 anos, e não recebia visitas. Não há como saber se Gandhi pretendia conversar com ele sobre religião ou sobre a Índia. Para ambos, esses tópicos nunca deixavam de estar relacionados entre si. O tema central de Vivekananda era a liberação da alma por meio de uma hierarquia de disciplinas iogues e de estados de consciência, começando com algumas que mais tarde Gandhi professaria: não violência, castidade e pobreza voluntária. Vivekananda também falava com dureza sobre a pobreza involuntária a que milhões de indianos eram submetidos, afirmando ser inútil pregar religião às massas indianas "sem primeiro tentar eliminar sua pobreza e seus sofrimentos".[62] Mais tarde, quando Gandhi mencionava Vivekananda em discursos, era quase sempre para repetir uma de suas citações favoritas sobre o mal da intocabilidade. O *swami* místico também sabia ser prático quando necessário. Condenava a "intocabilidade mórbida" da Índia. E, na frase que Gandhi constantemente usava, ele brincava com a expressão "classes deprimidas", a designação oficial dos intocáveis — o grupo mais carente e mais pobre da Índia.[63] Na verdade, eles deviam ser chamados, dizia Vivekananda antes que Gandhi entrasse em cena, de "classes suprimidas". Gandhi sempre acrescentava que a supressão deles deprimia todos os indianos.[64]

Ao deixar Calcutá, no fim de janeiro de 1902, Gandhi resolveu cruzar a Índia, sozinho e de trem, num vagão de terceira classe, para conhecer em primeira mão a superlotação, o desconforto e a imundície a que estavam condenados os viajantes mais pobres. Com um floreio retórico, mas sem alusão direta a qualquer coisa que seu Mestre houvesse dito então ou mais tarde, Pyarelal escreveu que Gandhi pretendia colocar-se "em contato íntimo com uma ampla seção transversal da população indiana, com a qual ambicionava fundir-se".[65] Para a expedição, comprou um cobertor, um casaco grosseiro de lã, uma sacola de lona e uma garrafa para água.

Essa decisão de atravessar o país a partir de Calcutá na terceira classe pode não ter se tornado tão famosa quanto a sua resistência ao ser posto para fora de um compartimento de primeira classe, no outro lado do oceano Índico, quase nove anos antes. Mas não é exagerado vê-la como um momento decisivo igualmente carregado de presságios. Se não havia cruzado antes o divisor de águas social em sua mente e em seu coração, ele o fazia agora. Não foi um gesto político, feito para chamar a atenção, pois ninguém estava prestando atenção nele, a não ser Gokhale, que, depois de reagir com espanto à ideia estapafúrdia de um advogado de casta superior viajar na terceira classe, por fim sentiu-se tocado pelo ardor de Gandhi a ponto de acompanhar seu protegido à estação, levando-lhe um pouco de comida para a viagem e dizendo-lhe: "Eu não teria vindo se você estivesse viajando de primeira classe, mas na situação presente eu tinha de vir". Pelo menos era assim que Gandhi se lembrava de sua partida. A admiração de Gokhale por seu pretenso aprendiz, apenas três anos mais jovem que ele, tornou-se uma espécie de reverência. "Nunca existiu na face da terra", disse ele a uma multidão de panjabis em 1909, quando Gandhi ainda estava na África do Sul, "um espírito mais puro, mais nobre, mais corajoso e mais digno."[66]

Depois daquela travessia da Índia, no começo de 1902, Gandhi impôs-se a regra (poderíamos dizer o fetiche) de sempre viajar em terceira classe na Índia — mesmo quando, como às vezes aconteceu em seus últimos anos, a empresa ferroviária separava vagões especiais e até trens inteiros para uso exclusivo de sua comitiva, o que levou o poeta Sarojini Naidu a fazer um gracejo carinhoso: "Nunca se saberá o quanto nos custa manter esse ancião santo e maravilhoso na miséria".[67] Em sua primeira viagem de terceira classe, ele achou o barulho insuportável, os hábitos dos passageiros detestáveis e seu linguajar chulo. Mascando bétele e fumo, eles "transformavam o vagão inteiro numa escarradeira", disse.[68] Estabelecer um "contato íntimo" com a população indiana não foi uma experiência agradável, mas, escreveu Pyarelal, "em retrospecto, Gandhi até a apreciou".[69] Cabe presumir que ele quis dizer que Gandhi ficou feliz com a ideia de que estava fazendo uma coisa muito original para um aspirante a político indiano. Na África do Sul, observou que as acomodações de terceira classe, utilizadas sobretudo por negros, eram mais confortáveis, com assentos estofados, e não de madeira, e os condutores não eram tão indiferentes à superlotação como na Índia. Mas na África do Sul, até então, ele viajava principalmente de primeira classe. Lá, misturar-se a trabalhadores engajados indianos ainda não fazia parte de seu programa, nem era frequente que eles viajassem de trem; e misturar-se aos negros foi coisa que nunca lhe ocorreu.

3. Entre os zulus

Desde seus primeiros meses na África do Sul, o jovem Mohandas Gandhi mostrou-se muito sensível ao racismo displicente que gotejava e escorria do epíteto *"coolie"*. Ele nunca conseguiu superar o choque de ver a palavra usada como sinônimo de "indiano" em documentos oficiais ou em processos judiciais. Inverter essa tradução — definir-se, em nome de toda a comunidade, como indiano, e não como hindu, guzerate ou baneane — foi seu primeiro impulso nacionalista. Anos depois, ele ainda se sentia afrontado pela lembrança de ter sido chamado de "advogado *coolie*". Entretanto, levou mais de quinze anos para descobrir que a palavra "cafre" [*kaffir*] tinha conotações semelhantes para as pessoas que ele vez por outra reconhecia como os proprietários originais do país, os "nativos", como também os chamava, ou os africanos, ou negros.

É provável que Gandhi tenha escutado o termo na Índia. Derivado, na origem, da palavra árabe que significa infiel, era usado à vezes pelos muçulmanos para se referirem aos hindus. Seu leque de significados na fala dos sul-africanos brancos seria novidade para ele. Em africânder e em inglês, os brancos usavam "cafre" numa ampla variedade de frases e contextos. As Guerras Cafres do começo do século XIX foram travadas por colonizadores brancos contra tribos negras que habitavam o território conhecido como Cafraria. O *kaffir corn* — milho cafre ou milho-da-guiné — era o cereal que esses colonizadores usavam para fazer mingaus e cerveja. Qualquer coisa a que se juntasse a palavra cafre era vista como inferior, atrasada ou rústica. Em seu uso mais polido, como substantivo, significava um ser primitivo. Quando pronunciada com uma expressão de escárnio ou desdém, equivalia a "crioulo" [*nigger*]. *Kafferboetie* era um termo ofensivo em africânder para designar uma pessoa que simpatizasse ou confraternizasse com negros. Uma tradução bastante próxima seria, nos Estados Unidos, *nigger lover*. Disso, Gandhi nunca foi chamado.

Vejamos esse texto do começo de 1908, em que Gandhi narra sua primeira experiência como preso numa cadeia:

> Fomos mandados para uma prisão destinada a cafres. [...] Podíamos entender que não fôssemos classificados como brancos, mas sermos tratados no mesmo nível que os nativos pareceu-nos demasiado. O correto, sem dúvida, seria que os indianos tivessem celas separadas. Em geral, os cafres são selvagens — e ainda mais os condenados. São encrenqueiros, imundos e vivem quase como animais.[1]

Os indianos condenados a trabalhos forçados eram normalmente postos nas mesmas celas que os negros, uma experiência que o próprio Gandhi vivenciaria na vez seguinte em que foi preso, naquele mesmo ano.

Muitas coisas aconteceram nos oito meses transcorridos entre essas duas experiências no cárcere. Primeiro, ele recomendara aos indianos que não se registrassem no Transvaal, como ditava a "Lei Negra"; depois, quixotescamente, firmara com Smuts um acordo pelo qual, como ele entendia, os indianos se registrariam "voluntariamente" e a seguir, em reconhecimento à pronta aquiescência deles, a lei que exigia que eles se registrassem seria revogada. No entender de Gandhi, a revogação de uma lei racial que definia os indianos como cidadãos de segunda classe tinha de ser aplaudida, ainda que pouco ou nada mudasse na vida cotidiana deles. Do mesmo modo, mais tarde ele exigiria mudanças na chamada Lei dos Asiáticos (promulgada em 1907 pelo novo Legislativo provincial branco, assim que a ex-República Sul-Africana reconquistou a autonomia), que barrava a imigração, para o Transvaal, de indianos que nunca tivessem residido lá.[2] Gandhi queria que seis — apenas seis — indianos com formação superior fossem admitidos a cada ano como residentes permanentes, mesmo que não tivessem vínculos com o território. De acordo com o enigmático critério legalista de Gandhi, a admissão de meia dúzia de indianos por ano eliminaria qualquer ideia de que fossem inatamente desiguais ou indignos de cidadania. Essa entrada de seis indianos por ano poderia ser também interpretada como uma astuciosa manobra tática, destinada a criar ou, melhor dizendo, introduzir de forma sub--reptícia um precedente ou direito — precisamente o motivo pelo qual o novo governo branco resistia ao pedido. "O espírito de fanatismo que move uma parcela da comunidade indiana" tornava aquilo desaconselhável, disse o primeiro--ministro Louis Botha a uma autoridade britânica, dando a entender que atender a Gandhi só serviria para fazer com que ele aumentasse sua resistência.[3] O que o premiê realmente queria dizer era que mesmo o ingresso de seis indianos por ano — um por bimestre — inflamaria os brancos, para os quais, é evidente, nunca houvera cotas numéricas ou requisitos de escolaridade. A proposta de Gandhi iria de encontro a uma das demandas que os brancos sempre proclamavam: que a entrada de indianos no Transvaal fosse vedada de uma vez por todas.[4] "Está decidido", um grupo que se intitulava Liga Branca havia declarado formalmente já em 1903, "que todos os asiáticos devem ser impedidos de entrar no Transvaal." Na opinião de Botha, isso era razoável, e não "fanático".

A questão do registro surgiu primeiro. E pela primeira vez, mas não pela última, o instinto de conciliação de Gandhi, que o fazia ater-se a um princípio mesmo que na prática o ganho fosse mínimo, confundiu e desconcertou seus seguidores a tal ponto que, no dia em que ele saiu para se registrar, foi emboscado e agredido com brutalidade por robustos patanes, muçulmanos da área de fronteira que é hoje o Paquistão, trazidos durante a guerra para atuar em várias funções não combatentes. Os patanes se apressaram a concluir que o suposto acordo feito por Gandhi era uma traição. Não percebiam a diferença entre tirar impressões digitais por livre e espontânea vontade e fazê-lo sob coação. Numa reação de horror à agressão contra seu líder, que começava a ser visto como um mensageiro espiritual, além de advogado e porta-voz, a comunidade indiana por fim deu ouvidos a suas recomendações e registrou-se. Entretanto, num novo desdobramento, a "Lei Negra" não foi revogada, como Gandhi lhes assegurara que seria. Embaraçado, declarou que tinha sido ludibriado. Como observou Rajmohan Gandhi, seu neto e biógrafo, ele, "pela primeira vez, permitiu-se o uso de linguagem racial", declarando que nunca mais os indianos "se submeteriam a um insulto por parte de brancos insolentes".[5] Retomou-se a *satyagraha*, e as massas atiçadas reuniram-se na mesquita de Hamidia, em Johannesburgo. Lá, seguindo o exemplo de Gandhi, os indianos do Transvaal atiraram seus documentos de registro no caldeirão de ferro, onde foram empapados de parafina e incinerados.

Com isso, Gandhi não tinha documento para apresentar quando, em outubro, encabeçou a marcha de dezenas de indianos de Natal, igualmente sem documentos, até a cidade fronteiriça de Volksrust, no Transvaal. Ali, ao se recusar a tirar impressões digitais, ele foi preso e condenado a dois meses de trabalhos forçados. Levado a Johannesburgo sob escolta com o uniforme dos condenados negros comuns ("marcado, de cima a baixo, com a flecha larga", na descrição de Doke na época), o conhecido advogado teve de desfilar pelas ruas, de Park Station até o Forte, a mais antiga prisão de Johannesburgo, onde foi atirado na carceragem superlotada da "cadeia de nativos", cheia de criminosos negros e outros não brancos.[6] Esse incidente também conta com seu memorial: o esqueleto da velha Park Station, com seus elegantes ornatos de ferro e filigranas, exposto aos elementos sob uma cobertura metálica arredondada e com lanternim, ergue-se hoje como um monumento junto de um barranco perto da estação nova, no centro de Johannesburgo; a carceragem do Forte abriga hoje uma exposição permanente sobre a vida de Gandhi, e ali se ouve, mais ou menos uma dúzia de vezes por hora, sua voz esganiçada, numa velha entrevista à BBC, queixar-se de ter sido depreciado como "um advogado *coolie*". A prisão, a mesma em que Nelson Mandela e muitos outros presos políticos ficariam encarcerados mais tarde, foi transformada num museu que preserva a memória da opressão e das lutas do passado. Ao lado de suas grossas muralhas ficam os salões abertos e arejados do novo Tribunal Constitucional da África do Sul, dedicado à defesa de uma ordem jurídica que garanta direitos iguais para todos os povos da África do Sul: uma justaposição imaginativa, projetada como um ato de desagravo arquitetônico e de realinhamento, destinado a consagrar um ideal de vida, e não apenas simbolizá-lo.

Tudo isso — a inauguração do novo edifício do tribunal, o rebatismo da área da prisão como Monte Constituição — se deu 96 anos após a primeira vez que Gandhi esteve preso ali, em 1908. Sua experiência, narrada por Doke e mais tarde registrada no *Indian Opinion*, mais que confirmou seus receios anteriores. O futuro Mahatma foi alvo de zombaria e insultos por parte de um preso negro, e depois de um chinês, que por fim se afastou, indo ter com "um nativo deitado na cama", onde os dois trocaram piadas obscenas, cada um deles desnudando os órgãos genitais do outro.[7] Gandhi, que nos informa que ambos eram assassinos, admite que ficou nervoso e demorou a dormir. Doke, um pastor batista com quem ele conversou no dia seguinte, horrorizou-se. "Esse refinado cavalheiro indiano foi obrigado a manter-se desperto a noite inteira, a fim de resistir a possíveis ataques a sua pessoa, como os que via ser cometidos a seu redor", escreveu Doke.[8] "Essa noite jamais poderá ser esquecida." O homem que não vivera a experiência descreve-a de forma mais vívida que aquele que passara por ela, decerto, podemos conjecturar, em virtude do tom de urgência, da sensação de perigo iminente com que o prisioneiro abaladíssimo lhe relatou o ocorrido, em comparação com a fria indiferença que Gandhi procurou exibir dois meses depois, quando achou tempo para escrever sobre aquela noite.

No segundo dia na carceragem do Forte, escreveu Gandhi mais tarde, quando se dispunha a usar a privada da cadeia, "um nativo forte, corpulento e mal-encarado" exigiu que ele se afastasse porque queria se servir dela primeiro.[9] "Respondi que sairia logo. No mesmo instante ele me levantou nos braços e me atirou para fora do cubículo." Não se machucou, disse, "mas um ou dois presos indianos que viram o acontecido começaram a chorar", envergonhados de não poderem defender seu líder. "Sentiram-se impotentes e amargurados." Mais uma vez Gandhi não diz como se sentiu. Essa foi a quarta agressão que ele sofria na África do Sul, a primeira partida de um negro. No entanto, ele só escreveu a respeito uma vez e sem se estender sobre o assunto. Não se sentiu chocado, nem mesmo surpreso, é o que nos leva a inferir.

Escrevendo sobre o ocorrido dois meses depois, ele chega a uma conclusão que nada tem a ver com a vida prisional, mas sim com as relações comuns entre os indianos e a maioria negra. "Podemos não ter aversão aos nativos", diz ele, "mas não podemos ignorar o fato de que não existe nenhum terreno comum entre eles e nós nas questões cotidianas."[10] Dessa vez ele não usa a palavra "cafre". Mas o sentimento não difere muito do que um brâmane refinado da época — ou, aliás, a maioria dos baneanes — poderia expressar com relação aos intocáveis. Seria crível, como especularam intelectuais indianos em conversas comigo, que Gandhi visse os africanos como pessoas que deveriam ser consideradas intocáveis?[11] Numa interpretação rígida do sistema de castas, qualquer não hinduísta ou estrangeiro, branco ou negro, é por definição um sem casta, uma pessoa a se evitar como comensal ou parceiro de atos de natureza mais íntima.[12] Na época ou mais tarde, outros hindus sul-africanos julgavam natural aplicar as normas de intocabilidade a empregados negros, não permitindo que tivessem contato com seu alimento, seus pratos ou sua pessoa. O próprio Gandhi, durante anos, havia feito refeições na companhia de vegetarianos não indianos, todos brancos. Nessa fase de sua vida, na verdade, ele estava morando com um não indiano, um arquiteto judeu de ascendência lituana, nascido na Prússia Oriental, chamado Hermann Kallenbach. Por isso, quando paramos para refletir, a questão se torna a seguinte: porventura, por causa da raça, ele punha os africanos (miseráveis, sem instrução e carnívoros) numa classe de seres humanos separada da dos *coolies* indianos (miseráveis, sem instrução e carnívoros) ou dos passageiros da terceira classe cuja conduta o estarrecera nos trens indianos? Em outras palavras: para ele, a raça era uma característica definidora ou, enfim, tão fortuita quanto a casta?

É nesse contexto que devemos ver as reflexões de Gandhi sobre a vida na prisão naquele mesmo ano. Não lhes dou destaque por serem especialmente chocantes ou reveladoras de seus sentimentos sobre a raça. Nos textos de Gandhi em seus primeiros anos na África do Sul há passagens esparsas que parecem — tanto no contexto quanto fora dele — francamente racistas. Já em 1894, numa carta aberta ao Legislativo de Natal, ele se queixava de que "o indiano está sendo arrastado para a situação do cafre rude".[13] Dois anos depois, ele ainda discorria sobre "o cafre rude, que se ocupa da caça e cuja única ambição consiste em juntar um número de reses suficiente para comprar uma esposa e depois passar a vida na indolência e na nudez".[14] (O jovem advogado Gandhi, que na época se vestia muito bem, não poderia imaginar que no futuro ele próprio se comprometeria, provocador, a viver "tão nu quanto possível".) Em 1904, no começo da epidemia de peste em Johannesburgo, ele perguntou ao diretor dos serviços médicos por que a chamada área indiana — local onde a maioria dos indianos da cidade deveria morar — havia sido "escolhida para ali serem despejados todos os cafres da cidade". Martelando ainda nesse ponto, ele declara uma obviedade: "Com relação à mistura dos cafres com os indianos, devo confessar que me sinto muito aborrecido".[15] E o mesmo Gandhi, entusiástico teórico racial, poucos meses antes havia dito: "Se há uma coisa que o indiano preza acima de tudo o mais é a pureza do tipo humano".[16] E ainda alguns meses antes disso: "Acreditamos na pureza das raças tanto quanto julgamos que eles [os brancos] acreditam".[17]

Tudo o que se pode dizer como atenuante dessas passagens é que elas se dirigiam a brancos. Se desejarmos conceder a Gandhi o benefício da dúvida, podemos dizer que o cordato advogado talvez estivesse jogando para a sua plateia, procurando defender seu argumento de que os chamados indianos britânicos podiam, com segurança, ser vistos, no aspecto cultural e político, como iguais aos brancos, cidadãos de valor, ligados a eles pelos laços imperiais comuns — que a igualdade em termos dos indianos não corroeria, no futuro próximo ou distante, a supremacia dos brancos. Mas ele se opunha à barreira da cor. Para muitos brancos, a cor era tudo o que importava. E nessa visão os indianos tinham de ser classificados, antes de mais nada, como "não brancos", para que a supremacia branca se mantivesse como a premissa básica da ordem social. Reconhecer que pudessem existir "indianos britânicos" — indianos que atendiam aos padrões que pudessem ser vistos como "civilizados"— estava a um passo de admitir o impensável, a possibilidade de africanos "britânicos" ou "civilizados". Essa era uma atitude que havia irritado Gandhi praticamente desde o primeiro momento em que pisou no país. Em seu quinto mês na África do Sul, ele recortou e guardou uns versinhos racistas da seção de humor de um jornal do Transvaal:

> *Ah, já viste, gentil senhorinha,*
> *Em nossa feira tão limpinha,*
> *Na banca de verduras e do andu,*
> *Uma coisa escura e magrinha*
> *E, lamento dizer, bem sujinha?*
> *Não o conhece? É o sórdido hindu.*[18]

Insistir em que os indianos eram britânicos foi uma forma de resistir à fácil classificação que a pele mais escura sugeria às mentes coloniais — e não só a elas, como também a mentes indianas —, como o próprio Gandhi, depois de voltar para a Índia, reconheceu anos mais tarde nessas reflexões sobre raça:

> Uma pele clara e um nariz afilado representam nosso ideal de beleza. Se por um momento pomos de lado essa superstição, sentimos que o Criador não se poupou ao talhar o zulu à perfeição. [...] É uma lei da natureza que a pele das raças que vivem nas proximidades do Equador fosse negra. E se acreditarmos que tudo o que foi moldado pela natureza só pode ser belo [...] nós, indianos, devemos nos livrar dos indevidos sentimentos de vergonha e desgosto que nos causa nossa própria pele, que nada é senão bela.[19]

Voltemos agora àquelas reflexões sobre a questão racial e a mistura de raças que a prisão inspirou a Gandhi em 1908. O que as torna dignas de nota não é seu conteúdo, mas a oportunidade em que foram manifestadas, pois elas expressam o que de mais presciente e lúcido Gandhi disse sobre esse tema em seus muitos anos na África. Em maio de 1908 — pouco menos de quatro meses após o fim de sua primeira pena de prisão, pouco mais de quatro antes que a segunda começasse —, pediram ao jovem advogado que apresentasse uma contestação num debate formal na Associação Cristã de Moços (ACM) em Johannesburgo. A questão proposta veio a calhar: "As raças asiáticas e de cor são uma ameaça para o Império?".[20]

"Numa sociedade bem ordenada", principiou Gandhi, "homens diligentes e instruídos nunca podem ser uma ameaça." De imediato ele deixa claro que está falando tanto de africanos quanto de indianos (e dos mestiços, chamados *coloreds* na África do Sul). "Não podemos, absolutamente, pensar na África do Sul sem as raças africanas. [...] É provável que a África do Sul fosse um ermo desolado sem os africanos", disse. O feio estereótipo racial do "cafre rude" foi abandonado. Os africanos, afirma Gandhi, estão entre "os aprendizes do mundo". Nada de especial tem de ser feito por eles, já que são "fisicamente aptos e inteligentes". Mas "eles têm direito à justiça" e ao que ele chama de "um jogo limpo". Gandhi reivindica o mesmo para os engajados indianos, trazidos ao país como "semiescravos". Não é uma questão de direitos políticos, faz questão de repisar. É uma questão de poderem possuir terra, viver e trabalhar onde quiserem, ir e vir livremente de uma província a outra, sem consideração de cor, de modo que não fossem mais impedidos de "existir na terra de Deus, na África do Sul, com algum grau de liberdade, respeito próprio e hombridade". Implicitamente, e pela primeira vez, os indianos em regime de engajamento e os africanos que participam do mercado de trabalho colonial são postos no mesmo plano.

Até agora, o que há de novo aqui é que o debatedor agrupou africanos e indianos na mesma categoria. Afora isso, esse é o seu discurso habitual, o apelo por igualdade de oportunidades para seu povo. Contudo, à medida que ele começou a se entusiasmar, deu um passo adiante. Sempre disse que não se tratava de uma questão de direitos políticos, mas agora ele se livra dessa camisa de força. Nessa única ocasião, ele se permite falar de "instituições livres" e de "autogoverno", assim como do dever dos britânicos de erguer as "raças subjugadas" à "igualdade com eles próprios". Nesse contexto imperial, Gandhi, surpreendentemente, descreve a visão de algo semelhante à "nação arco-íris" a que a África do Sul multirracial da atualidade aspira, ou ao menos afirma ser:

Se lançarmos o olhar para o futuro, não será o legado que temos de deixar para a posteridade — que todas as diferentes raças se mesclem e produzam uma civilização que o mundo talvez ainda não tenha visto? Há divergências e mal-entendidos, mas acredito, sinceramente, que, como dizem as palavras do hino sacro, "haveremos de nos conhecer melhor quando as brumas se dissiparem".[21]

Como conciliar esses dois Gandhis contrastantes, ambos por volta de 1908 na África do Sul — esse debatedor visionário e o estreito litigante racial que, antes e depois, no mesmo ano, se expressaram em diapasões tão diversos? Podemos ver um deles como mais real e duradouro que o outro? Em outras palavras, o que ele diz a uma plateia branca pode ser encarado como mais genuíno do que ele afirma a indianos? As respostas a essas perguntas estão tão longe de ser óbvias que a única conclusão possível parece ser que as ideias de Gandhi sobre as raças — em especial sobre os negros — eram nessa época contraditórias e indefinidas. Se considerarmos o que já tinham sido, isso tem de ser visto como um avanço.

Se Gandhi estava em processo de transformação, o mesmo acontecia com o país. Uma convenção nacional branca achava-se prestes a definir um rumo constitucional. Isolando-se com sua lista de reclamações contra o Transvaal, os indianos não estavam em condições de influenciar o debate. Na verdade, não existia uma organização indiana nacional. O próprio Gandhi era tudo o que ligava a Associação dos Indianos Britânicos do Transvaal ao Congresso Indiano de Natal. Cada vez menos tais organizações pareciam ser as faces diferentes de um único movimento. (Só em 1923, nove anos depois que Gandhi deixou a África do Sul, surgiu enfim uma organização indiana nacional, que adotou o nome de Congresso Indiano Sul-Africano. A essa altura, as organizações que ele liderara estavam inativas.)

Até o corajoso grupo de manifestantes que tentavam ser presos no Transvaal — os *satyagrahis* "sofredores voluntários" — às vezes se mostrava menos unido do que Gandhi desejaria. Isso ficava evidente, ele reconheceu mais tarde, no ambiente restrito de uma cadeia. "Indianos de todas as comunidades e castas viviam juntos na cadeia, o que nos dava a oportunidade de observar como estávamos atrasados em matéria de autogoverno." Alguns hindus se recusavam a ingerir comida preparada por muçulmanos ou por companheiros de prisão de casta inferior. Um *satyagrahi* objetou a dormir perto de outro pertencente à subcasta dos trabalhadores da limpeza; tinha medo de que sua própria casta o

No canteiro de obras da casa nova de Kallenbach.

castigasse, talvez até o declarasse sem casta se ficasse sabendo de sua proximidade com um intocável. Ao falar sobre a questão de casta, pela primeira vez, num contexto especificamente sul-africano, Gandhi denunciou "essas distinções hipócritas entre superiores e inferiores" e a "tirania de castas" que estava por trás delas.[22] Assim, quando falou à ACM, em Johannesburgo, entre suas duas primeiras experiências de prisão, ele tinha em mente ambos os tipos de governo — o "autogoverno" (ou seja, a forma como os indianos tratavam outros indianos) e um governo nacional para a África do Sul (ou seja, como os brancos tratariam todos os demais). Em sua essência, cada uma delas suscitava para ele a questão da igualdade. Nesse sentido, ele agora via o problema por diferentes extremidades de uma mesma luneta. Naquela ocasião, ao menos, ao optar pela perspectiva distante, Gandhi incluiu os africanos em sua visão de "uma civilização que o mundo talvez ainda não tenha visto".

Entretanto, fora dos muros da prisão, quem eram os africanos em sua vida? O que, depois de quinze anos no país, Gandhi realmente sabia a respeito deles?

Os registros históricos revelam pouquíssimo sobre isso. Há uma fotografia, tirada no começo de 1910, de um Gandhi garboso e elegante, de camisa arremangada e gravata, sentado numa encosta em que estava armada uma ampla barraca, com alguns dos pioneiros que formariam o núcleo de sua incipiente comunidade utopista. Num canto da foto, bem separados, veem-se dois negros. Serão, talvez, o "nativo Isaac" e o "nativo Jacó", cujos salários mensais de uma libra estão detalhados no diário de Hermann Kallenbach, amigo de Gandhi, o arquiteto que comprou o terreno onde viria a ser instalada a comunidade conhecida como fazenda Tolstói, da qual mais adiante ele se tornou tesoureiro.[23] Gandhi propôs, num estatuto redigido para essa nova comunidade e campo de treinamento de resistentes não violentos, que ela não contratasse empregados. "Fica acordado que o ideal é não empregar mão de obra nativa nem utilizar máquinas", ele escreveu.[24] Isaac e Jacó, porém, constaram dos livros contábeis de Kallenbach até o fim da breve vida da fazenda — dois anos e meio. O próprio Gandhi, mais tarde, chegou perto de retratar esses peões mal remunerados como nobres selvagens numa espécie de ode ao trabalho físico nas lavouras da fazenda Tolstói: "Considero os cafres, ao lado dos quais agora eu trabalho constantemente, superiores a nós. O que fazem, em sua ignorância, nós temos de fazer conscientemente".[25] (Rajmohan Gandhi, seu neto, crê que essa tenha sido a última vez que ele usou o epíteto "cafre".)[26]

Outros africanos das vizinhanças talvez visitassem a fazenda Tolstói, tal como os zulus que moravam perto da comunidade Phoenix a visitavam, mas nenhum desses visitantes, como também Isaac e Jacó — ao que tudo indica, tidos como indispensáveis —, era convidado a se juntar ao grupo de indianos e brancos que formavam a companhia de recrutas de Gandhi. O líder deles, em seus 21 anos na África do Sul, não pode ter passado muitos dias sem ver legiões de africanos comuns. Mas não há resposta pronta quando se quer saber quanto contato Gandhi teve com eles, ou para a pergunta, já feita aqui, sobre quanto contato real ele teve com os trabalhadores indianos em regime de engajamento que labutavam nos canaviais e nas minas. Isso só se pode inferir do que ele escreveu, e ele escreveu um bocado sobre os indianos engajados — sobre suas más condições de vida e sobre questões de casta — antes de acabar envolvido com eles. Poucas e bem mais espaçadas foram suas reflexões sobre os africanos. Chamá-lo de etnocêntrico não resolve a situação. Ele teve muito que dizer aos brancos — e sobre eles.

Em milhares de páginas que Gandhi escreveu na África do Sul e, depois, sobre o país, ele só menciona os nomes de três africanos. Desses três, diz ter conhecido pessoalmente apenas um. E, com relação a esse único africano, os escassos dados documentais existentes referem-se a apenas dois encontros com Gandhi — com sete anos de intervalo entre um e outro —, deixando à nossa imaginação especular se algum dia voltaram a ver-se.[27]

Esse africano chamava-se John Langalibalele Dube. Aristocrata zulu, descendente de chefes de sua etnia, fora criado no posto da Missão Zulu Americana em Inanda, onde o pai, James Dube, tornara-se um dos primeiros conversos e, por fim, pastor, além de próspero fazendeiro, tão próspero que dispôs de trinta soberanos de ouro para mandar o filho, na companhia de um missionário americano, para o Oberlin College, em Ohio.[28] Com isso, John Dube deu um salto cultural tão grande quanto o de Gandhi quando atravessou a água preta para estudar direito em Londres. Mais tarde, Dube voltou aos Estados Unidos para ser ordenado como ministro congregacional no Brooklyn e arrecadar fundos para uma escola industrial segundo o modelo do Instituto Tuskegee, de Booker T. Washington. Dube se referiu a Washington, a quem visitou em 1897, como "meu santo padroeiro [...] minha estrela guia".[29]

Em 1900, ele criou uma organização chamada Congresso Nativo de Natal, na esperança de dar voz aos zulus em questões de terra, trabalho e direitos, pontos em que os chefes tradicionais pareciam despreparados para tratar com as autoridades brancas. O nome do novo grupo nos leva a crer que tivesse como modelo o Congresso Indiano de Natal, de Gandhi. Doze anos depois, John Dube tornou-se o primeiro presidente — seu título era presidente-geral — do Congresso Nacional Nativo Sul-Africano, que mais tarde simplificou seu nome, adotando a denominação Congresso Nacional Africano, com a qual enfim ascendeu ao poder em 1994, após a primeira experiência do país com o sufrágio universal não racial.[30] Em homenagem a John Dube, fundador da organização, Nelson Mandela fez questão de depositar seu próprio voto, o primeiro de sua vida, na escola de Dube em Inanda, o Instituto Ohlange. Desde então, o lugar passou a ser chamado de Primeiro Voto.

Assim, se Gandhi estivesse destinado a conhecer apenas um africano de sua geração, seria mais que provável que esse africano fosse John Dube, só dois anos mais jovem que ele. Foi isso mesmo que Gandhi pensou depois de ouvir Dube em 1905, na casa de um fazendeiro e líder cívico branco, Marshall Campbell. "Esse sr. Dubey [sic] é um negro que vale a pena conhecer", escreveu Gandhi no *Indian Opinion*.[31] O artigo tinha um título infeliz: OS CAFRES DE NATAL. E Gandhi referiu-se a Dube como o líder de "cafres educados", o que mostra que para ele a palavra se aplicava a todos os negros, inclusive pastores congregacionais e professores, e não apenas a africanos tribais iletrados. Todavia, o sumário que fez das palavras do orador — quase com certeza o primeiro discurso que ouviu de um africano instruído e, possivelmente, o último — foi respeitoso e favorável: "Eles trabalharam com diligência e sem eles os brancos não teriam feito nada. Foram súditos leais, e Natal era a terra em que nasceram. Para eles não havia outro país senão a África do Sul; e privá-los de seus direitos a terras etc. equivalia a bani-los de sua própria pátria".[32]

O que chama a atenção aqui é que Gandhi teve de viajar muitos quilômetros até a residência de Campbell, em Mount Edgecombe, para ver Dube. Os dois eram quase vizinhos; o Instituto Ohlange, em Inanda, ficava (e ainda fica) a pouco mais de um quilômetro da comunidade Phoenix, e ainda hoje seus prédios são visíveis da varanda da casa de Gandhi. Um caminhante resoluto como ele teria atravessado o estreito vale que os separava em menos de meia hora.

Somente uma visita dessas é referida por escrito. Também desapontadora é a absoluta ausência de correspondência de qualquer tipo, mesmo um simples bilhete, que indicasse se mantinham contato ou se se tratavam com familiaridade. Nos oito anos que se seguiram à fundação da comunidade Phoenix, Gandhi passava muito mais tempo fora de casa. E, quando estava presente, muitas vezes apenas por questão de dias, sua rotina consistia em concentrar-se nos colonos, ir de casa em casa visitar as famílias, realizar cultos de oração, reunir as crianças em torno de si. E a cada semana o *Indian Opinion* precisava de textos de seu proprietário e mentor. Ainda assim, é surpreendente a escassez de indícios de contato com seu vizinho zulu. Sabemos que Gopal Krishna Gokhale, o líder indiano que excursionou pela África do Sul com Gandhi em 1912, foi levado à escola de Dube durante uma estada de menos de 48 horas na comunidade Phoenix.[33] Mas somente o jornal de Dube, publicado em zulu, o *Ilanga lase Natal* [Sol de Natal], comprova que Gandhi o acompanhou. Sabemos também que o *Ilanga* foi impresso, durante pouco tempo, no prelo manual da comunidade Phoenix; que o Instituto Ohlange surgiu apenas três anos antes da comunidade; e que o *Ilanga* apareceu só meses depois do *Indian Opinion*. No entanto, por mais intrigantes que sejam esses paralelos, os empreendimentos e os periódicos continuaram a existir distantes uns dos outros, sem dar nenhuma indicação segura de que as trajetórias de Gandhi e de John Dube se cruzaram além de seus dois encontros um tanto formais: o primeiro na imponente residência do fazendeiro branco, e o segundo, anos depois, no Instituto de Dube, por ocasião da visita de Gokhale.

Há um outro Gandhi que mais tarde passou a visitar com certa frequência o Instituto Ohlange, parando ali em suas caminhadas diárias. Esse Gandhi conheceu também Isaiah Shembe, que seus seguidores chamavam de Profeta. Em 1911, em Ekuphakameni, entre Inanda e Phoenix, o Profeta fundou a Igreja de Nazaré — o maior movimento entre os cristãos zulus, hoje com mais de 2 milhões de adeptos. (A Igreja de Nazaré era chamada de independente, indicando que não tinha ligação com nenhuma denominação branca.) Pode-se dizer que Shembe teve sobre a África do Sul maior impacto do que jamais teve o fundador da comunidade Phoenix. O outro Gandhi, o que se deu ao trabalho de cultivar a relação com esses dois insignes líderes africanos, foi Manilal, o sustentáculo da comunidade Phoenix depois que seu pai voltou para a Índia. Quando John Dube morreu em 1946, aos 75 anos, o título de seu necrológio no *Indian Opinion* dizia: MORRE UM GRANDE ZULU. "Para nós, da comunidade Phoenix, desde os tempos do Mahatma Gandhi", lia-se, "ele foi um amável vizinho."[34]

Por escassas que sejam as informações, os nomes Gandhi, Dube e Shembe são glorificados hoje como uma espécie de troica, senão trindade, de Inanda pelos jornalistas e historiadores que tomaram a si a tarefa de tecer um patrimônio cultural transmissível da nova África do Sul, a partir dos movimentos heterogêneos que lutaram para se afirmar durante o opressivo domínio branco. O surgimento de três líderes dessa envergadura na área rural de Natal, na mesma década, numa área de não mais que cinco quilômetros quadrados, é demasiado carregado de significado para passar despercebido. Tem de ser mais do que simples coincidência. E por isso vemos Jacob Zuma, o terceiro presidente da África do Sul eleito por sufrágio universal, comemorando "a solidariedade entre indianos e africanos" que veio a existir em Inanda.[35] "O que também é notável no tocante à história da comunidade indo-africana nessa área são os laços que existiram entre três grandes homens: Gandhi, John Langalibalele Dube e o profeta Isaiah Shembe, da Igreja de Nazaré." Um folheto turístico insta os visitantes a percorrer a "Rota do Patrimônio de Inanda", da comunidade de Gandhi à escola de Dube e, por fim, até o templo de Shembe. ("Há em Inanda mais história por metro quadrado do que em qualquer outro lugar da África do Sul!", alardeia o folheto, sem fazer referência alguma à presença deprimente, às vezes alarmante, de um bairro que poderia até ser visto como uma degradada favela rural, não fosse o aviso revelador de que não deve ser visitado sem "um guia que conheça bem a área".)

Em minha última visita a Inanda, faixas com a efígie de Dube, pendentes de postes na rodovia Kwa Mashu, que corta o subúrbio, alternavam com outras que mostravam o rosto de Gandhi. Essa consagração de uma aliança imaginária entre eles baseia-se em pouco mais do que a conveniência política do momento e numa rala tradição oral. Lulu Dube, a última filha viva do patriarca zulu, cresceu com a ideia de que o pai mantinha contato com Gandhi. "Na verdade, eram amigos, vizinhos, e a missão deles era uma só", disse-me ela numa conversa na varanda da casa dos Dube, declarada monumento nacional quando da primeira eleição democrática e depois disso deixada sem nenhuma manutenção (a ponto de Lulu, já octogenária e temerosa de que o telhado desabasse, mudar-se para um trailer perto dali). Nascida dezesseis anos depois de Gandhi ter deixado a África do Sul, Lulu é, na melhor das hipóteses, um elo numa cadeia, não uma testemunha. Ela Gandhi, guardiã da chama do avô em Durban, na qualidade de diretora do Fundo Gandhi, herdou uma impressão similar. Foi criada em Phoenix, porém décadas depois da partida do avô. Tinha apenas oito anos quando ele foi morto. Filiada ao Partido do Congresso, Ela Gandhi tem consciência de que, política e historicamente, esse é um terreno traiçoeiro, de modo que mede as palavras. "Cada um deles tinha em mente a dignidade, em especial a dignidade de seu próprio povo", disse, referindo-se aos dois homens representados nas faixas.

O que a história real parece revelar, em contraposição à mitificação de um patrimônio cultural, é um deliberado distanciamento mútuo por parte de Gandhi e de John Dube; o reconhecimento, em raras ocasiões, de que podiam ter interesses comuns, mas que estavam determinados a buscá-los cada um por si. Se algum dia existiu a possibilidade de abraçarem uma causa única, é bem possível que ela tenha sido adiada por uma geração devido à calculada reação de Gandhi a um surto de resistência zulu em 1906 — um ano depois que ele conheceu Dube —, classificado no mesmo instante como "rebelião" e reprimido com violência pelos colonizadores brancos e pelas autoridades coloniais de Natal.

A causa imediata da insurgência foi o recém-criado imposto de capitação cobrado dos "nativos", chamado de imposto censitário, e as severas penalidades aplicadas aos que deixavam de pagá-lo prontamente.[36] Num plano mais amplo, havia entre os zulus — tanto aqueles ainda ligados à tradição quanto os que se adaptavam a costumes e credos importados — o consenso de que estavam perdendo o que restava de suas terras e de sua autonomia. Tanto quanto a raça, a densidade populacional sempre tem de ser levada em conta nesses conflitos sul-africanos. Ao todo, naquela época, os zulus de Natal superavam em número os brancos numa proporção de dez para um (e superavam os brancos e indianos juntos na razão de cinco para um). A reação imediata de Gandhi, tal como por ocasião da Guerra dos Bôeres, sete anos antes, fora ficar ao lado dos brancos anglófonos, que se identificavam com a autoridade britânica em sua luta contra os brancos de língua africânder que resistiam a ela. Mais uma vez ele se ofereceu para organizar um corpo de padioleiros — outro gesto de fidelidade indiana ao Império, que em seu entender era o fiador supremo dos direitos dos indianos, por mais reduzidos que se mostrassem na prática. Essa era uma linha de raciocínio que decerto poucos zulus aceitariam.

A questão não é nada simples. Gandhi e Dube, cada qual a seu modo, eram homens de lealdades divididas na época do conflito, que passou para a história como a Rebelião Bhambatha. Antes que qualquer coisa parecida com uma rebelião tivesse início, colonos brancos que, já com o dedo no gatilho, enfrentavam zulus armados, sobretudo com azagaias, impuseram a lei marcial. A centelha foi um confronto direto, no começo de fevereiro, entre um grupo de artesãos zulus de uma pequena igreja independente que protestavam e um destacamento de polícia incumbido de prender seus líderes. Um dos policiais sacou um revólver, dardos foram atirados e, antes que a fumaceira se dissipasse, dois deles estavam mortos. Os manifestantes foram então detidos e doze deles, condenados à morte. O governo britânico de início tentou fazer com que as execuções fossem adiadas, mas os condenados foram alinhados à beira de sepulturas recém-cavadas e fuzilados em 2 de abril. Dias depois, um chefe zulu chamado Bhambatha, procurado por negar-se a pagar o imposto, refugiou-se com cerca de 150 guerreiros na área mais remota e espinhenta dos morros da Zululândia. Mil soldados foram enviados para persegui-los, e muitas casas foram metralhadas, canhoneadas e depois incendiadas. Mais guerreiros esconderam-se nos montes. Contra esse pano de fundo, a comunidade indiana, liderada pelo homem que um dia viria a ser chamado de mahatma, dispôs-se a apoiar o governo branco na luta contra os chamados revoltosos. Vale a pena citar, com certos detalhes, a menos moderada das muitas justificativas dadas por esse homem para sua posição, pois ela é reveladora em muitos níveis:

> Para a comunidade indiana, lançar-se ao campo de batalha deveria ser uma decisão nada difícil; porque, muçulmanos ou hindus, somos homens de profunda fé em Deus. [...] Não nos deixamos abater pelo medo quando centenas de milhares morrem de fome ou de peste em nossa terra. Além do mais, ao sermos lembrados de nossos deveres, nos aferramos à indiferença, mantemos nossas casas imundas e nos deitamos, abraçados a nossa riqueza entesourada. Assim, levamos uma vida ignóbil, aquiescendo a um longo e tormentoso processo que termina na morte. Nesse caso, por que temermos a morte que nos poderá sobrevir no campo de batalha? É muito o que temos a aprender com aquilo que os brancos estão fazendo em Natal. É difícil achar uma só família que não tenha um membro lutando contra os rebeldes cafres.[37]

Evidentemente, o que temos aqui é um desvario. A ironia de Gandhi saiu do controle; sua inclinação para a censura sabota seu desejo de persuadir. Ele perdeu o fio de sua argumentação sobre dever e cidadania. O que o discurso passa é repulsa, uma fúria mal contida com a inércia cultural de sua própria comunidade, sua resistência ao código social que ele espera poder inculcar. Se não oferece nada melhor, ele parece pensar, o campo de batalha promete disciplina.

A guerra colocava um diferente conjunto de conflitos para John Dube, o pastor congregacional que procurava armar os jovens zulus não com dardos, mas com a ética protestante do trabalho e com qualificações básicas capazes de lhes dar alguma chance numa economia mercantil. Por outro lado, os rebeldes eram a sua gente, e nas fases finais do conflito a tribo atacada foi aquela de que ele provinha. Dube, o cristão, não podia endossar a sublevação, mas a inclemência da repressão abalou sua fé na possibilidade de paz entre as raças. Com cuidado, nas colunas de seu jornal, ele questionava a violência dos brancos. Não demorou que fosse intimado a comparecer diante do governador e advertido de que as normas da lei marcial aplicavam-se a ele e seu jornal. Meio ressabiado,

O sargento-mor Gandhi com padioleiros, 1906.

ele mais tarde escreveu que as queixas dos rebeldes eram justas, mas que "numa época como esta, todos devemos nos abster de discuti-las".

O que se dizia ser a cabeça decepada do chefe Bhambatha fora exibida, e a rebelião estava praticamente esmagada em 22 de junho, quando Gandhi por fim partiu de Durban rumo à luta para a qual ele vinha rufando os tambores nas colunas do *Indian Opinion* havia dois meses. Dessa vez, a comunidade não mostrara entusiasmo por aquilo que ele afirmava ser um dever patriótico e uma oportunidade. Gandhi tinha o posto de primeiro-sargento, porém o grupo de padioleiros sob seu comando nominal era muito menor que aquele no começo da Guerra dos Bôeres: dezenove, contra 1100 no conflito anterior.[38] Dos dezenove, treze eram ex-trabalhadores em regime de engajamento; dessa vez, só quatro dos vinte, contando o próprio Gandhi, podiam ser classificados como "educados". Nas semanas que se seguiram, em que se travaram os embates finais do conflito, as tropas coloniais foram instruídas a não fazer prisioneiros.[39] O que Gandhi e seus homens testemunharam foram as consequências do trabalho de limpeza, a pior parte da repressão. Nessa etapa do conflito, havia poucos brancos feridos. No mais das vezes, os indianos tratavam prisioneiros zulus com terríveis lacerações supuradas, não guerreiros com ferimentos de balas, mas aldeões que tinham sido açoitados até se tornarem incapazes de um gesto de submissão.

Mais tarde, Gandhi escreveu que os zulus, muitos dos quais não tinham recebido tratamento durante dias inteiros, mostravam-se gratos pelos cuidados dos indianos, e talvez fosse realmente assim. Os paramédicos brancos não tocavam neles. Mas em Phoenix, a cerca de sessenta quilômetros dessas cenas, os parentes e seguidores de Gandhi temiam que os zulus das redondezas os atacassem em retaliação pela escolha que ele fizera. Gandhi instalara Kasturba e dois dos quatro filhos ali antes de partir para a chamada frente de luta. "Não me lembro de outras coisas, mas aquela atmosfera de medo continua bastante vívida em minha mente", escreveu Prabhudas Gandhi, um primo que era jovem na época.[40] "Quando leio hoje sobre a rebelião do povo zulu, vejo diante de meus olhos o rosto ansioso de Kasturba." Não ocorreram represálias, mas não faltaram sinais do ressentimento dos zulus pela decisão de Gandhi de tomar o partido dos brancos. Os africanos não se esqueceriam, dizia um artigo reproduzido em outro jornal zulu, *Izwi Labantu*, "de que os indianos tinham se apresentado como voluntários para servir em Natal com os selvagens ingleses que massacraram milhares de zulus a fim de roubar suas terras". Esse artigo era de um americano. O *Izwi* não fez comentário próprio. Mas declarou: "Os conterrâneos de Gandhi [...] são demasiado autocentrados, egocêntricos e distantes em sentimentos e perspectiva".[41] Em Londres, uma publicação de exilados indianos, *The Indian Sociologist*, que apoiava tacitamente a violência terrorista na luta pela liberdade indiana, considerou "revoltante" a decisão de Gandhi de aliar-se aos brancos na época da sublevação dos zulus.[42]

Como o periódico zulu deixava implícito, a perspectiva de Gandhi pode ter sido de início a de um estrangeiro e, nesse sentido, autocentrada. Mas ele se mostrou profundamente tocado pelas evidências da brutalidade branca e pelo sofrimento dos zulus, de que ele foi testemunha. Ouçamos Joseph Doke, seu biógrafo batista: "O senhor Gandhi fala com muita reserva sobre essa experiência. O que ele viu, jamais divulgará. [...] Foi quase intolerável para ele estar em contato tão pessoal com essa expedição. Às vezes, chegava a duvidar de que sua posição fosse correta".[43] O biógrafo parece aludir inadvertidamente a tabus de intocabilidade que o grupo do primeiro-sargento Gandhi teve de superar. "Não era ninharia", escreve ele, para esses indianos, "tornarem-se, voluntariamente, enfermeiros de homens que ainda não emergiram do estado de suprema degradação."[44] Com o tempo, Gandhi acabou divulgando o que vira — em sua *Autobiografia*, redigida duas décadas depois, e em conversas, em seus últimos anos de vida, com integrantes de seu círculo íntimo. "Meu coração estava com os zulus", disse então.[45] Ainda em 1943, quando de sua última prisão, conta-nos Sushila Nayar, ele ainda relatava "as atrocidades cometidas contra os zulus".[46]

"O que Hitler fez pior do que isso?", perguntou ele a Nayar, o médico que estava cuidando de sua mulher agonizante e dele próprio. Gandhi, que às vésperas da guerra mundial tentara escrever a Hitler, numa tentativa de abrandar seu coração, nunca entendeu plenamente, ou pelo menos admitiu, que o Führer representava uma força destrutiva além de tudo quanto ele havia conhecido.

Segundo ele próprio narrou, o horror pelo que assistira em Natal e o exame de consciência com relação a sua criticada decisão de alinhar-se com os brancos geraram a principal reviravolta, do ponto de vista espiritual, em sua vida. Gandhi traçou uma linha reta que ia de suas reflexões sobre o campo de batalha até seu voto de perfeito celibato — necessário, sentia, para preparar o caminho que levasse a uma vida de pobreza voluntária e dedicada a servir — e desse voto àquele que ele fez no Empire Theater, em Johannesburgo, em 11 de setembro de 1906. Tudo isso aconteceu em pouco mais de dois meses: apoiar os brancos durante a rebelião, decidir abster-se de sexo pelo resto da vida e complementar essa promessa transformadora feita a si mesmo com seu voto de resistência não violenta à "Lei Negra" do Transvaal, que se tornou seu primeiro exercício da estratégia que viria a ganhar o nome de *satyagraha*. O testemunho de Gandhi no que se refere à causa e ao efeito é irrefutável até certo ponto, mas, como observou Erik Erikson, não nos leva a alguma coisa que se aproxime de uma plena compreensão. "Esses temas, se fossem esclarecidos", escreveu o psicanalista, "talvez ligassem de forma mais direta as duas decisões — de evitar tanto a conjunção carnal quanto matar. Isso porque é de crer que a experiência de assistir aos atentados cometidos por brancos contra corpos negros despertou em Gandhi tanto uma identificação mais profunda com os maltratados quanto uma aversão mais intensa contra todo sadismo masculino — inclusive aquele sadismo sexual que ele achava, provavelmente desde a infância, ser parte de toda a exploração das mulheres pelos homens."[47]

O que não foi despertado em Gandhi logo após a Rebelião Bhambatha — ao menos até onde podemos discernir — foi uma maior curiosidade pelos africanos negros ou um interesse por eles que fosse além da piedade. Dois anos depois,

96

quando ele começou a escrever sobre sua primeira experiência de cadeia, eles ainda eram "cafres", demasiado incivilizados e sujos para serem encarcerados com indianos, quanto mais para serem vistos como aliados em potencial. Em parte, isso pode ter ocorrido devido a uma mudança de contexto: ao deixar Natal e voltar para sua base em Johannesburgo, tendo deixado a família em Phoenix, Gandhi também deixou para trás todas as chances que ainda pudesse ter de construir pontes e, por fim, aprofundar o contato com um líder zulu como John Dube, que falava em nome de uma pequena elite negra proprietária de terras e cristianizada, às vezes chamada pelos zulus urbanos de *amarespectables*.[48]

Também em parte, isso pode ter ocorrido devido à relutância de Gandhi a abandonar a ideia de que os chamados indianos britânicos eram aliados naturais dos brancos, apenas outro tipo de colonizadores. Se ele ainda via os *"coolies"* indianos que trabalhavam em regime de engajamento como demasiado rudes, iletrados e ignorantes para ser cidadãos, como poderia agir em relação aos "cafres" senão afastando-os de seu pensamento? Gandhi mantinha-se à distância deles e, ao que parece, sem maiores dificuldades. Uma aliança tácita entre negros e indianos era o oposto do que ele sempre havia procurado. Se um dia chegou a pensar no assunto, concluiu que tal aliança só serviria para aprofundar a histeria racial dos brancos. Além disso, ele deve ter se dado conta de que sua própria comunidade não veria isso com bons olhos. Bem mais tarde, ele concatenou uma explicação lógica a partir dessas reflexões soltas. Muito depois de Gandhi ter regressado à Índia, um integrante de uma delegação de negros americanos lhe perguntou se ele se aliara aos negros durante sua estada na África do Sul, e Gandhi respondeu, deixando implícito que tivera de resistir ao impulso de fazê-lo: "Não, eu não os convidei de caso pensado. Eu teria prejudicado a luta deles".[49] Anos mais tarde, um quarto de século depois de voltar a sua pátria, ele disse a um negro sul-africano: "O problema de vocês é muito maior".[50]

O que esse Gandhi, o maduro Mahatma de 1939, está fazendo é um rearranjo retrospectivo. Em 1907, o Gandhi que residia na África do Sul, o advogado e líder de uma comunidade, enviou uma carta a sir Henry McCallum, o governador colonial que impusera a lei marcial aos zulus rebeldes no ano anterior. A missiva foi escrita um ano depois dos votos de Gandhi. A doutrina da resistência não violenta já fora proclamada, mas "o Gandhi multilateral", como Naipaul o chamou, argumenta que chegara a hora de os indianos terem uma oportunidade de servir na milícia colonial, uma força cuja função mais óbvia — como ele não podia deixar de saber, em vista de sua experiência no ano anterior — consistia em reprimir os zulus.

"Arrisco-me a crer", pondera o pleiteante, "que, do mesmo modo que o trabalho realizado pelo Corpo mostrou-se satisfatório, a comunidade indiana encontrará uma esfera de ação na milícia de Natal. Se tal acontecer, acredito que será de vantagem mútua e haverá de vincular ainda mais à Colônia os indianos, que já constituem parte do organismo político de Natal."[51]

Gandhi sabia, no fundo, que havia tomado o partido errado na época da rebelião, mas ainda se dispunha a cobrar um dividendo às autoridades brancas por serviços prestados, da mesma forma que havia solicitado "o chocolate da rainha" como recompensa para seus serviços junto aos "papa-defuntos" em algumas das primeiras batalhas da Guerra dos Bôeres.

Maior ainda foi a pressão sobre o reverendo John Dube, que adotava uma estratégia de conciliação, seguindo o exemplo de seu mentor, Booker T. Washington. Depois da revolta, o pastor congregacional assumiu a posição de defensor e partidário do rei zulu, Dinuzulu, que havia sido levado ao tribunal por alta traição. Dube havia discursado sobre a necessidade de retirar "o povo nativo do pântano de ignorância, ociosidade, miséria e superstição".[52] Anos depois, numa solenidade em homenagem a missionários brancos, mostrou-se quase bajulador ao manifestar uma gratidão que só podia ser autêntica, pois ele próprio era um missionário. "Quem foi", perguntou à sua plateia branca, "que nos ensinou os benefícios e a decência de usarmos roupas? Quem foi que nos ensinou que não é a feitiçaria que causa as doenças [...] que uma mensagem pode ser transmitida se a escrevermos num pedaço de papel?"[53] Agora, porém, passado o conflito de 1906, ele demonstrava estar disposto a isentar certas tradições tribais dessas arengas. Dube permaneceu próximo à casa real zulu, e com isso mergulhou de cabeça na política étnica pelo resto da vida.[54] Defendeu também um nacionalismo mais amplo, como o primeiro líder do movimento que viria a ser o Congresso Nacional Africano. Mas a contemporização entre esses dois tipos de política — a política de massa de base urbana e a política tribal aristocrática — tornou-se cada vez mais difícil. Em 1917, o primeiro presidente do Congresso foi afastado do cargo sem alarde. Seu lado conciliador expressara a disposição de aceitar o princípio de separação racial que o governo branco propunha em troca de uma expansão das chamadas reservas nativas. Para garantir uma Zululândia maior, ele aceitava curvar-se, com relutância, a uma lei que reservava a maior parte de Natal para os brancos. Isso era demais para africanos mais jovens que se afirmavam no movimento.

O Parlamento branco aprovou a Lei das Terras Nativas em 1913, apenas três anos depois que a nova União Sul-Africana promulgou formalmente a hegemonia branca. Essa lei, uma gigantesca e descarada grilagem de terras, tornava ilegal que os negros possuíssem terras em 92% de todo o país. Dube a criticou com veemência. O mesmo fez Gandhi, o que causou surpresa, pois constituiu sua primeira objeção séria a qualquer medida tomada contra os africanos. "Todas as demais questões, não excluindo a questão indiana, empalidecem e se tornam insignificantes diante da grande questão nativa", escreveu ele no *Indian Opinion*. "Esta terra é deles por direito de nascimento, e essa lei de confisco — pois não passa disso — deverá provocar sérias consequências, a menos que o governo tome cuidado."[55] A data era 30 de agosto de 1913. Gandhi já estava em seu último ano no país quando escreveu essas palavras. Ademais, já começava a preparar a estratégia para sua última e mais radical campanha ali, sua primeira campanha em favor dos trabalhadores em regime de engajamento. De repente, ao que parece, ele se mostra um homem de horizontes mais largos, capaz de abraçar, naquele momento e pelo menos no papel, algo que lembrava uma causa nacional.

É tentador imaginar o que os dois vizinhos, ambos líderes políticos com pendor religioso — um zulu congregacional e um hindu neocristão —, poderiam ter dito um ao outro se houvessem se encontrado na época para trocar ideias. Não é impossível que esse encontro tenha ocorrido, porém o mais provável é que cada um deles soubesse, à distância, o que o outro estava dizendo ou fazendo. O *Indian Opinion* reproduziu um trecho do apelo que John Dube dirigiu ao povo britânico. "Deveis saber que cada um de nós nasceu nesta terra, e que não possuímos outra", disse ele. "Deveis saber que, por incontáveis gerações, esta terra foi somente nossa... muito antes que vossos pais pisassem em nossas praias."[56] Isso deve ter comovido Gandhi.

De sua parte, John Dube declarou ter sido tocado pelo exemplo da resistência não violenta que os seguidores de Gandhi em breve dariam. Décadas depois apareceu um texto em guzerate que descrevia um encontro entre Dube e um clérigo britânico em que o africano relatou um caso de resistência passiva a que assistira em Phoenix no fim de 1913:

Cerca de quinhentos indianos estavam sentados juntos num grupo. Tinham se reunido ali depois de entrar em greve na fábrica em que trabalhavam. Por todos os lados cercavam-nos gerentes brancos, seus funcionários e policiais brancos. [...] Começaram a dar chicotadas nas costas dos indianos, rápidas, sem parar. Os brancos batiam neles com cassetetes e diziam: "Levantem-se, vão trabalhar. Vão fazer o que devem ou não?". Mas ninguém se levantou. Continuaram sentados, imóveis. [...] Quando os chicotes e cassetetes não surtiram efeito, passaram a usar as coronhas das armas.[57]

O texto em guzerate foi traduzido para o híndi, e do híndi de volta para o inglês. Seria um milagre que essas fossem as palavras exatas de Dube, mas uma conversa assim pode ter ocorrido. Dube pode até ter manifestado admiração pela fortaleza dos indianos que seguiam Gandhi, ainda que não nas palavras que lhe são atribuídas nessa lembrança em guzerate, na qual o zulu se diz maravilhado com a "força divina" daqueles homens e sua "firmeza himalaica". Ou tudo isso talvez não passe de vanglória vazia por parte de uma testemunha indiana de memória nebulosa. O que se sabe que Dube realmente disse revela menos admiração. Enquanto os zulus lutavam entre si, comentou ele em 1912, "pessoas como os indianos vieram para a nossa terra e passaram a mandar em nós, como se nós, que nascemos neste país, não passássemos de meras sombras".[58] Heather Hughes, biógrafa de Dube, referiu-se ao "pronunciado anti-indianismo" do reverendo. Ela cita um artigo dele intitulado "A invasão indiana", que saiu no *Ilanga*: "Sabemos, pela triste experiência, que esses asiáticos tiram o pão de nossos filhos diante de nossos próprios olhos".[59]

Talvez tenha sido até melhor que, pelo que sabemos, os dois vizinhos nunca tenham tido aquela conversa tão pessoal. Mesmo que tenha havido um momento, depois que o novo regime branco impôs a Lei das Terras Nativas, em que pareceram mais ou menos alinhados, eles se moviam em direções diferentes. Durante mais de seis anos depois da rebelião zulu, Gandhi devotara a maior parte de seu tempo e de sua energia ao Transvaal. No começo de 1913, ele repentinamente voltou-se de novo para Natal. Dali a meses estava traçando planos para uma nova campanha de *satyagraha*, com a rejeição de um imposto de capitação de três libras que todos os indianos que houvessem trabalhado como contratados teriam de pagar anualmente se quisessem permanecer no país.

Dube, enquanto isso, se consumia com a questão da terra, com o esbulho sofrido por seu povo. Mais tarde, um jornal zulu mostraria o reverendo sentado em seu Chevrolet, como mero espectador, enquanto a polícia conduzia um grupo de líderes comunistas negros para a cadeia em Durban.[60] Se Gandhi tivesse ficado na África do Sul, talvez estivesse igualmente assistindo à cena. Quando os dirigentes do Congresso Nacional Africano tentaram seus primeiros contatos internacionais, aproximaram-se de Jawaharlal Nehru e outros líderes do movimento de independência indiano que haviam se tornado conhecidos à sombra de Gandhi. Em 1927, os caminhos de Nehru e Josiah Gumede, então presidente do CNA, se cruzaram duas vezes — numa conferência anti-imperialista em Bruxelas e na comemoração do décimo aniversário da Revolução Bolchevista, em Moscou. Nehru e seu círculo se apressaram a opinar, de longe, que os indianos na África do Sul deveriam fazer uma frente única com os negros. Gandhi rejeitou a recomendação. "Por mais que nos solidarizemos com os bantos", escreveu, ainda em 1939, "os indianos não podem unir-se a eles."[61] Dois anos depois, em 1941, a jovem Indira Nehru, que faria carreira política com o nome de casada, Indira Gandhi, foi obrigada pela guerra, numa viagem entre Oxford e a Índia, a usar a rota do Cabo e fazer uma escala na África do Sul. Num discurso em Durban, ela declarou exatamente o oposto: "Os indianos e os africanos devem atuar juntos". "A opressão comum deve ser enfrentada com a força unida e organizada de todos os explorados." [62] Naquela noite, segundo ele recordou, Manilal, filho de Gandhi, endossou, pela primeira vez na vida, "uma frente unida de todos os não europeus".[63]

A essa altura, o pai de Manilal estava afastado da África do Sul havia mais de um quarto de século. É possível que, refletindo sobre os muitos anos e quilômetros que o separavam de suas prisões naquele país, após a Rebelião Bhambatha, Gandhi achasse que havia motivos para um conflito entre indianos e africanos em Natal. Um ano depois de sua morte, em janeiro de 1949, distúrbios comunitários, às vezes referidos como um "pogrom" zulu contra indianos, sacudiram Durban.[64] A violência foi precipitada por uma confusão com um jovem zulu numa loja indiana. Quando cessou, havia uma lista de 142 mortos — na maioria trabalhadores migrantes africanos, abatidos pela polícia — e mais de 1700 feridos. A onda de violência pôs a nu o antigo ressentimento dos africanos com a situação relativamente privilegiada dos indianos na hierarquia racial, e em especial dos lojistas indianos. Um rescaldo de medo e desconfiança mútua perdurou por muitos anos.

No entanto, três anos depois, ativistas indianos e africanos enfim se uniram politicamente na África do Sul para formar uma frente unida contra o apartheid — o programa de total separação racial e supremacia branca —, frente essa que nem Dube nem Gandhi viveram para ver. Em 1952, o Congresso Nacional Africano e o Congresso Indiano da África do Sul concordaram em realizar juntos a chamada Campanha de Desafio Contra Leis Injustas.

Poderíamos dizer que essa campanha não violenta mostrava sinais de um gandhismo constrangido no tocante a táticas e estratégia. No entanto, poucos líderes africanos se dispunham a ver Gandhi como seu santo padroeiro.[65] Do outro lado do oceano Índico, pouco antes de seu assassinato, o Mahatma por fim dera seu apoio, com muitas ressalvas, à ideia de os indianos unirem sua sorte à dos africanos. "A inclusão de todas as raças, ainda que, pela lógica, correta", disse ele, "é muito perigosa se a luta não for mantida no mais alto nível."[66] Ele parece expressar, nas entrelinhas, a dúvida sobre a fidelidade dos negros aos princípios da não violência. Por sua parte, o jovem Nelson Mandela teve de superar suas próprias dúvidas quanto a uma aliança com os indianos. "Muitos de nossos correligionários africanos viam os indianos como exploradores da mão de obra negra em suas atividades como lojistas e comerciantes", declarou mais tarde.[67]

Manilal Gandhi, o fiel segundo filho, por algum tempo emprestou seu nome à Campanha de Desafio, mas na maior parte do tempo mostrava-se fora de sintonia com o movimento. Seguindo o exemplo do pai, fez jejuns de duração cada vez maior contra o apartheid; em seu caso, porém, o impacto desses jejuns não foi grande. Repetidamente, ele tentava se fazer prender, dirigindo-se ao setor para brancos da biblioteca ou dos correios em Durban, mas os policiais estavam instruídos a apenas registrar seu nome.[68] Finalmente, quase no fim do ano, em companhia de outros indianos e de brancos, ele conseguiu ser preso ao entrar num bairro destinado a negros na cidade de Germiston, no Transvaal. Foi então condenado a cinquenta dias de prisão pelos crimes de "reunir-se com africanos" e "incitamento para transgressão das leis". Entretanto, Manilal não tinha um grupo de adeptos organizado e foi sempre um ativista independente, situado "fora da luta organizada", como observa sua neta e biógrafa, Uma Dhupelia--Mesthrie.[69] O movimento tinha se tornado mais radical do que Manilal, que temia a influência de comunistas, jamais seria. E o compromisso do movimento com a não violência era apenas tático. Numa reunião em que Manilal, procurando ser "digno de Bapu e servir como ele servira", predicou longamente sobre a disciplina ética da *satyagraha*, o jovem Nelson Mandela pôs-se a bater com a xícara de chá na mesa para mostrar sua impaciência.[70]

O primeiro Gandhi na África do Sul nunca teve de enfrentar o tipo de retaliação que o regime nacionalista africânder agora adotava, na forma de novas leis repressivas de segurança, permitindo prisões arbitrárias, detenção preventiva nas mãos de uma polícia de segurança com mais poderes, e banimentos, não só de organizações como também de pessoas (tornando ilegal a publicação de suas palavras na imprensa ou que se reunissem com mais de uma pessoa de cada vez); por fim, à medida que a luta se intensificou, o regime passou a recorrer à tortura, "desaparecimentos", atentados a bomba e assassinatos. O regime colonial na Índia tinha sido repressivo, prendendo periodicamente Gandhi e seus seguidores, mas nunca imaginou que pudesse afastá-los para sempre de cena, que pudesse expurgar o movimento nacional indiano. O regime africânder pretendia exatamente isso quando se tratava dos patrocinadores da Campanha de Desafio. Muito antes que o movimento fosse empurrado para a clandestinidade, dirigentes mais jovens, como Nelson Mandela e Oliver Tambo, reavaliaram sua adesão tática ao código gandhiano de não violência.

Mas a *satyagraha* veio a ser testada numa causa nacional — a causa da justiça não racial. Por algum tempo, a estratégia deixou de atrair basicamente indianos. E o próprio Mandela, muito mais velho e mais manso, mais tarde declararia, assim que saiu de seu prolongado encarceramento e assumiu o papel de pai da nação, que o modelo para as campanhas de ação de massa a que ele assistira em sua juventude fora a campanha não violenta que o primeiro Gandhi liderou em 1913. "O princípio não era tão importante para que a estratégia devesse ser usada mesmo quando era contraproducente", declarou então Mandela, explicando como havia empregado sua própria interpretação de Gandhi contra o filho de Gandhi.[71] "Eu recomendei o protesto não violento durante o tempo em que ele fosse eficaz." Como intérprete das doutrinas de Gandhi, Mandela era, sem dúvida, menos rigoroso com relação aos meios e aos fins do que seu criador. Contudo, ninguém estava mais qualificado para atestar que Gandhi fora, de fato, um pai da pátria no país que ele adotou temporariamente, assim como em sua própria terra.

O Gandhi de Doke, 1908.

4. Câmara Alta

O reverendo Doke, o primeiro dos muitos hagiógrafos de Gandhi, tirou em 1908 uma fotografia do pensativo advogado, enquanto ele se recuperava das agressões sofridas nas mãos dos patanes. Nessa foto ele mostra pouca semelhança com o Gandhi que o mundo viria a conhecer. Magro e descontraído, em trajes ocidentais, seus olhos têm uma expressão ensimesmada e contemplativa, e não bondosa ou viva como a do homem público de tanga que, pouco mais de dez anos depois, seria seguido por multidões na Índia. No entanto, ele já definira os componentes essenciais de seu pensamento e de sua estratégia de liderança. Com uma atitude ecumênica e aberta às religiões e às relações entre seitas de toda sorte, leal segundo seus princípios ao Império Britânico e aos valores inseridos no sistema jurídico inglês, porém agressivo na resistência a leis coloniais injustas que o sistema não raramente defendia, o Gandhi de Johannesburgo reivindicava agora o direito de obedecer, em todas as esferas da vida, a sua consciência: o que ele ora chamava de "voz interior", ora simplesmente de "verdade". No entanto, também era o Gandhiji ou o Gandhibhai — os sufixos indicam respeito por uma pessoa mais velha ou um líder, assim como o carinho que se sente por um parente ou amigo —, não fora ainda canonizado como um mahatma e continuava dedicado a sua autocriação, procurando o caminho para uma firme percepção de si mesmo e de sua missão. Ao se aproximar dos quarenta anos, podemos inferir que, em seu espírito, a pessoa e a missão se sentiam incompletas.

O celibato, como disciplina espiritual, ocupava agora seus pensamentos na vida diária, mas ainda não era tema de discurso público; nas entrevistas com seu biógrafo batista, o assunto delicado do *brahmacharya* não era nunca abordado, ou assim o livro de Doke nos leva a crer. É provável que Gandhi, sempre um político, percebesse que esse era o lado menos atraente de sua doutrina em evolução. Ele conhecera a paixão sexual, mas jamais pudera tolerá-la ou, tendo feito a sua opção, simplesmente deixara a questão de lado. "Além de não representar uma necessidade, o casamento é, na realidade, um estorvo para o trabalho público e humanitário", escreveria mais tarde. Quem houvesse caído na armadilha do casamento, como ele e Kasturba, poderiam salvar-se vivendo juntos castamente, como irmão e irmã. "Nenhum homem ou mulher que viva a vida física ou animal é capaz de compreender a espiritualidade ou a ética."[1] Gandhi gostava de crianças, mas via o parto como uma prova óbvia de um lapso moral. Com irritante regularidade, ele atazanava suas noras e outras pessoas próximas, recomendando-lhes que se emendassem e não fizessem mais aquilo.

Em seus primeiros anos em Johannesburgo, seu vegetarianismo ainda era uma questão de preferência moral, de higiene e de herança, mas, afora abster-se de carne e moer seus próprios cereais, ele não havia ainda imposto restrições severas a sua dieta, ainda não se convencera de que a repressão a um apetite dependia da repressão a outro, que a abstinência sexual e a dieta estavam ligadas de perto. Ainda bebia leite, apreciava pratos condimentados em ambientes festivos, mas em breve esses prazeres seriam bruscamente interrompidos. O vegetariano tentaria, durante algum tempo, consumir apenas frutas, pois concluíra que o leite, outros laticínios e a maioria dos condimentos tinham propriedades afrodisíacas; além disso, renunciaria ao sal, a alimentos preparados e a segundos pratos numa refeição, passando por fim a medir o que ingeria em onças e a mastigar bem cada bocado frugal de uma papa preparada e amassada com todo cuidado (em geral, uma mistura feita de limão, mel, amêndoa, cereais e verduras com folhas), a fim de extrair o máximo de nutrientes do mínimo possível de comida. Com isso, a mastigação se tornou mais uma de suas várias causas e disciplinas secundárias.

A "frugalidade", escreveria ele depois, era a norma ética pela qual a dieta deveria ser medida, de acordo com a "economia de Deus" e a interpretação do próprio Gandhi de um texto hinduísta, o *Bhagavad Gita*. Essa norma preconizava um perpétuo "jejum parcial", que exigiria "uma luta implacável contra o hábito herdado ou adquirido de comer por prazer".[2] Implacável era bem a palavra. Uma refeição lauta, escreveu Gandhi, era "um crime contra Deus e o homem [...] porque os comilões privam o próximo de sua porção". Esse é o Gandhi de 1933, não o de 1906. Ainda estava por entrar em cena o residente de um *ashram* e o preconizador de regras, que acabaria por concluir que alimentos saborosos eram um convite à gula, que extrairia uma sardônica satisfação em ser retratado como novidadeiro e excêntrico, que se persuadiria, em suas refeições solitárias, de que menos é mais. Ele pode ter se sentido impelido a distanciar-se da mulher e dos filhos, mas era ainda um ser social na primeira fase do tempo que passou em Johannesburgo, quando, segundo consta, participava de piqueniques e andava de bicicleta.

A mudança interior é mais difícil de retraçar com alguma exatidão nos seis anos e meio que ele passou em Johannesburgo depois de assistir às represálias brutais contra os zulus em Natal — um período que se estende de agosto de 1906 a janeiro de 1913 —, mas é, pelo menos, tão significativa quanto a bem documentada evolução do homem público. Durante cinco desses seis anos ele morou no Transvaal, sem a família.[3] Em sua *Autobiografia*, Gandhi insiste em que desde o início ele pretendia fixar residência em Phoenix, deixar o escritório de direito e ganhar seu próprio sustento e o da comunidade com trabalho manual.[4] Todavia, sua necessidade de distanciamento emocional, de não se sentir restringido por obrigações cotidianas, parece tão óbvia e importante para prendê-lo em Johannesburgo quanto a campanha de *satyagraha* contra a legislação racista do Transvaal. Gandhi encarava o Transvaal como a arena principal porque ali fora lançada a campanha contra as leis discriminatórias. Se a *satyagraha* era a sua mais importante "experiência com a verdade", o Transvaal era agora a estação de trabalho predileta em seu laboratório. Seus deveres para com a comunidade local eram grandes. Ele se achava preso num confronto de vontades com o governo provincial branco, personificado por Jan Christian Smuts, o ex-general bôer, agora ministro do Interior da província.

Tudo isso é óbvio. Mas o Transvaal era também o lugar onde Gandhi precisava ou queria estar para promover seus próprios objetivos. Não lhe faltariam argumentos em favor de radicar-se em Natal, que na época era, claramente, o centro da vida indiana na África do Sul. Sua comunidade indiana era dez vezes maior que a do Transvaal (110 mil contra 11 mil em 1908). Ele havia criado em Natal a comunidade Phoenix. Era lá que se editava e imprimia o *Indian Opinion*. Além disso, era em Natal que estavam quase todos os indianos que trabalhavam sob o sistema de contratos a termo, em condições que ele descrevera como sendo de "semiescravidão". Na verdade, o número de indianos ainda contratados em Natal, naquele período, equivalia a mais de três vezes toda a população indiana do Transvaal. E naqueles mesmos anos — antes que as questões raciais se tornassem nacionais com a criação, em 1910, da União Sul-Africana — não se poderia dizer que a Assembleia Legislativa de Natal não se esforçasse por endurecer as leis anti-indianas existentes e aprovar outras novas.

Com Gandhi quase sempre ausente e olhando para o outro lado, os políticos de Natal, uma área de língua inglesa, mostraram-se ao menos tão inventivos e infatigáveis na criação de novas medidas racistas quanto os do Transvaal, que falavam africânder. Esses defensores da supremacia branca podiam ser rivais e ter combatido em lados opostos na recém-finda Guerra dos Bôeres, mas eram igualmente hostis à ideia de conceder plena cidadania à minoria indiana. A colônia de Natal era um lugar onde o principal jornal, *The Natal Mercury*, publicava com prazer uma carta assinada com o pseudônimo "Anticoolie".[5] A carta dizia que era uma vergonha que lojas de indianos tivessem autorização para funcionar no centro de Durban. (O *Mercury* continua a ser publicado na África do Sul pós-apartheid. Atualmente, em seu saguão, um retrato de Gandhi, de tamanho maior que o natural, ao lado de um retrato semelhante de Mandela, olha de cima para os jornalistas e os visitantes, como um anjo da guarda a abençoar suas atividades.)

Segundo os proprietários dos canaviais e das minas dos quais o *Mercury* servia de porta-voz, a província de Natal do tempo de Gandhi tinha uma premente necessidade econômica da mão de obra indiana em regime de engajamento. No entanto, não estava disposta a ser sobrepujada no que tocava a restrições à livre imigração de indianos. Sir Henry McCallum, o governador a quem Gandhi apelara em favor de vagas para indianos na milícia, em reconhecimento a seus serviços na época do levante zulu, não via "motivo nenhum para sermos inundados por *matéria negra* no lugar errado", apenas devido à demanda de mão de obra agrícola.[6] Por isso, uma nova lei imigratória, aprovada já em 1903, logo após a Guerra dos Bôeres, tornava fácil impedir a entrada de qualquer imigrante que não fosse capaz de preencher um requerimento, numa língua europeia, de forma a atender às mal definidas expectativas das autoridades de imigração.

Ano após ano, milhares de indianos eram rejeitados com base nesse critério. A seguir, implantou-se uma lei municipal destinada a coibir o direito de voto dos indianos nas eleições municipais — o passo final na cassação de seus direitos civis, um processo que começara catorze anos antes e fora o primeiro motivo de luta de Gandhi. E com a mesma regularidade apertavam-se as cravelhas legais, de modo a restringir a concessão de alvarás a lojistas indianos. Para os efeitos dessas leis, todos os trabalhadores contratados, na ativa ou já inativos — e seus descendentes, em caráter perpétuo —, eram classificados como pertencentes a "raças não civilizadas". Para mantê-los nessa situação, foram cortadas as verbas públicas para escolas secundárias indianas. Por fim, em 1908, foi apresentado um projeto de lei destinado a impossibilitar que qualquer "asiático" obtivesse um alvará comercial em Natal depois de 1918, mesmo no caso de pessoas cuja família naquele ano já atuasse no comércio, na província, há duas gerações.[7]

Apesar de tudo isso, Gandhi permaneceu empacado no Transvaal, seguindo seu próprio caminho. Em 1907 viajou três vezes a Durban para falar em reuniões mensais do Congresso Indiano de Natal. Em cada uma dessas ocasiões, fazia uma arenga para seus ouvintes sobre a necessidade de apoiarem a campanha no Transvaal. Só de quando em quando escrevia um comentário em seu jornal, em geral de longe, sobre o que ocorria em Natal. Em 1909, quando eram ultimadas as medidas diplomáticas e parlamentares para formar a nova União com um Parlamento inteiramente branco — o que tornaria o país, em essência, uma democracia apenas para a minoria branca —, as comunidades indianas do Transvaal e de Natal enviaram delegações separadas a Londres, a fim de defender seus interesses locais, e não para debater a questão nacional. Gandhi, cuja influência em Natal declinava visivelmente, encabeçava o grupo do Transvaal.

Ele continuava atento à campanha da *satyagraha*. Entretanto, nessa época, estava também elaborando uma nova concepção de família. "Não compreendo o que você quer dizer com a palavra 'família'", ele escrevera em 1907 ao irmão mais velho, Laxmidas, menos de um ano depois de ter instalado a mulher e os filhos em Phoenix. Laxmidas queixara-se de que ele estava deixando de cumprir suas obrigações familiares em dois continentes. "Se me fosse possível dizer isso sem arrogância", respondeu, "eu diria que minha família compreende agora todos os seres humanos."

Fazia mais de uma década que Gandhi vinha enviando dinheiro ao irmão, para saldar várias dívidas e cumprir seu papel como principal arrimo da família estendida, papel que assumira ao viajar à Grã-Bretanha a fim de formar-se. Laxmidas continuava a ter direito sobre uma parcela de seus rendimentos, admitiu Gandhi. Contudo, havia um senão — ele não se via mais como uma pessoa que tivesse renda pessoal. Não negava que sua banca de advocacia ainda tinha uma boa receita, mas ele canalizava toda ela para seus próprios objetivos. "Utilizo todo o dinheiro que Deus me dá para o bem público", explicou, tranquilamente.[8] No contexto, "bem público" significava sobretudo cobrir os prejuízos do semanário *Indian Opinion* e ajudar a manter a comunidade Phoenix fora do vermelho. (Deixar o jornal morrer teria sido "prejuízo e desonra", escreveu Gandhi mais tarde. "Por isso, continuei a pôr nele o meu dinheiro, até chegar a um ponto em que estava empatando ali todas as minhas economias.")[9] Na realidade, Gandhi estava dando uma interpretação aparentemente secular — alguns diriam heré-

Advogado em Johannesburgo, com Thambi Naidoo.

tica — ao tradicional conceito hinduísta do *sannyasi*, o andarilho religioso que dá as costas às alegrias, aflições e obrigações da vida familiar a fim de dedicar-se plenamente à disciplina espiritual na forma de meditação e prece. Autoinventado, o único de sua espécie, Gandhi dali em diante se apresenta como um *sannyasi* da assistência social.

Suas idas à comunidade Phoenix nessa época eram irregulares e em geral breves, a ponto de adquirirem um ar de visitações reais ou inspeções de estado-maior. "Certo dia, chegou a notícia de que Gandhiji viria visitar Phoenix", escreveu Prabhudas Gandhi, o filho de um sobrinho que cresceu ali.[10] "Agitada, a comunidade ganhou vida. Os colonos puseram-se a limpar o prelo e também suas casas." Prabhudas não recorda "se Gandhiji algum dia demorou-se mais de uma quinzena ou um mês". Às vezes ele "ficava meses sem vir" e quando vinha não passava mais que alguns dias ali. "Eu só podia passar lá por breves períodos", o próprio Gandhi admitiu.[11] Como ele considerava Johannesburgo sua base de operações, não surpreende que não fosse a Phoenix mais vezes, ou que seus antigos seguidores de Durban não o vissem com mais frequência. Hoje as duas cidades estão separadas por apenas uma hora de voo; naquele tempo, era preciso viajar 24 horas, de trem, para ir de uma à outra.[12] Ele saía de Joburg no fim de uma tarde e chegava a Durban na noite seguinte. Não sabemos ao certo com que frequência ele fazia essa viagem, mas é evidente que isso não ocorria tantas vezes quanto seria de esperar. Esse padrão tornou-se recorrente na vida de Gandhi. Poucas vezes suas viagens estariam atreladas às necessidades óbvias dos movimentos que o viam como líder; com frequência, seu paradeiro — num *ashram*, em viagem por uma causa — seria ditado por uma agenda mais pessoal; seus seguidores entendiam que ele estava empenhado em outra coisa, ou percebiam que ele havia se afastado. Essa ideia começou a se espalhar entre os indianos de Natal, sobretudo entre a classe de comerciantes muçulmanos cujos membros tinham sido seus primeiros clientes e partidários. Não viam com bons olhos seu alheamento, nem compreendiam sua disposição de transigir com Smuts com relação à "Lei Negra" depois de ter pregado que naquela questão só havia uma atitude: vencer ou morrer. Em sua primeira reunião em Durban, em 1908, outro *patane* irrompeu no palanque, brandindo um bastão. Alguém apagou a luz, salvando Gandhi de mais um espancamento.

Enquanto isso, ele reunia uma família sucedânea em Johannesburgo, onde seus seguidores continuavam fervorosos, em especial entre os tâmeis, cuja difícil língua dravídica ele tentava aprender, quando imobilizado na prisão ou numa viagem oceânica. O mais ardoroso dos tâmeis de Johannesburgo era um construtor e comerciante chamado Thambi Naidoo, que se instalara na África do Sul vindo das ilhas Maurício, onde seus pais tinham trabalhado sob o regime de contrato. Naidoo não tinha educação formal, mas falava cinco línguas (inglês, três idiomas do sul da Índia e o hindustâni, do norte indiano). Fisicamente forte e irascível, tinha sido preso catorze vezes e cumprira dez penas de reclusão, entre 1907 e 1913, nas campanhas de *satyagraha* no Transvaal.[13] De acordo com Prema Naidoo, um de seus netos, que se tornou vereador em Johannesburgo depois do fim do domínio branco, quase nove décadas depois, esse militante patriarcal nunca se recuperou plenamente dos golpes que recebeu na cabeça ao tentar proteger Gandhi da fúria dos patanes em 1908, sofrendo crises de tontura durante o resto da vida.[14] "Se Thambi Naidoo não tivesse pavio curto e conseguisse conter sua fúria", escreveu Gandhi, "esse homem tão valente poderia ter assumido facilmente a liderança da comunidade no Transvaal."[15]

Entretanto, a "parentela" que Gandhi tomou de empréstimo no período em que morou em Johannesburgo não era formada de tâmeis. Eram ocidentais, na maioria judeus não praticantes, que, como Gandhi, haviam mergulhado nas águas turvas da teosofia. "E lembremos que a minha seria considerada uma família essencialmente heterogênea", escreveu ele na *Autobiografia*, referindo-se a esse período, "na qual eram livremente admitidas pessoas de todos os tipos e temperamentos. Quando pensamos a respeito, descobrimos que a distância entre heterogêneo e homogêneo é meramente imaginária. Somos todos uma família."[16] Isso representava uma completa rejeição da casta, mas Gandhi não se expressou nesses termos. A se seguir à risca as normas hinduístas, os ocidentais de seu círculo, alguns dos quais se agregaram a sua casa, eram intocáveis; também eram intocáveis todos os sul-africanos, negros ou brancos.

Em 1904, Gandhi conheceu Henry Polak, um jovem redator que trabalhava no jornal *The Critic*. O encontro se deu na casa de chá, vegetariana, de Ada Bissicks, na rua Rissik, defronte ao escritório de advocacia de Gandhi. Polak tinha acabado de completar 21 anos e aquele era seu primeiro ano na África do Sul. Ficara impressionado com uma carta que Gandhi enviara a um jornal, falando das deploráveis condições sanitárias de uma área habitada por indianos onde grassara uma epidemia de peste. Conversaram sobre uma ampla diversidade de assuntos e logo descobriram que ambos reverenciavam Tolstói e admiravam as terapias naturais alemãs que envolviam aplicações de lama. Meses depois, Polak fez com que John Ruskin se transformasse num entusiasmo semelhante ao levar para Gandhi um exemplar da obra *A este derradeiro*, que, lido de uma assentada num trem noturno, inspirou a ideia da criação da comunidade Phoenix. Trata-se de um momento de revelação que diz mais sobre Gandhi e seus reflexos de ativista do que sobre Ruskin. O escritor inglês condenava os valores deformados da sociedade industrial, que se concentra na formação de capital e desdenha o trabalho físico, porém nunca pensara que seu livro levaria à fundação de comunidades idealistas em áreas rurais. Apreensivo com os custos de manutenção do *Indian Opinion* em Durban, no mesmo instante Gandhi teve um estalo. Aplicando uma torção tolstoiana ao ideal exposto por Ruskin — uma agropecuária vigorosa —, ele encontrou a resposta capaz de resolver seu problema prático imediato: para salvar o jornal, ele o transferiria para uma comunidade rural autossuficiente. Naquele instante, o patriarca decidiu ser pai de toda uma comunidade — mais tarde seria pai de uma nação —, de modo que reuniu a sua volta uma família ampliada de seguidores, ocidentais e indianos, sobrinhos e primos e, por fim, a própria mulher e os filhos. Por isso, quando, dois anos depois, escreveu ao irmão falando de sua redefinição do termo "família", tratava-se de um fato consumado. Esperava-se que os membros da comunidade exercessem uma dupla função: trabalhar como tipógrafos e produzir os próprios alimentos: a partir daí, o trabalho manual passou a ser a solução automática de Gandhi para diversos problemas, que iam da exploração colonial ao desemprego e à pobreza rurais. Ele o transformaria num imperativo moral.

Menos de um ano depois de ter conhecido Gandhi, Henry Polak foi morar com a família do advogado em Johannesburgo numa espaçosa casa alugada, com uma ampla varanda no primeiro andar, em Troyeville, na época um elegante bairro de brancos, onde alguns vizinhos se mostraram hostis à proximidade de uma família indiana, talvez a única num raio de quilômetros. A maioria dos indianos era forçada a residir em bairros específicos — prenúncio das cidades segregadas e "áreas grupais" da era do apartheid — no outro lado da cidade. É digno de nota que o advogado não tenha se intimidado em mudar para o bairro, resolvendo instalar-se entre brancos, numa casa apropriada, pelos padrões desses brancos, a sua posição profissional e sua renda. A casa de Gandhi ainda está de pé, numa Troyeville hoje racialmente não segregada, um tanto degradada, a meio quarteirão de outra casa, descendo a rua Albermarle, que erroneamente ostenta uma placa informando que foi nela que Gandhi residiu.[17] Polak se casou na casa de Gandhi com uma gói inglesa, Millie Downs, no dia em que ela chegou à África do Sul, no fim de 1905, tendo Gandhi como padrinho. "A voz dele era suave, cantada, e de uma doçura quase juvenil", disse Millie numa entrevista concedida à BBC, muitos anos mais tarde, lembrando suas primeiras impressões do Gandhi de Johannesburgo, que na mesma hora incluiu-a em sua família ampliada.[18] Meses depois, Henry foi mandado a Durban para cuidar do *Indian Opinion*, até que Millie, que ele conhecera numa reunião da Sociedade Ética, em Londres, concluiu que estava farta de Phoenix e da dignidade do trabalho rural. A situação se inverteu mais tarde, em 1906, quando Gandhi, tendo se mudado de Troyeville, voltou sem a família para Joburg, vindo da frente de combate da chamada guerra com os zulus, e foi morar com os Polak numa casinha mínima que ficava no bairro de Belleville West. Depois os Polak se mudaram para uma área chamada Highland, levando consigo o reverenciado hóspede. De seu exílio em Natal, Kasturba comentou, azeda, que Gandhi tratava Polak como se fosse um "filho mais velho". Na verdade, ele assinava suas cartas a Polak como "Bhai", que significa irmão.

Ba estava se referindo, fica claro, ao fato de o filho mais velho deles, Harilal, se sentir desconsiderado. Devia ter sentido isso sempre, pois até completar oito anos vivera junto do pai menos de dois. Quando Harilal se casou em Guzerate, em 1906, pouco antes de completar dezoito anos, Gandhi, que desaprovava o casamento, escreveu da África do Sul: "Deixei de pensar nele como filho".[19] Vários anos depois, quando um correligionário rico ofereceu recursos para que um de seus filhos pudesse formar-se na Grã-Bretanha, como ele próprio fizera, Gandhi preteriu Harilal, cogitou em mandar Manilal, o segundo filho, mas acabou enviando um sobrinho. Estava deixando de lado os costumes e as profissões ocidentais, e queria que os filhos o acompanhassem em sua transformação, educando-se, como pudessem, em guzerate, e não em inglês, ao mesmo tempo que realizavam trabalhos físicos em Phoenix e dedicavam a vida à *satyagraha* e ao próximo. Num testamento redigido em 1909, declarou ser seu desejo que os filhos "dedicassem a vida" à comunidade Phoenix ou a projetos semelhantes.[20] Durante certo tempo, Harilal envidou todos os esforços para conquistar a aprovação do pai distante, em geral ausente, mostrando-se o perfeito *satyagrahi*. Na campanha do Transvaal, foi para a cadeia seis vezes, ficando encarcerado por dezenove meses, num período de dois anos e três meses. A seguir, em 1911, partiu sozinho para a Índia, onde anos depois sua rebelião intermitente culminou num mergulho no alcoolismo e numa efêmera conversão ao islã. Pai e filho se encontraram antes que este último partisse de Johannesburgo. "Ele julga que eu sempre reprimi demais os quatro rapazes [...] que sempre pus a eles e a Ba em último lugar", escreveu Gandhi, fazendo um sumário frio da mágoa do filho.[21]

Evidentemente, não os pusera em primeiro lugar. Para Gandhi, proceder assim era na época uma questão de dever, até de credo, como demonstrara em sua carta para Laxmidas em 1906. Na verdade, Gandhi tinha ido morar na casa dos Polak exatamente quando Harilal chegou a Johannesburgo, sem a mulher, a fim de ajudar o pai em sua luta. Não havia lugar na casinha para Harilal, que foi mandado para Phoenix. Quando a chegada de um bebê tornou o espaço na residência dos Polak exíguo demais para as modestas necessidades de Gandhi, ele foi morar com o arquiteto Hermann Kallenbach — uma situação que se tornou, pode-se afirmar, o relacionamento mais íntimo, e o mais ambíguo, de sua vida.

"Eles formavam um casal", disse Tridip Suhrud, especialista em Gandhi, quando me encontrei com ele em Gandhinagar, capital de Guzerate. Essa é uma forma sucinta de resumir o óbvio — Kallenbach comentou mais tarde que tinham vivido juntos "quase na mesma cama"[22] —, mas que espécie de casal formavam? Gandhi fez questão de destruir o que chamou de "lógicas e encantadoras mensagens de amor" de Kallenbach para ele, por julgar estar respeitando o desejo do amigo de que elas não fossem vistas por outros olhos.[23] Mas o arquiteto guardou todas as mensagens de Gandhi — e décadas depois de sua morte e da de Gandhi, seus descendentes decidiram vendê-las em hasta pública. Só então os Arquivos Nacionais da Índia adquiriram as cartas, que por fim foram publicadas. Foi tarde demais para que o psicanalista Eric Erikson as levasse em conta, e os estudos mais recentes sobre Gandhi tendem a encará-las com cautela, quando chegam a considerá-las. Um respeitado especialista em Gandhi classificou o relacionamento como "claramente homoerótico", e não como homossexual, pretendendo com essa escolha de palavras descrever uma intensa atração mútua, e nada mais.[24] As conclusões correntes na pequena comunidade indiana da África do Sul, passadas de boca a boca, eram, às vezes, menos sutis. Não era segredo na época, ou depois, que Gandhi, depois de abandonar a mulher, tinha ido viver com um homem.

Numa época em que o conceito de amor platônico tem pouca credibilidade, detalhes do relacionamento e trechos de cartas, bem selecionados, podem ser dispostos de forma a levar a uma conclusão. Kallenbach, criado e educado na Prússia Oriental, foi, durante toda a vida, solteiro, ginasta e fisiculturista, "tendo recebido treinamento físico das mãos de Sandow", como o próprio Gandhi um dia declarou com orgulho.[25] Estava se referindo a Eugen Sandow, atleta ainda respeitado como "o pai do moderno fisiculturismo", contemporâneo de Kallenbach na então Königsberg (hoje a cidade de Kaliningrado, num enclave russo no Báltico, entre a Polônia e a Lituânia). Gandhi interessou-se a vida inteira pela fisiologia, sobretudo no que dizia respeito aos apetites, mas nunca, nem é preciso dizer, pelo fisiculturismo. Seu torso esguio — dependendo de seus jejuns, ele pesava de 48 a 53,5 quilos, não chegando a 1,70 metro — acabou sendo mais conhecido que o de Sandow. Mas em seu auge foi esse atleta supermusculoso que se tornou o astro internacional, o precursor de Charles Atlas e Arnold Schwarzenegger — uma verdadeira celebridade, o suficiente para aparecer várias vezes no pensamento de Leopold Bloom, o protagonista do *Ulisses*, de Joyce.

Filho de um comerciante de madeiras, Kallenbach servira durante um ano no Exército alemão, e depois disso se formara em arquitetura em Stuttgart, antes de chegar a Johannesburgo, em 1895, aos 24 anos. Assim, já fazia quase uma década que morava na África do Sul quando Sandow, que fora descoberto por Flo Ziegfeld e transformado em estrela internacional, levou seu número, uma espécie de striptease masculino, a Johannesburgo, em 1904.[26] É difícil imaginar Kallenbach, que ainda não conhecia Gandhi, perdendo a oportunidade de reaproximar-se de seu concidadão de Königsberg.

Se não enamorado, Gandhi sentiu-se claramente atraído pelo arquiteto. Numa carta escrita em Londres, em 1909, ele diz: "Seu retrato (o único) está no aparador da lareira, em meu quarto. A lareira fica diante da cama".[27] Algodão e vaselina, diz ele a seguir, "sempre me lembram você". A intenção, ele prossegue, "é mostrar, a você e a mim, o quanto você tomou posse de meu corpo. Isso é escravidão com vingança". Como devemos entender a palavra "posse" ou a referência a vaselina, na época, tal como hoje, um petrolato com muitas serventias corriqueiras? As conjecturas mais plausíveis são que, no quarto de hotel em Londres, a vaselina podia estar relacionada a clisteres, a que ele recorria com regularidade, ou pode, de outra forma, prenunciar o entusiasmo de Gandhi, na velhice, por massagens, que se tornariam uma parte bem conhecida da rotina diária de seus *ashrams* indianos, despertando futricas que nunca cessaram de todo depois que se soube que ele em geral queria que fossem feitas pelas mulheres de seu círculo.[28]

Dois anos depois, Gandhi redigiu um pacto, entre sério e brincalhão, para ser assinado pelo amigo, usando os apelidos carinhosos e as saudações epistolares que, quase com certeza, foram criadas por ele, sem dúvida o mais gaiato e espirituoso dos dois. Kallenbach, dois anos mais jovem que Gandhi, passou a atender pela alcunha de "Câmara Baixa", no sentido parlamentar (uma alusão jocosa, ao que parece, a seu papel como fonte de verbas). Gandhi é "Câmara Alta" (e, como tal, tinha a prerrogativa de vetar gastos excessivos). Câmara Baixa pode opinar sobre questões de forma física e todas as demais que estejam relacionadas com a fazenda Tolstói, a comunidade por eles criada. Já Câmara Alta incumbe-se de lucubrar ideias profundas, idealizar estratégias e guiar o desenvolvimento moral de seu companheiro nesse tocante relacionamento bicameral. No pacto, datado de 29 de julho de 1911, véspera de uma viagem que Kallenbach faria à Europa, Câmara Alta faz Câmara Baixa prometer "não contrair nenhum compromisso nupcial em sua ausência" nem "olhar com lascívia para nenhuma mulher".[29] Em seguida, as duas instâncias legislativas penhoram mutuamente "mais amor, e mais amor ainda [...] um amor tal que, esperam, o mundo jamais viu". A essa altura, subtraídos os tempos das penas de prisão de Gandhi em 1908 e da viagem a Londres em 1909, os dois estavam juntos havia mais de três anos.

Cumpre não esquecer que só dispomos das cartas de Gandhi (todas elas iniciadas por "Caro Câmara Baixa"). Portanto, é Gandhi que proporciona o tom brincalhão que poderia ser facilmente atribuído a um amante, sobretudo se deixarmos de lado o que mais as cartas contêm e seu contexto mais amplo. Aqui a interpretação pode avançar por dois caminhos. Podemos nos entregar a especulações ou examinar com mais atenção o que os dois homens realmente dizem nesse período sobre seus esforços para reprimir os impulsos sexuais.

Uma carta de 1908, de Kallenbach para seu irmão Simon, na Alemanha, pouco depois de Gandhi ter-se mudado para sua casa, mostra que ele já se encontrava sob a influência do hóspede havia algum tempo. "Nos últimos dois anos, deixei de comer carne; e no ano passado também não toquei mais em peixe", ele escreve, "e durante os últimos dezoito meses renunciei a minha vida sexual. [...] Mudei a minha vida cotidiana a fim de simplificá-la."[30] Mais tarde é Kallenbach quem chama a atenção de Gandhi para a tendência insidiosa que tem o leite de intensificar a excitação.[31] Sempre extremista no tocante a experiências dietéticas, Gandhi estende a proibição ao chocolate. "Eu vejo a morte nos achocolatados", diz ele a Polak, que nessa época não estava envolvido nas experiências alimentícias a que Kallenbach se submetia prontamente.[32] Poucos alimentos eram tão "calóricos", no sentido de excitar apetites ilícitos. Gandhi manda a Kallenbach versos sobre a ojeriza a "prazeres corporais". Segundo essa mensagem, temos corpos para aprender "autocontrole".[33]

O arquiteto judeu de Kaliningrado, junto ao Báltico, e o advogado baneane de Porbandar, à beira do mar da Arábia, primeiro moraram juntos em Orchards, um dos subúrbios mais antigos do norte de Johannesburgo, numa casa chamada Kraal, palavra holandesa que originalmente significava domicílio, mas hoje designa um tipo de aldeia rural africana ou curral de gado.[34] A ideia básica do projeto era também africana. Kallenbach partiu do *rondavel* — uma estrutura circular de grossas paredes de barro, às vezes caiadas, com telhado cônico de palha — para desenhar a casa da rua Pine, nº 15, onde morou com Gandhi um ano e meio. A casa ainda existe (e foi comprada há pouco tempo por uma empresa francesa que planeja transformá-la em atração turística, mais um museu Gandhi). Na verdade, são dois *rondavels*, habilmente reunidos atrás de uma cerca alta com um letreiro hoje onipresente nos muros e cercas dos subúrbios da zona norte da cidade, advertindo intrusos quanto a uma "reação armada". O aviso, claro está, não é gandhiano. Quando Gandhi descobriu que, depois da agressão dos patanes, Kallenbach se autonomeara seu guarda-costas e passara a andar armado, insistiu em que ele se livrasse do revólver.

Os dois mudaram-se depois para o bairro de Linksfield, onde Kallenbach estava construindo uma casa maior, chamada Mountain View, sobre a qual Gandhi nutria previsíveis pressentimentos. Uma de suas missões nesse período consistia em treinar o companheiro na disciplina de abnegação. Instava-o a desfazer-se de um carro novo e a cumprir o voto de pobreza que ambos tinham feito, reduzindo seus gastos pessoais. "Espero que dessa vez não tenhamos simplicidade aristocrática, mas simplicidade simples", ele escreveu antes que a obra da casa nova começasse. Durante algum tempo, em 1910, eles moraram numa barraca, no canteiro de obras. O que ele realmente desejava, percebe-se, é que Kallenbach fechasse seu estúdio de arquitetura, da mesma forma como ele estava se preparando para abandonar a advocacia, e voltasse com ele para uma vida de trabalho comunal em Phoenix. "Ao que tudo indica", escreveu Gandhi, esperançoso, num perfil laudatório de seu companheiro no *Indian Opinion*, "o senhor Kallenbach aos poucos deixará seu trabalho como arquiteto para viver em pobreza completa."

Kallenbach diz-se tentado, mas ainda não compra de todo a ideia. O escritório continua aberto e ativo. Em certo momento, ele concorre a licitações simultâneas de projetos de uma nova sinagoga, de um templo da Ciência Cristã e de outro da Igreja Ortodoxa grega. O terreno da fazenda Tolstói, com seus 445 hectares, que Kallenbach comprou, foi a maneira de um grande gastador provar que falava a sério a respeito de pobreza voluntária. Ele e Gandhi escrevem a Tolstói, na época moribundo, para lhe falar de seus planos. A fazenda resolve uma necessidade imediata de Gandhi. Ele agora tem um lugar onde alojar as famílias de resistentes passivos que foram presos por participar da enfraquecida campanha de *satyagraha*, onde poderia também treinar novos resistentes. Além disso, era um lugar onde ele podia testar os preceitos pedagógicos e microeconômicos que havia acabado de expor no mais importante trabalho de argumentação que escreveria, o panfleto *Hind swaraj*. O título significa "Autogoverno indiano" ou, mais livremente, "A liberdade da Índia". Gandhi escreveu-o rapidamente, em dez dias, ao retornar à África do Sul em 1909 no navio *Kildonan Castle*, depois de mais uma tentativa inútil de pressionar o governo britânico.

Na forma de um diálogo socrático, esse livrinho originalíssimo sintetiza seu desencanto com o sistema imperial, o Ocidente em geral e as modernas sociedades industriais em toda parte, sua rejeição da violência como tática política e também sua apreciação romântica da aldeia indiana, da qual tinha, até então, pouca experiência de primeira mão. Sua rejeição global dos costumes modernos incluía a medicina ocidental, os advogados (como ele), as estradas de ferro (que usaria pelo resto da vida) e a política parlamentar (que os nacionalistas indianos desejavam para o país). A complicada e eclética origem desse pensamento é coroada por uma descoberta surpreendente: sua inspiração imediata não veio de Tolstói ou de Ruskin, e sim do prolífico literato anglo-católico G. K. Chesterton, que numa coluna do *The Illustrated London News*, que Gandhi viu por acaso em Londres, perguntava o que diria um verdadeiro nacionalista indiano, "um indiano autêntico", a um imperialista que tentasse implantar instituições e maneiras de pensar ao estilo britânico no Raj.

"A vida é muito curta; um homem tem de viver de alguma forma e morrer em algum lugar", declara o indiano autêntico do escritor britânico em resposta a essa pergunta retórica.[35] "O nível de conforto físico que um camponês obtém em vossa melhor República não é muito maior do que o meu. Se não gostais de nosso tipo de conforto espiritual, nunca pedimos que gostásseis. Ide, e deixai--nos com ele." Em *Hind swaraj*, o personagem habitado por Gandhi, chamado "o Editor", se apresenta como esse indiano autêntico. Chesterton não deu ideias novas a Gandhi, mas lhe mostrou de que forma as ideias que ele próprio vinha reunindo podiam definir uma persona. O que ele faz nessas páginas, em breve fará na vida; o Editor se tornará o Mahatma, que doze anos depois, em sua primeira campanha de não cooperação na Índia, traduzirá em ação um dos temas do panfleto. "Os ingleses não conquistaram a Índia", diz o Editor. "Nós a demos a eles." Sua resposta é "deixar de desempenhar o papel de subjugados".[36] Isso é mais do que um prenúncio das posteriores campanhas de Gandhi. É uma declaração do tema básico delas.

Ainda que *Hind swaraj* tenha sido escrito enquanto ele viajava para a Cidade do Cabo, depois de uma missão malograda em Londres em defesa dos direitos indianos no Transvaal, as palavras "África do Sul" em nenhum momento aparecem no panfleto. Em espírito, ele já começara a se repatriar para a Índia, onde a obra foi de imediato declarada subversiva e proibida. Na verdade, ela era mais subversiva em relação ao movimento independentista indiano anterior a Gandhi, com sua liderança anglicizada e seus valores importados, do que em relação ao regime colonial britânico. "Não conhecemos aqueles em nome de quem falamos, nem eles nos conhecem", afirmava com ousadia seu autor, que passara na Índia menos de cinco dos últimos vinte anos, criando implicitamente um desafio para si mesmo.[37] Contudo, sua crítica pode ser também aplicada, de modo geral, ao movimento que ele liderou na África do Sul, sobretudo em Natal. Uma parte clara do intuito da fazenda Tolstói era permitir a Gandhi e a Kallenbach — a primeira pessoa a ver o manuscrito de *Hind swaraj* — fecharem o abismo social entre os indianos que o primeiro enfim havia reconhecido. Seis meses após sua volta de Londres, Gandhi redige o primeiro de seus contratos informais com Kallenbach, definindo o que equivale a uma lei básica para a nova comunidade. "O objetivo primordial da ida para a fazenda no que se refere a K. e G.", decreta esse documento, "é se transformarem em camponeses industriosos."[38] Quase um ano depois, em maio de 1911, quando a fazenda estava em pleno funcionamento, Gandhi diz a Polak: "Eu gostaria de escapar ao olhar público [...] enterrar-me na fazenda e dedicar minha atenção à lavoura e ao magistério".[39] A lavoura o leva a reconhecer as aptidões dos africanos e indianos, como as dos trabalhadores sob contrato, que cultivam a terra. "Eles são mais úteis do que qualquer um de nós", ele escreve no *Indian Opinion*, comparando de forma explícita os trabalhadores do campo e uma segunda geração de trabalhadores administrativos indianos que começavam a criticar sua liderança.[40] "Se as notáveis raças nativas parassem de trabalhar por uma semana, é provável que passássemos fome."

Mas é à escola, em que ele leciona seis tardes e todas as noites a cada semana, que ele devota a maior parte de sua energia no segundo semestre de 1911. "Essa é minha ocupação predominante", escreve a Kallenbach em 9 de setembro.[41] O número de inscritos é pequeno. Gandhi impõe um requisito dietético que contribui para mantê-lo baixo. Os alunos devem se comprometer com uma dieta sem sal, pois ele descobrira que o sal "nos faz comer mais e desperta os sentidos".[42] Duas décadas depois, numa espantosa mostra de flexibilidade ideológica, ele afirmaria que o sal era uma das necessidades básicas da vida, tornando-o o foco de seu mais bem-sucedido exercício de não violência militante, a Marcha do Sal, em 1930. Ao abrandar suas restrições ao sal na fazenda Tolstói, autorizando seu uso na dieta em pequenas quantidades, o número de alunos sobe para 25, sendo oito deles, como registra Gandhi com orgulho, muçulmanos.[43] O

Kallenbach em 1912.

currículo inclui um curso de produção de sandálias. Gandhi enviara Kallenbach a um mosteiro trapista perto de Phoenix para aprender o ofício; o arquiteto depois o ensinou ao advogado, que o ensinou aos estudantes. Não demorou para que fabricassem cinquenta pares, informou, um dos quais ele mandou para seu adversário político, Jan Smuts.

A fazenda Tolstói, na qual Gandhi atuava como mestre-escola e diretor médico, tornou-se por algum tempo a razão de sua vida; a campanha de *satyagraha* contra as leis racistas no Transvaal, cada vez mais fraca, foi relegada ao segundo plano. Gandhi levou avante uma desordenada negociação com Smuts, que agora acumulava os ministérios da Defesa e das Minas no novo governo da União, mas sua atenção maior se concentrava na elaboração de um currículo que utilizasse línguas e textos indianos, bem como em dietas e terapias naturais como alternativas saudáveis à agressiva medicina ocidental. Kallenbach se envolvia mais nessas "experiências" do que soldados políticos como Thambi Naidoo e Polak, que viviam casamentos convencionais. Sua dedicação aos valores de Gandhi, à medida que se desenvolviam, parecia irrestrita, e não seletiva. Era mais que um acólito, menos que um igual. Nunca, ao que saibamos, ele representou um desafio intelectual ao explorador espiritual que se tornou seu companheiro.

O acordo original especificava que K. moraria separado dos colonos e que G. passaria a maior parte do tempo com ele. A sra. Gandhi muda-se então de Phoenix para a fazenda Tolstói, onde fica por mais de um ano. Não está claro que efeito isso teve. A essa altura, fazia mais de cinco anos que Ba e seu marido dormiam em aposentos separados. Na fazenda Tolstói, dormiam em varandas separadas, cada qual cercado por alunos da escola de Gandhi.

O que é fácil passar despercebido, nos relatos da vida de Gandhi na fazenda Tolstói, é o quanto seus sentimentos em relação a Kallenbach se tornaram um fator importante na mudança interior pela qual ele estava passando. Ele não só se empenha em reformar o companheiro, como se esforça por tornar permanente a ligação entre eles. O arquiteto hesita. Durante sua estada na fazenda com Gandhi, também se tornou sionista e um judeu mais praticante; leva Gandhi à sinagoga na Páscoa e o apresenta ao matzá, ou pão ázimo. Durante algumas semanas estuda o híndi, como preparativo de uma mudança para a Índia; em outras, quando reflete sobre o tempo que Gandhi poderá lhe dedicar num futuro ainda inimaginável na Índia, estuda hebraico, preparando-se para uma nova vida na Palestina. No dia a dia, o melhor indicador do inconstante estado de espírito do arquiteto é a língua que estuda, híndi ou hebraico. Mostra desconsolo, se não ciúme, se Gandhi dispensa admiração e tempo a outra pessoa. Persistente, Gandhi aceita tudo isso durante mais de dois anos, buscando sempre preservar a ligação.

Os altos e baixos de Kallenbach podem ser acompanhados num livro de registros contábeis e anotações que ele manteve em 1912 e 1913, e que pode ser consultado no arquivo do *ashram* Sabarmati, de Gandhi, em Ahmedabad. Tanto por economia quanto para manter a forma física, Kallenbach e Gandhi faziam sempre a pé os 34 quilômetros que levavam da fazenda, perto de uma parada de trem chamada Lawley, ao centro de Johannesburgo, atravessando uma grande área de *veldt*, ou savana africana, que bem depois, na era do apartheid, transformou-se no enorme aglomerado de bairros negros chamado Soweto. Kallenbach sempre anotava o tempo do percurso. Se ele e Gandhi caminhavam juntos, muitas vezes saindo às quatro da manhã, levavam pouco mais de cinco horas e meia para chegar a seus respectivos escritórios no centro de Johannesburgo; quando sozinho, normalmente Kallenbach reduzia esse tempo em uma hora. Em todas as menções nessas páginas, Gandhi não é Câmara Alta, e sim "senhor Gandhi". A formalidade parece admitir que o relacionamento entre ambos, como quer que seja entendido, não era de iguais.

Hoje em dia, Lawley ainda é uma parada de trem. Junto dela estende-se uma favela de chapas corrugadas e casebres de barro que se comprimem em praticamente todos os cantos de uma antiga fazenda de brancos. Quando se tentou restaurar a fazenda Tolstói e levantar ali um monumento, os moradores da favela sem demora deixaram o lugar absolutamente nu. Estive ali em 2008 e não havia mais nem mesmo um letreiro. Tudo o que restava eram uns bancos tortos de tijolos, os alicerces de uma casa velha, as moradias bem cercadas de alguns brancos que trabalham numa olaria de tijolos próxima, eucaliptos queimados e umas poucas árvores frutíferas, talvez progênie das vintenas delas que Kallenbach plantou há um século e, por fim, uma vista de uma Johannesburgo que Gandhi dificilmente reconheceria, depois dos bairros negros e das barragens de lodo resultantes de mineração.

Quando ali viveram, Gandhi e Kallenbach continuaram a fazer suas experiências dietéticas, reduzindo a ingestão diária de alimentos, em certo período, a uma só refeição vespertina, medida com cuidado. E a cada mês ou mais ou menos isso, Kallenbach fazia referência a mais uma "longa discussão" com o sr.

Gandhi. Não há uma palavra sobre os pormenores, mas às vezes essas conversas provocavam, por parte de Kallenbach, a resolução de acelerar seus estudos de híndi e de tomar uma decisão sobre o abandono de sua profissão. E então uma outra pessoa entrava em cena, competindo pela atenção de seu companheiro, e ele era tomado por uma nova onda de dúvidas. A anotação mais pessoal e curiosa em seu diário ocorre em 27 de agosto de 1913, oito meses depois de Gandhi voltar enfim para a comunidade Phoenix. A fazenda Tolstói foi fechada, Kallenbach retornou para Mountain View, e Gandhi, numa visita, hospedou-se na casa dele. Sonja Schlesin, uma judia do círculo de Gandhi em Johannesburgo, sua secretária, moça cheia de vida, apareceu na casa. Há quem creia que foi Kallenbach quem apresentou Sonja, dezessete anos mais nova do que ele, a Gandhi, em 1905. Suas famílias tinham sido amigas na Europa. Mas Kallenbach passara a achar que ela ocupava demasiado o tempo de Gandhi e, em certo sentido, a via como uma rival. "Devido à ida da srta. Schlesin a Mountain View, fui a pé, sozinho, para o escritório", escreveu Kallenbach. "Discussões sobre ela levaram o sr. Gandhi a fazer o voto. Foi um dia penosíssimo para mim."

Se esse texto fosse uma antiga inscrição cuneiforme, com certeza não seria mais difícil de decifrar. Estará ele aludindo ao voto de *brahmacharya* de Gandhi ou ao voto recente que provocara um jejum no mês anterior por causa de certos atos carnais que tinham vindo à tona em Phoenix? (No entender de Gandhi, não existiam brincadeiras sexuais inocentes. Antes ele se queixara de um caso de "coqueteria excessiva" em Phoenix.)[44] Nenhum desses dois votos parece ser o que Kallenbach tinha em mente. É provável que estivesse se referindo a um voto de que só ele e G. tinham conhecimento. O contexto é obscuro, mas os sentimentos de Kallenbach, uma vez na vida, saltam da página. Rivalidades e ciúmes desse tipo se tornariam corriqueiros mais tarde no círculo de Gandhi. Mas Kallenbach é especial. Ao se mudar de Joburg, Gandhi parece tê-lo deixado para trás, ter-se livrado dele. Na verdade, tomou essa atitude no começo de 1913, presumindo que o amigo dileto o seguiria em breve. Notando que Kallenbach estava "em cima do muro", ele lhe pede, num tom ao mesmo tempo lisonjeiro e passivo-agressivo, que "pense na vida em comum que temos vivido". Mas a indicação mais clara de seus sentimentos é a seguinte: ao arrumar suas próprias coisas que deveriam ser enviadas a Phoenix, ele também arrumou e despachou os livros e instrumentos de Kallenbach. Câmara Alta fica magoado quando Câmara Baixa pede que eles lhe sejam devolvidos.[45] Mesmo assim, não desiste. Como veremos, isso não é o fim. Kallenbach mergulha na última e maior campanha de *satyagraha* de Gandhi na África do Sul, e depois dá mostras de recuar de novo, incomodado com o apego de Gandhi a um clérigo britânico, Charles F. Andrews. "Embora eu ame e tenha quase adoração por Andrews", Gandhi escreve, "eu não trocaria você por ele. Você continua a ser o mais querido e mais próximo a mim. [...] Eu sei que em minha viagem solitária pelo mundo você será o último a me dizer adeus (ou não dirá isso nunca). Que direito eu tinha de esperar tanto de você!"[46]

Tanto o quê, é o que tentamos descobrir. A resposta só pode ser amor, devoção, apoio incondicional. Nas palavras de Gandhi, Kallenbach era "homem de sentimentos fortes, amplas afinidades e uma simplicidade infantil".[47] Em outra ocasião, queixou-se da "sensibilidade mórbida" do amigo, referindo-se, ao que parece, a seus ciúmes e também a sua suscetibilidade a outras influências.[48] Três meses antes de deixar a África do Sul, Gandhi mais uma vez garante a sua alma gêmea: "Você sempre será você e só você para mim. Eu lhe disse que você terá de me abandonar, e não eu a você". Enfim, Kallenbach sucumbe. Viaja com Gandhi quando este deixa o país, com a intenção, logo frustrada, de acompanhá-lo até a Índia.

Os vários laços que ligavam Gandhi ao Transvaal — a campanha de *satyagraha*, a fazenda Tolstói e Kallenbach — não podiam ser desfeitos com facilidade. No entanto, em 9 de janeiro de 1913 — data em que Kallenbach anotou em seu diário "o sr. Gandhi e o restante da fazenda Tolstói partem para Phoenix" —, o mais forte desses laços era sua ligação pessoal com o arquiteto. Só quando se leva isso em conta é que se entende de forma plausível o prolongado afastamento de Gandhi da política indiana em Natal.

A partida de Gandhi do Transvaal e seu regresso à comunidade Phoenix tiveram pouco ou nada a ver com a política indiana em Natal, da qual ele claramente se distanciara por uma década.[49] A ocasião foi motivada por uma promessa que seu obstinado admirador e guru presuntivo, Gopal Krishna Gokhale, lhe arrancara depois de fazer uma triunfal turnê de cinco semanas pela África do Sul em 1912. A visita de Gokhale, organizada com toda a pompa e solenidade que a África do Sul costumava reservar a ministros do gabinete britânico — uma série de homenagens públicas, desfiles para multidões e recepções cívicas com a presença de dignitários, que naquela época eram, necessariamente, quase todos brancos —, obrigara Gandhi a deixar seu retiro na fazenda Tolstói. Ao fim da visita, quando Gokhale partiu para a Índia, Gandhi e Kallenbach o acompanharam até Zanzibar. Quando as comunidades indianas de cidades portuárias do leste da África foram ao cais para saudar os líderes, viram o advogado de Johannesburgo vestido à indiana pela primeira vez no sul da África desde que o dândi formado em Londres usara um turbante num tribunal de Durban, no dia seguinte ao de sua chegada, vindo da Índia, quase vinte anos antes. O homem mais velho ("cujos olhos estavam sempre em mim", como Gandhi escreveu mais tarde)[50] aproveitava o tempo a bordo para conversar sobre política. "Nessas conversas, Gokhale me preparou para a Índia", disse Gandhi.[51] Ao se despedirem em Zanzibar, Gokhale exortou Gandhi — quase lhe ordenou — a se preparar para deixar a África do Sul em um ano e voltar à pátria para cumprir seu destino. Gandhi, ao que tudo indica, prometeu que tentaria. De volta à fazenda Tolstói, em meados de dezembro de 1912, só precisou de quatro semanas para encerrar aquela experiência especial com a verdade e transferir sua base, mais uma vez, para Phoenix. Em seu espírito, isso era apenas o começo de uma jornada mais longa, em direção ao oriente, que sempre fora inevitável. "Estarei lá quando chegar a hora", tinha escrito quando se levantou o assunto de sua volta à pátria.[52] Sua "voz interior", ao que parecia, o ajudaria a saber quando deveria ocorrer sua "retirada", como ele a chamou numa carta a Kallenbach.[53]

Havia negócios inacabados que ele precisava ainda resolver. Gandhi acreditava ter chegado a um acordo com Smuts, no começo de 1911, que lhe possibilitaria pôr um ponto final na campanha de *satyagraha*, que fora a razão ostensiva que ele alegara para se instalar no Transvaal. Isso se dera um ano depois da ascensão ao poder do primeiro governo nacional da África do Sul — branco, é claro. Na verdade, o acordo que Gandhi se dispusera a aceitar só faria uma diferença mínima para a situação real das comunidades indianas ameaçadas. A "Lei Negra", que exigia que todos os indianos do Transvaal se registrassem, seria revogada pelo novo Parlamento branco (embora isso tivesse deixado de ser importante, já que agora praticamente todos os indianos tinham se registrado), e uma lei de imigração explicitamente antiasiática seria substituída por outra, redigida em termos aparentemente neutros, não racistas, mas que seria implícita e funcionalmente antiasiática. (Por exemplo, mediante a utilização de testes de alfabetização em línguas europeias. A lista de línguas em que um imigrante poderia ser testado incluía o iídiche, mas não, é claro, o híndi, o tâmil ou qualquer outra língua indiana.) Contraditoriamente, como um gesto de respeito ao princípio de igualdade, a nova lei conservaria o artigo, já presente em projetos anteriores, que autorizava, a cada ano, a admissão ao Transvaal de seis indianos "educados" (ou seja, escolarizados segundo um currículo britânico), uma forma oblíqua de evitar que mesmo indianos capacitados, por padrões ocidentais, fossem barrados.

Analisando o "acordo" num contexto mais amplo, como uma segunda geração de indianos nascidos na África do Sul começava a fazer, ele não prometia muita coisa. Se aprovado, o voto continuaria vedado aos indianos; a possibilidade de possuírem terras ou abrir empresas ainda poderia estar sujeita a fortes restrições; o sistema de trabalho sob contrato de engajamento seria mantido sem modificações; e a educação das crianças indianas permaneceria nas mãos de autoridades brancas hostis. No entanto, durante alguns meses em 1911, pareceu surgir uma luz no fim do túnel. O governo enviou ao Legislativo projetos de lei que supostamente refletiam as metas extremamente limitadas do acordo Gandhi-Smuts, mas depois que a linguagem hermética e as obscuras referências a artigos de outras leis foram analisadas, decifradas e decodificadas, a única coisa que ficou óbvia foi que, mais uma vez, tinham tirado proveito da boa-fé de Gandhi. O que um artigo parecia dar, outro artigo tirava. Na verdade, a nova legislação proposta agravava as condições para os residentes indianos e criava mais obstáculos à imigração. Ameaçando renovar a resistência, o próprio Gandhi teve de reconhecer que a reforma das leis de imigração, objeto de suas negociações, havia produzido uma nova "Lei de Expulsão de Asiáticos".[54] Novos projetos foram então prometidos, retirados e prometidos de novo, enquanto as autoridades procrastinavam a solução, testando a determinação indiana. Quase cinco anos depois do início da campanha de *satyagraha*, Gandhi nada tinha a mostrar como resultado da resistência que a sua liderança inspirara. Indianos haviam provocado sua própria prisão e ido para a cadeia mais de 2 mil vezes, cumprindo sentenças de até seis meses de trabalhos forçados; alguns, como Thambi Naidoo e Harilal, filho de Gandhi, tinham feito isso inúmeras vezes. Centenas de outros resistentes tinham sido deportados para a Índia.[55] O mundo (em especial a Índia) de vez em quando prestava atenção, mas o novo governo branco havia passado a perna em Gandhi. Crescia o desencanto, sobretudo em Natal, para onde ele voltou no início de 1913.

E então ele tomou uma atitude extraordinária: aumentou a aposta. Acrescentou uma nova exigência, que pôs no alto da lista — uma exigência de mais peso, que expunha de forma direta e clara a questão central de saber se a comunidade indiana na África do Sul seria considerada temporária ou permanente, uma exigência que tinha implicações radicais, por afetar as perspectivas dos indianos mais pobres, os trabalhadores em regime de engajamento em Natal, que mourejavam num sistema que Gandhi, desde muito tempo, chamava de "um sucedâneo da escravidão".[56] De um momento para outro, Gandhi fez da abolição do imposto anual de capitação, no valor de três libras, pago pelos antigos trabalhadores contratados, o principal objetivo da nova campanha de *satyagraha* que ele vinha ameaçando havia dois anos.

Essa atitude em geral é apresentada como a culminação lógica e inevitável da oposição de Gandhi, ao longo de quase duas décadas, ao sistema de engajamento e ao tributo — que agora ele passou a chamar de "imposto de sangue" — adotado em 1895 como meio de obrigar os trabalhadores contratados a voltar para a Índia ao fim de seus contratos ou assinar um novo contrato.

A história é mais complicada. A intenção original fora fazer incidir um imposto de capitação de 25 libras sobre cada ex-trabalhador contratado, um valor que excedia seus salários anuais e que, por conseguinte, lhes seria impossível reunir. Gandhi havia redigido pessoalmente o protesto original, encaminhado pelo Congresso Indiano de Natal, e depois que a questão foi submetida às autoridades imperiais, em Londres, o tributo reduziu-se a três libras sobre cada homem, mulher ou criança, ainda pesado para trabalhadores que ficavam felizes se ganhavam uma libra por mês. Ao longo dos anos, a cobrança tinha sido irregular, mas se ex-trabalhadores contratados deixavam de pagar e os impostos se acumulavam, os juízes brancos usavam isso como pretexto para mandá-los à prisão por desacato. No passado, ninguém fora mais eloquente do que Gandhi em chamar a atenção para as péssimas condições de vida dos trabalhadores contratados, os da ativa e os antigos. "Para um homem faminto, praticamente não existe lar", escreveu em 1903. "Seu lar está onde ele pode juntar o corpo e a alma."[57] Segundo esse critério, Natal era um "lar" mais plausível do que as miseráveis aldeias indianas das quais os trabalhadores haviam fugido.

Mas Gandhi nunca se preocupara com os trabalhadores engajados durante os anos que passou no Transvaal. Eles e seus sofrimentos estavam em Natal, fora de seu campo de visão. Quando, em 1911, um grupo de indianos de segunda geração, nascidos em Natal, começou a promover agitação em Durban pela abolição do imposto, Gandhi, em seu retiro na fazenda Tolstói, mostrou-se infenso a pedidos de apoio. Talvez tenha imaginado que, ao escudar com seu prestígio um novo movimento que fazia novas reivindicações, pudesse prejudicar suas chances de êxito numa pendenga já periclitante com Smuts. Ou, talvez, egoisticamente, farejasse um desafio por parte de pretensos líderes mais jovens. Fossem quais fossem seus motivos, sabe-se que ele não nutria nenhuma simpatia pelo principal incentivador da agitação contra o imposto: P. S. Aiyar, o exaltado e independente editor do *African Chronicle*, cuja atitude em relação a Gandhi — manifestada em seu semanário — passava, de forma imprevisível, da reverência à crítica, e da crítica à cólera. O *Indian Opinion* publicou uma notinha sobre a formação de uma comissão, que tinha Aiyar como secretário, para lançar uma campanha contra o imposto de capitação de três libras.[58] Depois disso, o movimento contra o imposto cambaleou durante meses, com uma série de petições e reuniões, o tipo de coisa que o jornal de Gandhi normalmente registrava, quando se relacionava aos interesses dos indianos. A comissão de Aiyar, porém, não foi mais mencionada em suas páginas. Mais adiante, ao que parece, Polak cometeu o erro de escrever alguma coisa favorável a Aiyar numa carta a Gandhi, que respondeu: "Apesar de suas observações numa carta, eu ainda suspeito muito da boa-fé de Aiyar. Ele é um homem do momento. Escreve uma coisa hoje e exatamente o contrário amanhã".[59] Além de mostrar que o Gandhi de Johannesburgo não estava habituado a ouvir críticas que partiam não de brancos, mas de um de seus próprios conterrâneos, a carta prova que ele lia o *African Chronicle*.

A agitação de Aiyar não foi muito longe. Ao que parece, ele tinha pouco talento para a organização e nenhum estômago para o tipo de sacrifício pessoal que poderia levá-lo à cadeia. Entretanto, sua agitação repôs a questão do imposto na mente de Gandhi. O máximo que este havia esperado era a revogação do imposto sobre as mulheres, não como resultado de agitação por parte de indianos, mas como um gesto de Smuts para demonstrar a boa vontade dos brancos.[60] Era uma ideia que, aparentemente, eles tinham debatido. Gandhi recebia mal propostas de uma campanha mais ativa. A ideia de lançar um movimento próprio contra o imposto lhe foi sugerida pelo então editor do *Indian Opinion*, um inglês chamado Albert West. Mas isso exigiria deixar a fazenda Tolstói e mudar-se para Durban. Era o fim de 1911, e Gandhi não estava disposto a isso. Não era de seu feitio, mas ele rejeitou a ideia. "No momento, não estou em condições de sentir o pulso da comunidade lá", escreveu. "Se eu me sentisse livre para liderar o movimento, me lançaria a isso sem um segundo de hesitação, mas neste momento não estou em condições de fazê-lo."[61] Talvez o próprio West devesse lançar um movimento, contrapôs, numa sugestão inesperada. Mas, se fizesse isso, "não deveria de forma nenhuma ir de encontro ao que Aiyar está fazendo". Ao que parece, Aiyar buscara apoio junto a West ou Gandhi, ou a ambos. Gandhi se referiu "à correspondência de Aiyar", que devolveu a West, dizendo que não desejava guardá-la. No entanto, não pôde deixar o assunto no ar. Uma semana depois, escreveu de novo a West, pedindo-lhe que conseguisse dados sobre o imposto, como estatísticas que pudessem ser usadas para orientar a opinião dos brancos, de modo a evitar resistência passiva em relação à questão.[62]

Durante quase um ano, Gandhi fica na fazenda Tolstói sem fazer praticamente nada em relação ao imposto de três libras, depois de escrever no *Indian Opinion* uma série de textos sobre o assunto, notáveis sobretudo por não fazer uma só alusão à campanha titubeante em Durban. Aiyar, que pouco antes descrevera Gandhi como "nosso venerado e respeitado líder" e "aquela alma desprendida e nobre", primeiro se irrita, depois explode.[63]

O belicoso jornalista apoiara o líder distante e ausente por ocasião dos ataques de um *swami* chamado Shankaranand, recém-chegado da Índia, que não suportava a ênfase de Gandhi numa vida em harmonia com os muçulmanos. Esse religioso vinha contando com a aprovação de hindus de Durban, o que mostrava como era fácil para um recém-chegado reacender velhas tensões comunitárias, apesar de Gandhi se vangloriar, ilusoriamente, de que, sob sua liderança, tais tensões haviam sido superadas pelos indianos na África do Sul. Os hindus precisavam de "um hindu autêntico como líder, e não de um tolstoiano", pregara o *swami*, propondo-se ser esse líder.[64] Aiyar logo se ergueu em defesa de Gandhi. Escreveu que o ádvena mostrara ser um político "que se protegia sob a capa de um eremita". Se o *swami* imaginava ser capaz de "assumir o papel do sr. Gandhi", disse, "é nosso agradável ou desagradável dever declarar que isso é um sonho impossível".

Apenas dez meses depois, não mais que isso, Aiyar acusou Gandhi e o *Indian Opinion* de terem feito "tudo a seu alcance para sufocar a comissão do imposto de três libras".[65] Numa indignada investida contra "o grande sábio de Phoenix", o editor do *African Chronicle* agora usou suas páginas para afirmar, furioso, mas com certa razão, que o movimento que ele tentara lançar não recebera reconhecimento nenhum da parte de Gandhi, "apenas porque não partira dele". Suas diatribes tornaram-se incontroláveis. Era de ver o seu furor. Ele invectivava os "seguidores cosmopolitas" de Gandhi, uma alusão óbvia à origem judaica de Polak e Kallenbach, de quem zombava chamando-os de "fiéis primeiros-ministros" do líder. Por que, indagava, expondo seu desapontamento e seu evidente ciúme, Gandhi julgara tão difícil confiar em indianos?

"O sr. Gandhi pode ter sido um bom homem antes de assumir o papel de santo", escreveu Aiyar mais tarde, "mas desde que alcançou esse novo estado sozinho, sem ser ordenado por um santo preceptor, parece indiferente, embora não insensível, aos sofrimentos e defeitos humanos."[66] Na época em que essas palavras foram escritas, no começo de 1914, sete meses antes que Gandhi deixasse o país, a campanha final de *satyagraha* havia paralisado as minas e plantações de Natal, e a abolição do imposto de capitação — a questão que o próprio Aiyar tinha se esforçado para trazer para a ordem do dia — estava prestes a ser obtida pelo homem que se tornara seu maior antagonista. A essa altura completamente transtornado, era evidente que o jornalista julgava que Gandhi se apossara de sua bandeira e da porção de glória que poderia ter sido sua.

O momento decisivo ocorreu em 14 de novembro de 1912, quando Gopal Krishna Gokhale, ao fim de sua viagem à África do Sul, teve um encontro com os ex-comandantes bôeres Louis Botha e Jan Smuts no gabinete do primeiro-ministro, em Pretória. Gokhale fizera campanha na Índia pela abolição de sistema de engajamento. Entendia o valor prático e simbólico do imposto, criado para devolver os antigos trabalhadores contratados às aldeias miseráveis da Índia, das quais tinham fugido. Os dois africânderes ouviram de Gokhale que o imposto era ineficaz, injusto, estava envenenando as relações entre a Índia e a África do Sul, e por isso devia ser revogado. Desejando agradar ao visitante, não defenderam o imposto, dando a Gokhale a impressão de que eles se incumbiriam do trabalho político necessário para convencer os brancos de Natal. Gokhale considerou que isso equivalia a uma anuência.

Não é impossível que Gokhale tenha promovido esse encontro por sua própria iniciativa, porém o mais provável é que Gandhi, que esteve a seu lado todos os dias durante sua visita, tenha mexido seus pauzinhos. Embora houvessem concordado que seria melhor Gandhi, velho adversário dos ministros, não estar presente à reunião, ensaiaram o encontro na véspera.[67] Dias antes, P. S. Aiyar tivera também oportunidade de falar a Gokhale, em público e em particular, sobre o imposto de capitação de três libras, apesar, como escreveu, do "trabalhão" da "turma" de Gandhi para isolar o visitante de chatos como ele.[68] É possível que a insistência de Aiyar num tema que, como ele disse, "tem-me sido caro por um considerável período de tempo" tenha servido para alguma coisa, afinal. Seja como for, o Gandhi da fazenda Tolstói, que um ano antes não se sentia livre para "se lançar" numa campanha contra o imposto, agora estava na iminência de voltar para Natal. Se não estava exatamente louco por uma briga, a perspectiva de ver a questão resolvida na alta cúpula deve tê-lo atraído como um meio de derrotar o irritante Aiyar e, mais importante, como uma demonstração de que nunca havia desistido de levar avante uma questão de tamanha importância para os indianos mais pobres.

Para além do choque de egos e de considerações quanto a sua reputação na Índia, havia a questão em si. Quinze anos depois, Gandhi escreveria que teria sido necessária uma "nova luta" para abolir o imposto de capitação, ainda que Smuts tivesse cumprido sua parte do acordo original, do qual o imposto não constava.[69] Nada indica que ele se sentisse tão combativo na época. Na verdade, com evidente remorso, Gandhi logo reconheceria que ele e outros indianos livres haviam arquivado durante um tempo excessivo as questões do engajamento e do imposto de capitação. "Não seremos culpados por tudo isso?", perguntava Gandhi, num tom de intensa emoção, depois de voltar a Natal e de revisar as sentenças de prisão impostas a ex-trabalhadores em regime de engajamento, processados por abandonar o trabalho durante seus contratos ou por não pagar o imposto de capitação. "Não ouvimos os gritos de socorro em nossas próprias portas! Quem poderá dizer o quanto do ônus [da culpa] temos de suportar? Todas as religiões prescrevem que devemos partilhar o sofrimento que vemos ao nosso redor. Nós não fizemos isso."[70]

Foi com relutância que o Gandhi que voltou de Johannesburgo para Phoenix compreendeu isso. Ele não abraçou a questão do imposto. Quase se pode dizer que foi abraçado por ela. Mas era a questão certa, afinal, para o clímax de seu último ato na África do Sul. Se não iria passar o resto da vida batalhando por direitos iguais ali, ele podia ao menos tentar manter seu prestígio junto aos trabalhadores engajados. Tudo o que havia aprendido — sobre casta e sobre a questão dos intocáveis, sobre "superior e inferior", sobre a dignidade do trabalho físico — o preparara para essa luta. No começo, era mais um aprendizado livresco, as meticulosas destilações que o advogado fazia de Tolstói e Ruskin. Agora, depois das experiências de guerra, de cadeia e da fazenda Tolstói, depois das longas caminhadas pelo *veldt* com Kallenbach, indo e voltando do centro da cidade, de madrugada e às vezes ao crepúsculo, e depois do distanciamento da família como em geral se define, o advogado e o peticionário tinham dado lugar ao peregrino espiritual com uma estratégia de massa.

O Gandhi memorialista tinha, como muitos escritores de nossos próprios dias, o dom da lembrança total de conversas ocorridas havia uma ou duas décadas. Como se houvesse gravado a conversa, ele declara que Gokhale lhe disse depois da reunião com Botha e Smuts: "Você deve regressar à Índia em um ano. Tudo ficou acertado. [...] O imposto de três libras será abolido".[71]

"Duvido muito", teria respondido Gandhi. "O senhor não conhece os ministros como eu. Como eu mesmo sou um otimista, acho fantástico o seu otimismo, mas, por ter sofrido várias decepções, não tenho tantas esperanças com relação a esse assunto quanto o senhor."

"Você deve voltar para a Índia em doze meses, e não aceitarei desculpas", repetiu Gokhale, na versão de Gandhi.

De alguma forma, portanto, o palco estava armado quando Smuts se levantou no Parlamento branco, em abril de 1913, para apresentar sua última tentativa de inserir nos códigos seus supostos acordos com Gandhi e Gokhale. O imposto de capitação deixaria de ser cobrado a mulheres e crianças indianas, mas seria mantido para trabalhadores do sexo masculino que não firmassem um novo contrato ou voltassem para a Índia ao fim de seus contratos: em outras palavras, para os que tentassem assumir alguns dos direitos de homens livres. O ministro afirmou que nunca houvera um compromisso de abolir totalmente o imposto. Gandhi disse que isso era um insulto a Gokhale e, portanto, à Índia. Sem muita confiança em seu resultado final, ele começou a planejar sua última campanha sul-africana.

5. A rebelião dos trabalhadores

A grande campanha de *satyagraha* de 1913 foi um marco relevante na carreira de Gandhi, um episódio biográfico que não pode deixar de ser destacado. A campanha tornou-se seu modelo ou protótipo para uma ação política eficaz. Se aquela campanha não houvesse ocorrido, o peregrino espiritual em que ele se transformara talvez nunca reunisse a fortaleza — ou a energia — para se tornar um líder de massas na Índia. No entanto, na belicosa e turbulenta política branca da União Sul-Africana, então em sua infância como Estado-nação, a *satyagraha* era pouco mais do que um espetáculo lateral, uma distração durante algum tempo. A situação dos indianos, diria Smuts mais tarde, era "uma questão inteiramente secundária".[1] Queria dizer com isso que os direitos dos indianos não podiam ser desvinculados da questão maior dos direitos dos negros, e que direitos para os negros era algo simplesmente impensável. "Toda a base de nosso sistema na África do Sul apoia-se na desigualdade", ele declarou, com uma franqueza tranquila que hoje pode parecer até insolente, mas que, na época, apenas refletia a obviedade de seu raciocínio.

Na história política da África do Sul branca, o ano de 1913 não se destaca como aquele em que os indianos saíram às ruas para defender a abolição de um imposto hoje esquecido. É lembrado como o ano em que os generais da Guerra dos Bôeres, que então governavam o país, se digladiaram em torno de duas questões: o lugar adequado da África do Sul no Império Britânico e quais brancos, especificamente, deveriam exercer o poder no país. Smuts e seu primeiro-ministro, Louis Botha, abraçavam o programa britânico de "reconciliação", que implicava a união entre os africânderes e os brancos anglófonos, bem como a deferência ao governo britânico com relação a questões imperiais e internacionais. Entoando o slogan "África do Sul primeiro", que na verdade significava africânderes primeiro, uma outra facção queria que os derrotados na Guerra dos Bôeres não se curvassem a ninguém e partissem para um programa mais rigoroso de segregação racial. Esses nacionalistas, como vieram a se chamar quando criaram um movimento separado, em novembro daquele ano, acabariam dando as cartas no futuro, até que um nacionalismo maior, o da maioria africana reprimida, por fim ascendeu ao poder.

Em 1913, a agitação e a rivalidade entre os brancos não se restringia aos ex-generais na cúpula do poder. Os fundamentos da nova sociedade industrial, alicerçada nas minas de ouro, que geravam lucros imensos, tinham sido seriamente abalados por uma curta greve geral de mineiros brancos em julho. Seis meses depois, ferroviários brancos fizeram outra greve. Na primeira delas, que contou com a participação de incipientes sindicatos e, segundo se dizia, de conspiradores anarquistas a eles aliados, milhares de mineiros ocuparam o centro de Johannesburgo. Incendiaram a estação ferroviária e a redação do jornal *The Star*, que defendia os interesses dos proprietários das minas. Em seguida, voltaram a atenção para o Rand Club, o refúgio conservador desses mesmos interesses. Era uma luta de classes, mas limitada aos brancos. (Uma década depois, por ocasião de outra greve que se pretendia geral, o mesmo radicalismo branco se expressaria num slogan impagável, adaptado da frase final do *Manifesto comunista*, de Marx e Engels: "Trabalhadores de todo o mundo, lutai e uni-vos por uma África do Sul branca!".)

Em 1913, Smuts ainda não tinha construído seu Exército. O ex-comandante bôer dependia de dois regimentos de cavalaria imperiais (ou seja, britânicos), para reprimir os grevistas, alguns dos quais teriam lutado na Guerra dos Bôeres, sob o comando dele ou de Botha, contra esses mesmos regimentos. Os soldados salvaram o Rand Club matando 21 grevistas, mas não contiveram os distúrbios, que só pararam quando Smuts e Botha chegaram pessoalmente ao local sem uma escolta de segurança e tiveram de dobrar-se às exigências dos mineiros. Foi uma "profunda humilhação", disse Smuts.

Foi nesse período de desordem, entre duas greves gerais de brancos e quando o partido governista começava a se decompor, que Gandhi lançou sua campanha, a qual, segundo ele narrou mais tarde, aconteceu num vácuo, como se o país só tivesse como habitantes indianos e autocratas brancos. De modo geral, seus numerosos biógrafos têm seguido seu exemplo, prestando pouca ou nenhuma atenção ao contexto sul-africano. Não que Gandhi tivesse deixado de registrar o que estava acontecendo. Ele escreveu um longo artigo no *Indian Opinion*, resumindo a luta de classes de brancos contra brancos.[2] Empregando o que os prestimosos editores de suas obras completas informam num rodapé ser "um ditado de Guzerate", ele declara que era o caso de uma montanha ser feita com um grão de mostarda. (Como leitor assíduo do Novo Testamento, o próprio Gandhi decerto sabia que as palavras vinham de Mateus 17, 20.) Se o espetáculo da agitação branca tinha implicações para os indianos na África do Sul, ele não disse. Mas já então, numa constante torrente de telegramas enviados de Phoenix a ministros e membros do Parlamento branco, Gandhi começara a ameaçar com uma nova onda de resistência passiva se o governo mantivesse o imposto de capitação de três libras e seu novo projeto restritivo de imigração, que parecia transformar praticamente todos os indianos em "estrangeiros ilegais".

Como se não bastassem esses agravos, surgiu outra controvérsia após uma decisão judicial na província do Cabo, pela qual os casamentos indianos tradicionais — hindus, muçulmanos e parses — não tinham valor na África do Sul, que só reconhecia casamentos celebrados por juízes, outras autoridades sancionadas pelo Estado e clérigos cristãos. Isso significava que todas as esposas indianas, com exceção de umas poucas, cristãs, estavam vivendo em concubinato e eram ilegítimas aos olhos da lei de seu país de adoção, o que corroía ainda mais seus já frágeis direitos de residência.

A questão do casamento contribuiu para arrancar os indianos da África do Sul do marasmo e da resignação em que a comunidade parecia ter mergulhado durante os anos em que Gandhi se retirara para a fazenda Tolstói. Houve manifestações de massa em Johannesburgo, em abril e maio, ainda que Gandhi, agora de volta a Natal, delas não participasse. A questão do casamento transformou em ativista até a mulher de Gandhi, antes tão reservada, de acordo com um relato que ele fez na época. "Quer dizer que não sou sua mulher pelas leis deste país?", Kasturba lhe teria perguntado em abril, quando soube o que acontecia.[3] "Vamos para a Índia." O marido lhe respondeu que não podiam dar as costas para a luta. Ela se voluntariou, então, a provocar sua própria prisão. Ou ao menos foi isso que ele contou. A ideia de que mulheres fizessem isso não ocorrera antes a Gandhi. Logo ele passou a dispor de um pelotão móvel feminino, pronto para acompanhar Kasturba à cadeia a um sinal dele. "Damos os parabéns a nossas briosas irmãs que se dispuseram a lutar contra o governo, em vez de se submeter ao insulto", escreveu Gandhi quando quarenta mulheres de Johannesburgo assinaram uma petição, dirigida ao ministro do Interior, que provavelmente foi redigida pelo próprio Gandhi (com certeza não foi por Kasturba, que era analfabeta).[4]

A inspiração de Gandhi para suas primeiras campanhas de resistência passiva viera, em parte, das passeatas de *suffragettes*, que ele vira em Londres. Esse exemplo talvez tenha tido algo a ver com a facilidade com que ele aceitou a ideia de mulheres indianas provocarem a própria prisão — nova a ponto de chocar-se contra a cultura dominante. Isso foi também um sinal de que Gandhi recomeçava a pensar em termos táticos e políticos. Sua atenção tinha sido desviada, primeiro, para a fazenda Tolstói e, depois, após sua volta para a comunidade Phoenix no início do ano, para o proselitismo em favor de suas últimas descobertas em matéria de saúde e alimentação. Ao longo de 33 partes semanais, até o fim em agosto, ele discorreu nas páginas do *Indian Opinion* sobre as virtudes dos banhos frios e emplastos de lama, o perigo da vacinação contra a varíola e os riscos dos prazeres sexuais. Mas, mesmo antes de encerrar a série, deu a entender que a próxima campanha não seria uma mera repetição da última. "Delineei um programa detalhado que não tenho tempo para expor aqui", comentou no fim de abril, numa carta a Hermann Kallenbach.[5] Dois meses depois, em outra carta a seu confidente, disse que estava "resolvendo em minha mente a ideia de fazer alguma coisa pelos trabalhadores engajados".[6] A historiadora Maureen Swan apega-se a essa declaração como um prenúncio, um ponto de virada. "Nunca antes", escreveu, "Gandhi se dirigira às classes oprimidas de Natal." Mas o que era essa "alguma coisa" que ele pensava fazer? E fazer isso *pelos* trabalhadores engajados significava ou mesmo implicava, em suas primeiras reflexões estratégicas, que poderia também ser feito *com* eles? Em cartas e artigos escritos nos meses que antecederam a campanha de 1913, não há nada além dessas frases sugestivas, mas vagas, que indiquem que sim. Entretanto, quinze anos depois, quando, já de volta à Índia, Gandhi se dispôs a escrever sua própria narrativa do período, tudo se encaixou à perfeição em seu devido lugar. No trecho que se segue, sem admitir que ele próprio havia se esquivado aos convites de adesão à campanha anterior contra o imposto de capitação, ele diz que o "insulto" a Gokhale e, por extensão, a todos os indianos com relação à questão do imposto havia escancarado a porta para a mobilização dos trabalhadores engajados.

"Assim, quando esse imposto enquadrou-se no âmbito da luta", escreveu Gandhi num segundo volume autobiográfico, *Satyagraha na África do Sul*, "os indianos que trabalhavam sob contrato tiveram oportunidade de participar dela [...] até então essa classe tinha sido mantida fora da contenda."[7] É razoável entender essas palavras como uma admissão de que eles tinham sido mantidos "fora da contenda" devido a uma opção calculada, feita por ele mesmo. Embora esses trabalhadores fossem analfabetos, ele se lembrou então, mostraram que compreendiam as questões melhor do que ele imaginara. O número de trabalhadores em regime de engajamento que realmente adeririam à campanha, continua Gandhi, ainda era um mistério para o qual ele não tinha pistas. A partir disso, podemos conjecturar que a ideia de convocar esses trabalhadores pode ter surgido na mente de Gandhi meses antes do início da campanha, em setembro, mas que ele não tinha muita esperança de que participassem.

Há provas circunstanciais de que uma virada em seu pensamento tenha ocorrido nos dias que antecederam a violenta greve dos mineiros brancos em Johannesburgo, que começou em 3 de julho, logo depois de Gandhi ter enviado a Kallenbach seu enigmático comentário sobre "fazer alguma coisa pelos trabalhadores engajados". Ele tinha viajado a Johannesburgo em 30 de junho para negociações com Smuts sobre esse acordo que vinha sendo debatido havia muito tempo (ou que se desvanecia aos poucos). O governo estava demasiado apreensivo com a dissensão em seu próprio seio e com a crescente militância branca nas minas para que essas conversações avançassem.[8] Gandhi, porém, hospedado em Mountain View, a casa de Kallenbach, esperou, paciente, durante mais ou menos uma semana. Em dois dias seguidos, como Kallenbach anotou zelosamente em seu diário, depois da reunião foram almoçar na casa de Thambi Naidoo, o líder tâmil que mostrara ser o mais dedicado *satyagrahi* de Gandhi; no terceiro dia, jantaram lá.[9] Kallenbach nada mais nos informa, nem há qualquer outro registro. Todavia, essas refeições são inusitadas o bastante para chamar atenção. Fazia muito tempo que o asceta escrupuloso em que Gandhi se transformara, por volta de 1913, deixara de jantar fora de casa, ainda que com vegetarianos. E mesmo antes, quando mantinha uma limitada vida social, reunia-se principalmente com seus amigos europeus e suas almas gêmeas, não com os Naidoo. Três dias seguidos levam a crer que tenham sido refeições com uma finalidade, uma improvisada reunião de cúpula sobre a *satyagraha* ou para o que hoje se chamaria de um *brainstorming*.

Na tradição oral dos tâmeis da África do Sul ainda persiste a impressão de que Thambi Naidoo às vezes tinha de pressionar seu líder para que ele liderasse. Teriam sido esses dias uma dessas ocasiões? Em 5 de julho, quando ocorreu a reação armada das tropas que guardavam o Rand Club, Gandhi e Kallenbach chegaram andando ao centro da cidade, vindos de Mountain View, e retornaram. Kallenbach faz anotações lacônicas sobre o tiroteio, dizendo apenas que houvera "muito mais mortes". Naquela noite, ele e Gandhi tiveram "outra longa discussão".[10] Por causa dos acontecimentos do dia? Nunca saberemos. Mais ou menos na mesma hora, Smuts e Botha chegavam juntos ao palco do massacre, no centro da cidade, e, incapazes de fazer outra coisa, curvaram-se às exigências dos trabalhadores. A notícia do recuo deles teria se espalhado, mesmo sem o *The Star*, queimado e empastelado, para divulgá-la. Seria impossível impedir que se propagasse a informação de que os generais da Guerra dos Bôeres haviam se dobrado diante da pressão.

Poderia o exemplo dos mineiros brancos ter servido como o "grão de mostarda" para Thambi Naidoo? Não seria necessário que lhe dissessem que os mineiros indianos das áreas carboníferas de Natal eram, na maioria, tâmeis. Como seus encontros com Gandhi em Johannesburgo coincidiram com o levante da classe operária branca na cidade, não é nada demais imaginar que ele tenha buscado alguma inspiração junto ao proletariado branco. O que sabemos com segurança é que em 11 de outubro, quando onze mulheres indianas — dez delas tâmeis, entre as quais a mulher de Thambi Naidoo — fizeram-se prender por entrar em Natal vindo da cidade de Volksrust, no Transvaal, estavam acompanhadas de Naidoo; e que ao chegarem ao centro mineiro de Newcastle, dois dias depois, implorando aos mineiros indianos que entrassem em greve, Naidoo ainda lhes servia de guia. O jornal *The Natal Witness*, publicado em Pietermaritzburg, descreveu Naidoo como o "chefe do grupo".[11]

Gandhi utilizara a ameaça de uma greve dos trabalhadores contratados para atazanar o governo.[12] Duas semanas antes, ele escrevera ao ministro do Interior, avisando que "o passo que estamos para dar [...] está eivado de perigos". Esse passo, como a carta o definia, envolvia "pedir aos que estão atualmente cumprin-

Chegando a Newcastle, em outubro de 1913, no início das greves nas minas de carvão.

do contratos de engajamento e que estarão sujeitos, por conseguinte, a pagar o imposto de três libras ao término de seus contratos, que entrem em greve até que o imposto seja revogado". Logo depois da greve, ele também reconheceu que tinha o "plano" de enviar as mulheres tâmeis a Newcastle a fim de fazerem agitação entre os mineiros em regime de engajamento "e convencê-los a entrar em greve por causa da questão do imposto de três libras". O sinal para o início da greve teria sido a chegada do próprio Gandhi à cidade, alguns dias depois, assim que as mulheres tivessem preparado o caminho. "Entretanto, a mera presença dessas mulheres", escreveu Gandhi, "foi como um fósforo aceso junto de combustível seco. [...] Quando eu cheguei lá, os indianos de duas minas de carvão já tinham paralisado o trabalho."[13]

Gandhi havia advertido solenemente o ministro do Interior: "Talvez seja

Depois das greves, talvez em Durban.

difícil controlar a disseminação do movimento para além dos limites que se possam fixar".[14] Vemos em ação, aqui, o aspecto passivo-agressivo na resistência passiva. Anos depois, escrevendo antes como memorialista que como ativista, ele disse que ficara "tão perplexo quanto satisfeito" com a imediata deflagração das greves. "Eu não estava preparado para esse maravilhoso despertar", recordou. Em sua opinião, embora ele tivesse incubado o movimento e previsto sua propagação, não era responsável pelo rumo que ele agora tomava. A responsabilidade, dizia, cabia ao governo, por rejeitar as exigências de revogação do imposto de capitação, como prometido. Isso pode ser interpretado como fantasia, oportunismo ou astúcia — qualidades presentes na persona do líder em proporções variáveis. Pode também ser interpretado como talento político. Gandhi, na verdade, pode ter se surpreendido com o fato de as coisas saírem como ele avisara às autoridades que poderiam sair. Mas não hesitou em explorar o resultado que previra, mesmo que não acreditasse plenamente em sua própria previsão.

Por conseguinte, não foi na condição de prisioneiro dos acontecimentos que ele chegou a Newcastle em 17 de outubro de 1913. Pela primeira vez na vida, via-se como líder de um movimento de massa. Recentemente, em Durban, o advogado Hassim Seedat, que estuda a vida de Gandhi e coleciona tudo o que estiver relacionado a ele, mostrou-me uma fotografia do líder ao chegar a Newcastle naquele dia. Na foto, o advogado transformado em líder operário veste-se novamente à indiana, como fizera em Zanzibar, dez meses antes, ao se despedir de Gokhale. O objetivo do traje era acentuar sua identificação com os trabalhadores em regime de engajamento. Hermann Kallenbach, cuja atividade como arquiteto estava agora em suspenso, achava-se lá para recebê-lo. Chegara na véspera e já visitara minas na companhia de Thambi Naidoo. O procurador-geral de Natal informou que "um judeu, de nome Kallenbach [...], parece estar fazendo agitação".[15]

Gandhi recomendou de imediato que a greve se estendesse às minas de carvão ainda em funcionamento. As paralisações rapidamente espalharam-se para outras atividades, além das minas. Na manhã seguinte, a primeira página do jornal *The Natal Witness*, de Pietermaritzburg, trazia um despacho da Reuters, proveniente de Newcastle, com o título GANDHI PROVOCA DISTÚRBIOS. "Uma situação estranha surgiu aqui", começava a matéria. "Os hotéis estão sem garçons e as minas, sem mineiros."[16]

À medida que a mensagem se propagava além das duas minas já paralisadas, crescia a lista de minas fechadas: Ballengeich, Fairleigh, Durban Navigation, Ramsey, Hattingspruit, St. George's, Newcastle, Cambrian e Glencoe.[17] Em uma semana, todas as nove estavam ao menos incapacitadas pela paralisação dos mineiros indianos em regime de engajamento. Acreditava-se que 2 mil grevistas estivessem à espera da próxima ordem de seu líder.

A maioria dos grevistas ainda se achava nas dependências das minas, ainda era alimentada por seus patrões cada vez mais ansiosos, ainda se recusava a trabalhar. Em seguida a greve chegou a Durban, onde a maior parte dos serviços foi interrompida devido à paralisação de mensageiros, garçons, garis e trabalhadores municipais de toda espécie. Thambi Naidoo acabou preso numa estação ferroviária, quando arregimentava para a greve mais trabalhadores sob contrato, ameaçando o embarque de carvão para as minas de ouro e os portos.

Durante uma semana, o próprio Gandhi viveu um turbilhão, indo sem parar de uma reunião para outra, de um comício para outro, transportado para cima e para baixo pela ferrovia em que vivera o primeiro de seus episódios de discriminação, em 1893. De Newcastle viajou a Durban, onde enfrentou, em 19 de outubro, uma reunião com nervosos empresários indianos que compunham a liderança do Congresso Indiano de Natal, a entidade que ele no passado comandara, cujos estatutos redigira pessoalmente, em cujo nome ele enviara todas as suas primeiras petições às autoridades coloniais e imperiais. Assustado com a radicalização do movimento, causada pela orientação dada por Gandhi aos trabalhadores sob contrato, o Congresso aprovou uma medida que equivalia a uma moção de desconfiança, expulsando-o na prática da organização. (Logo se formou outra entidade, na linha de Gandhi, a Associação Indiana de Natal.) O líder havia perdido o apoio da maioria dos comerciantes muçulmanos que tinham sido os primeiros a apoiá-lo, mas agora tinha pouco tempo para reconciliar-se com eles.

Como era de esperar, coube a P. S. Aiyar, o genioso editor do *African Chronicle*, formular de maneira mais contundente as dúvidas quanto ao novo rumo de Gandhi. "Qualquer medida precipitada que tomarmos em relação ao imposto de três libras", escreveu, com certa presciência, "não conduzirá à melhoria da sorte desses milhares de pobres meio famélicos."[18] Aiyar instou Gandhi a convocar uma conferência nacional de indianos na África do Sul e a dar ouvidos a qualquer consenso sobre tática a que ela chegasse. Gandhi pôs de lado a sugestão, dizendo que só poderia aceitar a ideia na medida em que o resultado não conflitasse com sua consciência. Isso foi demais para Aiyar. "Não se pode imaginar", explodiu, "um político responsável, em qualquer país do mundo, dando uma resposta tão estúpida." Na verdade, disse, Gandhi estava se apresentando como "tal essência de perfeição [...] [que sua] consciência superior tudo permeava".

Não haveria resmungos desse tipo, partidos de assistentes, capazes de deter Gandhi agora. De Durban ele correu de volta a Newcastle, a fim de visitar instalações de companhias de mineração, depois disparou para Johannesburgo, onde buscou o apoio de brancos, e retornou a Durban, para enfrentar os proprietários de minas. Em seis dias, passou pelo menos 72 horas em trens. Em toda parte, em discursos e declarações escritas, acenava com a promessa de que as paralisações logo teriam fim, embora seus colaboradores se esforçassem para atrair mais trabalhadores engajados para os protestos que ainda se espalhavam. Os objetivos dos grevistas, pareciam dizer trechos tranquilizadores das declarações e discursos, não podiam ser mais modestos. Tudo o que o governo precisava fazer era honrar sua promessa de abolir o imposto de capitação e, já que estava com a mão na massa, alterar a lei de casamentos. Os trabalhadores não estavam em greve por melhores condições de trabalho, dizia ele aos donos das minas. A briga não era com eles. Também não era política. "Os indianos não estão lutando por direitos políticos iguais", afirmou num comunicado à agência Reuters, que na verdade se dirigia às autoridades. "Eles reconhecem que, em vista dos preconceitos existentes, a entrada de novos imigrantes da Índia deva ser rigidamente reduzida."[19]

Apesar desses gestos e garantias, alguns diretores de minas expressaram seu temor mais profundo: o de que, além de mobilizar seus compatriotas submetidos ao engajamento, ele procurasse ampliar a paralisação mediante o envolvimento dos negros.[20] Gandhi negou ter tal intenção. "Não acreditamos nesses métodos", declarou a um repórter do jornal *The Natal Mercury*.[21]

Diante das greves, o *Ilanga* de John Dube mostrou, sagaz, estar a par dos receios, por parte dos brancos, de que os africanos seguissem o exemplo deles. O primeiro de vários comentários encerrou-se com uma expressão zulu que pode ser traduzida como "Nossos melhores votos, Gandhi!" ou "Vá em frente, Gandhi!". Quando começou a parecer provável que a agitação obteria certos privilégios negados aos africanos por um Parlamento branco empenhado, ao mesmo tempo, em aprovar a Lei das Terras Nativas, percebeu-se nesses comentários uma nota de ressentimento.

Em 26 de outubro, o líder voltara às jazidas de carvão. Todas as mulheres que ele mandara à área a fim de persuadir os trabalhadores contratados a aderir à greve tinham sido presas e condenadas a penas de prisão de até três meses, entre elas sua mulher — juntamente com dezenas de grevistas que os supervisores das minas apontavam como "cabecilhas de bandos", muitos dos quais acabariam deportados de volta à Índia. Mas o líder, inabalável e concentrado em sua meta, estava agora disposto a não arredar pé dos grevistas, assumir sua função de comandante de campo do grupo que o jornal *The Star*, galhofeiro, chamou de o EXÉRCITO DO SR. GANDHI no título de uma nota.[22] Durante os onze dias que se seguiram, até ele próprio ser enfim preso em 11 de novembro, Gandhi manteria seu mais longo e intenso contato com trabalhadores engajados em duas décadas na África do Sul.

Com Kallenbach, durante as greves de 1913. No centro, a secretária de Gandhi, Sonja Schlesin.

Um dia depois de seu retorno a Newcastle, Gandhi decidiu-se por uma tática destinada a levar o conflito a um ponto crítico. Consistia em forçar as autoridades a fazer prisões em massa, muito acima da capacidade das prisões para receber os detidos. Com esse objetivo em mente, Gandhi instou os mineiros a deixar as dependências das minas e provocar sua prisão, cruzando a fronteira do Transvaal em Volksrust. Disse que era "impróprio" consumirem o alimento que as companhias mineiras lhes davam, já que não tinham intenção de voltar ao trabalho até o imposto de capitação ser abolido. Com certeza, outro ponto era tido como mais importante, mas nada foi dito a respeito: com os grevistas nas dependências das minas, sempre havia o perigo de que fossem trancados ali, o que limitaria a possibilidade de comunicação e de novas ações de massa. Em 28 de outubro, o primeiro grupo de grevistas deixou Newcastle em direção à divisa da província. No dia seguinte, o próprio Gandhi conduziu outros cem grevistas da mina Ballengeich. O cortejo, de acordo com um cálculo que ele fez mais tarde, chegou a quinhentas pessoas, entre as quais sessenta mulheres, que entoavam cantos religiosos enquanto marchavam: "Vitória para Ramchandra!", "Vitória para Dwarkanath!", "Vande Mataram!".[23] Ramchandra e Dwarkanath eram outros nomes dos deuses Rama e Krishna, heróis das grandes epopeias indianas. O último brado significava "Salve, Mãe!" ou, especificamente, Mãe Índia, fundindo altissonantes conotações religiosas e políticas. "Eles mais pareciam servos da Índia que trabalhadores em regime de engajamento", escreveu Gandhi. "Estavam participando de uma guerra religiosa."[24]

No dia 2 de novembro, cerca de 2 mil mineiros e outros trabalhadores sob contrato haviam se reunido em Charlestown, a ponta dos trilhos em Natal, onde o jovem Gandhi havia subido numa diligência em sua primeira viagem ao Transvaal em 1893. Charlestown fica a 55 quilômetros de Newcastle, num percurso de montanha, às vezes íngreme. Foi ali que um repórter do *Sunday Times* o encontrou "no quintal malcheiroso de um barraco de zinco [...] sentado num caixote de leite virado".[25] Junto dele havia um balde de ferro galvanizado "cheio de uma mistura que imaginei ser sabão", além de sacos com centenas de pães. O futuro mahatma, trabalhando com "incrível rapidez", estava atuando como intendente, partindo os pães em pedaços de meio palmo, e a seguir, de acordo com essa descrição, escavando com o polegar uma cavidade em cada pedaço, que ele então preenchia com açúcar cristal, enquanto os homens passavam em grupos sucessivos de doze grevistas.

Eis uma imagem a gravar na memória: Gandhi, no auge de sua luta, dando de comer, com as próprias mãos, a seus seguidores — um grupo que, de acordo com outro repórter, "consistia, na grande maioria, das mais baixas castas de hindus", além de "um pequeno punhado de maometanos".[26] O fato de uma certa proporção dos grevistas (talvez 20%, talvez mais) ter sido um dia considerada intocável nas aldeias tâmeis de onde eles provinham já não era, para Gandhi, algo a ser levado em conta. Para ele, alimentá-los um a um daquela forma era uma questão de logística básica, não uma demonstração de santidade. Mas para não se sabe quantas centenas ou milhares que recebiam o alimento de suas próprias mãos, ele definiu um novo padrão de liderança na Índia, de liderança política em qualquer lugar do mundo. Mais tarde ele escreveu que tinha assumido a "responsabilidade exclusiva" de servir o alimento em Charlestown porque só ele seria capaz de convencer os grevistas de que as porções teriam de ser minúsculas, para que todos comessem. "Pão e açúcar eram tudo o que tínhamos", disse.[27]

Grevistas entram no Transvaal, em Volksrust.

Em 5 de novembro, ele tentou um contato com Smuts em Pretória, por telefone, a fim de lhe dar uma última oportunidade de renovar sua promessa com relação ao imposto de capitação. Nessa altura, Smuts negava taxativamente que algum dia tivesse feito tal promessa. O secretário particular do ministro, que atendeu Gandhi, foi seco: "O general Smuts não tem nada a lhe dizer", afirmou.[28] Na época, tal como agora, a divisa entre as províncias era um riacho nos arredores de Volksrust. (Atualmente, na África do Sul pós-apartheid, os nomes mudaram. O que era Natal agora é KwaZulu-Natal; aquela parte do Transvaal tornou-se Mpumalanga.) A geografia dessa região era conhecida de Gandhi, que fora preso em 1908 naquele mesmo ponto por atravessar a divisa provincial sem autorização.

Na manhã de 6 de novembro, tão logo o sol raiou, ele deixou Charlestown com 2037 homens, 127 mulheres e 57 crianças. Gandhi lhes disse que seu destino era a fazenda Tolstói, que ficava a 240 quilômetros. Um pequeno destacamento de polícia os esperava na divisa, mas os "peregrinos", como Gandhi passara a chamá-los, cruzaram a divisa como um enxame. Africânderes de Volksrust, que haviam ameaçado abrir fogo sobre eles, apenas os observaram, enquanto o cortejo atravessava a cidade em formação regular. O primeiro acampamento ficava a uns treze quilômetros mais à frente. Ali, naquela noite, Gandhi foi preso e levado de volta a Volksrust, onde um juiz permitiu que o ex-advogado requeresse, como profissional, o direito a fiança. A sequência de prisão, citação e fiança repetiu-se no dia seguinte, de modo que por duas vezes, em dois dias, ele pôde reunir-se aos caminhantes. Em 9 de novembro, quando o grupo já ia além da cidade de Standerton, tendo percorrido mais da metade do caminho até a fazenda Tolstói, Gandhi foi preso pela terceira vez em quatro dias. Dessa vez, como lhe negaram o direito à fiança, ele foi devolvido a Natal, onde dois dias depois, em Dundee, mais uma cidade mineira com o nome de uma original britânica, esta na Escócia, foi condenado num pequeno tribunal de paredes caiadas — que ainda funciona na era pós-apartheid — por três acusações relacionadas ao fato de ter liderado a saída de trabalhadores em regime de engajamento das dependências de suas minas para tirá-los da província. Como sempre, Gandhi declarou-se, sem hesitar, culpado de cada uma das acusações. A pena — bem acolhida por ele, que nunca era mais fiel a seus princípios do que quando se via no banco dos réus — foi de nove meses de trabalhos forçados.

Se as autoridades julgaram que a prisão de Gandhi e de seus colaboradores judeus, Polak e Kallenbach, bastaria para quebrar a espinha da greve, logo constataram que o movimento tinha um ímpeto próprio. Os mineiros contratados de Natal chegaram a oitenta quilômetros de Johannesburgo antes que o governo conseguisse organizar uma prisão em massa. Polak teve de lembrar aos trabalhadores que a *satyagraha* não permitia a resistência ativa à prisão. Foi preciso dois dias para metê-los em três trens especiais que os esperavam na cidade de Balfour. Ao contrário de Gandhi, as autoridades não providenciaram alimentação para os grevistas, que, tão logo chegaram a Natal, foram processados pelos crimes de abandonar o local de trabalho e atravessar ilegalmente a divisa provincial. Foram então condenados a trabalhos forçados no fundo das minas, que, é claro, tinham sido declaradas anexos das abarrotadas prisões de Newcastle e Dundee — eram chamadas de "unidades externas" —, sendo seus capatazes brancos nomeados carcereiros. A sentença de trabalhos forçados significava que não fariam jus a salário durante os seis meses da pena. Bastonadas e açoites de *sjamboks*, chicotes feitos de couro de rinoceronte ou hipopótamo, foram alguns dos métodos usados para reconduzir mais depressa os grevistas ao trabalho.

Os trabalhadores engajados da mina de Ballengeich, os primeiros mineiros de carvão a aderir à marcha de Gandhi, tinham estado ausentes por quase duas semanas ao serem devolvidos à mina. Goolam Vahed e Ashwin Desai, dois sul-africanos que escreveram um relato pormenorizado da repressão que se seguiu à greve, transcrevem o depoimento que o mineiro Madhar Saib prestaria mais tarde, ao chamado protetor, sobre o tratamento que o capataz branco, de nome Johnston, lhe dispensou: "Ele me bateu com o *sjambok* no traseiro, enquanto o policial cafre me segurava por uma das mãos. Depois ele me mandou ir trabalhar [...] me deu uma rasteira com o pé e eu caí, e nisso ele pôs o pé em minha garganta e me deu outra chicotada que pegou em meu pênis. Quando urino sinto dor".[29]

Tendo descoberto que a fome e a exaustão não bastavam para fazer cessar as greves, as autoridades estavam agora resolvidas a adotar medidas definitivas. "Qualquer governo que mereça esse nome iria acabar com aquilo", disse Smuts, observando com sarcástica precisão que a exigência da abolição do imposto de capitação no caso de ex-trabalhadores contratados fora "uma ideia que ocorrera mais tarde" a Gandhi.[30] O fato de incluir a revogação do imposto em sua lista anterior de exigências, disse Smuts num telegrama aos donos das minas, fora uma manobra política "destinada a influenciar os indianos de Natal, que não se sentem atraídos pelos motivos reais que o levaram a dar início ao movimento de resistência passiva, entre os quais esse imposto jamais esteve".

Os proprietários das minas, aborrecidos com os prejuízos que tinham sofrido depois de dar ouvidos à conversa mole de Gandhi, agora exigiam ação. A Associação dos Proprietários de Minas de Carvão de Natal declarou que havia chegado a hora de os grevistas serem presos.[31] Aproveitando a deixa, os editorialistas queriam saber por que a reação do governo fora tão branda.[32] O *Star*, que nunca se dera ao trabalho de mandar um repórter às minas, exigiu, num editorial que tinha como título A INVASÃO DOS *COOLIES*, que o governo desse fim à sua "contemporização". Como era possível, perguntava a folha, que "um punhado de fanáticos, conquanto meticulosos", se safassem sem mais nem menos depois de pregar "o desafio às leis da União"?

A crescente pressão em favor de medidas fortes era incentivada por notícias da expansão da greve[33] mesmo depois de Gandhi e seus auxiliares terem sido presos, depois até de os grevistas de Natal terem sido devolvidos às minas de carvão, já não como trabalhadores sob contrato, mas como prisioneiros do Estado. Das jazidas de carvão do interior, a onda grevista chegava aos canaviais da costa do

Índico, levando, no auge da colheita, a uma sucessão aparentemente espontânea de paralisações nos canaviais e nas fábricas de açúcar, onde os indianos sob contrato de engajamento ainda constituíam três quartos da força de trabalho, chegando a locais onde Gandhi nunca fizera campanha alguma.

A primeira paralisação numa usina de açúcar parece ter ocorrido em 5 de novembro, em Avoca, na costa norte, a pouca distância de Phoenix.[34] No dia 8, o movimento havia chegado a usinas de açúcar na costa sul e em meados do mês, quando uma greve de varredores de rua, aguadeiros, empregados domésticos, ferroviários e barqueiros pararam Durban por algum tempo, era provável que na província de Natal houvesse mais de 10 mil trabalhadores engajados em greve. Em Durban, a greve era "praticamente total", informou o presidente do Tribunal Superior no dia 17. Casos isolados de canaviais incendiados semearam pânico entre os fazendeiros, alguns dos quais despacharam suas mulheres e filhos para locais mais seguros na cidade.

As autoridades se viam agora em apuros. Destacamentos de tropas britânicas tiveram de ser trazidas às pressas de locais distantes como Pretória e King William's Town, no Cabo Oriental. No auge da agitação, a polícia de Durban descobriu que seus únicos detetives que falavam hindustâni ou tâmil tinham sido mandados a Dundee para atuar no caso de Gandhi, que a essa altura já tinha sido transferido para Bloemfontein, no Estado Livre de Orange, onde quase não havia indianos.[35] Rajmohan Gandhi crê que isso foi feito "para que nenhum indiano pudesse ver Gandhi ou servir de mensageiro dele".[36]

A impressão de que a agitação e o conflito nas áreas açucareiras foram espontâneos, de que Gandhi, preso, não tivesse ordenado ou organizado nada daquilo, parece à primeira vista plausível. Como e quando ele poderia tê-lo feito? Não obstante, há indícios dispersos de que passara por sua mente a ideia de determinar que também os trabalhadores agrícolas entrassem em greve. Antes mesmo da prisão de Gandhi, em 10 de novembro, Hermann Kallenbach havia praticamente explicitado a ideia numa entrevista em Johannesburgo. "Os líderes do movimento não terão o menor escrúpulo em pedir a todos os indianos dos canaviais que participem do movimento", consta que ele disse, pelo menos duas semanas antes que o primeiro desses trabalhadores tivesse cruzado os braços.[37] Os indianos podiam "conseguir emprego em fazendas de qualquer lugar", ele teria dito ainda, "porque eram mais inteligentes do que os nativos". Pelo visto, depois de cinco anos ao lado de Gandhi, o arquiteto não tinha entendido como funcionava o sistema de engajamento, com seus contratos vinculantes, ou o que se esperava que ele pensasse sobre a capacidade mental dos africanos. Talvez suas palavras não passassem de vanglória, destinadas apenas a aumentar a pressão sobre as autoridades. Contudo, Vahed e Desai apontaram indícios de que os partidários de Gandhi na recém-criada Associação Indiana de Natal estavam suficientemente informados sobre os fatos, apesar do tumulto reinante, para enviar alimentos aos lavradores em greve numa fazenda de açúcar na costa norte, depois que os patrões deixaram de fornecê-los.[38]

Por acaso, a fazenda para onde esses alimentos foram enviados ficava em Mount Edgecombe.[39] Oito anos antes, seu proprietário, Marshall Campbell, facilitara o encontro entre Gandhi e o líder africano John Dube. Até aquele ponto, Campbell vira com simpatia o movimento de Gandhi. Organizara um almoço em homenagem a Gokhale no ano anterior e sempre se opusera ao imposto de três libras cobrados aos ex-trabalhadores contratados. Depois de libertado da prisão, Gandhi lhe escreveu para dizer que lamentava que sua fazenda tivesse sido uma das primeiras a ser paralisadas. Disse que recomendara aos dirigentes do movimento em Durban que "seus homens deveriam ser os últimos a ser convocados" e admitiu claramente que antes de ser encarcerado participara de um debate sobre táticas a usar para levar a greve às fazendas açucareiras da costa.[40] "Estivesse eu livre e incumbido de convocar os homens", disse Gandhi a Campbell, "devo francamente admitir que teria me esforçado para convocar também seus homens; mas, como já afirmei, a sua propriedade teria sido a última."

Para Campbell, essa carta foi a gota d'água. Suas fazendas tinham passado por semanas de tumultos. O palavreado de Gandhi sobre não violência era desmentido, ele respondeu, por "ameaças graves de violência pessoal, feitas por pessoas que presumo serem agentes seus". Campbell escreve como uma pessoa que tem certeza do que diz. Na verdade ele estivera fora de Natal e se fiava no testemunho do filho William, que confiava, por sua vez, no de seu irmão mais novo, Colin. "Os homens não escutam ninguém a não ser Ghandi [sic] ou uma arma", escreveu William ao pai, que, se não chegou a chamar Gandhi de hipócrita, fez-lhe um severo sermão sobre o mal causado a indianos desvalidos que ele dizia ser capaz de guiar:

> O senhor há de admitir que deu início a um movimento que cresceu [...] até sair inteiramente de seu controle e que culminou em baderna, confusão e derramamento

de sangue, e os grandes prejudicados nesse festival de violência foram e serão os trabalhadores ignorantes [...] e os inteligentes indianos de Natal. [...] Um número cada vez maior desses que o senhor lidera está se dando conta da debilidade de sua política [...] e chegando à conclusão de que utilizar uma grande massa de pessoas de modo geral satisfeitas, mas ignorantes [...] como instrumento para obter direitos políticos dos quais a maioria deles jamais se beneficiará, mesmo que sejam conquistados [...] não é uma política ditada pelo bom senso.[41]

Numa segunda carta, claramente menos apologética que a primeira, Gandhi fala com o pesar superficial de um comandante militar que foi informado sobre baixas civis numa operação armada que ordenou. A resistência passiva, lembrou secamente a Campbell, era a "única arma" da comunidade. Era óbvio que seu uso numa área maior teria causado "muito mais sofrimento" do que as campanhas de *satyagraha* anteriores. Não poderia ter sido de outra forma. Como dissera em sua primeira carta a Campbell, "Em todas as nossas lutas dessa natureza, os inocentes sofrem junto com os pecadores".[42]

Nem Gandhi nem o fazendeiro fazem a mais leve menção ao papel desempenhado pelo filho de Campbell, Colin, no momento mais perigoso dos confrontos em Mount Edgecombe. O relato enfim aceito por um magistrado reconheceu que a violência teve origem numa tentativa do jovem Campbell de forçar a volta dos homens em greve ao trabalho com o apoio da polícia montada. Reconheceu também que Colin Campbell sacou seu revólver e disparou quatro tiros. Segundo seu próprio testemunho — aceito sem questionamento pela polícia, pelo magistrado e pela imprensa branca —, os tiros aconteceram quando ele já estava sendo atacado; e como seu cavalo estava agitado, disse, seus tiros saíram sem direção.[43] Os indianos declararam que fora ele quem disparara os primeiros tiros, matando um trabalhador sob contrato chamado Patchappen, um dos oito indianos mortos ou mortalmente feridos na manhã de 17 de novembro, e ferindo outro. Embora Gandhi mais tarde homenageasse como mártires os trabalhadores engajados que perderam a vida nesses confrontos, ele não culpou apenas os brancos. Em sua excursão de despedida pela África do Sul meio ano depois, fazendo suas últimas visitas na costa norte de Natal, ele falou como se concordasse com algumas das críticas do velho Campbell. Lutar com paus e queimar canaviais não era resistência passiva, disse a uma plateia de trabalhadores rurais, segundo uma paráfrase de suas palavras que saiu no *Indian Opinion*. Se não estivesse na cadeia, ele teria "repudiado inteiramente essas atitudes e preferiria que lhe quebrassem a cabeça a permitir que se usasse um só pau contra os oponentes".[44] Esse não foi um ponto destacado com frequência em sua excursão de despedida, que de modo geral teve um ar triunfalista, mas aquilo devia estar pesando em sua consciência. Mais tarde, na Índia, para desalento de seus colaboradores no movimento nacionalista, ele sempre interrompia as campanhas de *satyagraha* ao primeiro sinal de que o princípio da não violência estava sendo desobedecido.

O tom das cartas de Campbell tinha sido arrogante à maneira colonial, mas não hostil como se poderia esperar, em vista de tudo o que ocorrera em Mount Edgecombe. Os indianos tinham se recusado a cortar a cana-de-açúcar durante duas semanas antes dos tiros.[45] Os fazendeiros logo exortaram a polícia montada a dar uma demonstração de força a fim de conter a agitação. Em dois ou três dias, soube-se que bandos de trabalhadores engajados vinham vagando por ali, armados com bastões e com os facões longos e afiadíssimos usados no corte da cana, detendo-se em residências de fazendeiros e de seus capatazes brancos para exigir que os empregados domésticos indianos saíssem e se juntassem à luta. Ou ao menos foi isso que os jornais de Durban noticiaram.

Um destacamento de polícia, "formado de europeus e nativos, saiu a galope para Mount Edgecombe", vindo da vizinha Verulam em 17 de novembro, informou o jornal *The Natal Advertiser*.[46] A "polícia nativa [...] rapidamente investiu contra seus inimigos naturais", ou seja, os indianos engajados, até que teve de ser contida. Os africanos estavam armados de azagaias e com o pesado bastão de guerra zulu, o *knobkerrie*, um cajado entalhado e terminado numa cabeça bulbosa que podia ser manejado como uma maça medieval.

Os relatos de jornalistas e autoridades sobre choques nas minas e nos canaviais durante essas semanas fazem sempre uma narrativa padrão, nas quais as forças de segurança se comportam com sobriedade enquanto mantidas sob o firme comando de brancos. Os indianos apresentam-se agitados, dali a pouco ficam incontroláveis, quase enlouquecidos, mesmo se confrontados por uma força policial bem armada e com o dedo no gatilho. Os indianos lutavam com paus e pedras, diziam os relatos, segundo os quais alguns deles brandiam facões de cortar cana. Esses temas aparecem regularmente na imprensa em inglês. POLÍCIA DEMONSTRA PACIÊNCIA EXEMPLAR, garantia o *Transvaal Leader* a seus leitores, mesmo quando COOLIES INVESTEM COM FÚRIA ASSASSINA.[47]

Segue-se um trecho da explicação de uma comissão judiciária do motivo pelo qual foi preciso abater a tiros grevistas indianos nos choques em Mount Edgecombe: "Os indianos estavam muito exaltados e violentos, e de tal forma determinados que, embora um deles tivesse sido morto e vários feridos [...] não se intimidavam".[48] Baseada no testemunho de oficiais da milícia, a comissão concluiu que não empregar armas de fogo "poderia, por fim, levar a um maior derramamento de sangue". Segundo o relatório, os exames de balística contradiziam o testemunho de indianos que afirmaram que os primeiros tiros tinham sido disparados pelo filho de Campbell. Ainda, que a polícia montada teve de ser chamada para resolver o problema de trabalhadores que cometiam o crime de desobedecer a uma ordem legal de voltar ao trabalho.

A força policial, formada por membros dos Fuzileiros Montados sul-africanos, achava-se "em inferioridade numérica em relação aos *coolies*", que atacaram "da forma súbita que é típica da inconstância de humor dos asiáticos", como informou o *Transvaal Leader* a seus leitores, atendo-se à linha oficial.[49] A comissão que investigou os choques em Mount Edgecombe também averiguou um sério distúrbio, em 21 de novembro, nas Fazendas Açucareiras Beneva (Beneva Sugar Estates), perto de Esperanza, onde quatro grevistas foram mortos depois que uma demonstração de "volubilidade" dos indianos obrigou a polícia a optar entre empregar suas armas e deixar brancos desarmados, entre os quais mulheres e crianças, "à mercê de uma chusma tresloucada de quase duzentos indianos".[50] Segundo o relato oficial, os cortadores de cana engajados haviam resistido a uma ordem da polícia de se dirigirem a um juizado próximo para serem legitimamente acusados de deserção. Em vez disso, atiraram-se ao chão e ficaram deitados de costas. "Desçam de seus cavalos e venham cortar nossas gargantas", gritou um deles, na versão oficial, que os membros da comissão engoliram sem discussão. Quando a polícia se aproximou a cavalo, um indiano desvairado pôs-se de pé e desferiu no cavalo de um policial uma paulada tão forte que o animal caiu. A seguir, enquanto os policiais montados se afastavam, alguns deles empunhando revólveres, foram perseguidos por trabalhadores armados de paus. Uma testemunha declarou à Reuters que os indianos lutavam como "dervixes".[51]

Os indianos são normalmente descritos como insanos ou quase isso, mas quando as reportagens da imprensa ou os relatos oficiais tentam explicar a origem da violência, a história é sempre a mesma. Nas propriedades açucareiras, assim como nas minas, os choques tinham menos a ver com a "volubilidade" do temperamento indiano do que com ordens à polícia ou a unidades militares de usar a força para reunir os "cabecilhas" e acusá-los de deserção, se isso bastasse para acabar com a greve e fazer os indianos engajados retornarem ao trabalho. Como os capatazes das minas e usinas de açúcar tinham sido designados carcereiros, com autoridade para nomear africanos como "agentes de polícia especiais", a linha divisória entre os agentes da lei e as milícias ilegais logo se dissolveu. Um trabalhador sob contrato, chamado Soorzai, refugiou-se na comunidade Phoenix, depois de fugir de uma fazenda próxima em que fora surrado.[52] Logo morreu. Em toda a província de Natal, somente um branco, um fazendeiro chamado Armstrong, foi acusado mais tarde de ter ido longe demais. Aparentemente ao acaso, pegara dois indianos — nenhum empregado seu, ambos muçulmanos, um deles tido como imã —, mandara que dois de seus empregados africanos arrancassem-lhes as roupas e depois os segurassem enquanto ele os surrava com um *sjambok* e com os punhos. Depois disso, perseguiu os dois homens já exauridos, repetindo as agressões por duas vezes. O caso Armstrong chamou a atenção da imprensa de Londres, e o governo britânico pediu informações. Por fim, Armstrong foi multado em cem libras. Tinha tentado, declarou antes da sentença, "dar uma lição a toda a tribo".

As informações sobre a repressão à greve que chegaram a Londres também chegaram à Índia, onde o vice-rei, lorde Hardinge, tomou a si, num discurso em Madras, expressar a "profunda e ardente solidariedade" da Índia aos seguidores de Gandhi "em sua resistência a leis odiosas e injustas". O vice-rei complementou o discurso com um cabograma em que pedia a investigação dos tiroteios por uma comissão judiciária. Como o sistema de engajamento não poderia ter existido sem a anuência do Raj, a intervenção do vice-rei tinha muito peso. Na África do Sul, o governador-geral, cujo cargo equivalia mais ou menos ao do vice-rei daquele lado do Índico, reagiu com indignação.[53] Lorde Gladstone, o filho mais novo do primeiro-ministro vitoriano, louvou a "enorme indulgência" de Botha e Smuts e, num telegrama a Londres, expressou sua fúria pelo fato de "ser dada credibilidade oficial a acusações afrontosas". O governador-geral desejava nada menos que a exoneração do vice-rei. Quando se deu esse embate na estratosfera do Império, a greve estava quase encerrada. Em 10 de dezembro, de acordo com estatísticas oficiais passadas a Londres, 24 004 *"coolies"* tinham voltado ao trabalho, 1069 estavam na cadeia e apenas 621 continuavam em greve. (Entre os definidos como grevistas, alguns talvez tivessem ficado de repente desempregados e, por isso, sujeitos à deportação. No Model Dairy, um café muito conhecido em Durban, "moças brancas" tinham substituído garçons indianos em greve.)

Nada disso foi transmitido ao homem que havia iniciado tudo. Segundo suas próprias palavras, em vez dos trabalhos forçados a que tinha sido condenado, Gandhi estava desfrutando de um período de repouso nos cômodos especiais reservados para ele na prisão de Bloemfontein. A maior parte de seu tempo livre, escreveu, era dedicada ao estudo do tâmil, língua da maior parte dos trabalhadores engajados, o que ele vinha tentando fazer havia mais de uma década.[54]

A propagação da greve das minas de carvão para as áreas açucareiras, aliada às críticas à reação de Smuts — na imprensa nacional e internacional, por sua indiferença inicial ao movimento grevista, e depois, em Londres e outras partes do Império, pelos tiroteios e açoitamentos acarretados pela repressão —, levou-o a reconhecer que sua contenda com Gandhi saíra de seu controle, que ficara cara demais. Ele precisava de uma saída honrosa, que encontrou na proposta da comissão judiciária, que, a julgar pelos resultados de suas ações, teria duas tarefas. A primeira seria mostrar os tiroteios por um ângulo melhor; a segunda, propor um acordo que pusesse fim, de uma vez por todas, às campanhas de *satyagraha* na África do Sul.

Uma semana após o discurso do vice-rei estava formada a comissão, composta de três brancos, sendo um deles, de Durban, um antigo antagonista de Gandhi e da comunidade indiana. Dali a uma semana, a comissão recomendou que Gandhi, Polak e Kallenbach fossem libertados, embora só tivessem cumprido menos de um mês das penas recebidas por incitar as greves.

Gandhi saiu de suas cinco semanas de vida contemplativa com espírito combativo. De início, não percebeu que seus dias de luta na África do Sul já estavam no fim e que ele estava a apenas um mês de poder cantar vitória. Libertado em Pretória em 18 de dezembro, falou a correligionários, naquela noite, no Gaiety Theater, na rua Kort, em Johannesburgo. Disse que sentia falta da solidão e da paz da cadeia, da oportunidade que a prisão lhe dera para refletir.[55] Mas já estava pronto para retomar "a tarefa em que estivera empenhado ao ser condenado". Dois dias depois, de volta a Durban, declarou ao jornal *The Natal Mercury* que tentaria ser "novamente detido e preso", a menos que a comissão judiciária fosse ampliada de modo a incluir "integrantes de origem europeia que sabidamente não nutrissem preconceitos antiasiáticos". Isso não podia parecer uma exigência desmedida; afinal, ele não estava pedindo algo tão absurdo como a indicação de um indiano para a comissão, o que não seria nada demais em vista dos agravos aos indianos. Tudo o que ele dizia era que os sentimentos indianos deveriam ser respeitados, ao menos por alguns membros da comissão. Na União Sul-Africana de 1913, porém, essa era uma proposta radical, que o governo no mesmo instante repeliu.

No dia seguinte, Gandhi apareceu no hipódromo de Durban de cabeça rapada e novamente vestido como um trabalhador indiano engajado — uma *kurta* frouxa, sobre calças largas — diante de uma multidão muito maior do que qualquer outra que ele já tivesse reunido na cidade antes da marcha heroica e de sua prisão. Meteram buquês de flores em suas mãos, em meio a um vivório estrepitoso. Talvez ainda subsistissem bolsões de dissidentes, sobretudo entre os comerciantes do velho Congresso Indiano de Natal, mas o tamanho da multidão — a maior que já se juntara para ouvi-lo, por volta de 6 mil pessoas — deixou claro que a visível erosão do apoio a Gandhi entre os indianos de Natal durante os meses e anos antes de sua última campanha assumira agora o sentido oposto. Talvez sua liderança não fosse incontestada, mas seu prestígio voltara a ser grande. A marcha fora a experiência máxima de sua vida na África; e aquele comício coroava a marcha.

Gandhi usou o comício para preparar seus seguidores para novas lutas, instando-os a estar prontos "para novamente suportar batalhas, novamente suportar prisão, fazer manifestações [...] entrar em greve, ainda que isso possa significar a morte".[56] Explicou que vestira os trajes de um operário como luto por aqueles que tinham sido abatidos. As balas que mataram os engajados, disse, haviam também varado seu coração. O *Mercury* fez uma transcrição bastante detalhada de sua alocução. "Como teria sido glorioso que um daqueles balaços o tivesse prostrado também, pois quem sabe não seria ele próprio um assassino [...] já que incitara os indianos à greve?"[57] Talvez pela primeira vez, mas decerto não pela última, ele parecia prever o fim que o aguardava dali a 34 anos. "A luta pela liberdade humana", segundo a definição agora constante de Gandhi, era "uma luta religiosa". Nesse ponto, o redator branco do jornal introduziu em seu relato os gritos de "Bravo, bravo" da multidão. Tratava-se de uma luta, disse Gandhi, que podia até "levar à morte".

Apesar da intenção velada ao usar a palavra "assassino", Gandhi se mostrava tão solene e despido de autocensura quanto um chefe de Estado ao depositar uma coroa de flores num cemitério militar. Estava demonstrando o que vinha dizendo a respeito da *satyagraha* desde 1906, antes de criar a palavra: que a resistência que ele oferecia podia provocar violência — até, ou principalmente, se lograsse manter a disciplina da não violência, que demandava sofrimento e, às vezes, mártires. O que Gandhi está dizendo é que ele próprio poderia, um dia, estar entre esses mártires. Não está dizendo que os trabalhadores que caíram na fuzilaria em Natal pagaram um preço alto demais, nem manifesta muito pesar por aqueles que sobreviveram mas estavam agora de volta aos canaviais e às minas, talvez até mais pobres e menos livres. Qualificar a luta como religiosa resolvia isso tudo. Como sempre, Gandhi não falava em termos sectários ou comunitários. Era demasiado ecumênico para dar a entender que aquela era uma luta hindu, ou uma luta hindu e muçulmana, ou uma luta contra pessoas que por acaso eram cristãs. Chamava a luta de religiosa por causa do sacrifício que seus seguidores, seus *satyagrahis*, estavam dispostos a fazer. Era outra maneira de insistir em que suas motivações eram puras e desinteressadas, que eles se levantavam não por si próprios, mas por um futuro do qual eles poderiam ou não participar. Se Gandhi algum dia pensou na possibilidade, até mesmo na probabilidade, de que os trabalhadores em regime de engajamento tivessem interesse pessoal na greve — que alguns deles houvessem compreendido que seu futuro na África do Sul poderia mudar com a abolição do imposto de capitação —, nunca externou essa ideia em público. Para ele, a *satyagraha* era autossacrifício, não progresso pessoal.

Gandhi está demonstrando, nesse momento de quase triunfo simbólico e de quase impasse na prática, que não se deixava abater pelo sentimento de comiseração. É um político nada convencional, mas o que está dizendo é bastante convencional para um líder num conflito que permanece sem solução. Melodramático como de costume, ele está dizendo que, se mais mortes fossem necessárias, os indianos estariam prontos para pagar o preço. Semanas depois, refletindo sobre a morte, na cadeia, de um trabalhador contratado de setenta anos chamado Hurbatsingh, Gandhi discorreu sobre o tema: "Considerei que não era motivo de pesar um indiano idoso como Hurbatsingh ir para a cadeia pelo bem da Índia e morrer na prisão", disse.[58] Era uma espécie de realização pessoal.

Ao vestir o traje dos trabalhadores engajados e comprometer-se a só fazer uma refeição por dia enquanto perdurasse "essa luta religiosa", ele fez mais do que declarar-se de luto. Encontrou o que estivera procurando, durante duas décadas, na África do Sul: a síntese entre seu papel público e seu inquisitivo eu interior. O advogado bem vestido que fazia retiros com missionários cristãos e mergulhava em Tolstói se transformara passo a passo, no decorrer daqueles anos, no líder de um movimento capaz de atrair apoio popular e, embora por pouco tempo, atenção internacional numa era em que as comunicações de massa ainda dependiam da imprensa e do telégrafo. Como ele próprio diria mais tarde, achara sua vocação. Sua autocriação estava agora mais ou menos completa.

Parte dela consistia numa nova forma de ver os indianos mais pobres, que na África do Sul eram os trabalhadores em regime de engajamento. Logo voltaria a censurá-los de novo pelos "vícios" de comer carne, fumar e beber. Mas ao deixar a cadeia, como escreveu num telegrama a Gokhale, se sentiu "atônito com a imprevista capacidade mostrada pelos trabalhadores indianos contratados, sem liderança efetiva, de agir com determinação e disciplina".[59] Eles tinham demonstrado "poderes inesperados de resistência e fortaleza".

Gandhi tinha ainda de confrontar a realidade da África do Sul governada por brancos. O resultado não seria bem definido. Ele vestia o traje dos engajados, dos oprimidos e dos sem casta, mas eles constituíam apenas uma pequena fração de sua plateia no hipódromo de Durban. Podia falar deles e para eles, mas, no fundo, não estava falando a eles. Suas palavras não chegariam a milhares de homens que o tinham seguido sem nunca tê-lo escutado ou visto, mesmo de relance, e que estavam agora sentenciados a trabalhos forçados nas minas e nas fazendas açucareiras. Haviam gritado palavras de ordem religiosas e patrióticas ao marcharem no Transvaal, de modo que havia uma certa base para que Gandhi chamasse a luta de religiosa. E ele nunca prometera modificar o padrão de vida deles ou suas condições de trabalho. Isso foi um ponto que mais tarde ele ilustrou com um episódio dos primeiros dias da marcha, narrado como uma espécie de parábola. Um dos grevistas pedira a Gandhi um cigarro enrolado a mão, que chamavam de *bidi*. "Expliquei que eles estavam marchando não como homens sujeitos ao engajamento, mas como servos da Índia. Estavam participando de uma guerra religiosa, e num momento desses tinham de abandonar vícios como beber e fumar. [...] Os bons homens ouviram esse conselho. Nunca mais alguém me pediu dinheiro para comprar um *bidi*."[60]

Dando aos grevistas um motivo puramente religioso para sua sublevação — e arrogando-se autoridade exclusiva para declarar em que momento o movimento teria alcançado seus objetivos —, Gandhi estava passando por cima da política convencional, inclusive da política de protesto.[61] Na perspectiva de sua longa vida, das lutas que teria de travar, também isso poderia ser qualificado como caracteristicamente gandhiano. Um dia, que não demoraria muito a chegar, ele teria de deixar a África do Sul, e aqueles que o haviam seguido nesse país ficariam com sua palavra de que algo de importante havia sido alcançado, ficariam com o orgulho de terem se levantado e de não terem se acovardado ao atenderem a seu chamado. Não era pouca coisa, a maioria deles pode ter concluído. Entrementes, enquanto o líder era incensado no hipódromo, as perseguições a seus seguidores continuavam em toda a província. No dia de sua soltura, 32 resistentes passivos, entre eles cinco mulheres, tinham sido condenados a três meses de prisão por entrar ilegalmente no Transvaal.

Com o ressurgimento de Gandhi, houve uma queda drástica no número de leitores do *African Chronicle*, de P. S. Aiyar. Entre os indianos, não havia mais muita margem para críticas contundentes ao líder. Ainda assim, Aiyar continuou sua batalha. Sobre o discurso em Durban, ele escreveu: "O espetáculo de penitência do sr. Gandhi é um pobre consolo para aqueles que perderam o chefe da família e entes queridos".[62] Instado a pôr fim às suas reclamações, Aiyar jurou que "se calaria quando estivesse no túmulo, e que mesmo lá nosso espírito não estará morto".

No começo de 1914, Gandhi deixou claro que estava boicotando a comissão judiciária, mas voltou, muito à vontade, a suas negociações com Smuts. Não demorou muito para que as linhas gerais de um acordo, prenunciadas nessas discussões, se tornassem as recomendações formais da comissão. De acordo com essa mais recente tratativa, o imposto de capitação de três libras sobre os ex-trabalhadores engajados seria finalmente abolido; a lei sobre casamentos sofreria emendas para validar os costumes nupciais indianos tradicionais, com exceção da poligamia, praticada pelos muçulmanos, que não seria nem legalizada nem proibida; a imigração seria facilitada para um número relativamente pequeno de indianos com residência prévia na África do Sul; e alguns poucos indianos "instruídos" seriam admitidos no país, de modo que a barreira da cor não fosse absoluta. Em termos mais amplos, mas demasiado vagos, o governo se comprometia formalmente a aplicar as leis com justiça. Pouco mais de um mês depois de Gandhi sair da cadeia, ele e Smuts chegaram a seu último acordo. No fim de junho, o Parlamento branco havia aprovado a Lei de Amparo aos Indianos (Indian Relief Act), e Gandhi declarou encerrada sua campanha de *satyagraha*, que, com idas e vindas, levara oito anos. A nova lei, proclamou ele, era uma "Magna Carta para os indianos" (a mesma frase que utilizara vinte anos antes para qualificar a declaração mais radical da rainha Vitória, que agora de nada valia na nova União Sul-Africana). Dando continuidade a sua festa verbal, também a classificou como "uma carta de nossa liberdade" e "um entendimento final".[63]

Em breve ele teria de emendar, se não engolir, esse palavreado grandiloquente, quando dissidentes, como P. S. Aiyar, apontaram o quanto o "entendimento final" estava distante da igualdade jurídica pela qual Gandhi lutara um dia.[64] A realidade de antes da última campanha continuava a ser a realidade depois dela: não só os indianos continuavam sem direitos políticos, como ainda tinham de pedir passes para viajar de uma província sul-africana a outra; ainda não podiam se radicar no Estado Livre de Orange ou aumentar sua participação na população do Transvaal, onde ainda tinham de se registrar nos termos da legislação que Gandhi no passado tachara de "Lei Negra"; e ainda estavam submetidos a um cipoal de leis e portarias municipais que determinavam onde podiam comprar imóveis e abrir negócios. Nada na Lei de Amparo aos Indianos melhorava a situação dos trabalhadores ainda sob contrato de engajamento, que tinham constituído a grande maioria nas greves e nas marchas.

Entretanto, era evidente que o sistema de engajamento estava em seus estertores. Natal deixara de importar esses trabalhadores da Índia já em 1911. Assim, o único meio de manter o sistema consistia em persuadir aqueles que ainda cumpriam seus compromissos legais a assinar novos contratos ao término do prazo de cinco anos. Agora o imposto de capitação já não figurava nesses acordos, já não pendia sobre a cabeça dos trabalhadores temporários. Poderíamos dizer que coube a Gandhi parte do crédito pela decisão final da Índia, em 1917, de pôr um ponto final no sistema, ao não mais permitir o envio de trabalhadores contratados em regime de engajamento para colônias insulares como Fiji e Maurício, que continuaram a recrutá-los depois que a África do Sul pôs fim a sua importação, e que sua campanha na África do Sul contribuíra para fazer o Raj agir, ao despertar a indignação dos indianos. Mas o fim do sistema de engajamento nunca fora um dos objetivos declarados dessas campanhas.

Numa carta de despedida aos indianos da África do Sul, Gandhi admitiu que havia objetivos não atendidos, como os direitos a comerciar, viajar ou possuir imóveis em qualquer lugar do país. Poderiam ser alcançados em quinze anos, disse, se os indianos "cultivassem" a opinião pública branca.[65] Com relação a direitos políticos, sua carta de despedida não apontava para um horizonte distante. Esse era um assunto a ser arquivado. "Não precisamos lutar pelo direito de voto ou pela liberdade de entrada de novos imigrantes da Índia", aconselhava.[66] "Tenho a firme convicção de que a resistência passiva é infinitamente superior ao voto", declarou ao *Transvaal Leader*. Quem falava aqui era o Gandhi do panfleto *Hind swaraj*, que francamente desdenhava as instituições parlamentares pelas quais a grande maioria dos nacionalistas indianos julgava estar lutando. Por fim, teve de admitir que o "entendimento final" na verdade não fora final e reformulou o que havia dito antes: embora o entendimento "fosse final no sentido de pôr fim à grande luta, não foi final no sentido de ter dado aos indianos tudo aquilo a que eles têm direito".[67]

Smuts, que nutrira a esperança de ter arquivado a "questão indiana" para os anos próximos, considerou a reformulação de Gandhi uma traição ao acordo que haviam celebrado. Gandhi não podia se expressar com sua franqueza habitual sobre até que ponto o "entendimento final" era mesmo final porque sua "verdade" nesse caso não era simples: a luta tinha de terminar porque ele estava indo embora; ele havia obtido tudo o que estava a seu alcance. De fato, uma coisa ninguém dissera claramente: que sua partida fazia parte do acordo.

A opinião pública branca continuou a endurecer, e as róseas previsões de Gandhi se mostraram erradíssimas. Depois que ele voltou a atenção para a Índia, a situação dos indianos na África do Sul piorou em vez de melhorar. Eles não passavam de cidadãos de segunda classe, e às vezes menos que isso. No regime do apartheid, agravaram-se a segregação e o confinamento dos indianos em guetos, embora eles nunca fossem tão oprimidos e discriminados como os africanos. Sessenta anos se passariam antes que pudessem ir e vir à vontade no único país que quase todos eles conheciam; mais de setenta antes que fosse revogada a última restrição à propriedade da terra por indianos. A igualdade de direitos políticos acabou chegando, mas nada menos de um século depois que Gandhi pela primeira vez clamou por ela. Nos primeiros anos que se seguiram a sua partida, o governo branco acenou com promessas de passagens gratuitas e bônus a fim de induzir indianos a acompanhá-lo. Entre 1914 e 1940, quase 40 mil morderam a isca.[68] A imigração fora interrompida, mas o número de indianos continuava a crescer pelo aumento natural. E a vasta maioria, naturalmente, só tinha vagas lembranças de segunda mão da pátria. Em 1990, quando o sistema do apartheid desmoronava, a população indiana na África do Sul era estimada em mais de 1 milhão. No primeiro gabinete de Nelson Mandela, quatro ministros eram indianos.

★ ★ ★

O futuro para as próximas gerações de indianos na África do Sul seria sombrio, mas seu líder se preparava para partir. Seu plano, muito geral, fora viajar diretamente para a Índia com um grupo de cerca de vinte pessoas e instalar-se em Poona (hoje Pune), no oeste da Índia, de modo a ficar perto de Gopal Krishna Gokhale. Havia entre eles o acordo de que Gandhi manteria silêncio total sobre questões indianas durante um ano (como Gandhi disse, ele manteria "os ouvidos abertos e a boca fechada").[69] Gandhi ofereceu-se para cuidar de Gokhale e servir como seu secretário. No entanto, Gokhale viajou para a Europa, mais exatamente para Vichy, na esperança de que as águas do lugar ajudassem a melhorar sua insuficiência cardíaca. Pediu a Gandhi que se encontrasse com ele em Londres.

Tudo o que fez antes de embarcar para Southampton foi empreender uma turnê de despedidas. Em Johannesburgo, consta que a sra. Thambi Naidoo, que tivera coragem de ir às minas em Natal para apelar aos trabalhadores engajados que entrassem em greve antes que Gandhi lá chegasse, desmaiou quando o marido se pôs de pé num jantar e pediu ao velho camarada que adotasse os quatro rapazes Naidoo e os levasse para a Índia. Ela não fora consultada.[70] Gandhi agradeceu aos "velhos presidiários" pela "dádiva preciosa" que lhe faziam.[71] À medida que se aproximava o dia da partida, os trabalhadores engajados com quem ele marchara tornaram-se uma preocupação. Ele terminou sua carta de despedida aos indianos na África do Sul com as seguintes palavras antes da assinatura: "Sou, como sempre, o trabalhador sob contrato de engajamento da comunidade".[72] Em Durban, dirigiu-se aos engajados como "irmãos e irmãs" e prometeu: "Tenho, com vocês, um contrato de servidão por toda a minha vida".[73]

Dirigindo-se pela última vez àqueles que mais o tinham apoiado, os tâmeis de Johannesburgo, Gandhi terminou sua carta falando sobre a questão do sistema de castas. Os tâmeis haviam "demonstrado muita valentia, muita fé, muita devoção ao dever e enorme nobreza e humildade", disse. Haviam "sustentado a luta nos últimos oito anos". Mas depois de tudo o que fora reconhecido havia "mais uma coisa". Ele sabia que tinham trazido da Índia distinções de casta. Se eles "acreditassem nessas distinções e se classificassem mutuamente como superiores e inferiores", essas coisas os levariam à ruína. Deveriam recordar que não eram de casta alta ou de casta baixa, mas que "eram todos indianos, todos tâmeis".

É impossível, a esta distância, saber o que motivou essa advertência naquela ocasião e naquele ambiente, essa exposição ostensiva de uma questão que o próprio Gandhi deixara de lado, perdida num segundo plano, durante grande parte do tempo que passou na África do Sul. Teriam alguns tâmeis, na grande marcha, ou mesmo nessa reunião de despedida, revelado medo de poluição ritual? Ou ele estaria prevendo o que enfrentaria na Índia? É difícil precisar as ligações exatas, mas num sentido mais geral parecem óbvias. Para Gandhi, o fenômeno do engajamento, um sistema de semiescravidão, como ele o tachou, se fundira em seus anos na África do Sul com o da discriminação de casta. Quaisquer que fossem os dados demográficos relativos às proporções de casta alta, casta baixa e intocáveis entre os trabalhadores sob contrato de engajamento, em sua cabeça não eram mais duas coisas separadas, porém uma só, um monstro social multicéfalo que ainda tinha de ser subjugado.

Finalmente, no porto da Cidade do Cabo, quando estava para subir a bordo do ss *Kinfauns Castle*, em 18 de julho de 1914, Gandhi pôs a mão no ombro de Hermann Kallenbach e disse aos que tinham ido se despedir dele: "Levo comigo não meu irmão de sangue, mas meu irmão europeu. Não será isso sinal suficiente do que a África do Sul me deu, e por acaso poderei esquecer a África do Sul por um só momento?". Viajaram de terceira classe. Kallenbach trouxe consigo dois pares de binóculos para usarem no convés. Vendo-os como um exemplo de flagrante hedonismo, uma reincidência no consumismo por parte do amigo, Gandhi jogou-os no mar. "O Atlântico ficou mais rico", escreveu seu neto Rajmohan.[74] O *Kinfauns Castle* atracou um dia depois que começou uma guerra mundial. Kallenbach foi com os Gandhi para um albergue de estudantes indianos e, preparando-se para sua nova vida com Gandhi na Índia, tentou concentrar-se no estudo do híndi e do guzerate. Gandhi enviou cartas a Pretória, Nova Delhi e Londres, à procura de uma brecha na muralha burocrática que ameaçava impedir que ele realizasse o sonho de ter o arquiteto judeu a seu lado na Índia. Ninguém queria ou podia autorizar que o detentor de um passaporte alemão fixasse residência lá em tempo de guerra. O vice-rei não se dispunha a correr "o risco". Gandhi retardou sua própria partida, mas a porta se manteve aferrolhada. Por fim, Kallenbach ficou detido num campo para estrangeiros inimigos na ilha de Man, sendo repatriado para a Prússia Oriental numa troca de prisioneiros em 1917. Só em 1937 os dois se reuniram de novo. "Eu não tenho um Kallenbach", lamentou-se Gandhi no quinto ano de sua volta à Índia.[75]

Os Gandhi ao deixarem a África do Sul.

Seis meses depois, ao chegarem a Bombaim.

II. ÍNDIA

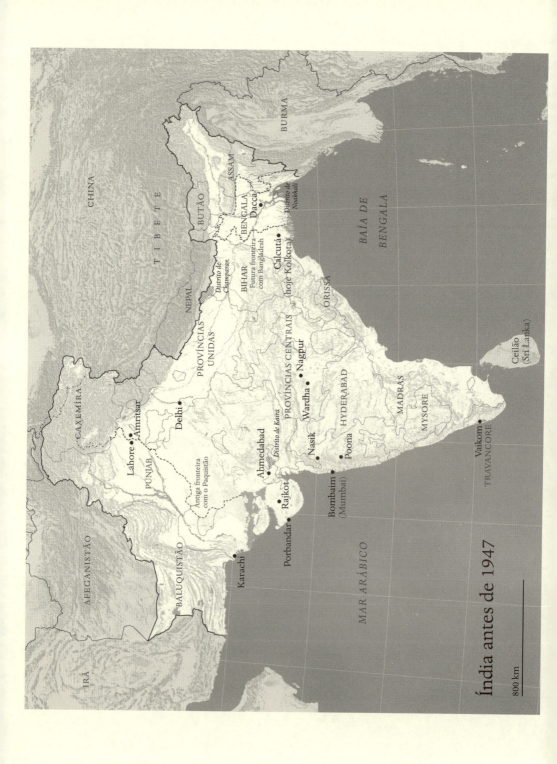

6. O despertar da Índia

Gandhi se comprometera a passar o primeiro ano na Índia apenas reajustando-se ao turbilhão da vida local. Prometera a seu mentor político, Gokhale, não fazer nenhum pronunciamento político nesse período, não tomar partido nem abraçar este ou aquele movimento. Viajaria pelo país, faria contatos, ficaria conhecido, ouviria e observaria. Em termos mais elevados, pode-se considerar que ele tentaria apreender o máximo possível da ilimitável realidade indiana. Isso mostrou ser uma tarefa enorme, maior do que qualquer outra figura política no meio indiano já tentara fazer.

Acolhido de início como um estranho aos quadros políticos do país, passou a ser um convidado de honra itinerante em banquetes e chás cívicos, festejado em toda parte por suas lutas na África do Sul. Normalmente, recebia essas homenagens alegando, com uma modéstia decorosa mas não demasiado insistente, que os "verdadeiros heróis" naquele outro continente tinham sido os trabalhadores em regime de engajamento, os mais pobres dos pobres, que haviam mantido a greve mesmo depois de ele ser preso. Na primeira dessas ocasiões, disse que se sentia mais "à vontade" com eles do que com a plateia que o ouvia agora, a elite política e a alta sociedade de Bombaim.[1] Essa era, evidentemente, uma afirmação questionável, mas definiu Gandhi, a partir de suas primeiras declarações na

Índia, como uma pessoa focalizada nas massas. E isso foi também o limite máximo que ele se permitiu em matéria de provocação durante 1915, seu primeiro ano na Índia. Ele poderia ter considerado que a morte de Gokhale, ocorrida apenas cinco semanas depois daquele discurso, o liberava de sua promessa, mas se absteve de tomar qualquer atitude que parecesse uma reivindicação de liderança. Entretanto, quando o prazo de sua promessa expirou, nos primeiros dias de 1916, Gandhi deixou claro que havia chegado a algumas conclusões. "A Índia precisa despertar", declarou em outra recepção cívica, essa na cidade de Surat, em Guzerate. "Sem um despertar, não pode haver progresso. E para promover o progresso num país, é preciso oferecer-lhe um programa."

Mais uma vez ele recorreu explicitamente a suas experiências com as greves em Natal, dois anos antes. Para fazer a nação se mover, ele precisaria levar educação aos mais pobres — como afirmou ter feito no caso dos trabalhadores em regime de engajamento na África do Sul —, "mostrar-lhes por que a Índia está se tornando cada vez mais miserável".[2] Ou seja, já estava transformando sua experiência sul-africana numa parábola, omitindo detalhes lamentáveis como os surtos de violência na zona açucareira ou a ambiguidade dos resultados do movimento, principalmente a patente ausência de benefícios reais para aqueles trabalhadores. Militante tarimbado, não olhava para trás, mas para a frente, fixando-se no advento da política de massas na Índia. Por imperfeita que fosse a analogia com a África do Sul, ele anunciava sua ambição de sacudir a Índia com um programa. Era cedo demais para dizer que conteúdo ele poderia dar a tal programa, que, no entanto, já se prenunciava em alguns dos objetivos que ele trouxera consigo, sobretudo a preocupação com a união de hindus e muçulmanos e a condenação da intocabilidade como uma maldição que pesava sobre a Índia. A diferença óbvia era que dali em diante ele não estaria apenas se esforçando por abrir algum espaço vital para uma minoria marginalizada num sistema que ele tinha pouca ou nenhuma esperança de modificar. Na Índia, teria a oportunidade e a responsabilidade de tentar levar consigo a maioria, num esforço para derrubar e substituir os governantes coloniais. Embora nunca expressasse a ambição de participar pessoalmente do governo, ele terá muito que dizer a respeito da marcha da sociedade sob os líderes que ele por fim designaria, a respeito das reformas de que o país necessitava.

É extraordinário que o político repatriado, começando nesse palco imensamente ampliado, sem nenhuma organização ou seguidores além de seu círculo pessoal, levasse menos de seis anos para executar um arremedo do "despertar" que desejava. Sua meta audaciosa, ratificada por um movimento nacional que fora revitalizado — praticamente reinventado à sua imagem —, é capturada numa palavra de ordem: *"Swaraj* dentro de um ano". Na reinterpretação de Gandhi, *swaraj* é um objetivo impreciso, uma forma de autogoverno que se aproximava da plena independência, mas não necessariamente a incluía. Radical era a promessa de que a mobilização em massa poderia torná-la realidade em apenas um ano. E esse ano decisivo viria a ser 1921.

A essa altura, Gandhi passara a ser visto por um prisma bem diferente. Já não era um convidado de honra a chás. Em apenas dois anos — do começo da estação quente, em abril de 1917, quando ele abraçou a causa de camponeses explorados em plantações de anil num cafundó do norte de Bihar, até abril de 1919, quando convocou sua primeira greve nacional não violenta — ele deixara sua marca na Índia. Agora, quando viajava para promover sua *swaraj*, atraía massas humanas colossais, de milhares ou dezenas de milhares de pessoas, concentrações que eram dez, até vinte vezes maiores do que a multidão que o escutara no hipódromo de Durban. Gandhi faz questão de falar em sua língua materna, o guzerate, ou em seu híndi ainda pouco fluente (mais tarde, procurando o mais amplo denominador comum, apontaria o hindustâni demótico como sua língua franca predileta), mas em geral só consegue se fazer ouvir pelas primeiras fileiras das multidões;[3] e quando realiza comícios em áreas rurais no extremo norte da Índia, vê-se forçado a falar numa língua que é pouco ou nada entendida pela maior parte dos que estão ao alcance de sua voz.

Isso não parece importar, pois as multidões não param de crescer. Afinal, a emoção peculiarmente indiana que ele inspira não vem de ouvi-lo, e sim de vê-lo: obter ou sentir *darshan*, o mérito ou o arrebatamento vivenciado por aqueles que entram no campo de força espiritual de um *rishi*, ou sábio. Para muitas pessoas em tais multidões, ver Gandhi é literalmente uma apoteose. Julgam contemplar não um mero mortal, mas o verdadeiro avatar de algum deus do populoso panteão hindu. No segundo semestre de 1921, quando o calendário acena com o esgotamento do prazo que ele prometera para a *swaraj*, o profeta percebe a necessidade de negar sua própria deificação. "Eu deveria ter pensado", escreve, "que havia, no sentido mais forte possível, repudiado toda e qualquer pretensão à divindade. Desejo ser um servo humilde da Índia e da humanidade, e oxalá morra no cumprimento dessa tarefa."[4] Não é tempo de avatares, ele insiste. "Na Índia, o que precisamos agora não é cultuar heróis, mas servir ao próximo."[5]

No início da carreira, ele manifestara ceticismo em relação a essas intera-ções efêmeras entre um líder e aqueles que só querem usufruir, passivamente, do prazer de estar em sua presença: "Não acredito que as pessoas tirem qualquer proveito de sentir *darshan*. A situação de quem o transmite é até pior".[6] Mas ele permitiu que isso se tornasse um componente de quase todos os dias, e às vezes até das noites de sua vida. Não apenas em suas aparições públicas, como, muitas vezes, quando ele trabalhava ou dormia fora de seus *ashrams*, em geral formavam-se ajuntamentos de pessoas que o fitavam com devoto pasmo, sem perceber que ele se determinava a ignorá-las.

Por vezes, a veneração, expressa no ondear de chusmas que estendiam as mãos para roçar as pontas dos dedos nos pés do líder, um gesto de humildade e reverência, tornava-se intolerável para Gandhi. Na versão em inglês de seu sema-nário *Young India* — reencarnação do *Indian Opinion*, que ainda era impresso na comunidade Phoenix, na África do Sul —, ele lamentava "a doença dos toques nos pés".[7] Tempos depois, advertiu: "No simples toque de meus pés não acon-tece nada senão a degradação do homem".[8] E ele tinha de suportar um sem-fim dessas degradações. "À noite", conta Louis Fischer, "seus pés e tornozelos esta-vam cobertos de esfoladuras causadas por pessoas que se curvavam para tocar nele. Era preciso esfregá-los com vaselina."[9] Mais tarde, um jornalista britânico relatou que uma devotada seguidora inglesa, Madeleine Slade, que ele rebatizou como Mirabehn, "massageava as pernas dele todas as noites".[10]

O primeiro biógrafo indiano de Gandhi e seu fiel secretário nesses anos, Mahadev Desai, vê nas aglomerações vociferantes um reflexo da "insolência de um povo ensandecido de amor".[11] Ele escreve em seu diário a respeito de um incidente específico, em fevereiro de 1921, na última de uma série de paradas do trem entre Gorakhpur e Benares. Em cada uma delas, uma multidão estivera à espera, bloqueando a linha e exigindo ver Gandhi, que no mesmo dia já havia falado para quase 100 mil pessoas em Patna. "Nós viemos para o *darshan* do Se-nhor", diz um homem a Mahadev, que numa das paradas chegara ao ponto de se passar por Gandhi num esforço vão de dispersar a populaça, que nunca vira uma imagem de seu herói.[12]

Agora já passa bastante da meia-noite. Outra turba, depois de esperar horas e horas, converge para o vagão de terceira classe de Gandhi. O fatigado Mahatma não está inclinado a falar. Mahadev pede silêncio para que o mestre possa dormir um pouco depois de um dia extenuante, mas gritos ensurdecedores de "*Gandhi ki jai"* — "Glória a Gandhi" — rasgam a noite. Por fim, subitamente colérico, ele se levanta com uma expressão de fúria que Mahadev nunca vira. Mais uma vez, uma multidão clamorosa, formada por pessoas que se diziam seus seguidores, se pendura no trem, impedindo sua partida. O apóstolo da não violência admitiu depois que naquele momento teve vontade de esmurrar alguém. Mas em vez de partir para uma agressão verbal ele se põe a bater na própria testa à vista da multidão. Faz isso de novo e logo mais uma vez. "As pessoas ficaram assustadas", ele escreveu. "Pediram-me que as perdoasse, aquietaram-se e me disseram que fosse dormir."[13]

A imagem de um Mahatma transtornado, a agredir a si mesmo a fim de acalmar, de madrugada, uma turba idólatra, preponderantemente rural, por certo suscita questões a respeito da natureza fundamental da atração que ele exercia. A essa altura Gandhi havia explicitado o programa com que acenara em Surat. Ele já estava quase todo formulado em sua mente quando Gandhi deixou a África do Sul, ou poderia ser facilmente detectável nos temas que ocupavam seu pensamento na fazenda Tolstói. A *swaraj* viria quando a Índia solidificasse uma aliança indestrutível entre hindus e muçulmanos, erradicasse a intocabilidade, aceitasse a disciplina da não violência como um modo de vida, mais do que uma tática, e quando promovesse o fabrico caseiro de fios e tecidos, como indústrias domésticas autossustentáveis, em milhares de aldeias. Ele viria a descrever essas condições como "os quatro pilares sobre os quais a estrutura da *swaraj* se apoiaria para sempre".[14] E o movimento nacionalista — mais para agradar ao líder que por convicção — viria a adotar formalmente esse programa como seu. Em dezembro de 1921, em Ahmedabad, quando findava o ano que Gandhi fixara para que a Índia atingisse a *swaraj*, nem passava pelo espírito dos líderes do Partido do Congresso rejeitá-lo com um falso profeta. Em vez disso, concederam-lhe "autoridade executiva exclusiva" sobre o movimento, fazendo dele, na verdade, um Politburo de um homem só num período em que quase todos os seus colaboradores e ex-rivais tinham saído de cena, presos pelas autoridades britânicas, que não sabiam bem como lidar com o próprio Mahatma. Seu lado revivalista estivera promovendo sem cessar o programa de quatro pontos, em textos e discursos pelo país, declarando que cada um desses pontos era fundamental para a *swaraj* — sua própria essência. Gandhi era capaz de argumentar que a união de hindus e muçulmanos não poderia ser obtida sem a produção caseira de fios têxteis. Em outras ocasiões, o fim da intocabilidade é que se torna a prioridade máxima. Nem todos as compreendem, mas suas palavras tornam-se um credo para um número crescente de ativistas que se formam em lugares por ele visitados, em todo o país. Em 1921, o perito em tática, agora com autonomia para a tomada de decisões, ameaça com desobediência civil. Como expressão da disciplina e da missão que Gandhi impusera a si mesmo, seu programa oferecia uma linha coerente. Já como plano de política prática, seria, para sermos gentis, um complicado, se não impossível, ato de prestidigitação.

Entretanto, a multidão naquela estação na planície gangética, cujo nome hoje desconhecemos, não passara a longa noite ali para expressar entusiasmo pelos quatro pilares de Gandhi, por seus sentimentos em relação aos muçulmanos ou aos intocáveis, nem mesmo para aderir à sua próxima campanha de resistência passiva. Aqueles milhares de pessoas estavam ali para prestar homenagem a um homem. Mais do que isso, a um santo. A ideia de que aquele homem se importava com elas de uma forma nova e inusitada tinha sido transmitida muito bem. A ideia de que ele lhes faria exigências tinha sido passada, no máximo, de maneira nebulosa, vaga e incidental. As metas reais de Gandhi podiam tocar as raias da utopia, mas nesse fervilhante contexto indiano podiam ser também irrelevantes — às vezes, nem mesmo aceitáveis no mundo real que ele pretendia modificar. As massas que se juntavam para vê-lo tinham suas próprias ideias a respeito do que ele estava prometendo;[15] às vezes pareciam estar à espera de um messias que as conduzisse a uma idade de ouro em que as dívidas, os impostos e as penúrias constantes deixariam de oprimi-las. Às vezes, chamavam aquela alvorada de alívio e suficiência, se não de fartura, de Raj Gandhiano. Falando constantemente a seus seguidores sem se fazer entender, Gandhi viu-se prisioneiro das expectativas que criava.

Em sua mente maleável e racionalizadora, raramente surgia uma tensão entre esses dois papéis, o de peregrino espiritual e o de líder de massas — ponta de lança de um movimento nacional, tribuno de uma Índia unida que havia despontado primeiro em sua própria imaginação. Quando surgia um conflito real entre as personas de Gandhi, quase sempre era o líder de massas, e não o peregrino espiritual, que recuava. Sua carreira foi pontilhada de períodos de aparente afastamento da liderança ativa, semelhante a sua temporada na fazenda Tolstói, na África do Sul, entre 1910 e 1912. No entanto, seus distanciamentos da política nunca eram definitivos. Em vista da pobreza da Índia, ele argumentava, a única realização para uma pessoa de índole religiosa consistia em servir ao próximo por intermédio da política. "Indiano nenhum que aspire a buscar o ideal da verdadeira religião pode se dar ao luxo de ficar alheio à política", dizia.[16] Essa era a interpretação característica que Gandhi fazia do darma, o dever de um homem virtuoso. A historiadora britânica Judith Brown se expressa com rara felicidade ao escrever que, para ele, isso era "moralidade em ação".[17]

Aquelas pessoas a quem Gandhi chamava *"sannyasis* políticos"*, aspirantes à espiritualidade que renunciavam aos confortos da vida secular mas permaneciam nela a fim de melhorá-la, tinham o dever de "misturar-se às massas e trabalhar com elas como se a elas pertencessem".[18] Isso significava, antes de tudo, falar a língua delas e não a do opressor colonial, na qual o próprio Gandhi sobressaía. A ênfase é típica dele. Pode ser chamada de gandhiana. É o Gandhi que inventou a si mesmo ao deixar a África, o Gandhi do *Hind swaraj*, que assumiu pessoalmente a tarefa de distribuir rações de pão com açúcar a mineiros em regime de engajamento em Natal que estavam prestes a provocar sua própria prisão por cruzar com ele uma divisa proibida.

No cenário indiano, tudo isso pareceu, no começo, empurrá-lo para a periferia, transformá-lo numa criatura exótica e isolada. Sua insistência em falar aos camponeses pobres em suas próprias línguas fez com que ele, no mesmo instante, passasse a nadar contra a maré num movimento nacionalista bastante anglicizado e que usava quase só o inglês. Pouco antes, um presidente do Partido do Congresso, agremiação que mais tarde Gandhi viria a comandar, classificara "a propagação do ensino à inglesa" como "talvez a maior dádiva [da Grã-Bretanha] ao povo da Índia". Esse ensino, disse ele, um pré-gandhiano, "formara nossas mentes e instilara em nós novas esperanças e aspirações". Sua avaliação foi como a concretização da visão de Thomas B. Macauley, o grande historiador britânico, que argumentara em sua "Minuta sobre a educação indiana", de 1835, que os britânicos só poderiam governar a Índia se conseguissem formar "uma classe capaz de atuar como intérpretes entre nós e os milhões a quem governamos, uma classe de pessoas indianas em sangue e em cor, mas inglesas em gosto, opiniões, moral e intelecto". Por ter-se formado no Inner Temple, em Londres, Gandhi poderia ser visto como membro dessa classe. Em vez disso, rebelou-se contra o predomínio da língua do colonizador. Numa outra passagem, menos citada, Macauley dissera também que essa nova classe anglicizada teria a responsabilidade de "refinar os dialetos vernáculos [...] e torná-los, aos poucos, veículos apropriados à transmissão de conhecimentos à grande massa da população". Eis uma injunção que teria agradado ao populismo de Gandhi. Sempre que podia, evitava falar inglês, embora tivesse usado a língua dos colonizadores da Índia durante a maior parte de sua vida adulta. Menos de 1 milhão de pessoas entre os 300 milhões que constituíam então a população da Índia, observou, cortante, tinham algum conhecimento de inglês. "Toda a agitação reinante se limita a uma parte infinitesimal de nosso povo, nada mais que um cisco no firmamento", dizia.[19]

Essas eram verdades profundas e difíceis de engolir. É possível que até Gokhale tivesse recuado. Achava *Hind swaraj* uma obra regressiva e inaceitável, mas ainda assim parece ter visto Gandhi como um possível sucessor na liderança de uma minúscula vanguarda reformista, a Sociedade dos Servos da Índia, que ele fundara com o objetivo de infiltrar na vida pública indiana um grupo de nacionalistas totalmente disciplinados, totalmente desprendidos. Mas, antes da morte do célebre líder, o novato se deu conta de que talvez não se ajustasse ao poder. Ele era demasiado singular; sua história de greves e resistência passiva, sua tendência a fazer de si mesmo o único árbitro da "verdade" que dava força à *satyagraha*, sua postura na questão da língua, tudo o isolava, mesmo antes que tentasse a sorte na política indiana. Em outras palavras, ele tinha sua própria doutrina, que não era a da Sociedade dos Servos da Índia.

Gandhi demonstrou seu pesar pela morte de Gokhale andando descalço aonde quer que fosse, durante semanas. Embora piedoso e sincero, o gesto também sublinhava a singularidade de Gandhi, como se ele reivindicasse para si o papel de maior enlutado pela perda de Gokhale. Visto desse ângulo, o gesto mais tendia a contrariar do que a comover os membros da Sociedade dos Servos da Índia, que o julgavam, como ele disse mais tarde, "um fator de perturbação".[20] Em carta a Hermann Kallenbach, quatro meses após sua volta para a Índia e pouco depois que seu pedido de inscrição na Sociedade dos Servos da Índia foi finalmente indeferido, o recém-chegado declarou que suas opiniões, aquelas que ele trouxera para a Índia, estavam "arraigadas demais para ser alteradas".[21]

"Estou passando por uma fase curiosa", prosseguia a carta. "Vejo em torno de mim, na superfície, nada senão hipocrisia, impostura e degradação; no entanto, debaixo disso, rastreio uma espiritualidade da qual sentia falta [na África do Sul], como também em outros lugares. Esta é a minha Índia. Pode ser o meu amor cego, minha ignorância ou ainda um reflexo de minha própria imaginação.

Seja como for, ela me traz paz e felicidade." A mesma carta informa a criação de seu primeiro *ashram* indiano, nos arredores de Ahmedabad, em Guzerate, sua região natal. "Sou um estranho e não pertenço a nenhum partido", comentou um ano depois.[22]

O *ashram* Kochrab tinha só duas casas, com menos de cinquenta pessoas. Mas Gandhi tinha grandes ambições para ele. "Queremos administrar nossa instituição para toda a Índia", escreveu.[23] Como era típico dele, em seu papel de definidor de regras, havia redigido uma constituição de oito páginas, que pode ser vista como uma revisão, de tom positivamente gandhiano, das normas que seu guru estipulara para a Sociedade dos Servos da Índia. Quando da morte de Gokhale, apenas 24 candidatos tinham concluído com êxito um rigoroso programa de treinamento de cinco anos sob a tutela severa do "Primeiro Membro", como o fundador se referia a si mesmo.[24] Fizeram sete votos, cada um deles envolvendo uma promessa de viver com o mínimo possível de dinheiro.[25]

Declarando nos estatutos do *ashram* ser o seu "Controlador Chefe", Gandhi estipulou votos mais numerosos e de maiores consequências. Exigiu o celibato total de todos os "internos", mesmo dos casados; o "controle do paladar" (baseado no princípio de que "a alimentação tem a única função de manter a vida"); um "voto de não propriedade" (que significava que "se a pessoa pode passar sem cadeiras, deve fazê-lo"); e um "voto contra a intocabilidade" (envolvendo um compromisso de "considerar as comunidades intocáveis como tocáveis"). Os membros do *ashram* deveriam falar suas próprias línguas indianas e aprender outras. Deveriam também aprender a fiar e tecer. Se essas regras — redigidas cinco meses após sua chegada a Bombaim — fossem cumpridas com rigor, era de esperar que o *ashram* produzisse continuamente réplicas de Gandhi. Cerca de metade dos integrantes originais do *ashram* eram seus parentes e agregados que tinham vindo com ele da África do Sul, entre eles os filhos de Thambi Naidoo e um clérigo muçulmano de Johannesburgo, o imã Abdul Kader Bawazir.[26]

"O *ashram* tem como objetivo", escreveu Gandhi, "mostrar como servir à pátria durante toda a vida."[27] As lições que ele pretendia dar àqueles a quem classificava como "noviços" incorporavam um nível tão grande de abnegação que com certeza o *ashram* exerceria pouquíssima atração em ambas as comunidades. Os muçulmanos, que comiam carne, decerto o veriam como um retiro hindu; afinal, esse era o significado da palavra. Os hindus não viam com bons olhos as teses de Gandhi sobre a questão dos intocáveis, para não falar do sexo. (Tendo feito seu voto de castidade havia mais de uma década, Gandhi se mostrava cada vez mais intolerante com relação ao assunto. "Não consigo imaginar coisa tão feia quanto a conjunção carnal de homem e mulher", declarou ele ao segundo filho, Manilal, para quem a abstinência era uma provação.)[28] Nem muçulmanos nem hindus estavam inclinados a seguir Gandhi no tocante à questão dos excrementos humanos e sua insistência tolstoiana de que sua remoção fosse tida como uma obrigação social universal. Em outras palavras, muita popularidade jamais seria uma perspectiva, ou problema, para o *ashram*.

Mesmo antes do modesto início do *ashram*, em maio de 1915, Gandhi manteve seus primeiros encontros com uma emergente liderança muçulmana. Na verdade, em sua primeira semana na Índia, Mohammed Ali Jinnah, futuro fundador do Paquistão, presidiu uma recepção que os guzerates de Bombaim ofereceram a Gandhi e fez o discurso de boas-vindas. Na superfície, os dois homens tinham muito em comum. Suas famílias eram da mesma área de Guzerate, a região costeira de Kathiawad, hoje mais conhecida como Saurashtra; e ambos eram advogados, formados em Londres. Mas as semelhanças acabavam aí. O avô de Jinnah fora um hindu convertido ao islã. Muito elegante num terno feito sob medida, Jinnah acolheu o recém-chegado com o fraseado bem tornado de um cavalheiro colonial. Gandhi, trajado como um aldeão de Guzerate, de camiseta, *kurta*, *dhoti* e turbante achatado, respondeu coloquialmente em sua língua materna, já dando a entender, sem explicitar, que a elite anglicizada de profissionais liberais não poderia, sozinha, obter a liberdade da Índia.

A essa altura, Jinnah era uma figura em ascensão no Partido do Congresso, o movimento nacional de que Gandhi ainda não fazia parte. Para falar de modo gentil, não era muito dado a entusiasmos religiosos, nem nessa época nem depois. Em política, ele teria insistido em que era um nacionalista indiano; também ele tinha se aproximado de Gokhale. No entanto, dois anos depois foi persuadido a associar-se também à Liga Muçulmana, o movimento que ele mais tarde haveria de dirigir de fora da Índia, levado por seu orgulho ferido e por um argumento um tanto cínico, mas sem dúvida eficaz — o de que Gandhi tinha transformado o Partido do Congresso em "um instrumento para o reavivamento do hinduísmo e para a criação de um Raj Hindu".[29] O caminho para a partilha da Índia teria muitas reviravoltas, nenhuma mais difícil de explicar do que a seguinte: um daqueles que levaram o nacionalista Jinnah para a Liga Muçulmana, de ardoroso sectarismo, foi um pan-islamita chamado Muhammad Ali, que se tornaria o maior aliado muçulmano de Gandhi no Partido do Congresso.

Ali tinha antecedentes relativamente humildes no principado de Rampur e um diploma de Oxford. Com o irmão mais velho, Shaukat, que ganhara fama como jogador de críquete, já era reconhecido entre os muçulmanos como porta-voz do islã, que vivia momentos difíceis dentro e fora da Índia. Em termos concretos, os irmãos Ali tinham atiçado e depois dado voz à crescente angústia da comunidade devido ao declínio do Império Otomano no período que antecedeu a Primeira Guerra Mundial. A lenta erosão da autoridade que acabou por debilitar os imperadores mongóis na Índia oitocentista agora parecia estar se repetindo na capital que ainda se chamava Constantinopla. Em seu papel religioso como califa, o sultão era visto como a maior autoridade do islã sunita, ainda suserano dos lugares sagrados na península Arábica e um sucessor do Profeta. Embora poucos muçulmanos indianos realmente visitassem Constantinopla, talvez levassem essa ligação mais a sério do que a maioria dos turcos. O sultanato otomano tornou-se para eles um símbolo da importância do islã no mundo moderno e, por conseguinte, uma causa para uma comunidade minoritária preocupada com seu próprio status na Índia.

Em abril de 1915, um mês antes da abertura de seu *ashram*, quando Gandhi conheceu Muhammad Ali, em Delhi, a calorosa identificação dos irmãos Ali com a causa otomana os colocara em rota de colisão com o poder britânico na Índia, que havia cultivado e, de modo geral, tivera a lealdade dos muçulmanos educados à inglesa. O sultão, afinal, havia acabado de se aliar com o Kaiser alemão e com o Império Austro-Húngaro, contra os quais tropas da Índia Britânica, que incluíam muitos muçulmanos, em breve estariam lutando. Por isso, quase da noite para o dia, os irmãos Ali passaram, aos olhos das autoridades coloniais, de aliados a possíveis agentes de sedição. Com o ambiente nacional se acomodando em resposta a acontecimentos distantes, os Ali se viram também mais perto dos nacionalistas indianos, na esmagadora maioria hindus, entre os quais apenas um tinha condições de intuir seus sentimentos e identificar-se com eles. Esse homem era o recém-chegado Gandhi, que fora porta-voz da classe dos comerciantes muçulmanos de Durban e Johannesburgo, um antigo veterano de comícios políticos em mesquitas. "Creio que os hindus devem ceder aos maometanos tudo o que estes desejarem e que devem exultar por assim proceder", dissera o Gandhi sul-

-africano em 1909. "Só podemos esperar união se houver essa generosidade."[30] Os nacionalistas hindus até hoje recordam essa observação com certa amargura.

Muhammad Ali, culto e às vezes rebuscado polemista, em inglês e em urdu, escrevera textos encomiásticos sobre "aquele homem que tanto padeceu, o senhor Gandhi", referindo-se à sua liderança na África do Sul.[31] Agora dava as boas-vindas a Gandhi em Delhi, a ex-capital mongol, recém-designada capital da Índia Britânica. Gandhi disse que foi "amor à primeira vista". Os dois homens passariam mais de quatro anos sem se reencontrar, pois logo depois desse primeiro encontro os irmãos Ali foram postos em confinamento — uma forma frouxa de prisão domiciliar. Numa de suas primeiras intervenções políticas na Índia, Gandhi fez apelos pela libertação dos irmãos. Ele e Muhammad Ali trocaram cartas. Quando os irmãos enfim foram libertados, Gandhi e os Ali estavam prontos para abraçar suas respectivas causas.

Essa ligação com líderes muçulmanos logo se mostraria valiosa. Viria a ser um fator crucial para que Gandhi assumisse o controle do Partido do Congresso. O que importa aqui é a evidência de que, mesmo antes de ter lançado sua primeira campanha na Índia e de inscrever-se no Partido do Congresso, Gandhi tinha firmes convicções quanto à necessidade de formar uma frente de hindus e muçulmanos para que os indianos fossem um só povo. Sem dúvida, ele exagerou a importância dessa aliança real entre os indianos na África do Sul, mas essa foi a primeira lição política que ele lá aprendera e uma pedra de toque de seu credo nacionalista.

Seus intensos sentimentos em relação à questão dos intocáveis também vinham de lições aprendidas no outro continente. A maneira como os brancos de lá tratavam os indianos, ele concluíra havia muito, não era pior do que o modo como a Índia tratava os párias, os coletores de dejetos e de lixo e outros sem-casta. Para ele, seu impetuoso envolvimento com os grevistas em regime de servidão contratual em Natal só havia aprofundado esses sentimentos. A rigor, só uma minoria desses trabalhadores podia ser vista como intocáveis, mas eles eram na maioria de casta baixa e, no entender de Gandhi, eram todos suficientemente oprimidos no sistema hierárquico para que, na prática, fossem escravos. As linhas de casta foram se esfumando quando os trabalhadores atravessaram o *veldt* com ele. Havia uma disputa entre os que ele chamava de "superiores e inferiores", e ele por fim achara uma forma de se alinhar com os "inferiores".

Podemos dizer que as lembranças recentes da África do Sul e das greves de 1913 ajudaram a alimentar seus sentimentos a respeito da questão da intocabilidade quando ele regressou à Índia. Não fazia dois meses que retornara quando viajou a Haridwar, nos contrafortes do Himalaia, na época do Kumbh Mela, uma festa celebrada a intervalos de doze anos que atrai multidões — mais de 2 milhões — de peregrinos hindus. O espetáculo gigantesco o estarreceu, não menos devido a sua insistente preocupação com a higiene e seu oposto, que estava à vista por toda parte. "Fui ali para conhecer melhor o descuido, a hipocrisia e a falta de asseio dos peregrinos, que eram maiores do que sua devoção", ele escreveu depois.[32] Logo convocou os integrantes do pequeno séquito que transplantara da comunidade Phoenix, hospedado nas proximidades, para trabalhar na limpeza, juntando excrementos e jogando terra sobre as latrinas a céu aberto usadas pelos peregrinos.[33] Numa escala muitíssimo maior, era uma reprise de seu decepcionante contato inicial com o Partido do Congresso em Calcutá, catorze anos antes.

Em sua primeira polêmica real na Índia, ele desafiou de forma mais direta ainda as injunções tradicionais contra a poluição social, criando um escândalo. A controvérsia transbordou de seu *ashram* meses depois de sua fundação e foi provocada pelo fato de Gandhi aceitar um *dhed* como residente. Os *dheds* trabalham tradicionalmente com carcaças e couros de animais — são, na maioria, curtidores — o que é suficiente para estigmatizar a eles e a seus descendentes, para todo o sempre, como intocáveis, não importa que tenham ou não algo a ver com peles e couros. A proposta não partira dele; viera na carta de um reformador guzerate chamado A. V. Thakkar, mais conhecido como Thakkar Bapa, que seria o braço direito de Gandhi quanto à questão dos intocáveis durante mais de três décadas. "Uma família de intocáveis, humilde e honesta, deseja incorporar-se ao seu *ashram*. O senhor a aceitaria?"[34]

Para Gandhi só havia uma resposta possível. Ele viria a qualificar esse *dhed* como "letrado". É provável que isso só significasse que sabia ler e escrever. Chamava-se Dudabhai Malji Dafda, e era conhecido como Duda. "Começou um trabalho maior do que a resistência passiva", escreveu Gandhi em uma de suas cartas semanais a Hermann Kallenbach, ainda encalhado em Londres por causa da guerra. "Aceitei um pária desta região. Foi um passo extremo. Isso causou um desentendimento entre mim e a sra. Gandhi. Perdi o controle. Ela foi longe demais."[35]

A primeira discórdia leva a outra que, como Gandhi narra uma semana depois, esteve a ponto de reproduzir a cena em Durban em que o advogado Gandhi arrastou a mulher até o portão de sua casa depois que ela se recusou a limpar o urinol usado por um funcionário do escritório do marido, um ex-intocável. É evidente que a opinião de Ba sobre a questão nada mudara em dezoito anos. "Eu disse à sra. Gandhi que ela podia me deixar", escreve ele na semana seguinte.[36] Passadas duas semanas, ele ainda se queixa de que "ela está fazendo de minha vida um inferno".[37] Por fim, mais de um mês depois, Gandhi descobre um meio de fazer com que Ba se dobre à sua vontade. Recusa-se a comer um elemento vital de sua dieta já mais que limitada: renuncia às nozes. "Tive de partir para a inanição parcial", diz ele a Kallenbach, sem nenhum traço de ironia.[38] No contexto, ele procura passar todo o drama de sua situação, no calor dos acontecimentos.

A contenda não é apenas conjugal. O *ashram* ainda não tinha quatro meses — nove meses depois de sua volta da Índia — quando Gandhi se vê ante uma debandada de seus discípulos devido à presença dos *dheds*. "Fui abandonado pela maioria de meus colaboradores", lamenta-se, "e toda a carga está caindo sobre meus ombros, com a ajuda de dois ou três que permaneceram fiéis."[39] A maioria retornaria aos poucos, porém uma pessoa que se afastaria para sempre seria a própria irmã de Gandhi, Raliatbehn.[40] "O fato de você não estar comigo abriu em mim uma ferida que nunca fechará", ele lhe escreve numa carta.[41]

As contribuições de industriais e comerciantes de Ahmedabad, com que Gandhi contava para a manutenção do lugar, cessam de repente. Vizinhos afrontados enxotam não só Duda, como todos os membros do *ashram* que tentam utilizar os poços próximos. Passado o período de um ano durante o qual Gandhi se comprometera a guardar silêncio em relação a questões indianas, esses fatos têm o efeito de torná-lo ainda mais veemente na condenação da intocabilidade. Fala em se mudar dali — "passar para um bairro de *dheds* e viver como eles".[42] Mas um donativo de Ambalal Sarabhai, destacado industrial de Ahmedabad, mantém o *ashram* em funcionamento. A mulher de Duda, Dani, junta-se a ele, e por fim, rendendo-se de forma irrestrita, Ba concorda com a proposta de Gandhi de que adotem Lakshmi, a filha de Duda e Dani. "Ela aceitou sinceramente coisas que antes combatia", escreve Gandhi em carta a Sonja Schlesin, sua ex-secretária na África do Sul.[43] A mudança de Ba, mais tarde se vê, fora superficial. Dali a sete anos, Gandhi se queixa: "Ela não consegue amar [Lakshmi] como eu".[44] Ela continua cercada, diz ele em 1924, por um "muro de preconceitos".[45]

A resistência enfrentada pelo reformador social à admissão de intocáveis em seu *ashram* não o silenciou. Mas se o político sagaz que ele também era havia alimentado qualquer ilusão de que a luta contra a intocabilidade pudesse se tornar uma causa popular, descobria agora que um argumento moral que podia ser defendido com certa facilidade, de uma tribuna, em ambientes sofisticados da Índia, era capaz de se tornar contraproducente quando as palavras viravam ações. Em suas primeiras campanhas na Índia rural, Gandhi nunca fugiu da questão dos intocáveis. "Esse crime enorme e indelével", era assim que o chamava, não poupando palavras.[46] Entretanto, de modo geral a questão permanecia em segundo plano em relação à causa imediata do momento.

Vejamos, por exemplo, o caso dos camponeses oprimidos do Champaran, região nos contrafortes do Himalaia, no norte de Bihar. Uma combinação de legislação local, tributação, endividamento crônico e força bruta os obrigava a dedicar uma parte da terra arrendada que cultivavam ao plantio de anil, que só de raro em raro lhes rendia um retorno significativo. O anil, muito procurado na Europa como corante de tecidos finos, destinava-se a uma classe de ruralistas britânicos que alugavam a terra, inclusive aldeias inteiras, a grandes proprietários indianos chamados *zamindars*; com a terra vinham os colonos, que tinham pouco ou nenhum poder de barganha contra os ruralistas. Seria difícil sustentar que a condição desses camponeses, chamados *ryots*, fosse melhor que a dos trabalhadores engajados na África do Sul; em muitos casos, talvez fosse pior. O sistema se desenvolvera ao longo de quase um século. "Nem uma caixa sequer de anil chega à Inglaterra sem estar manchada de sangue humano", escreveu certa vez uma autoridade britânica.[47]

Gandhi foi convidado a visitar o Champaran no começo de 1917. Nunca ouvira falar do lugar; por outro lado, praticamente ninguém ali ouvira falar de Gandhi. Depois que o coletor, representante local do poder colonial, lhe ordenou que se retirasse dali, Gandhi contestou a ordem educadamente e passou noites enviando cartas para todas as direções, até que o movimento nacionalista e todas as autoridades, do vice-rei para baixo, ficaram sabendo que ele estava sendo ameaçado de prisão. Multidões de arrendatários rústicos e analfabetos reuniram-se para protegê-lo; jovens nacionalistas viajaram ao Champaran como *satyagrahis*; e o vice-rei interveio para cancelar sua expulsão.

Dali a semanas, o próprio Gandhi foi nomeado membro de uma comissão oficial que investigava as queixas dos arrendatários — a comissão recomendou que fossem eximidos de qualquer obrigação de cultivar anil — e trabalhadores formados segundo os princípios de Gandhi, alguns vindos do *ashram* que ficava perto de Ahmedabad, no outro lado da Índia, passaram a abrir escolas e ministrar aulas de higiene em aldeias do Champaran. "Começamos a mostrar às pessoas", disse um trabalhador gandhiano numa carta ao Mahatma, "que não há nenhuma perda de prestígio em ao menos enterrar as fezes, e para convencê-los nós mesmos fizemos isso para eles."[48] Não ficou registrado quantos aldeões passaram, eles próprios, a fazer isso.

Por insistência do líder, os trabalhadores começaram também a abandonar as regras habituais contra comer na companhia de qualquer pessoa de casta inferior. Um desses primeiros gandhianos, um jovem advogado, deixou seu testemunho:

> Todos nós, que trabalhávamos com ele e que até então cumpríamos essa restrição, só fazendo as refeições com pessoas de nossa casta, esquecemos o costume e passamos a tomar as refeições juntos — comer não só com membros das chamadas castas superiores, mas até com pessoas das quais não era aceitável nem receber água. O importante é que fazíamos isso às claras, e não em segredo ou em particular. Costumávamos fazer isso cercados por aldeões que tinham vindo de lugares distantes, e fazíamos as refeições juntos, na presença deles.[49]

Esse jovem, Rajendra Prasad, chegou à magistratura e permaneceu gandhiano. Anos depois, tornou-se presidente do Partido do Congresso; em 1948, o primeiro presidente da Índia independente, seu chefe de Estado.

Mediante o exemplo e a força de sua personalidade, Gandhi pôs-se a montar o núcleo do que viria a ser um movimento. Não cabe dizer que isso se deu de maneira espontânea, pois ele trabalhou demais, às vezes acordando às quatro da manhã. Sua intensa concentração nos detalhes de suas várias lutas e em seus colaboradores, assim como seu prodigioso programa de trabalho, escrevendo e falando, deixa claro que havia uma força motriz. Mas naqueles primeiros anos após sua volta à Índia ele exercia sua influência mais por método e exemplo do que por planejamento, viajando sem demora para onde quer que se acreditasse desejado ou necessário. Definindo-se nessas ações improvisadas, achou discípulos como o jovem Prasad, alguns dos quais se tornariam líderes da Índia pós-colonial que ainda não estava no horizonte de ninguém, a não ser, talvez, no de Gandhi. Meses depois do episódio de Champaran houve outra campanha rural, essa contra os opressivos impostos coloniais, depois de chuvas que destruíram as lavouras no distrito de Kheda, em Guzerate. Gandhi pôs essa campanha sob a direção de um outro jovem advogado por ele arregimentado. Vallabhbhai Patel seria outro futuro presidente do Partido do Congresso e vice-primeiro-ministro após a independência.

Segundo uma estimativa, Gandhi passou 175 dias em Bihar, em 1917, dedicado à luta de Champaran.[50] Mais tarde chamaria o distrito de sua "terra natal", querendo com isso dizer que aquela fora sua primeira imersão na Índia rural.[51] Na época das greves de Natal, ele instara os indianos instruídos a trabalhar com "os mais pobres dos pobres".[52] Agora, por fim, ele próprio estava fazendo isso em sua pátria. A Índia precisava adotar um "hábito de destemor", disse.[53] Mais do que qualquer outra coisa, era isso que seus novos seguidores viam nele. "A essência de seu ensino era o destemor e a verdade, com a ação aliada a essas qualidades", escreveu Jawaharlal Nehru.[54] Era também a essência do homem. "Essa voz era diferente, de alguma forma, das demais", disse Nehru. "Era mansa e baixa, e no entanto podia ser ouvida sobre o clamor da multidão; era branda e suave, e no entanto parecia encobrir o aço em alguma parte dela. [...] Por trás das palavras sobre paz e amizade, havia força, a sombra vibrante de ação e uma determinação de não submeter-se a uma injustiça."[55]

Essa preocupação com o "destemor" talvez explique outra das reviravoltas surpreendentes, aparentemente inexplicáveis, da prolongada carreira de Gandhi em dois continentes, uma opção que reproduziu aquela que ele fez em 1906, quando se dedicou à campanha para reprimir os zulus. Gandhi tinha o costume de se repetir, de reciclar respostas antigas ao ser confrontado com novas perguntas. Dessa vez, parecendo pôr de lado os votos de não violência que ele obrigara seus discípulos a aceitar, ele prometeu empenhar-se no recrutamento de soldados indianos para lutar na guerra europeia, onde preencheriam as vagas nas Forças britânicas reduzidas pela carnificina. O Gandhi ardorosamente pró-britânico, que expressara sua lealdade ao Império, que recrutara padioleiros em dois conflitos na África do Sul, parecera ter-se esfumado num segundo plano depois de sua última viagem infrutífera a Londres para defender os "indianos britânicos" do Transvaal, em 1909. Esse Gandhi estava de todo ausente das páginas do *Hind swaraj*, o panfleto nacionalista escrito naquele ano durante a viagem de volta à África do Sul, no qual ele comparou o Parlamento britânico a uma prostituta. Agora, novamente durante uma guerra, ele reaparece, untuoso, prometendo seu apoio leal como parte de uma barganha política que o Gandhi baneane propõe em cartas ao vice-rei e também ao secretário deste no fim de abril de 1918, cartas que lembram seus apelos às vezes lisonjeiros a Smuts.

Para todos os fins práticos, Gandhi ainda é um operador independente, não o chefe de um movimento. Em outro texto, mais ou menos da mesma época, ele admite que é "apenas uma criança de três anos" na política indiana.[56] Contudo, escreve com a convicção de uma pessoa que agora julga poder falar pelo país e por seu povo. "Viajei muito", dissera um mês antes, "e por isso vim a conhecer a mente da Índia."[57] Alguns anos depois, com base nas experiências em Champaran e Kheda, e em suas posteriores viagens pela Índia rural, ele se jactaria de forma ainda mais enfática: "Sem nenhuma impertinência, posso dizer que compreendo a mente das massas melhor do que qualquer pessoa entre os indianos instruídos".[58] Era o fim de 1920; ele voltara para a Índia havia menos de seis anos e se ocupava de campanhas nas aldeias havia pouco menos de três. No entanto, a afirmação passou a ser aceita a partir dali, talvez porque já se tornara óbvio que, naquele tempo relativamente breve, ele estabelecera uma relação com a Índia rural que nenhum político, com muito mais experiência, nem sequer sonhava ter. Se assim for, é apenas no contexto específico de Champaran e de Kheda que podemos entender a observação de Nehru, segundo a qual o ex-advogado, recentemente chegado de volta da África, "não desceu do alto; foi como se ele emergisse dos milhões de indianos".[59] Isso não aconteceu por magia, mas sim por sua disposição de enfrentar questões obscuras em lugares obscuros, de agir de forma decisiva com base na convicção de que aquilo que aprendera em outro país sobre a construção de um movimento de massa poderia ser aplicado em sua pátria.

A barganha política que ele ofereceu ao vice-rei, lorde Chelmsford, em abril de 1918, se resumia no seguinte: se o Raj aceitasse alguma coisa parecida com um desfecho positivo no distrito de Kheda, onde confiscara terras e reses de camponeses que, seguindo Gandhi, haviam decidido não pagar impostos sobre suas propriedades; e se demonstrasse uma nova sensibilidade a descontentamentos muçulmanos que haviam se aprofundado durante a guerra, permitindo que ele, Gandhi, visitasse os irmãos Ali, confinados na Índia central, e promovendo a causa do que ele chamava de "os Estados maometanos" (referindo-se à Turquia, mas não usando esse nome porque a Turquia era agora inimiga da Grã-Bretanha); se o Raj cumprisse essas coisas, fazendo os gestos de que ele necessitava, o autor da doutrina da *satyagraha*, da não violência inabalável, se lançaria ao esforço de guerra como o "agente-chefe recrutador" do vice-rei. O baneane insiste em que seu apoio é "espontâneo e incondicional", mas depois expõe suas condições.[60] "Eu amo a nação inglesa e desejo despertar em cada indiano a lealdade do inglês", requereu o pleiteante.[61]

Os britânicos são tão hábeis quanto Smuts em tirar proveito da ânsia de Gandhi de obter um acordo sem nada de tangível em troca. Os irmãos Ali continuam confinados; o pedido de visitá-los permanece desatendido. Uma ordem já havia sido transmitida pela cadeia de comando no sentido de aliviar os confiscos em Kheda, mas isso é feito em segredo, negando a Gandhi e à campanha de desobediência civil por ele fomentada qualquer momento óbvio de vitória ou de reconhecimento do papel por ele desempenhado. Gandhi, ludibriado com expressões oficiais de gratidão por sua demonstração de lealdade, é posto de lado para cumprir suas promessas sozinho.

Segue-se um episódio deprimente. O agente-chefe de recrutamento volta a Kheda com o objetivo de alistar vinte homens de cada uma das seiscentas aldeias, num total de 12 mil novos soldados.[62] Onde, meses antes, fora recebido como um salvador, agora chega a ser vaiado. O que ele tentara inculcar era o destemor. Que melhor meio existe para "recuperar o espírito de coragem", descobre ele agora, que o treinamento militar?[63] Seus argumentos, apresentados numa série de folhetos e discursos, enquanto ele se esfalfa durante quase três meses debaixo de calor, poeira e chuvas de monção, de aldeia em aldeia, tornam-se exagerados e contraditórios. Ele implora a esposas que mandem os maridos se sacrificarem em nome do Império, prometendo ingenuamente: "Eles serão seus em sua próxima encarnação".[64] Lutar pelo Império, argumenta ele agora, é "o caminho mais reto para a *swaraj*".[65] Uma Índia que tenha demonstrado capacidade militar, argumenta, não precisará mais da Grã-Bretanha para defendê-la. Lutar é um passo necessário no caminho da não violência. "É claro que uma pessoa que perdeu a capacidade de matar não pode praticar a não violência."[66] Os poderes de racionalização do Mahatma ainda aturdem e confundem; são inesgotáveis, mas ele não.

Finalmente, em agosto de 1918, ele sucumbe à disenteria, depois de admitir que não havia alistado "nem um único recruta".[67] Mais tarde, falando de si, ele diria: "Não desespero com facilidade".[68] Dessa vez ele se esforça por extrair da experiência uma lição positiva. "Meu fracasso até pode indicar que as pessoas não estão dispostas a seguir meus conselhos. No entanto, estão dispostas a aceitar meus serviços numa causa que lhes convém. É assim que deve ser", escreve a Devadas, o quarto filho.[69] É uma lição básica de política.

Por fim, ele faz de conta que está enviando uma lista de mais ou menos cem recrutas, composta em grande parte de colaboradores, parentes e membros do *ashram*.[70] Embora ele esteja com quase cinquenta anos, seu próprio nome encabeça a lista. Mas a essa altura a guerra está praticamente no fim, e Gandhi, acamado por causa da disenteria e com uma crescente impressão de que já não era mais o mesmo, sentia-se por baixo. Nesse estado geral de fraqueza e melancolia, submeteu-se também a uma cirurgia de hemorroidas e só voltou a ter contato com a política em fevereiro. Meio acanhado, atribui sua recuperação a uma transigência em relação a seus princípios alimentares. Uma década antes, deixara de consumir leite devido aos efeitos afrodisíacos que lhe atribuía. Agora se deixa convencer por Kasturba de que seu voto só se referia ao leite de vaca, e não ao leite de cabra. Cede à sua pressão, ainda que tenha a sensação de estar sendo comodista ao aceitar o dúbio argumento da mulher. O leite de cabra mostra ter poderes restauradores ocultos. Em pouco mais de um ano, ele ressurge não só como a figura mais fascinante e original do movimento nacionalista, como também como sua figura dominante, um líder que às vezes podia ser questionado e cujas opiniões até podiam não ser seguidas, mas que dali em diante não podia mais ser desafiado.

Outra explicação para esse notável ressurgimento — além das fortes impressões das condições de vida nas aldeias colhidas num breve período — foi a ligação que ele teve o cuidado de formar, desde o início de sua reimersão na Índia, com os muçulmanos indianos, ao se dispor a participar de suas lutas, alegando que não havia melhor maneira de promover a união nacional. O fim da Primeira Guerra Mundial livrou Gandhi da obrigação, que ele mesmo se impusera, de recrutar soldados. Também aprofundou a depressão em que os muçulmanos da Índia vinham mergulhando devido à questão turca. Com a derrota, o Império Otomano se defrontava com a ameaça de desmembramento, e seu sultão (que muitos muçulmanos viam como seu califa, investido de uma autoridade espiritual não menor que a do papa) estava perdendo o controle sobre Meca, Medina e outros lugares santos. O movimento destinado a restaurar o califado, conhecido no subcontinente como o Khilafat, era referido nas mesquitas indianas como uma luta pelo islã, uma ocasião para a jihad e até para a *hijrat* — a imigração voluntária para um país autenticamente islâmico como o Afeganistão —, se o governo imperial de Lloyd George se mantivesse surdo aos apelos dos fiéis do subcontinente.

Fora da Índia, ninguém levava a sério os sentimentos dos muçulmanos indianos quanto à questão ou lhes dava oportunidade de ser ouvidos a respeito. Isso era verdade não só em relação aos Aliados vencedores, que agora ditavam os termos da paz, como também ao mundo árabe, que de maneira nenhuma lamentava ter-se livrado do domínio turco. Era verdade até em relação à maioria dos turcos, cansados do sultão e de sua corte decadente. Também a maioria dos hindus teria encarado o futuro do Khilafat com a mais profunda indiferença se eles não tivessem ouvido Gandhi defender sua preservação, em arengas incansáveis e engenhosas, como uma meta fundamental para o movimento de independência da Índia. Mesmo assim, poucos compreendiam o que ele estava dizendo. O conhecimento de Gandhi da história islâmica vinha de sua leitura, na África do Sul, da *Vida de Maomé*, de Washington Irving, e de uma tradução do Corão para o inglês. Ele não procurava defender o Khilafat com argumentos. Apenas propunha um silogismo simples, explicando aos hindus que o movimento era de suprema importância para seus irmãos muçulmanos e, portanto, para a união nacional; logo, para eles. Utilizando uma palavra indiana que designa 10 milhões de quaisquer unidades, ele perguntava: "Como podem 22 *crore* de hindus ter paz e felicidade se oito *crore* de irmãos muçulmanos estão tomados de angústia?".[71]

Por mais quixotesco que possa parecer hoje, o movimento indiano para preservar a autoridade do sultão otomano transformou-se na principal causa indiana entre os muçulmanos. Hoje é fácil dizer que estava perdida desde o começo, mas isso não era evidente na época. O golpe de misericórdia só ocorreria em 1924, quando Mustafá Kemal, conhecido como Atatürk, dissolveu formalmente o califado, levando o último sultão a exilar-se. Ainda assim, continuou na Índia o movimento Khilafat, canalizando para a criação de novos grupos reformistas a paixão e os ressentimentos que despertara. Alguns desses grupos exerceram influência além da Índia e tiveram repercussões significativas no mundo árabe. Uma delas foi um movimento denominado Tablighi Jamaat, ou Sociedade para a Propagação da Fé Muçulmana, em geral conhecido como Tablighi, que desde seu início na Índia tornou-se "o elemento mais importante de reislamização em todo o mundo", segundo o especialista francês Gilles Kepel, um "exemplo impressionante", diz ele, de "um movimento islâmico fluido, transnacional e informal".[72] Isso talvez pareça um tanto familiar: seria possível traçar uma complexa linhagem religiosa e ideológica, cobrindo quase um século, de Muhammad Ali e outros proponentes indianos da causa até islâmicos da atualidade, inclusive Osama bin Laden, que fez da restauração do califado um dos objetivos da Al-Qaeda quando ele proclamou sua guerra contra os Estados Unidos.[73]

Como Gandhi deplorava o terrorismo e não era muçulmano, seria simplesmente falso, para não dizer grotesco, apontá-lo como uma espécie de precursor de Osama bin Laden. Mas o movimento Khilafat foi também importante em sua carreira. Estava em seu espírito em 1918 quando ele escreveu ao vice-rei; estava em seu espírito um ano depois, quando ele discursou numa mesquita de Bombaim por ocasião de uma greve nacional que havia convocado. O dia de prece e jejum proclamado em abril de 1919 foi um protesto contra novas leis que davam ao regime colonial — em outra marcante analogia com a atualidade — uma enxurrada de poderes arbitrários que, segundo o governo, eram necessários para combater o terrorismo. Essa campanha, que deveria ser pacífica, logo explodiu em distúrbios em Bombaim e Ahmedabad, e em "descargas", confrontos em que policiais ou tropas do Exército disparavam, em nome da ordem, contra multidões desarmadas que avançavam. O primeiro confronto desse tipo ocorreu em Delhi, onde cinco pessoas foram mortas; outro se deu duas semanas depois, no reduto sique de Amritsar. Ali, em 13 de abril de 1919, no mais notório massacre da luta nacionalista indiana, 379 indianos que participavam de uma manifestação não autorizada, mas pacífica, foram fuzilados por soldados *gurkhas* e *baluchis*, sob comando britânico, por desafiar a proibição de novos protestos. Nessa ocasião, Gandhi estava na iminência de cancelar a greve nacional; havia cometido um "erro de cálculo himalaico", disse, ao se permitir crer que as massas estivessem prontas para a *satyagraha*. Swami Shraddhanand, um destacado líder espiritual de Delhi, que questionou suas táticas atabalhoadas e aparentemente impulsivas, ouviu do Mahatma a seguinte resposta: *"Bhai sahib!* O senhor há de convir que eu sou especialista em *satyagraha*. Sei o que faço".[74]

Bastaram seis meses para que Gandhi começasse a preparar o caminho para retomar a campanha. Havia elaborado uma nova tática, a que chamou de "não cooperação". Apresentou-a primeiro a muçulmanos envolvidos na campanha do Khilafat, que ganhava corpo, e depois, em Delhi, numa conferência conjunta de hindus e muçulmanos, também sobre o Khilafat. O conceito, que encontramos em embrião no *Hind swaraj*, no começo estava apenas esboçado, mas logo Gandhi o completou. A não cooperação veio a significar deixar de participar, aos poucos, de instituições coloniais, com o que se tornavam vazias e inúteis. Advogados e juízes eram solicitados a boicotar os tribunais; futuros legisladores se recusariam a fazer parte dos conselhos existentes ou das assembleias provinciais que os britânicos prometiam; os estudantes abandonariam, devagar, as escolas oficiais, trocando-as por novas instituições organizadas segundo os princípios gandhianos, sendo as aulas, naturalmente, ministradas em línguas indianas, e não em inglês; os funcionários públicos abririam mão do prestígio e da segurança de seus empregos; e, ao fim de tudo, os indianos deixariam de servir nas Forças Armadas, sobretudo na Mesopotâmia — que logo passaria a ser chamada de Iraque —, que os britânicos tinham tirado do sultão; aqueles que tinham recebido medalhas do Raj seriam exortados a devolvê-las; e os detentores de títulos honoríficos os abandonariam. Era uma visão euforizante. Um a um, os esteios do domínio britânico seriam retirados. Essa visão mudou a vida de centenas, talvez milhares, de indianos que aderiram à campanha em tempo integral. E serviu de inspiração a milhões de outros.

Os muçulmanos não se converteram de forma incondicional à *satyagraha* como doutrina. Afinal, o Corão aprova a jihad se for por uma causa justa e não proscreve a violência. Mas durante quase dois anos eles aceitaram o Mahatma hindu, criador da não cooperação, como o principal condutor da campanha deles. E, com o apoio dos muçulmanos, pela primeira vez Gandhi ocupou a vanguarda do movimento nacionalista, com base numa plataforma de união que reunia todas as suas causas. Entre elas, a causa literalmente exótica de preservar o califado em Constantinopla revestiu-se de grande importância para os muçulmanos da Índia. Gandhi havia formado uma comissão ad hoc, a Satyagraha Sabha, por ocasião de sua primeira agitação contra as leis antiterroristas. Agora, em dezembro de 1919, um mês depois da primeira conferência sobre o Khilafat, aconteceu o que mais tarde ele classificou como "minha verdadeira entrada na política do Partido do Congresso", na sessão anual do movimento em Amritsar.[75]

Nessa sessão, reuniram-se a ele os irmãos Ali, Muhammad e Shaukat, recém-liberados do confinamento. Os Ali causaram em Amritsar ainda mais comoção do que Gandhi. Foram saudados, registrou uma historiadora, com "vivas, lágrimas, abraços e uma verdadeira montanha de guirlandas".[76] Já se formava uma maré montante de união entre hindus e muçulmanos, difícil de imaginar hoje, quando a Índia, basicamente hinduísta, e o Paquistão, essencialmente muçulmano, digladiam-se como potências nucleares. Não por acaso, realizaram-se ao mesmo tempo três conferências: além do Partido do Congresso, estavam também em reunião a Liga Muçulmana e a Comissão do Khilafat. Em junho, a Comissão Central do Khilafat nomeou um grupo de oito homens, entre eles os irmãos Ali, "para dar efeito prático" a um programa de não cooperação. Gandhi, o único hindu entre os oito, era o primeiro nome da lista.[77]

No mês de setembro, por estreita margem, votos de muçulmanos garantiram a aprovação do programa de não cooperação de Gandhi, numa sessão especial do Partido do Congresso em Calcutá, sendo a preservação do califado ressaltada agora como a principal meta do movimento nacionalista. "É dever de todo indiano não muçulmano auxiliar, de todas as formas legítimas, os irmãos muçulmanos em suas tentativas de reparar a calamidade religiosa que os abateu", declarava a resolução, redigida por Gandhi.[78] Sem os votos dos muçulmanos, seria quase certo que o primeiro desafio de Gandhi ao Partido do Congresso para adotar a *satyagraha* fracassasse. O Mahatma não havia obtido uma vitória sobre

Pouco antes de se tornar líder do Partido do Congresso, 1920.

a elite política; com a ajuda dos irmãos Ali, ele a esmagara. Foi em Calcutá que ele, pela primeira vez, acenou com a perspectiva de *swaraj dentro de um ano*".

Três meses depois, em dezembro de 1920, Shaukat Ali teve a precaução de reunir uma força volante de corpulentos muçulmanos, sem compromisso com a não violência, a fim de reprimir qualquer demonstração contra Gandhi na reunião anual do Partido do Congresso, realizada naquele ano na cidade de Nagpur, de língua marata, na Índia Central.[79] Esses "voluntários" eram desnecessários. Havia ainda ceticismo em relação à não cooperação, mas a oposição política a Gandhi tinha desaparecido. O exemplo dele próprio, sua implacável argumentação, seu crescente domínio sobre a população e o firme apoio dado pelos muçulmanos — tudo se aliava para tornar sua liderança inatacável. Tal como se esperava, a reunião do Partido do Congresso em Nagpur aprovou a nova constituição redigida por Gandhi, levando a ação do movimento às aldeias pela primeira vez, ao menos no papel. Além disso, graças à pressão de Gandhi, o partido adotou a abolição da intocabilidade como meta nacional. A *swaraj* seria impossível sem ela, Gandhi não se cansava de repetir, mas na verdade a campanha de não cooperação visava a dois "crimes" atribuídos especificamente aos britânicos — a ameaça ao movimento do Khilafat e a falta de punição dos responsáveis pelo massacre de Amritsar. A intocabilidade podia ser, nas palavras de Gandhi, um "costume pútrido", porém era um crime hindu, uma questão urgente, sem dúvida, mas sem lugar óbvio numa pauta destinada a mobilizar o maior número possível de indianos para a resistência não violenta ao poder colonial.

Havia uma clara voz discordante: Mohammed Ali Jinnah era vaiado toda vez que se referia secamente num discurso ao "senhor" e não ao "Mahatma" Gandhi.[80] Depois de Nagpur, Jinnah deixou o Partido do Congresso para nunca mais voltar, prevendo que a política de massa de Gandhi levaria a uma "completa desorganização e ao caos".[81] Sua saída, que passou quase despercebida na época, abriu uma pequenina fissura nas fileiras nacionalistas. Não obstante, essa fissura se tornaria uma fenda gigantesca depois que muçulmanos ortodoxos se distanciaram do movimento com o declínio da agitação relacionada ao Khilafat. Não foram as metas nacionalistas do Partido do Congresso que desencantaram Jinnah, que ainda era um convicto nacionalista, um crente fervoroso na reconciliação entre hindus e muçulmanos. No entanto, era cético em relação à agitação em prol do Khilafat. Ele se afastou do movimento em parte por causa da disposição dos hindus, e sobretudo de Gandhi, de tirar proveito do apoio a essa causa.

No começo de 1921 ninguém poderia prever o domínio que Jinnah, o anglicizado advogado de Bombaim, exerceria sobre os muçulmanos da Índia — nem mesmo ele. Era Muhammad Ali que na época os seduzia, e Ali ainda estava ligado ao Mahatma. A contenção verbal não fazia parte do estilo de Ali. "Depois do Profeta, que a paz esteja com ele, considero meu dever executar as ordens de Gandhiji", ele declarou.[82] (O sufixo *ji*, como já observamos, é uma maneira indiana comum de indicar respeito por um ancião ou um sábio. Ainda hoje, em conversas, as pessoas costumam se referir a Gandhi como "Mahatmaji" ou "Gandhiji".) Durante certo tempo, Muhammad Ali deixou de comer carne bovina como um gesto de respeito para com Gandhi e todos os hindus. Depois, viajando na companhia de Gandhi pela Índia, passou a usar o *khadi*, o pano tecido em casa que o Mahatma adotara como uma indústria doméstica, uma forma de agir em favor da *swadeshi*, ou autossuficiência, e, na visão gandhiana mais ampla, um plano de autoemprego em massa para os aldeões indianos. A produção caseira do *khadi* (às vezes chamado *khaddar*) não só alimentaria fiandeiros, tecelões e suas famílias, como possibilitaria à Índia boicotar a importação de tecidos feitos em fábricas britânicas, o que seria mais uma forma de não cooperação. O barbudo *maulana* — título honorífico conferido a um homem versado na lei islâmica — não só usava o *khadi*, como também se tornou um propagandista da *charkha*, ou roda de fiar, diante de públicos muçulmanos. "Assentamos os alicerces de nossa escravidão ao pôr de lado a roda de fiar", pregava Muhammad Ali. "Se quiserem encerrar a escravidão, voltem a usar a roda."[83] Era inevitável que tal apoio às teses de Gandhi gerasse críticas por parte de outros muçulmanos. Por fim, o *maulana* teve de se defender de acusações de "ser um cultuador de hindus e de Gandhi".[84]

A preservação do califado continuou a ser a causa mais premente de Muhammad Ali, mas sua insistência em pôr-se ao lado de Gandhi em questões de pouco interesse para os muçulmanos — a fiação e até a proteção às vacas — se tornou uma espécie de validação das liberdades retóricas do Mahatma, de seu hábito constante de fundir campanhas visivelmente desconexas numa tentativa de criar um terreno comum e estável para hindus e muçulmanos. A não cooperação era o desafio mais sério que o Raj já enfrentara, e Gandhi era o líder incontestável do movimento. Entretanto, a grande tenda de união de hindus e muçulmanos que ele erigira começou a afundar e, aqui e ali, até mesmo a desabar. A violência entre as duas comunidades, fenômeno endêmico no subcontinente, parecia desmentir todos os votos e juramentos que tinham sido feitos na Índia em favor do califa, que logo seria banido de Constantinopla. A formidável coalizão que Gandhi construíra e inspirara parecia ser um castelo edificado na areia. Em agosto de 1921, Gandhi, ainda esperançoso, teve de reconhecer que alguns hindus se mostravam "apáticos quanto à causa do Khilafat" e que "ainda [não era] possível fazer os muçulmanos se interessarem pela *swaraj* a não ser em termos do Khilafat".[85]

O pior surto de violência teve lugar naquele mesmo mês no distrito rural de Malabar, na costa do Índico, onde uma comunidade de muçulmanos conhecidos como *mapilas*, ou *moplas*, se rebelaram aos gritos de "Jihad!", brandindo a bandeira do Khilafat, depois de choques com a polícia em que dois policiais foram mortos. A seguir os rebeldes proclamaram pequenos reinos no espírito do Khilafat, e em alguns deles incendiaram casas e templos de hindus, estupraram mulheres e trucidaram crianças. A doutrina de não violência jamais havia chegado ao distrito de Malabar e, na verdade, as reuniões políticas estavam proibidas ali. Isso não era, de modo algum, desculpa para o horror e a escala da carnificina: seiscentos hindus dados como mortos e 2500 convertidos pela força ao islã.[86] Gandhi e Muhammad Ali foram denunciados como infiéis quando intervieram junto aos líderes da revolta para que repudiassem a violência. O Raj reprimiu com rigor a rebelião, culpando o movimento de não cooperação e enforcando cerca de duzentos insurretos.

No mês seguinte, enquanto viajava com o Mahatma de Calcutá para Madras, Muhammad Ali foi preso numa estação ferroviária da região de língua télugo no sudeste da Índia (o atual estado de Andhra Pradesh), sob acusações de conspiração, entre as quais a de "conspiração para perturbar a ordem pública". Os britânicos, que estavam à procura de uma ocasião para reimpor sua autoridade, encontraram-na numa série de declarações do *maulana* em que ele argumentava que a lei islâmica proibia que os muçulmanos se alistassem ou servissem o Exército deles. A reação de Gandhi diz muito sobre a fecundidade de sua imaginação, o alcance de suas aspirações e sua capacidade de adaptação como político. Uma semana depois de ver Ali ser retirado da estação por policiais, ele apareceu na cidade de Madurai de peito nu e vestido com uma tanga: ou seja, com o traje que seria sua marca registrada pelo resto da vida. Era a forma como vinha se vestindo, havia anos, no *ashram* à beira do rio Sabarmati, nos arredores de Ahmedabad; em público, continuara a usar uma *kurta, dhoti* e gorro. Essa foi sua primeira aparição pública com esse novo traje radical.

Sendo ele Gandhi, não perdeu tempo para explicar o significado simbólico da mudança. Seu desnudamento poderia ser interpretado de vários modos: como uma homenagem ao *maulana* encarcerado e aos outros líderes do Khilafat também presos; como uma mudança sutil de ênfase, um reconhecimento de que o movimento do Khilafat em breve se esgotaria, pelo menos no que dizia respeito aos hindus; que o movimento nacionalista maior precisava de um novo instrumento mobilizador. Gandhi já havia se apoderado da roda de fiar para esse propósito. Para que a meta da *swadeshi* se concretizasse, raciocinou, seria preciso haver fiação e tecelagem manuais em toda a Índia, em nível suficiente para substituir a importação de tecidos a serem queimados e boicotados quando sua campanha pela *swadeshi* ganhasse força. Sem *swadeshi* e tudo o mais que ela implicava, argumentava agora, não poderia haver *swaraj*. E só com a *swaraj* — dar à Índia capacidade de se envolver diplomaticamente com o mundo — seria possível alguma solução para o problema do Khilafat. Antes prioridade máxima do movimento de não cooperação, a preservação do Khilafat devia agora ser vista como um possível subproduto de seu sucesso. Gandhi estava apontando o caminho para a "plena *swadeshi*": mostrando a milhões de indianos, demasiado pobres para cobrir seus corpos, de cima a baixo, com tecidos feitos em casa, que na realidade isso não era necessário. "Que não haja puritanismo em relação à roupa", dizia ele agora. "A Índia nunca insistiu em que os homens cubram todo o corpo como teste de cultura."[87]

Mais tarde ele explicaria com as seguintes palavras o simbolismo que atribuía à tanga: "Quero estar em contato com a vida dos mais pobres dentre os pobres da Índia. [...] É nosso dever vesti-los primeiro, e depois vestir-nos a nós; alimentá-los primeiro e depois alimentar-nos a nós".[88]

Se pudessem acompanhar os meandros de sua lógica, os muçulmanos da Índia veriam o fato de ele usar a tanga como prova de que continuava dedicado à causa do Khilafat. Se não conseguissem fazê-lo, era bem provável que julgassem que Gandhi estava se afastando deles. Muhammad Ali poderia ter observado, se não estivesse detido em Karachi, que a cultura que Gandhi estava descrevendo com tanta paixão era claramente hinduísta. "Nossas escrituras proíbem exibir os joelhos nus assim", o *maulana* Abdul Bari, conhecida autoridade religiosa que tivera um papel destacado no Khilafat, informou depois ao Mahatma.[89]

Gandhi estava começando uma nova variação da polifonia que vinha compondo desde sempre a partir de seus vários temas. Lembrando-se, talvez, de como eram poucos os muçulmanos sul-africanos que cruzaram a seu lado a divisa do Transvaal na *satyagraha* de 1913, ele compreendera desde o início da campanha de não cooperação que só poderia falar a muçulmanos através de outros muçulmanos: Muhammad Ali, por exemplo. "Não posso exercer influência alguma sobre os muçulmanos a não ser por meio de um muçulmano", disse.[90] Gandhi entendeu também a enorme dificuldade de transformar o Khilafat numa causa nacional indiana. Para ele, tratava-se menos de uma causa do que de um investimento: "a oportunidade que só acontece uma vez na vida", em que os hindus demonstrariam aos muçulmanos sua determinação, sua probidade.[91] Os muçulmanos, prosseguia, se não eram muito promissores, provavelmente pagariam na mesma moeda, respeitando os ternos sentimentos dos hindus pela vaca sagrada. Portanto, segundo essa lógica, preservar o Khilafat era a forma mais segura de preservar a vaca. Uma oportunidade como aquela não haveria de "repetir-se em outros cem anos". Era uma causa pela qual ele estava "disposto hoje a sacrificar meus filhos, minha mulher e meus amigos".[92] A curto prazo, era também uma forma de envolver os muçulmanos no movimento nacional que, graças em grande medida ao apoio deles, Gandhi agora dirigia. A probabilidade de seu plano dar errado era gigantesca, mas quem hoje irá dizer, levando em conta tudo o que aconteceu desde então em confrontos entre hindus e muçulmanos, que as prioridades de Gandhi estavam erradas?

Aos poucos, ele se afastou da agitação do Khilafat, o que significou distanciar-se da política muçulmana, mas a união entre hindus e muçulmanos continuou a ser um de seus temas principais até o que poderíamos chamar do último ato trágico de Gandhi, quando hindus e muçulmanos se estraçalharam uns aos outros na época da partição. Em setembro de 1924, após os distúrbios em Kohat, uma cidade de fronteira ao sul de Peshawar, na região que hoje é o Paquistão, Gandhi jejuou pela primeira vez, mas não pela última, contra a violência entre os dois grupos. Anunciou que estava jejuando durante 21 dias como uma "penitência" pessoal. A gota d'água que precipitou a fúria homicida e deixou um saldo oficial de 36 mortos e a fuga de toda a comunidade hindu de Kohat foi uma biografia blasfema do Profeta, escrita por um hindu. Embora Gandhi não tivesse nada a ver com isso, ele se considerou responsável, no sentido de que havia "colaborado para fazer aflorar a imensa energia do povo", que agora se tornara "autodestrutiva".[93] Para demonstrar que o jejum não era contra os muçulmanos ou em favor dos hindus, estes últimos os que mais haviam sofrido nessa ocasião, ele fez questão de se hospedar no bangalô de Muhammad Ali em Delhi durante seu ritual de fome. "Estou me esforçando para me tornar o melhor cimento entre as duas comunidades", escreveu.[94] Vinte e quatro anos depois ele voltaria a jejuar em Delhi com a mesma finalidade. Em ambas as ocasiões, líderes hindus e muçulmanos, temerosos de perder aquele "cimento", reuniram-se à beira de seu leito e comprometeram-se a agir em favor da paz. Seguia-se um armistício instável, que durava até que um agitador obscuro, em algum ponto do subcontinente, provocasse a nova faísca.

O lado político de Gandhi tinha sempre uma noção serena e realista de suas próprias limitações nesse clima altamente carregado, após o desvanecimento da causa do Khilafat. Em nenhum momento essa postura apareceu com mais clareza do que em 1926, quando seu segundo filho, Manilal, agora de volta à África do Sul, descobriu que estava apaixonado por uma muçulmana da Cidade do Cabo, cuja família hospedara seu pai havia muitos anos. A moça se chamava Fatima Gool e era conhecida como Timmie. Quando a notícia chegou a Gandhi em seu *ashram* em Guzerate, ele escreveu ao filho dizendo-lhe que era livre para agir como lhe aprouvesse. Entretanto, como a bisavó de Manilal, Uma Dhupelia-Mesthrie, observa em sua magnífica biografia do bisneto, "o resto da carta na verdade fechava as portas à livre escolha".[95]

De modo geral, Gandhi deplorava o casamento como falta de autocontrole (desde que se declarou unilateralmente um *brahmachari*) e a conversão religiosa, como falta de disciplina (desde que imaginara, por pouco tempo, que ele próprio poderia converter-se, quando morou em Pretória). Assim, seria difícil que ele apoiasse casamentos entre hindus e muçulmanos como um passo para a união dos dois grupos. Sua carta lembra o seco parecer de um advogado ou o memorando de um consultor político, despido de qualquer expressão de sentimento pelo filho ou pela família Gool. Entre seus vários argumentos, o mais vigoroso e mais difícil de refutar é o do político: "Seu casamento terá um potente impacto sobre a questão hindu-muçulmana. [...] Você não pode esquecer, nem a sociedade esquecerá, que você é meu filho". Por mais idealista que fosse, Gandhi raramente demonstrava compaixão, e menos ainda quando se tratava de seus filhos.

Porventura o revivalista realmente acreditava que a *swaraj* poderia sobrevir em um ano ou que o califado poderia ser preservado? Perguntar isso não é muito diferente de perguntar se os modernos candidatos políticos creem nas promessas nebulosas que fazem no auge de uma campanha. Para Gandhi, que estava trazendo para a Índia a política moderna, a pergunta tem um significado especial, porque seu próprio povo o via, em sua época e em seu país, como uma figura religiosa, mais sagrada que profética, mais motivadora que infalível. Por isso, podia-se esperar dele que expusesse condições impossíveis de cumprir para alcançar metas inatingíveis. Num certo nível de abstração em relação ao que estamos habituados a chamar de realidade, o que ele oferecia em 1920 e 1921 como visão era óbvio e indiscutível, até — e principalmente — quando desafiava as expectativas normais. Afinal de contas, se 100 milhões de rodas de fiar haviam produzido em poucos meses fios têxteis suficientes para vestir 300 milhões de indianos, se as escolas públicas e os tribunais tinham se esvaziado e se as autoridades coloniais em todos os níveis haviam descoberto que não havia mais nenhum serviçal que pudessem chamar com um toque de campainha — se a Índia hindu e a muçulmana estavam tão unidas e disciplinadas —, então a independência estava mesmo ao alcance dos indianos. Gandhi estava dizendo ao povo que seu destino estava em suas próprias mãos. Nisso, é claro que ele acreditava. Era quando essas coisas deixavam de acontecer como ele previra que se instalava a desilusão, e o movimento dava uma guinada e diminuía de ímpeto.

Pouco depois que o Mahatma adotou o "disfarce simbólico" (como Robert Payne, apenas um entre a legião de seus biógrafos, classificou a tanga), ele foi desafiado no nível da realidade por Rabindranath Tagore, o grande poeta bengali, já laureado com o Nobel na época em que conheceu Gandhi em 1915 e, mais tarde, o admirador que foi o primeiro a lhe conferir o título de Mahatma.[96] Tagore escreveu então que Gandhi tinha "conquistado o coração da Índia com seu amor", mas perguntou como ele podia justificar as fogueiras de tecidos estrangeiros promovidas por seus seguidores num país onde milhões quase não tinham o que vestir. A essência do argumento de Tagore era que os indianos precisavam pensar por si mesmos, com cuidado para não aceitar de forma cega essas pretensas soluções simplistas, como a roda de fiar, ainda que partissem de um Mahatma que, com justiça, reverenciavam. "Pensem na queima de tecidos, amontoados diante dos olhos de nossa pátria que treme, envergonhada, em sua nudez", ele escreveu.[97] Gandhi apressou-se a responder com um texto que talvez tenha sido o mais comovente que ele escreveu em inglês, uma réplica vazada num nível menos elevado de realidade, a da Índia aldeã:

> Para um povo famélico e sem ocupação, a única forma aceitável pela qual Deus pode ousar aparecer é como trabalho e promessa de alimento como salário. Deus criou o homem para obter seu alimento em troca de trabalho e disse que aqueles que comessem sem trabalhar eram ladrões. Oitenta por cento dos indianos são ladrões compulsórios durante metade do ano. Será de se admirar que a Índia tenha se tornado uma imensa prisão? A fome é o argumento que está impelindo a Índia para a roda de fiar. [...] Milhões de famintos pedem um único poema: alimento revigorante. Não podem recebê-lo de presente. Só podem ganhá-lo. E só podem ganhá-lo com o suor de sua fronte.[98]

Até onde se estendeu a polêmica, Gandhi pode ter levado a melhor sobre Tagore, porém logo teve de confrontar suas próprias dúvidas. Estava sendo

Gandhi com sua charkha, *1925.*

pressionado por seguidores impacientes, em especial por ativistas do Khilafat, a lançar uma intensa campanha de desobediência civil em massa que encheria as prisões coloniais. Gandhi tentou postergar a campanha ou ao menos limitar seu âmbito. Sem ter certeza de dispor de um número suficiente de trabalhadores disciplinados sob seu comando, temia ver sua campanha não violenta degenerar em distúrbios generalizados, como ocorrera em 1919, assim que os manifestantes por fim se vissem diante da polícia. No mês que se seguiu à sua controvérsia com Tagore, tumultos em Bombaim fizeram com que ele suspendesse a desobediência civil. Menos de três meses depois, aconteceu tudo de novo.

As autoridades tinham proibido reuniões públicas. Isso indicava oportunidades de *satyagraha*. Em toda a Índia, milhares de líderes e eleitores do Partido do Congresso desafiaram a proibição, conseguiram ser presos e foram para a cadeia. À medida que as prisões se enchiam, Gandhi disparava telegramas de parabéns aos encarcerados de mais renome, saudando-os como se poderia saudar uma turma de recém-formados. A prisão deles, afirmavam os telegramas, era uma notícia auspiciosa. Foi então que um confronto letal numa localidade obscura no norte da Índia chamada Chauri Chaura levou Gandhi a determinar mais uma suspensão de sua campanha — a terceira em menos de três anos — contra o parecer de colaboradores.

O que ocorreu em Chaura em 5 de fevereiro de 1922 foi a concretização de seus piores temores. Depois de disparar suas armas contra um grupo de pessoas, um destacamento policial recuou e se abrigou num pequeno posto policial rural. A multidão furiosa, agora transformada numa massa de mais ou menos 2 mil pessoas, cercou o posto e logo o incendiou. Ao fugirem do prédio, os policiais foram feitos em pedaços ou atirados de volta às chamas. Ao todo, 22 deles foram mortos, enquanto os atacantes, declarou-se depois, gritavam slogans de não cooperação, entre os quais *"Mahatma Gandhi ki jai"* — "Glória ao Mahatma Gandhi".

Pelos padrões de Gandhi, derivados do valor hinduísta de *ahimsa*, ou não violência, Chauri Chaura representou uma derrota abissal, assustadora até. A seus olhos, o acontecido demonstrava que o país em geral e o movimento nacional em particular jamais haviam aprendido realmente os valores da *satyagraha*. Por isso, com mais de 15 mil seguidores já na cadeia, ele ordenou uma cessação súbita da desobediência civil, suspendendo-a por mais de dez meses, até o fim de 1922. Foi só porque ele insistiu em suspender a campanha que os líderes do Partido do Congresso que não tinham sido presos aceitaram sua decisão. "Consegui os votos porque eu era Gandhi e não porque as pessoas estivessem convencidas", escreveu ele com a franqueza dolorosa que sempre demonstrava em seus piores momentos. Como "penitência" porque "cometeram-se assassinatos em meu nome", ele jejuou durante cinco dias.[99]

Entre os que se disseram desapontados com o recuo havia alguns, tanto hindus quanto muçulmanos, que compreendiam muito bem que Gandhi estava reagindo ao que ele considerava ser um imperativo moral. Quem dera tivéssemos um líder menos modelar, menos escrupuloso, pareciam dizer. "Nossa derrota é proporcional à grandeza de nosso líder", assim o hindu Lajpat Rai, ex-presidente do Partido do Congresso, ironizou a situação.[100] "Para mim", disse *maulana* Abdul Bari, líder dos muçulmanos em Lucknow, no norte da Índia, "Gandhi é como um paralítico cujos membros ele não controla, mas cuja mente ainda está ativa."[101] Ambas as declarações não deixam de conter uma certa admiração, mas parecem traduzir mais decepção do que estima. Gandhi lhes oferecera a *satyagraha* como uma arma; agora, como o "especialista em *satyagraha*", estava tomando a arma de volta.

Com sua diligência habitual, Gandhi escreveu rapidamente uma série de cartas e artigos em que explicava sua posição a correligionários importantes e ao país em geral, prometendo que a suspensão não seria permanente, que a desobediência civil seria retomada mais adiante e que alcançariam a *swaraj*, embora talvez fosse preciso mais que um ano. A exposição mais clara de sua posição tornou-se uma profecia. Ninguém, nem ele próprio, poderia imaginar que aquilo que ele dizia em 1922 descreveria com exatidão as circunstâncias da independência da Índia, ainda um quarto de século no futuro, ou sua própria reação ambivalente a ela. "Eu, pessoalmente, nunca poderei participar de um movimento que seja a um tempo semiviolento e semipacífico", disse ele, "ainda que ele resulte na conquista de uma chamada *swaraj*, pois não será a *swaraj* real como eu a concebi."[102]

Mesmo a "chamada *swaraj*" estava distante, um objetivo muito maior do que qualquer outro pelo qual ele lutara na África do Sul. A *swaraj* tal como ele a concebera — uma independência genuína, purificadora, que equivalesse a uma transformação social — jamais seria conquistada. Sobreviveria como um objetivo permanente, inalcançável.

7. Inaproximabilidade

Suponhamos que Mohan Gandhi, o jovem causídico que viajou para a África do Sul no final do século XIX, tivesse sido persuadido por seus amigos evangélicos em Pretória a converter-se ao cristianismo, que houvesse levado adiante sua lucrativa banca de advocacia em Johannesburgo, passando então toda a vida naquele país no tempo do apartheid, na maior casa de um bairro segregado. Seriam diferentes hoje as relações entre hindus e muçulmanos no subcontinente indiano? No caso de serem diferentes, estariam piores ou melhores? O único sentido para se propor tal jogo de imaginação consiste em sublinhar o papel do acaso e da eventualidade, bem como da personalidade, nos assuntos humanos. As perguntas, é claro, são irrespondíveis, mas se mantivermos a premissa de uma Índia moderna sem Gandhi poderemos imaginar um Mohammed Ali Jinnah que continuou a ser um nacionalista indiano e esqueceu a ideia da criação de um Paquistão independente como um sonho infeliz de desequilibrados. Ou um Jawaharlal Nehru que tivesse aceitado a independência da Índia em nome de um movimento de elite, usando terno e gravata e não o *khadi* tecido em casa que se tornou obrigatório para os aspirantes a líderes depois do advento do Mahatma. Não pretendemos dizer com isso que tais cenários teriam sido preferíveis àquele que chamamos de história, mas apenas frisar um ponto óbvio: seriam possíveis outros resultados. Podemos ter razoável certeza, ao menos, de que na ausência de Gandhi a causa da união de hindus e muçulmanos não teria florescido mais cedo, da forma como floresceu por alguns anos, quando o Mahatma esteve perto de alcançar uma fusão entre o movimento nacionalista e o do Khilafat — ou a miragem de uma fusão. Na maioria dos dias da maioria dos anos, na maior parte da Índia, hindus e muçulmanos ainda vivem em paz, em contato direto, exibindo uma exemplar aceitação dos costumes uns dos outros. No passado, graças ao esforço contínuo de Gandhi, também os líderes dessas comunidades quase conseguiram isso.

Numa visão retrospectiva, poderosas e incessantes correntes ocultas empurravam as duas maiores comunidades para longe da conciliação que seus líderes diziam desejar. Podemos rastrear bem essas forças na vida de um líder religioso hindu cuja estatura naquela época talvez só não fosse maior que a de Gandhi. Esse homem era o Swami Shraddhanand, um revivalista antes conhecido como mahatma Munshi Ram, cujo prestígio era elevado sobretudo no norte da Índia, no Punjab e em áreas adjacentes. Suas ideias aproximavam-se das de Gandhi; se alguma diferença havia era o fato de ele ser ainda mais inflexível em seu horror à intocabilidade. Muito antes de Gandhi, ele se dispôs a expressar sua aprovação de refeições em comum e até de casamentos entre pessoas de diferentes castas. Na realidade, chegava quase a propor a abolição do próprio sistema de castas em nome de um hinduísmo mais generoso. Embora os dois mahatmas tivessem tanto em comum, raramente concordavam no tocante a táticas ou em suas interpretações das intenções dos muçulmanos.

Shraddhanand, homem impulsivo, e também corajoso, estava disposto a seguir Gandhi, mas não a abrir mão de seu próprio discernimento. Sua vida apresenta dois momentos vigorosos para a reflexão na lista das primeiras iniciativas de Gandhi para unir hindus e muçulmanos. Depois do primeiro movimento de Gandhi na área da ação política não violenta em escala nacional, a greve de 1919, Shraddhanand foi convidado a pregar do púlpito da maior e mais importante mesquita da Índia, a Jama Masjid, em Delhi. Dias antes, ele se tornara um herói para os muçulmanos de Delhi, como também para os hindus, ao desnudar o peito diante dos soldados que tentavam reprimir uma marcha por ele liderada, desafiando-os a atirar. (As versões diferem quanto a serem esses soldados *gurkhas* ou *manipuris* do nordeste.) Nenhum líder hindu jamais havia sido convidado a falar na Jama Majid, nem esse convite voltou a se repetir. Nessa ocasião, o *swami*, uma figura corpulenta, de cabeça rapada, usando mantos de cor ocre, personificava a união pela qual Gandhi lutara sem cessar. Quando entoou um mantra em sânscrito pela paz, *Om Shanti*, "toda a congregação me imitou com uma só voz retumbante", escreveu o *swami*.[1] Passados apenas seis anos, Shraddhanand foi baleado e morto por um muçulmano enfurecido com o que ele vinha escrevendo contra o que considerava uma conspiração muçulmana, tornando-se assim, na morte, a personificação do conflito que se avizinhava.

"Meu coração se recusa a enlutar-se", disse Gandhi ao receber a notícia do assassinato. "Pelo contrário, reza para que a todos nós seja concedida uma morte assim." Uma "morte abençoada", uma morte de mártir, assim a chamou, como que prevendo seu próprio fim.[2]

O assassino chegou à porta do bangalô do *swami*, em Delhi, numa tarde de dezembro e convenceu a pessoa que o recebeu a levá-lo ao quarto onde o acamado Shraddhanand convalescia, sob o pretexto de que desejava debater questões religiosas. Educadamente, o *swami* pediu-lhe que voltasse mais tarde, quando ele esperava sentir-se mais forte. O visitante então pediu um copo d'água. Sozinho na companhia do ancião, pegou uma pistola e disparou dois tiros no peito de Shraddhanand. O assassino era um calígrafo muçulmano chamado Abdul Rashid. Em seu julgamento, explicou que culpava sua vítima por divulgar blasfêmias contra o Profeta; condenado à forca, foi saudado como o verdadeiro mártir, em lugar de sua vítima, por milhares de muçulmanos que acompanharam seu funeral. O jornal *The Times of India* informou que os estudantes e professores do famoso seminário muçulmano de Deoband recitaram o Corão cinco vezes a fim de garantir para o assassino um lugar no "sétimo céu".[3]

Fica evidente que houvera uma mudança no ânimo da comunidade no intervalo entre a inédita aparição do *swami* na Jama Masjid e a celebração dos ritos fúnebres do assassino. Naqueles anos, a aliança entre Shraddhanand e Gandhi tivera vários altos e baixos. Quando divergiam, era porque o *swami* achava que Gandhi ou era complacente demais com os muçulmanos ou não atendera a seus apelos em favor dos intocáveis. Em sua opinião, as duas falhas eram causa e efeito.

A simples ideia de que a dedicação de Gandhi à luta contra a intocabilidade pudesse ser contestada como tíbia logo no início de sua ascensão ao controle do movimento nacionalista constitui uma surpresa. Não bate com a versão convencional. O próprio Gandhi falava e escrevia como se houvesse posto a questão do que chamava de "superiores e inferiores" no alto da lista de suas causas fundamentais desde os primeiros anos na África do Sul. Nunca aceitava que suas boas intenções nessa área fossem questionadas. Entretanto, na Índia atual, tornou-se corriqueira entre os *dalits* a ideia de que Gandhi só era amigo deles nos bons momentos, ou mesmo que não era amigo nunca — e já passou da hora de reavaliar essa ideia. Nesse contexto, suas relações com Shraddhanand constituem um bom ponto de partida para a narrativa de uma história que tem sido analisada de forma insuficiente, apesar de serem tantos os estudos dessa vida tão esquadrinhada.

De início, a ligação entre os dois mahatmas parecia sólida. O próprio Gandhi situou seu início em 1913, quando recebeu recursos para sua campanha final de *satyagraha* em Natal e no Transvaal. Esses fundos tinham sido enviados por discípulos do Mahatma Munshi Ram, cuja escola ficava em Gurukul, perto do centro de peregrinação de Haridwar, nos sopés do Himalaia. Munshi Ram mandara que os estudantes deixassem a escola e, com o suor de seu rosto, ganhassem dinheiro para ajudar aqueles distantes trabalhadores em regime de servidão temporária que desafiavam a lei como resistentes passivos. Na carta em que anunciava o envio dos recursos, ele se dirigiu a Gandhi como "meu querido irmão".[4] Gandhi, doze anos mais novo e ainda não conhecido daquele santo em vida, nunca se esqueceu disso. Foi para Gurukul que ele mandou a primeira turma de seus seguidores da comunidade Phoenix quando enfim estava para deixar a África do Sul. Três meses depois de seu regresso à Índia, o próprio Gandhi esteve lá, em 1915, para seu primeiro encontro face a face com Munshi Ram. Conhecer pessoalmente o renomado reformador hindu foi o real objetivo de sua visita a Haridwar; o espetáculo das massas do Kumbh Mela (e toda a fétida imundície a que ele dava ensejo, e que tanto chocou sua sensibilidade) foi secundário.

O *swami* vinha se mantendo, de propósito, distante do movimento nacionalista, mas decidiu participar dele em apoio ao futuro Mahatma. Em seu entender, Gandhi estava encabeçando uma *dharma yudha*, uma luta religiosa.[5] O início da campanha de não cooperação, em abril de 1919, foi a ocasião para que Tagore instasse os indianos a reconhecer Gandhi como um mahatma.[6] Entretanto, pouco depois de Shraddhanand ser aclamado por seu papel na campanha em Delhi, ele deixou o movimento em protesto contra a repentina decisão de Gandhi de suspender a campanha. O *swami* concordava que o movimento não era disciplinado o suficiente para prevenir erupções de violência num país tão grande.

Ele protestava mais contra a forma arrogante como Gandhi decidia as coisas do que contra a decisão em si. "Milhares de pessoas se sentiram motivadas pela confiança que tinham no senhor [...] e abriram mão de todas as suas preocupações mundanas", escreveu ele a Gandhi, renunciando a seu lugar na comissão da *satyagraha*. "O lamentável é que o senhor de repente faz suas declarações sem sequer perguntar a essas pessoas se elas concordam."

Não era a primeira, nem seria a última vez que Gandhi ouvia essa queixa de correligionários de peso. No entanto, logo Shraddhanand cedeu aos rogos de Gandhi e de outras pessoas, e novamente se envolveu no movimento nacionalista, mas se viu sem voz ativa no tocante a táticas, sendo suas opiniões ignoradas por um líder habituado a fazer o que bem entendia. A mais significativa dessas discórdias, em seu parecer, girava em torno da questão da intocabilidade, com relação à qual Gandhi assumira uma posição firme desde seus primeiros meses de volta à Índia. Ouviu então de Shraddhanand, pela primeira vez, a acusação de que não estava disposto a apoiar suas veementes exortações com ações práticas. O *swami* sabia ser até mais inflexível do que Gandhi. Durante mais de duas décadas tinha sido um vigoroso promotor das cerimônias de purificação chamadas *shuddi*, utilizadas para elevar intocáveis e indianos de baixa casta a um amplo redil hindu em que as divisões de casta eram minimizadas, se não abolidas. O homem que havia falado na Jama Masjid demonstrara sua disposição de pôr-se ao lado de Gandhi — e dos muçulmanos — na causa do Khilafat. Mas ficou ressentido quando começou a suspeitar que, para Gandhi, essa causa era mais prioritária do que a luta contra a intocabilidade.

Por isso, na sessão do Partido do Congresso em dezembro de 1919, em Amritsar, foi o *swami*, e não Gandhi, quem discorreu sobre o tema.[7] "Não é verdade", perguntou, provocador, "que tantos entre vocês, que fazem tanto barulho a respeito da conquista de direitos políticos, não são capazes de superar seus sentimentos de repulsa por esses 60 milhões de indianos que são injustiçados e que vocês consideram intocáveis? Quantos são os que se afligem a fundo com a sorte desses nossos irmãos desgraçados?"[8] Nove meses depois, na sessão especial do partido, em Calcutá, Shraddhanand tentou, em vão, incluir o assunto no temário. Gandhi foi um dos que opinaram que discutir a campanha de não cooperação era mais urgente e que qualquer outra coisa seria uma digressão. Como a preservação do califado era uma das metas declaradas da campanha, isso equivalia a dizer que a causa dos muçulmanos era mais relevante, ao menos no momento, do que a luta contra a intocabilidade. "Aquilo foi um grave erro", lamentou o *swami*, decepcionado. "Só quando a plena cooperação entre nós mesmos for alcançada é que a não cooperação com uma nação inimiga poderá tornar-se viável."[9]

Gandhi fez questão de que o Partido do Congresso abordasse a intocabilidade mais ou menos a sério em sua sessão anual periódica, realizada em Nagpur, meses após o encontro de Calcutá. Todavia, Shraddhanand não fora o único a desconfiar que o Mahatma estava evitando atacar de frente o problema. O clérigo anglicano Charles F. Andrews se ligara a Munshi Ram na Índia antes de conhecer Gandhi na África do Sul, e depois aproximara um do outro. Gandhi chamava Andrews de "Charlie", enquanto este se dirigia ao Mahatma, em cartas, como "Caro Mohan" — era o único das centenas de correspondentes de Gandhi que se sentia à vontade para tratá-lo com essa familiaridade. Andrews escreveu a Gandhi uma carta em que expressava sua própria preocupação com a possibilidade de a questão dos intocáveis estar sendo relegada a segundo plano em sua agenda. Gandhi ficou tão incomodado com essa crítica que após o encontro de Nagpur passou um mês acordando às duas da manhã, para arquitetar mentalmente sua resposta, antes de voltar a despertar às quatro, como de hábito, e escrever uma defesa emotiva de sua posição. Por mais vigorosos que fossem os termos de sua resposta, ela confirmou a impressão corrente de que Gandhi agora via a intocabilidade como uma causa que teria de aguardar sua vez. O movimento do Khilafat tinha prioridade porque era um pré-requisito para a união entre hindus e muçulmanos; e essa união, por sua vez, era pré-requisito para a independência. Mas isso era assim, argumentava Gandhi com o seu habitual pendor para uma racionalização afável, não porque a intocabilidade fosse menos importante, mas por ser "um problema maior do que conquistar a independência da Índia". Ele teria condições de "atacá-lo melhor", disse, se ganhasse a independência "no processo". Portanto, anteviu, a Índia "poderá livrar-se da dominação inglesa antes de livrar-se da maldição da intocabilidade".[10]

Um quarto de século depois, quando a independência foi enfim concedida por uma Grã-Bretanha cansada e exaurida pela guerra, essa previsão mostrou-se mais do que uma meia-verdade: a maldição da intocabilidade não desaparecera. Mas então o tempo que Gandhi teve para "atacá-la" foi pouco ou nenhum. No presente do indicativo de 1921 e 1922, Shraddhanand veio a suspeitar que a vontade de Gandhi de manter os muçulmanos no movimento nacionalista era mais forte do que seu desejo de melhorar a sorte dos intocáveis. Tal como Tagore, ele objetava à campanha de queimar os tecidos importados, que poderiam ser destinados aos indigentes. Mas foi mais longe do que Tagore, perguntando como era possível que Gandhi demonstrasse boa vontade para com os líderes muçulmanos que, em vez de terem de queimar tecidos importados, recebiam uma autorização para enviá-los a seus irmãos na Turquia. "Enquanto o Mahatmaji se obstinava em não mostrar a menor consideração pelos sentimentos dos hindus quando o que estava em jogo era uma questão de princípio", escreveu, "no caso da negligência muçulmana no cumprimento do dever sempre havia um canto muito terno em seu coração."[11]

O *swami* Shraddhanand tinha seus próprios problemas com os hindus ortodoxos. Nomeado para uma comissão do Partido do Congresso que trabalhava na questão da intocabilidade, verificou que nunca se destinavam recursos suficientes para essa área, suas próprias iniciativas e propostas desapareciam de forma misteriosa. Em sua opinião, o partido não levava a sério aquilo que chamava de "o componente mais importante" de seu programa. Por isso, mais uma vez o *swami* renunciou, em janeiro de 1922 — pouco mais de um mês antes que Gandhi fosse preso pela primeira vez na Índia, ocasião em que ficou encarcerado durante quase dois anos, numa tentativa do governo para pôr fim a outra campanha de desobediência civil. A seguir, Shraddhanand inscreveu-se no Hindu Mahasabha, o partido dos supremacistas hindus. Imaginou que seus novos aliados não poderiam deixar de perceber a urgência dos esforços com que ele tentava trazer os intocáveis para o redil hindu. Em essência, entendia, os intocáveis estavam disponíveis para quem quisesse se apoderar deles. Haveriam de sucumbir ao proselitismo muçulmano se os hindus de casta mais alta não lhes fizessem justiça. O que estava em jogo, em última instância, era o poder no subcontinente. "Se todos os intocáveis se tornarem muçulmanos", escreveu o *swami*, "os muçulmanos se tornarão iguais aos hindus, e na época da independência não dependerão dos hindus, pois serão capazes de caminhar por suas próprias pernas."[12] No entanto, havia um entrave. A forma de *shuddi*, ou purificação, de Shraddhanand exigia igualdade social. Isso era demais para o Mahasabha. O Partido do Congresso ao menos apoiara da boca para fora as metas que o *swami* defendia. Já o Mahasabha Sabha as rechaçara taxativamente, deixando-o mais uma vez desamparado.

Com Gandhi ainda na cadeia, Muhammad Ali tornou-se presidente do Partido do Congresso. Sua proposta para proteger a união entre hindus e muçulmanos da selvagem competição pelas almas — e pelos votos — dos intocáveis consistia em preparar um acordo pelo qual metade dos intocáveis se converteria ao islã e a outra metade abraçaria o hinduísmo. Pelo visto, não havia necessidade de consultar os próprios intocáveis. Para Shraddhanand, isso só comprovava a sede de poder dos muçulmanos. Mais indignado ainda ficou quando soube que Ali teria dito que rezava para que Gandhi visse a luz do islã, e que o maior pecador dos muçulmanos podia ter mais certeza da salvação do que o mais puro dos hindus. Isso acarretou uma troca pública de cartas entre o *swami* e o *maulana*, mas ambos recuaram antes de chegar à beira do confronto, e o diálogo mais primou pela cortesia estudada, por expressões de apreço e pela reiteração de chavões religiosos do que pela polêmica feroz.[13]

No mesmo período, o *swami* visitou Gandhi duas vezes para pressioná-lo com relação à lentidão da campanha contra a intocabilidade e, ao que parece, para debater as intenções muçulmanas. A primeira dessas visitas ocorreu em agosto de 1923, quando Gandhi ainda estava na prisão de Yeravda, e a segunda no começo de 1924, quando ele convalescia de uma apendicectomia, devido à qual foi solto. Shraddhanand protestava em especial contra o proselitismo muçulmano, ou *tabligh*. Gandhi respondeu no *Young India*, por escrito, culpando o proselitismo de ambos os lados, tanto a *shuddi* quanto o *tabligh*, por grande parte das tensões entre hindus e muçulmanos. Uma coisa era pregar um credo levado por uma fé ardorosa, disse Gandhi, e outra desfigurar a religião alheia de modo que, inevitavelmente, prejudicasse a união nacional. "Não se pode permitir uma propaganda que vilipendie outras religiões", escreveu. Embora fosse intrépido e corajoso, disse Gandhi, Shraddhanand falava em nome do hinduísmo do movimento Arya Samaj, com o qual havia muito se identificava, partilhando sua "visão estreita e suas inclinações belicosas".[14]

Convém examinar as vicissitudes políticas do *swami*, pois lançam luz sobre o dilema de Gandhi. Este, mais jovem, ainda que estivesse agora na casa dos cinquenta e fosse um líder nacional, em geral falava como se suas campanhas pela união entre hindus e muçulmanos e em favor de direitos básicos e de justiça para as dezenas de milhões de intocáveis se reforçassem mutuamente, como se fossem a urdidura e a trama da *swaraj*. Na verdade, porém, com frequência elas conflitavam, não só competindo pela atenção dele ou por primazia no movimento que ele liderava, mas nos casos em que catequistas e reformadores religiosos travavam batalhas por almas. E, a bem da verdade, nenhuma das duas causas — a da união entre hindus e muçulmanos ou a da justiça para os intocáveis — tinha grande apelo para os hindus de casta mais alta, sobretudo nas áreas rurais, que constituíam a base do movimento que Gandhi e seus auxiliares estavam construindo. O revivalismo político de Gandhi pode ter articulado as supremas aspirações da nação, mas examinado mais de perto, em nível regional ou municipal, revelava-se uma frágil coalizão de interesses comunitários competitivos e, às vezes, antagônicos. Motivar o movimento era uma das tarefas de Gandhi; mantê-lo coeso era outra — tarefa que Shraddhanand, um reformador hindu decidido a tolerar pouca ou nenhuma transigência, não poderia executar. Bhimrao Ramji Ambedkar, que logo se tornaria o líder moderno dos intocáveis, mais tarde diria que Shraddhanand fora "o maior e o mais sincero defensor" desses infelizes.[15] Ambedkar o estava comparando com o outro Mahatma, que ele passara a ver como uma pessoa dissimulada e indigna de confiança — em outras palavras, uma raposa política.

O próprio *swami* em geral permitia que as esperanças que depositava em Gandhi pesassem mais que seus desapontamentos. Mesmo depois de Gandhi tê-lo censurado publicamente por debilitar a união nacional, Shraddhanand continuou a pressionar o Mahatma para que se concentrasse mais na questão dos intocáveis. Era uma pressão que Gandhi não podia ignorar e que talvez recebesse com agrado. Sua longa e emocionada resposta a Shraddhanand no contexto das tensões entre hindus e muçulmanos não fizera uma só alusão ao infortúnio dos intocáveis. Cinco meses depois, porém, podemos vê-lo respondendo ao *swami*, que lhe pedira, em particular, que prestasse apoio e liderança mais explícitos à primeira campanha em favor dos intocáveis, usando seus métodos patenteados da *satyagraha*. Essa iniciativa tinha como alvo um preceito imemorial que vedava aos intocáveis sequer transitar pelas ruas que levavam a um templo antigo em Vaikom, no reino de Travancore, no sul da Índia, onde fica hoje o estado de Kerala. Embora Gandhi houvesse declarado que a causa dos intocáveis era "uma paixão de minha vida", estivera na desconfortável situação de aconselhar aos manifestantes de Vaikom que fossem moderados no uso dos métodos da *satyagraha*, criados por ele próprio, em favor de uma causa que ele defendia ostensivamente.[16] "Estou tentando tomar as providências necessárias para Vaikom", escreveu a Shraddhanand, que talvez o tenha instado a ir a Travancore, onde nunca estivera. Se isso realmente aconteceu, a resposta foi esquiva. "Espero que chegue ajuda aos *satyagrahis*", foi tudo o que Gandhi disse.[17]

O bilhete para o *swami* às vezes intratável foi escrito do bangalô de Muham-

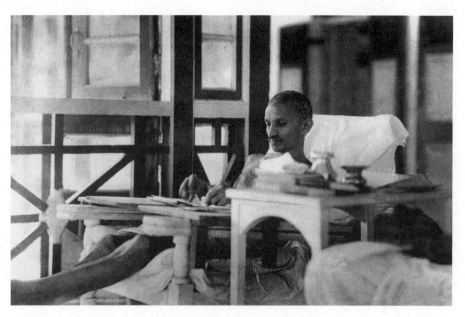

Gandhi recuperando-se em Juhu Beach, depois de libertado da prisão, 1924.

mad Ali em Delhi, onde Gandhi tinha acabado de pôr fim a seu jejum de "penitência", de 21 dias, provocado por uma sequência de choques cada vez mais sangrentos entre hindus e muçulmanos. Era o fim de 1924 e fazia meio ano que Gandhi saíra da prisão, mas ainda lutava para acabar com certas divisões surgidas no movimento nacional enquanto ele passava seus dois anos de meditação na prisão de Yeravda — divisões não só entre hindus e muçulmanos, como também entre o grupo dos No Changers (Contrários a Mudanças), empenhados em dar continuidade à estratégia anterior de não cooperação, e uma facção política (a dos *swarajistas*), mais impaciente por se apossar dos símbolos do poder num quadro colonial. Essa facção se formara na ausência do líder e estava agora empenhada em participar dos conselhos legislativos que o movimento se comprometera a boicotar. Tentando atuar como uma influência estabilizadora, nessa época Gandhi está não só debilitado do ponto de vista físico, como quase imobilizado na política; sua única estratégia coerente para avançar envolve a *charkha*, ou roda de fiar. A todos — hindus, muçulmanos, No Changers, *swarajistas* — Gandhi recomenda o uso da roca a fim de chegar à autossuficiência. (Em junho de 1924, poucos meses antes do início das manifestações de Vaikom, Gandhi chegou a propor que se exigisse de cada membro do Partido do Congresso um tempo mínimo de fiação diária; a moção provocou uma retirada dos *swarajistas* e tornou-se letra morta, embora mais adiante fosse diluída e aprovada, de modo a não humilhar o líder, ainda respeitado, mas já sem o poder de antes.)

A essa altura, a luta isolada em Vaikom, a que Gandhi ainda não assistira pessoalmente, já não recebia atenção especial de sua parte. Em todos esses sentidos, era periférica. À distância, Gandhi defendera a luta em letra de fôrma nas páginas de *Young India*, mas, afora isso, fizera todo o possível para mantê-la sob seu controle direto. Para ele, o que estava em jogo em Vaikom eram dúvidas que pairariam sobre sua liderança enquanto ele viveu: poderia continuar a atuar como um líder nacional? Ou a diversidade e a complexidade da Índia, com todas as aspirações conflitantes que advinham de suas divisões em comunidades e em castas, o levariam a se definir como líder apenas dos hindus? Conseguiria ele conduzir, ao mesmo tempo, uma luta pela independência e uma luta por justiça social se isso significasse confrontar hindus ortodoxos de casta alta, o que inevitavelmente criaria tensões em seu movimento e talvez o fragmentasse? Essa pergunta ocultava outra, ainda mais incômoda e duradoura — uma questão ainda debatida hoje por *dalits* e reformadores sociais indianos: admitindo-se que Gandhi tenha dado uma notável contribuição para desacreditar a prática da intocabilidade entre os indianos modernizantes, o que estaria disposto a fazer pelos próprios intocáveis, além de pregar a seus opressores? Eram essas perguntas que — agindo à distância — ele tinha tentado contornar em Vaikom, com o resultado de que seu primeiro uso da *satyagraha* contra a intocabilidade corria agora perigo de gorar.

O templo de Shiva, em Vaikom, ergue-se no centro de um amplo terreno murado, mais ou menos do tamanho de quatro campos de futebol. Pode-se chegar a ele por três dos quatro lados, percorrendo ruas que cortam o mercado da cidadezinha a sudeste de Cochin, hoje Kochi. Afora algumas figueiras-dos-pagodes, algumas manchas de grama e uma calçada de cimento capaz de, ao meio-dia, torrar os pés de visitantes que têm de tirar os sapatos ou as sandálias junto do portão, a maior parte da área é um terreno de terra batida que parece ser varrida continuamente. O templo propriamente dito é uma estrutura retangular de madeira com uma treliça externa que se apoia numa plataforma de pedra sob uma cobertura inclinada feita com as mesmas telhas de barro usadas tradicionalmente nas construções mais robustas de Kerala. Em cada um dos quatro cantos repousa a estátua dourada de um touro, animal associado simbolicamente a Shiva. No santuário interno, sacerdotes brâmanes atendem os fiéis que fazem oferendas ao deus. Não é incomum hoje que entre os fiéis haja *dalits*, antes chamados intocáveis, e outros membros de castas inferiores cuja presença, em 1924, estaria vedada no templo de Shiva. Às vezes esses grupos formam a maioria dos visitantes do lugar, atraídos pelas refeições gratuitas servidas no templo.

Há pouco tempo, uma questão aparentemente herética passou a ser debatida em público: se outras pessoas, além dos brâmanes, poderiam ser autorizadas a exercer funções sacerdotais, violando as regras sobre castas. Os clérigos atuais, afinal, são servidores públicos de um governo estadual que se diz marxista e arrecada as ofertas dos fiéis como receita, depois de abatidos os custos de manutenção. Essa questão seria inimaginável na época da *satyagraha* de Vaikom, quando o templo era administrado por quatro famílias sacerdotais, os Nambudiris (às vezes grafado Nambuthiris), nome de sua subcasta. A receita que arrecadavam cabia ao marajá de Travancore, principado que sobreviveu durante todo o período colonial, sob atenta supervisão britânica, e ocupava mais ou menos a metade sul de Kerala.

O que Gandhi aprendera sobre intocabilidade ao crescer em Guzerate e depois ao refletir sobre o assunto, do outro lado do oceano Índico, durante sua longa estada na África do Sul, não o preparara, de modo algum, para as loucas complicações do sistema de castas praticado em Kerala. A intocabilidade era uma coisa, mas havia também a chamada "inaproximabilidade" e até a "invisibilidade". Presumia-se que um brâmane de Travancore jamais pusesse os olhos num membro da classe mais baixa de intocáveis. Se isso ocorresse, teria de considerar-se poluído e submeter-se a um rito de purificação. Um integrante da casta de proprietários de terras, os naires, estaria poluído se permitisse que um *ezhava* — a pronúncia dessa palavra fica entre *irr'ava* e *ill'ava* — chegasse a quarenta passos dele; a distância prescrita no caso de um *pulaia* — um estrato bem mais baixo de intocáveis — era de sessenta passos. Até o começo do século XX, os *pulaias* estavam literalmente proibidos de pisar em vias públicas. Deviam tocar uma campainha, bater dois paus ou soprar uma buzina para avisar a qualquer hindu de casta que estivesse nas proximidades que corria perigo de poluição. Sua mobilidade era mais restrita do que a de um escravo rural; na verdade, estavam ligados a proprietários agrícolas específicos como trabalhadores. Os *ezhavas* (um

214

grupo em ascensão social que por tradição reunia coletores de *toddy*, ou vinho de palma), os *tiyyas* (tiradores de coco), os *pulaias* e outras subcastas na base da pirâmide social de Kerala achavam-se taxativamente proibidos de pôr os pés nas dependências sacrossantas de um lugar onde oficiavam brâmanes, como o templo de Shiva em Vaikom. Se por acaso isso acontecesse, o próprio santuário seria considerado poluído e teria de ser purificado. No entanto, um fato surpreende: os que eram impedidos de pisar ali formavam a maioria dos que são considerados hindus no Kerala de hoje. A *satyagraha* de 1924 foi uma comprovação de que a tolerância deles a esse opressivo estado de coisas estava por um fio.

Devido aos muitos anos que passara no exterior, escreveu Gandhi, ele não sabia de "muitas coisas que, como indiano, eu deveria ter sabido".[18] Antes da campanha de *satyagraha*, jamais tinha ouvido falar da inaproximabilidade. A existência dessa prática, disse, "me estarreceu e me deixou perplexo". Aquilo o surpreendeu ainda mais porque Travancore tinha uma justificada reputação de promover a alfabetização e a educação em geral. Podia ser vista também como uma região cosmopolita, se o mar da Arábia fosse considerado o mundo exterior. A porção costeira de Kerala — uma área de baías, canais, lagunas, ilhas fluviais e arrozais reluzentes, em grande parte roubada ao mar — estava havia séculos envolvida com o comércio de especiarias. Os hindus, se incluídos nessa categoria os intocáveis, constituíam uma pequena maioria da população. Muçulmanos e cristãos representavam 40% ou mais dos habitantes. Havia até pequenas comunidades de judeus, os mais recentes dos quais estavam radicados perto de Cochin desde o século XVI. Historiadores de orientação marxista relacionam a opressão dos intocáveis nesse ambiente litorâneo à necessidade de controlar o trabalho nos campos. Por definição, as castas de proprietários de terras não lavravam, semeavam, plantavam ou colhiam. Travancore pode ter parecido idílica, mas só era realmente assim para uma proporção mínima de sua população.

Para criar motivação para a campanha de Vaikom, Gandhi tinha insistido nos males da intocabilidade. Proporcionara também o método de resistência a ser utilizado na campanha. Afinal, ele criara a palavra *satyagraha* anos antes, na África do Sul. ("Resistir a agruras ou suportá-las" era sua mais nova definição do termo na época em que ele passou a ser utilizado em Kerala.)[19] Entretanto, foram os *ezhavas* que por fim deram ímpeto ao movimento, e, por maior que fosse seu renome como líder nacional, o Mahatma decididamente não era para eles um Moisés. Eles tinham o seu. Chamava-se Sri Narayan Guru, um *ezhava* que fundara um movimento religioso com seus próprios templos, ensinamentos e valores sociais. Narayan Guru poderia ser visto como um protestante hindu. Seu impacto sobre a Kerala do século xx foi tão forte quanto o de John Wesley sobre a Inglaterra setecentista. "Uma só casta, uma só religião e um único Deus para o homem" fora seu mantra, e ele vinha pregando com base nesse texto desde que Gandhi havia regressado à Índia.[20] Seus seguidores o veneravam, mas não obedeciam a sua doutrina de alto a baixo; especificamente, não admitiam *pulaias* e outros intocáveis em seus templos. De certa forma, tinham conseguido sair da categoria dos intocáveis por tratar essas ordens mais baixas como intocáveis sem possibilidade de remissão. De acordo com seu biógrafo, M. K. Sanoo, no começo Narayan Guru mostrou-se indeciso quanto à *satyagraha* em Vaikom, dizendo às pessoas que elas deveriam primeiro pôr sua casa em ordem, abrindo os próprios templos aos intocáveis antes de exigir que os Nambudiris e outras castas superiores abrissem espaço para os *ezhavas*.[21] Entretanto, ele acabou por apoiar o movimento, deu-lhe contribuições financeiras e, numa rara viagem política, foi a Vaikom e rezou pelos manifestantes.

T. K. Madhavan, um partidário ardoroso de Narayan Guru, parece ter sido o primeiro a pensar na ideia de resistência pacífica em Vaikom e, tendo feito contato com Gandhi já em 1921, expôs o plano ao Partido do Congresso e a sua seção em Kerala. Foi por iniciativa de Madhavan que se formou a Comissão de Intocabilidade, no começo de 1924, sob os auspícios do Partido do Congresso, para liderar a campanha. Madhavan ficou tão agradecido pelo apoio do partido que, num impulso, deu ao filho o nome de seu presidente, Muhammad Ali. Mesmo naquele tempo, no apogeu da união entre hindus e muçulmanos, a ideia de que um hindu recebesse o nome do Profeta do islã era espantosa demais e se mostrou indigerível. Nenhum membro do clã Madhavan usava o nome do menino. Por isso, quando Gandhi finalmente visitou Kerala, pediram-lhe que lhe desse um novo nome.[22] Ou foi isso que o ancião que o menino se tornou, agora bem entrado em sua nona década, me contou quando o visitei na cidade de Harippad, em Kerala. Babu Vijayanath estava sentado sob um retrato recém-engrinaldado de Narayan Guru, que, ele insistiu, era o inspirador de seu pai, muito mais que Gandhi.

Hoje em dia, um visitante se surpreende ao descobrir que Narayan Guru quase eclipsa Gandhi em muitos lugares de Kerala. Mas no começo de 1924 era o Mahatma que tinha o prestígio e a autoridade de líder nacional. Num programa de ação política que tivesse a chancela do Partido do Congresso, sua palavra era lei. Mas seria aquilo um programa de ação política, aberto a todos os que o apoiassem? Gandhi, o primeiro a fazer a pergunta, causou surpresa a seus seguidores ao responder que não, decretando que só os hindus deveriam participar da manifestação. Isso aconteceu menos de uma semana depois da primeira tentativa de *satyagraha* em Vaikom, que já tinha sido reduzida, a pedido de Gandhi, em relação ao plano original da comissão de Madhavan.

Esse plano, bem modesto, não fora uma tentativa de levar os manifestantes a entrar no recinto murado do templo, que dirá aproximarem-se do santuário. Previa apenas seguirem pelas três ruas de acesso e rezar junto aos portões do templo. Isso significaria não darem atenção, num ato clássico de desobediência civil, aos avisos oficiais em cada uma das ruas, a cerca de 150 metros do terreno, proibindo as castas inferiores e os intocáveis de passarem além dali. Um fosso em forma de vala de drenagem, trechos do qual ainda são bem visíveis, marcava o limite que não poderia ser cruzado. O perigo de contaminação espiritual era considerado elevado demais. (A julgar pelo aspecto escuro, bilioso da água estagnada na vala e no grande tanque adjacente ao templo, no qual fiéis ainda se banham, outros tipos de contaminação poderiam ser imaginados com mais facilidade.) Entendia-se que as três ruas não eram vias públicas, mas faziam parte do templo. Paradoxalmente, estavam abertas a vacas, cães, muçulmanos e cristãos, inclusive a não hindus que fossem intocáveis convertidos. Para muitos dos que participavam da campanha, o direito cívico de transitar pelas vias públicas era mais importante que o direito religioso de prestar culto num templo brâmane.

Dez anos antes, Gandhi havia liderado uma marcha de mais de 2 mil servos por contrato de nacionalidade indiana que, em greve, atravessaram uma divisa proibida na África. Agora, quando estava em jogo, na Índia, uma questão que ele chamara de "paixão" de sua vida, um dos "quatro pilares" da *swaraj*, ele inventava argumentos para inibir ações de massa, ainda que não violentas. Nervoso ante a simples ideia de uma marcha, ele se insurgia contra qualquer tentativa de desconsiderar os avisos nas ruas que ordenavam aos portadores de poluição que retrocedessem. Em resposta às suas recomendações, o plano foi trocado em tempo pela primeira manifestação de *satyagraha* em Vaikom, em 30 de março de 1924. A passeata se deteve bem antes dos avisos, e três *satyagrahis* — um naire, um *ezhava* e um *pulaia* — adiantaram-se até a invisível barreira de poluição, onde, após certo tempo, sentaram-se e rezaram até que as autoridades de Travancore fizeram-lhes a vontade, detendo-os e condenando cada um a três meses de prisão. Dia após dia, três outros voluntários assumiam o lugar deles, com o mesmo resultado. Presumia-se que os ortodoxos também acreditassem no princípio hindu de *ahimsa*, ou não violência, que Gandhi citava com frequência. Mas nem por isso eles o praticavam. Em mais de uma ocasião, a polícia de Travancore não interveio quando bandos de valentões, agindo em nome dos ortodoxos, atacaram os *satyagrahis* com paus, barras de ferro e tijolos. Algumas das vítimas tinham status de casta suficiente para entrar no templo, mas haviam sido infectadas pelo novo modo de pensar inspirado por Gandhi. Um homem, um naire, foi amarrado a uma árvore e chutado na virilha. Outro, um brâmane chamado Raman Ilayathu, ficou cego depois que lhe passaram pasta de cal virgem nos olhos. Segundo relatos, um líder dos intocáveis, um *pulaia* chamado Amachal Thevan, teve a mesma sorte.[23]

Do bangalô de praia em que convalescia, perto de Bombaim, Gandhi louvou a disciplina e a coragem dos *satyagrahis*. Mas praticamente excomungou um dos líderes do movimento, o que conhecia melhor. Esse homem era George Joseph, provavelmente seu mais dedicado seguidor entre os cristãos indianos. Membro da comunidade cristã síria, importante em Kerala havia mais de mil anos, Joseph renunciara a uma rendosa banca de advocacia para tornar-se membro do *ashram* de Gandhi perto de Ahmedabad. Fora recrutado por Motilal Nehru, pai de Jawaharlal, para editar um jornal nacionalista, o *Independent*, em Allahabad. Depois passara mais de dois anos na prisão antes de substituir Gandhi como editor do *Young India*, quando o próprio Mahatma foi preso. Agora, depois de tudo isso, Gandhi lhe dizia que recuasse, que ele nada tinha a fazer na *satyagraha* de Vaikom porque se tratava de um assunto hindu.

"Creio que você deve deixar os hindus realizarem o trabalho", escreveu Gandhi. "São eles que têm de se purificar. Você pode ajudar com sua solidariedade e sua pena, mas não organizando o movimento e, com certeza, não participando ativamente da *satyagraha*."[24]

A carta não chegou a George Joseph em tempo.[25] Em 10 de abril, com Madhavan e outros já presos, esse líder cristão viu-se encarregado da campanha e diante de um dilema tático. A polícia havia erguido uma barricada e, numa tentativa de estancar a publicidade negativa que Travancore estava recebendo, não fazia mais prisões. Por isso, Joseph telegrafou a Gandhi informando que instruíra os manifestantes a começarem uma greve de fome. "Comunique se for conveniente mudança de procedimento", dizia seu pedido de socorro. "Urgente." No dia seguinte, a polícia ou alterou sua tática de novo ou fez uma exceção no caso de Joseph: ele telegrafou para dizer que tinha sido preso e para pedir a Gandhi que enviasse um líder de prestígio, ou talvez seu filho Devadas, para substituí-lo.

A *satyagraha* de Vaikom não tinha ainda duas semanas quando essas mensagens cruzadas chegaram a seus destinatários. Gandhi, enfim ficou claro, não se opunha apenas a que não hindus, como Joseph, desempenhassem algum papel na campanha. Também se opunha ao uso da greve de fome como arma para forçar o andamento dos confrontos. A greve de fome não devia ser usada coercitivamente contra adversários políticos, decretou agora Gandhi, mas apenas contra aliados e entes queridos quando não cumpriam promessas. Com isso, Gandhi baixava uma norma que, como veremos, no futuro ele mesmo haveria de descumprir. No caso presente, havia outras restrições. Gandhi também se opunha a que adeptos do Partido do Congresso que não fossem de Travancore acorressem para lá, como voluntários, a fim de fortalecer a campanha, ainda que ele próprio, antes, houvesse convidado pessoas de fora a apoiar suas próprias ações em Bihar e Guzerate. Alguns siques que haviam cruzado o subcontinente, do Punjab ao sul, a fim de montar uma cozinha para os *satyagrahis*, foram instados a retornar a suas casas. E ele procurou retardar ao máximo a indicação de um líder enviado de fora; o líder, em seu entender, deveria continuar a ser alguém de Travancore. Apesar do apoio do Partido do Congresso, obtido a duras penas por Madhavan, agora Gandhi defendia o ponto de vista segundo o qual a luta em Vaikom não podia ser vista como um projeto apropriado para o partido.[26] O movimento nacionalista, disse, não deveria "entrar no quadro". O movimento tinha como meta o fim do domínio britânico, mas, como Gandhi explicou, Travancore estava fora do Raj, pois tecnicamente ainda era um principado indiano. Os membros do Partido do Congresso poderiam participar da campanha, determinou o líder, como se fosse a voz celeste, mas apenas como pessoas físicas. O movimento nacionalista, que pouco antes fora mobilizado em todo o subcontinente na tentativa de preservar o califado, na longínqua Constantinopla, deveria manter-se fora de Vaikom.

Como de costume, Gandhi saiu-se com engenhosas justificativas para cada uma dessas posições, todas elas apontando para uma única conclusão: por mais justa que ele considerasse a campanha em Vaikom, desejava que ela mantivesse seu caráter local; não poderia ser convertida num teste para a plataforma da anti-intocabilidade que ele próprio dera ao movimento nacionalista, sobretudo numa época em que ele sentia estar perdendo seu controle sobre o movimento.

Suas ponderações, nacionais e políticas, tinham também fundamentos religiosos. Quando pressionado a declarar sua posição quanto à questão de castas, ele se definia em termos ortodoxos, mas acrescentava ressalvas ambíguas e cláusulas de fuga que tornavam seus pronunciamentos suspeitos para aqueles que obedeciam ao sistema com rigor. "Pessoalmente, acredito na *varnashrama*", respondia, referindo-se à divisão quádrupla de todos os hindus segundo suas ocupações hereditárias, como clérigos, guerreiros, comerciantes e agricultores.[27] A seguir, acrescentava: "Embora, na verdade, eu tenha minha própria definição dela". Gandhi não se estendia na sua "própria definição" porque procurava, por motivos mais políticos que religiosos, tranquilizar os hindus de alta casta sem abandonar sua postura basicamente reformista.

A ambiguidade era intencional. No plano teórico, sua versão das quatro *varnas* vinha mais de John Ruskin que das escrituras hinduístas. Nessa visão, elas eram mais ou menos iguais, e não hierárquicas, um quadro de referência flexível para a estabilidade na cooperativa social que Gandhi desejava que as aldeias indianas fossem, um desejo que tinha pouco a ver com o que as aldeias indianas eram ou algum dia tinham sido. As aldeias estavam divididas segundo as linhas estreitas de subcastas claras, nas quais era preciso proteger a mais ínfima vantagem social ou lutar por ela, e não com base nas amplas categorias das *varnas*, que Gandhi, mais tarde, deu um jeito de redefinir como o "verdadeiro socialismo".[28] Ele também argumentava que a *varnashrama* tradicional "baseava-se na igualdade absoluta de situação social", antes de admitir que esse sistema de castas era "hoje inexistente na prática".[29] Traduzido em termos políticos, isso equivalia a dizer que o verdadeiro capitalismo seria o socialismo utópico. O que Gandhi propunha era a visão de um revivalista; tal igualdade não existia nas aldeias reais. Qualquer que fosse sua intenção mais profunda, poderia facilmente ser vista como um encobrimento do sistema de castas. Gandhi pretendia seduzir as castas altas, e não confrontá-las. Assim, prometia estabilidade social, e não revoltas. Por isso, fazia questão de declarar nesse período que a abolição da intocabilidade não obrigaria os hindus de casta a comer com ex-intocáveis, quanto mais casar-se com suas filhas, embora ele próprio nunca hesitasse em desobedecer às regras de castas sobre refeições. Por baixo da ambiguidade havia uma aparente contradição com a qual ele lutaria durante as duas décadas seguintes: a insistência em que seria possível banir a intocabilidade e ao mesmo tempo conservar as castas, com um pouco de renovação, uma remodelação humanitarista, como um princípio organizador da sociedade indiana.

Seria mesmo isso o que ele pensava ou tratava-se de uma simulação tática? Anos depois, já falecido o Mahatma, Jawaharlal Nehru contou a um entrevistador que Gandhi lhe confidenciara, em mais de uma ocasião, que seu objetivo supremo na luta contra a intocabilidade era acabar com o sistema de castas de uma vez por todas. Eis o relato de Nehru, em 1955:

> Perguntei a Gandhi várias vezes: "Por que o senhor não investe contra o sistema de castas diretamente?". Ele respondia que não aceitava o sistema de castas, a não ser em alguma forma idealizada [...] que o atual sistema de castas era inteiramente ruim e deveria desaparecer. Por meio do ataque à intocabilidade, eu o saboto. Veja bem [...] ele tinha um jeito de pegar uma coisa e concentrar-se nela. Se a intocabilidade acabar, dizia, o sistema de castas acabará; por isso, eu me concentro nela.[30]

Nehru poderia ser suspeito de tentar encobrir aqui as ambiguidades da posição de Gandhi. Mas numa carta a um americano, em 1934, o Mahatma esteve perto de usar as palavras que mais tarde Nehru lhe atribuiu. "O sistema de castas, como existe hoje, é sem dúvida a ruína da vida indiana", escreveu ele. "O grande movimento de eliminação da intocabilidade é um ataque ao mal sobre o qual repousa o sistema de castas."[31] Ele chegou ainda mais perto das palavras de Nehru numa conversa, naquele mesmo ano, com uma pessoa de seu círculo. "Se a intocabilidade acabar", disse, "as castas como as conhecemos hoje acabarão."[32] Posteriormente ele abandonaria sua idealização das *varnas*. Em 1936, declarou que a casta era "nociva para o crescimento espiritual, tanto quanto para o da nação".[33] Em 1942, teria afirmado que "nenhum interesse na vida [lhe] restaria" se o sistema perdurasse.[34] Por fim, em 1945, disse que a única *varna* restante compreendia os sudras — por tradição a mais baixa ordem, basicamente o campesinato — e os "*ati-sudras*, ou *harijans* ou intocáveis".[35] Nesse contexto, *ati* indicava além, mais baixo na escala. Mais uma vez, ele estava dizendo que era pecado acreditar em "superiores e inferiores". Admitiu que seus pontos de vista tinham mudado, que não estava mais emprenhado em dar uma face aceitável ao sistema de castas. Havia sempre sustentado que o único guia confiável para seu pensamento era a última coisa que tivesse dito.

Essa pode ter sido sua opinião final sobre o sistema de castas, mas não era a essência do que ele dissera dezoito anos antes, durante a *satyagraha* de Vaikom. Na época, o contraste entre as palavras de Gandhi, condenando "a profunda e negra ignorância da ortodoxia cega",[36] e as restrições que impôs aos que se esforçavam por cumprir seus preceitos confundiu de tal modo seus seguidores em Travancore que eles mandaram duas pessoas para se sentar aos pés do venerando mestre para saber como ele conciliava sua pregação com as restrições táticas que vinha recomendando.

A reunião ocorreu na oitava semana da campanha.[37] Perguntaram a Gandhi por que estava certo os hindus realizarem manifestações em apoio a um distante Khilafat, mas estava errado não hindus apoiarem o direito de os "inaproximáveis" usarem uma via pública em Travancore; por que a intocabilidade e a inaproximabilidade tinham de ser consideradas, em vista dos pronunciamentos do Partido do Congresso sobre o assunto, uma questão local de Vaikom, e não uma importante questão nacional; por que, se o marajá deles era respeitado e amado como um governante benevolente, seus súditos leais não podiam jejuar "para enternecer [seu] coração e conquistá-lo mediante seus sofrimentos", de acordo com os ensinamentos do próprio Gandhi sobre a *satyagraha*.

As respostas do Mahatma obedeceram a qualquer lógica tortuosa que lhe ocorresse; foram também insistentes e categóricas. Quando não se esquivava às perguntas, reformulava-as e depois as devolvia, sem recuar um dedo. "A ajuda externa enfraquece o valor de vosso sacrifício", declara. Do mesmo modo: "Esta é uma questão puramente hindu e, portanto, os não hindus não têm lugar na luta".

Não fica claro se ele está falando aqui como líder dos hindus ou do movimento nacionalista. Como ele é Gandhi, ninguém lhe pede que esclareça isso. Em seu desvelo com os sentimentos dos hindus ortodoxos, suas respostas podem ser entendidas nos dois sentidos: "A interferência de não hindus", diz, "ofenderia o segmento ortodoxo que deveis converter e conquistar por meio de vosso amor." Aqui Gandhi parece falar como um hindu. Mesmo que as questões em jogo em Vaikom fossem vistas como nacionais, argumenta, não seria "nem desejável nem praticável que toda a Índia ou a organização central decidissem essas questões por meio de luta. Isso levará ao caos e à confusão." Aqui ele é o líder nacional dando a entender, embora não explicite, que o Partido do Congresso já está bastante dividido.

Os dois representantes de Travancore que procuraram Gandhi, ambos hindus de casta alta que apoiavam a causa dos intocáveis, obtiveram pouco esclarecimento que ajudasse o movimento, cuja importância Gandhi, na realidade, rebaixou. Ao voltarem, encontraram o movimento imerso em "total confusão".[38]

Assim escreve T. K. Ravindran, historiador de Kerala que realizou uma ampla pesquisa em arquivos de Travancore em língua malaiala para escrever a única narrativa do movimento com base nessas fontes primárias. Em seus esforços para interpretar e cumprir as determinações de Gandhi, o movimento estava meio perdido. O Swami Shraddhanand apareceu por lá a fim de apoiar uma reunião conjunta de milhares de *ezhavas* de baixa casta e naires de casta elevada, reunião que estabeleceria um novo parâmetro pelo simples fato de ter ocorrido. O encontro enviou uma delegação ao marajá apoiando a *satyagraha* e pedindo reformas.[39]

Ocorreu então que, em agosto, o rajá morreu. Como seu herdeiro era ainda criança, uma tia tornou-se regente. Seu primeiro ato foi mandar soltar todos aqueles que tinham sido presos no decorrer de cinco meses por participar da *satyagraha*. Os líderes libertados dedicaram-se a colher assinaturas de hindus de alta casta em petições que "respeitosa e humildemente [solicitam] que Vossa Alteza Ilustríssima se digne ordenar que todas as vias e todas as classes de instituições públicas sejam franqueadas a todas as classes de humildes súditos de Vossa Alteza Ilustríssima sem distinção de casta ou credo".[40] Uma fria resposta oficial frustrou essas esperanças. Foi então que o infatigável Swami Shraddhanand exortou Gandhi a não permitir que a causa de Vaikom definhasse.

O Gandhi que finalmente chegou de lancha ao cais de Vaikom em 9 de março de 1925, quase um ano após o começo da campanha de *satyagraha* que ele vinha gerindo por controle remoto, fizera pouco tempo antes muito estardalhaço ao simular renunciar à liderança do movimento nacionalista. Essa foi a primeira de diversas pretensas retiradas do Mahatma da política nacional.

Ao ser libertado da prisão, em fevereiro de 1924, ele submetera ao Partido do Congresso o que chamou de seu "pedido de emprego como general".[41] Queria dizer, é claro, general comandante. Um general, acrescentou então, "deve dispor de soldados que lhe obedeçam". No fim daquele ano, ele falava de si mesmo como um simples "soldado não violento", admitindo que não podia mais "contar com a anuência universal".[42] Visto de dentro do movimento, ele dera um passo atrás, quase se afastando do dia a dia da política. Visto de fora, ainda era o líder nacional. Em Kerala, sua chegada foi um acontecimento portentoso. Uma flotilha de barcos de pesca e barcaças de fundo chato, usadas no transporte de arroz e outras cargas, convergiu para a lancha que trazia o líder, ladeada por dois longos e enfeitados "barcos-serpentes", enormes embarcações de corrida que levavam dúzias de remadores, timoneiros e até músicos em grandes ocasiões solenes. Evidentemente, essa era uma delas.

Naquele tempo, a população de Vaikom não chegava a 5 mil habitantes. A multidão reunida no cais, onde hoje se ergue um monumento à *satyagraha* de Vaikom, só inaugurado em 2008, estendia-se por cerca de dois quilômetros, de acordo com a notícia do dia seguinte no *Malayala Manorama*, o principal jornal em malaiala, a língua da região. Todos, ou quase todos, ansiavam por ver o Mahatma. Não estava ali o desencantado George Joseph, que se afastara do Partido do Congresso e retornara à advocacia. Também não tinham ido os brâmanes, que controlavam o templo, e seus seguidores ortodoxos. Insistindo na observância do que julgavam ser o protocolo apropriado a sua condição superior, os sacerdotes do templo afirmavam que cabia a Gandhi pedir uma audiência com eles.[43]

Foi a primeira coisa que ele fez. A resposta formal lhe concedeu autorização para ir à casa de Indanturuttil Nambiatiri, líder da facção ortodoxa, numa parte das dependências do templo a que os intocáveis não tinham acesso. O próprio Gandhi estava ali por condescendência. Como não brâmane, o profeta baneane não tinha casta suficiente para ser convidado à residência propriamente dita do sacerdote. Por isso, o encontro teve de ser realizado fora dela, num pavilhão do jardim. A polícia de Travancore enviara um estenógrafo à reunião. O professor Ravindran recuperou do arquivo do antigo principado uma transcrição da conversa de três horas. Ela pode ser lida hoje como uma fascinante e pormenorizada exposição das opiniões de Gandhi sobre a questão das castas ou como um exemplo de sua agilidade intelectual quando pressionado. A pergunta que ela suscita é a seguinte: estaria Gandhi procurando demonstrar que estava no mesmo campo dos ortodoxos, tal como o político americano que busca se sair bem numa reunião com cristãos evangélicos, ou estaria demarcando uma posição ortodoxa própria? Às vezes ele é socrático, despejando uma torrente de perguntas destinadas a erodir as certezas dos oponentes. Mas é Indanturuttil Nambiatiri que se mostra o interrogador mais insistente.[44]

"O Mahatmaji acredita na divindade das *shastras* [escrituras] hindus?", começa ele. Gandhi responde: "Sim".

"O Mahatmaji acredita na Lei do Carma?" Mais uma vez a resposta é "Sim".

"Acredita na reencarnação?"

"Sim."

Assim sendo, é apresentada a Gandhi a dedução hindu habitual e, por assim dizer, normativa: a de que a sorte infeliz dos sem-casta é a punição pela má conduta em vidas passadas. "Admitamos isso", ele responde, e a seguir contra-ataca, perguntando por que isso dá às castas superiores o direito de infligir o castigo. O brâmane ignora a pergunta: "Acreditamos que esse é o desígnio de Deus", diz.

"Certo, certo", responde Gandhi, ainda aparando os golpes, ainda procurando retomar a iniciativa.

Mais tarde, acossado com relação ao mesmo ponto, ele continua a parecer na defensiva: "Eu admiti que as diferenças de nascimento devem-se a diferenças de ação. Mas isso não significa que se possa considerar que um homem seja inferior e outro homem, superior". Aqui Gandhi parece enredado em suas próprias palavras. Se as duas proposições — que os intocáveis são o que são por causa de malfeitos em vidas prévias e que, ainda assim, superior e inferior devem ser considerados iguais — não fossem absolutamente contraditórias, estavam perto disso. Qual das duas, temos de perguntar, era mais eloquente para Gandhi, que estava ali para defender o direito dos inaproximáveis de se aproximar de seus concidadãos numa via pública? A resposta deveria ser óbvia se considerarmos que sua vida até esse ponto teve alguma coerência. "Nenhum indiano nasce cule", ele escrevera na primeira carta que enviara a um jornal de Pretória quando ainda não tinha 25 anos. Ele se sentia mais "à vontade" com os trabalhadores em regime de servidão temporária, com quem realizara a marcha na África do Sul, do que com indianos de castas elevadas, disse numa festa em Bombaim, menos de duas semanas após seu retorno à pátria. "Não tenho vergonha de dizer que sou um lixeiro", declarou à *maharani*, ou rainha, de Travancore na manhã que se seguiu ao encontro com o brâmane, repetindo as palavras que ele usara anos antes na África do Sul.[45] Entretanto, ali em Travancore ele murmura "Certo, certo", ao se defrontar com uma doutrina de predestinação segundo a qual o mal cometido em vidas passadas é uma explicação fundamental para a intocabilidade e os extremos de desigualdade que essa situação acarreta. É possível que a Índia e uma leitura mais atenta de suas escrituras o tivessem tornado, com o tempo, mais ortodoxo. A explicação mais provável é que ele ainda estivesse convicto da possibilidade de, como disse certa vez, "limpar a sociedade hindu" e se considerasse, em Travancore, empenhado nesse exercício de higiene pública.[46] Seja como for, não era novidade para ele apresentar-se como um *sanatani*, ou hindu ortodoxo. Tinha feito isso quatro anos antes, num discurso numa conferência das "classes suprimidas". Não poderia haver *swaraj*, disse então, "enquanto os hindus deliberadamente considerarem a intocabilidade como parte de sua religião". A novidade era que ele havia ajustado seu cronograma (o fim da intocabilidade, como insinuara a Charlie Andrews, talvez tivesse de esperar a partida dos britânicos), de modo que, mesmo que ele estivesse inclinado a um debate teológico sobre a influência implacável das vidas passadas, agora não era hora disso. Bastaria conseguir convencer os clérigos a abrir as ruas.

Talvez o resumo que Nehru fez do modo de agir de Gandhi, naquela entrevista de 1955, ajude a explicar sua dança surpreendente, seus volteios e rodopios em Vaikom: "Não era do feitio dele chegar e provocar as massas em suas convicções profundas. [...] Gandhi estava sempre pensando nas massas e no espírito da Índia, e tentava encaminhá-los na direção certa; dar-lhes, aos poucos, cada vez mais coisas em que pensar, mas sem perturbá-los ou frustrá-los".[47] Em outras palavras, ele acreditava ser capaz de utilizar a persuasão moral e seu próprio exemplo para construir uma percepção abrangente da nacionalidade indiana, partilhada tanto por brâmanes quanto por intocáveis.

"Estou tentando ser uma ponte entre a ortodoxia cega e aqueles que são vítimas dessa ortodoxia cega", explicou.[48] "Vim aqui para criar paz e amizade entre os ortodoxos e os ativistas", ele teria dito, segundo o *Malayala Manorama*.[49] Dito de outra forma, ele afirma ter ido ali não como um cruzado, mas como um mediador. Não dará apoio a um lado em oposição ao outro, mesmo em Vaikom, onde é óbvio para ele que os ortodoxos representam apenas uma fração mínima da população. Para romper o impasse, ele faz uma sugestão de "desportista": que a questão do franqueamento das ruas seja resolvida por um plebiscito limitado aos hindus de castas. O sumo sacerdote insiste firmemente no princípio. "Não permitiremos que essa questão seja dirimida por votação", afirma Indanturuttil Nambiatiri.[50]

Assim que Gandhi saiu pelo portão, o brâmane realizou um ritual de purificação no pavilhão onde ocorrera o encontro, de modo a eliminar qualquer poluição que tivesse sido carreada pelo Mahatma. Hoje, pelos padrões do idoso clérigo, o lugar é uma verdadeira fossa de poluição, pois depois de sua morte, em 1957, a propriedade de sua residência passou para um sindicato filiado ao Partido Comunista, o Sindicato dos Extratores de Toddy do Taluk de Vaikom. Uma bandeira vermelha tremula diante da casa, e há foices e martelos na fachada.

Depois de contemplar esse monumento claramente não gandhiano às vicissitudes da história, fui até outra casa mofada em que ainda residem a idosa filha de Nambiatiri e seu marido. O que escutei ali não foi uma história de obstinada resistência à mudança. Dez anos após a primeira visita de Gandhi, todos os templos em Travancore finalmente se abriram, por decreto real, a todas as categorias de hindus, até mesmo aos sem-casta. Para evitar poluição espiritual, que se tornara inevitável, na visão dos Nambudiris, devido à chegada daquela ralé inaproximável, muitos deles deixaram de frequentar o templo de Shiva. Era isso que Indanturuttil Nambiatiri jurara fazer, em seu encontro com Gandhi, se os templos e as ruas de acesso algum dia fossem abertos por decreto real. "Abandonaremos esses templos e essas ruas", dissera.[51] Mas ao chegar a hora, afinal, o clérigo não estava entre os que renunciaram ao templo. Continuou a supervisionar os rituais no templo de Shiva. Ou seja, agarrou-se a sua ocupação. "Ele estava preparado para adaptar-se a mudanças", disse seu genro, um botânico aposentado chamado Krishnan Nambuthiri. "Tinha uma mente muito equilibrada. Não era, de modo algum, comandado pelas emoções."[52]

Perguntei o que ele sentia em relação a Gandhi. "Eu nunca tive raiva dele", disse o ancião. Nessa resposta, dada 85 anos depois da visita de Gandhi à casa ao lado e 61 anos após seu assassinato, fulgia uma última brasa, quase extinta, das teses ortodoxas que ele enfrentou naquele dia.

Deixando a entrevista com os brâmanes de mãos vazias, Gandhi falou a uma multidão de cerca de 20 mil pessoas que esperavam, perto dali, alguma notícia do resultado do encontro.[53] Elas ouviram uma admissão de fracasso, mas não de derrota. "Como vocês sabem", começou ele, "desde que pisei em solo indiano, após um longo exílio na África do Sul, tenho falado com franqueza, sem medo e abertamente, sobre a questão da intocabilidade."

Surpreende que o Mahatma considerasse necessário apresentar assim suas credenciais reformistas. Talvez tivesse consciência de que se dirigia a mais de uma plateia. A primeira era constituída de ativistas da *satyagraha* e daqueles que apoiavam a campanha; outra era formada pelos ortodoxos; e, por fim, havia aqueles, provavelmente a maioria, que estavam ali para se banhar na enobrecedora névoa do *darshan*. "Eu afirmo ser um hindu *sanatani*", prosseguiu, indo agora na outra direção. "Vim, por isso, para ponderar junto a meus amigos ortodoxos. Vim para apelar a eles. [...] Lamento confessar que não pude causar neles a impressão que esperava produzir."[54] A confiança em que teria sucesso, com a qual iniciou seu encontro com os brâmanes, era típica dele. E ela não o abandonou ali. Felicita aqueles que, havia um ano, vinham fazendo manifestações na "batalha bem-educada" que estavam travando e aconselha paciência. Aquilo que ele chama de uma "solução razoável" talvez possa ainda ser encontrada sem a intervenção do governo. Em essência, ele lhes diz que devem esperar até que seus sofrimentos toquem os corações dos clérigos renitentes, que ele próprio não conseguira tocar naquela tarde. Reverentes como eram, alguns dos que o ouviam balançam a cabeça, espantados e consternados.

Gandhi enfrenta mais dúvidas no dia seguinte, quando se reúne no *ashram* com os *satyagrahis*. Um deles quer saber quanto tempo durará a luta. "Alguns dias ou a vida inteira", ele responde de chofre, estabelecendo um padrão de desprendimento, mas também colocando-se bem acima da refrega.[55] Isso o leva de volta, mais uma vez, à África do Sul, onde ele julgou que a primeira campanha de *satyagraha* estaria terminada em um mês. "Durou exatamente oito anos", diz. A seguir, alguém faz uma pergunta sobre greve de fome até a morte. "Vou aconselhar as pessoas a deixar o senhor morrer", o Mahatma retruca, distante.

Qual seria o problema que inibia Gandhi? À medida que o acompanhamos em sua primeira visita a Travancore, essa pergunta está sempre presente. Suas respostas, ambíguas, foram e ainda são insatisfatórias. Em geral, o papel de Gandhi na *satyagraha* de Vaikom é interpretado acriticamente, fora de Kerala, como a confirmação de seus valores: a oposição inabalável à intocabilidade, a fidelidade à não violência. Já em Kerala, onde essa história é mais conhecida, o papel do Mahatma em geral é visto como uma disfarçada mas inequívoca adesão, de sua parte, ao sistema de castas. Nenhuma dessas leituras parece convincente. O que realmente transparece aqui é a dificuldade de ser Gandhi, de equilibrar seus vários objetivos e, mais particularmente, de derrubar a intocabilidade sem cindir seu movimento e semear o "caos e confusão" que ele temia. Desde seu recuo após a violência em Chauri Chaura, três anos antes, Gandhi não se animara a lançar ele próprio uma campanha de resistência não violenta.

Casta, intocabilidade e ação social são os temas que se apresentam para debate quando sua viagem o leva à base de Narayan Guru, o profeta da tese de "uma só casta, uma só religião".[56] É o primeiro encontro dos dois *rishis*. Conversam algumas horas. Depois Gandhi fala a centenas de seguidores de Narayan Guru.

Cabe presumir que a maioria deles fosse de *ezhavas*, um grupo que, para efeitos práticos, saiu do campo da intocabilidade. Não obstante, Gandhi dirige-se a eles como membros das "classes deprimidas". Fala de "uma onda de impaciência que se propaga não só em Travancore, como também em toda a Índia, de norte a sul, de leste a oeste, entre as classes deprimidas". Ele está se referindo à impaciência com os ortodoxos. "Eu lhes garanto que isso está errado", afirma. Anuncia também que arrancou a Narayan Guru uma promessa de dedicar-se à roda de fiar.

A versão muito tendenciosa do encontro, passada de geração a geração pelos adeptos de Narayan Guru, dá a ele e não ao Mahatma o papel de tutor. Foi naquele dia, afirmam, que Gandhi enfim veio a compreender de forma nova e profunda o que era a casta. "Naquele dia ele se tornou um Mahatma", disse-me Babu Vijayanath, filho do organizador original do movimento, arrebatado por essa grandiosa concepção gurucêntrica. Na realidade, o Gandhi que saiu do encontro parecia exatamente igual àquele que o iniciou: tão seguro de si mesmo e confiante em suas intuições que decerto nem ouvia os argumentos alheios.[57] Narayan Guru lhe disse que a intocabilidade não acabaria em uma geração. "Ele acha que eu terei de aparecer em outra encarnação antes de ver o fim desse tormento", declarou Gandhi com ironia. "Eu espero assistir a isso em minha vida, nesta época."[58]

Não há nenhum indício de que os dois tenham algum dia discutido por causa de uma discordância em questão de tática. Segundo um relatório da polícia, descoberto nos arquivos de Travancore, o guru havia manifestado antes seu ceticismo em relação às táticas contidas de Gandhi, perguntando-se por que os *satyagrahis* não "afirmavam seus direitos e entravam à força na área proibida".[59] Depois da visita do Mahatma surgem apoios circunstanciais a esse informe de autoria desconhecida. Finda a *satyagraha* de Vaikom, a influência direta dele em Travancore diminuiu. No entanto, os seguidores *ezhavas* de Narayan Guru continuaram a lutar pela entrada em outros templos, usando táticas mais agressivas, por vezes confrontando-se com hindus de casta. Num desses choques, em Thiruvarppu, em 1926, o fundador do movimento de Vaikom, T. K. Madhavan, levou uma surra da qual nunca se recuperou plenamente, segundo o filho.[60]

Na época, como hoje, alguns seguidores de Narayan Guru inclinavam-se a dar ao Mahatma menos importância do que a seu profeta local, devido a sua relutância em enfrentar os ortodoxos. Correu uma história segundo a qual o líder da Índia reagira passivamente ao lhe ser negado acesso ao templo de Devi, em

Kanyakumari, no extremo sul do subcontinente, sob a alegação de que sua condição social, advinda da casta de comerciantes, era demasiado modesta para que ele entrasse. De acordo com a notícia no jornal local, ele queria entrar no templo para prestar culto, mas em vez disso docilmente obedeceu à ordem de parar e rezou do lado de fora, onde estava. Era raríssimo que Gandhi rezasse em templos, de modo que o relato, mal documentado, deve ser visto com ceticismo. O que se recorda ainda é a diatribe feroz contra a intocabilidade, de um cruzado do lugar, um poeta malaiala chamado Sahodaran Ayyappan, que já havia ganhado notoriedade e se arriscado ao ostracismo por convidar *pulaias* e outros intocáveis a uma festa pública. Ao tomar conhecimento da suposta humilhação do Mahatma, Ayyappan teceu comentários em versos sobre o contraste entre o Gandhi que desafiara com denodo "o leão britânico" e o Gandhi que ainda "lambe os pés de brâmanes [...] abanando o rabo, mais servil que um cachorro".[61]

Sem dúvida foi Gandhi quem esvaziou o movimento original, firmando uma trégua com o comissário de polícia de Travancore, um inglês chamado W. H. Pitt, passando por cima dos ativistas, quase numa repetição de seu trato com Smuts depois das greves de 1913 em Natal.[62] Os termos do acordo foram redigidos de forma ambígua. Os policiais e as barricadas seriam retirados desde que os manifestantes se mantivessem longe das ruas que levavam ao templo. A proibição de acesso seria tirada dos códigos. Não haveria concessão de direito algum, mas depois que os ortodoxos se habituassem à ideia de que a aproximabilidade poderia agora tornar-se uma realidade prática, se não um direito cívico, na maioria daquelas ruas, todos os hindus, com ou sem casta, seriam autorizados a utilizá-las. Foi mais ou menos isso o que aconteceu no mês de novembro seguinte, embora a entrada no templo propriamente dito continuasse vedada à maioria dos hindus — todos, menos os das castas mais altas.

Em todo o movimento de Vaikom ficou evidente a ausência de qualquer esforço organizado para atrair os *pulaias* e outros intocáveis com menos prestígio que os *ezhavas*, que estavam em ascensão social. Alguns chegaram a participar da campanha, mas o único líder *pulaia* reconhecido em Travancore, conhecido como Ayyankali — hoje homenageado com uma grande estátua numa importante rotatória de trânsito na capital, Thiruvananthapuram —, manteve-se distante de Vaikom e do movimento para acabar com as barreiras ao templo de Shiva. Sua causa era a ascensão social de sua gente mediante seus próprios esforços, e não a reforma hindu. K. K. Kochu, um intelectual *dalit* que conheci em Kottayam, escreveu que a abstenção de Ayyankali em relação ao movimento de Vaikom — seu "silêncio" — é o que ecoa ao longo dos anos para os *dalits*.[63] Essa abstenção não traduzia indiferença, mas outra coisa. Apontava para um impulso cada vez mais forte no sentido de agir em benefício deles próprios. Dizem que quando Gandhi, numa viagem posterior, enfim foi apresentado a Ayyankali, saudou-o como o "rei dos *pulaias*" e pediu-lhe que declarasse seu maior desejo. "Tudo o que quero é que dez pessoas de nossa comunidade se formem em faculdades", respondeu o rei dos *pulaias*.[64]

Não era esse o futuro que Gandhi pintava quando se encontrava com intocáveis em sua viagem a Kerala. Requentando temas de seu discurso aos cortadores de cana de Natal, no fim de 1913, recomendava-lhes que combatessem seus próprios maus hábitos a fim de crescer, de conquistar a igualdade, que seria então seu galardão como bons hindus.

"Quantos de vocês sabem ler e escrever?", perguntou o Mahatma, severo, no começo de um desses encontros.

"Quantos bebem álcool?"

"Quantos comem carne de animais mortos?"

"Quantos comem carne de boi?"

"Sei de muitos de vocês que não tomam banho todos os dias. Posso ver isso pelo estado do cabelo de vocês. [...] Sei também que cheiram mal." Mas também disse: "Muitos hindus consideram pecado tocar em vocês. O que eu considero pecado é dizer e pensar que seja pecado tocar em vocês".[65]

Essa era a dialética gandhiana, um exercício de ajuste fino de uma ordem social hindu que esmaga os que estão embaixo. A sua maneira, ele está tentando falar aos dois lados da rua disputada, procurando acabar com a inaproximabilidade e ao mesmo tempo fazer com que os inaproximáveis obedeçam a normas que em geral eram consideradas boas demais para eles. O que não está fazendo é exortar as "classes suprimidas", como muitas vezes as chamou, a fazer qualquer coisa por si mesmas, além de tomar banho e vigiar o que põem na boca. Uma vez, de passagem, mencionou a possibilidade de que tentassem a resistência passiva em seu próprio benefício, mas não a encorajou. Uma coisa era organizar uma marcha por direitos limitados contra senhores brancos na África do Sul; outra coisa, bem diferente, era marchar contra os tradicionalistas hindus.

Sua última parada em Travancore foi em Alwaye, hoje chamada Aluva, cerca de 65 quilômetros ao norte de Vaikom, onde um jovem britânico formado em

Cambridge que lecionava ali numa faculdade cristã assistiu à sua chegada. "Gandhi estava sentado de pernas cruzadas num compartimento de terceira classe, e seu curioso rosto de gárgula não parecia se dar conta da multidão, das pessoas gradas e dos gritos dos estudantes." Assim o inglês Malcolm Muggeridge recordou a cena anos depois.[66]

Em seu relato, milhares de aldeões pobres se precipitaram, como de costume, "para tirar o pó de seus pés". Gandhi, então, "avistou alguns intocáveis numa espécie de cercado delimitado por cordas".[67] Passando por estudantes que bradavam palavras de ordem políticas e pessoas eminentes que aguardavam para depor guirlandas de flores em sua cabeça, ele caminhou até onde estavam os intocáveis e "começou a cantar com eles algo que parecia um hino melancólico, para óbvia consternação dos eminentes".

Em suas memórias, escritas quando já bem entrado em anos, Muggeridge não se detém nesse momento. Sua narrativa desvia para reflexões sobre o rumo do movimento de independência e o período histórico em que viveu. Mas antes de descartarmos Gandhi como um mantenedor do sistema, portador de uma mensagem deliberadamente ambígua — como um hipócrita, em outras palavras —, o que alguns intelectuais de Kerala parecem inclinados a fazer quando falam sobre Vaikom tantos anos depois, talvez convenha nos determos naquela cena em Alwaye. Se foi como Muggeridge mais tarde a relatou, o que Gandhi estava dizendo? E a quem? No cercado delimitado por cordas, ele estava levantando o tema da humanidade comum, não só em benefício dos intocáveis, mas para os estudantes, as pessoas importantes e os aldeões que tinham tirado a poeira de seus pés. E como ocorre com tanta frequência em sua vida tão bem documentada, o que salta da página é a ação, e não as palavras sempre cuidadosas, às vezes contraditórias, às vezes comoventes.

8. Ave, Libertador!

Embora não desesperasse com facilidade, como declarou um dia, às vezes Gandhi cortejava o desespero. Nunca se entregava a ele durante muito tempo, mas no ano anterior a sua visita a Vaikom ele esteve à beira do abismo. O ponto crítico se deu em meados de 1924, na reunião do Partido do Congresso em Ahmedabad, a que diluiu sua tese de que a utilização diária da roda de fiar era um pré-requisito absoluto para a participação no movimento. Se não pudesse persuadir seus supostos seguidores de que a *charkha*, ou roda de fiar, era o instrumento essencial para a autoconfiança e a liberdade dos indianos, seu lado autocrático estava pronto para exigir que ao menos agissem como se acreditassem nele. Ao descobrir que estavam dispostos a fazer-lhe a vontade, mas não a ser comandados, ele se disse "derrotado e humilhado".[1]

A prova de sua depressão estava no fato de que foi o próprio Gandhi que promoveu a diluição de sua resolução como meio de evitar a derrota e uma possível cisão. Aquilo foi, ele admitiu, uma espécie de rendição. Na inutilidade do debate e nas manobras que o acompanharam, ele sentiu ouvir a voz de Deus a lhe dizer, ou assim escreveu mais tarde, numa imitação da linguagem bíblica: "Ó, insensato, não sabes que és impossível? Teu tempo findou". O que ele disse na reunião aberta foi quase tão sombrio: "Não sei em que pé estou ou o que devo fazer".[2]

Ele não perdera apenas o comando do movimento e o senso de direção. Parecia ter perdido também a firme convicção de ter internalizado uma bússola exatíssima, de que sua busca interior por fim se identificaria com a da Índia. Sua reação a esse ataque de incerteza consistiu em alhear-se à política nacional, afirmando que não exerceria papel ativo até que a pena de seis anos a que fora condenado em 1922 expirasse, o que ocorreria em 1928, embora ele tivesse sido libertado depois de dois anos.[3] Na ocasião da libertação, com total incoerência, ele se oferecera prontamente a retomar seu papel como o "general" do movimento. Durante o afastamento voluntário, ele se limitaria, disse, a três coisas: à intocabilidade, à roda de fiar e à união entre hindus e muçulmanos. Não demorou muito para que, em consequência da violência comunal generalizada, a união entre hindus e muçulmanos tivesse de ser riscada da lista de seus projetos correntes. "O que fazer quando se está impotente?", perguntou, melancólico.[4]

Às vezes quase parecia amuar-se. Culpou a "Índia instruída" por sua tendência a "cindir-se em facções".[5] Ainda via "somente uma maneira" de avançar: a sua maneira, trabalhando "de baixo para cima". Em seguida culpou os britânicos, "os terceiros" nas disputas entre hindus e muçulmanos, sempre à procura de novas formas de dividir para governar.[6] "O governo da Índia baseia-se na desconfiança", declarou. (Dessa vez, argumentou que o governo semeava a desconfiança ao apoiar os muçulmanos. É claro que, se ele próprio não tivesse apoiado os muçulmanos, o movimento nacional jamais teria aderido ao movimento do Khilafat.) Deixando-se levar pela hipérbole, ele por fim se permitiu falar como se estivesse culpando Deus:

> Tornei a união entre hindus e muçulmanos uma missão de minha vida. Trabalhei por ela na África do Sul, labutei por ela aqui, fiz penitência por ela, mas Deus não ficou satisfeito, Deus não quis que eu recebesse crédito algum pelo trabalho. Por isso, agora lavei as mãos. Estou impotente. Esgotei toda a minha energia.[7]

O curioso é que, quando usou esse tom de aparente derrota, Gandhi na verdade já começara a recobrar o alento. Havia interrompido suas incessantes viagens pelo país para divulgar as virtudes da roda de fiar e depois passou todo o ano de 1926 em seu *ashram* perto de Ahmedabad, explicando que precisava descansar e refletir. Esse período foi chamado de seu "ano de silêncio", mas ele não estava nada silencioso. Toda semana havia artigos novos no *Young India*, inclusive os capítulos semanais de sua autobiografia. Em janeiro de 1927, quando ele disse "esgotei toda a minha energia", estava pronto para retornar aos palanques, para voltar a levar sua mensagem por toda a Índia. Quanto mais fala de sua impotência em relação às questões hindus-muçulmanas e de seu afastamento da política — as duas coisas, as questões hindus-muçulmanas e a política eram com frequência sinônimas nesse período —, mais claro fica que ele via seu retiro como um fenômeno temporário. Vem à mente uma comparação intercultural que pode parecer inútil, até mesmo muito imprópria. O Gandhi instalado no Ashram Sabarmati em meados da década de 1920, alheio à política do movimento nacionalista, adota uma estratégia que outro político personalista adotaria na fase final da Terceira República francesa várias décadas depois, não num *ashram*, mas numa aldeia chamada Colombey-les-Deux-Églises. É impossível imaginar um inflexível Charles de Gaulle sentado de pernas cruzadas. Mas Gandhi, como obviamente De Gaulle mais tarde, não estava apenas se mantendo alheio, e sim, dando tempo ao tempo, esperando que seu país o chamasse de volta à liderança em seus próprios termos.

Ele diz isso com toda clareza, só que às vezes se expressa em termos religiosos. Fossem quais fossem suas dúvidas em 1924, ele parecia seguro de que viria a ser necessário. "Sou otimista porque acredito na eficácia do pensamento devoto", escreve a um correligionário no fim de 1926, o ano que passou em retiro no *ashram*.[8] "Quando chegar o momento de ação, Deus dará a luz e a orientação. Por isso, vigio, espero e rezo, mantendo-me pronto para agir a qualquer instante." O que "parece ser minha inação", ele diz no mesmo período, defendendo sua obsessão pela promoção da roda de fiar, "na verdade é ação concentrada".[9]

"Estou esperando a hora propícia", ele escreveu por fim, numa carta datada de maio de 1928, "e você me verá conduzindo o país no campo da política quando o país estiver pronto. Não existe em mim falsa modéstia. Eu sou, sem dúvida alguma, um político, à minha maneira, e tenho um plano para a liberdade do país."[10]

A chamada de volta à liderança veio cerca de cinco meses depois, mais ou menos na mesma época em que terminaria sua pena de seis anos de prisão. A essa altura, a primeira campanha de *satyagraha* bem-sucedida em anos havia conseguido uma concessão do governo com relação a altos impostos territoriais no distrito de Bardoli, em Guzerate, o mesmo campo de batalha do qual Gandhi se retirara seis anos antes em reação à violência de Chauri Chaura, abortando uma campanha preparada com cuidado. Por fim, sob a liderança de Vallabhbhai Patel, seu discípulo, a campanha Bardoli Dois restaurara a confiança na tática de não violência militante numa época em que um jovem incendiário bengalês, Subhas Chandra Bose, começava a ganhar fama e apoio com uma convocação à resistência que prometia ser tudo, menos passiva. "Deem-me sangue e eu lhes darei a liberdade", dizia Bose, bombástico.[11]

O Partido do Congresso tinha divisões profundas, não só entre hindus e muçulmanos, mas também em termos de gerações, em relação a propostas de reformas constitucionais destinadas a formar um conjunto de exigências aos britânicos: de fato, um ultimato. Tinham sido redigidas por uma comissão presidida por Motilal Nehru, pai de Jawaharlal, o futuro primeiro-ministro. O filho, na vanguarda da geração mais nova, não apoiou o relatório do pai, e o mesmo fizeram os muçulmanos, representados por Jinnah e Muhammad Ali, este na iminência de seu rompimento final com Gandhi. A dramaticidade e a importância do momento talvez estejam mais claras hoje, na longa perspectiva da história, do que estiveram na época. Gandhi era a única figura na Índia com alguma chance de coordenar a tramitação do Relatório Nehru, como ficou conhecido, e obter sua aprovação pelo Partido do Congresso. Foi isso que Nehru lhe pediu que fizesse, em 1928. Sendo ele Gandhi, interpretou o pedido como o chamado de volta à liderança ativa, que esperara durante quatro longos anos.

Por isso, não se concentrou na questão de quantas cadeiras seriam reservadas aos muçulmanos nas assembleias legislativas dos estados onde eram minoria — ou seja, na maior parte deles. O Relatório Nehru deixara de cumprir uma promessa que o Partido do Congresso fizera aos muçulmanos doze anos antes, previamente à ascensão de Gandhi: que eles poderiam eleger seus próprios representantes, com eleitorados separados. Em vez disso, o relatório propôs reservar para os muçulmanos um número mínimo de cadeiras nas províncias em que os hindus eram maioria, segundo a proporção de muçulmanos na população; no Legislativo nacional, o Relatório dispunha-se a conceder-lhes um quarto das cadeiras. Para Jinnah, Motilal Nehru havia fixado um preço muito baixo para essa mudança — sobretudo em relação ao número de cadeiras reservadas aos muçulmanos na Assembleia Nacional. Essa era uma oportunidade para que Gandhi voltasse a agir no tocante a questões hindus-muçulmanas, que o haviam agastado com a política a ponto de ter, como disse, "deixado de ler jornais".[12] Mas ele nunca tivera grande interesse pela mecânica constitucional; e embora em geral se prontificasse a fazer concessões em benefício da união com os muçulmanos, estava atento agora às exigências práticas da política do Partido do Congresso e para a sua própria volta ao cenário político, de modo que deixou o momento passar.

Na gigantesca Convenção dos Partidos, realizada em Calcutá no fim de 1928, Jinnah propôs uma série de emendas; a mais importante garantiria aos muçulmanos um terço das cadeiras num futuro Legislativo central, e não os 25% previstos por Motilal Nehru.[13] Não foi uma oferta feita ao estilo "é pegar ou largar", que mais tarde viria a se tornar comum. Em Calcutá, dificilmente ele poderia ter-se mostrado mais complacente. "Somos filhos desta terra, temos de viver juntos", declarou. "Acredito que a Índia não progredirá até que muçulmanos e hindus estejam unidos."[14] O Partido do Congresso, que alegava representar todos os indianos, inclusive os muçulmanos, fez ouvidos de mercador. As emendas de Jinnah foram rejeitadas, e Gandhi manteve-se à distância.

Jinnah entendeu isso como uma desfeita e se retirou, levando consigo Muhammad Ali, o aliado de Gandhi que usara *khadi*, divulgara a roda de fiar, deixara de comer carne de boi e até, por ocasião do jejum de "penitência" pela harmonia entre hindus e muçulmanos na própria casa de Ali, pensou em presentear o Mahatma com uma vaca salva do matadouro como um símbolo do respeito dos muçulmanos pelos valores do hinduísmo. Semanas depois desse rompimento, o irmão de Muhammad, Shaukat Ali, prometia não participar de reunião alguma com hindus durante um ano.[15] "Os caminhos se separam aqui", escreveu Jinnah na época.[16] Desencantado com a política e amargurado com sua separação de uma mulher mais nova e não muçulmana a quem amara e com sua subsequente morte precoce, Jinnah mudou-se para a Inglaterra, onde morou por quatro anos.[17] "Que fazer? Os hindus são míopes e, creio, incorrigíveis." Gandhi não gostou da forma como o Partido do Congresso tratara Jinnah. Mas cabe duvidar que ele algum dia tenha visto, nesses anos, o orgulhoso advogado de Bombaim como um possível líder das massas de muçulmanos, que dirá como um aliado em potencial. O bem vestido Mohammed Ali Jinnah não era homem chegado à religião. Como poderia o Mahatma pensar em falar aos muçulmanos por intermédio desse homem?

No Partido do Congresso restava ainda debater os pormenores do Relatório Nehru, que preconizava que a Grã-Bretanha concedesse à Índia o status de *dominion* dentro da Comunidade Britânica de Nações. Jawaharlal Nehru e Bose desejavam que o partido emitisse logo uma declaração em favor da plena independência, um manifesto que abrisse caminho para o confronto imediato que só permaneceria não violento se a não violência tivesse êxito. Gandhi contra-atacou com uma moção contemporizadora, pela qual a Índia declararia a independência em dois anos se até lá a Grã-Bretanha não lhe concedesse status de *dominion*. Por fim, ficou acertado que a Grã-Bretanha teria só um ano para agir — até o fim de 1929. Esse ano, assim rezavam outras resoluções, seria dedicado ao "programa construtivo" de Gandhi, que estipulava a eliminação da intocabilidade, o boicote a tecidos estrangeiros, a promoção do *khadi*, o combate às bebidas alcoólicas e a promoção do avanço social das mulheres. Tudo isso fora incluído no programa por insistência de Gandhi, o que mostrava que ele novamente podia impor suas condições.

É claro que, passado esse ano, a Índia ainda não era um *dominion* e a reforma social não saíra do papel. Pela segunda vez, a *swaraj* prevista para ocorrer dentro de um ano não aconteceu.[18] Por isso, foi preciso proclamar uma independência simbólica em 26 de janeiro de 1930. Coube exclusivamente ao Mahatma decidir de que forma a tão anunciada campanha de não cooperação seria conduzida depois disso. O movimento agora era maior do que quando Gandhi assumira seu comando pela primeira vez, porém mais difícil de controlar. Por simples inércia, avançava em múltiplas direções, ao mesmo tempo que era impelido rumo à meta preponderante: a independência. Ainda assim, Gandhi estava, para todos os efeitos práticos, de volta ao posto de comandante supremo que lhe fora formalmente conferido uma década antes. Como ele dissera durante seu período de inatividade, "Para mim só existe um caminho".[19] Esse caminho era, em essência, de confronto, ainda que expresso num vocabulário de amor e não violência. Compreendia a *satyagraha*, a não cooperação, a desobediência civil; esses termos, não exatamente sinônimos, fundiam-se um no outro, cobrindo um espectro de significados que a essa altura a Índia e seus governantes coloniais tinham passado a compreender. Contudo, durante semanas Gandhi não atinou com a tática específica para a campanha que se avizinhava.

Sua inspiração (enviada por Deus, como disse) veio em duas fases. Na primeira, ele refletiu sobre seu desapontamento cada vez maior com o Partido do Congresso, que, a seu ver, continuava a ser uma coligação indisciplinada e periclitante de interesses pessoais, com pouco ou nenhum comprometimento sério com a reforma social. "No atual estado do Partido do Congresso, nenhuma campanha de desobediência civil pode ou deve ser empreendida em seu nome", ele escreveu num bilhete confidencial ao jovem Nehru, a quem acabara de designar como presidente do partido.[20] As labaredas da violência de Chauri Chaura, de oito anos antes, ainda lançavam sombras assustadoras no espírito do Mahatma. Por isso, sua imaginação o levava a um passado mais distante, na África do Sul, onde ele afirmava ter começado a agitação em Natal com dezesseis membros escolhidos do *ashram*, treinados por ele na fazenda Tolstói e na comunidade Phoenix. O que estava em jogo era muito diferente agora. Na África do Sul, uma pequena minoria ameaçada lutava por direitos mínimos — a revogação de um imposto opressivo destinado a expulsá-la do país, a concessão de rudimentos de cidadania, a permissão, senão o direito, de atravessar divisas internas — em troca da admissão de que a igualdade política não estava na mesa de negociação, não podia sequer ser mencionada como uma meta distante. Na Índia, não só a igualdade, como também a soberania — a *swaraj* em seu sentido mais pleno de autodeterminação — era o objetivo procurado em nome de 320 milhões de indianos, entre eles os "milhões sem voz", indigentes, por quem e de quem o Mahatma falava.

A versão de Gandhi, um tanto rósea, de sua heroica história pessoal no outro subcontinente fundira-se com sua visão do destino da Índia; por ora, ao menos, eram idênticas. A desobediência civil, disse ele a Nehru, "deve ser empreendida apenas por mim ou com alguns poucos companheiros, como fiz na África do Sul".[21]

A segunda inspiração — os pormenores do que essa vanguarda de *satyagrahis*, os "sofredores voluntários", realmente faria, como ela trataria as necessidades comuns daqueles milhões de indianos, como ela poderia ser imitada — veio, finalmente, após a independência simbólica declarada em 26 de janeiro de 1930, e depois de muitos apelos de Gandhi a seu círculo imediato e ao movimento em geral para que se aprestassem, à espera da luta. Quando ela começou, teve a beleza e a simplicidade de uma autêntica e verdadeira criação artística, de uma descoberta em ciência básica. O "especialista em *satyagraha*" se superou dessa vez, embrulhando simbolicamente o ímpeto nacionalista de liberdade política nos valores básicos de seu "programa construtivo", destinado à melhoria de vida dos mais humildes da Índia, de sua camada mais oprimida.

Dessa vez, a inspiração veio em uma única palavra: "sal". De vez em quando, Gandhi impunha a si mesmo uma dieta sem sal e a recomendava a seus discípulos na fazenda Tolstói. Mas agora ele pretendia fazer uma campanha com base na ideia de que "depois da água e do ar, o sal talvez seja a maior necessidade da vida".[22] O sal era precioso por ser utilizado por todos e porque sobre ele incidia um tributo elevado, cobrado por um regime estrangeiro, o que restringia sua produção local. Desde o tempo da Companhia das Índias Orientais, as autoridades coloniais tinham contado com a receita derivada do monopólio e do imposto sobre o sal, pago até pelas famílias mais pobres, hindus ou muçulmanas. A inspiração de Gandhi foi que ele poderia ir do Ashram Sabarmati até a beira do mar da Arábia, e ali, num lugar chamado Dandi, desafiar a lei — e ao mesmo tempo unificar a Índia — simplesmente pegando um bloco de sal.

Atendo-se ao roteiro da África do Sul, ele primeiro escreveu ao lorde Irwin, o vice-rei, expondo suas intenções e exigências, tal como escrevera a Smuts em 1913. "Minha ambição é nada menos que converter os britânicos através da não violência", escreveu, "e com isso fazê-los ver o mal que causaram à Índia." O vice-rei também seguiu o roteiro. Em vez de responder diretamente ao Mahatma, fez com que seu secretário particular lhe enviasse uma nota seca, como fizera o secretário de Smuts, dizendo que lorde Irwin lamentava saber que Gandhi planejava transgredir a lei e pôr em perigo a ordem pública.[23]

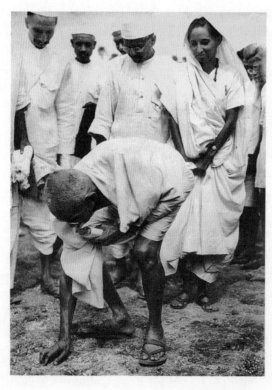

Desafiando a lei ao coletar sal na praia da aldeia de Dandi, 1930.

Pela primeira vez desde que liderara os trabalhadores em regime de servidão temporária que cruzaram a divisa do Transvaal, dezesseis anos e meio antes, Gandhi se preparava para marchar de novo. Desde 1927, quando talvez tenha sofrido um pequeno acidente vascular cerebral, a saúde de Gandhi não era mais a mesma. Agora, quase três anos depois, com 61 anos, ele partia, numa ensolarada manhã de março, para percorrer mais de 320 quilômetros até o mar, prometendo não retornar ao *ashram* até a Índia ganhar a liberdade. (Com o desenrolar dos acontecimentos no pouco menos de meio ano que lhe restou após a independência da Índia, em 1947, ele realmente nunca mais retornou a Ahmedabad.) "Arde nele a chama de uma imensa determinação, além do insuperável amor por seus compatriotas miseráveis", escreveu Jawaharlal Nehru, que assistiu à partida.[24] No trem acompanhavam-no 78 ou, talvez, oitenta discípulos, entre os quais, segundo seu neto e biógrafo Rajmohan Gandhi, dois muçulmanos, um cristão, quatro intocáveis (e, portanto, 71 ou 73 hindus de casta). Logo, milhares de outras pessoas convergiam para as estradas de terra e os caminhos que ele percorria, a fim de ver esse cortejo modesto e desarmado, empenhado em derrubar um império. Apoiado numa vara de bambu e caminhando, descalço, de dezesseis a dezenove quilômetros por dia, passando por dezenas de aldeias em que flores e folhas tinham sido espalhadas em seu caminho, como que saudando um herói conquistador, 24 dias depois Gandhi chegou a Dandi e ali, na manhã de 6 de abril de 1930, abaixou-se para pegar seu pedaço de sal, um ato simples de desafio rapidamente imitado por dezenas de milhares de pessoas de norte a sul nas duas costas do subcontinente.

"Ave, Libertador", saudou-o a poetisa Sarojini Naidu, uma grande amiga, que estava a seu lado.[25] Ou, ao menos, assim quer a lenda.

Menos de um ano depois, o movimento do Partido do Congresso nomeou Gandhi como seu único representante plenipotenciário em uma conferência sobre o caminho da Índia até a autonomia, convocada pelo governo britânico. Seu prestígio e sua autoridade eram agora maiores do que nunca. Os doze meses anteriores tinham sido muito tumultuados e trabalhosos, e a Marcha do Sal fora o catalisador de uma revolta vasta e em grande parte pacífica que abalara os pilares do Raj, levando a cerca de 90 mil prisões em toda a Índia. Contudo, Gandhi passara quase nove desses doze meses na relativa paz e solidão da prisão de Yeravda, perto de Poona, após sua detenção em 5 de maio. Pouco antes de ser preso, ele ordenara uma incursão não violenta contra uma usina de sal pertencente ao monopólio estatal, num lugar denominado Dharasana, a 240 quilômetros ao norte de Bombaim. Sarojini Naidu, a poetisa, assumiu o lugar do líder preso, com 2500 resistentes sob seu comando. Ordenou-lhes que suportassem os golpes dos policiais, armados com *lathis*, os bastões de bambu com pontas de chumbo, sem sequer erguer os braços e proteger a cabeça.

Houve naquele dia centenas de fraturas cranianas e muito sangue derramado à medida que fileira após fileira de resistentes avançava contra a violência policial sancionada pelos poderes públicos, no maior exemplo de não violência disciplinada antes que os manifestantes americanos pelos direitos civis alcançassem a ponte Edmund Pettus, nos arredores de Selma, no Alabama, 35 anos depois. O espetáculo teve impacto instantâneo em todo o mundo e um efeito inestimável em toda a Índia, inspirando a produção ilícita de sal em grande escala, nas duas costas, e levando a dezenas de outros confrontos, o que obrigou o Estado a usar de violência para reprimir manifestações não violentas na maioria das regiões do subcontinente, na tentativa de recuperar sua autoridade em declínio.

Da prisão em que ele e o pai estavam detidos em Allahabad, Jawaharlal Nehru escreveu, no final de julho, a Gandhi, na prisão de Yeravda: "Os últimos quatro meses na Índia", escreveu, "alegraram meu coração e fizeram-me mais orgulhoso dos homens, das mulheres e até das crianças da Índia do que jamais estive. [...] Permita-me dar-lhe os parabéns pela nova luz que o senhor criou com seu toque mágico! O que o futuro nos trará eu ignoro, mas o passado fez a vida valer a pena, e nossa existência prosaica se revestiu de algo como uma grandeza épica".[26]

Gandhi só foi posto em liberdade em 26 de janeiro de 1931. Foi um gesto simpático, por parte do vice-rei, escolher o simbólico "dia da independência" proclamado pelo Partido do Congresso, que ele poderia perfeitamente ter ignorado, para a soltura de Gandhi e de outros líderes do movimento. Foi também um sinal de que os britânicos esperavam romper o impasse criado pela desobediência civil, esvaziar as prisões, acenando com a possibilidade de um acordo político, e talvez até fazer parecer que houvera um acordo desse tipo mediante a concessão de uma certa autonomia em que a nebulosa palavra *"dominion"* pudesse ser afixada. Irwin libertou Gandhi, da mesma forma como Smuts fizera tantos anos antes, a fim de entabular negociações pessoais e diretas com ele, levando a um acordo ambíguo que Gandhi então teria de interpretar e vender aos vários setores do movimento nacionalista. Gandhi e o Partido do Congresso haviam boicotado a primeira rodada da chamada Conferência da Mesa-Redonda, realizada em Londres naquele ano. A conferência tinha como objetivo traçar um caminho para a autonomia política do vasto território da Índia Britânica, que se estendia da fronteira do Afeganistão até a da Birmânia, compreendendo os atuais territórios da Índia, do Paquistão e de Bangladesh. Era importante para o vice-rei e para Whitehall que ele comparecesse à segunda rodada.

A Grã-Bretanha não estava negociando a partir de uma posição de força, pelo simples hábito da dominação. Mergulhado numa crise econômica internacional que, precipitada pelo estouro da bolha do mercado de ações em Wall Street, só se agravava, o governo minoritário do Partido Trabalhista preocupava-se com o aumento do número de trabalhadores desempregados e desesperados, que já ascendia a milhões, e isso antes do Estado assistencial. E preocupava-se também com questões referentes à libra esterlina, entre as quais avultava o problema de por quanto tempo ela poderia permanecer atrelada ao padrão-ouro e, assim, manter sua posição como principal moeda de reserva. Da perspectiva de Londres, já começava a ser possível ver a Índia como um ônus. Entre as agremiações políticas britânicas, o Partido Trabalhista era a menos imperialista. Muitos de seus membros, entre os quais o primeiro-ministro, Ramsay MacDonald, expressaram sentimentos que poderiam ser interpretados como anti-imperialistas. O partido encabeçava uma débil coalizão, e em seu temário a Índia não figurava como uma das prioridades. Apesar disso, era possível imaginar circunstâncias nas quais o governo poderia inclinar-se a agir.

Se existia uma mínima possibilidade como essa, ela praticamente desapareceu cinco dias antes que Gandhi embarcasse no ss *Rajputana* em Bombaim, em 29 de agosto de 1931, para sua primeira viagem à Europa em dezesseis anos — que seria também a última. Provocando uma divisão em seu próprio partido, o primeiro-ministro MacDonald formou um governo nacional no qual o que restou do Partido Trabalhista teve que compartilhar o poder com os tóris, o partido que representava para a política britânica o que a Igreja Superior Anglicana representava para o Império em geral e para o Raj em particular. Dez dias depois da chegada de Gandhi a Londres, a Grã-Bretanha abandonou o padrão-ouro, desvalorizando a libra e tornando a pomposa Conferência da Mesa-Redonda sobre o futuro da Índia Britânica um espetáculo secundário antes mesmo que ela passasse da fase dos discursos iniciais.

Gandhi fez uma maliciosa alusão a esses fatos em seu primeiro discurso na conferência, dizendo compreender que os estadistas britânicos estivessem "inteiramente concentrados em seus assuntos nacionais, tentando conciliar as despesas com a receita".[27] Abrir mão do controle da Índia, sugeriu, maldoso, talvez fosse um meio de equilibrar o orçamento. A partir de então ele dedicou quase nenhuma atenção a esses fatos marcantes na política interna britânica, da mesma forma que seus biógrafos. Em entrevistas ainda em viagem, ele manifestara seu desejo de avistar-se com Winston Churchill, o mais veemente dos tóris da "linha dura" em assuntos indianos, mas Churchill não pôde abrir espaço em sua agenda. A reunião anterior dos dois homens, realizada um quarto de século antes, ficaria assim como o único encontro pessoal de ambos. Em vez de se confrontar com seu maior antagonista na vida pública britânica, como esperara, Gandhi teve uma reunião geral no palácio de Westminster com a pequena facção esquerdista do Partido Trabalhista, que passara para a oposição. Durante todo o tempo ele pareceu ciente de que as marés políticas na Grã-Bretanha faziam com que a conferência não fosse mais do que um anticlímax, um mero episódio, no lento esgarçamento dos laços da Índia com o Império.

A chegada de Gandhi a Londres rendera matérias de primeira página nos jornais, durante dias, mas, como era de esperar, suas atividades e declarações passaram para notas cada vez menores nas páginas internas. "Nenhum homem vivo influenciou, por preceitos ou por exemplos, um número tão vasto de pessoas de forma tão direta e profunda", escreveu Harold Laski, o bem relacionado e, mais concretamente, bem-intencionado teórico político da London School of Economics, no *Daily Herald*, jornal pró-trabalhista. "Nos últimos quinze anos, a história da Índia é, em essência, a história desse homem."

Entretanto, o que ele realizara era "a parte mais fácil da tarefa", disse Laski, disparando uma barragem de perguntas retóricas, aquelas que o próprio Gandhi fazia de vez em quando aos que o apoiavam: "Será ele capaz de congregar hindus e muçulmanos numa única perspectiva? Conseguirá derrubar a trágica barreira da casta? [...] O que ele há de fazer para alcançar a liberdade social?".[28]

Essas perguntas deram o tom da pauta real da conferência. Se os indianos veem hoje algum significado na última viagem do Mahatma a Londres, não foi por causa de seus encontros com Ramsay MacDonald ou, fora do salão da conferência, com Charlie Chaplin ou George Bernard Shaw. Foi porque a Conferência da Mesa-Redonda, que nunca teve chance de êxito com relação a assuntos constitucionais, tornou-se o palco de um confronto direto político, entre o movimento nacionalista, na pessoa de Gandhi, e intocáveis ambiciosos, representados por seu primeiro líder autêntico a ser reconhecido em nível nacional, Bhimrao Ramji Ambedkar. O embate entre os dois indianos pode ter ocorrido sob os dourados auspícios imperiais do palácio de St. James, décadas atrás, além da memória de qualquer indiano vivo. Um deles talvez fosse relativamente desconhecido em seu próprio país, enquanto o outro já se achava canonizado lá e em todo o mundo como o grande líder espiritual da era. Mas o confronto encontra eco na política indiana até hoje e suas implicações ainda são motivo de controvérsia. E abalou Gandhi até o fundo da alma, ao mostrar que ele não deixava de estar maculado pelo pecado da soberba quando se tratava de sua pretensão de falar pelos "milhões sem voz". Nos anos seguintes, ele redobraria a energia que punha em sua cruzada pessoal contra a questão da intocabilidade, ou mesmo em qualquer reexame de sua atitude quanto à questão, em parte a fim de justificar para si mesmo as bombásticas afirmações que fizera em Londres.

Uma aura de triunfalismo cercara sua chegada à capital do Império. Houve instantes em que se poderia suspeitar que Gandhi deleitava-se com sua própria celebridade (por exemplo, ao conversar sobre amenidades com Chaplin, de quem nunca ouvira falar até o encontro ser marcado). Quem esperava que ele ficasse deslumbrado com Londres havia esquecido, ou nunca soubera, que ele tinha palmilhado aqueles corredores do poder em suas prévias visitas como peticionário em favor dos indianos da África do Sul. A diferença agora estava mais nos trajes do que no homem. Convidado, junto com outros delegados da Mesa-Redonda, a um chá com o rei George V no palácio de Buckingham, ele se viu alvo de uma áspera advertência, por parte do rei em pessoa, para que não criasse confusão num ambiente que o monarca considerava ser seu território. Gandhi sabia muito bem de quem era aquele território e não se deu por achado. "Vossa Majestade não há de esperar que eu discuta o assunto com sua pessoa", respondeu, sereno. Perguntado depois se julgava seu traje apropriado para os régios aposentos, ele tinha uma pilhéria na ponta da língua: "O rei vestia roupas suficientes para nós dois".[29]

Dois meses após sua visita ao palácio, as autoridades coloniais o trancafiaram pela terceira vez na prisão de Yeravda — que ele às vezes chamava de "o Hotel do Rei" — para impedir uma campanha que ele estava prestes a lançar. Alguns anos depois, ele se sentiu tão posto à margem de novo que renunciou com muito estardalhaço a suas funções no Partido do Congresso. Mais do que nunca, então, quando ele chegou à década de 1930 do século passado e a sua sexta década de vida, sua peregrinação tinha seus altos e baixos. Em tudo isso, o encontro com Ambedkar revelou-se fundamental.

Ao voltar para a Índia, após sua segunda temporada de estudos no Ocidente, no fim de 1923, Ambedkar já era um dos mais credenciados indianos de sua época, com um doutorado da Universidade Columbia e um segundo título de doutor da London School of Economics, ambos em economia, além de um diploma de direito concedido pelo Gray's Inn, de Londres.[30] (Anos depois, ele sucumbiu a uma tendência indiana de exibir títulos, escrevendo em folhas timbradas nas quais seu nome era seguido de uma fieira de iniciais: "M. A., Ph. D., D. Sc., LL. D., D. Litt.".) Na qualidade de intocável, Ambedkar não só se destacava como uma pessoa fora do comum, como também constituía, sozinho, toda uma classe e estava claramente destinado à liderança. Com apenas 32 anos, buscava um meio de entrar na política, assim que conseguisse sustentar a si próprio e a noiva, que lhe fora prometida com nove anos e com quem se casou quando ele tinha apenas catorze.[31] Como Kasturba, mulher de Gandhi, ela se via sozinha na Índia quando o marido viajava para o exterior. Se as atividades acadêmicas de Ambedkar — financiadas em parte pelos marajás de Baroda e Kolhapur, dois monarcas reinantes propensos a reformas quanto a questões de casta — refletiam sua persistência e determinação, essas qualidades, transmitidas pelo pai, ex-intendente do Exército, pareciam provir das aspirações culturais dos *mahars*, uma subcasta de intocáveis em ascensão social do atual estado de Maharashtra, no oeste da Índia.

Para um intocável do início do século xx, ele tivera uma infância relativamente protegida, mas mesmo assim vivera a experiência, na escola primária, de ser tratado como um insidioso agente de contaminação.[32] Seu lugar na sala de aula ficava no canto, e ele se sentava num saco de aniagem, que era obrigado a carregar de casa para a escola e da escola para casa, a fim de proteger os hindus de casta, que, por acidente, entrassem em contato com algo que ele tivesse tocado. Quando pretendeu estudar sânscrito, foi encaminhado para o persa, sob a alegação de que a língua dos Vedas, os mais antigos textos sacros, não era adequada à boca ou aos dedos de um intocável.[33] Por conseguinte, quando enfim chegou a hora da política, foi quase inevitável que ele se visse e que fosse visto como um paladino da eliminação das barreiras de casta.

Todavia, ele aprendera também que às vezes havia diferença entre o bramanismo e os brâmanes: membros da mais alta casta sacerdotal eram capazes de reconhecer os talentos de um intocável e apoiá-lo. Na realidade, seu sobrenome era uma prova disso. Originalmente, ele se chamava Bhima Sankpal. Como o nome de família anunciava seu lugar humilde no sistema de castas, o pai decidiu usar, em seu lugar, o nome de sua aldeia natal, um costume dos maratas. Assim, os Sankpal se tornaram os Ambavadekar. O novo nome era pronunciado de forma bastante parecida com o de um mestre brâmane chamado Ambedkar, que, em respeito aos esforços do jovem e promissor intocável, lhe oferecia almoço diariamente. Por isso, Bhima adotou o nome do professor.[34] Já adulto, continuou a contar com protetores brâmanes, e anos depois da morte de sua primeira mulher, quando ele já se tornara membro do gabinete indiano, casou-se com uma brâmane, um "casamento misto", que hoje é só um pouco menos raro e chocante do que deve ter sido na época.

Ambedkar em Londres.

As primeiras petições e sustentações de Ambedkar refletiam sua formação. Tal como as primeiras petições de Gandhi em favor dos chamados indianos britânicos de Natal, eram formais e redigidas num rebuscado jargão jurídico. Ao começar sua vida profissional, não tinha nada que se assemelhasse ao instinto de Gandhi para a ironia, o sarcasmo ou a dramaticidade, mas, talvez por imitação, aprendeu a usar esses recursos. Se Gandhi estimulava a queima de certificados e tecidos estrangeiros, Ambedkar e seus seguidores queimavam o *Manusmriti*, um volume de direito tradicional hindu relativo a questões de casta. O gesto não ganhou tanta divulgação nem foi tão imitado quanto os que Gandhi usava, mas para os hindus que tomavam conhecimento dele sem dúvida era mais radical e sedicioso.

Bem mais tarde, em seu último ano de vida, depois de renunciar ao cargo que ocupava no primeiro gabinete da Índia independente, quando atuou como principal redator da Constituição, Ambedkar garantiu para si um papel duradouro como líder religioso, ao converter-se ao budismo e recomendar aos intocáveis que seguissem seu exemplo. No decurso do meio século que se seguiu, milhões de *mahars* e alguns outros fizeram o mesmo, o que muitas vezes acarretou perdas materiais. Ao tornar a intocabilidade ilegal, a Índia independente criou um sistema de ação afirmativa, com cotas nas escolas e no serviço público reservadas para os *dalits*, chamados oficialmente de membros das "castas reconhecidas". Mas a burocracia indiana, majoritariamente hindu, demorou a declarar que os budistas poderiam tirar proveito desses benefícios. Hoje em dia, o local da conversão de Ambedkar tornou-se um santuário e sua data natalícia é comemorada com peregrinações. A cada 14 de outubro, multidões de pelo menos 100 mil pessoas, talvez o dobro disso, convergem, na cidade de Nagpur, para uma estrutura chamada Deekshabhoomi (ou seja, "lugar de conversão" na língua marata) a fim de celebrar o Dhamma Chakra Pravartan Din (Dia da Cerimônia de Conversão em Massa).

Inaugurada em 2001, essa estrutura constitui hoje a catedral do movimento Ambedkar. À primeira vista, essa imensa cúpula invertida de concreto mais parece um estádio suburbano de hóquei do que a estupa budista que pretende evocar. A cúpula cobre um espaço aberto com muitas colunas, decoradas por motivos de lótus em gesso, uma imagem sentada de Buda e uma exposição de fotografias que narra a vida de Babasaheb Ambedkar, como seus seguidores chamam hoje o fundador do movimento, usando um título honorífico que traduz sentimentos filiais e reverência. O budismo surgiu na Índia, mas depois quase desapareceu do país, durante séculos, até ressurgir com Ambedkar. Ainda não se recompôs muito bem do

248

ponto de vista do ritual. Não se veem em Deekshabhoomi, muitas vezes, incenso, cantos e monges, o que faz o santuário parecer árido e quase inativo em comparação com os apinhados santuários budistas em Colombo, Bancoc e Phnom Penh. No entanto, é evidente que a religião está lançando raízes. Perto dali, os quiosques vendem textos budistas, além de estatuetas de gesso ou madeira que mostram Ambedkar em pé, vestindo um jaquetão azul-elétrico com uma gravata vermelha, tão comuns quanto os Budas de latão. Há também chaveiros e medalhões com imagens de Ambedkar. Às vezes ele é representado ao lado de Buda, participando de sua aura. Se não é um semideus, é ao menos um bodisatva ou um santo.

Quem chega a Nagpur desce no novíssimo aeroporto Dr. Babasaheb Ambedkar, do qual partem voos regulares para Bancoc e Dubai. Há pouco tempo foi inaugurado um seminário para a formação de monges budistas, com uma matrícula inicial de 35 acólitos liderados por um *dalit* convertido, Vimalkitti Gunasiri, que aprendeu o páli, a língua dos textos sagrados budistas, na Tailândia. A Universidade de Nagpur concede títulos de doutor a estudantes inscritos em seu Departamento de Pós-Graduação em Pensamento do Dr. Babasaheb Ambedkar. Da perspectiva da universidade ou do Deekshabhoomi, é mais do que evidente a resposta à pergunta: "Quem teve o maior impacto sobre a vida religiosa na Índia?".

Esse desfecho não seria sequer imaginado em 1930, mesmo por Ambedkar, que no começo parece ter recebido certo estímulo de Gandhi e do gandhismo. Ele liderou campanhas de *satyagraha* para abrir fontes de abastecimento de água, desde poços até reservatórios, para os intocáveis. Consta que uma dessas campanhas atraiu 16 mil intocáveis a uma cidade de Maharashtra chamada Mahad, onde, escreve um biógrafo e admirador, eles foram "conduzidos, pela primeira vez na história, por um grande líder de seu próprio grupo".[35] Outra *satyagraha* sob o comando de Ambedkar visou forçar a abertura do templo principal na cidade sagrada hindu de Nasik, onde, na juventude, Gandhi fora obrigado a passar por um ritual de purificação. Numa das manifestações em Mahad, diz-se que foi exibida uma fotografia de Gandhi. Conta-se também que o nome do Mahatma foi entoado em manifestações inspiradas ou conduzidas por Ambedkar. No entanto, a opinião de Ambedkar sobre o Mahatma ficou desde cedo prejudicada por uma visível decepção. "Antes do Mahatma Gandhi", ele reconheceu, "nenhum político neste país sustentou que era necessário eliminar a injustiça social aqui a fim de acabar com a tensão e o conflito." No entanto, perguntava ele para quem quisesse ouvir, por que Gandhi não procurara tornar a promessa de lutar pela abolição da intocabilidade um pré-requisito para que uma pessoa se inscrevesse no Partido do Congresso, como ele insistira em fazer com relação ao uso diário da roda de fiar?

Sua conclusão foi equilibrada e contida, a ponto de parecer insincera. "Quando se é menosprezado por todos", escreveu o jovem Ambedkar em 1925, depois de Gandhi ter visitado Vaikom, "até mesmo a solidariedade demonstrada pelo Mahatma Gandhi não deixa de ser importante."[36] Em 1927, Ambedkar fora nomeado para a Assembleia provincial da área então chamada Presidência de Bombaim, mas não há indícios claros de que Gandhi, que em essência ainda defendia o boicote a esses cargos nomeados e que de qualquer forma afirmava ter deixado de ler jornais, tomasse conhecimento dele ou de suas campanhas, mesmo aquelas que adotavam o método e o nome de *satyagraha*. O Mahatma aceitava discípulos, mas normalmente não os buscava. Ambedkar não o procurara, nunca se alinhara com o movimento nacionalista nem pusera à prova a declarada oposição à intocabilidade desse movimento, oferecendo-se como um possível líder.

Por isso, foi só em agosto de 1931, duas semanas antes da partida de Gandhi para a conferência de Londres, que os dois homens se conheceram, em Bombaim. O circunspecto Ambedkar era uma pessoa orgulhosa e um tanto taciturna, em geral arredio, mesmo em seu próprio círculo, e sensível ao extremo a desfeitas. "Eu sou um homem difícil", escreveu mais tarde, numa tentativa de autorretrato. "Em geral sou quieto como a água e humilde como a erva, mas quando colérico sou ingovernável e incontrolável."[37] Esse primeiro encontro parece ter ocorrido por iniciativa do Mahatma — ele até se ofereceu para visitar o homem mais jovem —, mas, segundo o relato de um biógrafo de Ambedkar, este se sentiu desdenhado porque Gandhi continuou uma conversa sem sequer olhá-lo quando ele entrou na sala. Ao receber a atenção de Gandhi, declinou do convite de apresentar suas opiniões sobre assuntos constitucionais. "O senhor me convidou para que eu ouvisse as suas ideias", teria dito, segundo o único relato que ficou dessa reunião.[38] A seguir, Ambedkar ouviu, impaciente, o Mahatma resumir seus esforços em benefício dos intocáveis. Por fim, o líder dos intocáveis deixou claro que julgava essas iniciativas ineficazes e tímidas.

"Gandhiji, eu não tenho pátria", disse.[39] O tom pode ter sido lastimoso ou irado. O Mahatma pode ter ficado surpreso.

"Eu sei que o senhor é um patriota de primeira linha", replicou Gandhi, segundo esse relato, ao que parece com base em anotações feitas por um seguidor de Ambedkar.

"Como posso chamar essa terra de minha pátria e o hinduísmo de minha religião, eis que somos tratados pior do que gatos e cachorros, eis que não podemos pegar água para beber?", insistiu Ambedkar, conforme essa fonte. (Os "eis que" talvez indiquem que essas palavras foram reconstituídas ou traduzidas por um advogado, possivelmente o próprio Ambedkar.)

O único comentário de Gandhi sobre o encontro passa por cima da segunda pessoa do plural na explosão de Ambedkar, tal como chegou a nós. O comentário foi feito alguns anos depois da reunião, numa época em que ele passara a usar outro nome para os intocáveis. Chamava-os agora *harijans*, ou "filhos de Deus" (termo hoje rejeitado pelos *dalits*, que o consideram condescendente). "Até eu viajar à Inglaterra, não sabia que ele era um *harijan*", disse Gandhi, referindo-se a Ambedkar. "Achava que fosse um brâmane que se interessava muito pelos *harijans*, e por isso falava de forma imoderada."[40]

Uma socióloga americana, Gail Omvedt, descreve essa reação como "reveladora dos estereótipos de Gandhi sobre os *dalits*".[41] Trata-se de uma reação compreensível, mas talvez demasiado fácil. Os intermediários que providenciaram o encontro eram hindus de casta superior, amigos de Ambedkar.[42] Em Vaikom e outros lugares, Gandhi havia conhecido brâmanes que faziam campanhas em favor dos intocáveis. Esses intermediários podiam formar outro grupo desses. Gandhi também conhecera líderes de intocáveis como Ayyankali, em Travancore. No passado mais distante, houvera Vincent Lawrence, o intocável convertido que trabalhara como seu funcionário em Durban, morara durante algum tempo em sua casa e se tornara um líder da comunidade. Gandhi sabia que intocáveis podiam usar colarinhos duros. Mas nunca conhecera um intelectual intocável como Ambedkar. Nem ele nem ninguém.

O encontro seguinte, em Londres, cerca de um mês depois, não foi melhor que o primeiro. Dessa vez Gandhi convocou Ambedkar, que acabou falando durante três horas "enquanto Gandhi, fiando, ouvia calado", de acordo com Omvedt.[43] Não conhecemos nenhuma versão do longo monólogo de Ambedkar. Sua causa era a melhoria social dos intocáveis, não a independência, a respeito da qual ele titubeava. Por acaso discorreu sobre as circunstâncias em que as duas causas poderiam fundir-se, ou só manifestou ressentimentos? Por sua parte, Gandhi disse alguma coisa que sugerisse que Ambedkar seria capaz de dar uma contribuição à causa nacionalista? As respostas a essas perguntas óbvias ficam a cargo de nossa imaginação. O mesmo acontece com a probabilidade de que Gandhi tenha ficado mudo durante três horas, ouvindo a arenga de Ambedkar. Tudo o que sabemos é que esse segundo encontro foi, sem dúvida, um fracasso; quaisquer que fossem suas intenções, os dois homens continuaram sem se entender.

Se o Mahatma nada tinha a dizer, por que convidara Ambedkar a visitá-lo? O líder dos intocáveis, já tenso em relação ao iminente confronto público entre os dois na Conferência da Mesa-Redonda, concluiu que Gandhi, ardiloso, esperava juntar munição para esse dia. Essa é uma possibilidade, mas não a única. Talvez Gandhi esperasse achar um terreno comum e tivesse descoberto, em vez disso, que Ambedkar endurecera sua posição.[44] Ele antes se opusera a eleitorados separados para sua gente, com base em princípios mais ou menos nacionalistas; o que desejara, disse na primeira Conferência da Mesa-Redonda, era o sufrágio universal e garantias de representação adequada. O Partido do Congresso ignorou sua proposta moderada, de modo que agora ele queria eleitorados separados, o mesmo que os muçulmanos desejavam, ainda que antes Ambedkar tivesse criticado a exigência muçulmana.

A essa altura dos acontecimentos, a recusa de Gandhi em negociar poderia até ser um sinal de relutante respeito. Sua posição fora a de que os hindus de casta mais alta tinham de reformar seus próprios costumes, e não ditar a política dos desvalidos. Ele estava mais que disposto a dar-lhes lições sobre dieta e higiene. Mas também era capaz de perguntar: "Quem somos nós para melhorar a vida dos *harijans*?".[45] Com "nós", ele se referia aos hindus de casta. "Tudo o que podemos fazer é expiar nossa culpa em relação a eles ou pagar o que lhes devemos, e isso só podemos fazer tornando-os membros da sociedade, em igualdade de condições, e não lhes pregando sermões."

Na África do Sul, Gandhi passara pela experiência de fazer exigências, em nome de uma minoria com problemas, a um líder que percebia a justiça de suas reclamações, mas achava mais conveniente, do ponto de vista político, adotar uma postura de obtusidade. Traçando ele próprio o paralelo, Gandhi disse que a fúria de Ambedkar contra os hindus fazia com que ele se recordasse dele próprio "em meus primeiros tempos na África do Sul, onde europeus me perseguiam onde quer que eu fosse".[46] Porventura algum dia ocorreu ao Mahatma que, ao resistir a Ambedkar em benefício da harmonia no movimento que ele liderava, estava se colocando no papel de Smuts? Ele podia ser implacável nessa resistência, mas nunca injurioso, escrevendo mais tarde a respeito de Ambedkar: "O dr. A. conta sempre com minha solidariedade em tudo o que diz. Ele merece o mais amável tratamento".[47]

E de outra feita: "Ele tem o direito até de cuspir em mim, como todo intocável, e eu continuaria a sorrir se ele o fizesse".[48] Esse rosto resolutamente sorridente não era uma máscara. Era a medida do homem. No entanto, quando ele se confrontou com Ambedkar na Conferência da Mesa-Redonda, seu sorriso desapareceu.

É possível que Gandhi pretendesse dar a Ambedkar "o mais amável tratamento" ou talvez nem estivesse pensando nele quando começou sua intervenção com uma alfinetada política, observando nos termos mais corteses possíveis que os britânicos haviam montado a conferência com pesos leves políticos e nulidades como forma de diminuir o movimento nacional ou passar por cima dele. Gandhi, o reconhecido líder nacional, era apenas um entre 56 delegados, posto pelos diretores de cena imperiais em pé de igualdade com empresários britânicos, marajás e representantes de várias minorias e seitas. Nisso Gandhi tinha razão, mas o líder dos intocáveis pode, mais uma vez, ter visto nessas palavras uma mostra de arrogância e ficado contrariado. A seguir, desatento ao exagero, Gandhi permitiu-se declarar: "Acima de tudo, o Partido do Congresso representa, em sua essência, os milhões sem voz e semifamélicos dispersos de norte a sul e de leste a oeste do país, em suas 700 mil aldeias".[49] Hoje sabemos que não era assim, na verdade, que ele via a realidade indiana. É evidente que, no ambiente do palácio de St. James, Gandhi procurava esconder sua decepção com o fato de o partido apoiar apenas da boca para fora seu "programa construtivo" de renovação no nível das aldeias. Menos de dois anos antes ele dissera a Nehru que não se podia confiar que o movimento conseguisse levar a cabo uma campanha de desobediência civil. Mas ali ele se permitia uma licença retórica, como porta-voz e enviado plenipotenciário do Partido do Congresso, para afirmar seus direitos sobre algo que não passava ainda de uma aspiração.

Aos ouvidos sensíveis de Ambedkar, aquilo era propaganda política, visando a depreciá-lo e a sua luta pelo reconhecimento dos intocáveis como uma minoria indiana definida e perseguida. Portanto, exigia refutação. Se o partido representava os mais pobres, que papel ele poderia exercer, mantendo-se fora do movimento como se mantinha? Três dias depois, Gandhi fez um gesto apaziguador, dizendo: "O Partido do Congresso, naturalmente, dividirá com o doutor Ambedkar a honra de representar os interesses dos intocáveis".[50] No momento seguinte,

Ambedkar, embaixo, à extrema direita; e Gandhi, ao centro, na Conferência da Mesa-Redonda, 1931.

porém, afastou da mesa as ideias de Ambedkar para representação dos intocáveis. "Representação especial" para eles, disse, iria de encontro a seus interesses.

O choque entre Ambedkar e Gandhi tornou-se pessoal numa sessão do chamado Comitê das Minorias, em 8 de outubro de 1931, um dia depois que o primeiro-ministro MacDonald convocou uma eleição antecipada que levaria a uma vitória esmagadora dos tóris por trás da fachada de um governo de união nacional, dando aos conservadores mais de três quartos das cadeiras da nova Câmara dos Comuns. Foi Ambedkar quem acendeu o rastilho ao ignorar a oferta do Mahatma de "dividir a honra" de representar os intocáveis. Ele podia ter sido indicado pelos britânicos, mas ainda assim Ambedkar declarou: "Eu represento plenamente as reivindicações de minha comunidade".[51] Gandhi não tinha direito, ele parecia agora argumentar, ao apoio dos intocáveis: "O Mahatma tem sempre afirmado que o Partido do Congresso defende as classes deprimidas e que o partido representa as classes deprimidas mais do que eu e meus colegas podemos fazer. Com relação a essa alegação, tudo o que posso dizer é que se trata de uma das muitas falsas alegações que pessoas irresponsáveis insistem em fazer".

O líder dos intocáveis não parou aí. Em seguida, deu a entender que a tomada do poder na Índia pelos hindus de casta seria uma ameaça a sua gente — o grosso dos "milhões sem voz" de Gandhi — 50 milhões ou 60 milhões de intocáveis segundo as estimativas então em uso. "As classes deprimidas não estão ansiosas, não estão clamando", disse, "não começaram nenhum movimento para afirmar que haverá uma transferência imediata de poder dos britânicos para o povo indiano."

Gandhi não elevou a voz — isso nunca foi de seu feitio —, mas acusou o golpe claramente. Em sua longa vida pública, de mais de meio século, provavelmente não houve outro momento em que tenha falado de forma tão incisiva — ou de maneira tão pessoal — como então, ao aceitar o desafio proposto por Ambedkar. Dessa vez não houve nenhuma menção a uma partilha da honra de representar os intocáveis. "Eu afirmo representar, em minha própria pessoa, a vasta massa dos intocáveis", disse ele. "Falo aqui não apenas em nome do Partido do Congresso, mas em meu próprio nome, e afirmo que se houvesse um referendo dos intocáveis eu receberia o voto deles e que venceria de longe esse pleito." Naquele instante de alta tensão, o ego do Mahatma desnudou-se tanto quanto seu corpo.

Esse confronto pode ser visto de muitos ângulos — como um desafio e uma resposta entre dois líderes políticos em torno de uma questão vital para o senso de missão de cada um deles, como uma descrição da realidade existente nas aldeias e nos cortiços da Índia colonial, como um momentoso debate constitucional que afetava os interesses de uma minoria, ou como um presságio do futuro da Índia —, mas estava prenhe de significados. Passadas oito décadas, eles requerem uma certa análise.

No nível da realidade trivial da Índia, tal como existia nas profundezas da era da Depressão, Gandhi estava coberto de razão ao dizer naquela manhã, no vetusto palácio Tudor, que "Não há justeza na pretensão registrada pelo doutor Ambedkar quando ele pretende falar pela totalidade dos intocáveis da Índia". É provável que, naquela época, a maioria dos intocáveis na Índia nunca tivesse ouvido falar de Ambedkar, ainda pouco conhecido fora de sua região. Se a maioria dos intocáveis reconhecia um grande líder político, esse líder seria Gandhi. Nesse caso, realmente se poderia esperar que ele vencesse "de longe" o referendo que imaginou. Isso é verdade ainda que, devido a sua insistência em que o problema da intocabilidade começava com os valores deformados dos hindus de casta, e não com os próprios intocáveis, ele não tivesse feito praticamente nada para organizar e liderar os intocáveis, cuja causa, reiterou, lhe era "tão cara quanto a própria vida".

Apesar de sua ambição e de suas manobras, Ambedkar jamais se sairia bem na política eleitoral, e os partidos que fundou nunca obtiveram um apoio eleitoral de âmbito nacional. Mesmo hoje, em Nagpur, no coração da região de Ambedkar, o último de seus partidos, o Republicano, dividiu-se em nada menos que quatro versões diferentes, cada qual alinhada com um determinado líder *dalit* que se senta sob um retrato de Ambedkar e afirma ser o seu autêntico herdeiro. Não obstante, se uma eleição fosse realizada hoje, numa tentativa de medir o prestígio relativo do Mahatma e do homem venerado como Babasaheb pelos antigos intocáveis, que agora se denominam *dalits*, resta pouca dúvida de que Ambedkar finalmente alcançou Gandhi e ganharia "de longe". Ambedkar defendia a ideia de que os intocáveis eram os guardiões de seu próprio destino, que mereciam ter seu próprio movimento, seus próprios líderes, como todas as demais comunidades, castas e subcastas indianas, uma ideia que após quatro ou cinco gerações — malgrado toda a fragmentação e corrupção da política eleitoral baseada nas castas na "maior democracia do mundo" — a maioria dos *dalits* enfim parece abraçar.

Já quanto ao problema constitucional e aos melhores interesses dos intocáveis, Gandhi teve mais a dizer naquela manhã no palácio que seu desafiante. Seu argumento fundamental foi que qualquer representação especial para os intocáveis — na forma de eleitorados separados ou cadeiras reservadas que só intocáveis poderiam ocupar — atuaria no sentido de perpetuar a intocabilidade. "Que todo o mundo saiba", disse ele, "que existe hoje um grupo de reformadores hindus empenhados em eliminar essa mancha que é a intocabilidade. Não desejamos em nosso registro civil e em nosso censo os intocáveis classificados como uma classe separada. [...] Haverão os intocáveis de permanecer intocáveis perpetuamente? Eu preferiria mil vezes que o hinduísmo morresse a que a intocabilidade sobrevivesse."

Essa foi a mais vigorosa e clara declaração de princípios sobre o tema que esse notável advogado algum dia expressou. No entanto, ele não parou aí. O encontro o abalara. Na semana anterior ele negociara em vão fórmulas constitucionais com Jinnah, com o Aga Khan e outros líderes muçulmanos. Agora estava ali digladiando com um intocável, e ainda que por ora tivesse levado a melhor no embate, era astuto o bastante para compreender que a previsão que fizera sobre o colapso iminente da intocabilidade não passava de uma fanfarronada mais que duvidosa. Ele já declarara sua sensação de impotência quanto à questão da união entre hindus e muçulmanos. Por acaso vislumbrava agora um impasse semelhante em sua luta contra a intocabilidade? A consecução de união das comunidades e o fim da perseguição de castas tinham sido dois de seus quatro "pilares" da liberdade indiana. Nesse momento decisivo em Londres, ele dificilmente poderia sentir-se confiante com relação a ambos.

O que ele realmente sentia estava implícito no que declarou a respeito de seu oponente, de surpreendente firmeza, naquele dia. "O crime monstruoso que o tem oprimido e, talvez, as amargas experiências por que passou distorceram por ora seu discernimento", disse Gandhi de Ambedkar, depois de louvar sua dedicação e seu talento. O Mahatma estava mais uma vez tomado pela mesma cautela que o levara a predizer, durante a campanha de Vaikom, que "caos e confusão" poderiam ser o resultado se a causa da entrada no templo fosse assumida pelo movimento nacional. Se os intocáveis se fortalecessem com direitos políticos separados, dizia ele agora, isso "criaria no hinduísmo uma divisão que nem quero imaginar. [...] Quem fala em direitos políticos de intocáveis não conhece a Índia em que vive, não sabe como a sociedade indiana está hoje construída". Havia muito que ler nas entrelinhas aqui. Embora não tivesse solucionado a questão da intocabilidade, Gandhi construíra um movimento nacional, não apenas um movimento — ele evocara o senso de nacionalidade em que esse movimento se baseava. Precisava crer que isso, finalmente, poderia ser a resposta à intocabilidade. Temia que o conflito de castas pudesse vir a destruir esse sentido de nacionalidade. De forma implícita, admitia assim que o problema ainda estava por ser resolvido e declarava, mais uma vez, ser aquele cuja paixão e cujo exemplo levariam à solução.

"Desejo afirmar com toda ênfase de que for capaz", concluiu ele, numa advertência vaga, porém pressaga, "que se eu viesse a ser a última pessoa a resistir a essa coisa, eu resistiria com minha vida." Nesse ponto ele estava parafraseando um trecho de seu famoso discurso no Empire Theater, em Johannesburgo, um quarto de século antes. Nos momentos decisivos de sua vida política, para Gandhi era sempre "vencer ou morrer".

Não está claro se os britânicos, Ambedkar ou os demais participantes da Conferência da Mesa-Redonda captaram o significado dessa advertência ao ouvi-la. Podem tê-la minimizado como pura retórica por não compreenderem a importância dos juramentos na vida do Mahatma. No entanto, decapitar "essa coisa" — o esforço para não só dar aos intocáveis supostas garantias legais de direitos iguais como também direitos políticos separados que pudessem ser trocados por alguma medida de poder político — tornara-se agora uma promessa gandhiana, que complicava e tornava ainda mais urgente sua promessa de acabar com a intocabilidade.

Os dois lados deixaram a reunião melindrados. "Este foi o dia mais humilhante de minha vida", comentou Gandhi naquela noite.[52] Por seu lado, consta que Ambedkar mais tarde teria dito, a respeito de Gandhi, que "não seria possível terem enviado um representante mais ignorante e com menos tato que Gandhi" para falar pelo Partido do Congresso na conferência.[53] Gandhi afirmava ser uma força unificadora e um homem imbuído de humanismo, prosseguiu Ambedkar, mas demonstrara o quanto podia ser mesquinho.[54] Ambedkar não foi o primeiro a se mostrar assim pessoalmente ofendido por Gandhi. Se voltarmos atrás mais de duas décadas, na África do Sul, podemos ouvir nas palavras de Ambedkar ecos das críticas acerbas que Gandhi provocou de P. S. Aiyar, o genioso editor indiano de Durban que se queixou de que Gandhi se apresentava como "uma alma de perfeição", embora não produzisse "nenhum bem tangível para ninguém".

Gandhi não dera a menor atenção à tentativa do editor de combater o imposto de capitação cobrado aos antigos trabalhadores em regime de servidão contratual, da mesma forma como mais tarde não daria nenhuma atenção à adoção, por Ambedkar, da *satyagraha* como tática para abrir templos hindus e poços em aldeias para os intocáveis. Um oceano separava Ambedkar e Aiyar. É provável que um nunca tenha ouvido o nome do outro, mas acabaram nutrindo o mesmo ressentimento em relação a um Gandhi por eles considerado ardiloso e insensível, um Gandhi que parecia achar que lutar por trabalhadores em regime de servidão temporária ou pelos intocáveis — causas que ele identificava consigo mesmo — era ilegítimo se feito sem a sua sanção e com cronogramas que não fossem o seu. Por fim, Ambedkar revelou um sentimento de mágoa que nutrira durante anos, bastante semelhante ao de Aiyar. "O sr. Gandhi fez pouco da *satya-*

graha", escreveu, referindo-se à recusa do Mahatma a apoiar uma de suas campanhas de entrada num templo. "Por que o senhor Gandhi agiu assim? Apenas porque não quis incomodar e exasperar os hindus."[55]

Perto do fim da conferência de Londres, Jawaharlal Nehru escreveu a um partidário do líder dos intocáveis, queixando-se de que o "comportamento [de Ambedkar] para com Gandhiji fora extremamente descortês".[56] O que estava em jogo eram mais que palavras duras. Encontrei no arquivo do Nehru Memorial, em Nova Delhi, uma carta que Nehru escreveu dias depois, na qualidade de secretário-geral do Comitê do Partido do Congresso Indiano, jogando um balde de água fria num apelo ardente sobre o tema da intocabilidade, feito por um jovem e promissor membro do partido, de Bombaim, chamado S. K. Patil. O que o rapaz desejava era um posicionamento claro em apoio à *satyagraha* de Nasik, que Ambedkar lançara antes de viajar a Londres. Estava na hora, escreveu, de o Partido do Congresso "tomar posição" no tocante à questão da admissão a templos; havia necessidade de uma "declaração oficial" em apoio à *satyagraha* de Nasik. Patil, que três décadas depois seria um duro líder político em Bombaim e um poderoso membro do gabinete de Nehru, mostrava-se aborrecidíssimo, em especial, com o que dissera um líder do Partido do Congresso: que a *satyagraha* era uma arma que deveria ser reservada para a causa da independência e não ser malbaratada em questões menores, provincianas, como admissão a templos. Se era essa a posição do partido, escreveu ele, então "muitos de nós não entendemos o Mahatmaji, que afirmou ser a *satyagraha* uma panaceia para todos os males".

O promissor político ignorava que a posição do Mahatmaji não era nem de longe clara como ele devotamente imaginava, não sabia que sete anos antes, na época da *satyagraha* de Vaikom, Gandhi realmente preconizara que o movimento nacional não deveria envolver-se em campanhas "locais" de admissão a templos. Em sua resposta, Nehru não se referiu a esse episódio. Esquivou-se inteiramente à questão do ingresso de intocáveis em templos, dizendo apenas que a *satyagraha* "não deveria ser objeto de uso excessivo nem barateado como arma".[57] É evidente que ele via a questão como um desvio das grandes metas da luta nacionalista. Nehru, um *pandit*, ou brâmane, de Caxemira, riscara de seu vocabulário a palavra casta, em favor de classe. A abolição da intocabilidade, em sua opinião, era tarefa para uma Índia independente, algo que podia ser postergado para aquele dia tão aguardado. A rejeição, por parte de Nehru, do apelo de Patil constitui um lembrete oportuno do motivo pelo qual Ambedkar se sentia tão magoado. Não se podia, na verdade, esperar que o Partido do Congresso "dividisse a honra" de representar os intocáveis. Esse era e seria sempre o ponto fraco na posição veemente de Gandhi.

Londres fora somente o primeiro assalto. Gandhi e Ambedkar logo se bateriam de novo em torno de questões ainda maiores. Depois disso, não tardaria para que o rotundo futuro budista renunciasse a campanhas de admissão a templos, ao hinduísmo em geral e ao Partido do Congresso em particular. Gandhi, que prometera resistir a "essa coisa" com a própria vida, talvez tenha sido o único a perceber o que se aproximava.

O ADEUS DE GANDHI HOJE, dizia a manchete no *Daily Herald* de Londres, em 5 de dezembro.[58] Numa entrevista de despedida, o Mahatma disse que "algo de indefinível" se modificara na atitude dos britânicos comuns em relação à Índia. Anos depois, George Orwell, que nunca fora um admirador empolgado do indiano, como que concordou, dando a entender que a grande realização de Gandhi pode ter sido criar na Grã-Bretanha "um amplo movimento de opinião favorável à independência da Índia. [...] Por manter sua luta com obstinação e sem ódio, Gandhi desinfetou a atmosfera política".[59] A melhor comprovação do argumento de Orwell talvez estejam nos três meses que Gandhi passou na Inglaterra durante o auge da Depressão.

Depois de escalas em Paris e na Suíça, ele chegou à Itália em 11 de dezembro, com a esperança de avistar-se com o papa e Mussolini. O tempo passado em Londres inflara a percepção de sua própria estatura no cenário mundial. Agora ele ouvira uma exortação para que fizesse o que estivesse a seu alcance para evitar outra guerra na Europa. Tinha esperança, confidenciou ao escritor francês Romain Rolland, de que seria capaz de causar alguma impressão em sua estada em Roma. Rolland escrevera um texto hagiográfico em que saudava Gandhi como o "Messias" da Índia, chegando até a compará-lo a Buda e Cristo como um "semideus mortal". Mas estava cético quanto à capacidade do Mahatma para impressionar Il Duce.[60]

O papa Pio XI lamentou não poder recebê-lo, mas providenciou uma visita de Gandhi à Capela Sistina.[61] Infelizmente, não há nenhuma imagem, além daquela que possamos criar na imaginação, que mostre a figura franzina, com sua tanga e seu manto, a fitar, contemplativo, um Cristo com trajes semelhantes, mas

No comício de Bombaim, ao voltar da Europa, dezembro de 1931.

incomparavelmente mais fornido, em *O juízo final*. É mais que provável que esse tenha sido o primeiro e único contato real do Mahatma com a pintura sacra ocidental, se não considerarmos a estampa de Jesus que ele mantinha na parede de seu escritório de advocacia em Johannesburgo. Gandhi a contemplou detidamente, dizendo-se mais tarde muitíssimo comovido por uma *pietá*: provavelmente a de Michelangelo na basílica de São Pedro, talvez a de Bellini no museu do Vaticano. Depois, às seis da tarde, ele foi conduzido ao espaçoso gabinete de Mussolini ("grande como um salão de baile, inteiramente vazio se não fosse a presença de uma grande escrivaninha", escreveu Madeleine Slade, filha de um almirante que o Mahatma rebatizou com o nome de Mirabehn, sua seguidora inglesa). O ditador dirigiu a conversa (em "excelente inglês", como disse Mirabehn), perguntando ao visitante se havia "obtido alguma coisa" na Conferência da Mesa-Redonda.

"Na verdade, não", respondeu Gandhi, "mas eu não esperava obter alguma coisa nela."[62]

O que ele faria a seguir?, quis saber Mussolini. "Ao que parece, terei de começar uma campanha de desobediência civil", disse seu convidado.

O diálogo continuou nesse estilo pingue-pongue entre dois políticos experientes, até que Mussolini pediu a Gandhi que falasse do que pensava sobre a Europa. "Agora o senhor fez a pergunta que eu estava esperando que fizesse", disse o Mahatma, pondo-se a expor o que era, de fato, um sumário de ideias sobre a decadência do Ocidente que ele escrevera 22 anos antes em *Hind swaraj*, enquanto regressava à África do Sul de uma primeira missão malsucedida a Whitehall. "A Europa não pode continuar a palmilhar o caminho que vem seguindo", disse. "Sua única alternativa está em mudar toda a base de sua vida econômica, todo o seu sistema de valores."

Gandhi, que não se dera ao trabalho de inteirar-se das doutrinas do fascismo, talvez julgasse estar falando contra a industrialização e o colonialismo, e portanto, em seu entender, pela paz. Mas as palavras que pronunciou poderiam ser enxertadas à perfeição num dos discursos estridentes do Duce. Por conseguinte, o encontro terminou num clima de harmonia, mas aquele não foi, de forma alguma, um encontro de espíritos, em parte porque Gandhi havia interpretado mal o de seu anfitrião.

Dois dias depois ele partiu de Brindisi rumo à pátria. Do navio, escreveu a Romain Rolland louvando Mussolini por sua "atenção aos pobres, sua oposição à superurbanização, seus esforços no sentido de coordenar o capital e o trabalho [...] [e] seu amor ardente a 'seu povo'". Chocado, Rolland escreveu uma refutação emocional, censurando seu messias por fazer tais juízos gratuitos e desinformados. Antes que a carta fosse postada, ele soube que Gandhi tinha sido tirado de circulação.[63]

Em 4 de janeiro de 1932, sete dias depois de desembarcar em Bombaim, o Mahatma acordou às três da manhã e deu com o comissário de polícia, um inglês fardado, de pé diante de sua cama. "Semidesperto, Bapu [parecia] idoso, frágil e um tanto patético, com as brumas do sono ainda em seu rosto", um solidário observador britânico escreveu depois.[64]

"Senhor Gandhi", disse o comissário, "é meu dever prendê-lo."

"No rosto de Bapu abriu-se um belo sorriso de boas-vindas", continuou o observador, "e agora ele parecia jovem, forte e confiante."

9. Jejum até a morte

"O sistema de castas apoiado por Gandhiji é o motivo dos problemas dos *dalits* hoje. Gandhi não foi um defensor dos *dalits*, e sim seu inimigo. Ele insultou os *dalits* ao chamá-los de *harijans*."[1] Entre os ex-intocáveis da Índia, essa não era uma opinião herética, nem mesmo surpreendente, ao ser expressa no começo da década de 1990 por uma jovem política, chamada Mayawati, que mais tarde veio a se tornar ministra-chefe de Uttar Pradesh, um estado na planície gangética com uma população maior que a da Rússia por uma margem de 50 milhões de habitantes. Entre os *dalits* em ascensão social, essa era a opinião dominante. Mayawati passou a ter então aspirações nacionais que a obrigaram a atenuar um pouco sua avaliação sobre o Pai da Nação. Todavia, a ideia de que Gandhi foi um "inimigo" dos mais oprimidos e desamparados dos pobres da Índia — exatamente aquelas pessoas às quais ele declarava ter dedicado sua vida, a cuja imagem ele refez a sua própria — subsiste na pequena galáxia de sites *dalits* no ciberespaço. Afinal de contas, é uma opinião que começa diretamente com Babasaheb Ambedkar, que em um de seus pronunciamentos menos sóbrios tachou Gandhi de "o inimigo número um" dos intocáveis. No aceso da controvérsia, em geral se esquece que o temperamental Ambedkar também qualificou Gandhi como "o maior homem da Índia".

Nos debates atuais sobre a atitude de Gandhi em relação aos intocáveis e ao sistema de castas, é sempre fácil achar uma citação do Mahatma contra si mesmo. Ao longo de mais de meio século ele escreveu e falou sobre o assunto com profunda convicção, pelo menos na maioria das vezes, mas sua tática tinha de ser reajustada de acordo com o lugar e a ocasião. Décadas depois de incentivar as refeições em comum de pessoas de diferentes castas, na comunidade Phoenix e na fazenda Tolstói, na África do Sul, ou entre militantes de campo em suas primeiras campanhas na Índia, como no distrito de Champaran, em Bihar, ele afirmou diante de plateias obcecadas por questões de casta, no sul da Índia, que a opção pelas refeições conjuntas, com participação de pessoas de diferentes castas, era uma questão de escolha privada, um assunto pessoal. Diante dessas plateias, ele era ainda mais cauteloso ao falar de casamento entre pessoas de diferentes castas. Sem se expressar de forma tão crua, ele praticamente assegurava aos hindus de casta elevada que podiam abandonar a iníqua prática da intocabilidade sem nunca ter de temer que suas filhas se casassem com homens de casta inferior à delas, quanto mais com intocáveis. No entanto, desafiando os hindus ortodoxos, o mesmo Gandhi por fim decretou que somente casamentos entre pessoas de castas diferentes poderiam ser realizados em seu *ashram*. Por fim, chegou à conclusão de que esses casamentos não só eram permissíveis, como talvez fossem a única solução, uma vez que tenderiam a levar a "apenas uma casta, conhecida pelo belo nome de *bhangi*".[2] Como um *bhangi*, varredor de ruas, às vezes é desprezado até por outros intocáveis, essa era uma ideia radical. (Tanto assim que, três gerações depois, continua a ser radical numa Índia em que três quartos dos entrevistados em pesquisas de opinião ainda desaprovam uniões de pessoas de castas diferentes e onde, não raramente, essa desaprovação se expressa nos chamados homicídios de honra de filhas e irmãs que não obedecem às regras.)[3]

Quando Ambedkar inquietou muitos de seus seguidores ao se casar com uma mulher brâmane depois da independência e da morte de Gandhi, Vallabhbhai Patel, seu colega de gabinete, enviou-lhe uma carta de felicitações, comentando de forma amável, ou talvez proposital, que o líder cuja sinceridade ele questionara com tal ardor teria se sentido feliz. "Concordo que Bapu, se vivo fosse, teria abençoado o casamento", respondeu Ambedkar, num tom mais neutro.[4]

Dizer que Gandhi não era de uma coerência absoluta não implica chamá-lo de hipócrita; implica reconhecer que ele era um líder político dedicado à tarefa de construir uma nação ou, às vezes, simplesmente mantê-la coesa. Em nenhum momento isso ficou mais claro do que na resposta que ele enviou a sua alma gêmea, Charlie Andrews, o pastor anglicano que ele conhecera no fim de sua estada na África do Sul. Andrews, que normalmente atuava como emissário pessoal de Gandhi na Inglaterra e em partes distantes do Império, insistira com ele para que concentrasse seus esforços na luta contra a intocabilidade, mesmo que isso significasse desacelerar o movimento de independência. "Minha vida é um todo indivisível", Gandhi escreveu de volta. E o mesmo ocorria com suas causas e preocupações, listadas na carta a Andrews como "*satyagraha*, resistência civil, intocabilidade e união de hindus e muçulmanos" — além de, como ele poderia ter dito, interesses diversos como dieta, abstinência de álcool, uso da roda de fiar, higiene, saneamento, educação em línguas vernáculas, promoção dos direitos da mulher, inclusive o direito de as viúvas se casarem novamente, e a abolição do casamento infantil — tudo isso "partes indivisíveis de um todo que é a verdade". E se todas eram consideradas como uma coisa só, prosseguiu Gandhi, numa resposta direta ao apelo de Andrews:

Não posso me dedicar inteiramente à intocabilidade e dizer: "Deixem um pouco de lado a união de hindus e muçulmanos ou a *swaraj*". Todas essas coisas se entrechocam e são interdependentes. Em minha vida, num momento dou mais ênfase a uma delas, em outro momento a outra. Mas isso é como um pianista, que ora dá ênfase a uma nota, ora a outra.[5]

Nesse caso, o pianista se vê também como compositor e regente. "A eliminação plena e definitiva da intocabilidade", diz ele então, "é inteiramente impossível sem a *swaraj*." Quem diz isso é o homem que já em 1921 declarara ser "a eliminação da intocabilidade uma condição indispensável para a consecução da *swaraj*".[6] É difícil não encarar isso como uma inversão ou uma contradição. Entretanto, para o próprio pianista, era apenas uma variação sobre um tema, uma forma de dar ênfase ora a uma nota, ora a outra. Seu amigo Andrews deveria ter percebido isso. Como vimos, o homem que ele tratava familiarmente como Mohan lhe advertira, havia muito tempo, que era provável que o domínio inglês tivesse de acabar antes que a Índia pudesse "livrar-se da maldição da intocabilidade".[7] Isso também foi dito em 1921, de modo que essa contradição, em particular, não poderia ser vista como nova; no máximo, estava mais perto de ser um aspecto constante de seu esforço para manter a Índia no caminho que ele tentara traçar. No entender de Gandhi, o fato de seus melhores esforços não terem posto fim, em 1933, nem ao domínio inglês nem à intocabilidade parecia apenas fortalecer sua convicção de que essas lutas eram partes indivisíveis de um todo. Portanto, se agora ele decidisse se concentrar na intocabilidade, não estaria desistindo da luta pela *swaraj* como Andrews insistia e Nehru temia. A seu ver, ele estaria atacando de novo.

Não obstante, dessa vez seu programa de trabalho tinha sido moldado por outras pessoas: primeiro por Ambedkar, o aparentemente indomável líder dos intocáveis, com sua exigência de eleitorados separados para cerca de 50 milhões de pessoas que constituíam as "classes deprimidas", como eram oficialmente designadas e que ele alegava representar; e depois por Ramsay MacDonald, no passado simpatizante da luta nacionalista da Índia e que agora representava um governo essencialmente tóri empenhado em preservar o domínio imperial. A Conferência da Mesa-Redonda terminara com a promessa, feita pelo primeiro--ministro britânico, de planejar uma fórmula conciliatória para eleições no subcontinente — a chamada Concessão às Comunidades (Communal Award) — que os vários grupos comunitários e partidos indianos não tinham conseguido definir entre eles próprios. Ao ser finalmente divulgada por Whitehall, em agosto de 1932, a concessão apunha o selo de aprovação real no plano de Ambedkar. No futuro, os intocáveis, como também os muçulmanos, elegeriam seus próprios representantes em todos os órgãos legislativos indianos; por fim, se a concessão realmente vigorasse, a alegação de Gandhi de que ele e o Partido do Congresso eram os verdadeiros representantes dos intocáveis passaria pela mais rigorosa prova possível. Cada vez mais, o partido poderia então ser visto não como um movimento nacional, mas sim como uma frouxa coalizão de hindus ansiosos por preservar sua condição de maioria. Essa era a solução — o tipo de "representação especial" para os intocáveis — à qual Gandhi, agora com 63 anos, prometera na conferência "resistir com a própria vida", por uma razão de primeira ordem: ela tenderia a institucionalizar, e com isso perpetuar, a intocabilidade, uma condição que ele às vezes comparara à escravidão, tal como fizera em relação ao sistema de servidão temporária contratual na África do Sul.[8]

A Concessão às Comunidades de MacDonald estipulava que o eleitorado separado para os intocáveis começaria a ser eliminado paulatinamente depois de vinte anos. Talvez isso pretendesse ser uma pequena concessão a Gandhi: o sistema não seria perpétuo. De qualquer forma, Gandhi mais uma vez fora preterido. Quando a concessão foi divulgada, ele se achava na prisão de Yeravda, perto de Poona, havia sete meses e meio, convenientemente imobilizado, ou assim pensavam os britânicos, embora já em março ele tivesse escrito ao secretário de Estado para a Índia, sir Samuel Hoare, a fim de lembrar-lhe que o voto que expressara em Londres "não fora dito no calor do momento nem era retórico". Se fosse tomada uma decisão de criar eleitorados separados para as chamadas classes deprimidas, dizia a missiva, "deverei jejuar até a morte".[9] Gandhi supunha, mas sem certeza, que sua carta fora transmitida a MacDonald. Cinco meses depois, ela ainda não vazara para a esfera pública.[10]

A Índia e o mundo só souberam da decisão de Gandhi de pôr a vida em jogo por causa da questão limitada da representação dos intocáveis uma semana antes da data que ele fixara para o início de seu jejum. A notícia correu depois que finalmente foram divulgadas em Londres suas cartas a Hoare e a MacDonald, que fixavam a data em 20 de setembro. Seus carcereiros em breve descobriram que, mais uma vez, tinham subestimado a argúcia e a determinação do Mahatma. Sua capacidade de agir com vigor e impor sua vontade atrás das grossas paredes de Yeravda podia ser comparada às fugas de Harry Houdini de dentro de um baú submerso na água e trancado a cadeado, só que a agilidade envolvida aqui era rigorosamente mental e psicológica. Pouca gente imaginava que sua ameaça de "jejuar até a morte" se a concessão não fosse retirada fosse um ardil. O *Times of India*, jornal de Bombaim escrito e editado por jornalistas ingleses, deu uma matéria sobre Gandhi com o título "Ameaça de suicídio" e publicou um editorial dizendo que ele já se mostrara "disposto a chegar a qualquer ponto que o fanatismo possa prescrever".[11]

O Mahatma gozava de alguns privilégios como prisioneiro: podia receber visitas e manter sua vasta correspondência, desde que permanecesse distante da política ostensiva; era capaz de ditar cinquenta cartas por dia, como se Yeravda fosse apenas o mais recente de seus *ashrams*. Tão logo as autoridades prisionais aceitaram seu jejum como inevitável, as restrições foram afrouxadas mais ainda, de modo que ele pudesse tomar parte nas negociações políticas. Assim, o prisioneiro, embora fora das vistas, estava de volta ao palco político como ator. Em muito pouco tempo, provocara uma enorme crise para os britânicos, para seus partidários e, sobretudo, para o dr. Ambedkar; um tumulto nacional e internacional; uma tempestade de angústias e autocríticas, de manobras políticas e recuos forçados, tudo isso acontecendo segundo o roteiro que ele previra. A questão central podia girar em torno de aspectos práticos do jogo político — a divisão do poder com um grupo inapelavelmente impotente —, mas Gandhi arrumou um jeito de explicar sua posição em termos religiosos. Mais uma vez ele se encontrava numa luta pelas almas dos hindus e por um hinduísmo esclarecido e igualitário que ele ainda esperava promover como sucedâneo de uma ordem religiosa hierárquica e opressiva, vista por ele com bastante clareza, mesmo quando procurava corroê-la de dentro para fora.

Com o intuito de sublinhar o que ele considerava ser a natureza religiosa de sua posição, Gandhi havia, de propósito, dado resposta somente à parte da concessão de Ramsay que tratava dos intocáveis, nada dizendo sobre a distribuição de cadeiras, dos direitos de votos dos muçulmanos e de outros pontos controversos que ele criticava na decisão. Esses pontos eram apenas políticos, explicou a seu secretário, Mahadev Desai, que o acompanhava em Yeravda. Mahadev argumentara que havia uma causa política mais ampla que precisava ser exposta à Índia e ao mundo para que o jejum fosse entendido e aceito, que Gandhi precisava falar sobre outros temas, além dos intocáveis, em sua carta ao primeiro-ministro. Gandhi entendeu o que ele queria dizer, mas não arredou pé. "Nossos próprios homens nos criticarão. Jawaharlal não gostará nada disso. Dirá que já falamos o suficiente sobre essa religião", reconheceu. "Mas isso não importa. No momento em que vou lançar mão da arma mais potente em meu arsenal espiritual, interpretação errônea e coisas assim jamais poderão atuar como um impedimento." Dias depois ele escreveu: "Para mim isso é uma questão religiosa, e não política".[12]

Entrincheirar-se no domínio da religião era a maneira como o Mahatma fechava a cortina ao debate, anunciando que ouvira a voz interior que garantia a "verdade" em que ele confiava. Meses antes, em Yeravda, após enviar a primeira advertência ao secretário de Estado para a Índia, ele interrompera uma discussão sobre as possíveis consequências políticas de um jejum traçando essa mesma linha. "E se eu for tomado por louco e morrer? Isso seria o fim da minha condição de mahatma, se ela for falsa e imerecida", disse então. "Eu só devo me ocupar de meu dever como religioso."[13]

Os princípios em que ele baseia a distinção que faz entre o religioso e o político, quando se trata de direitos de voto para os intocáveis, podem ser incompreensíveis para um ocidental secular que viva fora da Índia na sétima década de sua independência. No entanto, vale a pena um exame mais detido. Na superfície, a explicação do Mahatma a Mahadev e ao outro companheiro de prisão, o rígido assessor político Vallabhbhai Patel, tem mais a ver com sua própria percepção do que ele pode realizar como líder do que com quaisquer princípios provavelmente aceitos por todos os hindus. Ele afirma novamente que se sente "impotente" no tocante à questão muçulmana, e que, portanto, ela terá de ser resolvida politicamente mais tarde. No caso dos hindus, acredita, ainda tem a opção de recorrer à terapia de choque quanto à questão da intocabilidade. "O choque súbito é o tratamento prescrito", diz a Mahadev e a Patel.[14]

Se ele fracassar, prevê "derramamento de sangue" em toda a Índia entre os intocáveis e os hindus de casta. O que surpreende nesse vaticínio lúgubre — e talvez revelador — é que nesse caso não são os intocáveis oprimidos que ele vê como as vítimas passivas desse conflito anárquico. O que ele imagina, ao menos nesse caso, é um levante de baixo para cima em que os hindus de casta serão as vítimas. "Desordeiros intocáveis farão causa comum com desordeiros muçulmanos para matar hindus de casta", prevê, melancólico.[15] Gandhi foi às vezes acusado por Jinnah, Ambedkar e outros de, instintivamente, ficar do lado dos seus. Aqui, ainda que apenas numa frase atípica, ele se condena. A essência de seu dever religioso, ao que parece, consiste em salvar os hindus de casta de si próprios e da represália que os espera se não abraçarem as receitas que ele, Gandhi, prescreve para a reforma. Em geral, suas premonições têm raízes mais firmes na sociologia assimétrica das aldeias indianas, em que as vítimas tradicionais seriam as vítimas prováveis da violência da multidão. "O que sabe MacDonald a respeito dos 'inaproximáveis' e dos 'invisíveis' das aldeias de Guzerate?", pergunta a Mahadev num desses momentos. "Eles seriam estraçalhados."[16]

Seu premente senso de missão lhe possibilita fazer pouco caso de suas próprias restrições na época da *satyagraha* de Vaikom, oito anos antes, ao emprego do jejum como arma para amolecer o coração dos hindus de casta quanto à intocabilidade em geral e à admissão a templos em particular. Naquela época ele entendera que a admissão dos intocáveis ao templo era uma questão local; agora, de repente, está na iminência de declará-la uma questão nacional urgente.[17] E jejuar até a morte — uma arma de coerção sob qualquer critério — torna-se agora um dever religioso imposto ao líder que argumentara, quando isso servia a seus interesses, que o jejum que compele alguém a ceder "não porque ele percebe o erro de seus atos, mas porque não suporta assistir à morte de uma pessoa que, em sua opinião, obstina-se em escolher a morte [...] [era] a pior forma de coerção que milita contra os princípios fundamentais da *satyagraha*". Dessa vez chama o jejum de "penitência", querendo dizer que estava se submetendo a um "sofrimento voluntário" pelos pecados dos hindus de casta. Todavia, Ambedkar e, em menor grau, os britânicos só podiam ver no jejum uma forma de compulsão.

Nos termos mais simples possíveis, um método que podia ser classificado de imoral quando praticado por outras pessoas transmudava-se em obrigação religiosa quando empreendido por ele próprio.

William L. Shirer, o jovem correspondente do *Chicago Tribune*, que já fizera uma carreira interpretando Gandhi, declarou-se "perplexo" com a disposição do Mahatma de morrer a fim de negar aos intocáveis cadeiras garantidas nos legislativos provinciais.[18] "Eu teria esperado que o Mahatma apoiasse essa salvaguarda necessária para seus amados intocáveis", escreveu mais tarde o jornalista. De Viena, ele telegrafou a Gandhi pedindo uma explicação. "O senhor não deve se surpreender com o fato de eu presumir conhecer os interesses das classes deprimidas melhor do que seus líderes", telegrafou Gandhi de volta, em meio ao jejum. "Embora eu não seja um intocável de nascimento, nos últimos cinquenta anos tenho sido um intocável por opção." (O grupo de Gandhi, ao que parece, transmitiu o diálogo para o *Times* de Londres antes que Shirer tivesse tempo de utilizá-lo numa matéria — um exemplo do quanto Gandhi estava à frente de seu tempo na capacidade de manipular a imprensa.)

A perplexidade do jornalista americano era compreensível. Mesmo hoje, não é fácil destrinçar os motivos de Gandhi. Pyarelal, seu confidente e futuro biógrafo, deixa claro que cálculos políticos rasteiros não estavam inteiramente ausentes daquilo que ele em breve glorificaria como o "Jejum Épico". No livro com esse título, ele escreveu: "Com os hindus e os muçulmanos lutando por manter um equilíbrio de poder, e com a reivindicação dos siques de permeio, atender à exigência da classe deprimida era uma impossibilidade matemática".[19] Só existe um meio de entender Pyarelal. Aqui, o adjetivo "matemática" tem a ver com o número de cadeiras que se poderia pensar em subtrair ao total do Partido do Congresso de acordo com a fórmula que autorizava eleitorados separados para os intocáveis. Esse era um ponto em que Gandhi nunca tocava em cartas ou declarações públicas, a não ser para rejeitá-lo. "Não creia, por um instante sequer, que me interessa a força numérica dos hindus", disse ele.[20] Contudo, Vallabhbhai Patel especulava com frequência sobre as maneiras como os britânicos poderiam manipular eleitorados separados para prejudicar o Partido do Congresso. "Há uma conspiração profunda nisso", disse ele a respeito da Concessão às Comunidades.[21] Os cálculos de Patel equivaliam ao debate político que Gandhi renegava, mas não eram um debate pelo qual valesse a pena arriscar a vida de seu líder. Na verdade, o único motivo pelo qual Patel apoiava o jejum era que ele sabia até que ponto era inútil discutir com a "vozinha mansa" de Gandhi. Por si mesmo, ele não era capaz de imaginar um argumento em favor do jejum até a morte.

Não é fácil descrever o processo mental do Mahatma, mas é evidente que esse processo começa com sua promessa, em Londres, de resistir com a vida à proposta de Ambedkar sobre a instituição de eleitorados separados, mesmo que ele fosse o último adversário restante. Em Londres ele se opusera não só a eleitorados separados, como também a quaisquer "esquemas especiais" para os intocáveis, ainda que por um período limitado. Contudo, na véspera do início do jejum, quando já estavam em curso negociações febris em busca de um acordo que lhe salvasse a vida, ele fez saber que aceitaria a reserva de cadeiras para os intocáveis desde que o eleitorado geral pudesse escolher candidatos de uma chapa eleitoral de intocáveis nos distritos "reservados" para eles. A designação desses candidatos ficaria a cargo de eleitores intocáveis nesses distritos, numa espécie de eleição primária; assim, o "eleitorado separado" existiria para um turno, sendo substituído por um "eleitorado conjunto" na eleição geral. Esse sistema estava próximo da proposta original de Ambedkar, que antes fora inaceitável para o Partido do Congresso. Ou seja, de repente o Mahatma estava pondo em risco a vida a fim de bloquear não "esquemas especiais" para os intocáveis, mas apenas um determinado tipo de esquema especial, eleitorados separados numa eleição geral. Com eleitorados conjuntos — os intocáveis votariam na mesma eleição, com todos os demais eleitores, nos distritos "reservados" — o Partido do Congresso manteria uma posição forte para eleger seus próprios intocáveis, mesmo nos casos em que não conseguisse garantir o apoio da maioria dos eleitores intocáveis. Mas se Gandhi se dispunha agora a aceitar uma lei eleitoral que perpetuava a condição especial dos intocáveis, reconhecendo-os na prática como minoria oprimida, a despeito dos argumentos que ele expusera em Londres, qual seria sua justificativa para o jejum? O que fazia dele uma penitência religiosa? Obter uma estreita vantagem política, mediante a rejeição de eleitorados separados, era uma causa pela qual valesse a pena morrer? Seria plausível apontar aquilo como o objetivo?

Aquele não era um argumento que Gandhi pudesse apresentar satisfatoriamente a si mesmo, quanto mais a todo o país. A luta contra eleitorados separados somente se justificava como parte de uma reforma maior dos valores e da sociedade hindu, aquela em que Gandhi vinha insistindo praticamente desde sua volta da África do Sul. No entanto, o Mahatma esperou até a véspera do início de seu jejum para apresentar essa gigantesca condição adicional a seus partidários. "Não lhe satisfaria um simples acordo político entre os hindus de casta e as classes deprimidas", reza um sumário de suas observações, feito na época. "Ele queria que a intocabilidade acabasse de uma vez por todas."[22] Então, em regime de urgência, um jejum contra uma vantagem eleitoral especial para os intocáveis teve de ser reinterpretado e promovido como um jejum contra a própria intocabilidade. Era isso que fazia dele, aos olhos de Gandhi, um dever religioso — uma penitência.

Enquanto prosseguiam as negociações e os seguidores de Gandhi montavam uma nova ofensiva contra a opressão de castas, o próprio Mahatma passou a véspera do início de seu jejum ditando cartas. Como sempre acontecia quando ele se preparava para um grande empreendimento, seus pensamentos retornavam à África do Sul e a Hermann Kallenbach, a quem vira pela última vez em Londres, dezessete anos antes. "Se Deus tem mais trabalho a extrair deste corpo, ele há de sobreviver à provação abrasadora", escreveu ele a Kallenbach, num bilhete melodramático que oscilava entre o adeus e o até logo. "Nesse caso você deve tentar, com brevidade, vir para nos encontrarmos. Até lá, adeus e muito amor."[23]

O apelo ao país mal tinha sido feito e já se ouvia uma resposta, que de início pareceu retumbante. Em templos de toda a Índia, hindus de casta, que até então tinham rejeitado os intocáveis, de repente proclamavam sua ânsia de acolher com entusiasmo seus irmãos antes excluídos — aqueles que Gandhi vinha tentando chamar de *harijans* —, se era esse o preço para que o Mahatma continuasse a viver. A admissão a templos foi mostrada como uma espécie de fiança, a prova de um novo espírito de generosidade e civismo por parte dos hindus de casta. Temos então aqui um duplo paradoxo: Gandhi, que em Vaikom se opusera ao uso de jejuns em questões de admissão a templos, estava agora disposto a apontar a abertura de templos como prova da eficácia de seu próprio jejum contra a Concessão às Comunidades, que nas mãos desse mestre da alquimia política fora transmutado num jejum contra a intocabilidade. O que fica mais claro do que seu processo mental profundamente intuitivo foi o impacto instantâneo que sua decisão teve. Rabindranath Tagore, o poeta bengali que se opusera à exortação de Gandhi para que os tecidos estrangeiros fossem queimados, fez sua a premência do que ele classificou como o "ultimato" de Gandhi à maioria hindu.

"Se depreciarmos e vulgarizarmos [o jejum] mediante certos rituais a que estamos habituados e permitirmos que a nobre vida seja desperdiçada, sem nos inteirarmos de seu grandioso significado", declamou o poeta no primeiro dia, "então nosso povo há de rolar passivamente pela ladeira da degradação até o nadir do completo fracasso."[24] Com setenta anos de idade e doente, Tagore apressou-se a atravessar o subcontinente de trem para estar ao lado de Gandhi na prisão perto de Poona. "País inteiro profundamente comovido com sacrifício do Mahatmaji", ele telegrafou a um amigo em Londres. "Reformas radicais avançam depressa." Restava ver até onde as reformas eram mesmo radicais. Décadas mais tarde, não eram raras as notícias de mulheres intocáveis agredidas em aldeias por usar pulseiras e anéis de metal ou sáris novos de cores berrantes, adornos que podiam ser vistos como ofensivos em sua autoafirmação; os níveis de exclusão ao acesso à terra, de endividamento e de trabalho forçado continuavam altíssimos. Não há nenhum meio seguro de avaliar quantos hindus de casta foram profundamente afetados ou modificados em algum grau pelo jejum de Gandhi e pela cruzada que se seguiu contra a intocabilidade; muitos milhões poderiam ser um palpite razoável, mas na Índia, onde 1 milhão não passa de uma fração de um ponto percentual, muitos milhões com certeza ficam aquém da vasta reforma com que ele sonhou.

Tagore chegou ao pé do leito de Gandhi no sétimo e último dia do jejum. Levado a um pátio isolado entre dois blocos da prisão, ele encontrou Gandhi enrodilhado num catre simples, um *charpoy*, "sob a sombra de uma mangueira ainda pequena".[25] Fora ali, na quarta noite do jejum, que o dr. Ambedkar chegara ao pé do leito do Mahatma, que já parecia bastante debilitado, para a fase final de negociações a respeito do acordo que veio a ser chamado de Pacto de Poona.

"Mahatmaji, o senhor foi muito injusto conosco", disse o líder dos intocáveis.

"Minha sina é sempre parecer injusto. Não posso evitar isso", respondeu Gandhi.[26]

Logo debatiam os pormenores "matemáticos" referentes às cadeiras legislativas. "Eu quero minha compensação", ouviu-se Ambedkar dizer. Presume-se que se referia a uma recompensa, em cadeiras, por ter renunciado a eleitorados separados. Impotentes, os intocáveis precisavam de poder político, disse ele. Gandhi mostrou-se flexível com relação a cadeiras, mas implacável quanto ao prazo de um referendo, a realizar-se dentro de cinco ou dez anos. "Cinco anos ou minha vida", o prostrado mas ainda obstinado Mahatma disse, parecendo irritado no encontro seguinte, como um baneane regateando o preço de uma peça de fazenda. A questão foi negociada lentamente. O acordo final estipulou eleitorados conjuntos, cadeiras reservadas e um referendo em data a ser marcada mais tarde (acabou sendo nunca). Na realidade, na negociação com Gandhi, o dr. Ambedkar ganhou quase o dobro de cadeiras reservadas prometidas na concessão de Ramsay MacDonald. "O senhor tem minha plena solidariedade. Concordo com o senhor em quase tudo o que diz", garantira o Mahatma ao líder dos intocáveis no início das negociações. Agora, parecia a Ambedkar, ele cumprira o prometido.

"Eu só tenho um desacordo com o senhor", retrucara Ambedkar, segundo o diário de Mahadev. "É o fato de o senhor trabalhar pelo chamado bem-estar nacional e não apenas por nossos interesses. Se o senhor se dedicasse somente ao bem-estar das classes deprimidas, o senhor se tornaria nosso herói." É possível que essa resposta constitua o ponto mais próximo que Ambedkar chegou de ver Gandhi por inteiro, como o paladino do ideal nacional. O diálogo também antecipa o apelo que Andrews estava por fazer em uma de suas cartas iniciadas por "Caro Mohan" — o pedido de que Gandhi concentrasse todas as suas energias na luta contra a intocabilidade. Sem dar a Ambedkar uma resposta direta, o Mahatma, em jejum, conseguiu ter a última palavra. "Eu sou", disse, "um intocável de adoção e, como tal, mais intocável em espírito do que o senhor. [...] Não suporto a ideia de que sua comunidade esteja, em teoria ou na prática, separada de mim. Devemos ser um só e indivisíveis."

O choque entre Ambedkar e Gandhi pode ser visto, em essência, como um confronto de princípios ou de vontades, mas o fato é que a transformação do jejum, pelo Mahatma, em algo que parecia ser, ao menos no momento, sua campanha final do tipo "vencer ou morrer" já gerara resultados assombrosos. Primeiro, houve a enxurrada de telegramas provenientes de todas as partes do subcontinente dando conta da abertura de templos hindus — alguns famosos e venerados, muitos deles obscuros e alguns que, viu-se mais tarde, não existiam — aos *harijans* de Gandhi. A seguir, uma reunião organizada às pressas por hindus de casta alta em Bombaim emitiu um manifesto que preconizava, formalmente, acesso livre dos intocáveis a todas as instalações públicas — não somente templos, como também ruas, escolas e poços. "Ninguém será tido como 'intocável' em virtude de sua origem", proclamava.[27] Um encontro paralelo de mulheres de casta alta em Bombaim decidiu que as barreiras enfrentadas pelos intocáveis "não continuarão a existir nem por um dia mais".[28] De súbito, em várias cidades, virou moda — uma breve temporada de caridade e amor fraterno — os brâmanes demonstrarem suas boas intenções tomando refeições com intocáveis. Na Universidade Hindu de Benares, um reduto da ortodoxia, varredores de ruas e artesãos de couro foram convidados a jantar. Filiais de uma recém--criada Liga Anti-Intocabilidade — o nome mais tarde foi mudado para Harijan Sevak Sangh, ou Sociedade de Serviço aos Harijans — surgiam por todo lado e arrecadaram-se recursos para lançar seus programas de melhoria social. Até Nehru, que admitiu ter ficado consternado, de início, com o fato de Gandhi "escolher uma questão secundária para seu sacrifício final", ficou estupefato com os resultados. "Que mágico", escreveu, "revelou-se esse homenzinho trancado na prisão de Yeravda! E com que maestria soube mexer os cordéis que movem o coração das pessoas!"[29]

Essas rajadas de inebriação virtuosa pareceram suavizar o ceticismo habitual de Ambedkar e arrastá-lo também. "Tais métodos nunca me comoverão", dissera ele ao ouvir falar da intenção de Gandhi de jejuar. "Se o senhor Gandhi deseja lutar com sua vida pelos interesses da comunidade hindu, os membros das classes deprimidas também serão obrigados a lutar com a vida a fim de salvaguardar seus interesses."[30] Apesar de suas palavras, ele se comoveu ao longo dos dez dias seguintes. Na véspera do dia em que se esperava que Gandhi interrompesse seu jejum, à noite, Ambedkar foi alvo de uma chuva de promessas calorosas e ovações na conferência hindu em Bombaim, um ágape em todos os sentidos, sem paralelo em sua experiência. Ele se vira diante de um dilema, admitiu ao ser finalmente convidado a falar, tendo de escolher entre "a vida do maior homem da Índia" e "os interesses da comunidade".[31] Com o jejum, porém, Gandhi facilitara o caminho, redimindo-se ante Ambedkar e abençoando todos os intocáveis. "Devo confessar que fiquei surpreso, imensamente surpreso, ao encontrá-lo e constatar que havia tanto em comum entre ele e mim." Se o Mahatma tivesse sido tão acessível em Londres, disse Ambedkar, com certa justiça, "não lhe teria sido necessário passar por essa provação". Sua única preocupação, acrescentou, era que os hindus de casta não cumprissem o acordo. "Cumpriremos! Cumpriremos!", rugiu a multidão.

Gandhi recusou todo alimento até ter em mãos a aceitação formal do acordo pelo governo britânico, o que representou a anulação parcial da Concessão às

Comunidades, a qual ele tivera em mira. Ao anoitecer do dia 26 de setembro, o inspetor-geral das prisões lhe entregou o documento num "envelope com lacre vermelho". Prevendo o futuro, Gandhi pediu ao funcionário britânico que transmitisse à autoridade competente seu pedido de que lhe fosse permitido levar adiante sua campanha contra a intocabilidade, ainda que ele fosse mantido no cárcere. Improvisou-se então uma cerimônia religiosa. As autoridades prisionais haviam aberto os portões de Yeravda aos integrantes do Ashram Sabarmati, em Ahmedabad, e a outros seguidores de Gandhi. As restrições quanto a visitantes tinham sido praticamente abandonadas, e cerca de duzentas pessoas achavam-se ali ao chegar o momento em que ele encerraria o sacrifício autoimposto. Primeiro o pátio foi borrifado de água e Tagore foi convidado a cantar um hino em bengali que ele próprio musicara. Esquecera a melodia, confessou depois, mas ainda assim cantou. ("Quando o coração endurece e se resseca, cai sobre mim com uma chuva de misericórdia", começava a prece do poeta.) Por fim, Kamala Nehru, mulher de Jawaharlal, que morreria num sanatório suíço quatro anos depois, apresentou uma jarra de suco de laranja, ou da fruta que na Índia é chamada de lima doce. (É possível que o líquido também contivesse mel, uma vez que limonada com mel era uma das bebidas prediletas de Gandhi.) Kasturba levou o copo aos lábios do marido. Entoaram-se outros hinos, e cestas de frutas, mandadas a Yeravda por admiradores, passaram de mão em mão. Nenhuma prisão jamais assistira a uma festa como aquela, pensou Tagore.[32]

Ao fim de outro exuberante encontro público, dessa vez em Poona, na noite seguinte, o poeta escreveu: "Erguendo as mãos, toda a plateia aceitou o voto de expurgar de nossa vida social graves injustiças que degradam nossa condição humana".[33] A ideia de que a intocabilidade estava a caminho da erradicação, de que o Mahatma transformara a Índia e o hinduísmo com um jejum que ele levaria até a morte, mas que durara uma semana, prolongou-se por semanas, talvez meses.[34] Nessa altura dos acontecimentos, Gandhi parecia estar sozinho ao advertir quanto ao perigo de um retrocesso. Na noite em que chegou ao fim seu jejum até a morte, ele pensou em prometer retomar o jejum se a luta contra a intocabilidade viesse a esmorecer.

O jejum de Gandhi talvez pudesse ter sido uma semeadura que se transformasse numa colheita de duradoura reforma social se os britânicos não tivessem mantido encarcerados o Mahatma e a maior parte da liderança do Partido do Congresso a fim de evitar um reinício da desobediência civil em escala nacional. Por três vezes, nos oito meses seguintes, Ambedkar esteve na prisão de Yeravda para consultar Gandhi. Durante um breve período, o antagonismo entre ambos sumiu de vista, e algo semelhante a uma convergência pareceu então possível. Em seus discursos para intocáveis, Ambedkar passou a instar seus seguidores a parar de comer carne, um apelo que Gandhi raramente deixava de fazer nessas reuniões, na esperança de que com isso os hindus devotos os aceitassem com mais facilidade.[35] O líder dos intocáveis agora falava mais amiúde sobre metas nacionais e direitos políticos. Abraçando um dos temas do Mahatma, ele escreveu: "Os tocáveis e os intocáveis não podem ser mantidos juntos por uma lei e, com certeza, não por uma lei eleitoral. [...] A única coisa que pode mantê-los juntos é o amor. [...] O que eu quero é uma revolução na mentalidade dos hindus de casta".

Entretanto, quanto mais importância Gandhi atribuía à abertura de templos hinduístas aos intocáveis, menos importante isso parecia a Ambedkar. Era quase possível dizer que estivessem trocando de posição. Para Gandhi, agora, abrir os templos era "a única coisa que, por si só, seria capaz de dar nova vida e novas esperanças aos *harijans*, como nenhuma melhoria econômica poderá fazer".[36] Para Ambedkar, a questão-chave era agora a igualdade social, e não templos abertos. "Abrir ou não abrir templos é uma questão que cabe aos senhores considerar, e não a mim levantar", escreveu, dirigindo-se aos hindus de casta. "Se o senhor considera incivilidade não respeitar o caráter sagrado da personalidade humana, abra os templos e seja um cavalheiro. Se preferir ser um hindu a ser um cavalheiro, então feche suas portas e condene-se. Pois eu não estou interessado em entrar nesse ou naquele templo."[37] Quando Gandhi prometeu começar um novo jejum, no começo de 1933, se o mais importante templo do sul da Índia, dedicado ao deus Krishna, o de Guruvayur, continuasse fechado aos intocáveis, Ambedkar insistiu com ele para que não se incomodasse com isso. "Não é necessário que ele arrisque a vida por uma questão relativamente secundária como a admissão ao templo", disse.[38]

Quando, de dentro da prisão de Yeravda, Gandhi estava para lançar seu semanário *Harijan* — sucessor do *Indian Opinion* e do *Young India* —, solicitou a Ambedkar que escrevesse uma "mensagem" para o primeiro número do periódico. O gesto provocou uma reação sardônica que revela ressentimento. "Seria uma presunção absolutamente injustificável de minha parte", escreveu Ambedkar, "supor que tenho, aos olhos dos hindus, valor suficiente para que tratem com respeito qualquer mensagem minha." Por isso, em vez de uma "mensagem", ele enviou uma "declaração". Era visível que lhe desagradava a implicação de que pudesse estar empenhado numa causa comum com reformadores hindus, entre os quais Gandhi. Ele se limitaria a dizer a Gandhi e aos hindus algumas verdades bem ditas. Gandhi fez questão de que o *Harijan* publicasse a mordaz nota explicativa, como também a declaração, que dizia: "Haverá pessoas sem casta enquanto houver castas. Nada pode emancipar o sem-casta, a não ser a destruição do sistema de castas". A intenção de Ambedkar pode ter sido espicaçar Gandhi, e não comprar uma briga, mas eles já estavam se afastando. Por fim, ambos rejeitariam o pacto que tinham assinado em Yeravda. Gandhi chamaria o uso limitado de eleitorados separados, com que enfim concordara quando sua vida corria perigo, "um artifício de Satã, chamado imperialismo".[39] Ambedkar escreveria: "O Partido do Congresso sugou o sumo do Pacto de Poona e atirou as cascas no rosto dos intocáveis".[40]

A questão em torno da qual em breve divergiriam pairava entre eles desde a época em que se conheceram. Consistia em saber se os intocáveis oprimidos poderiam ser efetivamente mobilizados em sua própria defesa nas conjunturas difíceis das aldeias da Índia, ou se estavam condenados a esperar que os hindus de casta se impressionassem com as penitências religiosas e o sofrimento do "maior homem da Índia". Nas circunstâncias reinantes, cada uma dessas alternativas era muito teórica. A mobilização efetiva dos intocáveis e a conversão religiosa dos hindus de casta levariam gerações. Quantas, ainda é cedo demais — oito décadas depois — para saber. Ambas avançaram, graças, em certa medida, a Gandhi e Ambedkar, não só na vida de cada um, mas nos movimentos que representam na sonhadora idealização indiana de suas lutas. Mas o ritmo desse avanço pode ser descrito como pouco mais veloz que glacial — vale dizer, lentíssimo, nada que leve a pensar numa ação revolucionária.

Passaram-se apenas cinco semanas desde que Gandhi deu por encerrado seu "jejum épico" para que fosse apresentado ao Conselho Legislativo de Madras um projeto de lei que tornava ilegal um templo permanecer fechado aos *harijans* se a maioria dos hindus de casta que utilizassem o templo o desejasse aberto. O objetivo do projeto era tirar a decisão das mãos dos clérigos brâmanes, como os Nambudiris em Vaikom, que normalmente detinham a palavra final. O Conselho Legislativo tinha pouco poder e precisava de uma autorização formal do vice-rei só para debater o projeto. Diante da oposição crescente de hindus ortodoxos e da aparente indiferença dos *harijans*, um projeto análogo, submetido à inoperante assembleia central, enguiçou. Para Gandhi, o projeto de lei ganhara urgência como um referendo sobre a intocabilidade. Quando se encontraram, em fevereiro de 1933, Gandhi implorou a Ambedkar que apoiasse os projetos, ou pelo menos não se opusesse a eles.

"Supondo que tenhamos sorte no caso da admissão a templos, eles nos deixarão tirar água dos poços?", indagou Ambedkar.

"Claro", respondeu Gandhi. "Com certeza uma coisa seguirá a outra."[41]

Ambedkar hesitou. O que ele desejava de Gandhi, o Mahatma não estava disposto a fazer — uma denúncia inequívoca do sistema de castas que mostrasse que ele falava a sério quando afirmava que todos os hindus tinham sido criados iguais. Ambedkar aceitara fazer parte da diretoria da Harijan Sevak Sangh, cuja constituição dizia exatamente isso, prometendo aos *harijans* "igualdade absoluta aos demais hindus" e exigindo que seus membros declarassem: "Não considero nenhum ser humano inferior a mim em condição social e envidarei meu máximo esforço para viver à altura dessa convicção".[42] Entretanto, em um ano Ambedkar renunciaria a seu cargo, persuadido de que essa organização gandhiana, dedicada ao serviço de seu povo, estava dominada por hindus de casta que, essencialmente, não estavam interessados em mobilizar *harijans*, como propusera, numa "campanha em toda a Índia para garantir às classes deprimidas o gozo de seus direitos civis".[43]

Por fim, Ambedkar concluiu que os projetos de lei sobre admissão a templos deviam ser vistos como um insulto, mais uma razão para se distanciar do Mahatma. "Pecado e imoralidade não podem tornar-se toleráveis porque uma maioria os aprecia ou porque a maioria opta por praticá-los", disse. "Se a intocabilidade é um costume pecaminoso e imoral, na opinião das classes deprimidas deve ser destruída sem qualquer hesitação, mesmo que seja aceita pela maioria."[44]

A mesma questão — se era lícito que os direitos básicos dos *harijans* fossem decididos pelos votos de hindus de casta — veio à tona no conflito em torno do templo de Guruvayur. Ainda preso em Yeravda, mas com permissão das autoridades para participar de discussões relativas aos *harijans* dentro da cadeia, Gandhi a cada dia programava e adiava um jejum relacionado à abertura do famoso templo de Krishna. Uma pesquisa de opinião realizada nas imediações do templo confirmou sua convicção de que a maioria dos hindus de casta estava disposta a dividir o santuário com os *harijans*. Entretanto, o templo permaneceu vedado a eles até depois da independência, em 1947. Ainda em 1958, dez anos depois do assassinato de Gandhi, a Harijan Sevak Sangh, esvaziada e desalentada, contava como vitória o fato de outros templos, em Benares, serem enfim abertos a *harijans*, cuja igualdade a entidade proclamara havia um quarto de século.[45]

Em maio de 1933, quando Gandhi por fim começou seu novo jejum — o segundo em torno da intocabilidade em sete meses —, ele foi logo libertado da prisão. Embora tivesse durado 21 dias, duas semanas mais que o chamado jejum épico, causou muito menos celeuma. Tagore disse que era um erro. Nehru, ainda preso em Allahabad, levantou as mãos para o céu, desanimado. "Que posso dizer a respeito de coisas que não compreendo?", perguntou a Gandhi numa carta.[46]

A essa altura, Ambedkar olhava em outra direção. Em dois anos, seu movimento encerraria as campanhas de admissão a templos que realizara de forma assistemática ao longo da década anterior. Chegara a hora, proclamou, de os intocáveis — que agora começavam a dar a si mesmos o nome de *dalits*, e não *harijans* — desistirem do hinduísmo. "Eu nasci hindu e sofri as consequências da intocabilidade", disse ele, e imediatamente prometeu: "Não hei de morrer hindu".[47]

Se alguma admiração, alguma ambivalência persistia nos sentimentos de Ambedkar em relação a Gandhi após a última desavença entre ambos, ele se esforçou por reprimi-la. Grande parte de suas energias nos últimos anos de vida foi dedicada a uma renovação — e uma escalada de polêmicas com ele. "Como um Mahatma, é possível que ele esteja tentando espiritualizar a política", escreveu Ambedkar. "Todavia, tenha ou não conseguido fazer isso, a política com certeza o comercializou. Um político deve saber que a sociedade não pode suportar toda a verdade, que ele não deve dizer toda a verdade, caso dizer toda a verdade for prejudicial a sua política." Gandhi se recusava a lançar um ataque frontal ao sistema de castas, argumentou por fim esse antagonista desencantado e perspicaz, por medo de "perder seu lugar na política".[48]

E por isso, ele conclui, "o Mahatma parece não acreditar em pensar".

Tanto Gandhi quanto Ambedkar eram inconsistentes. O Pacto de Poona poderia ter-lhes proporcionado a base para uma frutífera divisão de trabalho, com Gandhi atuando para atenuar o apego dos hindus à intocabilidade e deixando espaço para que Ambedkar mobilizasse os miseráveis e oprimidos que o Mahatma chamava de *harijans*. Havia outros obstáculos além da política e da ambição de Ambedkar. Gandhi não estava interessado em mobilização fora do Partido do Congresso. Ambedkar queria seu justo quinhão de poder, mas não estava disposto a ser tratado com superioridade, que era o que aconteceria, disso ele parecia seguro, se algum dia abrisse mão de sua independência em favor do partido. Explicando sua oposição a Gandhi nos termos mais simples possíveis, Ambedkar disse: "É óbvio que ele gostaria de melhorar a vida dos intocáveis, se puder, mas não à custa de desgostar os hindus".[49] Essa declaração contém o cerne do conflito entre ambos. Ambedkar havia deixado de pensar nos intocáveis como hindus; Gandhi, não. A questão básica era se os intocáveis estariam melhor na Índia do futuro como uma minoria segregada e um grupo de interesse a batalhar por seus direitos, ou como uma categoria tolerada, anexa a uma maioria com direitos reconhecidos. Essa é uma questão, diga-se a bem da verdade, que permanece sem solução depois de quase oito décadas.

Após toda essa difícil negociação, o líder dos intocáveis acabou por entender que as concessões que fizera para assegurar um acordo com o Mahatma, durante seu jejum, não o conduzira a uma posição de destaque nacional; ele teria de chegar lá por outro caminho. Com o transcorrer dos anos, ele se viu liderando uma série de paupérrimos partidinhos de oposição cuja influência raramente ia além de sua base, o grupo *mahar*, no atual estado de Maharashtra. Com crescente aspereza, ele culpava Gandhi e o Partido do Congresso por essa situação. Contudo, há indícios sérios, embora incompletos, de que, quinze anos após o pacto, tenha sido Gandhi o proponente do nome de Ambedkar para um cargo no primeiro gabinete da Índia independente.[50] Como ministro da Justiça, ele se tornou o principal autor da Constituição de 1950, cujo artigo 17 aboliu formalmente a intocabilidade, um desfecho que Gandhi não viveu para ver. Assim, o homem hoje reverenciado como Babasaheb pelos ex-intocáveis, que hoje adotam o nome de *dalits*, nunca se reconciliou com Gandhi, o político a quem criticava por não se dispor a contar à Índia "toda a verdade", mas que pode, no entanto, ter sido responsável por sua elevação à posição de renome nacional pela qual ele tanto ansiava.

Ambedkar estava certo se quis dizer que o prestígio de Gandhi como líder nacional tinha algo a ver com uma tendência a falar menos que "toda a verdade". Contudo, Gandhi estaria mais propenso a depreciar sua condição de mahatma do que a negar que era um político. Portanto, imputar a pecha de "Político!" a esse espécime original de liderança, criado por si mesmo — venerado, ainda que não muito bem compreendido, pela maioria dos indianos —, não exigia muita perspicácia nem representava grande ofensa. Se Ambedkar queria dizer que a insistência do Mahatma na "verdade" como sua estrela guia era interesseira e, por conseguinte, ilusória, estaria também dizendo que admiraria mais o líder nacional se ele deixasse de insistir naquilo? Gandhi pode ter sido um político, mas havia poucos — ou nenhum — como ele em sua disposição de convocar seus seguidores, ou a si mesmo, para provas novas e mais difíceis. No verão de 1933, o homem que, segundo Nehru, tinha "o instinto da ação", estava dividido entre se concentrar numa campanha de desobediência civil em versão reduzida, ou numa cruzada a plena voz contra a intocabilidade.[51] Ele poderia argumentar que as duas causas eram "indivisíveis", mas seu movimento e o governo colonial, cada qual a sua maneira, o impeliram a uma opção.

Os britânicos ainda mantinham na prisão a maioria dos correligionários de Gandhi que exerciam altas funções no Partido do Congresso, um modo prático de procrastinar qualquer nova onda de resistência. No entanto, Gandhi sabia que era exatamente aquilo que os membros mais jovens e instruídos do partido desejavam. Sabia também que a única consequência inevitável de convocar uma nova campanha de desobediência civil seria seu próprio reencarceramento.[52] Primeiro, tentou suspender a desobediência civil para privilegiar a causa dos *harijans*. Isso fez com que Subhas Chandra Bose, o incendiário agitador bengali, o declarasse um fracassado.[53] Em seguida ele tentou reduzir a diferença entre as duas opções de luta ordenando atos individuais de desobediência civil, em vez de resistência em massa. A nova tática foi ousada demais para os britânicos e tímida demais para membros mais jovens do Partido do Congresso, como Bose e Nehru. Quando ele anunciou uma pequena passeata de protesto contra a proibição de manifestações políticas, foi logo confinado de novo em Yeravda. Em sua última prisão, tinha sido autorizado a trabalhar em seu mais recente semanário, desde que se limitasse a debates sobre a causa dos *harijans*, motivo pelo qual deu ao periódico o título de *Harijan*. Dessa vez, porém, foi tratado como preso comum, sem nenhum privilégio, sem jornal. Dali a duas semanas deu início a outro jejum, o terceiro em onze meses, e esteve tão perto da morte que teve de ser hospitalizado. "A vida deixa de me interessar quando não posso trabalhar pelos *harijans* sem entrave ou impedimento", disse.[54]

As autoridades coloniais lhe acenaram com a liberdade desde que ele deixasse de lado a desobediência civil, fazendo eco ao seu pomposo legalismo de uma forma que pareceu desdenhosa, até um tanto zombeteira. "Se o senhor Gandhi agora acha", dizia uma declaração oficial, "que a vida deixa de lhe interessar quando não pode trabalhar pelos *harijans* sem entrave ou impedimento, o governo está disposto [...] a pô-lo de imediato em liberdade, para que ele possa se devotar inteiramente e sem restrições à causa da reforma social."[55] Primeiro Gandhi rejeitou a ideia da liberdade sob condições; depois, tendo recebido alta incondicional do hospital, anunciou que não iria "provocar sua prisão ordenando resistência civil agressiva" durante a maior parte do ano seguinte. Aceitaria as condições do governo, contanto que não tivesse de admitir a submissão. Assim, manobras do governo o levaram a fazer precisamente o que Charles Andrews lhe propusera tempos atrás, cedendo ao que agora alegou ser "o alento da vida para mim, mais precioso do que o pão de cada dia".[56] Estava se referindo a "trabalhar pelos *harijans*", o que para ele significava persuadir os hindus de casta a aceitá-los como seus iguais sociais. Não podia prometer dedicar-se inteiramente a essa causa até a igualdade ser alcançada — afinal, ainda faltava conquistar a independência —, mas ele o faria durante os nove meses seguintes, viajando de uma ponta a outra do país, fazendo campanha pela mudança do comportamento dos hindus de casta e pela arrecadação de recursos a serem empregados na causa da "elevação" de seus *harijans*. Com certa relutância, ele se sentenciou, assim, a tornar-se um reformador social em tempo integral durante aquele período.

Sua atividade seria, ao mesmo tempo, uma obrigação moral e uma concessão, uma cruzada evangélica e um recuo tático. Para muitos de seus seguidores, essa atividade queria dizer que ele estava adiando o movimento nacional. Para o próprio Gandhi, ela deve ter parecido o único caminho a seguir. Seu secretário, Mahadev, estava na prisão, assim como Nehru, Patel, Kasturba e até Mirabehn, entre milhares de outros que apoiavam o Partido do Congresso. A preparação e o acompanhamento de sua árdua cruzada contra a intocabilidade talvez tenham sido inadequados; há poucas indicações de que tenham deixado uma impressão duradoura nas dezenas de milhares de hindus de casta que compareciam a cada comício para ouvi-lo (ou ao menos vê-lo).

Ambedkar raramente dava atenção à campanha; hoje em dia os *dalits* não a comemoram; os biógrafos de Gandhi dão conta dela em poucos parágrafos. No entanto, embora atabalhoada e improvisada como sem dúvida foi, não há nada

Numa viagem de trem, por volta de 1934.

nos anais indianos com que ela possa ser comparada. De novembro de 1933 a começo de agosto de 1934, um período de nove meses, o Mahatma Gandhi pregou sem cessar contra a intocabilidade de província em província, de uma cidade poeirenta a outra, ao longo da estação quente e da estação das chuvas, às vezes caminhando a pé de uma aldeia a outra, fazendo três, quatro, cinco discursos por dia — seis dias por semana, só parando nas segundas-feiras, seu "dia silencioso" —, em geral para multidões imensas, atraídas antes pelo homem que pela causa que ele defendia. Durante esse período, viajou mais de 20 mil quilômetros de trem, de carro e a pé, arrecadando mais de 800 mil rupias (o equivalente a cerca de 1,7 milhão, em dólares de hoje) para seu novo fundo destinado aos *harijans*. Em comparação com isso, uma campanha presidencial americana pode ser vista como uma agradável e tranquila excursão num transatlântico de luxo.

Logo no começo da jornada, um funcionário britânico incumbido de vigiar de perto as atividades de Gandhi relatou que o homenzinho frágil e de tanga, que passara por dois prolongados jejuns nos últimos dez meses, mostrava uma "espantosa resistência".[57] Logo tornou-se rotina que chusmas de hindus ortodoxos o detivessem em seus comícios ou em traslados, entoando com fervor palavras de ordem contra ele e agitando bandeiras pretas. Em Nagpur, onde a longa viagem teve início, atiraram ovos do balcão de um teatro em que ele falava; em Benares, onde ela terminou, sua efígie foi queimada por hindus ortodoxos, chamados *sanatanistas*. Uma bomba explodiu em Poona e houve uma tentativa de fazer descarrilar o trem que o levava de Poona a Bombaim. Num lugar chamado Jasidih, em Bihar, apedrejaram seu carro. Panfletos grosseiros contra ele foram distribuídos em muitos desses lugares, apontando-o como um inimigo do darma hinduísta, um político fracassado que prometia muito e nada produzia, chamando a atenção até para as massagens que mulheres de seu círculo lhe faziam. Aqui damos com os primeiros sinais da subcultura virótica que levaria a seu assassínio catorze anos depois.

Num plano mais genérico, as cisões entre os hindus que ele previra e temera estavam agora às claras, mas em momento algum ele voltou atrás. Os missionários viajam a países que consideram pagãos; apresentando-se como um revivalista hindu, Gandhi levou a campanha ao coração da Índia. Não tinha um discurso padrão pronto, porém os mesmos temas reapareciam de maneira mais ou menos improvisada. Todos levavam à mesma conclusão. Para que a Índia um dia merecesse a independência, ele repisava, a intocabilidade teria de acabar. No entanto, em muitos desses comícios os intocáveis eram segregados em cercados separados, ou porque tinham medo de que os hindus de casta julgassem que estavam passando dos limites ou porque nenhum dos organizadores locais se dava conta da contradição que era patentear a intocabilidade num comício cujo intuito era aboli-la.

Foi com esse quadro que Gandhi se confrontou perto do fim da campanha, quando chegou à cidade de Bhavnagar, em sua Guzerate natal, a pouca distância de uma faculdade em que ele estudara por pouco tempo. Esperando sua visita, os líderes do lugar haviam reunido um fundo para a construção de bairros novos e mais ou menos saneados para os *bhangis*, ou lixeiros, os intocáveis que se incumbiam do trabalho mais sujo. O objetivo era mostrar o espírito esclarecido de Bhavnagar, fazendo com que a inauguração do projeto coincidisse com a visita de Gandhi. Para isso, uma *shamiana* — uma grande tenda aberta, feita de retalhos coloridos — fora armada como que para uma grande festa, como a de um casamento. "Os *bhangis* não tiveram permissão de sentar-se na *shamiana* armada para a cerimônia", um funcionário britânico informou a seus superiores, "mas se sentaram do lado de fora, aonde Gandhi foi ter com eles antes de passar a seu assento na *shamiana* a fim de lançar a pedra fundamental." O fato de Gandhi se misturar aos *bhangis* foi o único desvio em relação ao roteiro. Ao sentar-se depois na *shamiana*, ele endireitou as coisas de novo. O que poderia fazer? Não era a primeira vez que ele se confrontava com uma Índia que podia ser, ao mesmo tempo, reverente e empedernida.

Num vilarejo chamado Satyabhamapur, no estado de Orissa, no leste, ele se viu diante de outro lembrete da persistência pétrea dos costumes que ele estava tentando erradicar. O Mahatma convidou dez membros de um grupo de intocáveis do povoado, chamados *bauris*, juntamente com um *bhangi*, para almoçar com ele em sua tenda. "Entretanto, nenhum dos membros da comitiva do senhor Gandhi fez a refeição com esses convidados", relatou com ironia outro funcionário do governo colonial, "e os *bauris* se recusaram a comer com o lixeiro."

O Raj estava vigiando a campanha com cuidado. As autoridades de cada cidade recebiam ordem de enviar relatórios sobre cada fase da viagem. Esses relatos tramitavam pela cadeia de comando: de cada cidade para o secretário do Interior de cada província, deles para o secretário do Interior nacional para, enfim, chegar ao secretário de Estado para a Índia em Whitehall. Cada um desses figurões acrescentava ao relato um comentário ferino, uma "minuta", como essas notas eram chamadas. As autoridades imperiais desses diferentes níveis não estavam interessadas em acompanhar o progresso da reforma social. O que queriam era ter certeza de que Gandhi estava cumprindo sua promessa de deixar de lado a propaganda política durante toda a peregrinação, que não estava preparando o terreno para sua próxima campanha de desobediência civil, pois havia muito estavam convencidas de que o homenzinho frágil e de tanga tinha poder suficiente para paralisar o domínio deles sobre o país e, se liberado para fazer o que lhe aprouvesse, abalar suas fundações. Nesse sentido, ele os levara a acreditar na força de seus métodos pacíficos de resistência e a ficar em guarda. Era mais fácil atribuir sua capacidade de atrair multidões — 100 mil pessoas em Calcutá, 50 mil em Madras (hoje Chennai), 40 mil em Cawnpore (Kanpur), 30 mil em Benares (Varanasi) e 25 mil em uma dúzia de outros lugares — à curiosidade, à busca infinda do *darshan* de um santo, à beatitude gratificante de uma imersão em seu fulgor, do que à admiração por sua batalha contra a intocabilidade. Mas não era possível ignorar aquelas multidões.

Também era importante monitorar sua ávida coleta de recursos para a nova

Sociedade de Atenção aos Harijans, ou Sevak Sangh, para terem certeza de que ele não estava se preparando para futuras campanhas de desobediência civil. Temendo que o dinheiro arrecadado fosse parar nos cofres do Partido do Congresso, para uso político, os britânicos estavam interessadíssimos em saber quanto ele estava captando e para onde iam esses recursos. Para tanto, as autoridades municipais foram instruídas a informar o montante preciso de suas "bolsas", ou seja, as coletas oferecidas em sua homenagem em praticamente todas as paradas, até mesmo nos mais pobres barracos e cortiços de *harijans*. Muitas vezes essas somas eram detalhadas até a última rupia e, de vez em quando, incluíam até o *paise*, ou troco miúdo. Um funcionário de Travancore, por exemplo, informa que Gandhi vendera em leilão um anel que fora doado a sua causa, auferindo a modesta quantia de três rupias e oito *paise*. Mulheres com joias eram alvos preferenciais. Em Karachi, ele se empenhou num cabo de guerra com uma senhora idosa por causa de um anel a que ela não se dispunha a renunciar. "A senhora recusou-se firmemente a entregar o anel e resistiu à tentativa do sr. Gandhi de tirá-lo à força", relatou um funcionário. (Na margem do relatório, um funcionário mais graduado a elogia pela demonstração de resistência gandhiana.) Tudo estava sujeito a leilão pela causa da ascensão dos *harijans*, inclusive as oferendas, como caixas de prata e taças, que lhe eram feitas no decurso de sua viagem — até mesmo seu tempo. Em algumas aldeias, ele se negava a sair do carro até receber uma bolsa de peso suficiente. Num certo lugarejo, bastou um suplemento de cinquenta rupias. "Muitas mulheres", registrou um funcionário em Madras, "têm a cautela de tirar suas joias antes de ir às reuniões com o sr. Gandhi."

Gandhi, o implacável baneane transformado em mendicante, é motivo de fascinação, às vezes piedade, para funcionários formais que tecem comentários sobre sua "avidez por dinheiro" ou a "predisposição para se apossar de dinheiro" e depois se entregam a especulações esnobes sobre uma possível mácula para sua santidade. "Ele parecia um *chetti* [agiota] cobrando seus juros", lê-se num desses informes. "Não se podia deixar de sentir pena de Gandhi", declarou o funcionário, "um pobre ancião perdido no mundo, carregado de uma função a outra, as quais, aparentemente, ele só entendia em parte." Esses funcionários o observam em diferentes lugares com graus distintos de preconceito e em fases diversas de sua viagem, mas são acordes em várias coisas: que as multidões que acorriam para saudá-lo em geral se mostravam indiferentes à sua mensagem sobre os *harijans* (na verdade, raramente conseguiam ouvi-la); que ele começou a abrandar ou até omitir suas exigências de abertura dos templos assim que chegou às áreas de hinduísmo mais ortodoxo no sul da Índia; que não se sabia ao certo se a excursão estava contribuindo mais para fortalecer a ortodoxia do que para extirpar a erva daninha da intocabilidade. As análises céticas desses funcionários contrastam com os relatos virtuosos e heroicos da cruzada que saíam no semanário *Harijan*, com listas de templos e poços recém-abertos, novos dormitórios e escolas para estudantes *harijans*, separados mas iguais, tudo isso passando a sensação de uma onda crescente de irreprimível reforma social.

Era mesmo de esperar essa divergência entre os informes dos observadores coloniais e os de entusiásticos adeptos de Gandhi. Entretanto, além da transcrição das palavras do próprio Gandhi, os trechos mais preciosos desses relatórios trazem certos pormenores mais reveladores do que qualquer avaliação. "Em diversos lugares", conta um funcionário britânico numa área de Orissa onde o grupo de Gandhi não teve permissão de entrar em templos, "viram-se pessoas carregando consigo o pó que tinha sido tocado pelos pés dele." Há também o relato da doação dos dois últimos braceletes da mulher de um varredor de ruas em Nagpur, chamada Abhayanhar. "Lágrimas rolavam pelo rosto de Abhayanhar", escreveu um funcionário. "Gandhi aceitou a oferenda, disse que com ela os Abhayanhars ficavam reduzidos à miséria e que por isso agora eram verdadeiros *harijans*, os *bhangis* mais genuínos de Nagpur." O funcionário não faz nenhum comentário; simplesmente descreve o que viu, deixando a impressão de que assistiu uma comunhão que não compreende, mas que não consegue esquecer.

A presença de espírito do Mahatma e sua magnanimidade firme e serena transparecem, nesses informes coloniais muitas vezes hostis, em notas dispersas sobre a forma disciplinada, sempre tranquila, como ele tratava os manifestantes ortodoxos que zombavam dele ou tentavam impedir sua passagem. Em Ajmer, onde hoje é o estado do Rajastão, um dos mais persistentes oponentes de Gandhi, um brâmane de Benares chamado Lal Nath, investiu contra ele com uma turba que agitava bandeiras pretas. O próprio Lal Nath tinha um ferimento na cabeça, resultado de um conflito com gandhianos que não haviam assimilado a mensagem de não violência. Gandhi passa um severo sermão nos homens e convida Lal Nath a subir ao palanque e dali proferir seu discurso contra ele. Logo a voz do brâmane é abafada por apupos e recriminações. Em Buxar, estado de Bihar, *sanatanistas* deitam-se diante do carro que levava Gandhi a um comício, e ali alguns deles também são espancados. Gandhi visita os *sanatanistas* feridos no hospital e lhes promete fazer penitência. Informado de que o caminho para o comício ainda está bloqueado e que ele poderia ser atacado se insistisse em ir até lá, ele sai caminhando, acompanhado de quatro policiais, abrindo passagem numa multidão de 5 mil pessoas. Na cidade de Saonar, em Maharashtra, onde outro bando de *sanatanistas* tenta deter seu carro, ele oferece ao líder do grupo uma carona até o local do comício em que falará.

Em alguns desses informes oficiais, os autores se perguntam se não estarão acontecendo diante de seus olhos mais coisas do que seus colegas mais cansados se deram conta. O comissário-chefe de Delhi escreveu em seu relatório que Gandhi, "mesmo em seu papel atual, ainda exerce imensa influência". A seguir, arrisca-se a aventar que a opinião pública indiana sobre a intocabilidade talvez esteja se modificando lentamente. "Ainda que talvez 60% dos hindus estejam silenciosamente determinados a não tratar os intocáveis como iguais, evitam expor suas opiniões em público." Mostrando-se otimista, esse alto servidor público parece dar a entender que uma minoria substancial de hindus de casta já passara por uma espécie de conversão a respeito da questão. Uma autoridade de Bombaim tem uma posição semelhante. "Embora o grosso da população prefira que o movimento fracasse, é provável que a maioria das pessoas", prevê, "não se oponha ativamente a ele. Por isso, os *sanatanistas* não têm como criar uma força com poder suficiente para combater e superar a persistência do senhor Gandhi."

O próprio Gandhi expressou a ideia de que, apesar de toda a propaganda ortodoxa contra ele, a absorção passiva de seus argumentos por enormes plateias aparentemente desatentas equivalia a um avanço. "Tenho absoluta certeza de que a mensagem calou no bom senso das massas", disse. "Estou também bastante ciente de que nem todas as pessoas já estão preparadas para pôr em prática aquilo em que creem. Seja como for, porém, considero um tremendo progresso o fato de as massas terem passado a acreditar na verdade da mensagem."[58] Acreditar nela de má vontade, era isso que ele queria dizer. Isso poderia não afetar muito a conduta dessas pessoas, dizia ele, chegando a uma conclusão pouco diferente da dos funcionários coloniais mais atilados, mas elas não poderiam mais justificar a opressão de castas.

Se na época já era difícil avaliar, hoje é ainda mais difícil saber se alguma coisa semelhante à enorme transformação esperada por Gandhi havia realmente ocorrido, ou medir seu efeito a longo prazo. Às vezes ele expressava suas próprias dúvidas. Numa conversa em particular com o obstinado Vallabhbhai Patel, ele foi mais franco do que se permitia em público. "A Índia ainda não se converteu à roda de fiar e, com certeza, tampouco à abolição da intocabilidade. Não podemos sequer dizer que toda a comunidade intelectual seja favorável a sua abolição."[59] Nesse contexto, os "intelectuais" a que ele se referia eram aqueles que na época se diziam "socialistas", enchendo a boca para falar das chances da "luta de classes" e rejeitando como "reacionário" e "irrelevante" o foco de Gandhi na intocabilidade, sem admitir, ou mesmo reconhecer, que ela determinava a vida dos mais miseráveis dos indianos. Não era apenas uma diferença de linguagem política. A identificação desses intelectuais com os mais pobres era sobretudo teórica, baseada na premissa de que eles poderiam ascender na escala social depois da independência.

A cada dia Gandhi se mostrava mais ansioso e aflito. No mínimo, ao fim de sua peregrinação, tendo conhecido vintenas, talvez centenas de comunidades de intocáveis, parecia mais disposto a falar com clareza das condições abomináveis em que viviam seus *harijans* e sobre a ação social que poderia mudar a situação. "A única maneira de expiarmos o pecado de séculos", afirmou, "consiste em sermos amigos dos *harijans*, indo onde eles moram, abraçando seus filhos como abraçaríamos os nossos, cuidando do bem-estar deles, verificando se eles têm a luz e o ar fresco de que você desfruta como um direito."[60] Abraçar crianças intocáveis podia não ser um programa social nem promover a causa da *swaraj*. Mas, no fosso que se abria entre Gandhi e seu movimento, que lado estava realmente desligado do mundo e qual mantinha os pés na terra?

Já perto do fim da viagem, numa análise ponderada de todos os informes postos a sua disposição, o secretário-geral do Punjab escreveu: "As pessoas estão mais críticas de seus objetivos e já não se dispõem a segui-lo cegamente. No entanto, seria errôneo considerá-lo uma força esgotada. A depender da ocasião, ele ainda será capaz de exercer muito poder e é ainda o mais capaz, dentre todos os indianos, de organizar um movimento de envergadura contra o governo".[61]

Se Gandhi era capaz de organizar um grande e duradouro movimento contra a intocabilidade era outra questão que aparentemente o preocupava, tanto quanto aos agentes do Raj. Ele estava tão concentrado nisso que, no começo de 1934, quando o norte de Bihar foi sacudido por um terremoto que arrasou aldeias e cidades, devastando lavouras e deixando mais de 7 mil mortos, no mesmo instante ele declarou que a catástrofe era uma "punição divina" pelo pecado persistente da intocabilidade.[62] Não será forçado dizer que essas palavras de Gandhi, que naquele momento começava o terceiro mês de sua peregrinação contra a intocabilidade, eram mais ditadas pela frustração do que por convicção. Era frequente que ele apelasse para a fé como base da ação moral na sociedade. Mas não era normal que se entregasse ao tipo de pensamento mágico que busca sinais da ira divina em secas, inundações e todas as demais calamidades naturais que assolam o subcontinente. É possível que sua interpretação do terremoto, repetida muitas vezes enquanto ele enfrentava dificuldades no sul da Índia, pudesse ser vista como uma figura de linguagem, como um instrumento destinado a superar a resistência que ele encontrava. "Ele percebeu que a força antagônica é bem maior do que de início ele imaginara", escreveu um funcionário britânico, tentando ler seu pensamento, várias semanas depois do desastre.

Nehru e Tagore haviam apoiado o "jejum até a morte" de Gandhi. Depois, como vimos, opuseram-se a seu segundo jejum contra a intocabilidade. Agora cada um deles ficava atônito com a presteza com que o Mahatma lançava mão da superstição para combater a superstição. "Seria difícil imaginar alguma coisa mais antípoda em relação à perspectiva científica", escreveu Nehru, num momento de desilusão, na autobiografia que estava escrevendo na prisão. "Se o terremoto foi um castigo divino pelo pecado, como havemos de descobrir por qual pecado estamos sendo punidos? Pois, ai de nós, temos tantos!"[63] Tagore disse que a lógica de Gandhi "ajusta-se bem melhor à psicologia de seus adversários do que à sua" e que nesse caso os ortodoxos também poderiam atirar sobre Gandhi a culpa pelo terremoto, por ele ter atacado o darma hindu.[64]

"Nossos pecados e erros, ainda que colossais", escreveu o poeta, "carecem de força para deitar por terra a estrutura da criação. [...] Nós, que temos uma imensa dívida de gratidão para com o Mahatmaji por instilar no espírito de cada um dos seus compatriotas a inspiração prodigiosa, a ausência de medo e de indecisão, nos sentimos feridos profundamente quando qualquer palavra saída de sua boca possa enfatizar os elementos da desrazão nesses mesmos espíritos [...] uma fonte fundamental de todas as forças cegas que nos levam a investir contra a liberdade e o autorrespeito."[65]

Ao responder, Gandhi só fez enterrar-se ainda mais. Não iria se privar de um argumento útil admitindo que o terremoto e a intocabilidade não tivessem nenhuma relação de causa e efeito: "Eu seria insincero e covarde se, por temor ao ridículo [...] não proclamasse minha fé para todo mundo ouvir", replicou no *Harijan*. "Tenho a fé de que nossos pecados têm mais força para fazer desmoronar essa estrutura [da criação] do que qualquer fenômeno físico. Existe um casamento indissolúvel entre matéria e espírito."[66]

Os *sanatanistas* eram o maior dos grupos anti-Gandhi que, com bandeiras pretas, recomendavam o boicote a seus comícios.[67] Mas havia também outros. Em Nagpur, no começo da excursão, os intocáveis da comunidade *mahar*, a de Ambedkar, chamaram a atenção por sua ausência. Dois meses depois, em Travancore, um grupo denominado Liga do Autorrespeito pediu aos intocáveis que boicotassem Gandhi. Em Shiyali, perto de Coimbatore, onde hoje fica o estado de Tamil Nadu, duzentos *dalits* desfilaram com bandeiras pretas em oposição a um mahatma que liderava uma cruzada em seu favor. Em Poona, quando a viagem já chegava ao fim, houve mais campanhas de boicote por parte de intocáveis identificados com Ambedkar, que, não obstante, fora visitar Gandhi dias antes em Bombaim.[68] "O dr. Ambedkar queixou-se de que o pessoal do Partido do Congresso só demonstrava interesse pela questão da intocabilidade enquanto o sr. Gandhi estava presente", de acordo com um relatório de segunda ou terceira mão de um funcionário colonial, "mas que, no momento em que ele virava as costas, o assunto era esquecido."[69] Em sua recapitulação pública, Gandhi asseverou que a intocabilidade estava "com os dias contados", mas sua avaliação privada talvez fosse mais próxima da de Ambedkar. Um mês após o fim da excursão, em agosto de 1934, Gandhi fez saber que estava pensando em se "afastar" do movimento do Partido do Congresso, por vários motivos, entre os quais seu flagrante desinteresse em enfrentar "o crescente pauperismo dos milhões sem voz".[70]

Seis semanas depois, o afastamento foi oficializado. "Perdi o poder de persuadi-los a aceitar meu ponto de vista", disse ele numa reunião do Partido do Congresso. "Tornei-me impotente. De nada adianta manter um homem como eu no leme dos acontecimentos se ele perdeu as forças."[71] O lamentoso termo "impotente" pode ser lido como um eco claro, pungente e, quase com certeza, consciente das admissões de Gandhi, sete anos antes, de que perdera toda esperança de ser capaz de sustentar a aliança entre os muçulmanos e os hindus que ele forjara na época da campanha pelo Khilafat. A palavra poderia ser interpretada também como uma tentativa de usar de falsa modéstia para ganhar um novo mandato. Mas dessa vez ele parecia saber qual seria o resultado.

Sua viagem acabara havia pouco. Mas ao dizer que se sentia "impotente" ele se refere não apenas ao avanço dos *harijans*, mas também a todo o seu programa de reforma social — o chamado "programa construtivo" — que, além da luta contra a intocabilidade, combinava fiação, proscrição do álcool, higiene, saneamento, educação em línguas locais, um maior papel para as mulheres. Havia uma década que o Partido do Congresso fazia de conta que apoiava o programa, mas seu coração, ele percebia agora, estava em outra coisa — em ganhar poder político, por enquanto nos novos legislativos, mais tarde numa Índia independente.

Gandhi pode não ter se referido estrita ou exclusivamente à intocabilidade, mas não será demais concluir que, se ele deu por finda sua maratona sentindo-se impotente com relação ao engajamento do Partido do Congresso em seu programa de reforma social em geral, ele também se sentia impotente no tocante à participação do partido na luta específica em que ele se concentrara de maneira quase exclusiva durante os últimos dois anos, desde o "jejum épico" que por algum tempo empolgara o país. Ele pôs o ponto final a sua jornada em Wardha, na Índia central, sua nova base de operações, em 5 de agosto de 1934 e, dois dias depois, empreendeu mais um jejum, esse de "purificação pessoal" e, como declarou, de oração pela purificação do partido.[72] "A pureza dele [o partido], a maior organização nacional, não pode deixar de ajudar o movimento em favor dos *harijans*, uma vez que o Partido do Congresso também está comprometido com a eliminação dessa praga." Depois de tantas viagens e orações, deixou-se que o projeto de lei relativo à abertura dos templos hindus aos *harijans* morresse na assembleia central em 23 de agosto. "Os *sanatanistas* estão jubilosos", comentou Gandhi. "Não devemos nos importar com a alegria deles."[73]

Algumas semanas depois, Gandhi, com clara expressão de desconsolo, reconheceu por fim que sua atitude em relação à intocabilidade "diferia daquela de muitos, senão da maioria dos membros do Partido do Congresso", os quais, disse, "consideram que foi um erro extremo de minha parte perturbar o rumo da luta de resistência civil, atacando a questão da maneira e na época em que o fiz."[74] Nesse ponto ele estava falando mais uma vez dos "mais intelectualizados membros do partido", agora dispostos a se intitular socialistas. Gandhi disse que estava indo na direção oposta à deles. Ainda acreditava naquilo que ele chamava de "o sacrifício da fiação manual" como o "elo vivo" para os "*harijans* e os pobres" — aqueles a quem em geral se referia como "os milhões sem voz" — mas, admitia agora, "uma maioria substancial no Partido do Congresso não tem uma fé viva nisso".[75]

No entender de Gandhi, os pretensos socialistas — por mais elevados que fossem seus princípios e por mais engajados que estivessem — tinham pouca ou nenhuma ligação com a Índia, onde vivia a maioria dos indianos. "Nenhum deles conhece as condições reais nas aldeias indianas e talvez nem se interesse em conhecê-las", observou.[76]

A ideia de que duas Índias pudessem ser destiladas da miríade de versões que o país fazia de si mesmo — a Índia burguesa de citadinos sofisticados e a Índia deprimida de miséria rural — proporcionaria uma base cômoda para discursos e controvérsias durante décadas. Não foi essa a pior distorção. Talvez haja um presságio ou pelo menos alguma perspectiva nos seguintes *faits divers*: na semana do "jejum épico" de Gandhi, o cine Roxy Talkie, em Bombaim, exibia o filme *Careless lady*, com Joan Bennett no papel principal, e no Pathé passava *Palmy days*, em que Eddie Cantor cantava "Nada é bom demais para minha garota". Não eram apenas britânicos expatriados os que enchiam a plateia do luxuoso cinema ou que se embasbacavam diante dos novos Chrysler Plymouths à venda na New Era Motors. (O que viria a ser chamado de Bollywood ainda era um sonho dos primeiros cineastas indianos. Ainda teriam de invadir o interior do país ou encontrar a fórmula de música, dança e corações despedaçados que se tornariam sua marca registrada. No entanto, correndo emparelhada com a política de massa, a cultura popular de massa seria uma realidade num futuro próximo.)

Poucos membros do Partido do Congresso conheciam tão bem como Gandhi o mundo além da Índia onde se produziam esses artigos fantásticos. E ele estava convencido de que esse mundo não proporcionava respostas para a Índia. Depois de sua jornada, novamente se impôs sua propensão para dar voltas em torno de si mesmo, para reencenar períodos formativos de seu passado. Da mesma forma como se retirou para a fazenda Tolstói, nos arredores de Johannesburgo, um quarto de século antes, do mesmo modo como se afastou da política durante períodos de convalescença em 1918 e 1924, Gandhi propôs agora inaugurar um novo capítulo em sua vida no *ashram* a que mais tarde daria o nome de Satyagraha ou Sevagram, perto de Wardha, nos cafundós da Índia, uma cidadezinha numa zona especialmente pobre, sujeita a secas e à malária, infestada de cobras, a oeste de Nagpur, no centro da Índia. Ali ele se concentraria em demonstrar que seu programa construtivo, que dava ênfase a indústrias rurais e à limpeza pessoal e pública, poderia proporcionar às 700 mil aldeias do subcontinente ainda não dividido um modelo passível de repetição. Seu afastamento da política do Partido do Congresso seria mais simbólico do que permanente. Supostamente afastado — nunca retornou formalmente ao movimento —, ele continuaria a expor pontos de vista e até a participar de reuniões, e quando isso ocorria sua vontade quase sempre se mostrava soberana. Também interviria com energia, como uma espécie de deus ex machina, em disputas de liderança — em 1939, por exemplo, quando se opôs à eleição de Subhas Chandra Bose para presidente do partido, e depois, quando este conseguiu seu intento, ajudou a derrubá-lo. Simulando estar do lado de fora, em Wardha, não se furtava a exercer sua autoridade através de representantes fiéis na hierarquia do partido. Não obstante, nunca mais voltou a ocupar um cargo formal de liderança e nunca mais alegou, como fizera em Londres, que era ele o verdadeiro líder dos intocáveis. Em Bombaim, uma multidão de 80 mil pessoas ovacionou-o de pé, acreditando que aquela seria a sua despedida como membro do partido, mas logo o ouviu dizer que estaria "observando à distância [o] cumprimento dos princípios que o Partido do Congresso defende".

Ele se referia, claro está, a seus princípios. "O que estou buscando", disse o homem que, em tese, estava abandonando a luta, "é o desenvolvimento da capacidade para desobediência civil."[77] Uma coisa logo ficou evidente: ele se afastara do partido, mas na verdade não se aposentara.

10. Aldeia de serviço

Se houve uma lógica interna no espetáculo montado por Gandhi em 1934 ao se afastar do movimento do Partido do Congresso, que ele conduzira e simbolizara durante quase uma geração, ela estava na constatação de que todos os programas e resoluções que ele propusera ao longo dos anos — e que o partido ratificara — tinham feito pouca diferença. Ele decidiu então fazer sozinho o que o partido não realizara sob sua liderança. Num dado nível, censurava seus supostos seguidores; em outro, se recusava a abrir mão de suas convicções mais profundas. O novo rumo que traçou para si mesmo tinha, é claro, alguma relação com suas próprias dúvidas ocultas quanto à eficácia da cruzada contra a intocabilidade que ele acabava de empreender. O que vira na jornada lhe mostrou quão exagerada e mal promovida fora sua promessa de que a fiação e a tecelagem caseiras seriam a salvação de camponeses sem terras, subempregados e escravizados a dívidas — fossem eles intocáveis ou não. Não seria de uma hora para outra que a roda de fiar alteraria a dura realidade em que viviam.

"Os aldeões levam uma vida morta", ele dizia agora. "A vida deles é um processo de lenta inanição."[1] Mais discursos, ele parecia dizer, não seriam a solução. A parte final da jornada contra a intocabilidade, com a resposta ambígua das multidões gigantescas que ele atraía, fora para ele "um desempenho mecânico e uma contínua agonia".[2] Mais tarde, ele se permitiu depreciar a viagem como um "circo".[3] Ele precisava agora atracar-se com a realidade das aldeias. "Temos de trabalhar duro e em silêncio", declarou em certa ocasião.[4] Em outra, determinou: "Temos de nos tornar trabalhadores manuais mudos que moram nas aldeias".[5]

A Índia, naturalmente, não lhe permitiria manter-se em silêncio. Aliás, como principal colaborador de um semanário, ele não poderia calar-se, mesmo se quisesse. Ao completar 65 anos, Gandhi viu-se, inquieto, diante de uma encruzilhada. Mais uma vez, encontramo-lo aqui a reviver um capítulo anterior de sua vida. O impulso de dedicar-se ao trabalho construtivo em aldeias reproduzia, obviamente, seu afastamento da política de massas na África do Sul em 1910, quando ele e Hermann Kallenbach montaram a efêmera fazenda Tolstói. Na época, ele abraçara a missão de dominar os rudimentos da agricultura e da educação infantil. Agora, voltando a trabalhar de baixo para cima, dedicava-se de novo a modificar drasticamente o que ele chamara, ao fim da jornada contra a intocabilidade, de espiral descendente da pobreza, vista com seus próprios olhos nas aldeias de todo o país.[6] Depois de representar seu papel no drama da despedida do Partido do Congresso, em Bombaim, no fim de outubro de 1934, Gandhi retornou sem delongas a Wardha. Mais algumas curiosidades transculturais: a semana em que ele chegou lá foi exatamente a mesma em que — a meio mundo de distância geográfica e a um mundo inteiro de distância cultural — o musical *Anything goes*, de Cole Porter, estreava no Colonial Theatre, em Boston. Ali, toda noite, o ator que fazia par romântico com a jovem Ethel Merman cantava *You're the top*:

> *Você é demais!*
> *É Mahatma Gandhi,*
> *Você é demais!*
> *Um Napoleon brandy.*

Gandhi não teria achado graça nesse frívolo panegírico a sua celebridade internacional, na hipótese improvável de que um dia tomasse ciência de sua existência. Nada poderia ser mais estranho a seu espírito do que o estouvamento da Era do Jazz, que Cole Porter vivia satirizando.

Durante a maior parte dos oito anos seguintes (um total de 2588 dias "de plantão", como diziam os indianos), a melancólica, poeirenta e perdida Wardha, onde a temperatura antes das monções às vezes podia chegar a 48°C, seria sua base e principal área de operações. Assim que decidiu lançar raízes, Gandhi já começou a propor ideias, dizendo-se "cheio de planos para a reconstrução da aldeia".[7] Seria errôneo dizer que ele não deixou marca alguma na área — ainda hoje existe ali um certo número de ardorosos gandhianos —, mas o resultado geral ficou muito aquém da transformação social e da cura que ele pretendia de início. Nos últimos anos, o distrito de Wardha ficou mais conhecido na Índia "fulgurante" do começo do século XXI como o epicentro de uma onda de suicídios de plantadores de algodão irremediavelmente endividados. Segundo se diz, dezenas de milhares de agricultores daquela região tiraram a própria vida devido à queda vertiginosa dos preços do algodão no novo mercado global. Depois de Gandhi, ninguém pensou em apontar o lugar como modelo de reforma rural.

No tempo em que o Mahatma morou ali, sua simples presença fazia de Wardha um destino. A Comissão Executiva, principal órgão diretivo do Partido do Congresso, viajou a Wardha obedientemente pelo menos seis vezes, para pedir orientação a Gandhi e receber-lhe a bênção, ainda que estivesse oficialmente afastado do partido. Ele pretendera que sua renúncia fosse uma declaração de que não podia nem impor suas prioridades nem abrir mão delas. Fora um gesto, uma expressão de seu desapontamento. Tinha sido também, em parte, um blefe. O partido ainda girava em torno dele, se não sempre, ao menos toda vez que precisava resolver uma questão emaranhada. "Wardha tornou-se a capital nacionalista *de facto* da Índia", escreveu, com perdoável hipérbole, um historiador americano.[8]

Uma série heterogênea de delegações estrangeiras — políticos, pacifistas, líderes religiosos, idealistas de todos os matizes — também se dirigia àquele cafundó com a expectativa de que Gandhi pudesse ser arrastado a um debate sobre os assuntos que mais lhes interessavam, desde curas naturais e nutrição até o destino do Ocidente e a ameaça de mais uma guerra mundial. E ele se deixava arrastar com toda facilidade. Chamado a falar como vidente, mostrava-se decidido a não desapontar o interlocutor. No fim da década, distribuía conselhos, animadamente, sobre a forma como suas técnicas de resistência pacífica, se adotadas por "um único judeu que se levantasse e se recusasse a curvar-se aos decretos de Hitler", talvez bastassem para "derreter o coração de Hitler".[9] Um visitante chinês ouviu uma lição semelhante: a não violência, disse Gandhi, poderia "envergonhar alguns japoneses".[10] A um representante do Congresso Nacional Africano da África do Sul ele afirmou que a liderança da entidade havia se alienado das massas por adotar trajes e maneiras ocidentais. "Vocês não devem [...] envergonhar-se de portar uma azagaia ou de vestir apenas um paninho em torno do corpo", disse o Mahatma, oferecendo implicitamente sua própria opção de indumentária como uma tática política pragmática digna de ser imitada.[11] Sua convicção de que poderia vir a desempenhar um papel profético só crescia à medida que as nuvens de guerra se avolumavam. "Quem sabe", escreveu ele em Wardha, em 1940, "se não serei um instrumento para trazer a paz entre a Grã-Bretanha e a Índia, e também entre as nações beligerantes da Terra?" Presumivelmente devido à sua influência, a Índia era "a última esperança do mundo".[12]

Somente uma visitante estrangeira, nesses anos, pareceu disposta a resistir à crescente tendência de Gandhi a traduzir suas experiências em dogmas. Margaret Sanger, fundadora do movimento que se tornou a Planned Parenthood, entidade que luta pela sexualidade feminina esclarecida e defende o planejamento familiar, esteve em Wardha, em janeiro de 1936, para uma conversa na qual ela enfatizou a capacidade da atividade sexual para melhorar a qualidade da vida, tanto das mulheres quanto dos homens. Como era de esperar, Gandhi assumiu uma posição oposta, discorrendo sobre o *brahmacharya* como uma disciplina espiritual.[13] Sua conversa com a americana — diferente de qualquer outra que ele já tivesse mantido com uma mulher — parece ter feito sua pressão arterial, já preocupante, subir a níveis inusitados e, segundo alguns relatos, levou-o quase a um colapso nervoso.

Física e emocionalmente, ele estava chegando ao limite. Pouco mais de um ano depois de chegar ao distrito, Gandhi concluíra que não lhe bastava determinar que seus discípulos fossem viver nas mais remotas aldeias de um distrito remoto. Ele precisava entender por que eles achavam isso tão penoso. Como era típico dele, instruía-os a começar suas missões de serviço apresentando-se como encarregados voluntários do saneamento da aldeia, incumbindo-se da retirada de excrementos humanos onde quer que estivessem, em geral junto de trilhas rurais, e depois cavando buracos que servissem de latrinas. O exemplo nem sempre era tão eficaz quanto ele esperava. "As pessoas são totalmente destituídas de vergonha", escreveu seu fiel secretário e redator de seu diário, Mahadev Desai, cujos deveres incluíam atuar como se fosse um destacamento de limpeza, em Sindi, uma aldeia excepcionalmente desinteressada. "Eles não mostram a menor reação. Não será surpresa se daqui a alguns dias começarem a achar que nós somos os lixeiros deles."[14]

Gandhi chegou à conclusão de que só havia um meio de descobrir por que os camponeses se mostravam tão resistentes ao exemplo de altruísmo que seus *satyagrahis* lhes davam. O jeito era ele — o homem que a maior parte da Índia e do mundo via como o líder do país — instalar-se numa aldeia e morar ali sozinho, sem mais ninguém de seu séquito habitual. Isso fazia perfeito sentido para Gandhi, mas não para seus colaboradores mais próximos, que já se mostravam apreensivos em relação a sua saúde e temerosos de qualquer mudança na vida do Mahatma que limitasse o tempo que pudessem passar em sua presença.

A aldeia do distrito de Wardha que ele escolheu para mais uma de suas "experiências com a verdade" chamava-se, na época, Segaon. Ficava junto de pomares de laranjas e mangas cujo proprietário era um importante financiador do Mahatma, um rico comerciante chamado Jamnalal Bajaj, que fora, no sentido teatral, o anjo que cuidara da mudança de Gandhi para Wardha e providenciara alojamentos para ele e sua comitiva. Bajaj era também dono das terras em que se amontoavam os intocáveis de Segaon — dois terços de sua população de mais de seiscentos habitantes. A receita que a aldeia lhe rendia custearia a mais recente experiência de Gandhi.

Nenhuma estradinha ligava ainda Segaon à cidade-mercado do distrito, a seis quilômetros de distância.[15] O líder da Índia chegou lá, a pé, em 30 de abril de 1936 e dois dias depois comunicou aos aldeões suas intenções. "Se vocês cooperarem comigo", disse, "ficarei muito feliz. Se não cooperarem, eu me contentarei com viver entre vocês como uma pessoa entre as centenas que moram aqui."[16] Segundo o relato de Mirabehn, o líder da aldeia, "um ancião encantador e aristocrático, fez um discurso cortês e honesto, em que aprovou a ideia de Gandhi ir viver entre eles, mas deixou claro que, pessoalmente, não poderia cooperar com o programa de Bapu em relação aos *harijans*".[17] O barraco que ele ocuparia, nas cercanias de Segaon, estava ainda inacabado, de modo que naquela noite improvisaram uma tenda para ele debaixo de uma goiabeira.[18] Como houvesse ali animais selvagens, como guepardos e panteras, foi preciso cavar um fosso em torno do terreno onde o Mahatma dormiria. Usando como desculpa o fato de estarem ajudando nas obras, vários de seus colaboradores dormiram ao lado dele.

Como era de esperar, a vontade de passar uma noite sozinho em Segaon, expressa pelo Mahatma, nunca foi atendida. Não demorou muito para que todo o seu séquito, que às vezes chegava a quase cem pessoas, estivesse vivendo ali. Gandhi não planejara fazer de sua casa a sede de um *ashram*, mas foi isso que ela se tornou. Graças sobretudo à generosidade de Jamnalal Bajaj, ergueram-se novas construções, abriu-se uma estrada e, por fim, instalou-se uma linha telefônica para que o Mahatma pudesse ser alcançado pelo governo do vice-rei, em Nova Delhi, e pela estação de Simla, para onde os altos escalões do Raj se retiravam no verão, quando Wardha abrasava. Foi inevitável que Segaon, a aldeia que Gandhi pretendera tornar o foco de suas energias, virasse, ela mesma, um espetáculo. Depois de março de 1940, ela assumiria o nome do *ashram* que se desenvolvera depressa e espontaneamente a seu lado. Tanto o *ashram* como a aldeia chamavam-se Sevagram, que quer dizer Aldeia de Serviço.[19]

O crescimento do *ashram* tornou-se mais um fator problemático a desviar a atenção de Gandhi do trabalho social que o levara a querer morar em Segaon. "Oh, Deus", exclamou ele, "proteja-me de meus amigos, seguidores e bajuladores."[20]

Hoje, as casas da aldeia mais próximas situam-se na curva de uma estrada de terra, a algumas centenas de metros do *ashram*, um conjunto de compridas

O ashram *cresceu em torno de Gandhi, com o nome de Sevagram.*

construções escuras, de madeira, com telhados inclinados que fazem lembrar um mosteiro budista em Kyoto. O *ashram* Sevagram já não serve a aldeia Sevagram. Com uma livraria, uma cantina e até alguns quartos modestos que são alugados a peregrinos, ele se mantém como atração turística. A aldeia ainda apresenta um ar de pobreza, mas algumas casas têm antenas de TV no telhado, e veem-se motonetas encostadas em suas paredes de cimento, rachadas e mofadas. As casas se erguem em terrenos que Bajaj cedeu a Gandhi e que este cedeu aos intocáveis da aldeia, que hoje se dizem *dalits*, e não *harijans*. Quem caminha do *ashram* à aldeia que recebeu mais atenção pessoal do Mahatma do que qualquer outra das 700 mil que existiam então na Índia que ele conheceu, dá com uma estátua junto de um campo de esportes. A figura no pedestal não usa tanga e sim um terno azul elétrico e gravata vermelha. Trata-se de Babasaheb Ambedkar. E o mais provável é que, se consultados, os ex-intocáveis do lugarejo que foi um dia a aldeia escolhida de Gandhi — sobretudo os mais jovens — digam que são budistas, e não hindus.

Na maior parte do primeiro ano de Gandhi em Wardha ele se concentrara menos nas reais condições de vida das aldeias vizinhas do que na tarefa de criar uma nova organização de massa com que sonhava para infundir energia a sua debilitada campanha para tornar as aldeias autossuficientes por meio da fiação e da tecelagem. Concluía agora que investira uma fé excessiva na roda de fiar, a icônica *charkha*, como uma panaceia invencível para a pobreza das aldeias. Por si só, ela não bastaria para tirar a Índia rural de sua miséria. A fiação e a tecelagem seriam importantes, mas teriam de ser suplementadas por todo um conjunto de artesanatos tradicionais que estavam sendo eliminados na competição com os artigos que fábricas e oficinas urbanas produziam a menor custo. No passado, os aldeões fabricavam suas próprias penas, tintas e papel, moíam cereais para fazer farinha, prensavam plantas para fabricar óleo, produziam açúcar mascavo, curtiam o couro cru para fazer peles, criavam abelhas, coletavam mel, descaroçavam o algodão à mão. Para sua própria salvação, as aldeias tinham de voltar a fazer tudo isso, pensava Gandhi. E era premente que toda a nação as apoiasse, não só usando o *khadi* caseiro, mas dando preferência a tudo o que elas produzissem e deixando de lado os artigos oriundos de fábricas — de modo a desfazer, o máximo possível, as devastações da Revolução Industrial.

Partindo dessas premissas, o líder nacional sentira uma necessidade urgente de descobrir se seria possível demonstrar que o arroz e os grãos moídos à mão eram mais nutritivos que os produtos refinados saídos de fábricas. O arroz pilado à mão podia competir em preço com o descascado industrialmente? Que uso podia ser dado às cascas? A fiação era mais rendosa do que a pilação? Seria possível extrair óleo da casca da laranja? As cartas de Gandhi encheram-se de perguntas como essas.[21] Em sua mente, as respostas que recebia eram os elementos com os quais ele revisaria a estratégia para conquistar "a *swaraj* de nossos sonhos, devotada ao bem-estar das aldeias". Sua nova organização precisava de estatutos, de consultores, de uma diretoria que fosse abnegada e trabalhasse quase em tempo integral; precisava de um organograma que abrangesse todos os distritos e, por fim, todas as aldeias do vasto país. Gandhi criou tudo isso em alguns meses, pelo menos no papel, fazendo surgir a Associação Indiana de Indústrias Rurais (AIVIA), com sede na antes obscura Wardha, numa casa doada, é claro, pelo anjo de Gandhi, Bajaj. Gandhi chamou um contabilista de Bombaim, pós-graduado em economia pela Universidade Columbia, para atuar como diretor da organização. Era cristão, conhecido em Columbia como Joseph Cornelius; ao chegar a Wardha, onde residiu até a morte de Gandhi, tornara-se J. C. Kumarappa.[22] Hoje em dia, Kumarappa é mencionado na Índia, vez por outra, como um dos primeiros teóricos da agricultura sustentável e da tecnologia apropriada; o último economista ocidental que parece ter pensado nele ou em Gandhi como pensadores que tinham algo de útil a dizer sobre a camada mais pobre do mundo foi R. F. Schumacher, ele próprio um crítico das doutrinas ortodoxas de desenvolvimento. Seu livro *O negócio é ser pequeno — um estudo de economia que leva em conta as pessoas* teve certa voga quando saiu, em 1973, 25 anos depois da morte de Gandhi.[23]

O Mahatma negava que sua fixação em indústrias rurais indicasse alguma diluição de sua campanha contra a intocabilidade, da mesma forma que negara, uma década antes, que sua renovada ênfase na *charkha* representasse um recuo em sua campanha pela união de hindus e muçulmanos. Muitos dos fiandeiros eram intocáveis, ele ressaltou. Havia uma visível sobreposição da AIVIA a outras organizações que ele ou seus seguidores tinham criado para promover o programa construtivo gandhiano nas 700 mil aldeias: a recém-formada Harijan Sevak Sangh, destinada a ser a beneficiária da jornada contra a intocabilidade; a Associação Indiana de Fiandeiros, mais antiga; a Gandhi Seva Sangh, criada pelo Partido do Congresso para fomentar o programa construtivo supostamente apoiado pelo partido (sem falar da Goseva Sangh, uma associação para a proteção de vacas, da qual ele se tornara patrono). Para a maioria dessas entidades, o advogado que atuara pela última vez como tal em Johannesburgo redigiria estatutos, como fizera desde 1920 para o próprio Partido do Congresso. O documento básico da AIVIA não hesitou em articular um princípio que todas essas sociedades implicitamente tinham em comum. "A Associação atuará sob a orientação e a assistência de Gandhiji", rezava o estatuto.[24] O movimento de maior projeção, a associação dos fiandeiros, jactava-se de estar presente em 5 mil aldeias, mas isso representava menos de 1% das 700 mil.

Todas essas entidades gandhianas tinham em comum dois problemas: a dependência, em teoria, de pessoas desprendidas que residissem nas aldeias — em termos gandhianos, de *satyagrahis* — e a falta de qualquer método seguro para descobrir, recrutar, treinar e sustentar um enorme exército de obreiros motivados e alfabetizados que não fosse inibido por restrições de casta herdadas. "Pessoas dedicadas ao trabalho, em tempo integral, com uma fé viva no programa e dispostas a realizar de imediato os ajustes necessários em sua vida diária", disse ele, enumerando as qualificações dos obreiros engajados como se estivesse redigindo um anúncio classificado.[25] Os "ajustes necessários" consistiriam em reduzir, drasticamente, os padrões de vida citadinos. Eles precisariam levar uma vida de "rigorosa simplicidade".[26] Aquilo que a liderança maoista buscaria fazer na China por meio do terror, de ordens, pressão da sociedade e incessante pregação ideológica quando lançou sua campanha de "ida para o campo" durante a Revolução Cultural, três décadas depois, Gandhi esperava alcançar mediante o exemplo motivador, dele mesmo e de seus seguidores mais próximos. "Obreiros sem o perfil adequado, com um estilo de vida muito acima da vida comum dos camponeses, e que não tenham o conhecimento deles exigido para a realização de seu trabalho não causam nenhuma impressão aos aldeões, sejam eles *harijans* ou não", disse ele. "Se cada um desses obreiros atribuir a seu trabalho um valor incompatível com o serviço à aldeia, essas organizações por fim terão de ser fechadas."

Até seus seguidores mais próximos tinham dúvidas. "Qual é a vantagem desse trabalho?", perguntou o filho de Mahadev ao Mahatma. "Ele não muda em nada o comportamento dos camponeses. Pelo contrário, eles continuam nos dando ordens para limparmos aqui e ali."

"Veja! Você já está cansado!", retrucou Gandhi, fingindo espanto. Logo, porém, deu instruções sobre a forma de levar avante o trabalho. "Imagine que eu esteja em seu lugar. Vou observar tudo com bastante cuidado. Se alguém se levantar depois de se aliviar, eu vou até lá. Se houver sinal de putrefação nos excrementos, eu digo a essa pessoa com jeito: 'Parece que seu estômago está mal. Você deve tomar este ou aquele remédio', e com isso vou tratar de conquistá-la." Depois de retirar as matérias fecais, continuou, ele plantaria flores no lugar e as aguaria. "A higiene pode ser uma arte", concluiu.[27]

Mesmo quando se mostrava mais visionário, de vez em quando ele deixava vazar uma previsão sombria do que poderia ocorrer, como que se preparando para uma decepção, para um honroso fracasso. "Se [os camponeses] nos insultarem", ele instrui seus acólitos, quando apenas começava a contemplar a ideia de ir morar ele próprio numa aldeia, "suportemos o insulto em silêncio. [...] Deixemos que as pessoas defequem onde bem entenderem. Não devemos nem lhes pedir que evitem um determinado lugar ou que escolham outro. Mas continuemos a limpar sem uma palavra. [...] Se isso não der certo, então não existe o que eu chamo de não violência", conclui.[28]

E, nesse caso, ele parece estar dizendo, mesmo assim o trabalho teria de ser executado por uma questão de dever. Quando um de seus obreiros perguntou-lhe qual era a forma de resolver o problema da intocabilidade nas aldeias, ele replicou: "Labutar em silêncio".[29] Em outra ocasião, disse: "A única maneira está em viver no meio deles e continuar a trabalhar com fé constante, como seus lixeiros, seus enfermeiros, não como seus benfeitores, e esquecer todos os nossos preconceitos, nossas predisposições. Esqueçamos, por um momento, até a *swaraj*".[30]

Era isso que sua alma gêmea, o ministro anglicano Charlie Andrews, lhe recomendara tantos anos antes, mas, naturalmente, como Gandhi disse então, ele jamais podia esquecer a *swaraj*.

Ao que parece, Gandhi logo percebeu que as qualificações que ele listara para aquilo que hoje poderia ser chamado de organização comunal tinham possibilidades mínimas — na realidade, nenhuma — de mobilizar as forças não violentas que ele esperava enviar em massa às aldeias. "Nossa ambição é ter ao menos um membro para cada uma de nossas 700 mil aldeias", ele disse, numa reunião de sua associação de indústrias rurais, "mas atualmente só temos 517 membros!"[31] E muitos deles nem davam notícias. Tratava-se de um impasse que ele esperava resolver durante a residência solitária que planejava para si em Sagaon. Mirabehn, a filha do almirante inglês, teve de admitir sua derrota em Sindi, onde os aldeões passaram a vê-la como fonte de poluição depois que ela tirou água do poço usado pelos intocáveis. Em Segaon, para onde ela se dirigiu depois disso, antes de seu mestre, não teve melhor sorte. À beira de um colapso, já tendo sofrido uma crise de febre tifoide, acabou sendo mandada para o Himalaia, em 1937, a fim de descansar. Após os primeiros dez dias em Segaon, no ano anterior, no auge da estação quente, o próprio Gandhi foi aconselhado por seus médicos a recuperar-se nas montanhas da área de Bangalore. Sua temporada ali durou cinco semanas. Em 16 de junho ele voltou, chegando de novo a pé, debaixo de um aguaceiro que o deixou ensopado. Logo caiu de cama, com malária.[32]

A simples descrição dessa busca de identificação com os mais pobres da Índia pode levar alguém a considerar que esse esforço era inútil ou afoito. Era o esforço que o Mahatma fazia para permanecer fiel a sua visão de *swaraj* para os milhões sem voz, apesar de tudo quanto aprendera — ou talvez sentisse que ainda tinha de aprender — sobre a Índia rural. No entanto, passadas mais de sete décadas, o que mais se destaca é a dedicação, e não a inutilidade. Ele poderia muito bem ter-se retirado para a mansão de um dos milionários que o apoiavam e de lá guiado o movimento nacionalista. Ninguém teria perguntado por que ele não estava vivendo como um camponês. Entretanto, em sua atividade infatigável e pertinaz na aldeia a que tinha se ligado, ele estava fazendo algo mais do que investir contra moinhos de vento. Mais uma vez, Gandhi se recusava a desviar os olhos de uma Índia sofredora que parecia passar despercebida à maioria dos indianos instruídos envolvidos no movimento que ele vinha conduzindo.

Até que ponto isso era verdade na década de 1930 pode ser avaliado pelo grau em que continua a ser verdade numa Índia que se declara democrática e livre há várias gerações. Em 2009, após jactar-se de quatro anos seguidos de um robusto crescimento de 9% na produção econômica, essa próspera e surpreendente nova Índia, com sua florescente economia de mercado, ainda tinha um quarto de sua população vivendo em condições definidas pelo Banco Mundial como de "pobreza absoluta", o que significa que a renda per capita dessas pessoas não passava de um dólar por dia. A taxa de pobreza estava em declínio como percentagem da população total de quase 1,2 bilhão, mas em números absolutos o contingente de aproximadamente 300 milhões de pobres não diminuía, representando cerca de um terço das pessoas mais pobres do mundo. Quase por definição, seus filhos, desnutridos, estavam abaixo do peso adequado, e era mais que provável que crescessem analfabetos, se chegassem a crescer. O número de indianos que pelas estimativas viviam com menos de 1,25 dólar por dia passava de 400 milhões — maior do que a população total do país na época da independência, quando os mais pobres representavam uma proporção mais alta do total. Hoje, como uma minoria, podem ser vistos como um bando esmolambado de grupos de interesses e como um peso morto para a ascendente classe média. E, ainda, apenas 33% de todos os indianos têm acesso, segundo os dados do Banco Mundial, ao que ele define com um eufemismo: "saneamento aceitável". Um estudo das Nações Unidas retrata a realidade com mais franqueza, informando que 55% da população, desde a época de Gandhi, ainda defeca ao ar livre.[33] Como a população triplicou desde o tempo de Gandhi, a água em aldeias e cidades ainda deve ser vulnerável a organismos patológicos; um grande número de coletores de dejetos ainda transporta grande parte das fezes humanas.

Antes de rejeitar a economia gandhiana por irrelevante ou utópica na era da globalização, é preciso vê-la nessa perspectiva mais sóbria. As soluções que Gandhi propôs para óbvias questões de pobreza rural, subemprego e endividamento crônico podem ter sido incompletas, ou nunca foram testadas. Ele não só rejeitava o controle da natalidade, recomendando a abstinência como meio de limitar a população, como não tinha nenhum plano para as gritantes desigualdades na propriedade e na distribuição da terra, além de uma vaga teoria de "fidúcia", que dependia, basicamente, da benevolência dos ricos. Em sua aversão a dispositivos que pudessem ser vistos como poupadores de trabalho, ele laborou num equívoco obstinado. Ao menos, porém, fez perguntas básicas, enfrentando a miséria na base da pirâmide social. E como essa miséria não diminuiu muito, ainda que o padrão de vida da maioria dos indianos tenha aumentado, não admira que a economia gandhiana apresente certa semelhança com soluções hoje defendidas por especialistas em desenvolvimento que investigam meios de enfrentar os mesmos problemas eternos, ainda urgentes — por exemplo, planos de "microfinanças" para promover atividades econômicas em pequena escala, entre as quais as atividades artesanais tradicionais que ele fomentou como fontes de crescimento e emprego em meios rurais. O que esses esquemas mais recentes têm em comum com seus antecedentes gandhianos é a convicção de que as soluções devem ser encontradas onde vivem os pobres, devem ter capacidade de desencadear e mobilizar suas energias.[34]

Gandhi não poderia prever e com certeza não admiraria vários aspectos da Índia globalizada de hoje, como as ilhas de expatriados ricos na Califórnia, em Nova York, no golfo Pérsico e outros lugares, transplantados e agora florescendo em culturas que ele já rejeitara como incorrigivelmente materialistas: a seu ver, superdesenvolvidas. Tampouco aplaudiria as repercussões dessas ilhas na própria Índia, visíveis nos arranha-céus de condomínios ao estilo da Flórida, em geral financiados por capitais expatriados, erguidos em campos onde no passado se cultivavam trigo e arroz. De nenhuma forma essa era a Índia dos sonhos daquele antigo expatriado. Hoje em dia, nas aldeias e nas apinhadas e úmidas favelas dos estados mais pobres, em geral no norte do país, ele reconheceria muitas coisas familiares. Constataria que quase dois terços dos indianos ainda vivem em aldeias. Se renascesse em nosso tempo, é provável que Gandhi quisesse começar uma campanha em algum lugar — talvez em Wardha.

Em 1º de maio de 1936, um dia depois de chegar a Segaon, Gandhi recebeu sua primeira visita — ninguém menos que Babasahed Ambedkar, que seis meses antes se afastara mais ainda do Mahatma ao renunciar ao hinduísmo e anunciar sua intenção de converter-se a outra religião. Ambedkar estava voltando de uma conferência de siques em Amritsar, na qual ele cogitara abertamente a possibilidade de tornar-se um sique, elogiando a religião por considerar iguais todos os seus membros. Os dois líderes sentaram-se no chão, debaixo da goiabeira, no mesmo lugar em que Gandhi dormira, para debater os princípios e a política da conversão. Nenhum dos dois ficou muito feliz com o encontro, mas combinaram reunir-se de novo em Segaon. O encontro sem resultados parece ter sido instigado por adeptos abastados de Gandhi, que ainda esperavam manter Ambedkar e seus seguidores no "redil hindu", como dizia o Mahatma.

Talvez haja sinais aqui de que Gandhi estivesse fazendo uma tentativa oblíqua de atrair Ambedkar. Segundo um biógrafo do líder dos intocáveis, amigos do Mahatma "perguntaram a Ambedkar por que ele não passava para o lado de Gandhi, de modo a dispor de recursos ilimitados para a melhoria das classes deprimidas".[35] Ambedkar respondeu que havia divergências demais entre eles. Nehru também tinha muitas divergências com Gandhi, observou Jamnalal Bajaj, um dos intermediários. Ressentido, Ambedkar disse que para ele era uma questão de consciência.

Os dois líderes podem ser vistos como antagonistas relutantes, às vezes, no sentido conradiano, como sócios secretos — imagens especulares um do outro, com Gandhi encontrando, no homem mais jovem, aspectos de seu eu sul-africano, resoluto e às vezes colérico, e Ambedkar mostrando ressentimento, até inveja, pela aura de santidade que envolve o Mahatma. "O senhor e eu somos muito parecidos", Ambedkar dissera a Gandhi no decorrer de suas negociações na prisão de Yeravda.

O comentário provocara risos de membros do séquito de Gandhi que o ouviram, mas o próprio Mahatma respondera: "É verdade".[36] Durante quase cinco anos, desde que se conheceram em Bombaim em agosto de 1931, antes do embarque para a Conferência da Mesa-Redonda, tinham circulado um em torno do outro, mediram-se e competiram a uma distância segura e, depois, soltaram balões de ensaio. Haviam se encontrado em Londres, na prisão de Yeravda, talvez em Poona depois da libertação de Gandhi e agora em Segaon, mas continuavam sem firmar uma aliança. Quando Ambedkar promoveu uma campanha para obter a admissão dos intocáveis aos templos, Gandhi negou seu apoio. Quando a entrada nos templos se tornou o foco das iniciativas de Gandhi para combater a intocabilidade, Ambedkar declarou que as verdadeiras questões eram a igualdade social e a ascensão econômica. Agora, com Gandhi instalado na periferia de uma aldeia em que os *harijans* eram a maioria, para se devotar exatamente a essas questões, Ambedkar estava focado na necessidade que tinham os intocáveis de achar uma saída do hinduísmo. Se algum dia estiveram em sintonia, foi como os dois ponteiros de um relógio, que se juntam por um instante a cada hora. Ou, talvez, do modo como uma partida de xadrez termina num empate forçado. Anos antes, Ambedkar dissera que a questão que os separava era a recusa de Gandhi de renunciar ao sistema de castas. Dali a alguns meses, como que respondendo a isso, Gandhi escrevera um artigo no *Harijan* intitulado "A casta tem de acabar", no qual dizia: "O atual sistema de castas é a própria antítese da *varnashrama*", a tradicional classificação quádrupla de ocupações herdadas, que ele dizia respeitar, mas apenas em seus próprios termos, com a ressalva de que a verdadeira *varnashrama* era "hoje inexistente na prática".[37] Fosse como fosse, argumentou, os costumes religiosos derivados de textos hindus que colidiam com a "razão" e as "verdades e os princípios morais universais" eram inaceitáveis. Ademais, dizia o artigo de Gandhi, não "deveria haver a interdição de casamentos mistos e de refeições em comum". Esse texto saiu na mesma semana em que Ambedkar declarou que não morreria hindu. Ao defender uma *varnashrama* que, segundo ele, não existia, Gandhi ganhava certo espaço de manobra, por convicção ou por conveniência política — ou seja, certa proteção junto aos hindus ortodoxos. Fosse como fosse, sua resposta não satisfez a Ambedkar, que se esquivava, previsivelmente, a todas as oportunidades que tenham surgido para firmar um acordo religioso.

Na verdade, a divergência mais profunda entre eles não era doutrinária, mas sociológica: poderiam ou deveriam os intocáveis ser vistos como "uma comunidade separada" ou como parte integral da Índia rural e, por extensão, da sociedade hindu como um todo?[38] No entender de D. R. Nagaraj, crítico cultural do estado de Karnataka, no sul da Índia, Ambedkar considerava a aldeia indiana "irrecuperável" como ambiente social para os intocáveis.[39] Nagaraj, ele próprio pertencente a uma subcasta modesta de tecelões, enfrentara o trabalho em regime de servidão sob contrato quando criança e por isso tinha motivos para se identificar com o ponto de vista de Ambedkar. Ao mesmo tempo, porém, era liberal o bastante para defender o lado de Gandhi na discussão. O citadino de casta alta que decidira assumir um novo papel, em traje de camponês, acreditava que as aldeias tinham de ser recuperadas para que os pobres mais pobres da Índia pudessem ter um futuro.

É essa tensão que tornaria tão comovente, tão emblemática, uma fotografia de Gandhi e Ambedkar batendo papo debaixo da goiabeira nos arredores de uma Segaon escaldante, no primeiro dia inteiro que o Mahatma passou ali em 1936 — se essa fotografia existisse. Mesmo que não estivesse usando o colarinho duro e revirado que costumava trazer naquela época, é improvável que o sisudo e corpulento Ambedkar se sentisse à vontade no ambiente rural a que Gandhi, que definia despojamento de uma forma bem radical, se adaptara havia bastante tempo. No confronto direto entre os dois, cada qual tem uma posição, mas não uma solução exequível que abarque tanto os tocáveis quanto os intocáveis. Do ponto de vista dos *dalits* de hoje, como escreveu Nagaraj, "há uma necessidade premente de se chegar a uma síntese das duas posições". Para ele, Gandhi e Ambedkar "são complementares num nível fundamental". O que Gandhi nos oferece é a percepção de que "a libertação do intocável está ligada, organicamente, à emancipação da Índia rural".[40] Já Ambedkar insiste em que a libertação do intocável tem de incluir a possibilidade de ele se libertar de seus desprezados papéis hereditários. Preso na armadilha de seu próprio paternalismo, o homem conhecido como Mahatma queria que todo mundo compreendesse que o trabalho do coletor de fezes era honrado e essencial. Ambedkar queria que todos entendessem que o destino não tinha nada a ver com isso, que esse mesmo intocável poderia ignorar a ocupação tradicional decretada por sua casta, tal como fizera o baneane Gandhi. ("Ele nunca chegou nem perto do comércio, que é sua ocupação ancestral", observou Ambedkar numa de suas investidas mais reveladoras.) O homem reverenciado como Babasaheb dava ênfase à igualdade de direitos. Talvez seja por isso que, décadas depois, os aldeões de Segaon-Sevagram erigiram sua estátua, embora tenha sido Gandhi, e não Ambedkar, quem lhes deu a terra que ocupam.

Ambedkar e seus seguidores não eram os únicos intocáveis que falavam de conversão nessa época. No sul, no principado de Travancore, hoje parte de Kerala, havia uma clara inquietação entre os *ezhavas*, um grupo em ascensão social que estivera à frente da *satyagraha* de Vaikom. Segundo se dizia, alguns líderes *ezhavas* tinham debatido a possibilidade de uma conversão em massa com o bispo da igreja Cristã Síria de Kottayam, perto de Cochim, seita que fazia remontar sua história no sul da Índia a uma lendária visita de são Tomé no século II. A sede do bispado ficava também perto de Vaikom, onde o templo de Shiva ainda vedava a entrada de *ezhavas* e de todos os demais intocáveis uma década depois da campanha de *satyagraha* que Gandhi tentara controlar à distância. O acordo por ele negociado com o comissário de polícia britânico, tal como o que ele negociara com Smuts na África do Sul, deixara sem solução as questões fundamentais. A impaciência dos *ezhavas* vinha aumentando de ano a ano, a ponto até de se dizer que eles vinham fazendo contatos com a Sociedade Missionária de Londres.[41] Havia agitação também entre os *pulaias*, um grupo mais baixo de intocáveis de Kerala, alguns dos quais tinham se tornado siques.

As referências a conversões traziam à luz um lado possessivo, até mesmo de protetora superioridade, da atitude de Gandhi em relação àqueles que ele chamava de "milhões sem voz" ou *harijans*, termos próximos, mas que não eram sinônimos. Em sua própria atividade religiosa e em discussões abstratas, ele falava como se fosse um universalista, defendendo a tese de que todas as religiões eram expressões diferentes das mesmas verdades. Mas quando representantes de outras religiões procuravam seduzir seus *harijans* e afastá-los de um hinduísmo que sistematicamente os rejeitava, ele podia ser quase tão obstinado na oposição a essa sedução quanto era contra a rejeição. "O senhor pregaria o Evangelho a uma vaca?", ele desafiou um missionário. "Pois bem, a capacidade de entendimento de alguns intocáveis é menor do que a de uma vaca."[42]

No semanário *Harijan*, ele publicou uma longa carta de uma missionária americana que objetava a essas descrições que Gandhi fazia dos intocáveis, os quais ela considerava estar "acima, e não abaixo, da média da humanidade". Fazendo exatamente o que era preciso para que ele reagisse como ela queria, a americana perguntou: "Como é possível que o senhor viva entre eles e tenha uma atitude tão superficial em relação a eles? A única explicação que me vem à mente", disse ela, "é que ou o senhor não os conhece ou foi insincero".[43]

Se a missionária americana pretendeu provocar o Mahatma, conseguiu. Gandhi respondeu num tom arrogante como não se ouvia de sua boca desde a Conferência da Mesa-Redonda, em Londres, seis anos antes. Indignado com a presunção da estrangeira, ele asseverou que suas conclusões se baseavam "em contato estreito, durante anos, com dezenas de milhares de oprimidos da Índia, não como superior, mas como se eu fosse um deles". Sua réplica nada dizia sobre o que significava um "contato estreito".[44] Segaon, talvez, fosse a resposta.

Fazer de sua vida a pregação, era para isso que ele decidira ir a Segaon, mas essa resolução enfrentava uma série contínua de questões, campanhas e reuniões, cujos proponentes e organizadores não paravam de tentar contato com Gandhi em sua aldeia e, alegando motivos urgentes, tirá-lo de lá. Seis meses depois da visita de Ambedkar, em 1936, a efervescência religiosa em Travancore constituiu uma dessas ocasiões. Nesse caso, para variar, havia um motivo de comemoração — uma proclamação em nome do jovem marajá, que recentemente chegara à maioridade e que por fim abria todos os templos hindus controlados por seu principado ou por sua família a qualquer intocável que desejasse ser visto como hindu. "Nenhum de nossos súditos hindus deve, por motivo de nascimento, casta ou comunidade, ser privado do conforto da fé hinduísta", dizia o decreto.[45]

A supervisão do movimento de Vaikom por Gandhi pode ter tido seu lado ambíguo em meados da década de 1920, mas o líder já não tinha dúvida de que a admissão aos templos fosse uma causa nacional quando levou a Travancore a campanha contra a intocabilidade, em 1934. Nessa viagem, de acordo com o atual rajá — irmão mais novo daquele que firmara o decreto e monarca de um Estado que não existe mais —, Gandhi perguntou ao príncipe herdeiro: "O senhor vai abrir os templos?". O atual rajá, que na época tinha doze anos, lembra-se de ter ouvido o irmão prometer: "Sim".

O atual marajá de Travancore, um ancião vigoroso à beira dos cem anos, com o corpo franzino envolto num *lungi*, disse que a única função que lhe resta é ir sozinho, a cada dia, ao templo de Vishnu, que fica fechado a todos os demais fiéis durante doze minutos exatos, como vem acontecendo ao longo de gerações. Ali, como fizeram todos os seus ancestrais, o rajá presta contas solenemente à divindade do que acontece em seu antigo reino. Ele não entendia por que os *dalits* ainda se davam esse nome. Do seu ponto de vista, como a intocabilidade tinha sido abolida, não havia razão para existir esse grupo. O decreto que abriu os templos acabou sendo o último ato de poder da dinastia. "As pessoas me chamam de mahatma", disse Gandhi ao retornar para dar sua volta da vitória em torno do Estado em 1937, revivendo sua luta contra a intocabilidade depois de quase três anos. "Elas deveriam chamar o senhor de mahatma." Era assim que o ancião lembrava o cumprimento que Gandhi fez a seu irmão depois do decreto.[46]

Ele nunca mais vira multidões semelhantes desde sua suposta despedida do Partido do Congresso. Tampouco, desde a jornada de adeus à África do Sul, em 1915, vira tal onda de alegria e renovada esperança. No entanto, durante os nove dias em que viajou pelo principado, essas multidões se mostraram com frequência silenciosas, talvez por respeito ao Mahatma e por aquele momento, que era tanto deles quanto de Gandhi. Impressionou-o o aspecto das pessoas que ele chamava de *harijans*, ao acompanhá-las aos templos em que nunca tinham pisado. Eram pessoas "realmente cativantes", observou, e "imaculadamente limpas".[47] Ali, em templos que tinham sido cidadelas não só da intocabilidade, como também da inaproximabilidade e da invisibilidade, ocorria "um sonho concretizado de uma forma e num lugar em que a concretização parecia quase impensável". Realizando cultos de oração em templos recém-abertos, em todas as suas principais paradas, de vez em quando Gandhi fazia um gesto ecumênico para cristãos e muçulmanos, mas ao falar como um hindu a outros hindus ele não era nada secular. Orava com hindus de casta e *harijans*, juntos, como se agora tivessem sido por fim consagrados como ele sempre os tinha visto — como um povo só. Em quase todas as paradas, dizia-lhes um mantra em sânscrito, explicando que era mais fácil de apreender e mais confiável que um trecho de escrituras.[48] Da maneira como o interpretava, esse mantra aludia à entrega a um Deus presente em cada átomo do universo, a não cobiçar riquezas materiais. Gandhi nunca fora mais abertamente evangélico, mais ostensivamente hindu. Não parece que em algum momento ele tenha se perguntado se nesse roteiro de templos e de declamação de mantras não estivesse se distanciando da substancial minoria muçulmana que antes tinha defendido, tornando mais fácil para Jinnah e outros dirigentes da Liga Muçulmana pintá-lo como um líder hindu que posava de líder nacional.

Só em algumas paradas em Travancore é que o reformador social representa mais do que um pequeno papel coadjuvante ao do evangelista. Entretanto, numa delas, o Mahatma se apresenta, em seu papel de reformador, como uma verdadeira alma grande. Diante de uma enorme congregação de *ezhavas*, ex-intocáveis agora em ascensão social, ele pergunta, incisivo, por que estão comemorando a abertura dos templos apenas para si mesmos e não para os intocáveis de ordem inferior, como *pulaias* e párias. "Tenho de lhes dizer uma coisa", começou. "Se esta imensa multidão não representa esses *pulaias*, eu posso ter certeza de que não existe lugar para mim no meio de vocês."[49] A massa humana se agita, indócil. No que concerne à maioria dos *ezhavas*, os *pulaias* são ainda intocáveis, não importa o que o marajá tenha decretado. A seguir, Gandhi diz que vem entrando nos templos com o espírito de "um intocável que de repente virou tocável". Se eles assumissem o mesmo espírito, "vocês não ficarão satisfeitos até terem elevado seus irmãos e suas irmãs, tidos como os mais ínfimos e humildes, ao nível que vocês próprios conquistaram. A verdadeira regeneração espiritual tem de incluir a ascensão econômica e a eliminação da ignorância".

Para isso, só era necessário "contato humano imediato" e "um exército de obreiros voluntários do tipo certo".

Um momento inesquecível. Contudo, ao definir o "tipo certo", o Mahatma mais uma vez se afastou dos seres humanos comuns que ele pretendia servir. O *brahmacharya* tinha de ser parte do programa desse obreiro. Fazia agora um quarto de século que ele havia renunciado ao sexo, mas ultimamente vinha encontrando dificuldade para banir o sexo de sua mente. Desde seu diálogo perturbador com Margaret Sanger, no fim de 1935, o tema volta e meia surgia nas páginas do semanário *Harijan*, em parte por causa de leitores que escreviam para falar da importância do sexo em seu próprio casamento, ou para contestar sua insistência em afirmar que o sexo conjugal só podia ter como fim a procriação, e não o prazer, ou que a "ciência sexual" deveria ser ensinada, mas apenas na medida em que fosse "a ciência do controle do sexo".[50]

O principal motivo para que o sexo sempre viesse à tona parece evidente: o Mahatma não parava de falar no assunto. Nas semanas que antecederam a viagem a Travancore, ele escreveu dois textos longos sobre as desditas de um certo Ramnarayan, que atuava no movimento de Gandhi contra a intocabilidade em sua Porbandar natal. O Mahatma o tivera na conta de "um obreiro *harijan* ideal" até saber que o rapaz tivera um caso — não com uma, mas com duas moças. "Que abismo entre o Ramnarayan que era um dedicado servo dos *harijans* e o outro, um escravo do desejo sexual!", escreveu o Mahatma, citando nomes com o entusiasmo de um colunista de fofocas.[51] Evidentemente, essa futrica oferecia à campanha de reforma social uma lição que ele não podia ignorar. "Um obreiro que não tenha vencido a luxúria não pode prestar um serviço autêntico à causa dos *harijans*, à busca de unidade comunal, ao uso do *khadi*, à proteção das vacas e à reconstrução das aldeias", decretou Gandhi, mais furioso que triste.[52]

O problema não era só onde encontrar "um exército de obreiros voluntários do tipo certo" para promover suas múltiplas causas nas 700 mil aldeias. Às vezes ele se perguntava se ele mesmo era o tipo certo de pessoa para dirigir esse movimento. O esforço do Mahatma, que já envelhecia, para alcançar o que ele chamava de "domínio" sobre seu espírito e suas paixões, após anos de aplicado celibato, é muito comovente — não por ser a antítese dos escândalos que em geral chamam a nossa atenção ou por nos permitir ver nossas próprias opções de vida como saudáveis em comparação com as dessa figura que era um modelo em muitos outros sentidos. Seu esforço é comovente, talvez até trágico, porque Gandhi enfim se convence de que poderia haver uma relação causal — e não só uma analogia — entre seu esforço no sentido do autodomínio e a luta da Índia para se tornar independente. Do mesmo modo que cada aldeia precisava de um assistente social que tivesse vencido a luxúria, a nação precisava de um líder que — por mais pura que fosse a sua conduta — tivesse banido os pensamentos impuros. Se o líder falha nesse aspecto capital, poderá falhar em outros, fazendo sua nação sofrer.

Bhikhu Parekh, cientista político britânico oriundo de Guzerate e autor de uma análise cuidadosa e perceptiva dos valores e das obsessões sexuais de Gandhi, oferece a necessária perspectiva. "O ascetismo de Gandhi constituía uma corrente relativamente secundária na tradição cultural hindu", escreve.[53] Afinal, a maioria dos deuses hindus tem cônjuges e Krishna, admirado por suas escapadelas, chama o impulso sexual de divino. Os hindus, diz Parekh, veem a conjunção carnal "como uma atividade sagrada em que o tempo, o espaço e a dualidade são por um momento transcendidos". É por isso que muitos dos templos hindus que Gandhi queria abrir são revestidos de esculturas eróticas.

A estranha ideia do Mahatma de que o domínio sobre si mesmo poderia ser a solução para a Índia não define o Gandhi da última década de sua vida, mas volta e meia o obsedava, apesar da "simplicidade rigorosa" de sua rotina diária, programada quase de minuto a minuto — desde o momento em que se levantava, às quatro da manhã, até quando fechava os olhos para dormir, dezoito horas depois — de modo a manter afastados os pensamentos indesejados. "Posso vencer o inimigo, mas não consegui expulsá-lo de todo", escreveu Gandhi, admitindo seus impulsos sexuais.[54]

É em 1936, nos poucos meses entre o encontro com Margaret Sanger e a chegada à aldeia de Segaon, que ele começa a se preocupar com a qualidade de seu *brahmacharya*. Em Bombaim, recuperando-se de uma crise de hipertensão arterial e das consultas com um dentista que estava extraindo todos os seus dentes, o Mahatma "experimentou um súbito desejo de praticar o coito". Ao longo dos anos, ele havia admitido a ocorrência de poluções noturnas, mas dessa vez foi diferente: ele estava acordado. Com sua franqueza habitual falou daquilo abertamente a uma colaboradora, a quem ele elogiara como uma colega "partidária do *brahmacharya*".

"Apesar de todo meu esforço", ele lhe escreveu meses depois do episódio, "o membro permaneceu estimulado. Foi uma experiência bastante estranha e vergonhosa."[55]

Em termos menos explícitos, ele já havia se exposto no *Harijan*. "Graças a Deus", escreveu no semanário, "minha tão apregoada condição de mahatma nunca me iludiu."[56] Não são as explicações banais ou cínicas de um homem público que admite um caso extraconjugal. Em sua sinceridade e no desnudamento de sua vida interior, essas palavras lembram a passagem em que santo Agostinho lamenta, nas *Confissões*, "as minhas torpezas passadas e as depravações carnais da minha alma".[57] Normalmente, ninguém esperaria ouvir o que Gandhi se dispõe a revelar. É como se ele não pudesse calar-se e levar a vida adiante. O que veríamos como uma reação exagerada a uma experiência pessoal sem nada de extraordinário é, para Gandhi, uma introdução a algo parecido com a noite escura da alma.

São muitas coisas acontecendo ao mesmo tempo. Ele está tentando criar um "exército" de obreiros rurais exemplares, que tenham dominado os anseios que ele próprio, quase aos setenta anos, ainda luta por reprimir. Decide tornar-se, ele próprio, um desses obreiros na aldeia que escolheu, Segaon, onde sua mensagem não encontra ouvidos. Percorre Travancore na extremidade do subcontinente num ano e, no outro, visita a distante Província da Fronteira — um campo de batalha no atual Paquistão. Discute com líderes políticos se conviria ao Partido do Congresso assumir o governo de acordo com as condições britânicas depois das eleições provinciais. E por fim, em meio a tudo isso, tenta encontrar a medida correta de proximidade ou distância que ele, como um pai sempre rigoroso, deveria estabelecer em relação a Harilal, o filho mais velho e alcoólatra. No entender de Gandhi, entre os muitos problemas do primogênito estava seu fraco por prostitutas, desde a morte prematura da esposa que ele amava. Quatro dias antes de mudar-se para Segaon, ele se encontra com Harilal em Nagpur. O filho, de 48 anos, pede-lhe dinheiro, que o pai, julgando que fosse para beber, recusa-se a dar. Depois, duas semanas após a chegada de Gandhi à aldeia — trazendo consigo a hipertensão arterial e a ansiedade causada por seu pesadelo erótico —, Harilal muda o nome para Abdala e se converte ao islã. Passados cinco meses, depois de divulgar ao máximo possível seu desafio edipiano, falando em palanques como um missionário muçulmano, retorna ao hinduísmo.

"Ele continua a ser a mesma ruína que era antes", escreve Gandhi numa carta aberta "a meus numerosos amigos muçulmanos" antes da reconversão. "A mim não importa que ele se chame Abdala ou Harilal", diz a carta, "se, ao adotar um ou outro nome, ele se torne um devoto verdadeiro de Deus, que é o que ambos os nomes significam."[58]

Entretanto, é claro, Gandhi se importava. Harilal continua a causar decepções, e o mesmo fará, começa a parecer, a aldeia de Segaon, embora ele contasse com a ajuda de pelo menos outros três obreiros. Entretanto, Gandhi parece ter voltado a controlar sua congestionada pauta diária até o dia 14 de abril de 1938, quando, ao se preparar para uma reunião crucial em Bombaim com Mohammed Ali Jinnah, que declinara de alguns convites para ir a Segaon, acontece tudo de novo: outra ereção, outra poluição noturna. Perto de completar setenta anos, o Mahatma se sente não só aborrecido, mas, como escreve a Mirabehn, "aquela experiência degradante, suja e atormentadora de 14 de abril me dilacerou e eu me senti como que arremessado por Deus para fora de um paraíso imaginário onde eu não tinha o direito de estar devido a minha impureza".[59]

Uma semana após a ejaculação, ele faz uma declaração à imprensa, menos explícita, dizendo: "Pela primeira vez em minha vida pública e privada, tenho a sensação de ter perdido a autoconfiança. [...] Pela primeira vez, nos últimos cinquenta anos, vejo-me num Pântano do Desespero. No momento não me julgo apto para negociações ou atividades análogas".[60]

Nesse período relativamente breve, estamos diante de uma só história ou de várias? Mesmo com um pouco de reflexão, a resposta nunca será óbvia. As agruras se acumulam. Gandhi, ao que parece, julgou necessário arcar com todas elas. Normalmente, ele seria capaz de manter seus desencantos — consigo mesmo, com Harilal, com o ritmo de reconstrução em Segaon, com a crescente violência entre hindus e muçulmanos, com os escassos retornos do trabalho em favor dos *harijans* — em compartimentos estanques. No dia a dia, seu comportamento permanece o de sempre. Ele continua diligente como de hábito, escrevendo seus artigos, cumprindo seus deveres religiosos, mantendo a correspondência em dia, aconselhando seu considerável círculo familiar, seus acólitos mais próximos, e também estranhos, com a firmeza e a segurança costumeiras. Ele nunca usou a palavra "sublimação", mas conhecia bem o conceito. "O homem que fica sentado, na indolência, não pode controlar seu ímpeto passional", disse ele uma vez. "O remédio, portanto, está em manter o corpo empenhado no trabalho." Por isso, preenche os dias com tarefas programadas em minúcias. Todavia, quando admite que se sente desapontado, meio deprimido, às vezes é difícil dizer se a sensação decorre de um motivo específico ou de vários, fica difícil traçar os limites do pântano do desespero em que ele acaba de entrar. Estaria seu falho *brahmacharya* prejudicando o trabalho nas aldeias? Ou seria o contrário?

"Afinal de contas, eu sou um navio que está indo a pique", ele comentou com seu fiel Mahadev em setembro de 1938. "Quem embarcaria nesse navio?"[61]

Segaon representa seu compromisso permanente com os "milhões sem voz". No entanto, a história do envolvimento de Gandhi com a aldeia acaba sendo triste. Ali ele se via em confronto com a realidade da aldeia indiana, que ele idealizava com ardor desde quando escrevera *Hind swaraj*, havia quase três décadas, antes de deixar a África do Sul, antes mesmo de pensar em testar suas ideias na fazenda Tolstói. Ele nunca chegou a quebrar seu vínculo com a aldeia, mas levou menos de um ano para seu desapontamento tornar-se visível.

No fim de 1936, antes da viagem a Travancore, ele foi atacado por um político local por ter criticado publicamente as condições do lugar, apesar de não ter conseguido abrir os templos aos *harijans* em Ahmedabad, sua base nos primeiros dezesseis anos depois de voltar à Índia e onde, como um guzerate, estava em solo natal. Gandhi respondeu com sua tocante sinceridade: "Não só não consegui que os templos fossem abertos em Ahmedabad, como também não pude fazer isso em Wardha, depois que me instalei lá. E há outra coisa, ainda pior para minha reputação: eu não consegui que os dois únicos templos de casta em Segaon fossem abertos para os *harijans* daquela aldeola".[62]

Seis meses depois, Gandhi convoca uma reunião em Segaon para censurar os aldeões. Tinha duas queixas. A primeira era que não haviam cumprido a obrigação, assumida livremente, de fornecer mão de obra e pedras para a construção de uma estrada entre a casa dele e a aldeia. Essa estrada se ligaria a uma outra, maior, que estava sendo aberta até a cidade de Wardha. A segunda se referia à velha questão do saneamento. Gandhi e seus obreiros, ao que tudo indica, não estavam mais fazendo a coleta de excrementos na aldeia, talvez porque, inevitavelmente, isso os transformava em intocáveis aos olhos dos camponeses, o que dificultava que fossem aceitos. Por isso, no que aparentava ser um recuo tático, o *ashram* contratou um coletor de dejetos para a aldeia. Ainda assim, os aldeões se recusaram a cooperar. Continuaram a defecar à beira das vias públicas, negando-se a ceder seus carrinhos de mão para o recolhimento das fezes.

"Disseram-me que vocês estão indiferentes a tudo o que está acontecendo", disse o Mahatma. "Não posso arrumar a aldeia, fazendo com que fique limpa e sem mau cheiro se vocês não cooperarem. Contratamos um coletor de dejetos. Pagamos o salário dele, mas cabe a vocês manterem as ruas e os becos limpos. [...] Em nenhum outro lugar encontramos essa apatia."[63]

Gandhi tinha acabado de voltar de uma estada em Guzerate. Escrevera de lá a um colaborador em Segaon, pedindo desculpas por sua "falha" — não passar mais tempo na aldeia. Tinha outros afazeres, observou. Falando de falhas, escreveu, não era sua intenção "dizer que não pudemos fazer nada. Mas o que conseguimos fazer não pode ser considerado de muito valor".[64] No dia seguinte, escreveu novas cartas, dizendo ao destinatário de uma delas que seu "trabalho real" era em Segaon e ao de outra, que "Meu coração está lá." Essas cartas lembram outras, de muitos anos antes, enviadas do Transvaal à comunidade Phoenix explicando suas longas ausências.

Mahadev Desai resume a situação em 1940, quatro anos após a chegada de Gandhi a Segaon-Sevagram. "Há uma fissura entre os camponeses e nós", admite. "Ainda não existe nenhum laço vivo entre nós. [...] não conseguimos descer ao nível deles e nos tornar um deles."[65]

A essa altura, várias realidades desabavam com fragor sobre Gandhi. A realidade das aldeias era uma delas, mas havia também as questões políticas não resolvidas entre os muçulmanos e os hindus, e o crescente envolvimento da potência colonial em outra guerra mundial. Gandhi nunca perdeu a fé na importância vital de seu "programa construtivo". Em textos e pronunciamentos, divulgou os seus princípios até a morte. No entanto, foi obrigado a reconhecer que as causas que ele apontara como os "pilares" da *swaraj* não tinham avançado. Entre elas se destacavam a união de hindus e muçulmanos, a luta contra a intocabilidade e a promoção das indústrias rurais, simbolizadas pela roda de fiar, sendo cada uma delas um ideal que ele trouxera consigo para a Índia e que, em grande medida, tinha sido moldada por sua experiência em outro subcontinente.[66]

No tocante à união de hindus e muçulmanos, já em 1926 ele dissera que se sentia "impotente". Onze anos depois, repete a palavra num bilhete a Jinnah: "Estou inteiramente impotente. Minha fé na união continua forte como sempre, mas não vejo nenhuma luz nessa escuridão impenetrável, e nessa aflição clamo a Deus por uma luz".[67]

A respeito da intocabilidade, ele escreve depois de sua jornada de 1934: "Lamentavelmente, as castas superiores não se identificaram com os compatriotas mais humildes. [...] Não tenho desculpa alguma a dar".[68]

Com relação à reconstrução rural, teve de reconhecer que não havia conseguido recrutar o exército de *satyagrahis* abnegados que esperara poder enviar a cada uma das 700 mil aldeias, e chega a ter dúvidas quanto às dezenas deles que se achavam em Sevagram, atraídos por sua presença ali. Também a respeito desse ponto ele disse que se sentia "impotente". Não conseguia evitar que o lugar se tornasse um ímã para pessoas de dedicação questionável — nas palavras de Mirabehn, "uma miscelânea estranha de toda espécie de gente amalucada".[69] Ao avaliá-los, o próprio Mahatma diz: "Muitos deles são apenas habitantes temporários e nenhum deles ficará depois de minha morte".[70] Em 1940, ele fez uma das organizações de serviço que havia criado, a Gandhi Seva Sangh, cometer haraquiri por ter atraído aproveitadores sem princípios e pessoas em busca de emprego. Cinco anos depois, reconheceu que a Associação Indiana de Indústrias Rurais, que ele criara com tantas esperanças em 1934, não tinha "mostrado os resultados esperados".[71]

"Tudo o que faço é para os pobres", disse Gandhi por fim, com a mesma honestidade inflexível, "mas atualmente não consigo provar isso em Sevagram."[72] Ainda em 1945, ele continuava a traçar planos destinados a atrair voluntários para Sevagram, a fim de fazer uma boa limpeza na aldeia — um sinal claro de que dez anos de métodos gandhianos não tinham conseguido convencer os camponeses a limpar a própria casa.[73]

Não é difícil sentir pena do Gandhi que continua a lutar por seus ideais, em sua última década de vida, depois de ter sido obrigado a reconhecer que muitos de seus mais caros valores e programas não tinham lançado raízes; do Gandhi que percebe, dez anos antes da independência, que a sonhada *swaraj* era agora mais provável em decorrência de uma guerra que exauriria a potência colonial do que como resultado de um "sólido despertar" de um povo unido que tivesse obtido o domínio sobre si mesmo. "Qualquer fato irrelevante pode pôr a *swaraj* em nossas mãos", observou ele em 1937. "Eu não diria que essa *swaraj* seja a do povo."[74]

Pode-se também argumentar que, ao se permitir imaginar que seria possível operar uma transformação social na Índia por meio da palavra, o Gandhi já idoso, que não entregava os pontos, a despeito dessas profundas decepções, mantinha-se tão fiel a si mesmo quanto fora sempre. Era raro ele ceder à tentação costumeira dos políticos, que afastam de si o menor sinal de desapontamento, proclamando vitória em qualquer situação. É esse Gandhi insatisfeito, mas incapaz de fingir, que ainda apela para a consciência social da Índia, por medíocre que ela fosse.

"Não podemos determinar os resultados", disse ele. "Só podemos lutar por eles."[75] Foi nesses anos que ele teve de reconhecer que o movimento que mantinha sua imagem nas alturas estava agora avançando sem ele. "Que ninguém diga que é um seguidor de Gandhi", disse ele então. "Basta que eu siga a mim mesmo."[76]

Foi também nessa época que enfim se deu o reencontro com o mais caro de seus primeiros seguidores, Hermann Kallenbach. Em maio de 1937, desembarca finalmente em Bombaim o arquiteto de Johannesburgo, nascido na Prússia Oriental, que tinha sido impedido pelos britânicos de viajar para a Índia e depois internado como estrangeiro inimigo no começo da Primeira Guerra Mundial. Mais tarde, numa troca de prisioneiros, fora repatriado para a Alemanha. Sem rumo após o armistício, não completou a viagem, interrompida pela guerra, para Guzerate e para Gandhi, mas retornou a Joburg, onde logo reencetou a bem-sucedida carreira de incorporador imobiliário que Gandhi o levara a abandonar.

Os anos haviam passado, mas o Mahatma nunca esqueceu de todo o sonho de ter de novo a seu lado o velho companheiro judeu, gerindo seus *ashrams* indianos da forma como administrara a fazenda Tolstói. Quando voltaram a se corresponder, depois da guerra, ainda eram Câmara Baixa e Câmara Alta. "Como eu gostaria de abraçá-lo, vê-lo face a face e tê-lo comigo em minhas viagens!", escreveu Câmara Alta em 1921, quando já era o líder inconteste do movimento de independência da Índia.[77] Doze anos depois, escrevendo do sul da Índia, durante sua cruzada contra a intocabilidade, ainda se mostrava caloroso. "Você está sempre em minha imaginação", diz a Câmara Baixa. "Quando é que vem?" Essas cartas dão uma ideia da solidão que Gandhi continuava a sentir mesmo em seus *ashrams*, com seu círculos de colaboradores dedicados ou diante das gigantescas multidões que se formavam para ouvi-lo. Talvez fosse nisso que pensava Pyarelal quando, certa vez, escreveu em seu diário: "Há algo de assustador no absoluto isolamento espiritual de Bapu".[78]

O momento do reencontro entre o arquiteto de Joburg e o líder da Índia foi capturado por Mahadev Desai no *Harijan*.[79] Kallenbach só se deteve em Bombaim o suficiente para adquirir uma boa quantidade de roupas de *khadi* e pegou um trem costa acima que o deixou perto de um povoado em Guzerate, junto da praia onde Gandhi se dava uma trégua de suas desventuras em Segaon. Chegou antes do amanhecer, durante as orações da manhã. "Depois de quantos anos?", perguntou Gandhi ao fim das preces. Kallenbach curvou-se diante dele. "Vinte e três", disse, enquanto se abraçavam. "Com uma alegria pueril", no dizer de Mahadev, Gandhi ergueu um lampião para examinar o rosto do amigo sumido havia tanto tempo e puxou seu cabelo. "Com que então, seu cabelo está todo grisalho", disse.

Câmara Alta perguntou a seguir se Câmara Baixa tinha vindo da África do Sul de primeira ou segunda classe. Era um teste para ver até que ponto ele retomara seus costumes materialistas. "Classe turística", disse Kallenbach. "Eu sabia que essa seria a primeira pergunta que você me faria."

Kallenbach usava *dhoti*, às vezes andava de peito nu como o anfitrião e dormia sob as estrelas perto de Gandhi. Era quase como se os 23 anos houvessem desaparecido, escreveu ele ao irmão. Ele é "exatamente como um de nós", disse Gandhi, feliz.[80] Entretanto, não parece que o arquiteto estivesse seriamente tentado pela antiga ideia de fechar seu escritório e mudar-se para o *ashram*. O que fica evidente é que sua viagem tinha uma finalidade, além de refazer a ligação

Reencontro de Gandhi e Kallenbach, junho de 1937.

com o amigo. Ele vinha com uma missão: fora recrutado para defender a causa sionista na Palestina junto ao líder indiano.

A ideia partira do diretor do Departamento Político da Agência Judaica na Palestina. De acordo com o mandato britânico, a agência era o governo *de facto* da pequena mas crescente comunidade de colonos judeus, e o Departamento Político atuava como seu Ministério do Exterior. Seu chefe era Moshe Shertok, que, com o nome de Moshe Sharett, seria o segundo primeiro-ministro de Israel, sucedendo a David Ben-Gurion. Buscando estabelecer contato com "o maior dos hindus vivos", Shertok soube da existência de Kallenbach através de uma pessoa que estivera pouco antes na África do Sul e, mais que depressa, escreveu uma longa carta ao arquiteto. "Poucas são as pessoas postas, pelas circunstâncias, em condições que lhes permitem prestar um serviço de caráter extraordinário", dizia a carta. "Foi-me dito e acredito que o senhor é, no presente momento, uma dessas pessoas. [...] O senhor se encontra numa situação ideal para ajudar o sionismo num campo em que os recursos do povo judeu são de tal forma escassos, que, pode-se dizer, praticamente inexistem."[81]

Kallenbach concordou. Dois meses antes de chegar a Bombaim, reuniu-se com Shertok em Londres e também com Chaim Weizmann, o líder do movimento sionista que seria o primeiro presidente de Israel. Depois foi à Palestina, onde se impressionou com os primeiros kibutzim, que lhe lembraram, com sua ênfase no trabalho manual e na vida simples, os valores que Gandhi implantara na fazenda Tolstói. (Depois de sua morte, ocorrida em Johannesburgo em 1945, suas cinzas seriam sepultadas no kibutz Degania, à beira do mar da Galileia, onde a influência de Tolstói sobre os primeiros colonos fora em especial acentuada.) Não há indício algum de que Câmara Baixa tenha mencionado a Câmara Alta suas reuniões com sionistas destacados, mas nem por isso pode-se dizer que ele estivesse agindo de modo furtivo. Ele fora abertamente sionista desde os dias em que moraram juntos em Joburg, quando estudava, alternadamente, hebraico e híndi, tentando decidir se iria mudar-se para a Palestina ou para a Índia.

Durante o mês em que estiveram juntos, em 1937, Gandhi discutiu com paixão os problemas do conflito entre árabes e judeus na Palestina. Tinha posição firme sobre a questão desde 1921, no auge do movimento Khilafat.[82] Em essência, Gandhi achava que os hindus indianos deveriam apoiar seus 70 milhões de irmãos muçulmanos naquilo que era para eles uma questão de princípio religioso. Seu amigo pediu que ele também olhasse, sem *parti pris*, o lado sionista da discussão, e Gandhi prometeu que faria isso. Kallenbach fez então com que a Agência Judaica remetesse ao Mahatma um ensaio de 25 páginas, redigido especialmente para ele, que expunha os fundamentos históricos, espirituais e políticos do sionismo. "O nome do remetente não aparece", observou Gandhi, que, porém, considerou que o texto causava "forte impressão e era de extremo interesse" — tanto assim que pensou em propor uma iniciativa, sob sua supervisão, para mediar a contenda entre árabes e judeus, com Hermann Kallenbach, que já regressara a Johannesburgo, como seu principal mediador.[83] "Vejo claramente um fato: para que você exerça algum papel no sentido de um acordo honroso", escreveu Gandhi ao arquiteto, "seu lugar é na Índia." Receoso de que o amigo suspeitasse que essa pressão tivesse motivos pessoais, Gandhi acrescentou: "Digo isso independentemente de morarmos juntos ou não". O próprio Gandhi parece entusiasmado como sempre. Seus desejos são inequívocos, mas ele parece esforçar-se por se conter. "Não devo forçar as coisas", escreve ao amigo em Johannesburgo meio ano depois. "Você deve vir quando se dispuser a isso."[84]

324

Após a volta de Kallenbach à África do Sul, Gandhi se dedicara a expor sua visão do problema árabe-judaico num texto que envia ao amigo sionista para sua aprovação. "Em minha opinião, os judeus deveriam repudiar qualquer intenção de realizar sua aspiração pela via armada e confiar plenamente na boa vontade dos árabes. Não se pode, de modo algum, objetar ao natural desejo dos judeus de fundar uma pátria na Palestina. Mas devem aguardar que isso venha a ocorrer quando a opinião árabe estiver pronta para tal."[85] Em suma, Gandhi deseja que os judeus se tornem *satyagrahis*, e os árabes também. Kallenbach, meio convencido, remete o texto a Chaim Weizmann. Jamais foi publicado.

Sua proposta de mediação na Palestina é apenas um começo. Numa época em que o Mahatma se sente cada vez mais frustrado em sua luta para reformar a Índia, cresce sua inclinação para emitir encíclicas sobre problemas internacionais. Obviamente suas decepções na Índia não são a única razão de sua disposição para opinar. O mundo está correndo rumo à catástrofe, e na qualidade de guardião da doutrina da não violência ele se sente na obrigação de se fazer ouvir. Uma série de pronunciamentos éticos parte de sua humilde morada perto de Segaon. De modo geral, eram uma barafunda de aforismos éticos incisivos, apelos vigorosos e trivialidades. Uma declaração posterior sobre a Palestina provoca uma repreensão angustiada por parte do teólogo Martin Buber, um fugitivo da Alemanha de Hitler que se destacara na primeira versão de um movimento pacifista judaico. Buber diz que "há muito conhece e admira" a voz de Gandhi, mas que considera o que o Mahatma agora escreveu a respeito da Palestina "destituído de qualquer aplicação nas circunstâncias".[86] A seguir, passa a analisar um pronunciamento do Mahatma sobre os judeus alemães. Gandhi prescreveu a *satyagraha* contra a barbárie nazista. Encontrou "um paralelo exato" entre a situação dos judeus na Alemanha hitlerista e a dos indianos na África do Sul na época em que viveu naquele país. Buber diz a Gandhi que viveu sob o regime nazista antes de se tornar um refugiado e que assistiu a tentativas dos judeus de praticar a resistência pacífica. O resultado foi "martírio ineficaz e despercebido, um martírio atirado ao vento".

Há motivos para crer que a carta de Buber, enviada de Jerusalém para Segaon em março de 1939, nunca tenha chegado a Gandhi. Seja como for, a essa altura o Mahatma já deixara uma trilha lastimável de missivas inúteis e bem--intencionadas. Havia escrito aos tchecos sobre o emprego da *satyagraha* para combater tropas de assalto e ao vice-rei, oferecendo mediação entre Hitler e suas presas ocidentais, inclusive a Grã-Bretanha. Meses depois, escreveria a primeira de duas cartas ao próprio Führer. "Dará o senhor ouvidos ao apelo de uma pessoa que vem evitando com ponderação o método de guerra, com considerável êxito?"[87] A pergunta retórica era uma mescla chocante e ingênua de humildade e soberba. Os ingleses, que monitoravam sua correspondência, certificaram-se de que a carta não chegasse a lugar nenhum. A carta a Hitler começava com a saudação "Meu amigo".[88] Hitler já revelara o que pensava do Mahatma e de sua não violência. "Tudo o que vocês têm a fazer é dar um tiro em Gandhi", foi o conselho que deu a um ministro britânico.

Afinal, depois do começo da guerra e de sua própria última prisão, Gandhi escreveu a Churchill oferecendo seus serviços na causa da paz. "Não consigo crer que alguém com o prestígio de Gandhi escreva uma carta tão idiota", confidenciou o novo vice-rei, lorde Wavell, a seu diário sobre a carta interceptada.[89]

Por mais irrealistas, presunçosas e de dúbia argumentação que fossem essas cartas, nem sempre era desfocada a forma como Gandhi entendia "a aproximação da tempestade", título que Churchill deu ao primeiro volume de sua história da Segunda Guerra Mundial. "Se for possível um dia haver uma guerra justificada em nome da humanidade e pela humanidade, uma guerra contra a Alemanha, para impedir a perseguição desumana de toda uma raça, seria totalmente justificada", ele escreveu. "Mas eu não acredito em guerra alguma."[90]

O antigo primeiro-sargento se apresentara como voluntário para servir como não combatente na Guerra dos Bôeres e na dos zulus. Oferecera-se para servir como "agente-chefe de recrutamento" do vice-rei no fim da guerra mundial anterior, chegando mesmo a se registrar como candidato a alistamento, com cinquenta anos de idade. Agora, pela primeira vez, assumia uma postura realmente pacifista. Isso só pode ser compreendido no contexto indiano. A grande questão era se convinha ao movimento de independência apoiar o esforço de guerra em troca de uma confiável promessa de liberdade. Em outras palavras — na ótica da maioria dos nacionalistas indianos da época —, a questão central era a seguinte: seria lícito pedir à Índia que lutasse pela liberdade da potência colonial quando o compromisso dessa potência com a independência da Índia ainda era incerto? Os pronunciamentos dogmáticos de Gandhi sobre o emprego da *satyagraha* no conflito entre árabes e judeus e a ameaça da Alemanha nazista só podem ser interpretados como testes para o penúltimo capítulo da luta indiana. Era como se ele percebesse que seria chamado de volta, uma vez mais, para liderar seu movimento, e que dessa vez teria de pôr de lado qualquer resquício de lealdade que ainda sentisse em relação aos britânicos.

Contudo, quando a Grã-Bretanha finalmente entrou na guerra, após a invasão nazista da Polônia, em setembro de 1939, o impulso imediato de Gandhi foi dizer ao vice-rei que ele encarava a luta com "um coração inglês".[91] O vice-rei, lorde Linlithgow, proclamara no dia anterior a entrada da Índia na guerra, sem consultar nenhum indiano. Chamado à sede do governo do Raj em Simla, Gandhi não apresentara nenhum protesto, por brando que fosse, contra essa espantosa desatenção — decorrente da presunção habitual e de uma recusa calculada em negociar —, que logo provocaria uma contenda sem fim entre a autoridade colonial e o movimento nacionalista indiano. Por fim, talvez inevitavelmente, mas só depois de muita vacilação, Gandhi vestiria de novo o manto da liderança a fim de traçar a estratégia para esse confronto. Isso o faria medir forças com os britânicos no auge da guerra. Mas em Simla, um dia após a declaração do vice-rei, na ilusão de ter forjado um cálido vínculo pessoal com Linlithgow — como ocorrera um quarto de século antes, na África do Sul, quando imaginara o mesmo tipo de laço com Smuts —, Gandhi, em suas próprias palavras, "descontrolou-se", derramando lágrimas ao antever a destruição das casas do Parlamento, da abadia de Westminster e do coração de Londres. "Estou numa querela perpétua com Deus, por permitir que tais coisas aconteçam", escreveu no dia seguinte. "Minha não violência parece quase impotente."[92]

11. O caos generalizado

Ao fim de sua sétima década de vida, o Mahatma Gandhi se vira forçado a reconhecer que a grande maioria de seus ditos seguidores não o havia seguido até muito longe no que dizia respeito a sua lista dos quatro pilares da *swaraj*. O último e mais importante desses pilares era a *ahimsa*, ou não violência, que para ele era ao mesmo tempo um valor religioso fundamental e seu conjunto de técnicas para a resistência militante à injustiça. Agora, quando estourava mais uma guerra mundial, ele se vê obrigado a admitir que "os membros do Partido do Congresso, afora exceções individuais, não acreditam na não violência". Caberia a ele "levar a cabo um trabalho solitário", pois, ao que tudo indicava, não existia quem "dividisse a fé absoluta na não violência" com ele.[1]

Aqui o Mahatma parece estar buscando provocar de propósito um clima de emoção. Essa é uma de suas posturas prediletas, a de quem busca sozinho a verdade, e não está isenta de pressão moral e política, além de uma pitada generosa de chantagem emocional. Ele quer que seus colaboradores mais próximos se sintam culpados por não corresponder ao elevado ideal do mestre. Cada vez mais, essa visão de si mesmo passa a definir, para ele, tanto sua realidade interior quanto sua posição política. Ele ainda atrai multidões reverentes, conta com um séquito leal, atento a cada uma de suas palavras e desejos, mas de muitas formas,

Mais uma vez viajando de trem, 1940.

intangíveis e importantes, sente-se sozinho. A crermos no que escreve Gandhi nessa passagem, como profeta, o templo da *swaraj*, como ele o projetara, tinha desabado ao desmoronar seu último pilar.

No entanto, o fato de o profeta anunciar sua "fé absoluta" não tira da cena o líder político. Gandhi nunca foi mais enigmático ou complexo do que em sua última década de vida e de carreira, quando se esforçou para equilibrar seus próprios preceitos, valores e regras assumidas voluntariamente com as necessidades estratégicas de seu movimento. Tratava-se de um esforço que só aumentava à medida que o poder chegava quase a seu alcance. Em face de perguntas pungentes acerca do emprego da não violência numa guerra contra o fascismo (mas não contra o imperialismo, como a Índia logo percebeu), ou diante de uma nova questão, que ele viria a chamar de "vivissecção" — a secessão das áreas de maioria muçulmana na Índia para formar um Estado chamado Paquistão —, Gandhi em geral conseguia se colocar em pelo menos dois lados, distinguindo sua posição pessoal daquela de seu movimento, antes de adiantar-se na undécima hora para prestar apoio leal à posição do movimento e a seguir, quase sempre, recuar. Já em 1939, ele traçou uma distinção entre si próprio e seus seguidores que "querem ser fiéis a si mesmos e ao país que representam por ora, ao passo que eu quero ser fiel a mim mesmo".[2] A ideia de que a pátria e aquilo que ele chamava havia muito de "verdade" podiam puxar em sentidos opostos era relativamente nova e fonte de profundo conflito interior.

Para um homem sem sutilezas como o general britânico lorde Wavell, o penúltimo vice-rei, tudo isso era engodo. Gandhi era um "velho político mal-intencionado, que, apesar de seu discurso santarrão, tem, estou certo disso, muito pouca brandura em seu modo de ser", escreveu Wavell depois de seus primeiros encontros com o Mahatma.[3] Tivesse o ceticismo do vice-rei algum fundamento na realidade, o auge da carreira de Gandhi seria atualmente pouco mais do que uma extensa nota de rodapé, uma espécie de afluente da torrente caudalosa de eventos tumultuários que ele tentou influenciar — de modo geral, em vão. Em vez disso, o último ato de Gandhi pode ser visto como uma saga moral, digna da qualificação de "trágica" em seu sentido mais pleno e profundo. As questões públicas que ele enfrentou conservam sua importância, mas o que sobressai após todos esses anos é o próprio ancião passando por uma sequência de árduas provações voluntárias numa época de crise nacional, oscilando no fim da vida entre o sombrio desespero e a esperança irreprimível.

Se a disposição de oferecer o próprio corpo e a vida — o que ele chamava de "sofrimento voluntário" — era a marca de um verdadeiro adepto da não violência gandhiana, de um verdadeiro *satyagrahi*, nesse caso os últimos anos e meses do Mahatma, solitários, alheios e de modo geral sem expressão, podem ser investidos de grandeza e interpretados como gratificantes. Aliás, essa era uma das maneiras como Gandhi, moldando como sempre a sua narrativa, inclinava-se a vê-los. A premonição de que poderia ser vitimado pela bala de um assassino tornou-se um leitmotiv persistente de suas meditações solitárias. Mais de cinco anos antes de sua morte num jardim de Nova Delhi, em 30 de janeiro de 1948, ele imaginou que seu algoz seria um muçulmano, apesar de tudo quanto ele fizera desde os "dias gloriosos" do movimento Khilafat, quando, em suas recordações, reinavam a dignidade e a "nobreza de espírito". "Minha vida está inteiramente à disposição deles", disse. "Estão livres para pôr-lhe fim, quando lhes aprouver."[4] Talvez estivesse se lembrando da morte de outro mahatma, Swami Shraddhanand, pelas mãos de um extremista muçulmano em 1926. Seu pressentimento revelou-se até certo ponto incorreto. Previu as circunstâncias de sua morte, mas não o motivo por trás da trama nem a identidade dos conspiradores. Foram extremistas hindus que lhe deram fim. Viam-no como pró-muçulmano.

Ao mesmo tempo, a narrativa trágica não pode ser desenredada facilmente da subtrama quase cômica das idas e vindas do Mahatma — seus sucessivos abandonos da liderança do movimento nacionalista e seus repentinos retornos. Nos anos e meses que se seguiram à declaração de guerra, pelo vice-rei, em nome de uma Índia que ele jamais consultou, as entradas e saídas de Gandhi lembram o velho número do teatro de variedades em que um ator, carregando uma escada longuíssima por uma de suas pontas, sai do palco pela esquerda para num instante entrar de novo pela direita, carregando a outra ponta.

Em setembro de 1939, logo após a declaração de guerra, o Partido do Congresso rejeita uma resolução redigida por Gandhi. Foi a primeira vez em vinte anos que isso aconteceu, e ele encara o episódio como uma "derrota acachapante".[5] O texto rejeitado prometia apoio ao esforço de guerra britânico mediante todos os meios não violentos disponíveis. Em vez disso, o partido prefere uma situação de barganha, condicionando sua promessa de apoio a um compromisso, por parte do Reino Unido, a conceder a independência à Índia e atenuando a ênfase de Gandhi na não violência. Dez meses depois, em junho de 1940, o partido vota uma moção, a pedido de Gandhi, "para eximi-lo de responsabilidade pelo programa e pela atividade que o Partido do Congresso tem de seguir", a fim de liberá-lo "para buscar seu grande ideal a sua maneira".[6] Dali a três meses, depois que o vice-rei rejeita a exigência de um compromisso em relação à independência da Índia, o partido chama Gandhi de novo à liderança. Em dezembro de 1941 ele sai novamente devido a discórdias quanto ao uso da força. Mas passadas apenas duas semanas ele está de volta, em seus próprios termos, com a diferença de que seus termos começaram a passar por uma mudança sutil. Por fim, ele admite fazer uma concessão relutante: se a Índia for declarada independente durante a guerra, o país provavelmente concluirá que precisa de Forças Armadas. Gandhi concorda também que as forças Aliadas continuem a usar seu território como uma base para bombardear posições japonesas na Birmânia e para transportar armas via aérea, sobre o Himalaia, para a China. Esses ajustes na posição de Gandhi e do partido ocorrem com dificuldade, ao longo de muitos meses. Não exercem efeito algum. Os britânicos continuam sem morder a isca: num pronunciamento que ficou famoso, Winston Churchill, o imperialista "obstinado", declararia que não tinha se tornado primeiro-ministro para presidir à dissolução do Império. Sem ter conseguido até então expulsar o Raj ou mesmo incomodá-lo, Gandhi e o Partido do Congresso se prepararam para a maior campanha de não cooperação e de resistência pacífica em doze anos, desde a Marcha do Sal, dando um ultimato aos britânicos: conceder a soberania ou encarar as consequências. Em 1942, no auge do avanço japonês na Ásia e contra a opinião de Nehru, que levava a sério a ameaça de uma invasão, "Deixem a Índia!" torna-se a palavra de ordem de Gandhi e do partido.

Ao longo de três anos, mesmo com suas saídas e retornos, Gandhi passou do apoio incondicional ao esforço de guerra por todos os meios não violentos para uma ameaça de resistência pacífica em grande escala, a menos que a Índia fosse libertada para fazer "causa comum" com os Aliados de formas não necessariamente isentas de violência.[7] Em 8 de agosto de 1942, o Partido do Congresso endossa a resolução "Deixem a Índia", que prometia que uma Índia livre "resistirá à agressão com todas as Forças Armadas, assim como por meios não violentos, a seu alcance".[8] Essas palavras refletem a mudança tácita de Gandhi em relação à questão da Força Armada e sua disposição em se alinhar com Nehru e outros líderes do partido. Agora ele está pronto para avançar a todo vapor. A campanha que se aproxima será, ele promete, "a maior luta de minha vida".[9] Aqui temos um vislumbre do Gandhi plenamente empolgado, disposto a "vencer ou morrer", do comandante resoluto que liderou a marcha dos mineiros em regime de servidão contratual no Transvaal em 1913, que mais tarde prometeu *swaraj* em um ano", que posteriormente marchou até o mar para recolher um punhado de sal. Mas na manhã seguinte à aprovação da resolução "Deixem a Índia" ele é novamente preso em Bombaim e levado para o palácio do Aga Khan, nos arredores de Poona, onde fica afastado das atividades políticas durante 21 meses, até os britânicos, alarmados com sua hipertensão arterial, resolverem soltá-lo para não ter de enfrentar a grita geral que sobreviria caso ele morresse na prisão.

O gabinete de Churchill havia discutido a ideia de deportar Gandhi para Uganda, mas reconheceu por fim que os Estados Unidos, seus aliados, para não falar das massas indianas, talvez considerassem isso difícil de engolir. A última campanha de Gandhi não conseguira nada semelhante a sua norma de disciplina não violenta. "A violência das turbas continua desenfreada em grandes áreas do interior", informou o vice-rei a Gandhi três semanas depois de sua prisão.[10]

No fim do ano, quase mil pessoas tinham morrido em choques com a polícia, enquanto 60 mil tinham sido presas na ofensiva britânica contra o Partido do Congresso. Sob instigação de Churchill, os britânicos procuraram provas de que Gandhi, embora preso, fora cúmplice dessa violência, talvez conspirando com os japoneses. Não as encontraram, mas as palavras do próprio Gandhi antes de sua prisão pareciam dar a entender que não ficaria surpreso com uma onda de distúrbios. A não violência na Índia sempre fora imperfeita, "limitada tanto em número como em qualidade", como ele declarou tranquilamente a um jornalista americano — ou seja, na disponibilidade de *satyagrahis* treinados nos quais se pudesse confiar que fizessem os sacrifícios necessários —, mas "infundiu vida no povo que antes se ausentava".[11] Com isso, ele não ameaçava ou justificava a violência, mas, assumindo por ora a posição de observador imparcial, de um realista, parece estar querendo dizer que dessa vez a violência não poderia ser evitada. Esse Gandhi fala como o pré-Mahatma de 1913, que advertiu as autoridades sul-africanas que ele poderia perder o controle sobre seu movimento.

A obstinação moral de Gandhi, que ele atribuía aos ditames de sua "voz interior", parecia funcionar, em sua velhice, como uma mola solta de repente, liberando-o de responsabilidade por decisões políticas de longo alcance. A linha já fora definida no fim de sua última prisão, em 6 de maio de 1944. Mas Nehru e Patel, toda a Comissão Executiva do Partido do Congresso, continuavam na cadeia, e o vice-rei negou a Gandhi autorização para consultá-los. Por isso, durante os treze meses que se seguiram, até Nehru e Patel serem libertados, só havia ele para tomar decisões quanto a questões nacionais. Seu gesto mais importante nesse período foi uma tentativa de reduzir o abismo que crescia entre o Partido do Congresso e os muçulmanos — devido, em particular, a um ressurgimento da Liga Muçulmana, sob a direção de Mohammed Ali Jinnah, que se autointitulara Quaid-i-Azam, o "grande líder".

Era o mesmo Jinnah que o havia saudado ao retornar à Índia quase três décadas antes com um apelo sincero e emocionado de união nacional; o nacionalista a quem Gokhale, padrinho e guru de Gandhi, aclamara como "embaixador da união entre hindus e muçulmanos"; que em 1916 fizera jus a esse tributo ao consolidar, entre o Partido do Congresso e a Liga Muçulmana, um acordo que na época pareceu um extraordinário avanço; o mesmo Jinnah, advogado meticuloso, cujo respeito pelos métodos constitucionais o levara a se sentir tão magoado com o fato de Gandhi ter adotado o movimento político de massas com base em apelos a temas religiosos, de hindus e muçulmanos, que ele deixara o Partido do Congresso; o mediador político que tentava, ainda em 1928, encontrar um terreno comum entre os dois movimentos com relação à forma constitucional de uma Índia independente; e que, em 1937, se dispusera a participar de coligações com novos governos do Partido do Congresso no plano provincial, mas fora rejeitado.

Ele era o mesmo homem, mas não mais o mesmo nacionalista. Voltando de um exílio de quatro anos na Inglaterra, rendeu a Gandhi a homenagem implícita da imitação. O movimento de massas baseado na religião já não o ofendia; era, como descobrira, o caminho mais seguro para a liderança nacional. Agora argumentava que nunca houvera nem poderia haver uma nação indiana, mas somente uma Índia hindu (Hindustão) e uma Índia muçulmana (Paquistão) — duas nações iguais, não importando que uma tivesse uma população mais de duas vezes maior que a da outra (cerca de três vezes maior, se os intocáveis fossem contados como hindus). Segundo o raciocínio de Jinnah, se os muçulmanos fossem uma nação, não seriam minoria, não importando o que mostrassem os quadros de números demográficos. Qualquer negociação, insistia, teria de respeitar esse fato. A mudança de vestuário do Quaid não era tão drástica quanto a do Mahatma, mas em vez dos jaquetões feitos sob medida agora ele às vezes aparecia vestindo a tradicional túnica longa, abotoada de cima a baixo, conhecida como *sherwani*, e o chapéu sem aba feito de pele de carneiro, que tinha a preferência dos *maulanas*, ou muçulmanos letrados. Dali em diante, às vezes, esse chapéu passou a ser chamado de gorro Jinnah, em contraste com os gorros brancos de *khadi*, usados pelos membros do Partido do Congresso, chamados de gorros Gandhi. Com habilidade e boa dose de astúcia, o Quaid tinha se preparado para contrastar com Gandhi.

Nunca houvera muita cordialidade entre esses dois advogados de Guzerate, mas Gandhi, que sempre tratara Jinnah com respeito e lhe estendera a mão em ocasiões em que Nehru e vários outros líderes do Partido do Congresso tendiam a depreciá-lo, agora fazia questão de se referir a ele como Quaid-i-Azam. (Em 1942, poucos dias antes do lançamento da campanha "Deixem a Índia", Gandhi chegara a sugerir que Jinnah formasse o governo se os britânicos não se dispusessem a entregar o poder ao Partido do Congresso.)[12] De sua parte, Jinnah sempre fizera questão de se referir a ele, secamente, como "senhor Gandhi", evitando ostensivamente usar seu título honorífico. Agora, porém, o Quaid relaxou o suficiente, ao menos em uma ocasião, para chamá-lo de Mahatma. "Rezem por mim e pelo Mahatma Gandhi para que possamos chegar a um acordo", pediu a uma multidão num comício da Liga Muçulmana, em Lahore, perto da data da reunião entre ambos.[13] Esses sinais de respeito bastaram para que os britânicos temessem que os dois líderes pudessem formar uma frente anticolonial no meio da guerra. Os nacionalistas hindus também ficaram apreensivos. Uma multidão se dirigiu a Wardha com a intenção de bloquear o caminho de Gandhi à estação quando ele fosse pegar o trem para se reunir com Jinnah em Bombaim. O que pretendiam era impedir todo ato tendente à alienação de qualquer pedaço da "pátria". Destacava-se na chusma um jornalista brâmane, Nathuram Godse, que anos mais tarde, depois da partilha da Índia, dispararia os tiros que Gandhi durante tanto tempo previra.

Quando os dois líderes por fim se reuniram, em 9 de setembro de 1944, na casa de Jinnah na rua Mount Pleasant, em Malabar Hill, bairro elegante de Bombaim — o primeiro de uma estafante série de catorze encontros em dezoito dias —, Jinnah pediu as credenciais de Gandhi. De acordo com a versão que

Com Jinnah no começo das conversações de Malabar Hill, em Bombaim, setembro de 1944.

Gandhi deu do diálogo, Jinnah teria dito, manhoso: "Entendi que o senhor viria aqui como hindu, como um representante do partido hindu", plenamente ciente de que essas palavras irritariam seu visitante. "Não, eu não vim aqui nem como hindu nem como representante do Partido do Congresso", redarguiu Gandhi. "Vim aqui como uma pessoa." Nesse caso, quis saber seu anfitrião, se chegassem a um acordo, quem se encarregaria de "cumprir o combinado"?[14]

A pergunta era espinhosa, mas pertinente. Esquecendo sua atitude eclética, não sectária em matéria de religião — para não falar de sua busca de "união", que já durava décadas —, Gandhi aceitara tacitamente a ideia de um Estado muçulmano separado como base de negociação. O Partido do Congresso já havia aprovado o conjunto de propostas que Gandhi agora apresentava para a discussão, e o fizera com o seu consentimento.[15] Se ele estava mudando de atitude, Jinnah queria saber, quem o seguiria? Estaria ele realmente falando sério? O Paquistão que Gandhi estava disposto a apoiar gozaria de certo nível de autonomia dentro de uma união indiana, que seria uma federação relativamente frouxa na qual os assuntos relativos à defesa e às relações exteriores seriam de competência do governo central. Se o Paquistão pudesse ser mantido dentro da Índia, Gandhi se permitia esperar que talvez se seguisse uma "união cordial". Pondo tudo por escrito no começo da terceira semana de conversações, Gandhi foi além, admitindo um direito de secessão para as áreas de maioria muçulmana que talvez levassem a um "tratado de separação" entre "dois Estados independentes".[16]

Isso ainda não bastava para Jinnah. O Paquistão que ele tinha em mente tinha de começar soberano. Não podia confiar que um regime hindu traçasse suas fronteiras ou cuidasse dos termos de sua separação. Somente por sua livre escolha esse Paquistão poderia concordar em fazer parte de uma Índia independente. Por isso, seu destino e suas fronteiras tinham de ser determinadas antes da independência, e não depois, como Gandhi insistia. Ficou logo óbvio que estavam discutindo dois Paquistães distintos, pelo menos duas ideias diferentes do poder de barganha que Jinnah teria na hora de mostrar as cartas. "Estou espantado com minha própria paciência", disse Gandhi após a primeira sessão, extenuante, que durou três horas e quinze minutos.[17]

Godse, o futuro assassino, e os demais chauvinistas hindus não precisavam temer que Gandhi apoiasse um Hindustão reduzido. Seu objetivo, comentou Gandhi em privado enquanto as negociações ainda se desenrolavam, era provar a Jinnah "por sua própria boca, que toda a ideia de Paquistão é absurda".[18] Essas

336

palavras o condenam por excesso de confiança. Por fim, o Quaid-i-Azam se convenceu de que Gandhi, astucioso, estava a engambelá-lo. "Fracassei em minha tarefa de converter o senhor Gandhi", disse. Esse "o senhor" podia ser entendido como sinal de que as conversações tinham malogrado.[19]

Jinnah alegou que somente a Liga Muçulmana podia falar pelos 90 milhões de muçulmanos da Índia Britânica e que somente ele podia falar pela Liga Muçulmana. A declaração de Gandhi, embora formulada com muito mais tato e generosidade, não foi menos eloquente. "Embora eu não represente ninguém senão a mim mesmo", escreveu a Jinnah, "aspiro a representar todos os habitantes da Índia. Isso porque materializo em minha pessoa a miséria e a degradação em que vivem e que são a sua sina comum, não importa a classe, a casta ou o credo."[20]

Jinnah estava de tal modo concentrado na tática do momento que talvez tenha prejudicado a si mesmo ao demorar tanto para definir a ideia que fazia de um Paquistão satisfatório, pondo-a para sempre fora de alcance. (Isso será verdade se, como já houve quem dissesse, seu objetivo real fosse garantir aos muçulmanos um quinhão permanente de poder, no nível nacional, como parte da Índia, e não um Estado separado.)[21] Gandhi, mestre na arte da conciliação, ao menos segundo sua própria avaliação, talvez estivesse agora disposto a admitir um direito de "autodeterminação" para as províncias com maioria muçulmana e, por conseguinte, um direito teórico de secessão. Mas foi evasivo em relação à questão central do poder. Tal como em sua negociação com Ambedkar, não se dispôs a considerar redução alguma na pretensão de seu movimento — ou dele próprio — de representar toda a Índia. Esse era o problema da "verdade" como critério para julgamento político: faltava-lhe flexibilidade. O Quaid-i-Azam, como o Mahatma, não era um ator de todo independente. Jinnah tinha de agir com cuidado para não frustrar as expectativas das províncias de minoria muçulmana, que jamais poderiam fazer parte de qualquer Paquistão concebível. Já Gandhi não podia ignorar o crescente espectro da militância hindu. Cada um deles precisava de um ato de fé do outro, algo quase impossível agora que Jinnah perdera a confiança no nacionalismo hindu.

"Não consegui nenhum avanço com Jinnah porque ele é um maníaco", declarou Gandhi a Louis Fischer. Dali a um instante disse: "Jinnah é incorruptível e corajoso".[22] Essa é uma afirmativa que chama muito a atenção, pois quase parece indicar que Jinnah se mantivera impassível quando Gandhi acenou com a possibilidade de um alto cargo.

Após concluir que não podia confiar em Gandhi para cumprir "o combinado", o Quaid-i-Azam continuou a agir como um altivo e esquivo negociador, contando com que a Inglaterra, a potência colonial em declínio, impusesse um acordo constitucional melhor do que qualquer um que pudesse arrancar ao Partido do Congresso. Por fim, sem uma palavra aos correligionários sobre sutilezas como não violência, Jinnah apostou no que, com ameaçadora ambiguidade, chamou de "ação direta" para apressar o andamento das negociações. Ação direta, explicaram seus seguidores, queria dizer luta de massas por meios não constitucionais.

A essa altura, admitindo na prática que alguma espécie de partilha, alguma espécie de Paquistão seria o preço a pagar pela independência, o Partido do Congresso aceitara com relutância uma proposta britânica para a criação de um governo provisório e o início de um processo constitucional no qual a anuência da Liga Muçulmana seria, para todos os efeitos, tratada como pré-requisito. Gandhi, que dois anos antes negociara com Jinnah a criação de um Estado muçulmano separado, dera meia-volta e agora propunha o boicote ao governo provisório como meio de impedir a criação do Paquistão, evitando que ela se tornasse inelutável. Entretanto, sua posição vinha revestida de ambiguidades, como se ele soubesse que ela não tinha nenhuma chance de ser aprovada pelo movimento que ele já não dominava. Segundo Gandhi, ele recorrera a uma "suspeita infundada", uma "intuição", um "instinto". Seu temor era que a divisão do país pudesse acarretar um cataclismo.

Tivesse ele defendido sua proposta enérgica e publicamente, talvez o Partido do Congresso encontrasse dificuldade para agir sem ele. No entanto, Gandhi não quis arcar com essa prova, nem via com clareza aonde ela levaria. Em vez disso, em 23 de junho de 1946, data da decisão sobre o complexo plano britânico, de múltiplas etapas, ele pediu permissão para se retirar. "Há alguma razão para determos Bapu por mais tempo?", perguntou Maulana Azad, muçulmano nacionalista que presidia a reunião da Comissão Executiva. "Todos se mantiveram calados. Todos compreenderam", escreveu Narayan Desai, filho do dedicado secretário de Gandhi, Mahadev, e autor de uma ótima biografia em guzerate do Mahatma.[23] As palavras de Pyarelal captam o cálice amargo que Gandhi teve de engolir. "Nessa hora de decisão, não queriam saber de Bapu", escreveu.[24]

"Sei que a Índia não está comigo", disse Gandhi a Louis Fischer, dias depois. "Não convenci um número suficiente de indianos da sabedoria da não violência."[25]

338

★ ★ ★

Jinnah previra que o Partido do Congresso rejeitaria o plano britânico. Talvez tenha esperado que o vice-rei pedisse então à Liga Muçulmana — ou seja, a ele — que formasse o governo provisório. A "ação direta" pode ser vista como a consequência de sua decepção. Foi uma adaptação — calculada, deliberadamente vaga — da tática gandhiana de não cooperação, que o horrorizara uma geração antes. Foi inevitável que perguntassem a Jinnah, no dia em que foi anunciada sua nova campanha, pouco menos de um mês após a fatídica decisão do Partido do Congresso em relação ao plano britânico, se ela seria violenta. É provável que sua resposta, não gandhiana ao extremo, pretendesse ser uma espécie de música de elevador tranquilizante, e não um sinal para distúrbios de rua. Mesmo assim, foi assustadora: "Não vou discutir ética", disse ele.[26]

Jinnah marcou o Dia da Ação Direta para 16 de agosto de 1946. O que aconteceu então no decorrer de quatro dias entrou para a história como o Grande Massacre de Calcutá. Em 20 de agosto, cerca de 3 mil pessoas foram surradas, esfaqueadas, mortas a pauladas ou queimadas vivas na capital de Bengala, na época a única província cujo governo era dominado pela Liga Muçulmana. As ruas encheram-se de cadáveres, retalhados por bandos de abutres e cães. Se os muçulmanos foram os primeiros agressores, a reação dos hindus não foi menos organizada ou brutal. Os dois lados utilizaram gangues, armadas de antemão com espadas, facas e bastões com ponta de chumbo chamados *lathis*, gasolina e outros combustíveis. Mas Calcutá era uma cidade de maioria hindu — os muçulmanos representavam menos de 20% da população — e por fim morreram mais muçulmanos que hindus. Em Nova Delhi, Vallabhbhai Patel, um dos discípulos originais de Gandhi, expressou satisfação com esse resultado. "A espada será respondida com a espada", esse antigo gandhiano advertiu depois.[27] Mas não foi assim que na época a história foi passada aos hindus de casta, que continuaram convencidos de que sua comunidade tinha suportado o peso maior dos ataques. Cada um dos lados, tendo sofrido um golpe cruel, sentiu-se agredido de cima a baixo.

Para o profeta indiano da união, da não violência e da paz, esses acontecimentos — o prelúdio de um ano e meio de caos generalizado, assassinatos, migração forçada, prejuízos materiais colossais, enorme limpeza étnica — proporcionaram muitos motivos de desesperança, o suficiente para que ele questionasse toda a sua vida. Ou assim ele parecia se sentir no momento de sua maior depressão. No entanto, se estava abalado, apegava-se com ardor cada vez mais intenso a seu valor maior, a *ahimsa*, a que grande parte da Índia parecia ter renunciado. E assim, depois de um período de dúvidas quanto ao papel que deveria agora desempenhar — qual seria seu "trabalho solitário" —, ele se trasladou, logo ao fazer 78 anos, para Noakhali, um remoto distrito de maioria islâmica em Bengala Oriental, hoje Bangladesh. Queria afastar-se ao máximo possível de Delhi, o centro das decisões políticas — mais de 1600 quilômetros. Esse distrito, já então famoso pelo extremismo de seus mulás, contava com poucas linhas telefônicas e na realidade ficava mais perto de Mandalay, no centro da Birmânia, do que de Delhi. Do ponto de vista da capital, Gandhi estava praticamente no Sudeste Asiático.[28]

O distrito de Noakhali foi escolhido como seu destino por ter sido, pouco antes, palco de ondas de violência, cometidas sobretudo por muçulmanos, em represália às chacinas ocorridas em Calcutá. Hindus tinham sido decapitados, queimados vivos, convertidos à força ao islã, obrigados a comer carne e, no caso de pelo menos duas mulheres, e talvez muitas outras, foram casadas com muçulmanos sob coação.[29] Várias outras foram violentadas. O ataque a um único domicílio, de um fazendeiro hindu na aldeia de Karapa, custou a vida de 21 homens, mulheres e crianças. Os jornais de Calcutá logo anunciaram que os mortos passavam de 5 mil, um enorme exagero. Comprovou-se que duzentos ou trezentos seriam um número mais provável, o que já era um absurdo.

Shaheed Suhrawardy, um conciliador político muçulmano educado em Oxford e ministro-chefe de uma Bengala ainda indivisa, só antevia problemas para si e para a Liga Muçulmana com a chegada de Gandhi à área conflagrada de Bengala Oriental. Por isso tentou barrar o caminho do Mahatma, visitando-o em 31 de outubro num pequeno centro de *khadi* e *ashram* em Sodepur, nos arredores de Calcutá, onde se hospedava com frequência. Suhrawardy, que voltaria à cena política na década de 1950 como primeiro-ministro do Paquistão, tinha fama de oportunista, tanto entre os muçulmanos quanto entre os hindus. Muitos hindus não se deixavam convencer de que não fora ele o mentor intelectual do Grande Massacre de Calcutá. Entretanto, ele afirmava ter com Gandhi uma relação filial que remontava ao movimento Khilafat, e o ancião, embora não se iludisse quanto a Suhrawardy, conservava uma certa afeição por ele. "Shaheed *sahib*, todo mundo, ao que parece, diz que você é o chefe dos *goondas*", Gandhi brincou com ele, valendo-se de um termo coloquial usado para se referir aos valentões que fomentavam os distúrbios. "Parece que ninguém faz um elogio a você!" Recostado numa almofada, o ministro-chefe retrucou no mesmo tom: "Mahatmaji, as pessoas não dizem coisas sobre o senhor também?".[30]

Barun Das Gupta, correspondente aposentado do jornal *The Hindu* e filho do fundador do *ashram* de Sodepur, era jovem na época e assistiu ao encontro. Ficou-lhe a impressão de que o ministro-chefe estava meio embriagado.[31] Suhrawardy fez o que pôde para persuadir Gandhi a desistir de sua ida a Noakhali, valendo-se de um argumento que Gandhi ouviria com frequência nos meses seguintes: o de que sua presença poderia ser mais útil em Bihar, uma província predominantemente hindu no norte da Índia, que ele acabara de cruzar para chegar a Calcutá. Seis dias antes, hindus de Bihar tinham proclamado um "dia de Noakhali", que comemoraram e continuavam a comemorar com suas próprias chacinas, a que se somavam a conversão forçada de alguns muçulmanos e a destruição das casas de outros. A matança em Noakhali havia quase cessado; a de Bihar prosseguia e até aumentava, ultrapassando bastante em número de mortos as medonhas atrocidades de Bengala Oriental. Antes de chegarem ao fim, podem ter resultado na perda de 8 mil ou 9 mil vidas.[32]

Segundo o velho jornalista do *Hindu*, Gandhi escutou Suhrawardy em silêncio. O argumento do ministro-chefe não deixava de ter fundamento, mas o Mahatma não se impressionava: ele tinha fixado a mira em Bengala Oriental e Noakhali. Seu instinto e sua ambição mandavam que ele fizesse mais do que uma visita simbólica de político a uma área em crise, aquilo que hoje em dia às vezes é chamado, depreciativamente, de "oportunidade fotográfica". Ele queria se radicar em Noakhali, disse mais tarde, até que o distrito apresentasse um exemplo animador de reconciliação para o resto do enorme país. Havia por trás disso uma mescla peculiarmente gandhiana de cálculo e intuição profunda, mal articulada. Por motivos pessoais, ele preferia mostrar, com sua presença ali, que os hindus podiam viver em paz no meio de uma maioria muçulmana, a persuadir os hindus de Bihar a não massacrar muçulmanos. Via Noakhali como um desafio maior do que Bihar para si mesmo e para sua doutrina justamente por ser um território da Liga Muçulmana e, portanto, uma área fadada a ser cedida em provável partilha, qualquer que fosse. Convenceu-se facilmente de que poderia controlar de longe os hindus de Bihar, fazendo um jejum parcial, que envolveria deixar de tomar leite de cabra e reduzir ainda mais sua dieta de papa de verduras e legumes; se a matança prosseguisse, avisou, reduziria sua alimentação a zero. Com esse poderoso ultimato pairando sobre si, o novo governo do Partido do Congresso, em Bihar, assegurou-lhe que tinha todas as condições para manter a ordem. No entender de Gandhi, concordar em não se instalar no distrito de Noakhali, de maioria muçulmana, equivalia a ceder toda a província de Bengala Oriental. Assim, ele se transformava em refém não só da causa da paz como também da causa de uma Índia indivisa.

Suhrawardy não insistiu. Num gesto generoso, o dirigente da Liga Muçulmana providenciou gentilmente um trem especial para levar o Mahatma e seu grupo à estação mais próxima de seu destino, destacando três funcionários do

De aldeia em aldeia, a pé, em Noakhali, novembro de 1946.

governo da província para acompanhá-los.[33] Gandhi, a quem restavam quinze meses de vida, permaneceu na área de Noakhali durante os quatro meses seguintes. Afirmou que se tornaria um *noakhali*, que talvez tivesse de morar ali muitos anos, quem sabe até ser assassinado ali. Noakhali, disse, "pode ser meu último ato". Com seu amor habitual pelo emocionalismo, fazia-se mais dramático a cada dia: "Se o distrito de Noakhali for perdido, a Índia será perdida", declarou por fim.[34] O que ele terá querido dizer? O que havia nessa pequena e obscura nesga do delta, quase submersa, na borda do subcontinente, que tanto o fascinava?

As respostas, embora Gandhi desse muitas, não são óbvias. O que firmara Noakhali na imaginação de Gandhi como um destino necessário — em especial, diz-nos Pyarelal, "o clamor da feminilidade ultrajada" — fora o sofrimento dos hindus: notícias de estupros e conversões forçadas, seguidas pela oferta de mulheres hindus, como troféus, a desordeiros muçulmanos, às vezes literalmente à ponta da espada.[35] A julgar por suas pregações posteriores, o conceito original que Gandhi tinha de sua missão envolvia persuadir as famílias hindus a aceitar de volta esposas e filhas que lhes haviam sido tiradas, em vez de rejeitá-las como desonradas. Também pretendia convencê-las a permanecer em suas aldeias, nas quais, sobretudo em Bengala Oriental, a população muçulmana era quatro vezes maior que a hindu, ou, se já tivessem buscado abrigo em campos de refugiados, como dezenas de milhares haviam feito, persuadi-las a retornar e reerguer suas casas queimadas e destruídas. Não obstante, como a paz entre as duas comunidades era sua maior aspiração, ele precisava também de uma mensagem para a maioria muçulmana. Para os islâmicos de Bengala Oriental, vingar-se da violência de Calcutá fora uma ocasião — seria lícito até dizer um pretexto — para desapossar proprietários de terras e agiotas hindus, subvertendo uma ordem agrária assimétrica que os oprimia. Segundo dados estatísticos, a minoria hindu possuía nada menos que 80% das terras. Em certo sentido, Gandhi teria de equilibrar "o clamor da feminilidade ultrajada" com a exigência de uma divisão mais justa da renda que se auferia com a produção abundante de pescado, arroz, juta, coco, bétele e mamão de Noakhali.

Em seu primeiro grande culto de oração, num lugar chamado Chaumuhani, em 7 de novembro, o idoso hindu viu-se diante de uma multidão de cerca de 15 mil pessoas. A maioria esmagadora era de muçulmanos. Sua fala baseou-se no tema de que o islã que ele havia estudado era uma religião de paz. Antes disso, ele se comprometera a não deixar Bengala Oriental até que "uma moça hindu solitária" pudesse sair sozinha entre muçulmanos. A maioria muçulmana precisava comunicar às mulheres "da pequena minoria hindu", disse agora, que, "estando elas ali, ninguém se atreveria a lhes lançar um olhar lascivo".[36] Dali a uma semana, ele soube que dois membros da Liga Muçulmana que estavam viajando com ele tinham ido embora depois de ser criticados na imprensa muçulmana por "se prestarem a servir ao senhor Gandhi".[37]

Em breve ele foi forçado a reconhecer que os muçulmanos estavam fugindo às suas reuniões de oração de cada noite e que as "comissões de paz" que ele esperara implantar em cada aldeia, compostas de um muçulmano respeitado e de um hindu de ideias afins, cada qual disposto a sacrificar a vida para prevenir novas atrocidades, só existiam no papel. Dali em diante, se chegava a fazer menção ao Paquistão, era apenas para dizer que não era seu inimigo. Com um floreio retórico, o Mahatma chegou a dar a entender que, se todos os hindus de Bengala Oriental deixassem a região, ele ficaria, sozinho, no território que a partir dali se chamaria Paquistão. "Se o destino da Índia for ser dividida, eu não poderia impedi-lo", disse. "Contudo, se todos os hindus de Bengala Oriental se forem, eu continuarei a viver entre os muçulmanos de Bengala Oriental [...] [e] me sustentarei com o que eles me derem."[38] Algumas noites depois, ele leu em voz alta uma declaração em que Jinnah advertia os muçulmanos que podiam esquecer o Paquistão no caso de se entregarem a violências contra os hindus. Os hindus estariam mais seguros no Paquistão do que os próprios muçulmanos, anunciara Jinnah, o Quaid-i-Azam.

A promessa vaga de Jinnah era o inverso de uma esperança meio descabida que vinha se formando devagar no espírito de Gandhi, que com certa frequência sentia-se tomado de profundo desalento. Ao encorajar os hindus de Noakhali a retornar a suas aldeias, e ao morar ele próprio numa delas, ele pretendia provar a todos os muçulmanos e hindus do subcontinente que não havia nenhuma necessidade de um Paquistão, fosse qual fosse sua dimensão. "Se os hindus pudessem viver lado a lado com muçulmanos em Noakhali", escreveu Pyarelal, expressando a utopia do Mahatma com suas próprias palavras, "as duas comunidades poderiam coexistir também no resto da Índia, sem a vivissecção da Pátria. Assim, o destino da Índia dependia da resposta ao desafio de Noakhali."[39] Gandhi já se pusera, fisicamente, no limite da periferia do subcontinente; agora fazia Noakhali desempenhar um papel central no destino do país.

Conscientemente ou não, Gandhi estava seguindo seu velho impulso de voltar-se para dentro de si mesmo e agir por conta própria, o impulso que o levara, uma década antes, a partir sozinho para a remota aldeia de Segaon, na esperança de encontrar um caminho que superasse as restrições e as proibições de casta que haviam bloqueado e derrotado seus colaboradores; o impulso que levara, na África do Sul, ao efêmero experimento de vida comunal chamado fazenda Tolstói. Numa busca análoga, ele agora se dispunha a enterrar-se numa aldeia remota de Noakhali, onde pudesse viver sem seu séquito e morar na casa de uma família muçulmana. Disse que isso seria o seu "ideal".[40] Se não achasse ali anfitriões muçulmanos que o acolhessem, moraria sozinho. Assim, dirigiu-se a uma aldeia obscura chamada Srirampur, não muito longe do epicentro da violência em Noakhali, levando consigo apenas um intérprete e um taquígrafo. O intérprete fazia ainda as vezes de professor de bengali; a partir de então, teria de atuar também como massagista.

O taquígrafo normalmente cuidava da correspondência de Gandhi e transcrevia os sermões que ele fazia nas reuniões noturnas de oração para os jornalistas que o seguiam. Um dos pioneiros na arte da manipulação da imprensa, Gandhi insistia em que os jornalistas se baseassem não no que ele realmente dissera, mas sim em versões que ele "autorizava", depois de, às vezes, emendar bastante as transcrições. Os jornalistas, da mesma forma que os policiais armados incumbidos por Suhrawardy da proteção de Gandhi, eram instruídos a manter uma distância razoável, de forma a não comprometer a sensação do Mahatma de estar agindo sozinho.

Gandhi redigiu uma declaração para os colaboradores que ele estava deixando atrás. "Vejo-me em meio a exageros e a falsidades. Não consigo descobrir a verdade", dizia o texto. "As amizades mais antigas se desfizeram. A verdade e a *ahimsa*, pelas quais eu juro, e que, ao que eu saiba, me sustentaram durante sessenta anos, parecem não mostrar os poderes que eu lhes atribuía."[41] Foi nesse estado de depressão que ele desembarcou em Srirampur, onde viveria seis semanas numa pequena cabana com estrutura de madeira, paredes de zinco e folhas de palmeira trançadas, fazendo um esforço disciplinado para reprimir premonições e ideias sombrias que o assaltavam, à espera de inspiração.

Pessoas idosas que ainda vivem no distrito guardam lembranças claras de Gandhi naquele tempo. Recordam-no como uma pessoa animada, sorridente e de fala mansa, cuja pele, hidratada e massageada, reluzia. Sessenta e três anos depois, Moranjibala Nandi, uma hindu que segundo seu filho tinha 105 anos, foi capaz de lembrar o dia em que o Mahatma chegou ao campo onde ela morava

— e ainda mora — para distribuir tecidos a refugiados. Mostrou o lugar onde ele ficou, a uns vinte metros do ponto em que ela estava sentada. Envolta num sári de viúva, ela estava enroscada como uma bolinha branca, e só se lhe via a face encovada e os dedos nodosos e expressivos. "O rosto dele não era triste", disse. Episódios semelhantes foram relatados por meia dúzia de outros idosos, octogenários e nonagenários. Entretanto, quatro dias depois da chegada do Mahatma a Srirampur, seu novo intérprete e professor de bengali, um intelectual de Calcutá chamado Nirmal Kumar Bose, ouviu-o murmurar em híndi, para si mesmo: *"Kya karun, kya karun?"* "O que fazer, o que fazer?".[42]

Se Gandhi voltasse hoje a Srirampur, reconheceria facilmente o lugar, ainda que a população tenha triplicado ao longo das décadas. Onde as pessoas realmente moram e convivem, o sol forte é atenuado pelas folhas de palmeiras e pela copa de outras árvores — bételes, mamoeiros e mangueiras —, plantadas, o mais densamente possível, não para dar sombra, mas para gerar algum dinheiro com a venda de seus frutos. A luz que passa pelas ramagens ganha uma tonalidade esverdeada, como que subaquática, que a suaviza em contraste com os raios diretos que ferem os olhos do visitante quando, seguindo pelos caminhos de terra, ele chega aos diques que delimitam os arrozais inundados — amplos panoramas que, de um atordoante verde elétrico no período de cultivo, tornam-se acanhados e pardacentos depois da colheita.

Quando Gandhi fazia suas duas caminhadas diárias, a colheita estava começando; quando ele se foi, já acabara. Os homens que vagueiam pelas bancas de chá nos cruzamentos dos caminhos costumam vestir *lungis*, ou saias, presas na cintura, raramente vistas no norte da Índia. Automóveis não chegam a esses lugares — até mesmo os riquixás são raros —, porém ônibus e caminhões conseguem hoje alcançar a periferia da aldeia, o que não acontecia no tempo de Gandhi, quando a maior parte do transporte se fazia por canais que há muito tempo encheram-se de jacintos ou foram bloqueados por prédios sustentados por pilares de concreto.

"Raramente se ouve o som de rodas. [...] Não vi nenhuma estrada carroçável. O carro de boi, um dos maiores símbolos da Índia, não existe aqui", escreveu Phillips Talbot, um jovem jornalista americano, depois diplomata, que esteve com Gandhi em Noakhali. "A civilização é anfíbia."[43]

Em Srirampur.

Examinado superficialmente, o lugar parece hoje atemporal, além da história, paralisado. No entanto, basta mencionar Gandhi e a breve onda de morticínio que fez a má fama de Noakhali há mais de seis décadas — quando o território da atual Bangladesh ainda fazia parte da Índia — para que alguém, criança na época, se adiante para mostrar pontos de referência ou, no mais das vezes, os lugares onde ficavam esses pontos de referência, hoje desaparecidos. A cabana levantada para Gandhi há muito sumiu, tal como as ruínas do casarão de um fazendeiro hindu, incendiado antes da chegada do Mahatma. Qualquer aldeão um pouco grisalho sabe onde ficavam. Uma figueira-de-bengala sob a qual um pequeno santuário hindu foi destruído naqueles dias é apontada como o lugar onde uma vez o Mahatma parou e consternou-se à vista do estrago. Desde então, o santuário foi restaurado. Os poucos hindus do lugarejo rezam ali, pedindo proteção contra as enfermidades. Na mesquita de uma aldeia próxima, um idoso servente chamado Abdul Rashid Patwari, agora com noventa anos, faz um relato bem plausível sobre a visita de Gandhi ao templo, numa de suas caminhadas matutinas.

O episódio da estada de Gandhi no lugar é conhecido, mas em outro sentido é pré-histórico, uma vez que a história, tal como ensinada e entendida na atual Bangladesh, em geral começa com a "libertação" do país do Paquistão, em 1971. A breve existência de 24 anos do Paquistão Oriental, como o país era chamado antes daquela redivisão, é lembrada (e isso quando chega a ser reconhecida) como uma época de opressão cruel por parte dos muçulmanos do Punjab, do outro lado do subcontinente. Jinnah, que jamais foi popular entre os bengalis, acha-se esquecido numa amnésia profunda. Mas Gandhi, vagamente venerado como um hindu santo que esteve ali numa missão de paz, ainda é respeitado. As vozes se abafam. Seu nome evoca uma reverência formal, mesmo por parte daqueles que nunca conheceram os pormenores de sua temporada ali.

Essas débeis recordações têm seu valor, mas os sinais do fracasso da missão do Mahatma também afloram em Srirampur. Se os hindus constituíam um quinto da população total do Paquistão Oriental em 1946, hoje estão mais perto de representar um vigésimo em Srirampur.[44] Na aldeia e em suas cercanias, não são mais do que quinhentas almas. Praticamente ninguém lamenta a velha partilha que Gandhi procurou impedir dando um exemplo magnífico, irrefutável, de não violência que o resto do subcontinente teria de levar em consideração. O sonho foi esquecido. O que restou foi a ideia de paz e a impressão persistente de que essa ideia tinha algo a ver com boas ações. Não existe nenhum monumento ao Paquistão em Noakhali, mas, surpreendentemente, a menos de 25 quilômetros de Srirampur, perto de uma cidade chamada Joyag, onde uma vez o Mahatma pernoitou, há um pequeno museu Gandhi. Faz parte de uma modesta entidade de assistência social chamada Gandhi Ashram Trust, criada com base nas ideias de desenvolvimento rural do Mahatma. Seus administradores são hindus, mas 80% de seus beneficiários são muçulmanos. Ali, mulheres bengalis ainda aprendem a fiar e tecer manualmente. A entidade espera auferir em breve algum lucro com seu artesanato e, assim, começar a concretizar o desejo do Mahatma. A entidade está integrada à sociedade local o bastante para manter boas relações com o presidente do conselho de Joyag, um muçulmano ortodoxo chamado Abdue Wahab, que fez a peregrinação a Meca e concorreu ao cargo na chapa do Jamaat-i-Islami, um partido religioso em geral considerado militante. "Um homem como Gandhi é necessário a esta sociedade e ao mundo", disse-me ele. Há em seu movimento pessoas que o criticam por cooperar com o Gandhi Ashram Trust, porque Gandhi era hindu. "Isso se deve a estreiteza mental", disse o presidente Wahab, sorrindo.[45]

Numa aldeia próxima, provei a água adocicada de um coco verde com um hindu idoso e um muçulmano ainda mais velho que continuaram vizinhos quando Noakhali tornou-se parte do Paquistão e não da Índia, e depois passou para Bangladesh. Agora estavam sentados lado a lado. Eu não saberia dizer se faziam isso sempre ou se era apenas por minha causa. "Ele trouxe paz para cá", disse o hindu, com ar contrito. "O triste foi que ninguém o seguiu", acrescentou o muçulmano. Entendi aquilo como um comentário sobre o padrão de liderança que o país tem tido desde então. A história, pareceu-me naquele momento, havia ao mesmo tempo avançado e se imobilizado. As chacinas são lembradas como um tufão antigo, outro tipo de desastre natural. A estada de Gandhi ali é sacralizada ou sentimentalizada — dependendo da forma das perguntas —, como se sua missão houvesse de certa forma alcançado seus objetivos, como se a relativa ausência de violência entre as duas comunidades desde então possa ser atribuída a sua influência.

Não foi assim que o Mahatma viu as coisas. Na verdade, a maioria dos hindus de Srirampur havia fugido quando ele fixou residência ali. De acordo com Narayan Desai, só três de duzentas famílias hindus permaneceram na aldeia.[46] Numa carta que escreveu na primeira semana que passou ali, o próprio Gandhi se jacta: "Só uma família hindu mora na aldeia, os restantes são todos muçulmanos". Nenhuma família muçulmana lhe ofereceu o abrigo desejado, de modo que ele permaneceu em sua cabana, saindo para as caminhadas que às vezes incluíam visitas a crianças doentes, cujos pais, muçulmanos, queriam ouvir seus conselhos sobre curas naturais que envolviam dietas e cataplasmas de lama. Em raras ocasiões, deixava a aldeia para reuniões com líderes religiosos ou políticos da área, que em geral discorriam sobre as condições em Bihar, insinuando com pouca sutileza que estava na hora de ele ir embora dali. Com frequência, ele se avistava com obreiros gandhianos que colocara em aldeias próximas da área conflagrada, dando novas instruções quando eles relatavam a pouca cooperação por parte das autoridades locais, complementando-as com apelos a Suhrawardy, que sempre respondia insistindo na inutilidade de sua missão em Bengala quando Bihar estava em polvorosa. Diante das afirmações de líderes do Partido do Congresso de que a paz em Bihar fora restaurada, Gandhi voltou a tomar leite de cabra e, pouco a pouco, aumentou sua alimentação. (Seu peso, segundo informações de Bose, caíra para 48,3 quilos.) Suas informações sobre Bihar eram mais fidedignas do que as de Suhrawardy, afirmava. Mas não era preciso lembrar-lhe que estava fazendo muito pouco progresso. Bastava-lhe olhar em torno. Poucos hindus voltavam para suas casas queimadas, apesar de suas garantias ou de promessas de ajuda para reconstrução. E os muçulmanos ainda mantinham distância, boicotando suas reuniões de oração e as poucas lojas de hindus ainda abertas nos bazares.

"Minha inadequação para a tarefa se revela a cada passo", ele declarou durante sua estada em Srirampur.[47] Mais uma vez, era como se o problema insolúvel do conflito comunal na Índia de alguma forma se introjetasse nele, como se o fato de não realizar o milagre que estava determinado a operar pudesse ser atribuído a alguma "imperfeição" ou defeito pessoal dele. Por fim, ele diria exatamente isso. "Percebo que existe um grave defeito em alguma parte minha que é a causa de tudo isso. Reina a meu redor uma total escuridão. Quando Deus me tirará dessa treva para a sua luz?"[48]

Para apressar essa iluminação, Gandhi, desesperado, fez duas promessas. Em 11 de dezembro, apenas três semanas após sua chegada a Srirampur, esqueceu a decisão de deter-se num único lugar até que surgisse um resplendor glorioso de paz que todos vissem. Declarou então que em breve ampliaria sua missão, fazendo um percurso a pé pelo distrito de Noakhali, dormindo numa aldeia a cada noite. Como que em preparação para esse desafio, fez um voto privado de aprofundar seu *yajna* — seu plano de sacrifício pessoal. O que essa fase de sua vida exigia, ele convenceu a si mesmo, era um teste adicional de voto de celibato que já durava quarenta anos, a fim de descobrir o defeito que estava na origem de sua "inadequação".

Por isso, naquele mesmo dia, horas antes de anunciar em sua reunião de oração vespertina seu novo plano de percorrer o distrito caminhando pelos arrozais já ceifados e cruzando suas balançantes pontes de bambu, ele enviou um telegrama a um sobrinho, Jaisukhlal Gandhi, cuja filha, a jovem Manu, tinha cuidado da mulher do Mahatma quase três anos antes, quando ela se despedia da vida na prisão, até finalmente morrer de insuficiência cardíaca. Agora uma moça de dezessete anos, tímida e simples, com uma aparência que não poderia ser chamada de sedutora, a dedicada Manu se tornara uma das correspondentes prediletas de Gandhi, que a adulava e lisonjeava para que ela voltasse a seu séquito, ao mesmo tempo que insistia que só queria o melhor para ela. O telegrama enviado a Jaisukhlal tinha um fraseado estranho: "SE VOCÊ E MANU SINCERAMENTE ANSIOSOS PARA ELA FICAR COMIGO AO RISCO SEU, PODE TRAZÊ-LA".[49]

Gandhi fez parecer que ele estava cedendo aos desejos do pai e da filha. Na verdade, ele mesmo plantara a ideia e a cultivara numa campanha epistolar de meses. "O lugar de Manu não pode ser outro senão aqui a meu lado", ele escrevera.[50] Logo ficou óbvio que Gandhi, em Noakhali, tinha resolvido tornar essa jovem parente sua principal servidora pessoal, que monitoraria suas atividades diárias, que cuidaria que ele comesse exatamente o que desejava, medido com exatidão, em onças (oito onças de legumes cozidos, oito onças de legumes crus, duas onças de verduras, dezesseis onças de leite de cabra fervido e reduzido a quatro onças), precisamente na hora escolhida.[51] E seria também ela quem administraria seu banho e sua massagem diária, que podia durar mais de uma hora e meia. Uma onça de óleo de mostarda e uma onça de suco de limão tinham de ser misturadas para a massagem, que se realizava "exatamente do mesmo modo a cada dia", de acordo com uma memória deixada mais tarde por Nirmal Bose: "primeiro uma parte do corpo, depois outra [...] numa sequência invariável".

Mesmo isso seria apenas o começo. Como se viu, caberia também a Manu Gandhi o papel feminino no teste de *brahmacharya* que o Mahatma considerava agora essencial para sua purificação. Desde o fim da década de 1930, ele fizera com que servidoras dormissem em colchonetes estendidos a seu lado. Se ele tivesse tremores, o que às vezes ocorria, deveriam abraçá-lo até que passassem. Agora ele pretendia que Manu dividisse com ele o mesmo colchão. A perfeição seria alcançada se o ancião e a moça usassem o mínimo de roupa possível, de preferência nenhuma, e nenhum dos dois sentisse a mais tênue ânsia de índole sexual. Um *brahmachari* perfeito, escreveu ele depois numa carta, deveria ser "capaz de deitar-se com mulheres nuas, por mais belas que fossem, sem se sentir, de nenhuma forma e em qualquer grau, sexualmente excitado".[52] Um homem assim estaria inteiramente isento de cólera e má-fé.

O ideal que ele buscava era a assexualidade. A posição dele em relação a Manu, disse-lhe, seria essencialmente a de uma mãe. Nada ocorreria em segredo; outros integrantes de seu círculo poderiam dividir a mesma varanda ou o mesmo quarto.[53]

O importante aqui é menos a crença de Gandhi no poder espiritual derivado de um celibato perfeito e sereno do que a relação entre seu esforço de purificação e sua missão solitária em Noakhali. Onde poderia estar localizada a motivação real: na sensação torturante de fracasso, para a qual um incremento de seu *brahmacharya* talvez trouxesse cura, ou na necessidade de uma ligação humana, ainda que não na intimidade a que havia muito renunciara? Não há uma resposta óbvia, salvo dizer que a luta estava no âmago de seu ser e que nunca fora mais angustiante que em Srirampur. Os elementos mais ostensivos de sua vida no lugar — a missão e o esforço espiritual — em geral são vistos como fatos separados. Mas, também nesse caso, eram simultâneos e se atropelavam na mente de Gandhi, indissoluvelmente ligados, a ponto de serem a mesma coisa.

O efeito imediato da convocação de Manu foi uma agitada crise emocional no próprio círculo de Gandhi, que começou na obscuridade e na sombra da muçulmana Srirampur, mas que logo se tornou de conhecimento público. Evidentemente, o ponto inicial estava dentro do próprio Gandhi, em sua sensação de que a doutrina e a missão estavam falhando. "Não quero ir embora de Bengala derrotado", comentou ele com um amigo poucos dias depois de chamar Manu. "Preferiria morrer, se preciso fosse, nas mãos de um assassino. Mas não é meu desejo provocar isso, e muito menos quero isso."[54]

Ele removera os empecilhos para a chegada de Manu mandando seus acólitos mais próximos — principalmente Pyarelal, seu secretário, e a irmã dele, a dra. Sushila Nayar — para postos de trabalho em outras aldeias. Sushila já havia desempenhado o papel para o qual Manu estava sendo recrutada. Antes, em 1938, Gandhi havia testado uma moça judia, vinda da Palestina. Essa jovem, Hannah Lazar, era sobrinha de Hermann Kallenbach e tinha formação como massagista. "É claro que ela sabe o que faz", Gandhi escreveu a Kallenbach, em Johannesburgo. "Mas não pode, de uma hora para outra, ter o mesmo toque de Sushila, que é uma médica competente e aprendeu a dar massagens especialmente para me tratar."[55] O Gandhi que escreve essas palavras mais parece um paxá exigente e dono de um harém do que o asceta que ele realmente era.

Agora, mais de oito anos depois dessa carta e apenas seis dias depois de ter chamado Manu, Gandhi disse a Sushila que decidira que ela permaneceria em sua aldeia — em outras palavras, que ela não seria incluída em sua excursão a pé, pois Manu ficaria incumbida de suas necessidades mais pessoais. Nirmal Bose, que se achava no cômodo contíguo, ouviu "um grito de angústia profunda que vinha do aposento principal [...] [seguido por] dois tapas fortes desferidos em alguém. Em seguida, o grito transformou-se num soluço sentido". Ao chegar à porta, Bose viu Gandhi e Sushila "banhados em lágrimas". Os gritos e o soluço tinham sido dados pelo Mahatma, ele concluiu. Três dias depois, dando banho em Gandhi, ao que parece pela última vez, Bose juntou coragem para perguntar-lhe se ele estapeara Sushila. "Gandhiji tinha no semblante um sorriso triste", escreveu Bose em seu livro, "e respondeu: 'Não, eu não bati nela. Bati em minha própria testa'." Naquela mesma noite, em 20 de dezembro de 1946, com Manu deitada a seu lado na cama pela primeira vez, Gandhi começou seu pretenso *yajna*, ou autossacrifício, o que às vezes ele chamava de "experiência".[56]

"Cumpra sua palavra", ele escreveu num bilhete a Manu naquele dia. "Não esconda de mim nem um só pensamento. [...] Grave em seu coração que tudo o que eu pedir ou disser será somente para o seu bem."[57]

Dez dias depois, Parsuram, o taquígrafo de Gandhi, um jovem indiano do sul, deixou o emprego em protesto contra o aconchego noturno de seu acatado

Com Manu, sua "bengala".

mestre com Manu, que ele não poderia ter deixado de ver. Em vez de questionar a explicação de Gandhi, de que dormir com Manu tinha uma finalidade espiritual, ele fez uma queixa baseada em motivos políticos — disse que as notícias daquilo, que não havia como evitar, e o falatório indisporiam a opinião pública contra ele. Sua argumentação não impressionou o Mahatma. "Aprecio sua franqueza e sua coragem", Gandhi escreveu ao rapaz depois de ler sua carta de demissão, de dez páginas. "Você está livre para publicar qualquer erro que tenha notado em mim ou em meu ambiente."[58] Mais tarde, repreendeu Bose por atenuar, na tradução para o bengali, uma tentativa sua de dar, numa reunião de oração, uma explicação franca e pública do teste mais recente que impusera a si mesmo.

Também Pyarelal foi arrastado para esse turbilhão emocional, e não por querer defender a irmã. Ele próprio se sentia atraído por Manu. Diante disso, Gandhi prometeu manter seu secretário à distância, se Manu "não quiser sequer vê-lo".[59] Ele afiançava o bom caráter de seu colaborador. "Os olhos de Pyarelal são limpos", ele escreveu ao pai de Manu uma semana antes da data em que ela deveria chegar à Noakhali, "e não é de seu feitio impor-se a alguém". A seguir, Gandhi escreveu a Pyarelal, recomendando-lhe manter distância. "Posso ver que você não poderá ter Manu como esposa", escreveu a figura veneranda que agora dormia com a moça a seu lado toda noite.[60] A purificação, já se via, não podia ser tentada sem complicações neste mundo.

Nirmal Bose, o sereno intelectual de Calcutá que atuava como intérprete do Mahatma em Bengala, de início não se mostrava inclinado a emitir juízos sobre a ligação de Gandhi com Manu. De pouco em pouco, porém, a atitude manipuladora com que Gandhi lidava com as repercussões emocionais daquela situação em seu círculo, num momento de crise nacional e pessoal, começou a incomodá-lo. Em sua opinião, o Mahatma, preocupado com os sentimentos de Pyarelal e de sua irmã, estava perdendo a concentração. "Após uma vida de prolongado *brahmacharya*", escreveu em seu diário, "ele se tornou incapaz de compreender os problemas do amor e do sexo como existem no plano humano convencional."[61] Por isso Bose se incumbiu, em conversas e em longas cartas, nos três meses seguintes, de pôr Gandhi a par dos conceitos psicanalíticos de subconsciente, neurose e repressão. Gandhi se surpreendeu com uma referência casual a Freud numa das cartas de Bose. Tinha lido textos de Havelock Ellis e de Bertrand Russell sobre sexo, mas não de Freud.[62] Era apenas a segunda vez,

354

respondeu, que ouvia esse nome. "O que diz a filosofia freudiana?", quis saber o Mahatma, sempre curioso. "Não li nada dele."[63]

Bose expôs sua ideia básica de forma mais direta em seu diário e numa carta a um amigo do que em sua correspondência com o Mahatma. Segundo ele, Gandhi se permitia usar suas companheiras de cama como instrumentos num experimento que ele levava a efeito em seu próprio benefício; com isso, ele se arriscava a deixar "uma marca danosa na personalidade de outras pessoas que não têm a mesma estatura moral [...] e para as quais participar dos experimentos de Gandhi não é nenhuma necessidade espiritual".[64] Achava que Manu podia ser uma exceção, mas não estava seguro disso. A despeito da contenção de Bose, Gandhi entendeu o que ele queria dizer. "Espero realmente que você me absolva de ter tido alguma intenção lasciva com mulheres ou moças que estiveram nuas comigo", respondeu. Por essas palavras, o lado freudiano de Bose ficou convencido da inocência de Gandhi.[65]

Acreditando ter-se afastado de Gandhi devido a sua franqueza, Bose veio a duvidar que pudesse continuar a ser-lhe útil. Por fim, pediu que fosse liberado de seus deveres. Numa carta de despedida, disse que via sinais de que o Mahatma começava, de fato, a atingir o nível de força pessoal concentrada que viera buscando naqueles meses: "Vi sua força retornar, em lampejos, quando o senhor ascendeu a alturas que ninguém mais alcançou em nossa vida nacional".[66]

Uma semana depois de Gandhi ter instalado a sobrinha-neta Manu em sua casa e em sua cama, a premência e o peso da crise constitucional em Nova Delhi caíram com força na remota aldeia de Srirampur. Foram levados pela visita de dois dias e meio de duração de Nehru, agora chefe de um "governo provisório" ainda subordinado ao vice-rei, e de seu sucessor na presidência do Partido do Congresso, J. B. Kripalani, seguidor de Gandhi havia três décadas. Como a mulher do presidente do partido, Sucheta, dividira a cama do Mahatma com ele e Manu numa noite recente, não havia necessidade de Gandhi explicar a seus visitantes o *yajna* que estava empreendendo.[67] De acordo com um relato, em sua primeira noite em Srirampur, o próprio Nehru chegou à porta do quarto em que Gandhi e Manu dormiam; depois de olhar para o interior, afastou-se em silêncio. O relato lacônico não informa se sua expressão se fechou ou se ele balançou a cabeça.[68]

Com Nehru, seu "sucessor" designado, em 1946.

No mês seguinte, Gandhi procurou explicar seu experimento, por carta, aos dois homens. Nenhum deles quis fazer julgamentos sobre o Mahatma. "Nunca hei de me desiludir com o senhor, a menos que veja em seu comportamento sinais de insanidade ou depravação", respondeu Kripalani. "Não vejo tais sinais." Nehru mostrou-se ainda mais reticente.[69] "Sinto-me um tanto desnorteado e detesto discutir assuntos pessoais ou privados", escreveu a um mentor que respeitava, mas que com frequência considerava desconcertante, até incômodo.[70]

Gandhi apontara Nehru como um dos líderes do Partido do Congresso em 1928 e, embora admitisse diferenças gritantes entre eles dois, chamava-o abertamente de "meu herdeiro e sucessor" desde 1934, quando renunciou com estardalhaço a sua condição de membro do partido. "Jawaharlal é o único homem com energia para ocupar o meu lugar", comentou cinco anos depois.[71] Malgrado seus elogios a Nehru, essa era uma avaliação política prática, baseada em dois fatos óbvios: a evidente popularidade de Nehru e sua tendência, numa crise, a acatar a opinião do Mahatma. Gandhi sabia que seu herdeiro jamais se destacaria como expoente dos valores gandhianos; sabia que ele, mais jovem, era mais fabiano que gandhiano; sabia que dele se poderia esperar que promovesse o tipo de reconstrução rural que sempre defendera, e sabia que não se poderia duvidar que Nehru acreditasse na necessidade de uma moderna máquina militar num futuro Estado indiano.[72] Mas Gandhi punha de lado essas considerações, tratando-as como questões de ênfase. "Ele diz o que está em primeiro lugar em sua mente", disse Gandhi em 1938, num comentário que revela tanto de si mesmo quanto de Nehru, "mas sempre faz o que eu desejo. Quando eu tiver partido, ele fará o que estou fazendo agora. Aí ele falará a minha linguagem."[73]

Mais tarde, talvez ele tenha chegado mais perto da verdade quando disse a respeito de Nehru: "Ele me fez cativo de seu amor".[74]

Agora, entretanto — com Gandhi fora do alcance em Noakhali e com o poder caindo depressa em suas mãos —, Nehru, por inclinação e também por necessidade, estava usando sua própria linguagem e ouvindo menos. A finalidade ostensiva de sua viagem a Srirampur fora levar ao conhecimento de Gandhi uma resolução que ele pretendia expor ao partido na semana seguinte, comprometendo-o ainda mais com um processo que poderia levar à partilha da Índia e à criação do Paquistão. E também, disse Nehru, ele queria insistir com Gandhi para que deixasse Noakhali e voltasse a Delhi, onde seria mais fácil consultá-lo e onde — desnecessário dizer — também seria mais fácil implorar-lhe que não se afastasse demais da linha partidária que estava surgindo.

A proposta calou fundo na vontade que sentia o Mahatma de ocupar-se das questões nacionais, mas ele não se sentiu tentado a regressar. Disse que ainda tinha trabalho a realizar em Noakhali; segundo os seus próprios cálculos, sua missão ali permaneceria inacabada até o dia em que morresse. Mais importante era sua sensação de que perdera a capacidade de influenciar seus antigos seguidores, como se queixara havia pouco num bilhete ao industrial G. D. Birla: "Minha voz", dizia a missiva, "não tem peso junto à Comissão Executiva. [...] Não gosto da forma que as coisas estão tomando e não posso dizer o que quero".[75]

Entretanto, essas apreensões não impediram que ele mandasse Nehru de volta com "instruções". O documento, redigido até tarde na última noite que Nehru passou em Srirampur, apontava para várias direções ao mesmo tempo. Em essência, dizia que Gandhi tivera razão ao recomendar que o Partido do Congresso rejeitasse o plano britânico; que, como o partido não dera ouvidos a seu conselho, tinha de cumprir o plano; e que, portanto, o partido precisava chegar a um acordo com Jinnah que desse ao líder dos muçulmanos "uma fórmula para seu Paquistão que seja aceitável por todos e inócua", desde que nenhum território fosse obrigado a fazer parte do novo Estado.[76]

A frase "aceitável por todos e inócua" era notável. Apontava mais ou menos na mesma direção da resolução singularmente densa de Nehru, que quase ocultava, com um manto de tecnicismos, exceções e queixas, o fato de que, em essência, ele estava aceitando a indigesta fórmula britânica. Nas entrelinhas, as "instruções" de Gandhi e a resolução de Nehru apontavam para um acordo rápido que levasse à independência, nas melhores condições possíveis e com um mínimo de concessões à Liga Muçulmana. Evidentemente, Gandhi queria dizer "aceitável" e "inócua" para o Partido do Congresso e para si mesmo, não para Jinnah e seus seguidores; não disse como isso poderia ser feito. Num nível, ele não se afastara um milímetro da posição que assumira quando Jinnah rompeu as negociações com ele dois anos antes. Em outro, mostrara que não faria nada para retardar uma transferência de poder, ainda que o poder fosse transferido para dois Estados e não apenas um.

Na semana seguinte, a Comissão do Partido do Congresso Indiano aprovou a resolução de Nehru por pouco menos que uma aclamação, com 99 votos a favor e 52 contra. Quando um de seus integrantes perguntou qual era a opinião de Gandhi, Kripalani replicou que isso era "irrelevante nesta etapa", não se dando ao trabalho de aludir às confusas e vagas "instruções" redigidas por Gandhi para Nehru, que viajara a Bengala Oriental, como parece provável, em parte para ter certeza de que Gandhi não se bandearia para o outro lado.[77] O próprio Gandhi ficara satisfeito por disfarçar seu mais recente rompimento com a liderança. "Sugiro consultas frequentes a um velho e experiente servidor da nação", ele escrevera num afetuoso bilhete de despedida a Nehru.[78]

Dois dias depois, no segundo dia do ano novo, ele deixou Srirampur e deu início a sua jornada a pé por Noakhali, com uma das mãos segurando um cajado de bambu e a outra apoiada no ombro de Manu. Caminhava descalço, e daria todos os passos nos dois meses seguintes sem sandálias. De manhã, os pés do peregrino ficavam entorpecidos de frio. Em pelo menos uma ocasião, sangraram. Toda noite, eram massageados com óleo. Naquela primeira manhã, os aldeões muçulmanos de Srirampur alinharam-se ao longo do caminho em torno do açude Darikanath, um rico pesqueiro. Cerca de cem deles o acompanharam, juntamente com oito policiais armados e pelo menos o mesmo número de repórteres. Na manhã seguinte, manchetes do *Amrita Bazar Patrika*, de Calcutá, um diário em inglês favorável ao Partido do Congresso, anunciaram o início da jornada: COMEÇA A CAMINHADA ÉPICA DE GANDHIJI; MARCHA HISTÓRICA POR ARROZAIS E HORTAS; GANDHIJI DISPOSTO A FAZER UM MILAGRE.

Com exceção de um dia, o jornal cobriu a caminhada de Gandhi em todas as suas edições ao longo das seis semanas seguintes, publicando as versões autorizadas das prédicas do Mahatma em seus cultos vespertinos de oração. Décadas antes que a televisão se tornasse o grande veículo das comunicações mundiais, a caminhada de Gandhi não despertou grande interesse em outros países, e as notícias da solidão e das vicissitudes da jornada quase não foram além de Bengala. Depois dos primeiros dias, as multidões ralearam, e os muçulmanos mais uma vez chamaram a atenção pela ausência. Dessa vez não houve como negar que membros da Liga Muçulmana promoviam um boicote. No segundo mês começaram a surgir folhetos que instavam Gandhi a se concentrar em Bihar, desenvolvendo o tema da maioria dos políticos muçulmanos com quem ele se encontrava. "Lembrem-se de Bihar", dizia um desses prospectos. "Já avisamos a vocês muitas vezes. Voltem ou se arrependerão." Outro folheto, esse obviamente criado para que Gandhi o visse, dizia: "Deixe de lado sua hipocrisia e aceite o Paquistão".[79]

Havia manhãs em que os companheiros de Gandhi descobriam que fezes humanas tinham sido depositadas, amassadas ou espalhadas nos trajetos pelos quais ele provavelmente passaria. A caminho de uma aldeia chamada Atakora, de repente o ancião se abaixou e pôs-se a recolher excrementos com folhas secas. Atrapalhada, Manu protestou, dizendo que ele a estava envergonhando. "Você não imagina o prazer que isso me dá", respondeu o Mahatma, agora com 77 anos.[80]

Em 57 dias, ele passou por 47 aldeias do distrito de Noakhali e de um distrito vizinho chamado Tipperah, percorrendo a pé mais de 185 quilômetros, sempre descalço, a fim de tocar o coração dos muçulmanos por meio de uma demonstração pessoal de sua sinceridade e simplicidade. Chamou essa caminhada de "peregrinação". Às vezes dizia que era uma "penitência" pela chacina mútua de hindus e muçulmanos, ou pelo fato de ele não a ter impedido. Saudava todos os muçulmanos pelos quais passava, mesmo quando se negavam ostensivamente a retribuir o cumprimento. Só três vezes, em todos esses dias e semanas, em todas essas aldeias, foi convidado a ficar numa casa de muçulmanos. Seus acompanhantes pré-fabricaram uma caprichada cabana com painéis de bambu, que desmontavam a cada manhã e, ao chegarem a uma nova aldeia, voltavam a montar para seu conforto. Gandhi queixou-se de que o abrigo era "palaciano". Ao saber que eram necessários sete carregadores para transportar sua barraca desmontável, recusou-se a dormir nela, insistindo em que fosse transformada num dispensário. Se os muçulmanos se mantinham longe dele em suas reuniões de oração, ele os procurava em suas casas e barracos. Em cada nova aldeia, Manu era mandada a visitar mulheres muçulmanas. Às vezes ela as convencia a se encontrar com o Mahatma, às vezes as portas eram batidas em sua cara. Quando membros jovens da Liga Muçulmana iam às reuniões para vaiar Gandhi, ele respondia a suas perguntas maldosas com toda calma.

"Como foi que sua *ahimsa* funcionou em Bihar?", perguntaram-lhe numa aldeia chamada Paniala.

"Não funcionou", ele respondeu. "Fracassou horrivelmente."[81]

O Mahatma vê ossos de hindus chacinados em Noakhali, janeiro de 1947.

Em sua cabana móvel, em Noakhali, novembro de 1946.

"Em sua opinião, qual é a causa dos distúrbios comunais?", perguntou outra pessoa. "A estupidez das duas comunidades", disse o Mahatma.[82]

Por duas vezes, em nove semanas, foi levado a ver restos humanos que continuavam expostos depois das matanças.[83] Na primeira vez, em 11 de novembro, um cão vadio o conduziu aos esqueletos dos membros de uma mesma família hindu; depois, em 11 de janeiro, ele passou por uma *doba*, ou lagoa, que enfim tinha sido dragada para recuperar os corpos de hindus mortos no primeiro e mais hediondo desses pogroms em Karpara.

O Mahatma passou por ali depressa. "É inútil pensar naqueles que estão mortos", disse. Seu objetivo era menos consolar os hindus enlutados do que fazê-los levantar a cabeça e tocar o coração de muçulmanos que tinham desviado os olhos ou mesmo dado sua aprovação durante a carnificina. Ele só podia demonstrar suas boas intenções "vivendo e caminhando entre aqueles que não confiam em mim", disse.[84] Por isso, a cada manhã retomava sua peregrinação, sem levar em consideração o modo como era recebido. Os que o seguiam entoavam canções religiosas, sempre incluindo uma, de Tagore, que tinha como letra um poema bengali chamado "Anda sozinho". De vez em quando havia uma boa acolhida, às vezes uma multidão. Na quarta semana, numa aldeia chamada Muriam, um *maulana* amistoso chamado Habibullah Batari organizou uma cordial recepção por parte dos muçulmanos. A darmos crédito ao relato de Pyarelal, ele apresentou Gandhi com as seguintes palavras: "Nossa comunidade carrega atualmente o estigma de ter derramado o sangue de nossos irmãos hindus. Mahatmaji veio para nos livrar dessa mancha".[85] Para Gandhi, isso era prova das possibilidades que se abriam diante dele e do país. Mas não era de modo algum um fato cotidiano. Em Panchgaon, quatro dias depois, o líder da Liga Muçulmana local lhe recomendou que cessasse suas reuniões de oração, pois ofendiam os muçulmanos, e, melhor ainda, que encerrasse sua caminhada por Noakhali.

Nas reuniões de oração, ele avaliava a plateia e depois usava temas e mensagens familiares, recorrendo ao repertório de toda uma vida. Se sua intenção fosse deixar claro que ele e os obreiros que trouxera consigo tinham ido ali não para fazer julgamentos, e sim para servir, ele discorria sobre tudo que poderia ser feito para melhorar o saneamento e a limpeza da água do distrito. Se o tema eram as vidas perdidas, falava sobre o artesanato e sobre a contribuição que poderia dar para a melhoria das aldeias. Com relação à questão tensa e fundamental da posse da terra, dizia que a terra pertencia a Deus e àqueles que realmente a trabalhavam, e por isso era mais do que justa a redução da parte da colheita que cabia ao proprietário, com a ressalva gandhiana de que ela teria de ser conquistada sem violência.

O valor que ele pregava com mais insistência era o destemor. Para garantir a paz, dizia, muçulmanos e hindus tinham de estar dispostos a morrer. Essa era a mensagem que ele transmitira aos tchecos e aos judeus europeus, na década anterior, a respeito de como enfrentar os nazistas, a ideia de que um *satyagrahi* corajoso podia "derreter o coração" de um tirano. Pedia sem cessar que os policiais mandados por Suhrawardy fossem retirados, para não debilitar o exemplo que ele esperava dar com sua jornada. (Os guardas nunca foram embora. Suhrawardy declarou que o governo era responsável por garantir que o Mahatma saísse vivo de Bengala Oriental.) Anteriormente ele falara sobre o martírio: "O meu sacrifício e o de meus companheiros pelo menos ensinariam [às mulheres hindus] a arte de morrer com dignidade. Talvez abrissem os olhos também dos opressores".[86] A

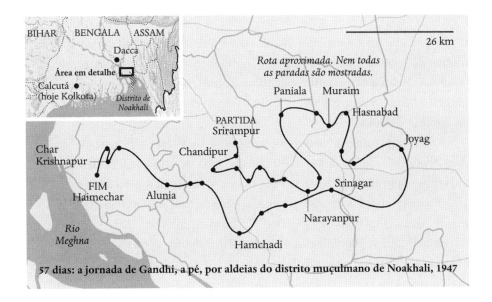

57 dias: a jornada de Gandhi, a pé, por aldeias do distrito muçulmano de Noakhali, 1947

um refugiado que perguntou como ele podia esperar que os hindus retornassem para aldeias onde poderiam ser atacados, ele respondeu: "Não me importo que todas e cada uma das quinhentas famílias em sua área sejam mortas". Antes de chegar à Noakhali, ele desferira uma nota análoga ao falar a um trio de obreiros gandhianos que pretendiam precedê-lo: "Não haverá lágrimas, mas somente alegria se amanhã eu receber a notícia de que vocês três foram mortos".[87]

Durante esses meses, não foi raro que Gandhi se expressasse de forma tão extremada a ponto de dar a impressão de ser o fanático que às vezes era acusado de ser. Podemos imaginar que fosse uma linguagem figurada, que não deveria ser tomada ao pé da letra. Mas nem mesmo Manu ficou imune a sua determinação de ensinar que esse tipo de coragem na causa da paz podia ser — e às vezes tinha de ser — tão impetuosa e desprendida quanto a exibida no campo de batalha.

Ao chegar a um povoado chamado Narayanpur, na terceira semana da jornada, Gandhi não conseguiu achar um pedaço de pedra-pomes que usava para esfregar nos pés antes de imergi-los em água quente. A pedra tinha sido usada pela última vez no barraco de um tecelão onde ele parara para escaldar os pés. Era evidente que Manu a esquecera lá. Isso fora um "erro crasso", disse Gandhi com severidade, ordenando-lhe que refizesse seus passos e a achasse, o que significava percorrer um caminho pela selva densa, numa área em que às vezes sucediam ataques a moças. Manu perguntou se podia levar consigo dois voluntários que a protegessem, mas Gandhi disse que não. Ela teria de ir sozinha. A mulher do tecelão jogara a pedra fora, sem saber que o Mahatma a considerava preciosa. Quando Manu enfim a achou e voltou, conta Pyarelal, pôs-se a chorar, mas Gandhi caiu na gargalhada. Para ele, a provação dela naquela tarde era parte do "teste" de ambos.

"Se algum rufião a houvesse carregado e você tivesse enfrentado a morte com coragem", ele lhe disse, "meu coração teria dançado de felicidade. Mas eu me sentiria humilhado e triste se você tivesse voltado ou fugido do perigo."[88]

Falando a hindus de casta alta cujos bens tinham sido tomados por muçulmanos, ele não era mais compassivo.[89] Tinham de entender, dizia, com evidente sinceridade, que seus privilégios e vícios tinham alguma coisa a ver com sua atual miséria. Aqueles que não trabalham mas vivem da labuta alheia são ladrões, dizia. Causa surpresa ver o quanto ele bate na tecla dos males da intocabilidade ao falar aos refugiados de Noakhali. Chega a fazer coletas para seu fundo destinado aos *harijans*. Como ele está falando a hindus de casta alta que recentemente tiveram suas casas incendiadas no conflito com os muçulmanos, isso parece à primeira vista impróprio, uma incoerência de velho. Para Gandhi, entretanto, a intocabilidade se tornara, havia muito, uma metáfora para todas as formas de opressão social que envolvesse "superiores" e "inferiores". Se os hindus de casta mais alta resistiam a fazer refeições ou casar-se com muçulmanos, ele não usava de rodeios: estavam praticando uma forma de intocabilidade. Por trás do que dizia, ele talvez pensasse que muitos muçulmanos descendiam de intocáveis convertidos. "Ele nos dizia, repetidamente", escreveu Pyarelal mais tarde, "que a questão hindu-muçulmana tinha raízes na intocabilidade."[90]

Após muitos anos de cautela verbal, parece, ele deixara de falar em código ou de medir as palavras quando se tratava de questões de igualdade social. É o fim da longa jornada intelectual e política que tivera início em Durban, quando lhe ocorreu, pela primeira vez, que os brancos tratavam os indianos da mesma forma que estes tratavam muitos de seus irmãos — como intocáveis. Interrogado sobre o que seria preciso fazer para sanar o conflito entre os muçulmanos e o Partido do Congresso, no qual os hindus eram maioria, ele respondeu: "Dar igualdade aos intocáveis".[91] O que parece um enigma era sua forma de dizer aquilo que Ambedkar vinha dizendo o tempo todo: que a doença na sociedade hindu começava com as práticas dos hindus de casta mais alta.

No segundo dia de sua peregrinação a pé por Noakhali, ele falou a um grupo de mulheres em Chandipur. Da mesma forma como certa vez atribuíra um terremoto ao descontentamento de Deus com a intocabilidade, agora atribuiu a calamidade de Noakhali à mesma transgressão. De acordo com o sumário autorizado de sua fala, que, quase com certeza, resultou de emendas dele próprio, Gandhi disse:

> Se continuassem a repudiar os intocáveis, mais sofrimentos as aguardavam. Ele pediu às mulheres da plateia que convidassem um *harijan*, todo dia, para comer com elas. Se não pudessem fazê-lo, podiam chamar um *harijan* antes da refeição e pedir-lhe que tocasse na água ou na comida. [...] A menos que fizessem penitência por seus pecados [...] outras calamidades e ainda mais graves lhes ocorreriam.[92]

Na semana seguinte, por duas vezes ele pediu à maioria muçulmana do distrito que não tratasse os hindus como intocáveis.[93] Um mês depois, ainda em Noakhali, insistiu na necessidade de uma sociedade sem castas. Em Kamalapur, foi desafiado a dizer o que sentia com relação a casamentos intercomunais, se agora tolerava uniões de hindus de castas diferentes. Ouçamos a paráfrase que Bose fez de sua resposta: "Ele nem sempre sustentou esse ponto de vista, [mas] fazia muito tempo que chegara à conclusão de que um casamento inter-religioso era um evento auspicioso sempre que ocorria".[94] Desde que, não pôde deixar de acrescentar, não fosse inspirado pela luxúria.

À medida que a jornada avançava, a maioria dos muçulmanos mantinha-se à distância. Os que assistiam às reuniões de oração em geral se mostravam impassíveis. Na descrição de Phillips Talbot, "escutavam serenamente o sermão que se seguia à oração e iam embora".[95] O jovem americano se perguntava se isso não seria o sinal de uma mudança sutil — de oposição para "silêncio neutro". Se tivesse acompanhado Gandhi por mais algumas semanas, ele teria sido obrigado a abandonar essa frágil esperança. Cada vez mais, com o endurecimento dos boicotes muçulmanos — não só contra as reuniões de Gandhi como também contra os fazendeiros, comerciantes e peixeiros —, o Mahatma se vê falando para hindus sobre temas que poderiam ser considerados hindus. Em 22 de fevereiro, ele fala num lugar chamado Char Krishnapur, uma ilha alongada no delta, onde sua plateia é formada basicamente por intocáveis, chamados *namasudras* em Bengala. Tão pobres quanto os mais pobres camponeses muçulmanos, eles haviam sofrido tanto quanto os mais abastados proprietários hindus durante os distúrbios. Ali Gandhi dormiu num "abrigo baixo improvisado com folhas corrugadas de zinco retiradas de uma casa incendiada".[96] Em Haimchar, que acabou sendo sua última parada, ele disse a *namasudras* que teriam de melhorar de vida com seus próprios esforços. Para começar, poderiam acabar com o casamento de crianças e com a promiscuidade, de modo que "as chamadas castas superiores se envergonhassem de seus próprios pecados contra eles".[97]

Gandhi já havia definido a próxima parada em sua peregrinação pelas aldeias, mas ali, por fim, ele se sentiu compelido a enfrentar as críticas crescentes, vindas de duas frentes — de seu próprio grupo e de membros da Liga Muçulmana. Ainda que pouco fosse dito em público, havia bastante mal-estar no próprio círculo de Gandhi com relação ao teste de *brahmacharya*: talvez menos devido ao fato de ele e Manu dormirem juntos e mais por causa da disposição de Gandhi de defender aquilo abertamente, como fizera nos três primeiros dias de fevereiro.[98] A Liga Muçulmana continuava a bater na tecla de sua recusa obstinada, ao longo de quatro meses, em ir para Bihar, província de supremacia hindu onde os muçulmanos tinham sido as vítimas. Na superfície, essas duas questões pareciam não estar relacionadas, mas provavelmente não foi por coincidência que chegaram a um ponto crítico em sua mente quase no mesmo instante, pois em seu espírito elas sempre tinham estado ligadas.

Em Haimchar, Gandhi passou seis dias com A. V. Thakkar, conhecido como Tkakkar Bapa, outro guzerate já idoso que fora seu colaborador mais próximo e respeitado em questões de intocabilidade. Os dois anciãos debateram o fato de Gandhi dormir na mesma cama com Manu, o que Thakkar observava de perto todas as noites. Por fim, Thakkar se convenceu de que o *yajna* tinha um significado espiritual para o Mahatma, mas escreveu a Manu "uma carta patética", como Gandhi mais tarde a qualificou, recomendando-lhe que se afastasse da "experiência", presumivelmente para o bem de Gandhi e do movimento.[99] De acordo com Pyarelal, nem tão desinteressado, Manu disse então a Gandhi que não via "mal algum em atender por ora ao pedido de Thakkar Bapa".[100] O biógrafo de Gandhi, que também era pretendente frustrado da moça, nos informa que o Mahatma, irado e impenitente, criticou Manu por "falta de perspicácia". Sem nada admitir, o Mahatma permitiu que ela deixasse sua cama. O *yajna*, se não terminara, estava suspenso, da mesma forma que a marcha a pé por Noakhali. Quase de imediato, Gandhi decide interrompê-la. Dissera estar disposto a passar anos em

Noakhali e que, "se necessário, morrerei aqui".[101] Mas em 2 de março de 1947 calçou sandálias pela primeira vez em dois meses, desde o começo da caminhada, e começou a viagem de volta, na direção de Bihar.

Durante quatro meses ele rejeitara apelos de muçulmanos de toda a Índia para que mostrasse sua boa-fé confrontando a violência perpetrada pelos hindus. Suas desculpas para não ir lá antes vinham parecendo cada vez mais fora de propósito. Já havia muito tempo ele reconhecera que a violência em Bihar fora muito pior do que em Bengala. Agora era começo de março, quatro meses depois que Nehru, chocado com o morticínio que testemunhara em Bihar, ameaçara ordenar que as multidões de hindus na província fossem dispersas com o uso de bombas.[102] Agora, de repente, Gandhi enfim se permitia ser tocado pela carta de um nacionalista muçulmano que culpava o Partido do Congresso de ter feito tão pouco para reprimir a violência em Bihar quanto a Liga Muçulmana em Bengala Oriental.

Gandhi prometeu que regressaria a Noakhali a fim de cumprir os compromissos pendentes. Nos meses que lhe restavam, manteve aquela viagem perto do topo de sua lista, sempre crescente, de coisas a fazer. No entanto, com a partilha do país se aproximando e os massacres mútuos de hindus e muçulmanos se espalhando como uma epidemia pelo norte da Índia — talvez mais como um incêndio florestal, uma vez que devastava alguns lugares e passava por cima de outros —, a cada momento ele se via diante de novos pedidos do bálsamo de sua presença. Com isso, o retorno a Noakhali era sempre adiado.

Mais ou menos no meio da peregrinação pelo distrito houvera um presságio que mais tarde seria recordado como funesto. Gandhi tinha ficado sem leite de cabra e teve de substituí-lo por água de coco. À noite, o ancião estressado teve uma forte diarreia, começou a suar profusamente e por fim desfaleceu. Isso foi em 30 de janeiro de 1947. Se ele morresse de uma doença, disse a Manu ao recobrar a consciência, ficaria provado que ele fora um hipócrita. Foi assim que Manu registrou suas palavras mais tarde, em suas memórias. Segundo ela, Gandhi disse a seguir: "Mas se eu partir do mundo com o nome de Rama em meus lábios, só assim serei um verdadeiro *brahmachari*, um autêntico Mahatma".[103] Assim está escrito no evangelho que ela deixou. Exatamente um ano depois, em 30 de janeiro de 1948, quando ele caiu ao lado de Manu, ela recordaria essas palavras como uma profecia cumprida.

Segundo qualquer avaliação secular, terreal, dos meses que Gandhi passou no distrito de Noakhali, seria difícil mostrar algum ganho político ou social. A ruptura que ele procurara impedir ocorreu. O Paquistão aconteceu. Em junho de 1948, mais de 1 milhão de refugiados hindus haviam atravessado a nova fronteira internacional, entrando no estado indiano de Bengala Ocidental.[104] Nos três anos que se seguiram, esse número duplicou; em 1970, o total de refugiados vindos de Bengala Oriental e reinstalados na Índia passava de 5 milhões. "Os fabricantes das pulseiras de conchas, que eram ornamentos obrigatórios das mulheres hindus casadas, os tecelões das sedas finas e dos algodões usados pelos hindus bem de vida, os oleiros que produziam as imagens usadas nos festivais hindus, e os clérigos e astrólogos que presidiam os rituais hindus de nascimento, casamento e morte estavam entre os primeiros imigrantes", escreveu a historiadora Joya Chatterji. Fugiam em busca da alta burguesia e dos citadinos que lhes davam emprego. A ordem social por cuja reforma Gandhi estivera disposto a dar a vida tinha sido submetida a uma "vivissecção", para usar uma palavra dele. Não obstante, como ele previra, a partilha da Índia não resolveu muita coisa. Levou a uma divisão do território, dos despojos e da autoridade política, mas as maiorias muçulmanas, do Paquistão Ocidental e do Paquistão Oriental, tiveram de coexistir com minorias substanciais de hindus. Mais tarde, quando um governo militar proclamou a República Islâmica de Bangladesh no que até então fora o Paquistão Oriental, o novo país ainda tinha em seu território 12 milhões de hindus.

De alguma forma, Gandhi ainda parece representar na região uma possível fonte de inspiração. Tantas décadas depois de ele deixar Noakhali, eu me vi em Dhaka, capital da República Islâmica de Bangladesh, numa reunião de intelectuais e reformadores sociais realizada para comemorar o 140º aniversário de nascimento do Mahatma. O ministro da Justiça acendeu uma lâmpada votiva. Leram-se versículos do Corão, seguidos de uma passagem do *Bhagavad Gita* e de preces budistas e cristãs, o que tornou o evento, deliberadamente, tão ecumênico quanto as reuniões de oração do próprio Gandhi. Cinco muçulmanos e três hindus falaram — contra o extremismo religioso e em defesa da harmonia, do estado de direito, da política limpa, do desenvolvimento rural, da igualdade social — detendo-se não no Raj ou no tempo de Gandhi, e sim na efervescente Bangladesh de hoje. Meia dúzia de equipes de TV gravaram suas palavras para os noticiários da noite, com as câmeras percorrendo a plateia para fechar em nossos rostos, que poderiam ser descritos como comovidos. "O fato é que esse homem, feito de carne e osso, nasceu em nosso subcontinente e nós somos seus descendentes", disse uma mulher, apresentada como defensora dos direitos humanos. "Sinto necessidade dele a cada momento." O encontro terminou com uma das canções religiosas prediletas de Gandhi, cantada por um pequeno coral de estudantes hindus e muçulmanos, acompanhado da maior parte da plateia.[105]

Como eu disse, por qualquer avaliação secular, seria difícil mostrar algum ganho político ou social advindo dos quatro meses que Gandhi passou no distrito de Noakhali, perto do fim da vida, em 1946 e 1947. Entretanto, isso se tornou possível em 2009.

12. Vencer ou morrer

Aonde quer que fosse, Gandhi era instado a ir para algum outro lugar. Em Noakhali, na Bengala Oriental, onde os hindus tinham sido chacinados, a Liga Muçulmana insistia em que ele levasse sua peregrinação a Bihar para provar que estava disposto a confrontar uma maioria hindu que tinha as mãos manchadas de sangue. Ao chegar enfim a Bihar, nacionalistas hindus tentaram fazer com que ele fosse para o Punjab, onde hindus e siques estavam sendo expulsos, por meio do terror, de áreas da província com maioria muçulmana, que logo seriam retalhadas e costuradas a um Paquistão em gestação. Por fim, quando faltavam menos de duas semanas para a partição e a independência, o Mahatma, exausto e agitado, apareceu no Punjab e, falando em Lahore em 6 de agosto de 1947, fez o que talvez tenha sido o mais surpreendente de seus votos taxativos e extremados. Tendo dito que haveria de "vencer ou morrer" em Noakhali, e depois repetido isso em Bihar, o homem que para todo sempre viria a ser chamado de "Pai da Nação" prometeu: "Passarei o resto de minha vida no Paquistão".[1]

Ele estivera ansioso para ir ao Punjab, explicou, mas por ora tinha de cruzar o subcontinente, ir até Noakhali, pois se comprometera a comemorar ali a independência da Índia, em 15 de agosto. Ou seja, no dia do nascimento da Índia independente, ele pretendia acordar no Paquistão. "Eu iria para lá mesmo que tivesse de morrer", declarou. "Mas assim que estiver liberado de meu dever em Noakhali virei ao Punjab."

Sua cabeça estava evidentemente a mil no momento em que, correndo, corajoso, da frigideira hindu para o fogo muçulmano, ele refletia sobre a iminente "vivissecção". A única forma de agarrar-se ao sonho da Índia unida que ele imaginara décadas antes, no outro lado do oceano Índico, em Durban e Johannesburgo, era declarar que dali em diante teria duas pátrias.[2] Talvez um dia elas se unissem de novo, mas por ora, obviamente, ele não podia estar em toda parte. Era precisamente isso que o presidente do Partido do Congresso, Kripalani, dissera, pesaroso, em 15 de junho, dia em que o movimento de Gandhi apusera seu selo de aprovação final no plano de partilha, apesar das objeções do Mahatma. Seguira Gandhi durante trinta anos, disse Kripalani, mas não podia ir além. Ainda considerava "que ele, com seu absoluto destemor, está certo, e que a minha posição [em favor da partilha] é falha", mas que simplesmente não via como os nobres esforços de Gandhi em Bihar poderiam salvar o Punjab. "Hoje ele próprio está tateando no escuro. [...] Infelizmente para nós, hoje, ainda que ele possa enunciar políticas, elas terão, de modo geral, de ser executadas por outras pessoas, e essas pessoas não estão convertidas a sua maneira de pensar."[3]

Isso dizia tudo, mas Gandhi continuou a agir como lhe aprazia. Sua promessa de retornar ao Punjab e passar o resto da vida no Paquistão teve de ser diluída dois dias depois em Patna, quando ele prometeu retornar a Bihar depois de algumas semanas em Noakhali. Na verdade, nenhuma dessas promessas seria cumprida. Gandhi estava agora no último semestre de sua vida. Nunca chegaria a Noakhali, nunca voltaria a Bihar ou ao Punjab, nunca pisaria num Paquistão independente. Nesses meses finais, sua visão abarcava todo o subcontinente, mas sua área de atuação limitou-se a duas cidades. Primeiro em Calcutá, e depois em Delhi, ele logrou, quase sozinho, deter marés de violência ao se empenhar em seus últimos jejuns "até a morte". Ele nunca foi mais heroico, mais milagreiro, mas o Punjab, concretizando a angustiada premonição de Kripalani, ainda ardia com horrendas demonstrações de violência: siques e hindus massacrando muçulmanos na porção leste da província, hoje pertencente à Índia; muçulmanos chacinando hindus e siques, apossando-se de suas mulheres, saqueando seus templos no Punjab Ocidental, hoje no Paquistão. A teoria de Gandhi, segundo a qual a pacificação inspirada num lugar podia mostrar-se contagiosa, extinguindo explosões de violência extrema em outros, não se confirmaria antes que um subcontinente exausto tivesse de encarar a realidade de sua morte. Até lá, centenas de milhares de pessoas estariam mortas e milhões, desalojadas.[4]

"O país foi dividido a fim de evitar distúrbios entre hindus e muçulmanos", escreveria mais tarde Rammanohar Lohia, um líder socialista. "A partilha produziu em tal abundância aquilo que se destinava a prevenir que se pode perder para sempre a esperança na inteligência e na integridade do homem."[5]

O Mahatma não tinha outro elixir além de sua própria presença, seu exemplo. Aonde quer que viajasse, sua estratégia básica consistia em reavivar a coragem das minorias ameaçadas e vulneráveis, que, mediante opróbrio e persuasão, trazia de volta as maiorias saqueadoras a um nível elementar de razão, se não de compaixão. Tivesse vivido tempo suficiente para ir morar no Paquistão, teria levado sua proteção, qualquer que fosse, à minoria hindu. Como passou seus últimos meses no que sobrara da Índia, foi a minoria muçulmana que clamou pela proteção de seu escudo moral. As circunstâncias fizeram com que ele parecesse pró-muçulmano aos olhos dos espoliados e furiosos refugiados hindus e siques, que vinham em grande número do território que estava se transformando no Paquistão, e aos olhos dos chauvinistas hindus de modo geral. Representando o papel para o qual toda a sua vida o preparara, Gandhi contribuía agora para lavrar a sentença de morte que ele sentia pesar sobre si havia tanto tempo.

Os responsáveis pela expulsão dos britânicos e pela criação dos novos Estados viam as sucessivas peregrinações do Mahatma basicamente como um espetáculo secundário. Impaciente, Nehru declarou que Gandhi estava "indo de um lado para outro, tentando curar com unguento uma ferida após outra no corpo da Índia".[6] Quando chegou o momento de o Partido do Congresso dar sua aprovação final ao plano de partilha, Nehru estava tão receoso de que Gandhi pudesse discordar que pediu a seu braço direito, Krishna Menon, que procurasse a ajuda de lorde Mountbatten, o último vice-rei. Na primeira semana de junho, Menon avisou que o Mahatma estava num estado de espírito emotivo e imprevisível.

O vice-rei então tomou medidas para um encontro com Gandhi antes que ele voltasse a falar em público num culto de oração. Foi-lhe enviado um convite urgente para que comparecesse ao Pavilhão do Vice-Rei, um palácio imperial de 340 cômodos em tons contrastantes de arenito vermelho — que pouco antes o Mahatma propusera que fosse transformado em hospital —, para o que foi uma atuação magistral desse bisneto da rainha Vitória, a primeira imperatriz da Índia.[7] O refinado Mountbatten lançou mão de todo o seu charme e sua diplomacia para persuadir o convidado de que o plano representava, na realidade, uma mescla das próprias ideias dele sobre não coerção e autodeterminação, para assegurar o que ele durante tanto tempo desejara: a saída mais rápida possível dos britânicos. Na verdade, disse o vice-rei, o chamado Plano Mountbatten deveria ser conhecido como "Plano Gandhi". Gandhi deve ter percebido que aquela encenação se destinava a massagear-lhe o ego. Mas a exposição aliviou a tensão que ele vinha sentindo. Naquela noite, em sua reunião de oração, ele disse que o vice-rei opunha-se à partilha tanto quanto o Partido do Congresso. Visto que hindus e muçulmanos não chegavam a um acordo, o vice-rei ficara "sem opção".[8] Se isso não chegava a ser uma luz verde, era sua forma de dizer que avançassem com cautela.

Ao utilizar Mountbatten dessa forma para chegar a Gandhi, em 4 de junho, Nehru pode ter refletido que Gandhi fizera tratativas regulares com vice-reis e outros enviados coloniais sem se dar ao trabalho de consultar seus próprios colegas. Pouco antes, em 1º de abril, Gandhi "espantara" o recém-chegado Mountbatten, no segundo encontro entre ambos, ao propor que fosse dada a Mohammed Ali Jinnah uma oportunidade de servir como chefe do governo interino a fim de arrancá-lo de sua fixação no Paquistão, ao menos durante tempo suficiente para evitar a partilha. De acordo com esse plano, Jinnah teria liberdade para formar um governo apenas com membros da Liga Muçulmana. Gandhi não se incomodava demais com o corolário desse plano — o Partido do Congresso ficaria sem nenhum poder ou influência —, pois considerava-o um preço baixo a pagar pela unidade do país, sem falar que seria uma oportunidade para que o movimento se renovasse, enfim, em sua negligenciada base popular, como ele implorava ao partido que fizesse havia décadas. Segundo posteriores reminiscências de Mountbatten, a proposta de Gandhi previa ainda que caberia ao vice-rei, e não a ele próprio, expor o plano a Nehru e outros líderes do Partido do Congresso.[9] Mountbatten, naturalmente, declinou da proposta de servir como mensageiro do Mahatma.[10] Quando ele e Nehru chegaram a falar do plano, o vice-rei já fora informado por assessores que se tratava de um "ardil antigo" tentado por Gandhi anteriormente, uma ideia que Jinnah jamais levaria a sério. A reação de Nehru foi claramente desdenhosa. Disse ao vice-rei, com quem estava criando uma relação de mais confiança do que tinha com qualquer um de seus próprios colegas, que Gandhi "estivera afastado durante quatro meses e estava ficando fora da realidade".

Gandhi preparou um sumário de seu plano, com nove pontos. Essa seria a última de incontáveis petições, notas diplomáticas e *aide-mémoires* que submeteu às autoridades coloniais britânicas em três continentes ao longo de mais de meio século. Teve então de confessar a Mountbatten o que este já sabia: que sua ideia contara com um apoio quase nulo do alto-comando do Partido do Congresso. "Por esse motivo, tenho de pedir-lhe que não me leve em consideração", escreveu, humilde, pretendendo com isso dizer que já não dispunha da influência necessária para ser tido na conta de alguém que tivesse de ser consultado.[11]

Ao ouvir pela primeira vez a audaciosa sugestão de Gandhi, o vice-rei perguntou o que Jinnah diria. "Se o senhor disser que a ideia partiu de mim, ele responderá 'Esperto, esse Gandhi'", previu.[12] Foi quase isso o que Jinnah disse. Suas palavras não foram refutadas pelo que o próprio Gandhi disse ao vice-rei, se a paráfrase de Mountbatten, mais de duas décadas depois do ocorrido, pode ser considerada mais ou menos correta, e não rejeitada como um floreio casual, uma conjectura atribuída erroneamente. "Jinnah não poderá fazer muita coisa", teria dito Gandhi, "porque na verdade não se pode obrigar uma maioria com atos executivos emanados do poder central, e ele gozará de menos poder do que acredita que terá."[13] A "esperteza" do plano de Gandhi sempre fora imaginar que o governo Jinnah estaria inevitavelmente subordinado a um Legislativo com maioria do Partido do Congresso, sendo controlado e mais tarde deposto por essa maioria. Um dia depois de deixar a arena política, com sua carta a Mountbatten, Gandhi regressou a Bihar, onde não chegara a passar três semanas em sua visita anterior. Havia chegado ali tarde, quatro meses depois das mais graves chacinas, mas encontrou poucos sinais de remorso por parte da maioria dos hindus, inclusive a maioria dos membros do Partido do Congresso, até ele começar a pregar usando como temas o arrependimento, a expiação e a união. Com frequência, segundo soube, os massacres eram acompanhados por gritos de *"Mahatma Gandhi ki jai!"* — "Glória ao Mahatma Gandhi!".[14]

"Tenho horror de ouvir gritos de *Jai*", disse. "Eles fedem em minhas narinas quando penso que, aos gritos desses *Jais*, hindus massacraram homens e mulheres inocentes, do mesmo modo que muçulmanos matavam hindus aos gritos de *Allah o akbar!* ['Deus é grande!']."[15]

Em sua segunda passagem por Bihar, ele conseguiu ficar ali mais duas semanas antes de ser chamado de volta à capital. Sua autoridade moral talvez nunca tivesse sido maior, mas seu isolamento político não podia ser ignorado, o que o fazia sentir, não pela primeira vez, que sua carreira como líder ativo talvez tivesse chegado ao fim. Ainda não aceitava com facilidade a ideia. Chamava a si mesmo de coisas como "jornal de ontem" e "fósforo queimado".[16] Atormentava-o agora um tipo de visão dupla que se tornava crônica. Num dado nível, ele se sentia resoluto, disposto a enfrentar tudo sozinho; em outro, perguntava-se se os líderes do Partido do Congresso, trilhando agora seu próprio caminho, não teriam uma visão melhor das necessidades do país. No trem para Bihar, escreveu uma carta a seu antigo discípulo Vallabhbhai Patel, agora ligado a Nehru num incômodo duunvirato. "É bem possível", admitiu, "que ao gerir os assuntos de milhões de pessoas você possa ver o que eu não vejo. Talvez eu também agisse e falasse como você se estivesse em seu lugar."[17] No contexto, isso parece uma dúvida genuína, não um gesto vazio ou de cortesia destinado a apaziguar. Ele está perguntando se a Índia poderia mesmo ser governada de acordo com princípios gandhianos.

O mesmo tipo de visão dupla transparece numa frase que parece um comentário de despedida a respeito da eficácia de suas campanhas. A resistência pacífica que ele pretendera inspirar era vigorosa, disciplinada e corajosa o suficiente para que seus agentes se arriscassem a lesões físicas, até morte; a isso ele chamava "a não violência dos fortes". Tudo o que ele conseguia da massa dos indianos, comentava agora, era a simples resistência passiva, "a não violência dos fracos". Falando a um professor americano nos primeiros dias da independência, ele reflete que sua carreira se baseara sempre numa "ilusão". Não se mostra amargo. Chega mesmo a extrair um certo consolo daquilo que apresenta agora como sendo sua desilusão. "Ele compreendia que, se sua visão não fosse toldada por aquela ilusão", de acordo com o sumário daquela conversa autorizado por ele, "a Índia jamais teria chegado ao ponto em que estava agora."[18] Se ele havia ludibriado alguém, parece estar dizendo, foi a ele próprio. Com pelo menos uma pitada de orgulho, ele pedia desculpas.

Era chegada a época da monção quando ele por fim começa sua tão adiada volta a Noakhali, na esperança de chegar ao distrito a tempo para a comemoração da dupla independência do Paquistão e da Índia. Retornar a Noakhali seria uma forma de se distanciar da responsabilidade pela partilha sem ter de criticar a liderança do Partido do Congresso e também uma forma de continuar a expressar sua devoção à causa da "união" de hindus e muçulmanos, que agora, ao que parecia, dava seu último estertor. "Não gosto muito do que está ocorrendo aqui [...] [e] não quero que se diga que eu tive alguma coisa a ver com isso", ele escrevera a Patel antes de embarcar nessa viagem.[19] Dessa vez ele não consegue ir além de uma rebaixada e esvaziada Calcutá: a capital de todo o subcontinente, de todo o Raj, até 1911, quando os britânicos anunciaram a intenção de transferir a sede de governo para Delhi; depois, de uma Bengala indivisa; e agora, com a partição, prestes a se tornar a sede de um estado indiano nanico, de maioria hinduísta, que assumiria o nome de Bengala Ocidental.

O governo da Liga Muçulmana já levantara acampamento para Dhaka, prestes a ser proclamada capital do Paquistão Oriental, levando consigo os muçulmanos do alto escalão do Poder Executivo e da polícia, que de súbito, privados dos islâmicos, voltavam a ser majoritariamente hindus. Os muçulmanos que não haviam emigrado anteviam, apreensivos, maus presságios — a vingança pelo Grande Massacre de Calcutá no ano anterior. Do mesmo modo como o ministro-chefe da Liga Muçulmana, Suhrawardy, visitara Gandhi no *ashram* de Sodepur dez meses antes com a intenção de persuadi-lo a mudar seus planos de viagem, outra delegação da Liga Muçulmana o esperava ali no dia de sua chegada, 9 de agosto, com um pedido ainda mais angustiado. Imploraram-lhe que permanecesse em Calcutá a fim de proteger a comunidade islâmica, que vivia aterrorizada, segundo disseram, à sombra de um governo do Partido do Congresso.

"Temos o mesmo direito ao senhor que os hindus", disse o líder da delegação, Mohammad Usman, ex-prefeito de Calcutá, ao voltar no dia seguinte.[20] Usman pertencia à mesma Liga Muçulmana que havia contribuído em muito para precipitar a crise e apenas um semestre antes deplorava a missão de Gandhi em Bengala Oriental. Mas agora que Gandhi realmente fora a Bihar e denunciara como bárbaros e irracionais os atos ali cometidos pelos hindus contra os muçulmanos, e que a partilha os fazia se sentir vulneráveis num estado em que dali em diante e para sempre seriam minoria, os muçulmanos de Bengala viam o Mahatma sob nova luz: como um possível salvador. "O senhor mesmo disse que pertence tanto aos muçulmanos quanto aos hindus", disse o suplicante ex-prefeito.

Gandhi concordou em protelar seu retorno a Noakhali sob duas condições. Uma era que os muçulmanos garantissem a paz e a proteção da minoria hindu em Noakhali, como ele pretendera fazer; se houvesse uma provocação lá, isso custaria a sua vida, mediante jejum, ameaçou. A outra era que Suhrawardy, que deixara Karachi para acorrer a Calcutá ao saber da chegada de Gandhi lá, se juntasse a ele num comitê de paz para manter a ordem em Calcutá quando o domínio britânico chegasse ao fim.

Suhrawardy era um político da Liga Muçulmana para quem a sorte deixara de sorrir com o surgimento do Paquistão. A Bengala unida que ele governara estava prestes a deixar de existir; quando isso acontecesse, ele não teria mandato nem na Índia nem no Paquistão, devido, em parte, a uma tentativa quixotesca e destinada ao fracasso que ele liderara na undécima hora para manter Bengala unida, mesmo que isso significasse sua secessão como um terceiro Estado independente. O fracasso dessa iniciativa deixou o ministro-chefe Suhrawardy — de língua urdu e não aceito como genuíno bengali — na condição de líder sem seguidores, de ator isolado e sem vínculos, com más perspectivas. No estado de depressão em que Gandhi se encontrava, essa situação tornava Suhrawardy, mais uma vez, uma figura simpática; seria até possível dizer, um desencantado companheiro de infortúnio.

A ideia de uma única Bengala que reunisse hindus e muçulmanos agradara a Gandhi como uma refutação da teoria de Jinnah de que eles formavam, por definição, duas nações — tanto assim que durante o breve espasmo do movimento, em maio, esse idoso não bengali, esse estudante novato da língua bengali, se propusera alistar-se como o equivalente a um primeiro-sargento. "Estou plenamente disposto", escreveu então o idoso Mahatma a Suhrawardy, "a atuar como seu secretário privado honorário e a viver sob o seu teto, até os hindus e os muçulmanos começarem a viver como os irmãos que são."[21]

"Que proposta mais louca!", consta que assim Suhrawardy teria reagido. "Terei de pensar dez vezes antes de perceber todas as suas implicações." Na prática, Gandhi estava propondo recriar a parceria que ele mantivera um quarto de século antes com Muhammad Ali, o líder do Khilafat.

Gandhi não era pessoa de desperdiçar uma inspiração. Tão entusiasmado ficou com mais esse plano de transpor o hiato comunal que agora, três meses depois, às vésperas da independência, ele o reviveu, desafiando Suhrawardy a mudar-se com ele para uma área conflagrada de Calcutá, cujos residentes muçulmanos se sentiam vulneráveis, para morarem ambos sob o mesmo teto, sem proteção do Exército ou da polícia. O líder da Liga Muçulmana levou uma noite pensando na proposta e aceitou-a sem impor condições. Em 13 de agosto, quando faltavam menos de dois dias para a independência, os dois se mudaram para uma mansão abandonada caindo aos pedaços, numa área superpopulosa chamada Beliaghata, onde muçulmanos viviam em *bustees*, ou cortiços, lado a lado com hindus que, um pouco menos desvalidos, moravam em casas que se enchiam, a cada dia mais, de refugiados provenientes de Bengala Oriental. O bairro já mostrara ser um barril de pólvora. Gangues de hindus atacavam casas de muçulmanos com submetralhadoras Sten de 9 mm e granadas de fabricação caseira, escorraçando dali os residentes.

Ao chegar, Gandhi foi recebido com bandeiras negras e um coro de insultos de cerca de duzentos hindus, alguns dos quais tentaram entrar na casa pela janela do quarto reservado para o Mahatma. Uma tentativa de fechar as velhas venezianas provocou uma tempestade de pedradas. Quando os jovens hindus se acalmaram um pouco, quiseram saber por que Gandhi estava tão preocupado com os muçulmanos.

Gandhi enfrentou os mais exaltados em discussões que pareciam arrastar-se por uma hora ou mais. "Não queremos ouvir seus sermões sobre *ahimsa*", um desses jovens teria gritado para ele.[22] Gandhi disse que não se intimidaria, que jamais havia cedido à força, nem pediria ajuda. A seguir, passou a responder à acusação de ser inimigo dos hindus. "Não entendem que, sendo eu um hindu por religião, atos e nome, não é possível que eu seja inimigo de minha própria comunidade?", retorquiu.[23] Os rapazes não souberam o que responder. Por fim, alguns se dispuseram a protegê-lo.

Perplexo, Vallabhbhai Patel mostrou-se apenas um pouco mais compreensivo. "Então, o senhor foi detido em Calcutá [...] [em] um conhecido antro de marginais e arruaceiros. E, além disso, em que companhia!", escreveu de Nova Delhi, onde estava dirigindo o Ministério do Interior, o que o tornava a autoridade indiana com máxima responsabilidade no tocante à manutenção da ordem pública. "Isso é um risco terrível."

Hydary Manzil, como era conhecida a mansão dilapidada, dispunha de apenas um banheiro para seus hóspedes e as centenas de visitantes que eles atraíam a cada dia, bem como apenas um *charpoy*, ou catre de armar, que o ancião se recusava a usar como cama, preferindo o chão. No primeiro dia, não houve como fugir ao forte cheiro de amônia usado numa operação apressada para desinfetar a casa antes da mudança do Mahatma. As dimensões da residência eram as únicas indicações de seu antigo fausto: pés-direitos de cerca de nove metros, portais e janelas francesas imensas, embora várias vidraças e portas estivessem destruídas. Mantendo-se distante das comemorações da independência em Delhi, Gandhi fez da casa seu quartel-general durante as três primeiras semanas atabalhoadas da independência indiana. Hoje, instalados que foram revestimentos de mármore e iluminação fluorescente, e com as habituais exposições de fotografias, a casa é um museu, mais um santuário Gandhi, onde quase não se tem ideia dos temores e paixões que ali cresceram e foram domados em 1947.

Gandhi declarara que se dedicaria a jejuar e a fiar em 15 de agosto, o Dia da Independência. Quando a BBC lhe pediu que gravasse uma mensagem especial de independência, o ancião respondeu: "Eles devem esquecer que eu falo inglês".[24] Quando a Rádio Índia fez o mesmo pedido, ele disse: "Eu sequei".[25] Naquele dia ele acordou às duas da manhã, depois de apenas três horas de sono. Beliaghata estava em silêncio àquela hora, mas um grupo de pessoas, formado sobretudo de muçulmanos, o esperava do lado de fora para felicitá-lo pela conquista da independência. Quando o dia raiou, multidões maiores começaram a se formar. Surpreendentemente, eram mistas. Hindus e muçulmanos, que vinham assumindo posições ofensivas e defensivas dias antes, agora comemoravam juntos; de acordo com relatos da época, abraçavam-se e se chamavam de "irmãos". A euforia durou duas semanas. Em vez de outro Grande Massacre de Calcutá, de repente passou-se a falar de um milagre de Calcutá, que muitos se apressaram a atribuir à presença de Gandhi e ao exemplo que ele dera.

Com Suhrawardy ao volante, Gandhi saiu de casa para passeios, duas noites seguidas, a fim de assistir à grande festa cívica, testemunhar o júbilo. No princípio, resistiu a participar, mesmo quando multidões num bairro muçulmano cercaram o carro, aos gritos de *"Jai Hind!"*. Em suas reuniões de oração nos dias 15 e 16, ele falou com tristeza sobre os grupos exaltados que haviam invadido o Palácio de Governo, antiga residência dos vice-reis (entregue a um governador indiano no Dia da Independência), roubando a prataria e destruindo quadros, mais ou menos no espírito da multidão desordeira que comemorou a posse de Andrew Jackson saqueando a Casa Branca; e quando chegaram notícias de distúrbios em Lahore, do outro lado do subcontinente, Gandhi continuou a falar, pesaroso, do banho de sangue com que a independência estava sendo marcada. Suas dúvidas quanto à duração do milagre de Calcutá persistiam. "E se isto for apenas um entusiasmo momentâneo?", perguntou em carta a Patel.[26]

De um momento para outro, ele se via dividido entre a cautela e a esperança. À medida que continuavam a crescer as concentrações mistas de hindus e muçulmanos que se formavam quase todos os dias para ouvir a ele e a Suhrawardy — em pelo menos duas ocasiões falou-se de multidões de meio milhão de pessoas ou mais —, ele lembrava a maré montante do movimento Khilafat, que o guindara a uma posição de liderança nacional. "Pode-se quase dizer que o regozijo da fraternização cresce de hora em hora", ele se permitiu escrever.[27]

Shaheed Suheawardy, que tentara afastá-lo de Noakhali no começo do ano, agora se deleitava no fulgor do Mahatma, creditando a ele a alegria e o alívio com que Calcutá assistia àquela onda assombrosa de boa vontade. "Tudo isto nós devemos à misericórdia infinita de Alá e ao magnífico trabalho de nosso amado Bapu", disse.[28] Mountbatten, agora governador-geral da Índia independente, observou que uma "força de fronteira", comandada por oficiais britânicos, tinha sido enviada ao Punjab para tentar conter a violência. "No Punjab", ele escreveu, "temos 55 mil soldados e distúrbios em grande escala em nossas mãos. Em Bengala, nossa força consiste em um único homem e não há distúrbios. [...] Eu gostaria de render minha homenagem à Força de Fronteira de Um Homem, sem esquecer o subcomandante, o sr. Suhrawardy."[29]

A carta de Mountbatten foi entregue a Gandhi no dia 30 de agosto. Gandhi então marcou para 1º de setembro seu retorno a Noakhali. Mas esse dia não amanheceu em paz. Na noite que seria a sua última em Calcutá, a mansão Hydari, seu posto de comando em Beliaghata, foi mais uma vez invadida por agressivos rapazes hindus, que tinham contas a ajustar, disseram, com Suhrawardy. Por sorte, o ex-ministro-chefe fora a sua casa para arrumar a mala para a viagem com o Mahatma a Noakhali, da qual resolvera participar. De acordo com o relato de Gandhi, os rapazes carregavam um hindu envolto em ataduras, que tinha sido esfaqueado por um muçulmano, ou assim afirmavam. Um exame mais detido mostrou que ele não tinha sido esfaqueado. Gandhi tinha acabado de se recolher. No começo, disse, continuou deitado, de olhos fechados. A seguir, como ouvisse gritos e a quebra de mais vidros, o ancião foi até a antessala contígua, onde já estavam os invasores. Era seu dia de silêncio, o único dia na semana em que ele se abstinha de falar, mas, em vista da situação, fez uma exceção.

"O que está havendo?", perguntou. "Matem-me, matem-me, já disse. Por que não me matam?"[30]

Estava falando em híndi. Mesmo depois que suas palavras foram traduzidas para o bengali, não causaram efeito algum. Um pedaço de tijolo foi arremessado contra um homem confundido com um muçulmano que se achava perto do Mahatma. "Será essa a realidade da paz que foi criada em 15 de agosto?", perguntou Gandhi, aborrecido, mas sem medo. "Eu me ofereço para ser atacado."

Mais uma vez, foi preciso uma pausa para a tradução. Aos poucos suas palavras foram sendo compreendidas, mas como ele próprio escreveu no dia seguinte, depois de receber informações sobre tumultos violentos acontecidos nos subúrbios da cidade, "A bolha de Calcutá parece ter estourado. [...] O que era visto como um milagre mostrou ser um fenômeno maravilhoso mas passageiro".[31] Dali a horas, depois de cancelar mais uma vez a viagem a Noakhali, ele havia resolvido ficar onde estava e jejuar. Aquela, disse, era sua "arma decisiva" ou, às vezes, sua "arma infalível".[32] Talvez dessa vez ela tocasse em corações, no Punjab e em Calcutá. "Se me falta até o poder de pacificar as pessoas", escreveu ele a Patel, "o que mais posso fazer?"

Um dia depois do ataque à mansão Hydari, noticiou-se que distúrbios incontidos em Calcutá haviam deixado cerca de cinquenta mortos e trezentos feridos.[33] O Exército foi convocado, mas não havia, nem de longe, efetivos capazes de lidar com a situação. A guarnição local fora reduzida devido à transferência de unidades para áreas de crise no norte da Índia e no Punjab. A cidade parecia estar retrocedendo, caminhando para uma repetição do "grande massacre" do ano anterior, quando Gandhi deu início a seu jejum em 2 de setembro.

Dois dias depois, tudo se aquietara. Grandes marchas em favor da paz, instigadas por uma sensação premente de perigo, tomaram a direção de Beliagatha, a fim de garantir ao Mahatma que dessa vez a trégua seria mantida. Grupos hindus militantes e arruaceiros conhecidos depositaram ao menos algumas de suas armas a seus pés. Milhares de pessoas, inclusive muitos policiais, aderiram ao jejum em solidariedade. Dois hindus que, como obreiros gandhianos da paz, fizeram o possível para proteger muçulmanos que estavam sendo agredidos foram eles próprios mortos a golpes de arma branca. Assim, com o sacrifício da vida, satisfizeram a mais radical definição de Gandhi para a *satyagraha*. Todos os relatos apontam para uma conclusão: a de que a cidade foi tomada pela sensação de como seria vergonhoso, inimaginável, permitir que o santo homem, que liderara o esforço pela independência, morresse no interior de seus muros durante a alvorada da liberdade da Índia.

No cair da tarde do terceiro dia, um grupo fora do comum, que representava praticamente todo o arco político e religioso da Índia, ocupou o quarto de Gandhi a fim de implorar-lhe que suspendesse o jejum. Estavam ali líderes do Partido do Congresso e da Liga Muçulmana; de siques que haviam sido levados a comparecer por notícias de massacres no Punjab; e do grupo militante Hindu Mahasabha. E também o ex-ministro-chefe Shaheed Suhrawardy, expiando em público seus erros por ocasião do Grande Massacre de Calcutá, ao orquestrar os acontecimentos. Fazendo justiça ao estereótipo da casta baneane, Gandhi barganhou antes de concordar.

Para satisfazê-lo, a delegação teria de cumprir duas condições. Primeiro, teriam de assinar um compromisso ilimitado de que a violência comunal jamais voltaria a ocorrer em Calcutá; essa era a parte fácil. Segundo, o compromisso teria de incluir uma promessa de que, se a violência irrompesse de novo, cada um deles sacrificaria pessoalmente a vida para restaurar a paz. Os líderes retiraram-se para outro aposento e, passado algum tempo, retornaram com o documento que Gandhi havia exigido. A mesma canção bengali que Tagore cantara ao final do jejum na prisão de Yeravda, catorze anos antes, voltou a ser entoada, enquanto Suhrawardy fazia as honras da casa, oferecendo ao Mahatma um copinho de suco de lima-da-pérsia: "Quando o coração endurece e se resseca, cai sobre mim com uma chuva de misericórdia".[34]

Calcutá exultou. Rajagopalachari, velho camarada de Gandhi que assumira o governo de Bengala Ocidental, declarou que nada do que Gandhi realizara, "nem mesmo a independência", fora "tão maravilhoso, realmente, do que sua vitória sobre o mal em Calcutá".[35] O relato feito pelo próprio Gandhi sobre seu papel parece modesto, mas, lido com atenção, reflete sua crescente convicção de que ele fora escolhido para servir de pacificador. "Esta súbita reviravolta não é obra de um ou dois homens", ele escreveu, ao ouvir falar pela primeira vez num milagre de Calcutá, antes da retomada da violência ou do jejum que lhe dera fim. "Somos joguetes nas mãos de Deus. Ele nos faz dançar a sua música."[36]

Três dias depois, em 7 de setembro, ele viajou de trem para Delhi, na etapa final de sua longa vida de viandante e explorador, de perpétuo peregrino, descumprindo suas promessas de voltar a Noakhali ou de começar uma estada na porção paquistanesa das áreas de massacres do Punjab. O que o manteve em Delhi foi a propagação da violência comunal na cidade, que naquela época, na verdade, eram duas cidades ainda separadas: a velha Delhi, antiga capital mongol, palco da revolta contra o controle britânico quase um século antes, quando soldados hindus e muçulmanos haviam lutado para restaurar uma dinastia muçulmana; e a Nova Delhi, sede altiva do Império estrangeiro, completada quando esse Império perdia seu domínio sobre o subcontinente, uma cidade mais nova em 1947 do que criações posteriores do século XX, como Brasília ou Islamabad, são hoje em dia. Na verdade, Delhi fica mais perto de Lahore do que Washington de Nova York. De repente, agora, eram mundos distantes entre si, enquanto hindus traumatizados cruzavam a fronteira, falando de parentes e lares perdidos, da devastação a que tinham assistido. Como se fosse inevitável, a irracionalidade humana e um furioso espírito de vingança combinaram-se para repetir, aumentada, a reação em cadeia que o Grande Massacre de Calcutá iniciara treze meses antes: hindus expulsos de suas casas no Punjab agora juntavam suas forças às dos extremistas locais para expulsar muçulmanos de suas casas em Delhi.

Aquele ainda era o primeiro mês de independência indiana. Em breve, 25% dos residentes na capital seriam classificados como refugiados. Por ocasião da chegada de Gandhi a Delhi, na manhã de 9 de setembro, mesquitas estavam sendo atacadas, as ondas de saques e assassinatos apenas começavam a diminuir depois de vários dias em que tinham se desenrolado sem repressão, corpos ainda eram recolhidos nas ruas e o Exército impusera o toque de recolher. Revigorado por seu "milagre", o Mahatma, compreensivelmente abalado, mas calmo, pôs em prática seu próprio programa de ação, fazendo o que fizera sucessivamente, no decurso de três meses, em Noakhali, Bihar e Calcutá: prometer ficar na capital até que ela estivesse plenamente pacificada, "vencer ou morrer". Dessa vez, porém, sua expressão predileta não exerceria poder algum.

Tamanhos eram a insegurança e o medo que tomavam conta da capital que Patel disse a Gandhi, sem meias palavras, que não havia como ele voltar para o bairro dos intocáveis mais desprezados, os *bhangis*, ou varredores de rua — área que ele vinha usando intencionalmente como sua base em Delhi durante quase dois anos. A seu ver, fazer com que indianos e estrangeiros que quisessem falar com ele fossem ao bairro dos *bhangis* era, simplesmente, uma extensão lógica da luta contra a intocabilidade que ele sempre remontava a suas experiências na África do Sul.

Sem que ele soubesse, urbanistas a serviço do industrial G. D. Birla, seu principal financiador, tinham transformado parte da colônia *bhangi* num cenário antes que ele passasse a residir ali em 1946. Senhor Gandhi, apresento-lhe o senhor Potemkin. A repórter fotográfica americana Margaret Bourke-White relatou com magnífica concisão como arrasaram uma favela miserável e autêntica e, expulsando metade de sua população, construíram, para os que foram autorizados a ficar, fileiras de jeitosas casinhas de barro, com janelas e portas que ofereciam boa ventilação, todas alinhadas em ruas dispostas como um tabuleiro de xadrez, com meios-fios de tijolos, aguadas todos os dias para evitar a poeira.[37] Energia elétrica, ventiladores elétricos e telefones também faziam parte dessa nova realidade, segundo seu relato. Ali, numa residência um pouco maior, mas

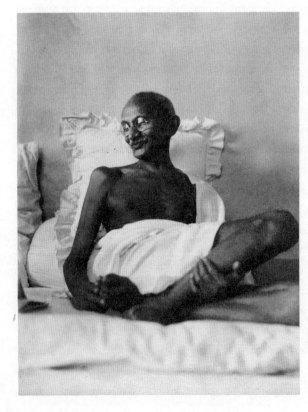

À vontade, recostado numa almofada na Casa Birla, 1942.

ainda modesta, construída para Gandhi perto de um templo recém-caiado, ele se reunia com líderes do Partido do Congresso e com ministros do gabinete britânico. Quando tinha de sair daquela que era agora a mais apresentável e menos fétida favela da Índia para reuniões no Pavilhão do Vice-Rei, era levado no "automóvel Packard branco" do industrial.[38]

Agora, entretanto, o bairro dos *bhangis* e suas cercanias tinham sido invadidos por refugiados, muitos deles dispostos a culpar Gandhi por seu destino, de forma que se considerava prudente que ele voltasse a se instalar na Casa Birla, a mansão espaçosa e senhorial do industrial, num dos novos e largos bulevares de Nova Delhi, com seu amplo jardim, cuidadosamente conservado. Ele conhecia bem o desafio que era manter seu regime de austeridade num ambiente de luxo. A Casa Birla fora a sua base durante quase duas décadas antes que lhe ocorresse a ideia de ir morar com os *bhangis*. Em 16 de setembro, uma semana depois de sua chegada a Delhi, ele retornou à área do bairro dos *bhangis* para um encontro com um grupo de extrema-direita que se exercitava nas margens do rio Jamuna, perto dali. Ao Rashtriya Swayamsevak Sangh, ou RSS, tinha sido atribuída grande parte da culpa pelas violências; mais tarde o grupo seria proscrito na repressão aos extremistas hindus, após o assassinato de Gandhi. No entanto, em vez de condená-los nessa última reunião, o Mahatma procurou achar um terreno comum, como um patriota indiano que falasse a outros pela causa da paz. Seu encontro naquele dia com a RSS — que nas últimas décadas passou a mencionar o nome de Gandhi em sua chamada diária de heróis hindus — seria seguido por um culto de oração. Contudo, barulhentos desordeiros hindus impossibilitaram essas orações. *"Gandhi murdabad!"* — "Morte a Gandhi!" — bradaram, depois de uma tentativa de leitura de versículos do Corão, uma parte normal de seu ritual ecumênico.[39] Dali em diante, durante quatro meses e meio, suas reuniões de oração ocorreram na aparente segurança do jardim murado do sr. Birla, onde multidões controladas podiam ser vigiadas de perto por guardas à paisana que nelas se infiltravam. Atualmente, a mansão e o jardim são preservados como Gandhi Smriti, o palco do martírio do Mahatma.

O bairro dos *bhangis* também tem hoje seu santuário Gandhi. Os *bhangis* não são mais chamados por esse nome pejorativo. Preferem ser chamados *balmikis* (às vezes, no alfabeto romano, *valmikis*), referência a um santo antigo, Rishi Balmiki (ou Valmiki), o mítico autor do épico hindu *Ramayana*, que eles apontam como seu ancestral e hoje têm na conta de um semideus; ou, pelo menos, é isso que a figura do santo no pequeno templo perto da casa reconstruída de Gandhi parece indicar. Ao se aproximar do templo, os visitantes têm de tirar qualquer tipo de calçado. Para entrar na casa de Gandhi — ou, aliás, para simplesmente se aproximar do lugar, no jardim de Birla, onde ele caiu morto — é preciso fazer o mesmo. É possível que, apesar de seus desejos expressos, seu status como algo mais do que um simples ser humano ainda esteja evoluindo. A Casa Birla é um importante ponto turístico. A antiga colônia *bhangi* raramente é visitada, salvo em épocas de eleições, quando os políticos vão ao local. Mas o retrato de Gandhi exposto ali é continuamente adornado de guirlandas, como também em outros bairros de *dalits*, em todo o subcontinente. Os *balmikis* moram em edifícios de apartamentos de concreto bege e marrom, com varandinhas, levantados pelo governo do estado.

Quando Gandhi residiu ali, o bairro ficava isolado. Hoje os moradores têm fácil acesso a uma das estações do novo metrô de Delhi. A maioria deles ainda é formada de varredores, que ganham pouco mais que um salário de subsistência, pago pela Empresa Municipal de Nova Delhi. Mas somente ex-*balmikis*, os que eram chamados de *bhangis*, parecem morar nessas áreas que continuam segregadas, ainda que não oficialmente. O melhor que se pode dizer é que, embora a vida deles hoje apresente uma óbvia melhoria, sua condição social parece estar evoluindo à maneira indiana, com uma lentidão glacial, mais de seis décadas depois que Gandhi viveu entre eles.

Apesar de sua saída do bairro dos *bhangis*, Gandhi manteve sua pregação contra a intocabilidade durante os últimos quatro meses de sua vida, tema que nessa época só era suplantado por suas referências recorrentes à necessidade de os hindus deixarem de retaliar os muçulmanos. "A cólera é uma breve loucura", dizia, implorando-lhes que "baixassem as mãos".[40] Um giro que ele fez por acampamentos de refugiados hindus e muçulmanos, em que nenhuma latrina tinha sido escavada e nos quais não havia como escapar ao fedor do excremento humano, reacendeu, no mesmo instante, a repugnância que ele sentira em Calcutá, em 1901, e em Hardwar, em 1915. Só que agora estavam em 1947, e a Índia passava por ser um país livre. "Por que motivo [as autoridades] toleram essa fedentina?", ele perguntou. As autoridades deveriam insistir para que os refugiados cuidassem da própria limpeza. "Temos de dizer a eles que lhes daremos comida e água, mas não lixeiros", disse. "Eu sou um homem de coração muito duro."[41]

Suas reuniões de oração, transmitidas a cada noite pelo rádio durante quinze minutos, tornaram-se parte diária da vida da capital ainda agitada. Tantas décadas depois, não é fácil avaliar o impacto dessas transmissões. Elas não atraíam grande quantidade de pessoas ao jardim da Casa Birla, onde o número de presentes, em geral na casa das centenas, era pequeno quando comparado com as massas de hindus e muçulmanos que tinham se formado para ouvi-lo semanas antes em Calcutá. Nehru, guindado à posição de primeiro-ministro da Índia, sentava-se com Gandhi a cada noite no aposento relativamente pequeno que ele ocupava no pavimento térreo, ao lado de um pátio de pedra onde ele tomava sol depois do banho, usando um chapéu camponês de aba larga, de palha, que ganhara em Noakhali. As rotineiras visitas de Nehru passavam a impressão de que o ancião estava sendo consultado com relação a problemas urgentes. Não ficou claro se ele dava muita orientação ou se lhe davam ouvidos.

"Eles são todos meus e também não são meus", disse ele, referindo-se a seus antigos companheiros, agora no poder, que estavam enviando tropas à Caxemira, uma medida que ele não podia aprovar, mas também não deplorava.[42] Uma roda de fiar, uma pequena escrivaninha e um colchonete, que era enrolado durante o dia, eram seus únicos pertences de tamanho considerável naquele cômodo. Uma vitrine exibe atualmente objetos menores que ele mantinha ali e que se destacavam pela simplicidade: um par de óculos de aro metálico e sua caixa, um conjunto de garfo e colher, também de metal, outro conjunto de garfo e faca de madeira, uma faca, um relógio de algibeira e seu cajado.

Ele continuava a defender suas causas — fazendo discursos sobre a paz, sobre a conveniência do hindustâni como língua nacional e até sobre a melhor forma de preparar o composto orgânico — e a manter sua rotina diária, levantando-se horas antes do amanhecer para suas orações e, depois, a caminhada, o desjejum, o banho, o enema e a massagem. Como sempre, era nesse período que ele atualizava sua correspondência, antes de receber visitantes, muçulmanos e hindus, que lhe falavam do que ocorria em Delhi, de como a violência ainda se mantinha próxima à superfície. Raramente ouvia algo animador. Poucos hindus se dispunham a levantar um dedo, apesar das súplicas de Gandhi, para fazer com que os muçulmanos, que continuavam a fugir dali, se sentissem em casa, quanto mais em segurança. Seu próprio estado de espírito reverteu à incerteza intermitente raiando ao desespero que o oprimira em Srirampur. "Nestes dias, quem me escuta?", disse ele em sua terceira semana de volta a Delhi. "Minha voz é solitária. [...] Vim para cá e estou fazendo alguma coisa, mas sinto que agora me tornei inútil."[43]

Em 2 de outubro de 1947, ao fazer 78 anos, o último aniversário de sua vida, Gandhi disse que não esperava completar mais um ano. "Desde que vim para a Índia", disse, "fiz do trabalho em favor da harmonia entre as comunidades a minha vocação. [...] Hoje parece que todos nos tornamos inimigos. Afirmamos que nunca haverá um muçulmano honesto. Um muçulmano é e sempre será uma pessoa sem valor. Em tal situação, que lugar eu tenho na Índia e de que vale estar aqui?"[44] Não sabe se culpa a si mesmo ou aos hindus de Delhi. Em certo momento, diz que os hindus de Delhi devem ter enlouquecido; em outro, pergunta-se em voz alta: "Que pecado devo ter cometido para que [Deus] me mantivesse vivo para assistir a todos esses horrores?".[45]

À medida que avançavam as semanas, na verdade ele mergulhava cada vez mais na depressão, embora o nível de violência aberta, ao menos em Delhi, estivesse diminuindo. "Na superfície, as coisas até que vão bem", escreveu ele a Rajagopalachari, que se encontrava em Calcutá, "mas as tendências ocultas ensejam poucas esperanças."[46] Duas semanas mais tarde, durante uma reunião de oração, informou que 137 mesquitas tinham sido destruídas ou gravemente danificadas apenas em Delhi, sendo algumas transformadas em templos hindus. Isso era pura irreligião, admoestou, em nada justificada pelo fato de templos hindus terem sido convertidos em mesquitas no Paquistão. Três semanas depois, Gandhi ainda batia na mesma tecla. "Os malfeitos dos hindus [na Índia] têm de ser proclamados pelos hindus em alto e bom som", declarou, "para que os dos muçulmanos no Paquistão sejam impedidos ou interrompidos."[47] Os refugiados hindus cujos bens tinham sido confiscados e os chauvinistas hindus davam poucos sinais de se sentirem envergonhados por causa das palavras desse colérico Jeremias. Ao contrário, alguns deles erguiam facilmente os punhos contra ele, como Gandhi já vira.

Fazia agora cerca de quatro meses que a Índia estava livre e independente. E o principal construtor dessa independência continuava confuso e agoniado. Nos primeiros dias de 1948, ele remoía um pensamento constante: como era óbvio que falhara em relação à primeira parte da injunção a si mesmo — "vencer ou morrer" em Delhi —, era hora de pôr à prova a segunda delas. Não foi nenhuma catástrofe que o fez decidir começar seu 17º e último jejum em 13 de janeiro.[48] Nos dias que antecederam o começo do jejum, Gandhi se mostrara impressiona-

388

do com vários indícios de que a situação estava se agravando. Primeiro, recebeu um relatório minucioso da corrupção desenfreada em todos os níveis do Partido do Congresso, recém-guindado ao poder, na região de Andhra, no sudeste da Índia. Depois, alguns muçulmanos nacionalistas lhe pediram que os ajudasse a emigrar da Índia para a Grã-Bretanha, pois agora ficara claro que não tinham como viver em segurança nem na Índia nem no Paquistão. Que destino para nacionalistas ao fim de sua luta!, comenta Gandhi. Por fim, Shaheed Suhrawardy, que vinha tentando uma mediação informal de Gandhi entre ele e Jinnah e, até aquele ponto, dera ao Mahatma a impressão de que ainda se considerava um indiano, disse-lhe que não se sentia seguro em Delhi, mesmo de carro.

Suhrawardy, a quem Jinnah acusara pessoalmente de estar agindo como um fantoche de Gandhi, voltou de Karachi com um pedido em favor do Paquistão. Solicitou a intercessão do Mahatma para a transferência de ativos da Índia Britânica para o Paquistão, os quais, por tratado, o novo governo da Índia tinha de liberar. Tratava-se de uma quantia considerável (500 milhões de rupias, cerca de 145 milhões de dólares americanos à taxa de câmbio da época). Patel, o pupilo cada vez mais descontente de Gandhi — mas que ao menos se inclinava a atendê--lo quanto a questões atinentes aos muçulmanos —, convencera o gabinete a procrastinar a liberação do dinheiro para depois de um acordo quanto a problemas pendentes, como o da Caxemira. De outra forma, argumentava, esses ativos poderiam ser usados na aquisição de armamentos e munição. Mountbatten, agora governador-geral, também levara o assunto a Gandhi, enfurecendo Patel, que declarou que o inglês não tinha o direito de atuar contra uma decisão do gabinete.[49] Nem o antigo vice-rei nem o ex-ministro-chefe tinham como prever que o interesse de Gandhi por esses ativos, um interesse que eles haviam atiçado, se revelaria fatal.

Ao anunciar o jejum em sua reunião de oração de 12 de janeiro, o Mahatma mencionou a insegurança dos muçulmanos e a corrupção do Partido do Congresso, mas não o bloqueio do pagamento ao Paquistão. "Faz algum tempo que minha impotência vem corroendo minhas entranhas", disse. "Isso acabará assim que eu começar um jejum. [...] Encerrarei o jejum quando estiver convencido de que as várias comunidades restabeleceram relações amistosas, não devido a pressões externas, mas por sua livre vontade."[50] No segundo dia do jejum, porém, o gabinete reuniu-se na Casa Birla, ao lado da cama de armar em que o ancião estava deitado, para reconsiderar a questão dos ativos congelados. Patel, ressentido por supor que era ele o alvo do jejum do líder, queixou-se com amargor a Gandhi e viajou para Bombaim no terceiro dia do jejum, embora o Mahatma já estivesse então visivelmente debilitado. "Gandhiji não está disposto a me escutar", consta que ele teria dito. "Parece determinado a denegrir o nome dos hindus diante do mundo inteiro."[51]

Diante da acusação de que o jejum era em favor dos muçulmanos e contra os hindus, Gandhi prontamente admitiu que essa era, basicamente, a verdade. "Durante toda a vida ele defendera, como todos deveriam defender, as minorias e os oprimidos", disse, segundo a transcrição de sua conversa com as autoridades, após o primeiro anoitecer do jejum.[52]

Nesse ponto, o cronograma é vital, pois ele se insinua e por fim se insere na grosseira engrenagem de um complô de extremistas hindus que vinha sendo armado com entusiasmo amadorístico na cidade de Poona, perto da qual os britânicos haviam encarcerado Gandhi três vezes, num total de seis anos. Agora, com a partida dos britânicos, ele podia ser caricaturado lá como inimigo do Hindustão. Segundo o testemunho de seu próprio assassino, foi o anúncio do jejum iniciado por Gandhi, no dia 12, o que acendeu o rastilho do complô que ele e seu cúmplice principal tramaram a partir daquela noite; e foi a declaração, três dias depois, de que o gabinete mudara de opinião e decidira transferir para o Paquistão os ativos bloqueados, explicando que assim procedia levado pelo desejo de "ajudar de todas as maneiras que lhe fossem possíveis o objetivo mais profundo de Gandhiji", o que confirmou o veredicto secreto dos conspiradores, condenando-o à morte.[53] A ausência de Patel de Delhi garantia que o Ministério do Interior não tivesse uma liderança firme. "Todas as condições dadas por [Gandhi] para encerrar o jejum favorecem os muçulmanos e prejudicam os hindus", depôs Nathuram Godse por ocasião de seu julgamento, no qual foi condenado à forca pelo que qualificou de imperativo patriótico.[54] Entre as condições impostas por Gandhi estava a devolução aos muçulmanos das mesquitas que tinham sido atacadas, profanadas e transformadas em templos hindus.

Sobre a liberação dos ativos, o assassino diria: "A decisão do governo popular sofreu uma reviravolta para corresponder à intenção do jejum de Gandhi. Era evidente, em meu entender, que a força da opinião pública não tinha praticamente valor algum em comparação com as predisposições de Gandhiji favoráveis ao Paquistão". As virtudes excelsas da vítima eram uma parte intrínseca do problema, do obstáculo que Gandhi representava. "Uma vida de severíssima austeridade, o trabalho infatigável e o caráter altaneiro tornavam Gandhi um personagem extraordinário e avassalador", declarou o assassino, como explicação de seu ato. Alguma coisa tinha de ser feita para que a Índia pudesse, um dia, buscar seus próprios interesses como as outras nações buscavam os seus. Por isso, disse Godse, ele "resolveu remover Gandhi do palco político".[55]

Até o quinto e penúltimo dia do jejum, não houve em Delhi grandes passeatas de hindus e muçulmanos como ocorreram em Calcutá quatro meses antes. Então, nesse dia, uma multidão calculada em 100 mil manifestantes saiu às ruas numa passeata pela paz, estendendo-se por cerca de 1,5 quilômetro. Dias antes, um número muito menor de siques, em protesto contra o massacre de sua gente na parte paquistanesa do Punjab, passou diante da Casa Birla aos gritos de "Sangue por sangue!" e "Morte a Gandhi!".[56]

"O que estão gritando?", perguntou o Mahatma, tentando conciliar o sono no quarto às escuras. "Estão gritando 'Morte a Gandhi!'", responderam-lhe. "Quantos são?", perguntou o experiente avaliador de multidões. Ao ouvir a resposta, "Não muitos", ele retomou suas orações.

Como já ocorrera antes, líderes hindus e muçulmanos, que conheciam os papéis que lhes cabiam na peça que Gandhi estava encenando, fizeram todos os esforços possíveis para serená-lo e agradá-lo. Mais uma vez, teriam de agir em conjunto para apresentar um quadro convincente de que as condições de reconciliação tinham sido asseguradas. Telegramas carregados de sentimentos fraternos chegaram do Paquistão. Criou-se em Delhi um Comitê Central de Paz, de 130 membros, que redigiu uma declaração prometendo plena observância das exigências de Gandhi. Uma delas dizia respeito ao mercado central da cidade, onde atacadistas e lojistas hindus tinham boicotado os muçulmanos. Agora os hindus correram a cumulá-los de víveres e negócios. E mais uma vez, depois das habituais barganhas e do exame detido das assinaturas na declaração, tendo se certificado de que não havia brechas, Gandhi se deixou persuadir, pondo termo a seu último jejum no sexto dia, 18 de janeiro. Cercado naquele momento pelo amplo leque costumeiro de líderes políticos e religiosos, entre eles o embaixador do Paquistão e o primeiro-ministro Nehru, que lhe disse em voz baixa que ele próprio vinha jejuando havia dois dias, em solidariedade, ele fez sinal de que estava pronto para ingerir algum alimento.

Dessa vez, coube ao muçulmano nacionalista, o Maulana Azad, fazer as honras da casa e servir ao Mahatma o copo de suco de lima-da-pérsia, fortificado com uma colher de açúcar. Haviam-lhe garantido que Delhi estava calma e não apenas na superfície. Ninguém anunciara ainda um "milagre de Delhi". Com os fatos se precipitando, nem houvera tempo para isso.

Ao anoitecer de 20 de janeiro, quando Gandhi, convalescente, fazia seu sermão na reunião de oração no jardim pela primeira vez em quase uma semana, o estrondo e o ribombo de uma explosão causaram um tumulto. A bomba fora detonada para encobrir um atentado contra Gandhi naquela noite, mas embora houvesse sete conspiradores no jardim, entre eles Nathuram Godse, o atentado não se materializou. Gandhi continuou a falar, enquanto o refugiado hindu de vinte anos que fora convencido a fazer explodir o artefato era enfim levado dali para ser submetido a um duro interrogatório.

"Ouçam! Ouçam! Ouçam todos!", gritou o Mahatma, com a voz ainda mais fraca do que de costume, por causa do jejum. "Não aconteceu nada."[57] Ele vinha prevendo o próprio assassinato havia meses. Sua primeira impressão naquele dia, porém, foi que o estouro tivesse algo a ver com um exercício da polícia ou do Exército.

Os investigadores não demoraram muito para afastar quaisquer dúvidas quanto ao objetivo dos conspiradores. Na manhã seguinte, dispunham de informações que deveriam ter sido suficientes para que localizassem e prendessem os cúmplices do rapaz preso. Descobriram que um dos conspiradores era o editor do jornal *Hindu Rashtra* (Nação Hindu), publicado em língua marati, em Poona. Tratava-se de Godse. O nome do jornal já proclamava a causa que defendia. Ou seja, as autoridades de segurança tiveram dez dias para relacionar o que sabiam ao homem e prendê-lo. O motivo por que isso não foi feito em regime de urgência tem sido debatido e investigado desde então. (Uma comissão judicial de inquérito ainda estudava a questão quando cheguei a Nova Delhi em 1966. A comissão só apresentou seu relatório final em 1969: um atraso de 21 anos.)

Naqueles dez dias do primeiro janeiro da liberdade da Índia, não se saberia dizer o que era maior: se a inépcia e o desnorteamento dos conspiradores ou a inacreditável ineficácia e indiferença da polícia. Fatalista, Gandhi rejeitava todas as felicitações por ter sobrevivido ao atentado a sua vida. "Deus me manterá vivo enquanto precisar de mim e dará fim a minha vida quando eu não for mais necessário", disse. "Sou apenas seu servo. Por que me preocuparia?"[58]

Nesse espírito, ele objetou a uma proposta da polícia de revistar todas as pessoas que entrassem no jardim para as reuniões de oração. Essa objeção contribuiu para tornar prematuras as felicitações por sua sobrevivência. Para Gandhi, aquilo era uma questão de princípio, um teste de sua não violência. "Os governantes do país não têm fé em minha não violência", disse ele. "Acreditam que só essa proteção policial há de salvar-me a vida [...] talvez só eu acredite na não violência."[59]

Não que ele visse buscas e revistas pessoais como atos de violência em si. Ele instintivamente reagia mal à mensagem que esses atos passariam com relação à não violência como forma de se relacionar com o mundo na prática. Como pregar um conjunto de valores e, ao mesmo tempo, aceitar ser protegido por outro? Em Noakhali, Calcutá e Bihar ele insistira com pessoas simples, membros de minorias ameaçadas, que não fugissem de suas casas, mas que enfrentassem a morte com coragem, se esse fosse o preço para reverter a maré de violência. Agora, aplicando esse código a si mesmo, ele abriu uma brecha enorme nas medidas de segurança na Casa Birla. Ninguém reconheceu Nathuram Godse quando ele voltou ao jardim em 30 de janeiro, embora a polícia de Poona o conhecesse bem como extremista hindu, nem percebeu que ele portava uma enorme pistola Beretta preta.

Em seus últimos dias, Gandhi anteviu tantas vezes sua morte iminente que quase parecia um dos conspiradores. Nos dez dias que se seguiram à desastrada explosão no jardim, o tema de sua morte aflorou ao menos catorze vezes em suas conversas, em suas cartas e nos sermões das reuniões de oração. "Se alguém disparasse contra mim à queima-roupa e eu encarasse sua bala com um sorriso, repetindo o nome de Rama em meu coração, eu realmente seria merecedor de felicitações", disse no primeiro dia. "Estou à espera dessa boa sorte", disse no segundo. "Eu gostaria de receber as balas do assassino deitado em seu colo e repetindo o nome de Rama com um sorriso no rosto", disse a Manu Gandhi, sua sobrinha-neta e companheira de cama, no terceiro. E assim por diante até a noite de 29 de janeiro, quando, faltando menos de 24 horas para o término de sua jornada no mundo, ele diz mais uma vez a Manu: "Se acontecesse uma explosão, como na semana passada, ou se alguém atirasse em mim e eu recebesse a bala em meu peito nu, sem um suspiro e com o nome de Rama em meus lábios, só então você deveria dizer que eu fui um verdadeiro mahatma".[60]

Assim, ele não pode ser acusado de estar cego ao perigo. Na realidade, ele o imagina assomando no horizonte, prestes a se tornar visível a qualquer hora. Enquanto isso não acontece, continua a fiar todos os dias, continua a realizar seu trabalho básico. Continua até a estudar o bengali, preparando-se para o retorno a Noakhali, que ainda pretende fazer. E todos os velhos tópicos continuam a ser tratados em seus sermões. Na reunião de oração de 28 de janeiro, ele discorre sobre uma renovação da resistência pacífica de indianos na África do Sul, pois acabava de pedir que fossem lidos para ele alguns artigos sobre o assunto durante seu banho. A segregação dos negros naquele país, diz, é semelhante à segregação dos intocáveis na Índia.

"Eu a vi com meus próprios olhos", diz. "É por isso que os nossos conterrâneos lá estão lutando por seus direitos justos." Em sua descrição, hindus e muçulmanos estão irmanados na luta contra a opressão branca na África do Sul. Ele parece estar apontando os indianos da África do Sul como exemplos da "união" que ele deseja na Índia e no Paquistão, exatamente como fez ao regressar à Índia em 1915. "Eu morei vinte anos na África do Sul", diz agora. "Por isso, também a vejo como meu país, tal como a Índia."[61]

Na noite seguinte, em sua última alocução numa reunião de oração, mais uma vez ele acha um jeito de falar da África do Sul. Seu tema é a autossuficiência dos indianos do Sul, que ele usa para tratar da escassez de alimentos que estava ocorrendo em Madras, hoje Tamil Nadu, e isso lhe recorda a marcha com os tâmeis em regime de servidão temporária, no Transvaal, em 1913, sua primeira experiência de liderança de um movimento de massa. Para comer, não tinham mais que uma pequena ração diária de pão e açúcar, lembrou, mas deram um jeito de coletar alimentos no campo. Assim, eles serviam de exemplo para os indianos mais pobres. "Nossa salvação e o atendimento de nossas necessidades estão em trabalharmos com honestidade", concluiu.[62] Passando em revista a sua vida, desde 1913, na África do Sul governada pelos brancos, até 1948, na capital da Índia independente, ele destaca isso como um valor essencial.

Logo após o término dessa reunião, Gandhi se dedicou a um memorando em que estava trabalhando, a respeito do futuro do Congresso Nacional Indiano, o Partido do Congresso, que ele havia deixado formalmente catorze anos antes. Comandado por Nehru, o partido era agora, efetivamente, o governo da Índia. "Trabalhar com honradez" é o tema central do memorando. Tendo alcançado a independência política, argumenta Gandhi, o partido "deixou de ser útil". Precisava renunciar ao poder e se refazer como o que ele chama de um Lok Sevak Sangh, ou Liga de Serviço ao Povo, que deveria englobar todas as organizações de serviço para as quais ele já havia redigido estatutos e regras: as associações de fiandeiros e de indústrias rurais, a liga de proteção às vacas e a Harijan Sevak Sangh, dedicada ao progresso dos antigos intocáveis.[63]

Antes de adormecer pela última vez, o Mahatma Gandhi sonha de novo com a revitalização das aldeias. "Ainda resta à Índia alcançar a independência social, moral e econômica em termos de suas 700 mil aldeias, diferentes de suas cidades", escreveu.

E continua a sonhar. Cada aldeia terá seu próprio obreiro rural, abstêmio e desprendido, que produz na roca seus próprios fios, tece seu próprio *khadi* e rejeita a intocabilidade "em qualquer forma, em sua própria pessoa ou em sua família".

Acabou de trabalhar no texto de manhã e entregou-o a seu fiel secretário, Pyarelal, para revisão. Mais tarde, Pyarelal o publicaria com o título de "Os últimos desejos e testamento" do Mahatma Gandhi.[64] O documento nunca entrou na pauta do Partido do Congresso como tema de discussão.[65]

Na última hora de vida, porém, Gandhi não estava pensando na dissolução do movimento que dirigira. Agora, como acontecera regularmente durante toda a sua vida, o político prático impôs-se ao visionário. Reunido na Casa Birla com Vallabhbhai Patel, que desconfiava ter perdido a confiança de Nehru e até do próprio Mahatma, ele se dedica pela última vez, como conciliador, a questões políticas do partido, acalmando um ministro nervoso e aflito, mostrando-lhe como era importante que ele permanecesse na liderança, ao lado de Nehru. Essa delicada negociação, entre dois velhos camaradas, estendeu-se por dez minutos além da hora em que Gandhi, homem de uma pontualidade compulsiva, sempre se dirigia ao jardim, para sua reunião de oração. Caminhando para lá, ainda mais depressa que de costume, o ancião fala de um ajuste que precisa fazer em sua dieta e censura Manu e outra sobrinha-neta, Abha Gandhi, nas quais se apoia de leve — ele as chamava de "minhas bengalas" —, por terem deixado que ele se atrasasse. "Não tolero que a oração se atrase, mesmo por um minuto", resmunga.[66]

Mais tarde, quando a Casa Birla foi transformada em santuário, os projetistas moldaram em cimento 175 pegadas para simular as passadas longas e vigorosas que Gandhi deu naquele entardecer, tão diferentes dos passos lentos, coreografados para o final da ópera *Satyagraha*, de Philip Glass. As pegadas acabam logo depois dos quatro degraus que ele subia para chegar ao local da oração. Vão até o ponto em que Nathuram Godse adiantou-se, com as duas mãos postas na saudação indiana do *namaste*. Segundo o depoimento de Godse, a Beretta preta estava escondida entre as palmas de suas mãos, mas Tushar Gandhi, bisneto de Gandhi que compilou um livro de textos sobre o crime, afirma que, depois de ter manuseado a arma, convenceu-se de que ela era grande demais para estar oculta assim. Para ele, a Beretta estava escondida sob a jaqueta cáqui, tipo safári, de Godse. "Não haveria como uma pessoa esconder a pistola entre as palmas das mãos", escreveu. "Ela é muito grande e pesada."[67]

Não importa onde a pistola estava, Manu não a viu. Caminhando entre Gandhi e o homem em atitude reverente, de mãos postas, que ela imaginou estar se aproximando para tocar os pés do Mahatma, de repente ela foi atirada ao chão. Enquanto juntava o rosário, a caderneta e a cuspideira que estava carregando, soaram três tiros. E então ela ouviu o que durante semanas tinha sido treinada para esperar: *"Hei Ra... ma! Hei Ra..."*. "O som dos tiros me ensurdecera", ela escreveu, mas diz também ter ouvido claramente a oração que, segundo Gandhi, validaria sua condição de mahatma.[68]

Godse, o assassino, e Vishnu Karkare, um de seus cúmplices, que estava perto dali, declararam em depoimento que tudo o que escutaram de sua vítima foi um grito de dor, algo como um "Aaah!".[69] Depois de entrevistar testemunhas, Pyarelal revisou o relato de Manu. Disse que as últimas palavras de Gandhi foram "Rama, Rama".[70] Um empresário sique que caminhava logo atrás de Gandhi, Gurbachan Singh, também afirmou ter escutado o som abafado de uma prece. Se um ancião de 78 anos que acabava de receber dois projéteis no abdome e um no peito, disparados à queima-roupa, poderia mesmo pronunciar quatro ou cinco sílabas de uma prece ao cair é uma questão de medicina legal de difícil solução mais de seis décadas depois. Se isso aconteceu, talvez o fato possa ser classificado como um milagre, de um tipo não raramente atribuído a santos. Por isso, cabe notar que a maioria dos biógrafos de Gandhi, e são muitos, tem preferido encerrar a história de sua vida com essa nota hagiográfica. A convicção de que ele cumpriu o desejo de morrer com o nome de Deus em seus lábios raramente foi posta em dúvida, a não ser por nacionalistas hindus, desejosos de racionalizar, ou mesmo justificar, o assassinato de Gandhi.[71] Nesse sentido, ao prever seu assassínio como o teste final de sua condição de mahatma, a vítima conseguiu orientar sua biografia até o fim.

Alguns circunstantes levaram consigo, como relíquias sagradas, torrões da terra do jardim, manchada de sangue. Manubehn Gandhi guardou aparas de unhas. As cinzas do Mahatma foram espalhadas em vários locais da Índia, e o processo ainda continua. Tushar Gandhi recuperou uma certa quantidade delas num cofre-forte do Banco Estatal da Índia, em 1996, e a lançou na confluência dos rios Jamuna e Ganges. Ainda em 2010, outra pequena quantidade das cinzas desse santo moderno foi espalhada na costa da África do Sul, no porto de Durban, onde Gandhi desembarcou mais de um século antes.

As estimativas sobre as multidões que assistiram ao cortejo fúnebre variaram entre 1 milhão e 2 milhões de pessoas. O clima era de angústia e de dor. Há entre os historiadores o consenso de que, com o assassinato, os ódios homicidas que assolavam o subcontinente havia um ano e meio por fim se extinguiram ou, ao menos, mergulharam num período de latência. Um historiador indiano argumenta que o país mudou, para sempre e para melhor, devido a "um certo tipo de sacrifício físico na esfera pública — e pela recusa, por parte de um líder fora de série, de dar seu aval à concepção particular de comunidade política que estava surgindo".[72] Essa concepção — a de que os muçulmanos não tinham lugar na nova Índia — tornou-se ilegítima com o assassinato do principal defensor da unidade comunal. A partir de então, a violência entre hindus e muçulmanos continuou a irromper, aqui e ali e de forma intermitente, mas sem nada que lembrasse a escala dos morticínios da época da partilha. Essa situação vigorou durante mais de meio século, até 2002, quando pogroms contra muçulmanos no estado natal de Gandhi, Guzerate, levou a um total estimado de 2 mil mortes em pouco mais de três meses, durante os quais cerca de 200 mil muçulmanos foram expulsos de seus lares. As chacinas tiveram a aprovação tácita, ou até o encorajamento, de um partido hinduísta de direita, descendente direto dos movimentos extremistas que depois da morte de Gandhi foram proscritos durante algum tempo devido à suspeita de terem sido coniventes com o crime. Desde então, esse partido tem exercido o poder na capital do estado de Guzerate, que, construída na década de 1960, recebeu o nome de Gandhinagar, em homenagem ao filho dileto. Cabe lembrar que o filho dileto deplorava o chauvinismo desse partido, expresso numa doutrina de identidade nacional chamada *Hindutva*, que se pode traduzir como "hindunidade". Trata-se de um programa diametralmente oposto à doutrina de Gandhi, que repisou nas últimas semanas de sua luta contra a violência comunal o que havia começado a dizer meio século antes na África do Sul: os membros de uma comunidade não deveriam ver-se como hindus ou como muçulmanos, e sim como indianos. A religião que professavam era uma questão privada, e não pública.

"Hoje devemos esquecer que somos hindus, siques, muçulmanos ou parses", ele afirmou na véspera de seu último jejum. "Se desejarmos conduzir de forma adequada os negócios da Índia, devemos ser apenas indianos. Não importa por qual nome chamamos Deus em casa. No trabalho de uma nação, todos os indianos, de todas as religiões, são iguais. [...] Nós somos indianos e devemos sacrificar a vida para proteger os hindus, os muçulmanos, os parses, os siques e todos os demais."[73] Essa visão continua viva na Índia, embora esteja parcialmente eclipsada em Gandhinagar.

No tocante ao Pai da Nação, as contradições abundam, o que não surpreende. Elas começam com a decisão, logo depois do assassinato, de pôr nas mãos do Exército, ainda sob o comando de um general britânico, as providências para o funeral. Com isso, o profeta da não violência foi transportado para o local da cremação num caminhão do Exército puxado por duzentos soldados fardados e precedido por carros blindados, lanceiros montados e um regimento da polícia. Aviões da Força Aérea sobrevoaram o local a baixa altitude, despejando pétalas de rosas. Mais tarde, um navio da Marinha foi usado para lançar no Ganges, perto de sua confluência com o Jamuna, os ossos coletados no local da cremação. Se sua vida era uma mensagem, como Gandhi escrevera num bengali rudimentar ao deixar Calcutá cinco meses antes, sua morte sinalizou que o Estado indiano estava agora livre para reinterpretar a vida dele como melhor conviesse a suas necessidades imediatas.[74]

Semanas após sua cremação numa torre de sândalo, seus herdeiros políticos e espirituais congregaram-se em Sevagram, seu último *ashram*, para um encontro destinado a analisar como deveriam avir-se sem ele. Temendo outro assassinato, as forças de segurança insistiram em que o *ashram* fosse cercado de arame farpado para proteger o primeiro-ministro Nehru, cuja presença era prevista. Policiais fardados montavam guarda, de baionetas caladas. Vinova Bhave, em geral visto como herdeiro espiritual de Gandhi, observou que pela primeira vez estava se encontrando com Jawaharlal Nehru, o herdeiro político do Mahatma. Isso mostrava até que ponto Gandhi mantivera as atividades de seus *ashrams* e suas iniciativas políticas em esferas separadas.

Nehru admitiu o mesmo. Num discurso comovente e revelador, reconhe-

Cremação às margens do rio Jamuna, 31 de janeiro de 1948.

ceu que com frequência tivera dificuldade para entender o hindustâni, o amálgama popular do híndi e do urdu que Gandhi promovera como língua franca, e que, de qualquer forma, era analfabeto nesses dois idiomas. Confessou também que não se dera ao trabalho de acompanhar os programas "construtivos" de seu mestre, não "sabia muita coisa a respeito deles em detalhes" e que não entendia como Gandhi tinha sido capaz de propor a saída do Partido do Congresso da política, agora que ele era responsável pela administração do país. "O Partido do Congresso agora tem de governar e não se opor ao governo", disse o primeiro-ministro com firmeza. Por isso, terá de funcionar de uma forma nova, mantendo-se na política."[75]

Com certo desagrado mas sem pedir desculpas, o primeiro-ministro passou a listar outros pontos importantes de divergência entre os discípulos políticos de Gandhi, agora no poder, e o homem que todos eles chamavam de Bapu: a necessidade de uma força militar moderna, por exemplo, ou de rápida industrialização. Todavia, disse, essas divergências não eram fundamentais. Todos eles ainda estavam comprometidos com as ideias de Gandhi, referindo-se, cabe presumir, a suas amplas metas — manter a nação coesa e atacar o problema da pobreza.

"O que precisamos ponderar", disse, "é o motivo pelo qual as ideias que tinham tanta força nas mãos de Bapu não têm o mesmo poder nas nossas."[76]

Os seguidores de Gandhi tomaram, cada um, sua própria direção, puseram em prática seus próprios programas, alguns dos quais têm prosseguimento até hoje em suas ilhotas de esforço gandhiano espalhadas pela vastidão da Índia. Em Wardha, conheci o dr. U. N. Jajoo, professor de medicina no Instituto Mahatma Gandhi de Ciências Médicas, subordinado ao Hospital Kasturba Gandhi, que começa a formação de seus alunos exigindo que passem quinze dias em aldeias próximas, nas quais o instituto instituiu um sistema de atendimento à saúde e instalou latrinas sanitárias em cada domicílio, juntamente com água limpa encanada, o que levou a uma queda drástica das taxas de mortalidade neonatal e infantil. Os estudantes devem levantar os problemas de saúde de cada domicílio, inclusive dos mais pobres, e retornar a eles ao menos uma vez por mês durante os cinco anos do curso. A medicina é moderna; as metas, gandhianas; e cerca de trinta aldeias já são assim atendidas até agora. O dr. Jajoo usa a roca para produzir o fio com que são feitas suas roupas.

Em Ahmedabad, passei um dia na Associação de Mulheres Autônomas, a SEWA, a maior iniciativa na Índia que se pode chamar de gandhiana. A Associação oferece assistência médica básica, parteiras, serviços bancários e formação profissional para mulheres pobres, em geral analfabetas — muitas delas *dalits*, muitas muçulmanas —, condenadas pela tradição a uma vida de perpétuo trabalho braçal. Ela Bhatt, a fundadora do movimento, me disse que está hoje mais convencida da relevância de Gandhi do que quando começou a organizar as "carregadoras" — mulheres que trabalhavam levando na cabeça mercadorias para o mercado —, há quase quatro décadas. "Ele é um padrão de medida", disse.

Gandhi vive no dr. Jajoo, em Ela Bhatt e em outras pessoas, mas elas foram obrigadas a encontrar seus próprios caminhos na periferia da política de poder da Índia, turbulenta e com muita frequência corrupta. Nenhum movimento nacional sobreviveu a Gandhi, um resultado que ele parecia, de vez em quando, antever. "Que ninguém diga que é um seguidor de Gandhi", disse.[77] Multifário e criador de um sem-fim de frases, Gandhi legou um exemplo de esforço constante, um conjunto de valores sociais e um método de resistência, não aplicável facilmente a uma Índia governada por indianos, com uma população quase três vezes maior que a existente na época de sua morte.

Uma das mais conhecidas de suas exortações perenes está à venda em forma de um pano bordado, pronto para ser emoldurado, na loja de presentes de seu primeiro *ashram*, perto de Ahmedabad. Por umas poucas rupias, turistas podem comprar esse "Talismã de Gandhiji".

"Sempre que você estiver em dúvida, ou quando o ego crescer muito em você, faça o seguinte teste", recomendou Gandhi nesse bilhete sem data, datilografado em inglês pouco antes ou depois da independência.[78] O destinatário talvez fosse Pyarelal, talvez D. G. Tendulkar, um biógrafo anterior, o primeiro a publicar o bilhete, que o Mahatma assinou duas vezes, em híndi e em bengali; poderia ser também para Manu, ou para ele mesmo. "Lembre-se do rosto do homem mais pobre e desvalido que tenha visto, e pergunte-se se o passo que você está pensando em dar será de alguma utilidade para ele. Esse passo fará com que ele ganhe alguma coisa? Devolver-lhe-á o controle sobre sua vida e seu destino? Em outras palavras, levará a *swaraj* aos milhões de famintos e aos espiritualmente carentes? Você verá então sua dúvida e seu ego se dissolverem."

Fazer com que a dúvida e o ego se dissolvam é um objetivo tradicional das disciplinas religiosas indianas que envolvem dieta, meditação e oração. O que confere a essa dissolução um caráter claramente gandhiano é obtê-la mediante ação social e política. Na qualidade de líder e modelo, o próprio Gandhi quase sempre passava em seu "teste". No entanto, em grande medida, os milhões de famintos e os espiritualmente carentes não desapareceram.

Tentando construir uma nação, não lhe era fácil admitir que os variados interesses — os dos hindus e dos muçulmanos, os das castas altas e dos intocáveis — com frequência conflitavam. Ele lutou contra a dúvida e o ego até seus últimos dias, mas tornou seus os apuros dos milhões, quaisquer que fossem as tensões entre eles, como nenhum outro líder fez nos tempos modernos. Por isso, em retrospecto, seus esforços imperfeitos como visionário social e reformador podem ser mais comoventes do que seus momentos de sucesso como líder nacional, ao menos porque faz muito tempo que a luta pela independência chegou a seu fim desordenado.

Na Índia de hoje, o termo "gandhiano" passou a ser sinônimo de consciência social. Seu exemplo — de coragem, de persistência, de identificação com os mais pobres, de busca da abnegação — ainda tem o poder de inspirar, mais ainda do que suas doutrinas de não violência e suas técnicas de resistência, com certeza mais do que seus variados dogmas e pronunciamentos sobre tópicos como fiação, dieta e sexo. Pode não acontecer com frequência, mas a inspiração ainda está lá para ser assimilada; e, quando isso ocorre, os resultados ainda podem ser chamados de "gandhianos", muito embora o próprio Gandhi, aquela alma grande, nunca tenha apreciado ou aceitado essa palavra.

Glossário

ahimsa: não violência

Allah o akbar: expressão árabe que significa "Deus é grande", pronunciada em orações nas mesquitas e outras situações.

Arya Samaj: movimento reformista hindu.

ashram: local de retiro organizado na forma de uma comunidade religiosa em torno de seu guru.

balmikis, valmikis: nome adotado pelos varredores intocáveis, em honra a um santo hindu.

Bapu: pai, título afetivo dado a Gandhi.

Bhagavad Gita: parte da epopeia hindu *Mahabharata*, que compreende os ensinamentos de Krishna.

bhai: irmão.

bhangis: varredores, tradicionalmente considerados intocáveis.

bidi: pequeno cigarro.

brahmacharya, brahmachari: celibato, pessoa que faz voto de celibato.

brâmane: casta sacerdotal.

bustee: barraco.

carma: o destino de uma pessoa, definido pela conduta na vida anterior.

chamars: pessoas que tradicionalmente trabalham com couro, curtidores, considerados intocáveis.

charkha: roda de fiar.

charpoy: cama em que o estrado é substituído por cordas esticadas nos dois sentidos.

chetti: agiota.

dalit: nome que hoje se dá aos intocáveis.

darma: dever, código ou ensinamento verdadeiro, religião.

darshan: ganho de mérito por contemplar alguém ou alguma coisa tida como sagrada.

dharma yudha: luta santa, guerra.

dhoti: tanga, em geral uma longa faixa de pano tecido à mão.

diwan: ministro-chefe, subordinado a um rajá, de um principado indiano.

doba: lagoa, açude, em bengali.

Dwarkanath: outro nome do deus Krishna.

ezhava: subcasta do sul da Índia, em ascensão social, antes considerada intocável.

harijans: nome que Gandhi tentou dar aos intocáveis; significa "filhos de Deus".

hijrat (hégira): êxodo de muçulmanos de uma terra considerada impura.

Hind swaraj: título de um panfleto de Gandhi, escrito em 1909; significa autonomia indiana.

Hindu Mahasabha: movimento nacionalista de hindus ortodoxos.

Hindutva: "hindunidade", doutrina de supremacia hindu.

jati: um grupamento social endógamo, não necessariamente sinônimo de casta.

jihad: esforço muçulmano pela consecução de metas santas, por meios violentos ou não.

kala pani: "a Água Preta", nome aplicado principalmente ao oceano Índico como tampão contra costumes ocidentais.

khadi, khaddar: pano tecido à mão.

Khilafat: califado, cargo no islã sunita que envolve a supervisão dos lugares sagrados; movimento indiano em prol da preservação do califa otomano.

ki jai!: brado ou slogan que significa "glória a" ou "viva", como em *"Mahatma Gandhi ki jai!"*.

koli: subcasta mal definida do oeste da Índia, tida como formada por marginais; possível origem do termo "cule" (*coolie*).

kurta: túnica frouxa.

mahajans: anciões de uma casta.

mahar: grupo em ascensão social de Maharashtra, no oeste da Índia, tradicionalmente considerado intocável.

mahatma: alma grande, título honorífico espiritual.

Manusmriti: textos legais antigos referentes a castas.

maulama: religioso muçulmano letrado.

modh baneane: a subcasta de comerciantes em que Gandhi nasceu.

panchama: pessoa sem casta ou intocável.

pária: grupo de intocáveis do sul da Índia.

pulaia: grupo considerado intocável onde é hoje o estado de Kerala.

Ramchandra: outro nome do deus Ram ou Rama.

Rashtriya Swayamsevak Sangh (RSS): grupo militante hindu proscrito após o assassinato de Gandhi, coluna vertebral do atual partido direitista; o nome significa Associação Nacional de Voluntários.

rishi: homem sensato, sábio.

ryot: camponês indiano.

sadhu: asceta ou santo, com frequência mendicante.

sanatan, sanatanistas: ortodoxos; hindus ortodoxos.

sannyasi: hindu que renunciou ao mundo.

satyagraha, satyagrahi: literalmente, "firmeza na verdade", nome da doutrina de resistência pacífica de Gandhi; aquele que participa dessas campanhas.

shamiana: tenda colorida, às vezes bordada, usada em festas.

shastras: escrituras hindus, textos sagrados.

sherwani: capote longo usado pelos muçulmanos.

shuddi: purificação ritual empregada por hindus em conversões religiosas, oferecida por seitas reformistas a intocáveis.

sjambok: chicote feito de couro de rinoceronte ou hipopótamo na África do Sul.

sudra: a mais baixa ordem de casta, integrada sobretudo por camponeses, tradicionalmente considerada acima dos intocáveis.

swadeshi: autoconfiança, autossuficiência.

swaraj: autonomia.

tabligh: prática religiosa por muçulmanos.

Vande Mataram: "Salve, Mãe", brado nacionalista referente à Mãe Índia.

varna: uma das quatro ordens principais de castas.

varnashrama dharma: as regras de castas.

yajna: sacrifício de natureza religiosa.

zamindar: proprietário de terras.

Vida de Gandhi
Cronologia

1869 Nasce em 2 de outubro, no pequeno principado de Porbandar, na região de Kathiawad, no atual Guzerate, à margem do mar da Arábia.

1876 A família se transfere para Rajkot, onde é matriculado na escola.

1883 Casa-se com Kasturba Makanji, aos treze anos, após um noivado de sete anos.

1885 Morte do pai, Karamchand Gandhi, chamado Kaba.

1888 Nascimento do primogênito, Harilal. Viaja para a Inglaterra, estuda direito no Inner Temple.

1891 Completa os estudos, viaja para Bombaim.

1892 Nascimento do segundo filho, Manilal. Admitido à Ordem dos Advogados de Bombaim.

1893 Viaja para a África do Sul, desembarcando em Durban.

1894 Torna-se secretário do Congresso Indiano de Natal, abre um escritório de advocacia em Durban. Lê *O reino de Deus está em vós*, de Tolstói.

1896 Volta à Índia e retorna com a família para Durban.

1897 Nascimento do terceiro filho, Ramdas.

1899 Dirige o Corpo Indiano de Ambulâncias na Guerra dos Bôeres.

1900 Nascimento do quarto filho, Devadas.

1901 Volta com a família para a Índia, pretendendo reinstalar-se lá. Participa da reunião do Partido do Congresso (Congresso Nacional Indiano) em Calcutá.

1902 Chamado de volta à África do Sul para dirigir a luta contra a legislação discriminatória, levando a família.

1903 Abre um escritório de advocacia em Johannesburgo; lança o semanário *Indian Opinion*.

1904 Funda a comunidade Phoenix, uma colônia rural ao norte de Durban, inspirada pela leitura de *A este derradeiro*, de Ruskin.

1906 Ajudando na repressão ao levante zulu, organiza um corpo de padioleiros indianos. Faz voto de celibato (*brahmacharya*). Discursa em comícios de indianos do Transvaal em Johannesburgo, defendendo a resistência ao Projeto de Registro de Asiáticos. Viaja a Londres para tentar cancelá-lo.

1907 Começa a primeira campanha de "resistência passiva". Preso em dezembro e julgado, recebe ordem de deixar o Transvaal.

1908 Substitui a expressão "resistência passiva" por *"satyagraha"*. Sentenciado a dois meses de prisão e libertado em três semanas. Agredido por *patanes* por voltar atrás com relação ao boicote ao registro. Estimula a queima dos certificados de registro. Preso em Volksrust, é condenado a dois meses de trabalhos forçados.

1909 Com o prosseguimento da campanha, é preso de novo por não apresentar o documento de registro. Volta a fazer lobby em Londres; escreve o panfleto *Hind swaraj* durante a volta à África do Sul.

1910 Corresponde-se com Tolstói, cria a comunidade fazenda Tolstói com Hermann Kallenbach, arquiteto judeu nascido na Prússia Oriental.

1911 Suspende a campanha contra a legislação discriminatória com base na promessa do general Smuts de abrandar os artigos mais opressivos.

1913 Abandona a fazenda Tolstói, retoma a *satyagraha*. Lidera a marcha de mineiros que trabalhavam sob contrato de servidão temporária, da cidade mineira de Newcastle, em Natal, penetrando no Transvaal com 2221 manifestantes. Preso três vezes em três dias, é por fim condenado a nove meses de trabalhos forçados. As greves de trabalhadores indianos contratados se espalham para áreas açucareiras e cidades. Libertado após menos de seis semanas.

1914 Firma novo acordo com Smuts, suspende a *satyagraha*. Deixando a África do Sul, viaja para a Inglaterra, lá chegando quando estoura a Primeira Guerra Mundial.

1915 Chega a Bombaim em 4 de janeiro, cria um *ashram* em Ahmedabad.

1916 Viaja de trem pela Índia, em vagões de terceira classe.

1917 Campanhas em favor de plantadores de anil, na região de Champaran, em Bihar.

1918 Lidera campanha em benefício de tecelões de Ahmedabad. Nova *satyagraha* contra a cobrança de impostos a agricultores do distrito de Kheda, em Guzerate. Tenta em vão recrutar indianos para o Exército britânico na Europa.

1919 Primeira *satyagraha* nacional contra leis repressivas, na forma de uma greve. Preso por perturbar a ordem ao entrar no Punjab, quatro dias antes do massacre, por soldados liderados por britânicos, em Amritsar. Suspende a campanha após surtos subsequentes de violência.

1920 O Partido do Congresso adota seu programa de não cooperação. Declara ser seu objetivo a consecução da *swaraj*, ou autonomia, por meios pacíficos. Torna-se líder do partido e também do Khilafat, movimento muçulmano que buscava a restauração do califa otomano.

1921 Lança uma *satyagraha* de massa devido a matanças no Punjab e ao Khilafat, prometendo a *swaraj* em um ano. Faz campanha em favor da *charkha*, ou roda de fiar, e do boicote a tecidos importados.

1922 Suspende a campanha contra a violência em Chauri Chaura, faz um jejum de "penitência" durante cinco dias. Acusado de sedição, é condenado a seis anos de reclusão.

1924 Libertado da prisão após uma crise de apendicite, depois de cumprir dois anos. Faz um jejum de 21 dias a fim de promover a união entre hindus e muçulmanos.

1926 Sua *Autobiografia* é publicada em capítulos em seus semanários *Young India* e *Navajivan*, respectivamente em inglês e guzerate. Passa a residir no *ashram*, afastando-se ostensivamente da política.

1928 De volta à política, apoia a declaração de independência se o autogoverno não for concedido em um ano.

1929 Redige a resolução do Partido do Congresso em favor de "independência completa".

1930 Lança uma campanha nacional com a Marcha do Sal, de Ahmedabad a Dandi, à margem do mar da Arábia. Preso sem julgamento quando as greves se espalham por todo o país.

1931 Libertado depois de oito meses, negocia com o vice-rei, lorde Irwin. Vai à Inglaterra, sua última viagem ao exterior, para participar da Conferência da Mesa-Redonda, destinada a traçar o futuro da Índia; não se chega a um acordo quanto a direitos especiais de voto para os intocáveis e os muçulmanos. Visita Mussolini em Roma.

1932 Preso logo após voltar a Bombaim, como reação à sua exortação pela retomada da campanha de *satyagraha*. O "jejum até a morte", na prisão de Yeravda, obriga os britânicos e o líder dos intocáveis, B. R. Ambedkar, a abrandar um plano de eleitorados separados para os representantes dos intocáveis. Ao mesmo tempo, pede o fim rápido de práticas discriminatórias. Por algum tempo, a Índia parece lhe dar ouvidos.

1933 Ainda em Yeravda, faz um novo jejum de 21 dias por causa do tratamento dispensado aos intocáveis. Libertado, volta a ser preso e libertado de novo após o segundo jejum no ano.

1934 Realiza comícios pelo interior da Índia contra a intocabilidade, instando os hindus de casta alta a abrir todos os templos. Alvo de uma bomba, primeiro atentado à sua vida, e de manifestações de hindus ortodoxos. Renuncia ao Partido do Congresso com o objetivo expresso de se dedicar ao desenvolvimento rural, sobretudo em benefício dos intocáveis, aos quais procura dar outro nome, chamando-o de *harijans* (filhos de Deus).

1936 Muda-se para Sevagram, perto de Wardha, uma área paupérrima no centro do país. Surge ali um novo *ashram*.

1939 Escreve a Hitler uma carta, nunca entregue.

1942 Lança o movimento "Deixem a Índia", exigindo autonomia imediata em troca do apoio ao esforço de guerra. Detido e preso no palácio do Aga Khan, perto de Poona.

1944 Kasturba, sua mulher, morre cumprindo pena de prisão no palácio do Aga Khan. Sofrendo de hipertensão arterial, Gandhi é libertado dez semanas depois. Começa conversações com Mohammed Ali Jinnah, líder da Liga Muçulmana. As conversações são suspensas depois de dezoito dias.

1946 Participa de conversações sobre a Constituição. Tentativa de fazer descarrilar o trem que o levava a Poona. Como reação a chacinas mútuas de hindus e muçulmanos em Bengala, vai morar no distrito muçulmano de Noakhali a fim de instar por harmonia e protestar contra a partilha da Índia. Ali permanece quatro meses, acabando por viajar de aldeia em aldeia, a pé e descalço, durante oito semanas.

1947 Visita áreas de Bihar onde milhares de muçulmanos tinham sido mortos. Fala contra a partilha, mas não se opõe à resolução do Partido do Congresso a favor dela. Distancia-se das comemorações de independência, jejua em Calcutá pelo fim da violência.

1948 Faz jejum em Nova Delhi contra a expulsão e a morte de muçulmanos. A violência cai, mas, dois dias após o fim do jejum, uma bomba é atirada no jardim da Casa Birla, onde ele se hospedava e realizava reuniões de oração vespertinas. Dez dias depois, em 30 de janeiro, é morto a tiros por um extremista hindu enquanto se dirigia às pressas à reunião de oração.

Notas

EPÍGRAFES [p. 9]

1. Gandhi em carta a seu filho Manilal, 31/10/1918. In: Mahadev Desai, *Day-to-day with Gandhi*, v. 1, p. 260.

2. Mahadev Desai, *Day-to-day with Gandhi*, v. 2, p. 201.

3. *Complete works of Mahatma Gandhi* [*Obras completas do Mahatma Gandhi*; doravante *CWMG*], v. 23, p. 4.

4. Gandhi em carta a Nirmal Kumar Bose, apud Parekh, *Colonialism, tradition and reform*, p. 272.

NOTA DO AUTOR [pp. 13-7]

1. Pyarelal, *Epic fast*, p. 323.

2. *CWMG*, v. 52, p. 399, apud Brown, *Gandhi and civil disobedience*, p. 316.

3. Brown, *Nehru*, p. 106.

4. Id., ibid., p. 6.

1. PRÓLOGO: UM VISITANTE INCONVENIENTE [pp. 21-49]

1. Gandhi já estava habilitado como advogado na Índia, mas dizer que ele chegou à África do Sul como um assistente tecnojurídico descreve com precisão seu papel no processo para o qual foi contratado, como ele próprio reconheceu mais tarde: "Quando fui para a África do Sul viajei somente como um assistente jurídico", disse ele em 1937. *CWMG*, v. 60, p. 101.

2. Meer, *South African Gandhi*, p. 121.

3. Erikson, *Gandhi's truth*, p. 158.

4. Tinker, *Ordeal of love*, p. 151

5. Pyarelal, *Mahatma Gandhi: last phase*, v. 1, p. 495.

6. Se é que isso realmente aconteceu. T. K. Mahadevan imagina que o indiano retirado da calçada tenha sido um certo C. M. Pillay, que escreveu a um jornal descrevendo um incidente quase idêntico àquele de que Gandhi se disse vítima. Mahadevan suspeita de que Gandhi leu a carta e simplesmente se apropriou da experiência. Ver Mahadevan, *Year of the Phoenix*, p. 25.

7. Hunt, *Gandhi and the nonconformists*, p. 40.

8. Extraído de uma entrevista com Millie Polak, transmitida pela BBC em 7 de maio de 2004.

9. Nayar, *Mahatma Gandhi's last imprisionment*, p. 298.

10. *CWMG*, v. 1, p. 141.

11. Henry Yule e A. C. Burnell, *Hobson-Jobson* (Londres, reimpressão, 1985), p. 249. O *Oxford English Dictionary* aceita essa derivação, aventando a hipótese de ter sido o termo levado por marinheiros portugueses, no século XVI, de Guzerate para a China. Outra possível origem é a palavra turca *quli*, que significa trabalhador ou carregador e pode ter penetrado no urdu. Na África do Sul, o termo tem uma conotação racial e era usado especificamente para se referir a asiáticos, normalmente indianos, como observa o *Suplemento do OED*.

12. Meer, *South African Gandhi*, pp. 113-4.

13. Id., ibid., pp. 117-8.

14. *CWMG*, v. 8, p.242.

15. Swan, *Gandhi: the South African experience*, p. 51.

16. Bhikhu Parekh observa que pode ter sido muito mais fácil unir os hindus e os muçulmanos na África do Sul, porque muitos dos comerciantes que Gandhi no começo atendeu naquele país tinham em comum a língua e a cultura. Ver Parekh, *Gandhi*, p. 9.

17. *CWMG*, v. 3, p. 366.

18. Id., ibid., p. 497, apud Sanghavi, *Agony of arrival*, p. 81.

19. *CWMG*, v. 5, p. 290.

20. Id., ibid., v. 9, p. 507.

21. Id., ibid., v. 85, p. 385.

22. M. K. Gandhi, *Satyagraha in South Africa*, p. 99.

23. *CWMG*, v. 5, p. 417.

24. Id., ibid., v. 60, p. 38.

25. Id., ibid., v. 5, p. 421.

26. Brown, *Gandhi: prisioner of hope*, p. 268.

27. *CWMG*, v. 5, p. 420.

28. Id., ibid., v. 12, p. 264.

29. Id., ibid., v. 62, p. 279

30. M. K. Gandhi, *Satyagraha in South Africa*, p. 109.

31. Paxton, *Sonja Schlesin*, p. 36.

32. Sarid e Bartolf, *Hermann Kallenbach*, p. 15.

33. *CWMG*, v. 9, p. 415.

34. Erikson, *Gandhi's truth*, p. 153.

35. *African Chronicle*, 16/4/1913.

36. Nanda, *Three statesmen*, p. 426.

37. Nayar, *Mahatma Gandhi's last imprisonment*, p. 380; ver também Prabhudas Gandhi, *My childhood with Gandhiji*, p. 142.

38. *Indian Opinion*, 15/10/1913.

39. Idem, 22/10/1913.

40. Nirmal Kumar Bose, *Selections from Gandhi* (Ahmedabad, 1957), 2ª ed., pp. 106-7.

41. Pyarelal, *Epic fast*, p. 12.

42. M. K. Gandhi, *Young India*, 2/3/1922, apud Paul F. Power (org.), *The meaning of Gandhi* (Honolulu, 1971), p. 71.

43. M. K. Gandhi, *Satyagraha in South Africa*, p. 287.

44. Swan, *Gandhi: the South African experience*, p. 242. Swan cita uma carta de Gandhi a Kallenbach, datada de 13/7/1913, que ela localizou na Biblioteca Sarvodaya, na comunidade Phoenix. A biblioteca foi destruída por ocasião do surto de violência entre facções descrita na Nota do Autor, no começo deste volume. Ao que pude descobrir, a citação que Maureen Swan faz dessa carta tão importante talvez seja tudo o que resta dela.

45. Rudrangshu Mukherjee (org.), *Penguin Gandhi reader*, p. 207.

46. Nayar, *Mahatma Gandhi's last imprisonment*, p. 254.

47. Mahadev Desai, *Diary of Mahadev Desai*, p. 185.

48. Bhana, *Indentured Indian emigrants to Natal*, pp. 71-83.

49. Gandhi, *Satyagraha in South Africa*, p. 338.

50. Nirmal Kumar Bose, *My days with Gandhi*, p. 229.

51. Naipaul, *Overcrowded barracoon*, p. 75.

52. Hancock, *Smuts*, p. 345.

53. Id., ibid., p. 331.

2. A QUESTÃO DOS INTOCÁVEIS [pp. 50-76]

1. Naipaul, *Area of darkness*, p. 77.

2. Nehru, *Toward freedom*, p. 189.

3. Naipaul, *Area of darkness*, p. 77.

4. Gandhi, *Autobiografia. Minha vida e minhas experiências com a verdade*, p. 196.

5. Id., ibid., pp. 196-7.

6. Andrews, *Mahatma Gandhi*, p. 113.

7. Bayly, *Caste, society, and politics in India*, cap. 5, especialmente pp. 196, 210, 226.

8. Id., ibid., p. 189, 233.

9. Os estudos listados a seguir foram úteis para debates sobre esses pontos: Id., ibid., Dirks, *Castes of mind*; e Mendelsohn e Vicziany, *Untouchables*.

10. Ver Pennington, *Was hinduism invented?*, pp. 60, 168.

11. Jordens, *Gandhi's religion*, p. 56.

12. Prabhudas Gandhi, *My childhood with Gandhiji*, p. 59.

13. Cópia fotostática em exibição no Museu do Ashram Sabarmati.

14. Doke, *M. K. Gandhi: an Indian patriot*, p. 52.

15. Pyarelal, *Early phase*, p. 281.

16. Gandhi, *Autobiografia*, p. 78.

17. Estou em dívida com Narayan Desai, filho de Mahadev, o secretário de Gandhi, por ele destacar este ponto numa entrevista em Barodi, em abril de 2008.

18. O'Hanlon, *Caste, conflict, and ideology*, p. 71.

19. Tolstói, *The kingdom of God is within you*, p. 88. Segundo o professor Donald Fanger, de Harvard, a tradução literal seria "leva para fora o meu urinol".

20. Embora o título em inglês dessa obra de Tolstói seja igual ao de um trabalho mais famoso de Lênin, o título em russo é diferente. O professor Fanger diz que a tradução literal do livro de Tolstói é: "Nesse caso, o que devemos fazer?".

21. Tolstói, *What is to be done?*, p. 272. Substituí aqui, a conselho do professor Fanger, "esgotos" por "privadas".

22. Aurobindo, *India's rebirth*, p. 173.

23. Mahadevan, *Year of the Phoenix*, pp. 70-1.

24. Swan, em *Gandhi: the South African experience*, pp. 48-50, lança dúvidas sobre a presunção de que Gandhi tenha dado o estímulo para a criação do Congresso Indiano de Natal. A autora propõe que os comerciantes que posteriormente dominaram a organização provavelmente se valeram de Gandhi para promover suas metas.

25. *CWMG*, v. 1, p. 132.

26. Id., ibid., v. 33, p. 25.

27. Id., ibid., v. 2, p. 20.

28. Meer, *The apprenticeship of a mahatma*, p. 36.

29. Gandhi, *Autobiografia*, p. 115.

30. Sanghavi, *Agony of arrival*, p. 129.

31. De acordo com Hassim Seedar, advogado de Durban que tentou localizar documentos jurídicos emanados do escritório de Gandhi nessa época, junto à firma sucessora que os herdou. Os responsáveis pela firma informaram que tais documentos tinham sido destruídos.

32. Britton, *Gandhi arrives in South Africa*, p. 300. O livro não informa a localização desse documento. Em resposta a uma consulta por e-mail, o autor explicou que fez sua pesquisa "a intervalos, durante trinta anos", nos arquivos coloniais de Natal, na filial dos Arquivos Nacionais em Pietermaritzburg ou nos arquivos do Escritório Colonial Britânico, hoje conservados nos Arquivos Nacionais, em Kew.

33. *CWMG*, v. 1, pp. 273-4, apud Naidoo, *Tracking down historical myths*, p. 137.

34. *CWMG*, v. 1, p. 143.

35. *CWMG*, pp. 142-63.

36. *Critic*, 11/1/1895, apud Pyarelal, *Early phase*, p. 478.

37. Pyarelal e Nayar, *In Gandhiji's mirror*, p. 7.

38. Pyarelal, *Early phase*, p. 478.

39. Fischer, *Essential Gandhi*, p. 251. Ver também M. K. Gandhi, *Selected political writings*, p. 118.

40. *CWMG*, v. 13, p. 278.

41. Gandhi, *Autobiografia*, p. 149.

42. Id., ibid., p. 150.

43. Id., ibid., pp. 243-4.

44. *CWMG*, v. 67, p. 2.

45. Gandhi, *Autobiografia*, p. 177.

46. Gandhi, *Satyagraha in South Africa*, p. 76.

47. Gandhi, *Autobiografia*, p. 189.

48. Gandhi, *Satyagraha in South Africa*, p. 77.

49. Fischer, *Life of Mahatma Gandhi*, p. 63.

50. Pyarelal, *Discovery of satyagraha*, p. 287.

51. Essa ideia provém da ilustração na capa de uma revista ilustrada francesa em exibição no Museu África, em Johannesburgo. A ilustração representa um palanquim usado para transportar oficiais feridos, e a legenda se refere a ela como uma "ambulância indiana" na "guerra do Transvaal". Ver *Le Petit Journal: Supplément illustré*, 17/12/1889.

52. Amery, *"Times" history of the war in South Africa*, v. 1., pp. 245-97.

53. Reproduzido em *The New York Times*, 3/3/1900.

54. Meer, *South African Gandhi*, p. 121.

55. Id., ibid., pp. 749-50.

56. Gandhi, *Satyagraha in South Africa*, p. 78.

57. Mehta, *Mahatma Gandhi and his apostles*, p. 248.

58. Republicado em *African Chronicle*, 4/7/1908.

59. Uma Dhupelia-Mesthrie, *From cane fields to freedom: a chronicle of Indian South African life* (Cidade do Cabo, 2000), p. 13.

60. Bhana e Pachai, *Documentary history of Indian South Africans*, p. 26.

61. Como o de Ebr-Vally, *Kala Pani*.

62. Rolland, *Life of Vivekananda and the universal gospel*, p. 23.

63. Parekh, *Colonialism, tradition, and reform*, p. 235.

64. *CWMG*, v. 18, pp. 376-6.

65. Pyarelal, *Discovery of satyagraha*, p. 396.

66. Mahadevan e Ramachandran, *Quest for Gandhi*, p. 344.

67. Shirer, *Gandhi*, p. 37.

68. Gandhi, *Autobiografia*, p. 396.

69. Pyarelal, *Discovery of satyagraha*, p. 396.

3. ENTRE OS ZULUS [pp. 77-104]

1. *CWMG*, v. 8, p. 135.

2. Promulgada em 1907 pelo Legislativo provincial branco assim que autonomia foi devolvida à ex-República Sul-Africana. (A Emenda à Lei dos Asiáticos, de 1906, aprovada durante o breve período em que o Transvaal foi considerado uma colônia da Coroa, tinha sido invalidada pelo Reino Unido.) A legislação mais uma vez barrou a entrada de indianos que nunca tivessem residido no Transvaal.

3. Huttenback, *Gandhi in South Africa*, p. 108.

4. *Natal Mercury*, 14/1/1903. O Estado Livre de Orange, uma das quatro províncias da União

da África do Sul original, impediu que indianos ali fixassem residência durante mais noventa anos, até a abolição do apartheid.

5. Rajmohan Gandhi, *Gandhi*, p. 126.

6. Doke, *M. K. Gandhi: an Indian patriot*, p. 151; ver também Meer, *South African Gandhi*, pp. 600-1; Itzkin, *Gandhi's Johannesburg*, p. 30.

7. Meer, *South African Gandhi*, p. 601.

8. Doke, *M. K. Gandhi: an Indian patriot*, p. 152.

9. Meer, *South African Gandhi*, p. 602.

10.Id., ibid., p. 601.

11. Estavam especulando, em conversas privadas.

12. No fim da década de 1960, quando eu era correspondente de imprensa na Índia, perguntei a um conhecido religioso indiano, o Shankaracharya de Puri, se ele se imaginava sentar-se com um intocável e conversar com ele. O homem respondeu: "Estou conversando com você".

13. *CWMG*, v. 1, p. 150.

14. Id., ibid., v. 2, p. 74.

15. Id., ibid., v. 4, p. 131.

16. Id., ibid., p. 89.

17. Id., ibid., v. 3, p. 453.

18. Apud Mahadevan, *Year of the Phoenix*, p. 43, recorte no arquivo do Ashram Sabarmati, Ahmedabad.

19. Gandhi, *Satyagraha in South Africa*, pp. 8-9.

20. "Mr. Gandhi's address before the Y.M.C.A.", *Indian Opinion*, 6/6/1908, in *CWMG*, v. 8, pp. 242-6.

21. *CWMG*, v. 8, pp. 232-46.

22. Meer, *South African Gandhi*, pp. 606-7; "My second experience in gaol", *Indian Opinion*, 30/1/1909.

23. Diário de Hermann Kallenbach, arquivo do Ashram Sabarmati, Ahmedabad.

24. *CWMG*, v. 96, supl. v. 6, p. 44.

25. *CWMG*, v. 10, apud Green, *Gandhi*, p. 200.

26. Rajmohan Gandhi, *Gandhi*, p. 149.

27. Os outros dois foram o reverendo Walter Rubusana, eleito para o conselho provincial da província do Cabo, e John Tengo Jahavu, editor de um semanário publicado em inglês e em *xhosa* na Cidade do Cabo, onde Gandhi o conheceu. Uma Dhupelia-Mesthrie, *From cane fields to freedom: a chronicle of Indian South African life* (Cidade do Cabo, 2000), p. 118. É claro que a ausência de outros nomes nos textos de Gandhi nesse período não comprova que ele não tenha conhecido outros líderes africanos. Há pouco tempo, um livro de memórias, ainda inédito, de Pauline Padlashuk, trouxe ao conhecimento público uma visita que Pixley ka Isaka Seme fez à fazenda Tolstói. Seme, como Dube, foi um dos primeiros dirigentes do Congresso Nacional Africano. "O sr. Gandhi falou ao sr. Seme a respeito de seu movimento de resistência passiva", escreveu essa testemunha branca.

28. Shula Marks, "Ambiguities of dependence: John L. Dube of Natal", *Journal of South African studies* 1, nº 2, 1975, p. 163.

29. Fredrickson, *Black liberation*, p. 119.

30. O próprio Dube não participou da sessão de fundação do novo Congresso em Bloemfontein. Foi eleito presidente *in absentia*.

31. *CWMG*, v. 5, p. 55.

32. Fredrickson, *Black liberation*, p. 119.

33. *Ilanga lase Natal*, 15/11/1912. O registro relativo a esse dia, no diário de Kallenbach, conservado no arquivo do Ashram Sabarmati, não faz nenhuma menção à visita a Inanda.

34. "A great Zulu dead", *Indian Opinion*, 15/2/1946.

35. Jacob Zuma em discurso disponível em: <www.info.gov.za/speeches/2000/000/0010161 010a1002.htm>.

36. Ver Surendra Bhana, "Gandhi, Indians, and Africans in South Africa", dissertação apresentada ao Centro de Estudos Africanos de Kansas, 12/9/2002.

37. *CWMG*, v. 5, p. 366.

38. Id., ibid., p. 368. Outro biógrafo, D. G. Tendulkar, acompanhando a *Autobiografia*, diz que eram 24, entre os quais dezenove ex-trabalhadores sob contrato. Tendulkar, *Mahatma*, v. 1, p. 76.

39. Isso é uma conjectura do principal estudioso sul-africano desse conflito, Jeff Guy, em seu livro *Maphumulo uprising*, p. 101.

40. Prabhudas Gandhi, *My childhood with Gandhiji*, p. 42.

41. Ver Bhana, "Gandhi, Indians, and Africans in South Africa".

42. Green, *Gandhi*, p. 160.

43. *M. K. Gandhi: an Indian patriot*, p. 111.

44. Id., ibid., p. 112.

45. Gandhi, *Autobiografia*, p. 274.

46. Nayar, *Mahatma Gandhi's last imprisonment*, p. 264.

47. Erikson, *Gandhi's truth*, p. 194.

48. Marks, "Ambiguities of dependence", p. 54.

49. *CWMG*, v. 62, p. 199.

50. Id., ibid., v. 68, p. 273.

51. Pietermaritzburg Archives Repository, Government House 1457, Assuntos militares, correspondência relativa à Rebelião Bhambatha, 9/2 a 28/12, 1907. Ver também a carta de M. K. Gandhi ao governador H. McCallum, 13/8/1907. Agradeço a Jeff Guy, da Universidade de KwaZulu-Natal, que chamou minha atenção para essa passagem.

52. Marks, "Ambiguities of dependence", p. 54.

53. Discurso na Conferência Missionária de Natal, na Prefeitura de Durban, 4/7/1911. Texto no arquivo da Biblioteca Killie Campbell, em Durban.

54. Em 1936, 24 anos após ser eleito presidente do Congresso Nacional Nativo Sul-Africano, o príncipe regente nomeou John Dube como "primeiro-ministro" da chamada Nação Zulu.

55. "Sons of the soil", *Indian Opinion*, 30/8/1913, apud Nauriya, *African element in Gandhi*, p. 48.

56. Reproduzido em "Sons of the soil", apud Nauriya, *African element in Gandhi*, p. 48.

57. Documento no Centro de Documentação Gandhi-Luthuli, na Universidade de KwaZulu-Natal, Arquivo 1261/203, 3984, HIST/1893/14.

58. Ver Carl Faye, *Zulu references for interpreters and students in documents* (Pietermaritzburg, 1923), que inclui "Notes of proceedings at meeting with Zulus held by John L. Dube at Eshowe, Zululand, 30 November 1912".

59. Heather Hughes, "Doubly elite: exploring the life of John Langalibalele Dube", *Journal of Southern African Studies*, v. 27, nº 3, set. 2001, nota de rodapé, p. 446. A citação extraída de "The Indian invasion" chegou a mim num e-mail da sra. Hughes.

60. Roux, *Time longer than rope*, p. 250.

61. *Harijan*, 18/2/1939.

62. Pouco mais de dois meses antes que os nazistas atacassem a União Soviética, ela estava transmitindo uma mensagem que era, em essência, antibélica, mas não pelos motivos de Gandhi.

63. I. C. Meer, "I remember", memórias de circulação privada, organizadas por E. S. Reddy e Fatima Meer.

64. Goolam Vahed e Ashwin Desai narram e analisam os distúrbios de 1949 em *Monty Naiker: between reason and treason*. Pietermaritzburg, 2010, pp. 234-5.

65. A exceção notável foi Albert Luthuli, que se tornou presidente do Congresso Nacional Africano em 1952. Quatro anos antes, alguns meses após o assassinato de Gandhi, ele se referiu à "eficácia da não violência como instrumento de luta na busca de liberdade para grupos oprimidos" num discurso na Universidade Harvard, em Washington, adiantando-se a Martin Luther King Jr. O primeiro sul-africano a receber o Prêmio Nobel disse que os negros dos Estados Unidos e também os da África deveriam lutar como "inequívocos discípulos" de Gandhi. Suas anotações para o discurso estão conservadas no arquivo do Museu Luthuli, em Groutville, KwaZulu-Natal, e são citadas por Scott Couper em *Albert Luthuli: bound by faith*.

66. *CWMG*, v. 87, p. 414.

67. Mandela, *Long walk to freedom*, p. 107, apud Dhupelia-Mesthrie, *Gandhi's prisoner?*, p. 342.

68. Dhupelia-Mesthrie, *Gandhi's prisoner?*, pp. 353-5.

69. Id., ibid., p. 355.

70. Id., ibid., pp. 350-1.

71. Mandela, *Long walk to freedom*, p. 111. Ver também pp. 91, 99.

4. CÂMARA ALTA [pp. 105-33]

1. Carta de Gandhi a Kallenbach, 16/6/1912, apud Hunt e Bhana, "Spiritual rope-walkers".

2. *CWMG*, v. 58, pp. 118-9.

3. Kasturba mudou-se para a fazenda Tolstói, com dois filhos, no segundo semestre de 1910 e ali permaneceu até setembro de 1912, quando voltou para Phoenix, segundo Dhupelia-Mesthrie, *Gandhi's prisoner?*, pp. 96-104.

4. Gandhi, *Autobiografia*, p. 266.

5. *Natal Mercury*, 15/6/1903.

6. Huttenbeck, *Gandhi in South Africa*, p. 244.

7. Id., ibid., p. 235.

8. *CWMG*, v. 6, p. 433.

9. Gandhi, *Autobiografia*, p. 251.

10. Prabhudas Gandhi, *My childhood with Gandhiji*, pp. 44-5, 58.

11. Gandhi, *Autobiografia*, p. 266.

12. Anand, *Mahatma Gandhi and the railways*, p. 13.

13. Meer, *South African Gandhi*, p. 1202.

14. Entrevista com Prema Naidoo, Johannesburgo, novembro de 2007.

15. Gandhi, *Satyagraha in South Africa*, p. 148.

16. Gandhi, *Autobiografia*, p. 270.

17. Itzkin, *Gandhi's Johannesburg*, p. 61.

18. Entrevista com Millie Polak, 1954, do arquivo da BBC, transmitida em 7/5/2004.

19. Dalal, *Harilal Gandhi*, p. 10.

20. *CWMG*, v. 96, p. 9.

21. Dalal, *Harilal Gandhi*, p. 30.

22. *Harijan*, 29/5/1937. Citado num artigo de Mahadev Desai sobre a viagem de Kallenbach à Índia.

23. *CWMG*, v. 96, p. 9.

24. "[James D.] Hunt assevera que a relação entre eles era claramente homoerótica e não homossexual." Relatado por Weber, *Gandhi as disciple and mentor*, p. 74.

25. Gandhi, *Satyagraha in South Africa*, p. 301.

26. Chapman, *Sandow the magnificent*, pp. 153-4.

27. *CWMG*, v. 96, pp. 28-9.

28. Ver Joseph S. Alter, *Gandhi's body: sex, diet, and the politics of nationalism* (Filadélfia, 2000), p. 36: "Além disso, a atenção concentrada de Gandhi nos problemas relacionados à prisão de ventre e sua aplicação regular de clisteres podem ser explicadas, ao menos em parte, pela necessidade que ele sentia de manter o corpo imaculadamente limpo".

29. *CWMG*, v. 96, pp. 62-3.

30. Sarid e Bartolf, *Hermann Kallenbach*, p. 294.

31. Gandhi, *Autobiografia*, p. 286.

32. *CWMG*, v. 96, p. 71.

33. Id., ibid., p. 129.

34. Jean Branford, *A Dictionary of South African English* (Cidade do Cabo, 1980), p. 147.

35. *CWMG*, v. 9, p. 426, citando o artigo original de G. K. Chesterton, publicado em *The Illustrated London News*, 2/10/1909. Ver também Payne, *Life and death of Mahatma Gandhi*, p. 213.

36. M. K. Gandhi, *Hind swaraj*, pp. 39, 114.

37. Id., ibid., p. 70.

38. *CWMG*, 2ª ed., v. 11, p. 428.

39. Ibid., p. 428.

40. M. K. Gandhi, "To the colonial born Indian", *Indian Opinion*, 15/7/1911.

41. *CWMG*, 2ª ed., v. 11, p. 49.

42. Id., ibid., v. 11, p. 169.

43. Id., ibid., v. 96, p. 96, em que Gandhi comunica a Kallenbach sua mudança dietética. Para sua anterior insistência em um regime sem sal, que ele dizia "purificar o sangue em alto grau", ver v. 11, pp. 130, 150, 507-8.

44. Id., ibid., v. 11, p.190.

45. Id., ibid., v. 96, p. 220.

46. Id., ibid., p. 166.

47. Gandhi, *Satyagraha in South Africa*, p. 171, apud Weber, *Gandhi as disciple and mentor*, p. 71.

48. *CWMG*, v. 96, pp. 118, 183.

49. Gandhi radicou-se em Johannesburgo após seu requerimento à seção da Ordem dos Advogados da cidade em 16/2/1903. Meer, *South African Gandhi*, p. 37.

50. Gandhi, *Autobiografia*, p. 26.

51. Gandhi, *Satyagraha in South Africa*, p. 269.

52. *CWMG*, v. 11, p. 161.

53. Como citado, por exemplo, em Nayar, *Mahatma's Gandhi Last Imprisonment*, p. 187.

54. *CWMG*, v. 11, p. 229.

55. Huttenback, *Gandhi in South Africa*, pp. 264-5.

56. *Indian Opinion*, 10/3/1908, incluído em Meer, *South African Gandhi*, p. 964.

57. Idem, 17/9/1903, incluído em Meer, *South African Gandhi*, p. 37.

58. Idem, 16/9/1911.

59. *CWMG*, v. 10, p. 465. Ver também Swan, *Gandhi: the South African experience*, p. 211.

60. *CWMG*, v. 11, p. 130.

61. Id., ibid., v. 96, p. 98.

62. Id., ibid., p. 99.

63. *African Chronicle*, 19/5/1909 e 25/3/1911. Disponível em microfilme na Biblioteca Britânica.

64. Idem, 8/6 e 15/6/1912.

65. Idem, 16/4/1913.

66. Idem, 10/1 e 10/6/1914.

67. Rajmohan Gandhi, *Gandhi*, p. 158.

68. *African Chronicle*, 16/11/1912.

69. Gandhi, *Satyagraha in South Africa*, p. 268.

70. *CWMG*, v. 12, p. 207.

71. Gandhi, *Satyagraha in South Africa*, p. 268.

5. A REBELIÃO DOS TRABALHADORES [pp. 134-66]

1. Apud Lillin, *General Smuts*, p. 230.

2. *CWMG*, v. 12, pp. 132-5.

3. Id., ibid., p. 31.

4. Id., ibid., p. 66.

5. Id., ibid., v. 96, p. 121.

6. Swan, *Gandhi: the South African experience*, p. 242.

7. Gandhi, *Satyagraha in South Africa*, p. 273.

8. Meer, *South African Gandhi*, p. 47.

9. Diário de Kallenbach no arquivo do Ashram Sabarmati, em Ahmedabad. Naidoo é um nome télugo, e não tâmil, mas Thambi Naidoo era presidente da Associação Beneficente Tâmil em Johannesburgo, onde, ao que parece, o termo "tâmil" designava de forma geral todas as pessoas originárias do sul da Índia, que na época também podiam ser chamadas de *madrasis*.

10. Notas do diário de Kallenbach, 3-7/7/1913, no arquivo do Ashram Sabarmati, Ahmedabad.

11. *Natal Witness*, 18/10/1913.

12. *CWMG*, v. 12, pp. 214-5.

13. Id., ibid., p. 512.

14. Id., ibid., p. 214.

15. Desai e Vahed, *Inside indenture*, p. 363.

16. *Natal Witness*, 18/10/1913.

17. Desai e Vahed, *Inside indenture*, p. 364.

18. *African Chronicle*, 18/10/1913.

19. *CWMG*, v. 12, p. 240.

20. Desai e Vahed, *Inside indenture*, p. 364.

21. *CWMG*, v. 12, p. 253.

22. *Star*, 1/11/1913.

23. Bhana e Pachai, *Documentary history of Indian South Africans*, p. 143.

24. Id., ibid., pp. 142-3.

25. "The Great March: Mr. Gandhi at work", *Indian Opinion*, 19/11/1913.

26. "What the British press says", *Indian Opinion*, 19/11/1913.

27. Gandhi, *Satyagraha in South Africa*, pp. 296, 299.

28. Id., ibid., p. 300.

29. Desai e Vahed, *Inside indenture*, p. 372.

30. *Transvaal Leader*, 29/10/1913.

31. Desai e Vahed, *Inside indenture*, p. 369.

32. *The Star*, 10/11/1913.

33. Desai e Vahed, *Inside indenture*, p. 393.

34. *Transvaal Leader*, 5/11 e 8/11/1913.

35. Relatório sobre a polícia de Durban, de 17/11, do juiz Percy Binns, Pretória.

36. Rajmohan Gandhi, *Gandhi*, p. 167.

37. "Progress of the strike: the Durban Conference", *Indian Opinion*, 29/10/1913.

38. Desai e Vahed, *Inside indenture*, p. 384.

39. Na era do apartheid, foi criado um bairro negro em terras que tinham feito parte da velha propriedade Campbell. Chamava-se Kwa-Mashu. É mais do que provável que poucos de seus habitantes soubessem que "Mashu" era uma corruptela zulu de Marshall, homenagem ao fazendeiro branco que apresentara Dube a Gandhi.

40. *CWMG*, v. 12, p. 298.

41. A íntegra do texto da carta de Marshall Campbell a Gandhi, datada de 30/12/1913, está na Biblioteca Killie Campbell, em Durban, num arquivo que também contém uma carta de Colin Campbell ao irmão, William, e uma carta subsequente de William ao pai. Nenhuma dessas cartas esclarece as dúvidas quanto ao que o suposto exame de balística revelou sobre quem disparou o projétil que matou o trabalhador Patchappen, se não foi o filho do fazendeiro.

42. *CWMG*, v. 12, pp. 298-9.

43. *Transvaal Leader*, 28/11, 29/11, 19/12 e 23/12/1913.

44. Desai e Vahed, *Inside indenture*, p. 394.

45. Em 14 de novembro, segundo Desai e Vahed, *Inside indenture*, p. 383.

46. Id., ibid., p. 383.

47. *Transvaal Leader*, 19/11/1913.

48. Relatório da Comissão de Inquérito Indiana, apresentado ao Parlamento em abril de 1914, p. 8 (disponível em Parliament Papers Online, Câmara dos Comuns, acessível através do ProQuest).

49. *Transvaal Leader*, 28/11/1913.

50. Relatório da Comissão de Inquérito Indiana, p. 10.

51. Recorte conservado nos Arquivos Nacionais, Pretória.

52. *Indian Opinion*, 12/12/1913.

53. O cabograma de lorde Gladstone está nos Arquivos Nacionais, em Pretória. Argumentando que Botha e Smuts haviam reagido às greves dos indianos "com enorme indulgência", o governador-geral declarou: "Deploro que credibilidade oficial seja dada a acusações afrontosas telegrafadas à Índia por aqueles que foram responsáveis pelas greves aqui".

54. *CWMG*, v. 12, p. 270.

55. Id., ibid., p. 272.

56. Id., ibid., p. 276.

57. Id., ibid., p. 274.

58. Id., ibid., p. 320.

59. Id., ibid., p. 315.

60. Bhana e Pachai, *Documentary history of Indian South Africans*, p. 142.

61. *CWMG*, v. 12, p. 660.

62. *African Chronicle*, 27/12/1913 e 20/1/1914. Em setembro de 1914, Aiyar ainda estava em seu antigo endereço em Durban quando um órgão de censura de guerra interceptou uma carta, hoje no Arquivo Nacional, em Pretória, que ele enviou ao escritório do Congresso Nacional Indiano em Nova York, solicitando ajuda para a publicação de um livro sobre o conflito racial na África do Sul.

63. *CWMG*, v. 12, p. 483.

64. Id., ibid., p. 442.

65. Ibid., p. 478.

66. Id., ibid., p. 479.

67. Id., ibid., p. 477.

68. Uma Dhupelia-Mesthrie, *From cane fields to freedom: a chronicle of Indian South African life*. Cidade do Cabo, 2000, pp. 16-7.

69. Nanda, *Three statesmen*, p. 467.

70. Entrevista de Prema Naidoo, Johannesburgo, novembro de 2007.

71. *CWMG*, v. 12, p. 474.

72. Id., ibid., p. 486.

73. Id., ibid., p. 472.

74. Rajmohan Gandhi, *Gandhi*, p. 173.

75. *CWMG*, v. 15, p. 341, apud Sarid e Bartolf, *Hermann Kallenbach*, p. 64.

6. O DESPERTAR DA ÍNDIA [pp. 169-202]

1. *CWMG*, v. 13, p. 5.

2. Id., ibid., p. 195.

3. O vocabulário do hindustâni, a língua falada nas ruas do norte da Índia (e nos filmes de Bollywood), vem do sânscrito e do persa, através do híndi e do urdu.

4. *CWMG*, v. 21, p. 14.

5. Id., ibid., p. 73.

6. Id., ibid., v. 16, p. 282.

7. Id., ibid., v. 20, p. 511.

8. Mahadev Desai, *Day-to-day with Gandhi*, v. 3, p. 286.

9. Fischer, *Life of Mahatma Gandhi*, p. 233.

10. *News Chronicle* (Londres), 7/9/1930.

11. Mahadev Desai, *Day-to-day with Gandhi*, v. 3, p. 265.

12. Id., ibid., p. 264.

13. *CWMG*, v. 19, p. 374.

14. Id., ibid., v. 23, p. 53.

15. Ver Amin, "Gandhi as Mahatma", pp. 290-340.

16. *CWMG*, v. 14, p. 201.

17. Brown, *Gandhi*, p. 82.

18. *CWMG*, v. 14, pp. 80, 201.

19. Id., ibid., v. 14, p. 203.

20. Id., ibid., v. 13, p. 200.

21. Id., ibid., v. 96, p. 212.

22. Nanda, *Gandhi*, p. 165.

23. *CWMG*, v. 13, p. 33.

24. Nanda, *Three statesmen*, p. 170; também Heimsath, *Indian nationalism and Hindu social reform*, pp. 241-3.

25. *CWMG*, v. 13, p. 91.

26. Gopalkrishna Gandhi, *A frank friendship*, p. 75, faz uma brevíssima descrição do imã Abdul Kader Salim Bawazi, da mesquita Hamidia, em Johannesburgo.

27. *CWMG*, v. 13, p. 91.

28. Id., ibid., v. 23, p. 102.

29. Como citado por Rajmohan Gandhi em *Eight lives*, p. 150.

30. Apud Rajaram, *Gandhi, Khilafat, and the National Movement*, p. 8.

31. Nanda, *Gandhi*, p. 202.

32. Gandhi, *Autobiografia*, p. 335.

33. Tendulkar, *Mahatma*, v. 1, p. 162; Pyarelal e Nayar, *In Gandhiji's mirror*, p. 101.

34. Narayan Desai. *My life is my message*, v. 2, *Satyagraha*, p. 17.

35. *CWMG*, v. 96, p. 223.

36. Id., ibid., v. 13, pp. 127-8.

37. Id., ibid., v. 96, p. 225.

38. Id., ibid., p. 227.

39. Id., ibid., p. 225.

40. Pyarelal e Nayar, *In Gandhiji's mirror*, p. 102.

41. *CWMG*, v. 14, p. 190.

42. Id., ibid., v. 13, p. 128.

43. Mahadev Desai, *Day-to-day with Gandhi*, v. 1, p. 153.

44. *CWMG*, v. 25, p. 514.

45. Id., ibid., v. 26, p. 295.

46. Id., ibid., v. 13, p. 233.

47. Pouchepadass, *Champaran and Gandhi*, p. 6.

48. *CWMG*, v. 14, p. 538.

49. Prasad, *At the feet of Mahatma Gandhi*, p. 148. Há poucos anos, um jornalista suíço, com grande conhecimento da Índia, visitou o distrito de Champaran a fim de verificar como as iniciativas ali tomadas por Gandhi e seus auxiliares muitas décadas antes haviam se desenvolvido. Não restava praticamente vestígio delas; o que ele viu foi um clima de corrupção política e opressão desenfreadas. Ver Imhasly, *Goodbye to Gandhi?*, pp. 57-86.

50. Shankar Dayal Singh, *Gandhi's first step*, p. 5.

51. *CWMG*, v. 19, p. 88.

52. *CWMG*, v. 13, p. 210.

53. Id., ibid., p. 232.

54. Nehru, *Mahatma Gandhi*, p. 23, uma passagem tirada de *Discovery of India*, de Nehru.

55. Id., ibid., p. 12, uma passagem tirada de *Glimpses of world history*, de Nehru.

56. *CWMG*, v. 14, p. 392.

57. Id., ibid., p. 298.

58. Id., ibid., v. 19, p. 104.

59. Nehru, *Mahatma Gandhi*, p. 23.

60. *CWMG*, v. 14, pp. 377-82.

61. Id., ibid., p. 380.

62. Id., ibid., p. 443.

63. Id., ibid., p. 476.

64. Id., ibid., p. 454.

65. Id., ibid., p. 440.

66. Id., ibid., p. 485.

67. Id., ibid., p. 473.

68. Id., ibid., v. 23, p. 4.

69. Id., ibid., v. 14, p. 480.

70. Rajmohan Gandhi, *Gandhi*, p. 202.

71. *CWMG*, v. 16, p. 306.

72. Kepel, *Jihad*, pp. 44-5.

73. Inimigo jurado da família real saudita — que reúne os sucessores eventuais do último califa, na qualidade de zeladores dos lugares sagrados —, Osama bin Laden não era obsedado pelos turcos. Saudita de nascimento, mas com raízes familiares no Iêmen, abraçava o ideal de autoridade espiritual e temporal na pessoa de um só potentado e de um só Estado teocrático que representasse todos os crentes. Num videoteipe feito após os ataques de 11 de Setembro, Bin Laden disse que aquilo que os americanos estavam finalmente experimentando era o que "nossa nação islâmica vem provando há mais de oitenta anos de humilhação e vergonha". Os oitenta anos se referem ao desmantelamento do Império Otomano, que pôs fim ao califado. Em outras palavras, ele estava revivendo a causa do Khilafat, pela qual Gandhi fez campanha. Faiçal Devji fez uma in-

teressante análise dessas questões em *The terrorist on search of humanity*, em especial nas pp. 120-30. "O Mahatma", escreveu, "foi, sem dúvida, o mais importante propagador do califado nos tempos modernos."

74. Jordens, *Swami Shraddhananda*, p. 114.

75. Gandhi, *Autobiografia*, p. 414.

76. Minault, *Khilafat movement*, p. 82.

77. *CWMG*, v. 17, p. 543.

78. Id., ibid., v. 18, p. 230.

79. Nanda, *Gandhi*, p. 238.

80. Rajmohan Gandhi, *Gandhi*, p. 234.

81. Nanda, *Gandhi*, p. 242.

82. Rajmohan Gandhi, *Gandhi*, p. 237.

83. Mahadev Desai, *Day-to-day with Gandhi*, v. 3, pp. 290-1.

84. *CWMG*, v. 23, p. 567.

85. Id., ibid., v. 21, p. 10.

86. Minault, *Khilafat movement*, pp. 145-9; Nanda, *Gandhi*, pp. 311-20.

87. *CWMG*, v. 21, pp. 180-1.

88. Id., ibid., v. 24, pp. 456-7.

89. Nanda, *Gandhi*, p. 289.

90. Rajmohan Gandhi, *Eight lives*, p. 111.

91. *CWMG*, v. 20, p. 90.

92. Id., ibid., v. 19, p. 92.

93. Id., ibid., v. 25, p. 200.

94. Id., ibid., p. 202.

95. Dhupelia-Mesthrie, *Gandhi's prisoner?*, p. 175.

96. Payne, *Life and death of Mahatma Gandhi*, p. 355.

97. Rahmohan Gandhi, *Gandhi*, p. 241. O economista Amartya Sen faz uma análise contemporânea do debate entre o Mahatma e Tagore sobre tecidos caseiros e industriais. "Com exceção do pequeno mercado especializado de tecidos domésticos de alta qualidade", escreveu ele, "é difícil ver sentido econômico na fiação manual, mesmo com rodas de fiar menos primitivas do que a *charkha* de Gandhi." No entanto, reconhece Sen, o argumento central de Gandhi tinha a ver com justiça social, além de economia. A análise de Sen está em *The Argumentative Indian*, pp. 100-1.

98. *CWMG*, v. 21, p. 289.

99. Nanda, *Gandhi*, p. 347.

100. Apud Nanda, *Gandhi*, p. 346.

101. Apud Minault, *Khilafat movement*, p. 185.

102. *CWMG*, v. 23, pp. 350-1, apud Nanda, *Gandhi*, p. 344.

7. INAPROXIMABILIDADE [pp. 203-32]

1. Jaswant Singh, *Jinnah*, p. 111.

2. *CWMG*, v. 32, pp. 452, 473-4.

3. Jaswant Singh, *Jinnah*, p. 113.

4. Mahadev Desai, *Day-to-day with Gandhi*, v. 9, p. 304.

5. Jordens, *Swami Shraddhananda*, p. 110.

6. Tinker, *Ordeal of love*, p. 151.

7. Jordens, *Swami Shraddhananda*, p. 117.

8. Id., ibid.

9. Id., ibid., p. 119.

10. *CWMG*, v. 19, p. 289.

11. Jordens, *Swami Shraddhananda*, p. 119.

12. Id., ibid., p. 144.

13. *CWMG*, v. 23, pp. 567-9.

14. Id., ibid., v. 24, pp. 145, 148-9.

15. B. R. Ambedkar, *What Congress and Gandhi have done to the untouchables*, p. 23.

16. *CWMG*, v. 19, p. 289.

17. Id., ibid., v. 25, p. 228.

18. Id., ibid., v. 26, p. 408.

19. Id., ibid., pp. 164-5.

20. Mendelsohn e Vicziany, *Untouchables*, p. 97.

21. Entrevista com M. K. Sanoo, Ernakulam, 18/1/2009.

22. Entrevista com o dr. Babu Vijayanath, Harippad, 17/1/2009. Um artigo no *Malayala Manorama*, de 14/10/1927, descreve a cerimônia de renomeação.

23. Entrevista com K. K. Kochu, perto de Kottayam, 19/1/2009. Segundo T. K. Ravindran, em seu livro *Eight furlongs of freedom*, p. 108, essa cegueira pode ter sido temporária.

24. *CWMG*, v. 23, p. 391.

25. Joseph, *George Joseph*, pp. 166-9. A versão de Gandhi desses acontecimentos é encontrada em *Removal of untouchtability*, uma coletânea de textos seus sobre o assunto, pp. 107-14.

26. *CWMG*, v. 23, p. 471.

27. Id., ibid., p. 519.

28. Rudrungshu Mukherjee (org.), *Penguin candid reader*, p. 221.

29. M. K. Gandhi, *Selected political writings*, pp. 124-5.

30. Mende, *Conversations with Mr. Nehru*, pp. 27-8.

31. *CWMG*, v. 59, p. 45.

32. Chandrashanker Shukla, *Conversations with Gandhiji*. Bombaim, 1949, p. 59.

33. *Harijan*, 18/7/1936; também em Gandhi, *Removal of intouchability*, p. 36.

34. Apud Coward, *Indian critiques of Gandhi*, p. 61.

35. *CWMG*, v. 80, pp. 222-4, apud Martin Green em *Gandhi in India: In his own words*. Hanover (NH), 1987, pp. 324-6.

36. Mahadev Desai, *Day-to-day with Gandhi*, v. 6, p. 86.

37. *CWMG*, v. 24, pp. 90-4. Todas as citações nesses parágrafos foram extraídas de um documento que resume as conversas com os dois emissários de Vaikom.

38. Ravindran, *Eight furlongs of freedom*, p. 86.

39. Id., ibid., p. 95.

40. Id., ibid., p. 99.

41. *CWMG*, v. 24, pp. 268-9.

42. Id., ibid., v. 25, p. 349.

43. Mahadev Desai, *Day-to-day with Gandhi*, v. 6, p. 58.

44. Ravindran, *Eight furlongs of freedom*, pp. 164-91.

45. Mahadev Desai, *Day-to-day with Gandhi*, v. 6, p. 84.

46. *CWMG*, v. 19, p. 571.

47. Mende, *Conversations with Mr. Nehru*, pp. 28-9.

48. Mahadev Desai, *Day-to-day with Gandhi*, v. 6, p. 83.

49. *Malayala Manorama*, 14/3/1925.

50. Ravindran, *Eight furlongs of freedom*, pp. 187-90.

51. Raimon, *Selected documents on the Vaikom satyagraha*, p. 112.

52. Entrevista com Krishnan Nambuthiti, Vaikom, 14/1/2009.

53. *Malayala Manorama*, 14/3/1925.

54. Mahadev Desai, *Day-to-day with Gandhi*, v. 6, pp. 68-70.

55. Id., ibid., pp. 77-81.

56. Id., ibid., pp. 84-8.

57. Entrevista com o dr. Babu Vijayanath, Harippad, 17/1/2009. A visita está também resumida em Mahadev Desai, *Day-to-day with Gandhi*, v. 6, pp. 124-5.

58. Mahadev Desai, *Day-to-day with Gandhi*, v. 6, p. 88.

59. Ravindran, *Eight furlongs of freedom*, p. 340.

60. Entrevista com o dr. Babu Vijayanath, Harippad, 17/1/2009.

61. Foi M. K. Sanoo quem chamou minha atenção para esse verso, mais tarde localizado no *Malayalam Manorama* por jornalistas que o traduziram.

62. Raimon, *Selected documents on the Vaikom satyagraha*, p. 203.

63. *Madhyamam*, 2/4/1999.

64. Entrevista com K. K. Kochu, Kaduthuruthi, distrito de Kottayam, 18/1/2009.

65. Mahadev Desai, *Day-to-day with Gandhi*, v. 6, pp. 114-5.

66. Uma magnífica descrição, mas o registro no diário de Mahadev Desai deixa claro que eles chegaram a Alwaye de barco e de carro. Id., ibid., p. 118.

67. Muggeridge, *Chronicles of wasted time*, pp. 109-10.

8. AVE, LIBERTADOR! [pp. 233-62]

1. Tendulkar, *Mahatma*, v. 2, p. 140.

2. Id., ibid., p. 142.

3. Id., ibid., p. 327.

4. *CWMG*, v. 31, p. 504.

5. Id., ibid., p. 369.

6. Fischer, *Life of Mahatma Gandhi*, pp. 241-2.

7. *CWMG*, v. 32, p. 571.

8. Id., ibid., v. 31, p. 504.

9. Id., ibid., p. 368.

10. Brown, *Gandhi*, p. 213.

11. Fischer, *Life of Mahatma Gandhi*, p. 261.

12. *CWMG*, v. 31, p. 554.

13. Wells, *Ambassador of Hindu-Muslim unity*, p. 177.

14. Leonard A. Gordon, *Brothers against the Raj: a biography of Indian nationalists*, p. 189.

15. Tendulkar, *Mahatma*, v. 2, p. 334. Em dois anos, Muhammad Ali morreria em Londres.

16. Philips e Wainwright, *Partition of India*, p. 279.

17. Ruttie Jinnah era de ascendência parse, grupo étnico minoritário formado por indianos de origem persa que conservam o zoroastrismo, mas se convertera ao islã antes de se casar. Ao falecer, foi sepultada num cemitério muçulmano, com o ex-marido a chorar junto de seu túmulo.

18. Brown (*Gandhi*, p. 222) faz um paralelo com a campanha de 1921. Em 26 de janeiro comemora-se na Índia o Dia da República; o 15 de outubro, data em que a Índia realmente se tornou independente, em 1947, é o Dia da Independência.

19. Id., ibid., v. 42, p. 382.

20. Id., ibid., v. 42, p. 382.

21. Brown, *Gandhi*, p. 235.

22. Rajmohan Gandhi, *Gandhi*, p. 303.

23. Fischer, *Life of Mahatma Gandhi*, pp. 271-2.

24. Apud Rajmohan Gandhi, *Gandhi*, p. 309.

25. Fischer, *Life of Mahatma Gandhi*, p. 273. Thomas Weber contesta que essas palavras tenham sido pronunciadas algum dia, apontando sua ausência nas reportagens da época e observando que elas aparecem pela primeira vez num artigo de um jornalista britânico que se encontrava em Berlim no dia em que Gandhi chegou a Dandi. Ver "Historiography and the Dandi march", em *Gandhi, gandhism, and the gandhians*.

26. *CWMG*, v. 44, p. 468.

27. Id., ibid., v. 48, p. 18.

28. Harold Laski no *Daily Herald* (Londres), 11/9/1931.

29. Tendeulkar, *Mahatma*, v. 3, p. 127.

30. B. R. Ambedkar, *Letters*, p. 220.

31. Ao que parece, o casamento ocorreu três anos depois, quando ele teria dezessete anos e ela, doze, embora haja discordância entre seus biógrafos quanto a esse ponto. Para Keer (*Dr. Ambedkar*, p. 20), ele tinha dezessete anos; para Omvedt (*Ambedkar*, p. 6), catorze.

32. B. R. Ambedkar, *Essential writings*, p. 52.

33. Keer, *Dr. Ambedkar*, p. 18.

34. Omvedt, *Ambedkar*, p. 4.

35. Keer, *Dr. Ambedkar*, p. 74.

36. Zelliot, *From untouchable to dalit*, p. 163.

37. Omvedt, *Ambedkar*, p. 119.

38. Keer, *Dr. Ambedkar*, p. 165.

39. Id., ibid., p. 166.

40. Mahadev Desai, *Diary of Mahadev Desai*, p. 52.

41. Omvedt, *Ambedkar*, p. 43.

42. Zelliot, *From untouchable to dalit*, p. 166.

43. Omvedt, *Ambedkar*, p. 43.

44. Zelliot, *From untouchable to dalit*, p. 166.

45. Mahadev Desai, *Diary of Mahadev Desai*, p. 53.

46. *CWMG*, v. 48, p. 224.

47. Id., ibid., p. 208.

48. Id., ibid., pp. 160-1.

49. Id., ibid., p. 16.

50. Id., ibid., p. 34.

51. B. R. Ambedkar, *Writings and speeches*, v. 3, contém transcrições das sessões da Conferência da Mesa-Redonda aqui citadas. Os diálogos entre Gandhi e Ambedkar constam das pp. 661-3 desse volume.

52. Shirer, *Gandhi*, p. 194, apud Herman, *Gandhi and Churchill*, p. 372.

53. Narayan Desai, *My life is my message*, v. 3, *Satyapath*, p. 169.

54. B. R. Ambedkar, *Letters*, p. 215.

55. B. R. Ambedkar, *What Congress and Gandhi have done to the untouchables*, p. 275.

56. B. R. Ambedkar, *Letters*, p. 215.

57. Carta de Nehru a S. K. Patil, 31/11/1931, arquivo do Museu do Memorial Nehru, AICC Papers, g86/3031.

58. *Daily Herald* (Londres), 5/12/1931.

59. George Orwell, "Reflections on Gandhi", em *A collection of essays*. Garden City, Nova Yok, 1954, p. 180.

60. Rolland, *Mahatma Gandhi*, p. 248.

61. Nayar, *Salt satyagraha*, p. 403; Slade, *Spirit's pilgrimage*, p. 151.

62. Nayar, *Salt satyagraha*, p. 403. Sushila Nayar completou a biografia iniciada por seu irmão, que raramente assinava alguma coisa com seu nome inteiro, Pyarelal Nayar.

63. Id., ibid., p. 405.

64. Id., ibid., p. 414. O inglês que descreve essa cena é o etnólogo Verrier Elwin.

9. JEJUM ATÉ A MORTE [pp. 263-95]

1. Ajoy Bose, *Behenji*, p. 83.

2. Tendulkar, *Mahatma*, v. 7, p. 154.

3. Jim Yardley, "In India, caste honor amd killings intertwine", *The New York Times*, 9/7/2010, p. 1.

4. Narayan Desai, *My life is my message*, v. 3; *Satyapath*, p. 179.

5. *CWMG*, v. 55, p. 199.

6. "The removal of untouchability", *Young India*, 13/10/1021.

7. *CWMG*, v. 19, p. 289.

8. Gandhi, *Removal of untouchability*, p. 11.

9. Tendulkar, *Mahatma*, v. 3, pp. 159-60.

10. Mahadev Desai, *Diary of Mahadev Desai*, p. 295.

11. "Ameaça de suicídio", *Times of India*, 14/9/1932.

12. Mahadev Desai, *Diary of Mahadav Desai*, pp. 293-4, 302. Nehru, que estava na prisão nesse

período, admitiu num registro em seu diário, após a conclusão do jejum de Gandhi: "Creio que estou me afastando cada vez mais, mentalmente, do senhor Gandhi, apesar de minha intensa ligação emocional com ele. Suas contínuas referências a Deus me irritam extremamente. Suas ações políticas são, muitas vezes, guiadas por um instinto infalível, mas ele não estimula outras pessoas a pensarem". Apud Brown, *Gandhi*, p. 270.

13. Mahadev Desai, *Diary of Mahadev Desai*, p. 4.

14. Id., ibid., p. 301.

15. Id., ibid.

16. Verma, *Crusade against untouchability*, pp. 38-9.

17. Ravindran, *Eight furlongs of freedom*, p. 79.

18. Shirer, *Gandhi*, pp. 208-10.

19. Pyarelal, *Epic fast*, p. 6.

20. Verma, *Crusade against untouchability*, p. 27.

21. Narayan Desai, *The fire and the rose*, pp. 568-9; Rajmohan Gandhi, *Patel*, pp. 226-8.

22. Pyarelal, *Epic fast*, p. 30.

23. Narayan Desai, *The fire and the rose*, p. 569.

24. Tagore, *Mahatmaji and the depressed humanity*, pp. 11, 18.

25. Id., ibid., p. 22.

26. Pyarelal, *Epic fast*, p. 59; Narayan Desai, *The fire and the rose*, p. 575; Verma, *Crusade against untouchability*, pp. 43-4.

27. Verma, *Crusade against untouchability*, p. 44.

28. Pyarelal, *Epic fast*, p. 239.

29. Nehru, *Toward freedom*, p. 237.

30. *Times of India*, 14/9/1932.

31. Pyarelal, *Epic fast*, pp. 188-9.

32. Id., ibid., pp. 79-80.

33. Tagore, *Mahatmaji and the depressed humanity*, p. 29.

34. Pyarelal, *Epic fast*, pp. 79-81.

35. Keer, *Dr. Ambedkar*, pp. 221, 234.

36. *CWMG*, v. 53, p. 131.

37. Keer, *Dr. Ambedkar*, p. 229.

38. *The Times* (Londres), 7/11/1932.

39. Tendulkar, *Mahatma*, v. 7, p. 151.

40. Mankar, *Denunciation of Poona-Pact*, p. 109

41. Id., ibid., p. 160.

42. Verma, *Crusade against untouchability*, pp. 62-3.

43. B. R. Ambedkar, *What Congress and Gandhi have done to the untouchables*, p. 135.

44. Keer, *Dr. Ambedkar*, p. 229.

45. Verma, *Crusade against intouchability*, p. 196.

46. Tendulkar, *Mahatma*, v. 3, p. 201.

47. Omvedt, *Ambedkar*, p. 61.

48. B. R. Ambedkar, *Annihilation of caste*, pp. 84-6.

49. B. R. Ambedkar, *What Congress and Gandhi have done to the untouchables*, p. 277.

50. Rajmohan Gandhi, *Gandhi*, p. 597.

51. Nehru, *Toward freedom*, p. 240.

52. Isso fica claro numa discussão entre Nehru e Mahadev Desai, em 23 de agosto de 1934, resumida numa tradução para o inglês de uma parte do diário de Mahadev Desai conservada na Biblioteca do Memorial Gandhi, pp. 121-4.

53. Tendulkar, *Mahatma*, v. 3, p. 205.

54. Id., ibid., p. 215.

55. Id., ibid., pp. 215, 217.

56. Id., ibid., p. 216.

57. Os relatórios de funcionários coloniais sobre as viagens de Gandhi estão arquivados no Museu Nehru. Muitos desses relatórios, mas não todos, estão transcritos parcialmente em Ray, *Gandhi's campaign against untouchability*.

58. Tendulkar, *Mahatma*, v. 3, p. 281.

59. Tradução para o inglês, não publicada, de parte do diário de Mahadev Desai, referente ao outono de 1934, arquivada na Biblioteca do Memorial Gandhi. Ver p. 162.

60. Tendulkar, *Mahatma*, v. 3, p. 280.

61. Ray, *Gandhi's campaign against untouchability*, p. 220.

62. Rajmohan Gandhi, *Gandhi*, p. 362.

63. Nehru, *Toward freedom*, p. 301.

64. Rajmohan Gandhi, *Gandhi*, pp. 362-3.

65. Tendulkar, *Mahatma*, v. 3, p. 250.

66. Id., ibid., p. 251.

67. Nayar, *Preparing for swaraj*, pp. 207-8.

68. Ray, *Gandhi's campaign against untouchability*, p. 178.

69. Id., ibid., pp. 46-7.

70. *CWMG*, 2ª ed., v. 65, pp. 178-9.

71. *CWMG*, v. 59, p. 218.

72. Tendulkar, *Mahatma*, v. 3, p. 282.

73. Id., ibid., p. 283.

74. Id., ibid., p. 297.

75. Id., ibid., p. 280, 296.

76. *CWMG*, v. 61, p. 403, apud Brown, *Gandhi*, p. 292.

77. Tendulkar, *Mahatma*, v. 4, p. 304.

10. ALDEIA DE SERVIÇO [pp. 296-327]

1. Nayar, *Preparing for swaraj*, p. 301.

2. *Harijan*, 17/8/1934.

3. *CWMG*, v. 60, p. 58.

4. Tendulkar, *Mahatma*, v. 5, p. 245.

5. *CWMG*, 2ª ed., v. 65, p. 432.

6. *CWMG*, v. 59, p. 179.

7. Id., ibid., p. 312.

8. Weber, *Gandhi as disciple and mentor*, p. 104.

9. Tendulkar, *Mahatma*, v. 5, pp. 17-8.

10. Id., ibid., p. 14.

11. Id., ibid., p. 15.

12. Id., ibid., p. 347.

13. Payne, *Life and death of Mahatma Gandhi*, pp. 464-5.Ver também Rajmohan Gandhi, pp. 406-7.

14. Narayan Desai, *The fire and the rose*, pp. 601-2.

15. Slade, *Spirit's pilgrimage*, pp. 202-3.

16. *CWMG*, v. 62, p. 332.

17. Slade, *Spirit's pilgrimage*, p. 203.

18. Nayar, *Preparing for swaraj*, p. 366.

19. Rajmohan Gandhi, *Gandhi*, pp. 380-1.

20. *CWMG*, v. 59, p. 402.

21. *CWMG*, v. 65, p. 371.

22. Kumarappa estudara economia na Universidade Columbia, com Edwin Seligman, de quem Ambedkar também fora aluno.

23. Ver referência em E. F. Schumacher, que faz uma breve citação de Kumarappa. *Small is beautiful: economics as if people mattered*. Point Roberts (WA): Hartley & Marks, 1999, p. 39. [*O negócio é ser pequeno*. Zahar, Rio de Janeiro, 1977].

24. *CWMG*, v. 59, p. 452.

25. Id., ibid., p. 411.

26. Id., ibid., v. 62. p. 319.

27. Narayan Desai, *The fire and the rose*, pp. 602-3.

28. *CWMG*, v. 62, p. 239.

29. Tendulkar, *Mahatma*, v. 4, p. 96.

30. *CWMG*, v. 62, p. 379.

31. Id., ibid., p. 378.

32. Slade, *Spirit's pilgrimage*, p. 207.

33. Malise Ruthven, "Excremental India", *New York Review of Books*, 13/5/2010.

34. Muhammad Yunus, detentor do Prêmio Nobel da Paz e que dirige o Banco Grameen na vizinha Bangladesh, está ciente das semelhanças entre suas ideias sobre a pobreza rural e as de Gandhi, mas não cita o Mahatma como uma influência no desenvolvimento dessas ideias em seu livro *Banker to the poor* (Nova Delhi, 2007). O mesmo acontece com Fazle Hasan Abed, dirigente do BRAC, um banco ainda maior, também em Bangladesh. Abed é outro pioneiro do chamado "empreendedorismo social". Ver Ian Smillie, *Freedom from want*. Sterling (VA): Kumarian Press, 2009.

35. Keer, *Dr. Ambedkar*, p. 268.

36. Narayan Desai, *My life is my message*, v. 3, *Satyapath*, p. 172.

37. "Caste has to go", *Harijan*, 16/11/1935; *CWMG*, v. 62, pp. 121-2.

38. *CWMG*, v. 67, p. 359.

39. Nagaraj, *Flaming feet*, p. 39.

40. Id., ibid., pp. 24-5.

41. Tendulkar, *Mahatma*, v. 4, p. 97.

42. Id., ibid., p. 101.

43. *CWMG*, v. 65, p. 296.

44. *Harijan*, 12/6/1937.

45. Mahadev Desai, *Epic of Travancore*, p. 40.

46. Entrevista com o marajá de Travancore, 15/1/2009.

47. *CWMG*, v. 64, p. 255.

48. Mahadev Desai, *Epic of Travancore*, pp. 219-9.

49. *CWMG*, v. 64, p. 248.

50. Id., ibid., p. 62.

51. Id., ibid., p. 132.

52. Id., ibid., p. 61.

53. Parekh, *Colonialism, tradition, and reform*, pp. 205-6.

54. Id., ibid., p. 207.

55. *CWMG*, v. 62, pp. 428-30.

56. Id., ibid., p. 212.

57. Santo Agostinho, *Confissões*. Tradução de J. Oliveira Santos e A. Ambrósio de Pina. São Paulo, Abril Cultural, 1980, p. 29.

58. Dalal, *Harilal Gandhi*, p. 105.

59. *CWMG*, v. 67, p. 61.

60. Id., ibid., p. 37.

61. Apud Thomson, *Gandhi and his ashrams*, p. 228.

62. *CWMG*, v. 64, p. 175.

63. Id., ibid., v. 65, p. 301.

64. Id., ibid., p. 240.

65. Thomson, *Gandhi and his ashrams*, p. 219.

66. Gandhi começou a promover a roda de fiar antes de tocar pela primeira vez num desses instrumentos. A ideia, disse mais tarde, lhe ocorrera durante sua viagem a Londres, em 1909, "como num lampejo". Ele nem sabia a diferença entre uma roda de fiar e um tear manual. Em *Hind swaraj*, escrito na viagem de volta à África do Sul, ele alude a "teares manuais antigos e sagrados" quando, ao que parece, estava pensando na *charkha*. Ver uma extensa nota sobre esse ponto na edição de *Hind swaraj* de Anthony Parel, p. 230. Narayan Desai diz a mesma coisa em *My life is my message*, v. 1, p. 459.

67. *CWMG*, v. 65, p. 231.

68. *CWMG*, 2ª ed., v. 70, p. 461.

69. Slade, *Spirit's pilgrimage*, p. 191.

70. *CWMG*, v. 67, p. 327.

71. Mark Lindley, *J. C. Kumarappa; Mahatma1s Gandhi's economist* (Mumbai, 2007), p. 144.

72. *CWMG*, v. 73, apud Thomson, *Gandhi and his ashrams*, p. 209.

73. Pyarelal, *Mahatma Gandhi: last phase*, v. 1, p. 48.

74. Thomson, *Gandhi and his ashrams*, p. 227.

75. Tendulkar, *Mahatma*, v. 5, p. 79.

76. Id., ibid., p. 245.

77. *CWMG*, v. 96, pp. 277, 284.

78. Pyarelal, *Mahatma Gandhi: last phase*, v. 1, pp. 104-5.

79. *Harijan*, 29/5/1937.

80. Sarid e Bartolf, *Hermann Kallenbach*, p. 73.

81. Shimoni, *Gandhi, Satyagraha, and the Jews*, pp. 28-9.

82. Ver *CWMG*, v. 19, p. 472, em que Gandhi, em 23 de março de 1921, contesta o direito de os britânicos se comprometerem com uma posição favorável aos judeus na Palestina.

83. Shimoni, *Gandhi, Satyagraha, and the Jews*, p. 35.

84. *CWMG*, v. 96, pp. 290, 292.

85. Sarid e Bartolf, *Hermann Kallenbach*, pp. 75-6.

86. Shimoni, *Gandhi, Satyagraha, and the Jews*, pp. 40-7.

87. Tendulkar, *Mahatma*, v. 5, p. 160.

88. Rajmohan Gandhi, *Gandhi*, p. 400.

89. Mansergh e Lumby, *Transfer of power*, v. 5, p. 41.

90. Rajmohan Gandhi, *Gandhi*, p. 400.

91. Id., ibid., p. 425.

92. *CWMG*, v. 70, p. 162.

11. O CAOS GENERALIZADO [pp. 328-69]

1. *CWMG*, v. 70, pp. 113-4.

2. Id., ibid., p. 114.

3. Wavell, *Viceroy's journal*, p. 236.

4. Tendulkar, *Mahatma*, v. 6, p. 156.

5. *CWMG*, v. 70, p. 113.

6. Rajmohan Gandhi, *Gandhi*, p. 436.

7. Tendulkar, *Mahatma*, v. 6, p. 125.

8. Mansergh e Lumby, *Transfer of power*, v. 2, p. 622.

9. Tendulkar, *Mahatma*, v. 6, p. 153.

10. Mansergh e Lumby, *Transfer of power*, v. 2, p. 853.

11. Tendulkar, *Mahatma*, v. 6, p. 129.

12. Jaswant Singh, *Jinnah*, p. 308.

13. Tendulkar, *Mahatma*, v. 6, p. 271.

14. Pyarelal, *Mahatma Gandhi; last phase*, v. 1, p. 88.

15. Jaswant Singh, *Jinnah*, p. 540.

16. Id., ibid., p. 541.

17. Pyarelal, *Mahatma Gandhi; last phase*, v. 1, p. 88.

18. Id., ibid., p. 91.

19. Tendulkar, *Mahatma*, v. 6, p. 276.

20. Id., ibid., p. 279.

21. Ver, por exemplo, Jalal, *Sole spokesman*.

22. Fischer, *Life of Mahatma Gandhi*, p. 437.

23. Narayan Desai, *My life is my message*, v. 4, *Svarpan*, pp. 225-6.

24. Pyarelal, *Mahatma Gandhi: last phase*, v. 1, p. 239.

25. Fischer, *Life of Mahatma Gandhi*, p. 424.

26. Pyarelal, *Mahatma Gandhi: last phase*, v. 1, p. 252.

27. Id., ibid., p. 464.

28. Gandhi se envolveu pela primeira vez nos assuntos do distrito de Noakhali em 1940, quando lá foi procurado por hindus que se diziam ameaçados pela violência dos muçulmanos. Recomendou-lhes que se defendessem de forma não violenta, mas a seguir acrescentou o que para ele era um conselho incomum, mas não sem precedentes: "Se não houver capacidade de defesa não violenta, não hesitem então em usar meios violentos". Tendulkar, *Mahatma*, v. 5, p. 249.

29. Constou que dezenas de mulheres hindus tinham sido coagidas a se casar com muçulmanos. Mas, quando Phillips Talbot se avistou com Gandhi em Noakhali, somente dois casos de sequestro e casamento tinham sido comprovados, conforme seu relato. Talbot, *American witness to India's partition*, p. 203.

30. Pyarelal, *Mahatma Gandhi: last phase*, v. 1, p. 358.

31. Entrevista com Barun Das Gupta, Kolkata, outubro de 2009.

32. A Liga Muçulmana afirmou que 50 mil muçulmanos tinham sido mortos em Bihar. Segundo os dados oficiais, esse número foi inferior a 5 mil. O American Friends Service Committee estimou-o em 10 mil, número que Gandhi aceitou em pelo menos uma ocasião.

33. Pyarelal, *Mahatma Gandhi: last phase*, v. 1, pp. 387, 397.

34. Id., ibid., p. 405.

35. Id., ibid., p. 356.

36. Id., ibid., pp. 370, 373.

37. Id., ibid., p. 378.

38. Id., ibid., pp. 370, 383.

39. Id., ibid., p. 381.

40. Nirmal Kumar Bose, *My days with Gandhi*, p. 47.

41. Id., ibid., pp. 46-7.

42. Id., ibid., p. 63.

43. Talbot, *American witness to India's partition*, p. 202.

44. Em geral se considera que o número de hindus em Bangladesh seja da ordem de 12 milhões, o que representaria cerca de 10% da população do país. No Paquistão, cuja população é de cerca de 170 milhões, só restam aproximadamente 3 milhões de hindus. A população muçulmana na Índia — 140 milhões, num total de 1,2 bilhão — só é superada pela da Indonésia e do Paquistão.

45. Entrevista com Abdue Wahab, Joyag, Bangladesh, outubro de 2009. O presidente do Jamaat local não estava necessariamente expressando uma heresia ao falar bem de Gandhi. Faisal Devji observa que o fundador do movimento, Abul Ala Mawdudi, "cantava loas ao Mahatma". Devji, *Terrorist in search of humanity*, p. 133.

46. Narayan Desai, *My life is my message*, v. 4, *Svarpan*, p. 271; *CWMG*, v. 86, p. 162.

47. Pyarelal, *Mahatma Gandhi: last phase*, v. 1, p. 431.

48. Id., ibid., p. 470.

49. *CWMG*, v. 86, p. 215.

50. Narayan Desai, *My life is my message*, v. 4, *Svarpan*, p. 103.

51. Nirmal Kumar Bose, *My days with Gandhi*, pp. 73-5.

52. Pyarelal, *Mahatma Gandhi: last phase*, v. 1, p. 591.

53. O *yajna* de Gandhi com Manubehn foi descrito, com graus variados de detalhes, em Nirmal Kumar Bose, *My days with Gandhi*; Narayan Desai, *My life is my message*, v. 4, *Svarpan*; Pyarelal, *Mahatma Gandhi: last phase*, v. 2; e Mehta, *Mahatma Gandhi and his apostles*. Pode ser acompanhado também na correspondência do Mahatma, em Gandhi, *CWMG*, principalmente no v. 86.

54. *CWMG*, v. 86, p. 224.

55. *CWMG*, v. 96, p. 205.

56. Nirmal Kumar Bose, *My days with Gandhi*, p. 95, 101.

57. Narayan Desai, *My life is my message*, v. 4, *Svarpan*, p. 304.

58. Nirmal Kumar Bose, *My days with Gandhi*, p. 118.

59. *CWMG*, v. 85, p. 221.

60. Id., ibid., v. 94, p. 337.

61. Nirmal Kumar Bose, *My days with Gandhi*, p. 135.

62. Pyarelal, *Mahatma Gandhi: last phase*, v. 2

63. Nirmal Kumar Bose, *My days with Gandhi*, p. 158.

64. Id., ibid., pp. 150-1.

65. Ibid., p. 153.

66. Id., ibid., p. 161.

67. Rajmohan Gandhi, *Gandhi*, p. 551.

68. Maksud, *Gandhi, Nehru, and Noakhali*, p. 41.

69. Rajmohan Gandhi, *Gandhi*, p. 554.

70. Brown, *Nehru*, p. 169.

71. Hingorani, *Gandhi on Nehru*, pp. 12-3.

72. Gandhi e Nehru haviam trocado cartas em que expunham suas divergências, em outubro e novembro de 1945. Ver Nehru, *Bunch of old letters*, pp. 509-16. Ver também Tendulkar, *Mahatma*, v. 8, pp. 302-6.

73. Hingorani, *Gandhi on Nehru*, p. 12.

74. Pyarelal, *Mahatma Gandhi: last phase*, v. 2, p. 251.

75. *CWMG*, v. 86, p. 295.

76. Pyarelal, *Mahatma Gandhi: last phase*, v. 2, p. 483.

77. Ver *Amrita Bazar Patrika*, 6/1/1946.

78. Pyarelal, *Mahatma Gandhi: last phase*, v. 2, p. 482; *CWMG*, v. 86, p. 286.

79. Pyarelal, *Mahatma Gandhi: last phase*, v. 1, p. 557.

80. Id., ibid., p. 509.

81. Do diário de Nirmal Kumar Bose, p. 991, arquivo da Sociedade Asiática, Kolkota.

82. Fischer, *Life of Mahatma Gandhi*, p. 451.

83. Pyarelal, *Mahatma Gandhi: last phase*, v. 1, p. 380.

84. Do diário de Nirmal Kumar Bose, p. 887, arquivo da Sociedade Asiática, Kolkota.

85. Pyarelal, *Mahatma Gandhi: last phase*, v. 1, pp. 518, 520.

86. Id., ibid., pp. 372, 386.

87. Id., ibid., p. 321.

88. Id., ibid., p. 505.

89. *CWMG*, v. 86, p. 305.

90. Pyarelal, *Mahatma Gandhi: last phase*, v. 1, p. 417.

91. Fischer, *Life of Mahatma Gandhi*, p. 436.

92. *CWMG*, v. 86, p. 305.

93. Id., ibid., pp. 348-50, 459.

94. Do diário de Nirmal Kumar Bose, p. 1251, arquivo da Sociedade Asiática, Kolkota.

95. Talbot, *American witness to India's partition*, p. 202.

96. Pyarelal, *Mahatma Gandhi: last phase*, v. 1, p. 559.

97. *CWMG*, v. 87, p. 17.

98. Tidrick, *Gandhi*, p. 315.

99. *CWMG*, v. 87, p. 63.

100. Pyarelal, *Mahatma Gandhi: last phase*, v. 1, p. 587.

101. Id., ibid., p. 356.

102. Fischer, *Life of Mahatma Gandhi*, p. 445.

103. Manubehn Gandhi, *Lonely pilgrim*, p. 157, apud Narayan Desai, *My life is my message*, v. 4, *Svarpan*, p. 287. Rama é uma encarnação de Vishnu e o herói do *Ramayana*, a epopeia hindu. Gandhi usa seu nome como um sinônimo de Deus.

104. Chatterji, *Spoils of partition*, pp. 112-9.

105. Essa canção foi uma variação de um antigo hino, "Raghupati Raghav Raja Ram", com frequência apresentado como o favorito de Gandhi. Normalmente ele acrescentava um verso que proclamava: "Deus ou Alá é teu nome, Senhor, abençoa a todos com esta sabedoria". A letra do hino continua a expor muitos nomes de Deus, terminando com uma exortação à união. Nesse encontro, a letra improvisada incluiu referências a budistas e cristãos.

12. VENCER OU MORRER [pp. 370-402]

1. *CWMG*, v. 89, pp. 10-1.

2. Id., ibid., p. 21.

3. Narayan Desai, *My life is my message*, v. 4, *Svarpan*, p. 393.

4. O fluxo de refugiados é bem descrito por Guha em *India after Gandhi*, pp. 97-108.

5. Lohia, *Guilty men of India's partition*, p. 44.

6. Tunzelmann, *Indian Summer*, p. 438.

7. Tendulkar, *Mahatma*, v. 7, p. 162. Ele propusera também que o Pavilhão do Vice-Rei fosse dado aos *harijans*.

8. Campbell-Johnson, *Mission with Mountbatten*, p. 110.

9. Collins e Lapierre, *Mountbatten and the partition of India*, pp. 34-5.

10. Campbell-Johnson, *Mission with Mountbatten*, p. 55.

11. Pyarelal, *Mahatma Gandhi: last phase*, v. 2, p. 85.

12. Campbell-Johnson, *Mission with Mountbatten*, p. 52.

13. Collins e Lapierre, *Mountbatten and the partition of India*, p. 33.

14. *CWMG*, v. 87, p. 52.

15. Pyarelal, *Mahatma Gandhi: last phase*, v. 2, p. 52.

16. Id., ibid., p. 309; Nirmal Kumar Bose: *My days with Gandhi*, p. 208; ver também M. K. Gandhi, *Delhi Diary*, p. 147.

17. *Last Phase*, v. 2, p. 85.

18. *CWMG*, v. 89, p. 62.

19. Pyarelal, *Mahatma Gandhi: last phase*, v. 2, p. 329.

20. Id., ibid., p. 363.

21. Id., ibid., p. 183.

22. Id., ibid., p. 367.

23. Id., ibid., p. 365.

24. Nirmal Kumar Bose: *My days with Gandhi*, p. 224.

25. Tendulkar, v. 8, *Mahatma*, p. 80.

26. *CWMG*, v. 89, p. 55.

27. Id., ibid., p. 49.

28. Gopalkrishna Gandhi, *A frank friendship*, p. 501.

29. Id., ibid., p. 517.

30. Narayan Desai, *My life is my message*, v. 4, *Svarpan*, pp. 422-3.

31. *CWMG*, v. 89, p. 131.

32. Id., ibid., p. 134.

33. Dalton, *Mahatma Gandhi*, p. 154.

34. Narayan Desai, *My life is my message*, v. 4, *Svarpan*, pp. 434.

35. Dalton, *Mahatma Gandhi*, p. 158.

36. *CWMG*, v. 89, p. 49.

37. Bourke-White, *Halfway to freedom*, pp. 81-2.

38. Id., ibid., p. 90.

39. *CWMG*, v. 89, p. 195.

40. Id., ibid., p. 167.

41. Id., ibid., p. 184.

42. Id., ibid., p. 480.

43. Id., ibid., p. 237.

44. Id., ibid., p. 275. Ver também p. 524.

45. Id., ibid., p. 525.

46. Id., ibid., p. 483.

47. Id., ibid., v. 90, p. 228.

48. Há quem diga que esse foi seu 15º ou 16º jejum. Para Narayan Desai, foi o trigésimo. Narayan Desai, *My life is my message*, v. 4, *Svarpan*, pp. 472-3.

49. Rajmohan Gandhi, *Gandhi*, p. 612; Suhrawardy, *Memoirs*, p. 34; Ziegler, *Mountbatten*, p. 462; *CWMG*, v. 96, p. 568.

50. Manubehn Gandhi, *Last glimpses of Bapu*, p. 108.

51. Azad, *India wins freedom*, p. 236.

52. M. K. Gandhi, *Delhi Diary*, p. 336.

53. Malgonkar, *Men who killed Gandhi*, p. 344; Tushar A. Gandhi, *"Let's kill Gandhi!"*, p. 58.

54. O ministro do Interior deixou Delhi para viajar à região natal de Gandhi, Kathiawad, a fim de transferir os principados que ainda restavam ali para a União Indiana, missão na qual Gandhi

tinha interesse pessoal. Mas Patel também estava magoado com a decisão do gabinete, pressionado pelo jejum de Gandhi, de liberar as reservas que ele acabara de congelar. Antes de partir, escreveu a Gandhi, pedindo permissão para renunciar ao cargo. Rajmohan Gandhi, *Patel*, pp. 462-3.

55. Malgonkar, *Men who killed Gandhi*, p. 341, reprodução do parágrafo 126 do depoimento de Godse.

56. Pyarelal, *Mahatma Gandhi: last phase*, v. 2, p. 711.

57. Tendulkar, *Mahatma*, v. 8, p. 273.

58. Manubehn Gandhi, *Last glimpses of Bapu*, p. 224.

59. Id., ibid., p. 225.

60. Id., ibid., pp. 222, 228, 234, 298.

61. Id., ibid., p. 279.

62. Id., ibid., p. 293.

63. Id., ibid., pp. 293-7.

64. Pyarelal, *Mahatma Gandhi: last phase*, v. 2, p. 819.

65. Narayan Desai, *My life is my message*, v. 4, *Svarpan*, p. 479.

66. Manubehn Gandhi, *Last glimpses of Bapu*, p. 308.

67. Tushar A. Gandhi, *"Let's kill Gandhi!"*, p. 780.

68. Manubehn Gandhi, *Last glimpses of Bapu*, p. 309.

69. Malgonkar, *Men who killed Gandhi*, pp. 250-1.

70. Pyarelal, *Mahatma Gandhi: last phase*, v. 2, p. 861.

71. Ver Nandy, "Final encounter", pp. 470-93.

72. Gyanendra Pandey, apud Hardiman, *Gandhi in his time and ours*, pp. 190-1.

73. *CWMG*, v. 90, pp. 403-4.

74. Payne, *Life and death of Mahatma Gandhi*, pp. 598-9.

75. Gopalkrishna Gandhi, *Gandhi is gone*, p. 61.

76. Id., ibid., p. 60.

77. Tendulkar, *Mahatma*, v. 5, p. 245.

78. Pyarelal, *Mahatma Gandhi: last phase*, v. 2, p. 65. Ao que parece, o bilhete nunca foi publicado em vida de Gandhi. Está reproduzido num encarte após a p. 288, no último tomo da biografia escrita por Tendulkar, em oito volumes, publicada originalmente em 1954, pelo governo da Índia.

Fontes

I. OBRAS DE GANDHI

Autobiography: The story of my experiments with truth. Tradução de Mahadev Desai. Nova York, 1983. [*Autobiografia. Minha vida e minhas experiências com a verdade.* São Paulo: Palas Athena, 7ª ed., 2010.]

The collected works of Mahatma Gandhi, 97 volumes. Ahmedabad, 1958-94.

Delhi diary: prayer speeches from 10-9-47 to 3-1-48. Ahmedabad, 1948.

Gandhi on Nehru. Anand T. Hingorani (org.). Nova Delhi, 1993.

Hind swaraj and other writings. Anthony J. Parel (org.). Cambridge: Cambridge University Press,1997.

The moral and political writings of Mahatma Gandhi, v. 3, Raghavan Iyer (org.). Oxford: Clarendon Press, 1985-7.

The Penguin Gandhi reader. Rudrangshu Mukherjee (org.). Nova Delhi: Penguin Books, 1996.

The removal of untouchability. Ahmedabad: Navajivan Pub. House, 1954.

Satyagraha in South Africa. Ahmedabad: Navajivan Pub. House, 1950.

Selected political writings. Dennis Dalton (org.). Indianapolis: Hackett Publ. Company, 1996.

The South African Gandhi: speeches and writings of M. K. Gandhi, 1893-1914. Fatima Meer (org.). Durban, 1994.

Village swaraj. Ahmedabad: Navajivan Pub. House, 1962.

Jornais de Gandhi

Indian Opinion. Publicado originalmente na comunidade Phoenix, na África do Sul, reproduzido em três CD-ROMS pelo National Gandhi Museum, Nova Delhi.

Harijan (1933-55). Republicado em 19 volumes com uma introdução de Joan Bondurant. Nova York, 1973.

II. OUTRAS FONTES E ESTUDOS

AHIR, D. C. *The legacy of Dr. Ambedkar.* Nova Delhi: B.R. Pub. Corp., 1990.

AIYAR, P. Subramaniam. *Conflict of races in South Africa.* Durban, 1946.

_____. *The Indian problem in South Africa.* Durban, 1975.

AMBEDKAR, B. R. *Annihilation of caste.* Reimpressão, Nova Delhi: Oxford University Press, 2008.

_____. *Essential writings.* Valerian Rodrigues (org.). Nova Delhi: Oxford University Press, 2002.

_____. *Letters.* Surendra Ajnat (org.). Jalandhar: Bheem Patrika Publications, 1993.

_____. *What Congress and Gandhi have done to the untouchables.* 2ª ed. Bombaim: Thacker & Co, 1946.

_____. *Writings and speeches.* Vasant Moon (org.), 17 vol. Nagpur, 1989.

AMBEDKAR, Mahesh. *Dr. Bhimrao Ambedkar: the architect of modern India.* Nova Delhi, 2005.

AMERY, L. S. (org.). *The "Times" history of the war in South Africa, 1899-1900,* v. 1. Londres, 1900.

AMIN, Shahid. "Gandhi as Mahatma: Gorakhpur District, Eastern U. P., 1921-22." In: *Selected Subaltern Studies,* Ranajit Guha e Gayatri Chakravorty Spivak (orgs.), Nova York, 1988.

ANAND, Y. P. *Mahatma Gandhi and the railways.* Ahmedabad: Navjeevan Press, 2002.

ANDREWS, Charles F. *Mahatma Gandhi: his life and ideas.*Woodstock (Vermont): SkyLight Paths Pub., 2003.

ARNOLD, David. *Gandhi.* Londres: Longman, 2001.

ASHE, Geoffrey. *Gandhi.* Nova York: Stein & Day, 1968.

AUROBINDO, Sri. *India's rebirth: a selection from Sri Aurobindo's writings, talks, and speeches.* Paris: Institut De Recherches Evolutives; Mysore: Mira Aditi, 2000.

AZAD, Maulana Abul Kalam. *India wins freedom.* Ed. rev. Nova Delhi: Oxford University Press, 1988.

BAKSHI, S. R. *Gandhi and Hindu-Muslim unity.* Nova Delhi: Deep & Deep Publications, 1987.

BAYLY, Susan. *Caste, society, and politics in India from the eighteenth century to the modern age.* Cambridge: Cambridge University Press, 2001.

BHANA, Surendra. *Gandhi's legacy: The Natal Indian Congress, 1894-1994.* Pietermaritzburg: University of Natal Press, 1997.

_____. *Indentured Indian emigrants to Natal, 1860-1902.* Nova Delhi, 1991.

BHANA, Surendra; PACHAI, Bridglal (orgs.). *A documentary history of Indian South Africans.* Cidade do Cabo, 1984.

BHANA, Surendra; VAHED, Goolam. *The making of a political reformer: Gandhi in South Africa, 1893--1914.* Nova Delhi: Manohar, 2005.

BOSE, Ajoy. *Behenji: A political biography of Mayawati.* Nova Delhi: Penguin India, 2008.

BOSE, Nirmal Kumar. *My days with Gandhi.* Nova Delhi: Orient Longman, 1974.

_____. *Studies in gandhism.* Calcutá, 1962.

BOURKE-WHITE, Margaret. *Halfway to freedom: a report on the New India.* Nova York, 1949.

BRITTON, Burnett. *Gandhi arrives in South Africa.* Canton (Maine): Greenleaf Books, 1999.

BROWN, Judith M. *Gandhi and civil disobedience: the Mahatma in Indian politics, 1928-1934.* Cambridge: Cambridge Univesity Press, 1977.

BROWN, Judith M. *Gandhi: prisoner of hope*. New Haven (CT): Yale University Press, 1991.

_____. *Gandhi's rise to power, 1915-1922*. Cambridge: Cambridge University Press, 1972.

_____. *Nehru: a political life*. New Haven (CT), Yale University Press, 2003.

_____. (org.). *Gandhi and South Africa: principles and politics*. Pietermaritzburg: University of Natal Press, 1996.

CAMPBELL-JOHNSON, Alan. *Mission with Mountbatten*. Nova York: Atheneum, 1985.

CARSTAIRS, G. Morris. *The twice-born: a study of a community of high-caste Hindus*. Bloomington: Indiana University Press, 1967.

CHAPMAN, David L. *Sandow the Magnificent: Eugen Sandow and the beginnings of bodybuilding*. Urbana: University of Illinois Press, 1994.

CHATTERJEE, Margaret. *Gandhi and his Jewish friends*. Londres: Macmillan, 1992.

_____. *Gandhi's religious thought*. Notre Dame: University of Notre Dame Press, 1983.

CHATTERJEE, Partha. "Nationalist thought and the colonial world." In: *The Partha Chatterjee Omnibus*. Nova Delhi: Oxford University Press, 2005.

CHATTERJI, Joya. *Bengal divided: Hindu communalism and partition, 1932-1947*. Cambridge: Cambridge University Press, 1994.

_____. *The spoils of partition: Bengal and India*. Cambridge: Cambridge University Press, 2007.

COLLINS, Larry; LAPIERRE, Dominique. *Mountbatten and the partition of India*. Nova Delhi: Vikas Publishing House, 1982.

COUPER, Scott. *Albert Luthuli: bound by faith*. Pietermaritzburg: University of KwaZulu-Natal Press, 2010.

COWARD, Harold (org.). *Indian critiques of Gandhi*. Albany (NY): State University of New York Press, 2003.

DALAL, Chandulal Bhagubhai. *Harilal Gandhi: a life*. Tradução de Tridip Suhrud. Nova Delhi: Orient Longman, 2007.

DALTON, Dennis. *Mahatma Gandhi: nonviolent power in action*. Nova York: Columbia University Press, 2000.

DAS, Suranjan. *Communal riots in Bengal, 1905-1947*. Delhi: Oxford University Press, 1991.

DASGUPTA, Ajit K. *Gandhi's economic thought*. Londres: Routledge, 1996.

DESAI, Ashwin; VAHED, Goolam. *Inside indenture: a South African story, 1860-1914*. Durban: Madiba Publishers, 2007.

DESAI, Mahadev. *Day-to-day with Gandhi, diaries, 1917-1927*, 9 vol. Varanasi, 1968-74.

_____. *The diary of Mahadev Desai: Yeravda-Pact eve, 1932*. Ahmedabad: Navajivan Publishing House, 1953.

_____. *The epic of Travancore*. Ahmedabad: Navajivan Karyalaya, 1937.

DESAI, Narayan. *The fire and the rose: a biography of Mahadevbhai*. Ahmedabad: Navajivan, 1995.

_____. *My Gandhi*. Ahmedabad: Navajivan Publishing House, 1999.

_____. *My life is my message*, 4 vol. Tradução de Tridip Suhrud. Nova Delhi: Orient Longman, 2009.

DEVANESEN, Chandran D. S. *The making of the Mahatma*. Nova Delhi: Orient Longmans, 1969.

DEVJI, Faisal, *The terrorist in search of humanity: militant Islam and global politics*. Nova York: Columbia University Press, 2008.

DHUPELIA-MESTHRIE, Uma. *Gandhi's prisoner? The life of Gandhi's son Manilal*. Cidade do Cabo: Kwela Books, 2004.

DIRKS, Nicholas B. *Castes of mind: colonialism and the making of modern India*. Princeton: Princeton University Press, 2001.

DOKE, Joseph J. *M. K. Gandhi: an Indian patriot in South Africa*. Wardha, 1956.

EBR-VALLY, Rehana. *Kala Pani: caste and colour in South Africa*. Cidade do Cabo: Kwela Books, 2001.

ERIKSON, Erik H. *Gandhi's truth: on the origins of militant nonviolence*. Nova York: Norton, 1970.

FISCHER, Louis. *The life of Mahatma Gandhi*. Nova York: Random House, 1962.

_____. (org.). *The essential Gandhi: his life, work, and ideas: an anthology*. Nova York: Vintage Books, 1963.

FREDRICKSON, George M. *Black liberation: a comparative history of black ideologies in the United States and South Africa*. Nova York: Oxford University Press, 1996.

GANDHI, Gopalkrishna. *A frank friendship: Gandhi and Bengal: a descriptive chronology*. Calcutá, 2007.

_____. (org.). *Gandhi is gone: who will guide us now?* Ranikhet: Permanent Black, 2009.

GANDHI, Manubehn. *Bapu: my mother*. Ahmedabad: Navajivan Publishing House, 1949.

_____. *The end of an epoch*. Ahmedabad: Navajivan Publishing House, 1962.

_____. *Last glimpses of Bapu*. Agra: Shiva Lai Agarwala and Co., 1962.

_____. *The lonely pilgrim: Gandhiji's Noakhali pilgrimage*. Ahmedabad: Navajivan Publishing House, 1964.

_____. *The miracle of Calcutta*. Ahmedabad: Navajivan Publishing House, 1959.

GANDHI, Prabhudas. *My childhood with Gandhiji*. Ahmedabad: Navajivan Publishing House, 1957.

GANDHI, Rajmohan. *Eight lives: a study of the Hindu-Muslim encounter*. Albany: State University of New York Press, 1986.

_____. *Gandhi: the man, his people, and the empire*. Londres, 2007.

_____. *Patel: a life*. Ahmedabad: Navajivan, 1991.

GANDHI, Tushar A. *"Let's kill Gandhi!": a chronicle of his last days, the conspiracy, murder, investigation, and trial*. Nova Delhi: Rupa & Co., 2007.

GEERTZ, Clifford. "Gandhi: non-violence as therapy." *New York Review of Books*, 20 nov. 1962.

GORDON, Leonard A. *Bengal: The nationalist movement, 1876-1940*. Nova York: Columbia University Press, 1974.

_____. *Brothers against the Raj: Sarat and Subhas Chandra Bose*. Nova Delhi, 2000.

GOSWAMI, K. P. *Mahatma Gandhi: a chronology*. Nova Delhi: Government of India Publications, 1994.

GREEN, Martin. *Gandhi: voice of a new age revolution*. Nova York: Continuum, 1993.

GRENIER, Richard. "The Gandhi nobody knows." *Commentary*, março, 1983.

GUHA, Ramachandra. *India after Gandhi*. Nova York: Ecco Language, 2007.

GUY, Jeff. *The Maphumulo uprising: war, law, and ritual in the Zulu rebellion*. Scottsville (África do Sul): University of KwaZulu-Natal Press, 2005.

_____. *Remembering the rebellion: the Zulu uprising of 1906*. Scottsville (África do Sul): University of KwaZulu-Natal Press, 2005.

HANCOCK, W. K., *Smuts: the sanguine years, 1870-1919*. Cambridge: Cambridge University Press, 1962.

HARDIMAN, David. *Gandhi in his time and ours: the global legacy of his ideas*. Nova York: Columbia University Press, 2003.

HEIMSATH, Charles H. *Indian nationalism and Hindu social reform*. Princeton: Princeton University Press, 1964.

HERMAN, Arthur. *Gandhi and Churchill: the epic rivalry that destroyed an empire and forged our age*. Nova York: Random House, 2008.

HUGHES, Heather. "Doubly elite: exploring the life of John Langalibalele Dube." *Journal of Southern Africa Studies* 27, nº 3, set. 2001.

HUNT, James D. *An American looks at Gandhi*. Nova Delhi: Promilla & Co, 2005.

_____. *Gandhi and the nonconformists: encounters in South Africa*. Nova Delhi: Promilla & Co., 1986.

_____. *Gandhi in London*. Nova Delhi: Promilla & Co, 1978.

HUNT, James D.; BHANA, Surendra. "Spiritual rope-walkers: Gandhi, Kallenbach, and the Tolstoy Farm, 1910-13." *South African Historical Journal* 58, nº 1, 2007, pp. 174-202.

HUTTENBACK, Robert A. *Gandhi in South Africa: British imperialism and the Indian question, 1860-1914*. Ithaca (NY): Cornell University Press, 1971.

HYSLOP, Jonathan. *Gandhi, Mandela, and the African problem* (em rascunho).

IMHASLY, Bernard. *Goodbye to Gandhi? Travels in the New India*. Nova Delhi: Penguin/Viking, 2007.

ITZKIN, Eric. *Gandhi's Johannesburg: birthplace of satyagraha*. Johannesburgo: Witwatersrand University Press, 2000.

IYER, Raghavan. *The moral and political thought of Mahatma Gandhi*. Nova Delhi: Paperback, 2000.

_____. *The moral and political writings of Mahatma Gandhi*, v. 3. Oxford: *Oxford* University Press, 1987.

JAFFRELOT, Christophe. *Dr. Ambedkar and untouchability*. Nova York: Permanent Black, 2005.

JALAL, Ayesha. *The sole spokesman: Jinnah, the Muslim League, and the demand for Pakistan*. Lahore: Sang-e-Meel Publications, 1999.

JONES, Kenneth W. *Socio-religious reform movements in British India*. Cambridge: Cambridge University Press, 1989.

JORDENS, J. T. F. *Gandhi's religion: a homespun shawl*. Londres: Macmillan, 1998.

_____. *Swami Shraddhananda: his life and causes*. Oxford: Oxford University Press, 1981.

JOSEPH, George Gheverghese. *George Joseph: the life and times of a Kerala Christian nationalist*. Nova Delhi: Orient Longman, 2003.

JUERGENSMEYER, Mark. *Religion as social vision: the movement against untouchability in 20th-century Punjab*. Berkeley: University of California Press, 1982.

_____. "Saint Gandhi." In: HAWLEY, John Stratton (org.). *Saints and virtues*. Berkeley: University of California Press, 1987.

KASTURI, Bhashyam. *Walking alone: Gandhi and India's partition*. Nova Delhi: Vision Books, 1999.

KEER, Dhananjay. *Dr. Ambedkar: life and mission*. Mumbai, 1990.

KEPEL, Gilles. *Jihad: the trail of political Islam*. Londres: Saqi, 2003.

KOCHU, K. K. "Vaikom satyagraha: lessons of a re-reading." *Madhyamam*, 2 abr. 1999.

KUBER, W. N. *Ambedkar: a critical study*. Nova Delhi: People's Publishing House, 2001.

LIMAYE, Madhu. *Manu, Gandhi, and Ambedkar*. Nova Delhi: Gyan Pub. House, 1995.

LOHIA, Rammanohar. *Guilty men of India's partition*. Nova Delhi, 1960.

MAHADEVAN, T. K. *Gandhi, my refrain: controversial essays*. Bombaim: Popular Prakashan, 1973.

_____. *The year of the phoenix: Gandhi's pivotal year, 1893-94*. Chicago: World Without War Publications, 1982.

MAHADEVAN, T. K.; RAMACHANDRAN, G. (orgs.). *Quest for Gandhi*. Nova Delhi: Gandhi Peace Foundation, 1970.

MAKSUD, Syed Abul. *Gandhi, Nehru, and Noakhali*. Dhaka, 2008.

_____. *Pyarelal's unpublished correspondence: the Noakhali peace mission*. Dhaka, 2006.

MALGONKAR, Manohar. *The men who killed Gandhi*. Nova Delhi: Roli Books, 2008.

MANDELA, Nelson. *Long walk to freedom: the autobiography of Nelson Mandela.* Boston; Nova York: Little Brown, 1994.

MANKAR, Vijay. *Denunciation of Poona Pact: 75 years of political stooging and religious slavery.* Nagpur, 2007.

MANSERGH, Nicholas; LUMBY, E. W. R. (orgs.) *The transfer of power, 1942-47,* 12 vol. Londres, 1970-83.

MARKOVITS, Claude. *The un-gandhian Gandhi: the life and afterlife of the Mahatma.* Londres: Anthem Press, 2004.

MARKS, Shula. *Reluctant rebellion: the 1906-8 disturbances in Natal.* Oxford: Clarendon Press, 1970.

MEER, Fatima. *Apprenticeship of a mahatma: a biography of M. K. Gandhi, 1869-1914.* Moka (Maurício), 1994.

MEHTA, Ved. *Mahatma Gandhi and his apostles.* New Haven: Yale University Press, 1976.

MENDE, Tibor. *Conversations with Mr. Nehru.* Londres: Secker and Warburg, 1956.

MENDELSOHN, Oliver; VICZIANY, Marika. *Untouchables: subordination, poverty, and the state in modern India.* Cambridge: Cambridge University Press,1998.

MILLIN, Sarah Gertrude. *General Smuts.* Boston: Little Brown, 1936.

MINAULT, Gail. *The Khilafat movement: religious symbolism and political mobilization in India.* Nova York: Columbia University Press, 1982.

MUGGERIDGE, Malcolm. *Chronicles of wasted time,* v. 1. Nova York: William Morrow, 1973.

NAGARAJ, D. R. *The flaming feet: a study of the dalit movement in India.* Bangalore: South Forum Press, 1993.

NAIDOO, Jay. "Was Gandhi's South African struggle inspired by race, class, or nation?" In: *Tracking down historical myths.* Johannesburgo: Ad. Donker Publisher, 1989.

NAIPAUL, V. S. *An area of darkness.* Londres: A. Deutsch, 1964.

_____. *The overcrowded barracoon.* Londres: A. Deutsch, 1972.

_____. *A writer's people.* Londres: Picador, 2007.

NANDA, B. R. *Gandhi and his critics.* Nova Delhi: Oxford University Press, 1993.

_____. *Gandhi: Pan-islamism, imperialism, and nationalism in India.* Nova Delhi: Oxford University Press, 2002.

_____. *Mahatma Gandhi: a biography.* Delhi: Oxford University Press, 1996.

_____. *Three statesmen: Gokhale, Gandhi, and Nehru.* Nova Delhi: Oxford University Press, 1995.

NANDY, Ashis. "Final encounter: the politics of the assassination of Gandhi." In: *Exiled at home.* Nova Delhi: Oxford University Press, 2005.

NAURIYA, Anil. *The African element in Gandhi.* Nova Delhi: Gyan, 2006.

NAYAR, Sushila. *Mahatma Gandhi's last imprisonment: the inside story.* Nova Delhi: Har-Anand Publ., 1996.

_____. *Preparing for swaraj,* v. 7 de *Mahatma Gandhi.* Ahmedabad: Navajivan Publishing House, 1996.

_____. *Salt satyagraha: the watershed,* v. 6 de *Mahatma Gandhi.* Ahmedabad: Navajivan Publishing House, 1995.

NEHRU, Jawaharlal. *A bunch of old letters.* Nova Delhi, 2005.

_____. *Mahatma Gandhi.* Nova Delhi, 1977.

_____. *Toward freedom.* Boston: Beacon Press, 1958.

NUSSBAUM, Martha C. *The clash within: democracy, religious violence, and India's future.* Cambridge: Harvard University Press, 2007.

O'HANLON, Rosalind. *Caste, conflict, and ideology: Mahatma Jotirao Phule and low caste protest in nineteenth-century western India.* Cambridge: Cambridge University Press, 1985.

OMVEDT, Gail. *Ambedkar: towards an enlightened India.* Nova Delhi: Penguin, 2004.

PAKENHAM, Thomas. *The Boer War.* Nova York: Random House, 1979.

PAREKH, Bhikhu. *Colonialism, tradition, and reform: an analysis of Gandhi's political discourse.* Ed. rev. Nova Delhi: Sage Publications 1999.

_____. *Gandhi: a very short introduction.* Oxford: Oxford University Press, 1997.

_____. *Gandhi's political philosophy: a critical examination.* Notre Dame (Ind.): University of Notre Dame Press, 1989.

PARIKH, Nilam. *Gandhiji's lost jewel: Harilal Gandhi.* Nova Delhi: National Gandhi Museum, 2001.

PAXTON, George. *Sonja Schlesin: Gandhi's South African secretary.* Glasgow: Pax Books, 2006.

PAYNE, Robert. *The life and death of Mahatma Gandhi.* Nova York: Dutton, 1969.

PENNINGTON, Brian K. *Was Hinduism invented? Britons, Indians, and the colonial construction of religion.* Nova York: Oxford University Press, 2005.

PHILIPS, C. H.; WAINWRIGHT, Mary (orgs.). *The partition of India: policies and perspectives, 1935-1947.* Cambridge (MA): MIT Press, 1970.

POUCHEPADASS, Jacques. *Champaran and Gandhi: planters, peasants, and Gandhian politics.* Nova Delhi: Oxford University Press, 1999.

PRASAD, Rajendra. *At the feet of Mahatma Gandhi.* Bombaim: Asia Publishing House, 1961.

PYARELAL. *The discovery of satyagraha — on the threshold, v. 2 de Mahatma Gandhi.* Ahmedabad: Navajivan Publishing House, 1980.

_____. *The early phase, v. 1 de Mahatma Gandhi.* Ahmedabad: Navajivan Publishing House, 1965.

_____. *The epic fast.* Ahmedabad, 1932.

_____. *Mahatma Gandhi: the last phase, 2 vol.* Ahmedabad; Navajivan Publishing House, 1956, 1958.

PYARELAL; NAYAR, Sushila. *In Gandhiji's mirror.* Nova Delhi: Oxford University Press, 2004.

RAIMON, S. (org.) *Selected documents on the Vaikom satyagraha.* Thiruvananthapuram: Kerala State Archives Dept., 2006.

RAJARAM, N. S. *Gandhi, Khilafat, and the national movement.* Bangalore: Sahitya Sindhu Prakashan, 1999.

RAMAMURTHY, V. *From the pages of "The Hindu": Mahatma Gandhi: the last 200 days.* Chennai, 2005.

RATTU, Nanak Chand. *Last few years of dr. Ambedkar.* Nova Delhi, 1997.

RAVINDRAN, T. K. *Eight furlongs of freedom.* Nova Delhi: Light & Life Publishers, 1980.

RAY, Baren (org.). *Gandhi's campaign against untouchability, 1933-34: an account from the Raj's secret official reports.* Nova Delhi: Gandhi Peace Foundation, 1996.

ROLLAND, Romain. *The life of Vivekananda and the universal gospel.* Reimpressão, Kolkata: Advaita Ashrama, 2003.

_____. *Mahatma Gandhi: the man who became one with the universal being.* Nova York: Century Co., 1924.

ROUX, Edward. *Time longer than rope: the black man's struggle for freedom in South Africa, 2ª ed.* Madison: University of Wisconsin Press, 1964.

RUSKIN, John. *Unto this last and other writings.* Clive Wilmer (org.). Londres: Penguin Books, 1997.

SANGHAVI, Nagindas. *The agony of arrival: Gandhi, the South Africa years.* Nova Delhi: Rupa & Co, 2006.

SARID, Isa; BARTOLF, Christian. *Hermann Kallenbach: Mahatma Gandhi's friend in South Africa*. Berlim: Gandhi-Informations-Zentrum, 1997.

SEN, Amartya. *The argumentative Indian: writings on Indian history, culture, and identity*. Nova York: Farrar, Straus and Giroux, 2005.

SHIMONI, Gideon. *Gandhi, satyagraha, and the Jews: a formative factor in India's policy towards Israel*. Jerusalém: Hebrew University, 1977.

SHIRER, William L. *Gandhi: a memoir*. Nova York: Washington Square Press, 1982.

_____. *Twentieth century journey: the start, 1904-1930*. Nova York, 1976.

SHOURIE, Arun. *Worshipping false gods: Ambedkar and the facts which have been erased*. Nova Delhi: ASA Publications, 1997.

SHUKLA, Chandrashanker. *Conversations of Gandhiji*. Bombaim: Vora, 1949.

SINGH, Jaswant. *Jinnah: India, partition, independence*. Nova Delhi: Rupa, 2009.

SINGH, Shankar Dayal. *Gandhi's first step: Champaran movement*. Nova Delhi: B. R. Publishing Corporation, 1994.

SLADE, Madeleine. *The spirit's pilgrimage*. Nova York: Coward-McCann, 1960.

SONTAKKE, Y. D. (org.). *Thoughts of Dr. Babasaheb Ambedkar*. Nova Delhi: Samyak Prakashan, 2004.

SOSKE, Jon. "Wash me black again": African nationalism, the Indian diaspora, and KwaZulu-Natal, 1944-60. Tese de doutorado, Universidade de Toronto, 2009.

SUHRAWARDY, Huseyn Shaheed. *Memoirs*. Mohammad H. R. Talukdar (org.). Dhaka: University Press, 1987.

SWAN, Maureen. *Gandhi: the South African experience*. Johannesburgo: Ravan Press, 1985.

_____. "The 1913 Natal Indian strike." *Journal of Southern African Studies* 10, nº 2, abr. 1984.

TAGORE, Rabindranath. *Mahatmaji and the depressed humanity*. Nova Delhi: Rupa & Co., 2002.

TALBOT, Phillips. *An American witness to India's partition*. Nova Delhi: SAGE Publications, 2007.

TENDULKAR, D. G. *Mahatma: life of Mohandas Karamchand Gandhi*, 8 vol. Nova Delhi: Ministério da Informação e Radiodifusão, Divisão de Publicações, 1960-3.

THOMSON, Mark. *Gandhi and his ashrams*. Bombaim: Popular Prakashan, 1993.

TIDRICK, Kathryn. *Gandhi: political and spiritual life*. Londres; Nova York: IB Tauris, 2006.

TINKER, Hugh. *A new system of slavery: the export of Indian labour overseas, 1830-1920*. Londres: Oxford University Press, 1974.

_____. *The ordeal of love: C. F. Andrews and India*. Delhi, 1998.

TOLSTÓI, Liev. *The kingdom of God is within you*. Nova York, 2005. [*O reino de Deus está em vós*. Rio de Janeiro: BestBolso, 2011.]

_____. *What is to be done?* Reimpressão da ed. de 1899 [s.d.].

TUKER, Francis. *While memory serves*. Londres: Cassell, 1950.

TUNZELMANN, Alex von. *Indian summer: the secret history of the end of an empire*. Nova York: Henry Holt and Co. 2007.

VERMA, Mukut Behari (org.). *Crusade against untouchability: history of the Harijan Sevak Sangh*. Delhi: Harijan Sevak Sangh, 1971.

VIRASAI, Banphot. The emergence and making of a mass movement leader: portrait of Mahatma Gandhi in South Africa, 1893-1914. Tese de doutorado, Universidade da Califórnia, Berkeley, 1968.

WAVELL, Archibald Percival. *The viceroy's journal*. Penderel Moon (org.). Londres: Oxford University Press, 1973.

WEBER, Thomas. *Gandhi as disciple and mentor.* Nova Delhi: Cambridge University Press, 2007.

_____. *Gandhi, gandhism, and the gandhians.* Nova Delhi: Roli Books, 2006.

WELLS, Ian Bryant. *Ambassador of Hindu-Muslim unity: Jinnah's early politics.* Nova Delhi, 2006.

WOLPERT, Stanley. *Gandhi's passion: the life and legacy of Mahatma Gandhi.* Nova York: Oxford University Press, 2001.

ZELLIOT, Eleanor. *From untouchable to dalit: essays on the Ambedkar movement,* 3ª ed. Nova Delhi, 2001.

ZIEGLER, Philip. *Mountbatten: a biography.* Nova York: Knopf, 1985.

Agradecimentos

Como parte de meu esforço para buscar uma forma nova de ver o Gandhi que, em contínua transformação, voltou para a Índia depois de duas décadas na África do Sul, julguei necessário conhecer a maior parte dos lugares que foram importantes para ele em sua longa vida, desde sua cidade natal, Porbandar, ao jardim em Nova Delhi onde ele foi assassinado. Fiz, ao todo, três viagens à Índia e duas à África do Sul em três anos. Ainda hoje não me é fácil dar uma explicação simples do que eu buscava com essas viagens. É verdade que elas me deram a oportunidade de mergulhar em arquivos em Durban, Pretória, Ahmedabad, Kolkata e Nova Delhi — e também em Londres —, mas esse nunca foi meu intento principal. Às vezes fiz de conta que pertencia ao mundo acadêmico e cheguei a experimentar a empolgação de uma pequena descoberta, mas não sou um historiador. As viagens também me deram a chance de conversar com pessoas idosas que tiveram contato com o Mahatma quando crianças e, mais comumente, com descendentes de Gandhi e pessoas que tiveram participação importante em sua vida. Essas conversas foram mais consentâneas com minha bagagem como jornalista, mas, em vista do transcurso de muitas décadas, raramente podiam ser mais do que reminiscentes. Ainda assim, meu lado de repórter me levou a viajar a lugares por onde Gandhi andou, desde Volksrust, na divisa do antigo Transvaal, ao distrito de Noakhali, na atual Bangladesh, a fim de enxergar seu passado sem a sua distorção em nosso presente. Eu sentia que tinha de pisar nesses lugares para chegar a uma compreensão genuína do fluxo de sua vida, das características de sua luta.

Não importa o que eu estivesse procurando, essas excursões geraram um dividendo extra. Puseram-me em contato, ainda que breve, com uma comunidade internacional de intelectuais que vêm analisando, em quatro continentes, a vida, a época e as contradições de Gandhi, e também as influências que ele absorveu e os valores que abraçou de uma forma mais profunda e sistemática do que eu poderia fazer. A troca de informações e de percepções nesses encontros foi basicamente unilateral, sobretudo no começo. Em essência, foram aulas em que um encontro e uma referência, pessoal ou acadêmica, ou ambas, levavam a outros. É desnecessário dizer que nenhum desses orientadores tem qualquer responsabilidade por minhas interpretações de textos básicos de Gandhi ou pelo rumo que minha pesquisa tomou. O que eles me proporcionaram foram coisas úteis, como ideias, referências e precauções. À medida que viajava de um lugar a outro, o aluno acumulou dívidas que precisam ser declaradas.

Os descendentes de Gandhi com quem estive, três netos e dois bisnetos, têm-se mostrado ativos guardiães de seu legado. Foram eles o biógrafo Rajmohan Gandhi; o irmão deste, Gopalkrishna Gandhi, que, entre outras funções públicas, serviu como o primeiro embaixador da Índia na África do Sul pós-apartheid; uma prima deles, Ela Gandhi, de Durban, eleita para o Parlamento da África do Sul em 1994-2004; e as sobrinhas dela, Kirti Menon, de Johannesburgo, e a historiadora Uma Dhupelia-Mesthrie, da Cidade do Cabo, cada uma das quais atendeu com paciência minhas consultas. Outros sul-africanos que me ajudaram ou contestaram de forma construtiva minhas ideias foram Keith Breckenridge e Isabel Hofmeyr, que participaram de um seminário na Universidade de Witwatersrand que analisou meu capítulo sobre as esparsas relações de Gandhi com africanos. Foi inestimável o auxílio que recebi de Mwele Cele, da Biblioteca Africana Killie Campbell, que escaneou as páginas do jornal *Ilanga lase Natal*, em zulu, o qual continha referências a Gandhi, e também me apresentou ao reverendo Scott Couper, missionário e historiador americano que foi meu guia em Inanda, onde ele mora. Jeff Guy e Goolam Vahed, da Universidade de KwaZulu-Natal, me puseram em contato com pessoas que eu jamais teria encontrado sozinho. No início de meu mergulho nos estudos sobre trabalhadores indianos em regime de servidão contratual na África do Sul, o professor Surendra Bhana, da Universidade de Kansas, um dos pioneiros da pesquisa sobre esse tema, foi generoso em suas contribuições e orientações. Os escritores Aziz Hassim e Ronnie Govender dividiram comigo suas ideias criativas a respeito da imagem popular de Gandhi que vem sendo passada de geração a geração entre os indianos na África do Sul. Eric Itzkin dedicou toda uma tarde a me mostrar lugares em Johannesburgo ligados à história de Gandhi. Tanto Firoz Cachalia quanto Jonathan Hyslop haviam refletido em profundidade sobre o lugar de Gandhi na África do Sul de seu tempo e sobre sua história como tem sido narrada. Heather Hughes, autora de uma biografia de John Dube, revelou-se uma interlocutora generosa e prestativa através do e-mail. O professor Donald Fanger, de Harvard, conferiu gentilmente as traduções de algumas passagens de Tolstói com o original em russo.

Antes da primeira de minhas viagens à Índia, jantei na Câmara dos Lordes com Bhikhu Parekh, um de seus membros e eminente intérprete do pensamento de Gandhi. Em Guzerate, tive o privilégio de conhecer Narayan Desai, filho de Mahadev Desai, que durante longos anos foi o secretário e diarista de Gandhi, e Tridip Suhrud, especialista em Gandhi e tradutor da biografia do Mahatma, em quatro volumes, escrita por Narayan Desai; e ainda o cientista político Achyut Yagnik e Sudarshan Iyenger, vice-chanceler da Gujarat Vidyapith, uma universidade fundada pelo Mahatma para treinar gerações de obreiros dedicados a seus métodos e valores. Ouvi sugestões valiosas de ativistas sociais contemporâneos de Guzerate, sobretudo Mirai Chatterjee, da Associação de Mulheres Autônomas (SEWA), e Martin Macwan, um educador *dalit*, fundador do Dalit Shakti Kendra (Centro de Fortalecimento dos Dalits). Em Nagpur, conheci Pradip Algrave, especialista na vida e obra de Ambedkar; Shreenivas Khadewale, economista gandhiano; e Jogendra Kawade, líder de uma facção política ambedkarita. Em Nova Delhi, contei com o auxílio de Varsha Das, do Museu Nacional Gandhi, e de Uttam Sinha, seu bibliotecário, que conseguiu para mim a tradução de excertos do diário de Mahadev Desai em guzerate, obra ainda não publicada em inglês.

Minha estada em Kerala foi facilitada a cada momento pela generosidade de Mammen e Prema Matthew. O jornal da família Matthew, *Malayala Manorama*, serviu como meu tapete mágico, resolvendo todas as minhas necessidades de transporte, programação e pesquisas, a ponto de eu ser presenteado com um volume encadernado de toda a cobertura, pelo jornal, das quatro viagens de

Gandhi pelos antigos reinos de Travancore e Cochin, tudo caprichosamente traduzido para o inglês. Na pessoa de um de seus editores, A. V. Harisankar, que se tornou meu amigo e companheiro de viagem, o *Malayala Manorama* também conseguiu para mim encontros com escritores e intelectuais de Kerala, entre eles N. K. Joshi, conhecido historiador e paladino dos direitos dos *dalits*; P. J. Cherian, do Conselho de Pesquisas Históricas de Kerala; Rajan Gurukkal, vice-chanceler da Universidade Mahatma Gandhi, em Kottayam; M. K. Sanu, biógrafo de Narayan Guru; T. K. Ravindran, autor de uma história da *satyagraha* de Vaikom; e o intelectual *dalit* K. K. Kochu.

Dois eminentes nomes da intelectualidade bengali, Amartya Sen, das universidades de Harvard e Cambridge, e Partha Chatterjee, de Colúmbia e do Centro de Estudos em Ciências Sociais, em Kolkata, suportaram sem reclamação minha exposição de planos de uma visita aos dois fragmentos do que foi um dia a Bengala unida e fizeram depois preciosas sugestões. Em Dhaka, capital de Bangladesh, mantive diálogos inspiradores com acadêmicos e intelectuais de renome, entre os quais Debapriya Bhattacharya, Badruddin Umar, Syed Abul Maksud, A. K. Roy, Imtiaz Ahmed, Anisuzzaman (professor emérito da Universidade de Dhaka que usa apenas um nome) e Sharirar Kabir. Também tive oportunidade de conversar sobre Gandhi com Fazle Hasan Abed, fundador e presidente da BRAC, organização de bem-estar social que se transformou num gigantesco banco, tornando-se uma importante fonte de crédito para os artesãos rurais que o Mahatma procurava ajudar. Raha Naba Kumar, diretor do Gandhi Ashram Trust na aldeia de Joyag, foi meu anfitrião e guia durante uma visita ao distrito de Noakhali. Entre as pessoas com quem me avistei em Kolkata estavam Rudrangshu Mukherjee, Ranabir Samaddar, o historiador Amalendu De e o economista Amlan Datta; Pushpakanjan Chatterjee, um centenário seguidor de Gandhi; e Supriya Munshi, diretor do Museu Memorial Gandhi em Barrackpore. Sou especialmente grato a colegas jornalistas que facilitaram o caminho para mim: Chandra Sekhar Bhattacharjee, em Kolkata; Julfikar Ali Manik, em Dhaka; e Pradip Kumar Maitra, em Nagpur. E já que estou exibindo os créditos devo mencionar a hospedagem e a cálida amizade proporcionada por velhos amigos — Bim Bissell, em Delhi, Lily e David Goldblatt, em Joburg, e Lindy e Francis Wilson, na Cidade do Cabo.

O orientador em quem me apoiei mais descaradamente foi David Lelyveld, especialista em história do islamismo indiano, que em nenhum instante me acusou de estar invadindo sua seara. Talvez isso se deva ao fato de a longa exposição aos valores culturais indianos lhe ter incutido um respeito indevido pelo irmão mais velho, mas na verdade não acredito nisso. Tampouco sua conduta poderá ser explicada pelo fato de eu ter chegado lá primeiro (já que minha ligação com a Índia, por intermitente que tenha sido, começou alguns anos antes da dele). A única explicação é a óbvia: meu irmão é, realmente, uma pessoa generosa. Espero que este trabalho não o envergonhe e lhe agradeço, de coração, por sua atenta leitura dos originais, graças à qual com certeza meu livro apresenta menos erros e casos de raciocínio falho. O mesmo posso dizer do apoio que recebi de outros dois revisores: E. S. Reddy, funcionário aposentado das Nações Unidas, de Nova York, que dedicou anos a coletar — e partilhar — um arquivo de documentos sobre Gandhi, com especial atenção ao período da África do Sul; e Jon Soske, um jovem de Oklahoma que conheci em Toronto e cuja tese de doutoramento examina as relações entre indianos e zulus em Natal no século XX.

Já perto da linha de chegada fui ajudado por Catherine Talese, que reuniu quase todas as fotografias que figuram nestas páginas e obteve os direitos para que eu pudesse utilizá-las. Hassim Seedat, de Durban, permitiu-me realizar pesquisas em sua ampla biblioteca e copiar uma foto rara de Gandhi em 1913, sobre a qual ele detém os direitos. Archie Tse, meu colega do jornal *The New York Times*, forneceu os mapas. Jai Anand Kasturi e Lee Hadbavny, estudantes da Universidade Columbia, trabalharam muitas horas para montar as notas e verificar as fontes. Steven Rattazzi cuidou da área tecnológica, certificando-se de que meu texto tivesse sempre cópias de segurança, apesar de meus esquecimentos constantes. Andrew Wylie e Scott Moyers, da Wylie Agency, prestaram um apoio constante desde o momento em que propus escrever sobre essa figura exaustivamente estudada mas, ao que parece, inesgotável. Lê-se muita coisa atualmente sobre o estado da indústria editorial, mas esta experiência me deixou com uma sensação de deslumbramento: ela não pode nunca ter sido melhor. Sonny Mehta foi persuadido de que eu poderia ter alguma coisa de original a dizer, e Jon Segal, meu editor, deu-me todas as oportunidades de dizê-la, advertindo-me quando eu estava me repetindo ou fazendo uma digressão dentro de uma digressão. Foi um prazer especial voltar a trabalhar com Jon, que (se ele permitir o uso dessa palavra) partejou meu livro sobre o apartheid há um quarto de século. Foi também uma satisfação que Peter Andersen cuidasse da programação visual do livro.

Por fim, uma palavra sobre Janny Scott, que surgiu em minha vida em sua hora mais negra. Não fosse ela, eu talvez nunca tivesse mobilizado a concentração ou a energia para realizar este projeto. E isso é o mínimo que posso dizer a respeito do que ela significa para mim.

Créditos das imagens

Páginas 2, 62, 94, 104, 110, 141, 145, 147, 165, 166, 192, 200, 212, 240, 284, 335, 342, 360, 397: Vithalbhai Jhaveri/ GandhiServe

Página 3: James A. Milles/ AP Wide World

Página 37: MuseuMAfrica

Páginas 86, 121, 323: Isa Sarid/ GandhiServe

Página 140: cortesia de Hassim Seedat

Página 247: India Office Library, Londres, Biblioteca Britânica

Página 254: Biblioteca Britânica/ Bridgeman

Página 261: Counsic Brothers/ GandhiServe

Páginas 301, 329, 356, 384: Dinodia

Páginas 347, 361: Kanu Gandhi/ GandhiServe

Página 353: Jagan Mehta/ GandhiServe

Páginas 20, 168, 363: mapas de Archie Tse

Índice remissivo

Os números de página em *itálico* indicam ilustração

A este derradeiro (Ruskin), 113, 407
"A meus numerosos amigos muçulmanos" (Gandhi), 317
Abed, Fazle Hasan, 432*n*
Abhayanhar, 288
açúcar, 28, 43, 68, 73, 146, 150, 151, 153, 155, 175, 302, 392, 394
admissão a templos, 259, 260, 269, 272, 279, 280
África do Sul, 13, 15-7, 21-55, 58, 60-2, 64, 66-8, 71, 73-4, 76-7, 80-91, 97, 101-3, 107-8, 112, 114, 116, 119-20, 125-8, 130-2, 134-6, 139, 143-4, 147, 152, 156, 158-65, 169-70, 172-4, 177, 180, 182-3, 185, 198, 202-3, 206, 208, 214-5, 225, 227-8, 231, 234, 239-40, 245, 252, 258, 262, 264-6, 272, 297, 299, 311, 313, 318, 323, 325, 327, 345, 384, 394, 397, 405, 407-8, 411-2*n*, 416*n*, 433*n*
African Chronicle, 42, 129, 130, 143, 160, 413*n*, 415*n*, 420-2*n*
Aga Khan, 257, 332, 409

Agência Judaica, 323, 324
ahimsa, 201, 218, 328, 340, 345, 360, 378, 403; *ver também* não violência
Ahmedabad, 123, *168*, 173, 177, 182, 183, 190, 196, 218, 233, 234, 241, 276, 318, 319, 400, 401, 408, 409, 413*n*, 416*n*, 420*n*
Aiyar, P. S., 42, 129, 130, 131, 132, 143, 160, 161, 258, 422*n*
Ajmer, Rajastão, 288
aldeia e ashram Sevagram (antes Segaon, War-dha), 294, *301*, 302, 311, 319, 320, 321, 398, 409
Alemanha nazista, 325, 326, 362
Ali, Muhammad, 179, 180, 190, 194, 195, 196, 197, 198, 209, 216, 236, 237, 377, 428*n*
Ali, Shaukat, 179, 191, 193, 237
Al-Qaeda, 190
Alwaye (hoje Aluva), 231, 232, 427*n*
Ambedkar, Bhimrao Ramji, 211, 245-60, *247*, *254*, 263, 264, 266, 267, 269-75, 277-83, 292,

459

302, 308-12, 337, 364, 409, 426n, 428-30n, 432n

Amrita Bazar Patrika, 359, 436n

Amritsar, 168, 190, 191, 193, 207, 308, 408

"Anda sozinho" (Tagore), 362

Andhra, 195, 389

Andrews, Charles F., 125, 208, 226, 265, 266, 274, 283, 305, 413n

anil, 171, 183, 408

Anything goes (Cole Porter), 297

apartheid, 13, 34, 54, 64, 102, 108, 113, 123, 147, 148, 162, 203, 416n, 421n

árabes, 189, 324, 325, 326

Area of darkness, An (Naipaul), 50

Armstrong (fazendeiro branco), 155

Arquivos Nacionais da Índia, 115

Arya Samaj, 210, 403

Ashram Kochrab, 177

Ashram Kochrab ver Ashram Sabarmati

Ashram Sabarmati, 235, 240, 276, 413n, 416-7n, 420n

Ashram satyagraha ver aldeia e ashram Sevagram

ashrams, 51, 117, 172, 267, 322, 398, 433n

assexualidade, 351

Associação Cristã de Moços (ACM), 84, 86

Associação de Mulheres Autônomas (SEWA), 400

Associação dos Indianos Britânicos do Transvaal, 85

Associação dos Proprietários de Minas de Carvão de Natal, 149

Associação Indiana de Fiandeiros, 303

Associação Indiana de Indústrias Rurais (AIVIA), 303, 304

Associação Indiana de Natal, 143, 151

Atatürk (Mustafá Kemal), 189

Attenborough, Richard, 23

Aurobindo Ghose, 60

Aurobindo, Sri, 60, 61, 414n

Autobiografia (Gandhi), 23, 26, 39, 51, 52, 61, 63, 64, 68, 69, 96, 107, 112, 408, 413-5n, 417-20n, 423n, 425n

autossuficiência das aldeias, 294, 296, 297, 298,

299, 300, 302, 303, 304, 305, 306, 308, 309, 310, 314

Ayyankali, 230, 231, 251

Ayyappan, Sahodaran, 230

Azad, Maulana, 338, 392, 438n

Bajaj, Jamnalal, 300, 301, 302, 303, 308

Balasundaram (jardineiro tâmil), 63, 65

Ballengeich, mina, 142, 146, 149

balmikis, 385, 386, 403

Banco Grameen, 432n

Banco Mundial, 306

baneanes ver modh baneanes

Bangladesh, 51, 168, 243, 340, 347, 348, 349, 368, 432n, 435n

Bardoli, satyagraha de (1928), 235

Bari, Abdul, 196, 202

Baroda, marajá de, 246

bauris, 286

Bawazir, Imam Abdul Kader, 177

Bayly, Susan, 54, 413n

BBC, 80, 114, 379, 412n, 419n

bebidas alcoólicas, combate às, 238, 293

Benares (hoje Varanasi), 172, 275, 280, 285, 286, 288

Beneva Sugar Estates, 154

Bengala: Ocidental, 51, 368, 376, 382; Oriental, 340, 341, 342, 343, 344, 358, 362, 367, 368, 370, 376, 378

bengali, 199, 272, 276, 282, 345, 346, 354, 362, 377, 381, 382, 394, 398, 401, 404

Bhagavad Gita, 107, 368, 403

Bhambatha (chefe), 92, 94

bhangis, 52, 55, 285, 286, 288, 383, 384, 385, 386, 403

Bhatt, Ela, 400

Bhave, Vinoba, 14, 398

Bhavnagar, Guzerate, 285

Bihar, 14, 171, 183, 185, 219, 264, 285, 288, 290, 341, 342, 349, 350, 359, 360, 366, 367, 370, 371, 374, 375, 376, 383, 393, 408, 409, 435n

Bin Laden, Osama, 190, 424n

Birla, G. D., 357, 384

Bissicks, Ada, 112

Bloemfontein, 150, 156, 417n

boicotes, 238, 250, 292, 338, 359, 365, 408

Bombaim, 21, 26, 40, 56, 57, 66, 166, *168*, 169, 177, 178, 190, 194, 201, 218, 225, 237, 242, 243, 250, 259, 261, 262, 267, 274, 275, 285, 289, 292, 294, 295, 297, 303, 309, 316, 317, 321, 322, 324, 332, 335, 390, 407, 408, 409

Bose, Nirmal Kumar, 346, 411n, 413n, 435-8n

Bose, Subhas Chandra, 236, 282, 295

Botha, Louis, 79, 131, 133, 135, 139, 155, 422n

Bourke-White, Margaret, 384, 438n

BRAC, banco, 432n

brahmacharya, 37, 38, 39, 106, 124, 299, 314, 316, 318, 351, 352, 354, 366, 403, 408; *ver também* voto de celibato

brâmanes, 35, 55, 59, 73, 81, 214, 215, 217, 218, 224, 225, 226, 227, 228, 230, 247, 251, 259, 264, 275, 278, 288, 335, 403

Brown, Judith, 175

Buber, Martin, 325

budismo, 248, 249, 302, 368, 437n

Buller, general Redvers, 70, 71

Buxar, Bihar, 288

Cabo, província do, 136, 416n

"cafres", 77, 78, 81, 82, 84, 87, 89, 93, 97, 149

Calcutá (hoje Kolkata), 35, 51, 52, 53, 58, 60, 65, 68, 73, 74, 75, *168*, 181, 192, 193, 195, 207, 208, 237, 286, 339, 340, 341, 343, 346, 354, 359, 363, 371, 376, 377, 378, 379, 380, 381, 382, 383, 386, 387, 388, 391, 393, 398, 407, 409

Campanha de Desafio Contra Leis Injustas, 102

campanha de não cooperação, 120, 193, 197, 206, 207, 238

campanha de *satyagraha*, 100, 107, 119, 122, 125, 126, 127, 128, 134, 160, 215, 223, 235, 311, 409

Campbell, Colin, 151, 152, 421n

Campbell, Marshall, 89, 151, 152, 153, 154, 421n, 437n

Campbell, William, 151

canaviais, 43, 62, 87, 108, 149, 150, 152, 153, 158

Capela Sistina, 260

Casa Birla (Delhi), *384*, 385, 386, 387, 389, 391, 393, 395, 409

casamentos entre pessoas de castas diferentes, 73, 204, 247, 264, 309

"Casta tem de acabar, A" (Gandhi), 309

castas, 45, 46, 47, 53, 54, 55, 56, 57, 58, 59, 62, 65, 67, 73, 81, 85, 86, 146, 163, 184, 204, 213, 214, 215, 216, 217, 220, 221, 224, 225, 226, 228, 230, 247, 248, 256, 257, 263, 264, 272, 278, 279, 280, 289, 309, 320, 365, 366, 401, 404, 405

Cawnpore (hoje Kanpur), 286

Caxemira, 259, 387, 389

Champaran, Bihar, *168*, 183, 184, 185, 186, 264, 408, 424n

Chaplin, Charlie, 244, 245

charkha (roda de fiar), 194, *200*, 212, 233, 302, 303, 403, 408, 425n, 433n; *ver também* fiação

Charlestown, *20*, 146, 147

Chatterji, Joya, 368, 437n

Chauri Chaura, 201, 228, 235, 239, 408

Chelmsford, lorde (vice-rei), 186

Chesterton, G. K., 119, 120, 419n

Chicago Tribune, 270

China, 304, 331, 412n

Churchill, Winston, 25, 41, 71, 244, 326, 332, 333, 429n

colonialismo, 262

combate às bebidas alcoólicas, 238, 293

Comissão de Intocabilidade (Kerala), 216

Comissão do Khilafat, 192

Comissão Executiva (Partido do Congresso), 298, 333, 338, 357

comissões de paz, 344

Comitê Central de Paz, 391

Comitê das Minorias, 254

Comitê do Partido do Congresso, 259

Comunidade Britânica de Nações, 237

Comunidade Phoenix (ao norte de Durban), 15, 17, 25, 33, 37, 39, 56, 87, 89, 90, 108, 110,

111, 113, 114, 124, 125, 155, 172, 181, 206, 239, 319, 407, 413n

comunistas, 101, 102, 135

Concessão às Comunidades, 266, 271, 272

Conferência da Mesa-Redonda, 243, 252, 253, 254, 258, 261, 266, 309, 312, 409

Congresso Indiano de Natal, 61, 62, 63, 64, 85, 88, 109, 128, 143, 157, 407, 414n

Congresso Indiano Sul-Africano, 85

Congresso Nacional Africano, 88, 98, 101, 102, 416n

Congresso Nacional Indiano (Partido do Congresso), 17, 394, 407, 422n

Congresso Nacional Nativo Sul-Africano (depois Congresso Indiano Sul-Africano), 88, 417n

Congresso Nativo de Natal, 88

Conselho Legislativo de Madras, 278

Constituição indiana (1950), 248, 281

Convenção dos Partidos (1928), 237

Corão, 189, 191, 205, 368, 385

cristãos, cristianismo, 27, 55, 56, 59, 60, 69, 90, 136, 159, 203, 215, 217, 218, 224, 313, 437n

Critic, The (Johannesburgo), 65, 66, 112, 414n

"cules", 225, 404; ver também indianos em regime de servidão temporária

Dacca ver Dhaka

Dafda, Dani, 182

Dafda, Dudabhai Malji, 181, 182

Dafda, Lakshmi, 72, 73, 182

Daily Herald (Londres), 244, 260, 428-9n

dalits, 74, 206, 213, 214, 230, 231, 248, 249, 251, 256, 263, 280, 281, 283, 292, 302, 310, 313, 386, 400, 403, 428-9n; ver também intocáveis, intocabilidade

Dandi, 240, 241, 409, 428n

darma, 175, 285, 291, 404

darshan, 171, 172, 227, 286, 404

Deekshabhoomi (Nagpur), 248, 249

"Deixem a Índia!", movimento (1942), 332

Delhi, 179, 180, 190, 198, 204, 205, 206, 212, 379, 383, 387, 388, 389, 391; ver também Casa Birla

Desai, Ashwin, 149, 418n

Desai, Mahadev, 46, 172, 268, 299, 319, 322, 411n, 413n, 419n, 423-31n, 433n

Desai, Narayan, 338, 349, 414n, 423n, 429-30n, 432-9n

"descargas", 190

desobediência civil, 38, 42, 174, 187, 201, 202, 209, 238, 239, 242, 253, 262, 277, 282, 283, 286, 287, 295

Devi, templo de, 229

Dhaka, 168, 363, 368, 376

Dhamma Chakra Pravartan Din (Dia da Cerimônia de Conversão em Massa), 248

Dharasana, 242

dheds, 55, 181, 182

dhoti, 40, 178, 196, 322, 404; ver também tanga

Dhupelia-Mesthrie, Uma (bisneta de Gandhi), 102, 198, 415-6n, 418n, 422n, 425n

Dia da Independência (15 de agosto de 1947), 379, 428n

Dia da República, 428n

Dia de Ação Direta (16 de agosto de 1946), 339

Dinuzulu, rei zulu, 98

discriminação de castas, 46, 53, 164, 409

Doke, Joseph, 40, 46, 57, 72, 80, 81, 95, 104, 105, 106, 414n, 416n

dravídica, língua, 112

Dube, James, 88

Dube, John Langalibalele, 88, 90, 91, 93, 98, 99, 144, 151, 417n

Dube, Lulu, 91

Dundee, 20, 25, 148, 150

Durban, 13, 20, 22, 23, 25, 30, 33, 42, 52, 53, 58, 59, 61, 63, 64, 66, 67, 68, 71, 91, 94, 101, 102, 108, 109, 111, 113, 114, 126, 128, 129, 130, 141, 142, 143, 150, 151, 153, 156, 157, 159, 160, 163, 171, 179, 181, 251, 258, 364, 371, 397, 407, 414n, 417n, 421-2n

Emenda à Lei dos Asiáticos ("Lei Negra"), 36, 78, 79, 96, 111, 161, 415n

Empire Theater (Johannesburgo), 38, 96, 257

Erikson, Erik, 23, 96, 115, 412n, 417n

Estado Livre de Orange, 29, 150, 161, 415n

ezhavas, 214, 215, 216, 223, 229, 230, 311, 314

Fazenda Tolstói (sudoeste de Johannesburgo), 33, 39, 87, 117, 119, 120, 121, 122, 123, 124, 125, 126, 128, 129, 130, 132, 136, 137, 147, 148, 173, 174, 239, 264, 294, 297, 318, 322, 324, 345, 408, 418n

Fazendas Açucareiras Beneva, 154

fiação manual, 194, 196, 213, 293, 296, 302, 303, 401, 425n

Fiji, 28, 161

Fischer, Louis, 70, 172, 337, 338, 414-5n, 423n, 427-8n, 434-7n

Forte (Johannesburgo), 80, 81

Freud, Sigmund, 354

Fundo Gandhi, 91

Fuzileiros Montados sul-africanos, 154

Gahdhi, Ela (neta), 91

Gaiety Theater (Johannesburgo), 156

Gandhi (filme), 23

Gandhi Ashram Trust, 348

Gandhi Seva Sangh, 303, 320

Gandhi Smriti (Delhi), 385

Gandhi, Abha (sobrinha-neta), 395

Gandhi, Devadas (quarto filho), 188, 219, 407

Gandhi, gorros, 334

Gandhi, Harilal (primogênito), 38, 114, 115, 127, 317, 318, 407, 419n, 433n

Gandhi, Indira, 101

Gandhi, Jaisukhlal (sobrinho), 350, 351

Gandhi, Karamchand, chamado Kaba (pai), 24, 407

Gandhi, Kasturba, dita Ba (nascida Makanji; esposa), 37, 40, 67, 72, 95, 106, 114, 136, 137, *165-6*, 188, 246, 276, 283, 407, 409, 418n

Gandhi, Laxmidas (irmão mais velho), 57, 109, 110, 115

Gandhi, Manilal (segundo filho), 13, 90, 101, 102, 114, 178, 198, 407, 411n

Gandhi, Manu (sobrinha-neta), 350, 351, 352,

353, 354, 355, 358, 359, 360, 363, 364, 366, 367, 393, 395, 396, 401

Gandhi, Mohandas K.: ancestrais, 24; apoio ao movimento Khilafat, 188, 189, 190, 191, 193, 194; assassinato, 285, 330, 385, 390, 391, 392, 393, 394, 395, 396, 404, 418n; busca de união entre hindus e muçulmanos, 130, 170, 173, 180, 188, 189, 190, 191, 193, 194, 195, 196, 197, 207, 234, 257; casamento, 33, 106, 122; *ver também* Gandhi, Kasturba; centenário de nascimento (1969), 14; como pai, 114; concessão do título de mahatma, 25, 199, 206; condição de estrangeiro, 50, 60; contato com sul-africanos negros, 78, 81, 85, 87, 88, 89, 96; cremação, 398, *399*; criação de comunidades *ver* ashrams; Comunidade Phoenix Settlement; Ashram Sabarmati; aldeia e ashram Sevagram; Fazenda Tolstoi; cronologia de vida, 407; deificação, 171; e Ambedkar, 245, 248, 249, 250, 252, 253, 254, 255, 256, 257, 258, 259, 273, 274, 275, 276, 279, 280, 281, 308, 309, 310; e discriminação de castas *ver* discriminação de castas; intocáveis, intocabilidade; e histórico de casta, 33, 56, 57, 310; e Jinnah, 333, 334; e Kallenbach, 115, 116, 117, 118, 119, 120, 122, 124, 125, 321, 322; e missionários cristãos, 27, 59, 60, 159; e movimento pela independência, 171, 172, 173, 174, 175, 232-62, 339; e Muhammad Ali, 179, 180, 193, 194, 196, 236, 237; e sua ambição, 24, 48; experimentos em matéria de saúde, 137; fotografias, *2-3, 94, 104, 110, 140, 141, 145, 165-6, 192, 200, 212, 240, 261, 284, 301, 323, 329, 335, 342, 347, 353, 356, 360, 384*; funeral, 398; Gokhale como mentor, 42, 43, 56, 125, 176; línguas faladas por, 21, 24, 36, 112, 150, 171, 175, 178; massagens, 116, 285, 345, 351, 352, 358; monumentos a, 25, 26; natureza fundamental de sua atração, 173; Nehru como herdeiro e sucessor, 355, 357; pensamento racial, 77-103; porte, 23, 24; preocupações com dieta, 106, 121, 123,

463

138, 158, 177, 182, 188; preocupações com saneamento e higiene, 50, 51, 52, 60, 67, 72, 112, 178, 180, 183, 292, 299, 305, 359; primeiros discursos políticos, 34; prisão, 78, 79, 80, 85, 117, 148, 150, 156, 210, 241, 242, 245, 267, 268, 269, 270, 272, 273, 274, 275, 276, 277, 278, 279, 282, 332, 408, 409; regresso à Índia, 43, 56, 125, 126, 133, 159, 161, 169, 170; sentimentos pró-britânicos, 92, 97, 105, 185, 187, 327; serviço em tempo de guerra, 31, 68, 70, 71, 72, 92, 94, 95, 98, 185, 326, 407; táticas não violentas, 39, 121, 191; traje, 39, 40, 44, 126, 142; transformação ou autoinvenção, 25, 33, 38, 39, 40, 105, 106, 107, 108, 109, 120, 158; visto por Aiyar, 42, 129, 130, 131, 143, 160, 258; voto de celibato, 37, 38, 96, 106, 177, 315, 316, 317, 350, 351, 352, 353, 354, 355, 365, 366, 408

Gandhi, Prabhudas (sobrinho-neto), 95, 111, 413n, 417-8n

Gandhi, praça (Johannesburgo), 26

Gandhi, Putlibai (mãe), 53, 57

Gandhi, Rajmohan (neto), 79, 87, 150, 164, 241, 416n, 420-5n, 428n, 430-2n, 434n, 436n, 438-9n

Gandhi, Raliatbehn (irmã), 182

Gandhi, Ramdas (terceiro filho), 407

Gandhi, Tushar (bisneto), 396, 397, 438-9n

"gandhiano", uso do termo, 401

George v, rei da Inglaterra, 245

Gladstone, Herbert, lorde, 155, 422n

Glass, Philip, 23, 395

Godavari, rio, 57

Godse, Nathuram, 335, 336, 390, 391, 392, 393, 396, 439n

Gokhale, Gopal Krishna, 43, 56, 75, 76, 89, 90, 125, 126, 131, 133, 138, 142, 151, 159, 163, 169, 170, 176, 177, 178, 333

Gool, Fatima, 198

Goseva Sangh, 304

Grand National Hotel (Johannesburgo), 25

Grande Depressão, 255, 260

Grande Massacre de Calcutá (1946), 376, 379, 382, 383

greves, 45, 46, 136, 140, 141, 144, 145, 149, 156, 161, 170, 176, 180, 185, 230, 408, 409, 422n

Guerra dos Bôeres, 31, 68, 69, 92, 94, 98, 108, 135, 139, 326, 407

Gumede, Josiah, 101

Gunasiri, Vimalkitti, 249

Gupta, Barun Das, 341, 435n

Gurukul, 206

Guruvayur, templo de, 277, 279

Guzerate, 15, 24, 34, 57, 114, 115, 136, 170, 177, 178, 184, 198, 214, 219, 235, 269, 285, 315, 319, 321, 322, 334, 397, 407, 408, 412n

Habib, Hadji, 36, 37, 38

Hamidia, mesquita de (Johannesburgo), 34, 79, 423n

Hardinge, lorde, 155

Hardwar, 386

Harijan Sevak Sangh, 275, 279, 280, 287

harijans (filhos de Deus), como designação dos intocáveis, 46, 221, 251, 252, 263, 272, 274, 277, 278, 279, 280, 281, 282, 283, 284, 287, 288, 290, 293, 300, 302, 304, 309, 311, 313, 315, 318, 319, 364, 404, 409, 437n

higiene, 16, 53, 65, 66, 67, 106, 181, 184, 225, 252, 265, 293, 305

hijrat (migração voluntária para um país verdadeiramente muçulmano), 189, 404

Hind Swaraj (Gandhi), 119, 120, 162, 175, 176, 191, 262, 318, 404, 408, 419n, 433n

Hindu Mahasabha, 209, 404

Hindu Rashtra (Nação Hindu; jornal de Poona), 392

hindus, hinduísmo, 22, 55, 178, 204, 210, 237, 251, 256, 257, 260, 268, 276, 280, 288, 308, 309, 311, 317; como grande coletivo abrangente, 55; criação do termo, 55; doutrina da predestinação, 225; e liderança de Gandhi, 213; e movimentos reformistas, 51; e varnashrama dharma (regra de castas), 56, 220, 309, 405; festival de Kumbh Mela,

181, 206; manifestações contra Gandhi de ortodoxos, 284, 285, 288; permanência em Bangladesh no Paquistão, 348; renúncia de Ambedkar ao, 308, 309; tentativas de reformas igualitárias de Gandhi, 204, 256, 266; valor da *ahimsa* (não violência), 201, 217; visão da sexualidade, 315; voto de celibato no, 38, 299

hindustâni, 31, 112, 150, 171, 387, 399, 423*n*

Hindutva ("hindunidade"), 397, 404

Hitler, Adolf, 96, 298, 325, 326, 409

Hoare, Sir Samuel, 267

Hospital Kasturba Gandhi (Wardha), 400

Hughes, Heather, 100, 418*n*

Hurbatsingh (indiano em servidão temporári), 158

Igreja de Nazaré (Ekuphakameni), 90

Ilanga lase Natal (*Sol de Natal*; jornal zulu), 89, 417*n*

Illustrated London News, The, 119, 419*n*

imigrantes indianos, 34

Império Britânico, 31, 44, 105, 135

Império Otomano, 34, 179, 424*n*

imposto de capitação, 92, 100, 128, 129, 131, 132, 138, 144, 145, 147, 158, 160, 161, 258

independência, movimento de, 101, 171, 172, 173, 174, 175, 189, 232, 262, 265, 326, 328, 329, 330, 331, 332, 333, 334, 336, 338, 339

Independent (jornal nacionalista indiano), 218

Indian Opinion (semanário de Gandhi), 13, 32, 39, 40, 42, 44, 80, 89, 90, 94, 99, 108, 110, 114, 119, 121, 129, 136, 137, 152, 172, 277, 407, 413*n*, 416-7*n*, 419-22*n*

Indian Sociologist, The (Londres), 95

indianos em regime de servidão temporária, 206, 225, 241, 258, 266, 394, 408

industrialização, 262, 399

indústrias domésticas, 173; *ver também* fiação

inglês (idioma), 21, 53, 77, 114, 153, 172, 180, 200, 359, 401, 409, 414*n*, 416*n*

Instituto Mahatma Gandhi de Ciências Médicas (Wardha), 400

Instituto Ohlange (Inanda), 88, 89, 90

intocáveis, intocabilidade, 16, 46-7, 50, 52-6, 62, 65-8, 74-5, 81, 95, 112, 132, 164, 170, 173-4, 177, 180-3, 193, 204-5, 207-11, 213-32, 234, 238, 241, 245-6, 248-60, 263-97, 300, 302-3, 305-15, 319-20, 322, 334, 364-6, 383, 384, 386, 394, 395, 401, 403, 404, 405, 409

Iraque, 191

Irving, Washington, 189

Irwin, lorde (vice-rei), 240, 242, 409

islã, 55, 115, 178, 179, 189, 195, 210, 216, 317, 340, 343, 404, 428*n*

Itália, 260

Izwi Labantu (jornal zulu), 95

Jahavu, John Tengo, 416*n*

Jajoo, U. N., 400

Jama Masjid (Delhi), 204, 205, 207

Jamaat-i-Islami, 348

Jasidih, Bihar, 285

jejuns, 15, 68, 74, 102, 107, 116, 124, 190, 198, 212, 237, 267, 268, 269, 270, 271, 272, 273, 274, 275, 276, 277, 278, 279, 280, 281, 282, 284, 291, 293, 294, 341, 371, 377, 381, 382, 388, 389, 390, 391, 392, 398, 408, 409, 430*n*, 438-9*n*

jihad, 189, 191, 404

Jinnah, gorros, 334

Jinnah, Mohammed Ali, dito Quaid-i-Azam, 178, 179, 193, 194, 203, 236, 237, 257, 269, 313, 317, 320, 333, 334, *335*, 336, 337, 338, 339, 344, 348, 358, 373, 374, 377, 389, 409, 425-6*n*, 434*n*

Jinnah, Ruttie, 428*n*

Johannesburgo, *20*, 23, 25, 33, 34, 35, 36, 40, 42, 46, 65, 66, 74, 79, 80, 82, 84, 86, 96, 97, 105, 106, 107, *110*, 111, 112, 113, 114, 115, 116, 118, 123, 124, 126, 129, 132, 135, 136, 137, 138, 139, 143, 148, 150, 156, 163, 177, 179, 203, 257, 261, 294, 304, 321, 324, 352, 371, 407, 408

Joseph, George, 218, 224, 426*n*

Joyag, Noakhali, 348, 363, 435*n*

465

judeus, 112, 148, 215, 323, 324, 325, 326, 362, 434n

Kallenbach, Hermann, 82, *86*, 87, 115, 116, 117, 118, 119, 120, *121*, 122, 123, 124, 125, 126, 131, 132, 137, 138, 139, 142, *145*, 148, 150, 156, 164, 176, 181, 182, 272, 297, 321, 322, *323*, 324, 325, 352, 408, 412-3n, 416-20n, 422n, 434n

Kallenbach, Simon, 117

Kanyakumari, templo de Devi em, 230

Karachi, *168*, 196, 287, 377, 389

Karkare, Vishnu, 396

Kepel, Gilles, 189, 424n

Kerala, 211, 214, 215, 216, 218, 223, 228, 231, 232, 311, 404

khadi, ou khaddar (pano tecido a mão), 194, 203, 237, 238, 302, 315, 322, 334, 340, 395, 404

Kheda, Guzerate, 184, 186, 187, 408

Khilafat (califado), 188, 189, 190, 191, 192, 193, 195, 196, 197, 198, 201, 204, 207, 208, 222, 234, 292, 324, 330, 340, 377, 380, 404, 408, 423-5n

kibutzim, 324

Kildonan Castle (navio), 119

Kinfauns Castle (navio), 164

Kipling, Rudyard, 51

Kochu, K. K., 230, 426-7n

Kohat, 197

Kolhapur, marajá de, 246

kolis, 28

Kolkata *ver* Calcutá

Kripalani, J. B., *355*, 356, 358, 371

Kripalani, Sucheta, 355

Kumarappa, J. C. (antes Joseph Cornelius), 303, 432-3n

Kumbh Mela, 181, 206

Kwa-Mashu, 421n

Ladysmith, 25

Lahore, *168*, 335, 370, 379, 383

Laski, Harold, 244, 428n

Lawrence, Vincent, 67, 72, 251

Lazar, Hannah (sobrinha de Kallenbach), 352

Lei das Terras Nativas (1913), 99, 100, 144

Lei de Amparo aos Indianos (Indian Relief Act), 160, 161

Lei dos Asiáticos (1907), 78, 79

"Lei Negra" *ver* Emenda à Lei dos Asiáticos

Liga Anti-Intocabilidade *ver* Harijan Sevak Sangh

Liga do Autorrespeito, 292

Liga Muçulmana, 178, 179, 192, 314, 333, 335, 337, 338, 339, 340, 341, 342, 344, 358, 359, 360, 362, 366, 367, 373, 376, 377, 382, 409, 435n

Linlithgow, lorde (vice-rei), 327

Lloyd George, David, 189

Lohia, Rammanohar, 372, 437n

Lok Sevak Sangh (Liga de Serviço ao Povo), 395

Londres, 15, 22, 24, 26, 29, 34, 37, 38, 40, 50, 56, 57, 58, 71, 88, 95, 109, 114, 116, 117, 119, 120, 126, 128, 137, 155, 156, 163, 164, 175, 178, 181, 185, 243, 244, 245, 246, 247, 250, 251, 257, 259, 260, 267, 270, 271, 272, 273, 275, 295, 309, 311, 312, 324, 327, 408

luta de classes, 46, 136, 290

Luthuli, Albert, 417-8n

Macauley, Thomas B., 175

MacDonald, Ramsay, 243, 244, 254, 266, 267, 269, 274

Madhavan, T. K., 216, 217, 218, 219, 229

Madras (hoje Chennai), 40, 155, 195, 278, 286, 287, 394

Mahabharata, 403

Mahad, Maharashtra, 249

Mahadevan, T. K., 61, 412n, 414-6n

Maharashtra, 55, 57, 246, 249, 281, 289, 404

mahars, 55, 246, 248

Mahomed, Dawad, 33

Maitland, Edward, 59

Malabar, 195

Malabar Hill (Bombaim), 335

Malayala Manorama (jornal de Kerala), 224, 226, 426-7n

466

Mandela, Nelson, 80, 88, 102, 103, 108, 162, 418n

mansão Hydari (Calcutá), 380, 381

Manusmriti, 248, 404

mapilas, ou moplas, 195

Marcha do Sal (1930), 241, 332, 409

Maurício, ilhas, 28, 112, 161

Mayawati, 263

McCallum, sir Henry, 97, 108, 417n

Mehta, Ved, 72, 73, 415n, 436n

Menon, Krishna, 372

Mesopotâmia, 191

"microfinanças", planos de, 307

milícia de Natal, 98

minas de ouro na África do Sul, 135

mineiros, 135, 138, 139, 140, 142, 145, 146, 148, 149, 175, 332, 408

Ministério do Interior, 378

"Minuta sobre a educação indiana" (Macaulay), 175

modh baneanes, 34, 35, 56, 58, 81

Morning Post, The (Londres), 71

Mount Edgecombe, 89, 151, 152, 153, 154

Mountbatten, lorde (vice-rei), 372, 373, 374, 380, 389, 437-8n

muçulmanos indianos, 34, 36, 179, 188, 189, 190, 191, 193, 194, 195, 196, 197

Muggeridge, Malcolm, 232, 427n

mulheres, 31, 44, 54, 57, 73, 96, 117, 129, 133, 137, 139, 140, 144, 146, 147, 150, 154, 160, 195, 238, 242, 273, 275, 285, 287, 293, 299, 340, 343, 344, 348, 351, 355, 360, 362, 365, 368, 371, 374, 400, 435n

mundo árabe *ver* árabes

Munshi Ram, Mahatma *ver* Shraddhanand, Swami

Mussolini, Benito, 260, 261, 262, 409

nacionalistas hindus, 180, 335, 370, 396

nacionalistas indianos, 119, 162, 179, 326

Nações Unidas, 307

Nagaraj, D. R., 310, 432n

Nagpur, *168*, 193, 208, 248, 249, *256*, 285, 288, 292, 294, 317

Naidoo, Prema, 112, 419n, 422n

Naidoo, Thambi, 110, 112, 122, 127, 138, 139, 142, *163*, 177, 420n

Naidu, Sarojini, 76, 241, 242

Naipaul, V. S., 14, 48, 50, 51, 52, 53, 58, 68, 97, 413n

naires, 214, 223

namasudras, *365*, 366

Nambiatiri, Indanturuttil, 224, 226, 227

nambudiris, ou nambuthiris, 214, 216, 227, 279

Nambuthiri, Krishnan, 227

Nandi, Moranjibala, 345

não violência, 26, 59, 75, 102, 103, 121, 151, 153, 158, 173, 185, 186, 187, 193, 195, 218, 228, 238, 242, 288, 298, 305, 325, 326, 327, 328, 329, 330, 331, 333, 338, 339, 375, 393, 398, 401, 403, 418n; *ver também ahimsa*

Narayan Guru, Sri, 215, 216, 228, 229

Nasik, Maharashtra, 57, 58, *168*, 249, 259

Natal (África do Sul), 29, 31, 65, 70, 72, 95, 96, 101, 107, 108, 109, 114, 120, 125, 127, 128, 139, 146, 158, 163, 170, 175, 180, 206, 230, 239, 408

Natal Advertiser, The, 22, 153

Natal Mercury, 27, 108, 144, 156, 415n, 418n

Natal Witness, The, 139, 142, 420-1n

Natesan, G. A., 40

Nath, Lal, 288

Navajivan (jornal de Guzerate), 408

Nayar, Pyarelal *ver* Pyarelal

Nayar, Sushila, 96, 352, 353, 429n

Nehru, Jawaharlal, 101, 185, 203, 218, 221, 236, 237, 241, 242, 259, 268, 276, *356*, 398

Nehru, Kamala, 276

Nehru, Motilal, 218, 236, 237

Newcastle, *20*, 44, 139, *140*, 142, 143, 145, 146, 148, 408

No Changers, 212

Noakhali, *168*, 340, 341, *342*, 343, 344, 345, 346, 347, 348, 349, 350, 351, 352, 354, 357, 358, *359*, 360, *361*, 362, *363*, 364, 365, 366, 367, 368, 369, 370, 371, 375, 376, 377, 380, 381, 383, 387, 393, 394, 409, 435-6n

Nova Delhi, 50, 164, 259, 330, 339, 355, 383, 385, 386, 392, 409

O negócio é ser pequeno (Schumacher), 303
Omvedt, Gail, 251, 428-30n
Orwell, George, 260, 429n

Pacto de Poona, 160, 273, 278, 280
Palestina, 122, 323, 324, 325, 352, 434n
panchamas, 68
Paquistão, 79, *168*, 178, 192, 197, 203, 243, 317, 329, 334, 336, 337, 338, 340, 344, 348, 349, 357, 358, 359, 368, 370, 371, 372, 373, 375, 376, 377, 388, 389, 390, 391, 394, 435n; Paquistão Oriental, 348, 368, 376
Parekh, Bhikhu, 315, 411-2n, 415n, 433n
párias, 66, 73, 180, 314
Park Station (Joannesburgo), 80
Parlamento britânico, 185
Parlamento sul-africano, 40, 99, 109, 126, 133, 136, 144, 160
Parsuram (taquígrafo), 353
Partido do Congresso, 17, 51, 52, 73, 74, 91, 173, 178-81, 184-5, 191-3, 201-2, 207-9, 213, 216, 219, 222, 224, 233, 236-8, 241-3, 246, 252-3, 255, 258-60, 266, 271, 278, 281-3, 287, 292-6, 303-4, 313, 317, 331-4, 336, 338-9, 342, 356, 358-9, 364, 367, 371-6, 382, 385, 389, 394-5, 399, 408-9
Partido Republicano, 256
Partido Trabalhista (Grã-Bretanha), 243, 244
partilha da Índia, 178, *335*, 357, 368, 409
patanes, 79, 105, 112, 118, 408
Patchappen (indiano em servidão temporária), 152, 421n
Patel, Vallabhbhai, 185, 235, 264, 269, 270, 271, 283, 289, 333, 339, 375, 376, 378, 380, 381, 383, 389, 390, 395, 430n, 439n
Patil, S. K., 259, 429n
Payne, Robert, 199, 419n, 425n, 432n, 439n
pés, toques nos, 172
peste, 66, 82, 93, 112
Pietermaritzburg, *20*, *23*, 25, 26, 139, 142, 414n, 417-8n

Pillay, C. M., 412n
Pio xi, papa, 260
Pitt, W. H., 230
pobreza: e campanha em favor da autossuficiência das aldeias, 294, 296, 297, 298, 299, 300, 302, 303, 304, 305, 306, 307, 309, 310, 314; e simbologia da tanga, 39, 195; persistência na Índia contemporânea, 306, 307; voluntária, de Gandhi, 76, 96, 118, 177
Point Road (Durban), 64
Polak, Henry, 112, 113, 114, 115, 118, 120, 122, 129, 131, 148, 156, 412n
Polak, Millie (nascida Downs), 27, 114, 412n, 419n
poligamia, 160
Poona (hoje Pune), 163, *168*, 242, 267, 273, 276, 285, 292, 309, 332, 390, 392, 393, 409, 430n
poorna swaraj (independência completa), 16
Porter, Cole, 297
Prasad, Rajendra, 184, 424n
predestinação, doutrina de, 225
Prêmio Nobel da Paz, 432n
Presidência de Bombaim, 250
Pretória, *20*, 25, 26, 27, 28, 32, 43, 56, 59, 131, 147, 150, 156, 164, 198, 203, 225, 421-2n
Primeira Guerra Mundial, 179, 321, 408
Primeiro Voto, 88
pulaias, 214, 215, 216, 230, 231, 311, 314
Punjab, 204, 219, 290, 348, 370, 371, 380, 381, 382, 383, 391, 408
Pyarelal (Pyarelal Nayar), 66, 70, 75, 76, 270, 322, 338, 343, 344, 352, 354, 362, 364, 366, 395, 396, 401, 411-5n, 423n, 429-30n, 433-9n

Que fazer? (Tolstói), 60

Rádio Índia, 379
"Raghupati Raghav Raja Ram", 437n
Rai, Lajpat, 202
Raj Gandhiano, 174
Rajagopalachari, C. R., 382, 388
Rajchandra, Shrimad, 56
Rajkot, Guzerate, 57, 58, 66, 68, *168*, 407

Ramayana, 385, 437n

Ramnarayan, 315

Rand Club (Joannesburgo), 135, 139

Rashid, Abdul, 205, 347

Rashtriya Swayamsevak Sangh (RSS), 385, 404

Ravindran, T. K., 223, 224, 426-7n, 430n

Rebelião Bhambatha (1906), 92, 96, 101, 417n

Reino de Deus está em vós, O (Tolstoi), 59, 407

Relatório Nehru, 236, 237

República Sul-Africana, 29, 78, 415n

"resistência passiva", 14, 36, 48, 99, 130, 136, 137, 141, 149, 152, 162, 174, 176, 181, 231, 375, 408, 416n; *ver também satyagraha*

Reuters, 142, 144, 154

rishi (sábio), 171, 404

Rolland, Romain, 260, 262, 415n, 429n

Rubusana, Rev. Walter, 416n

Ruskin, John, 33, 59, 113, 119, 132, 220, 407

ryots (camponeses arrendatários), 183

sal, 106, 121, *240*

sanatanistas (ortodoxos hindus), 285, 288, 289, 292, 293, 404

Sandow, Eugen, 116, 419n

Sanger, Margaret, 299, 314, 316

sannyasi, 37, 111, 404

Sanoo, M. K., 216, 426-7n

Saonar, Maharashtra, 289

Satyabhamapur, Orissa, 286

satyagraha, 39, 44, 45, 49, 51, 58, 68, 79, 96, 103, 107, 109, 114, 131, 134, 139, 148, 152, 153, 156, 158, 176, 186, 190, 191, 192, 197, 201, 202, 206, 207, 211, 213, 214, 215, 216, 217, 218, 219, 221, 222, 223, 224, 227, 228, 229, 238, 239, 249, 250, 258, 259, 265, 269, 311, 325, 326, 381, 405, 408, 415n, 427n, 429n

Satyagraha (Glass), 23, 395

Satyagraha na África do Sul (Gandhi), 48, 138

Schlesin, Sonja, 124, *145*, 182, 412n

Schumacher, E. F., 303, 432n

Seedat, Hassim, 142

Segunda Guerra Mundial, 326

Seme, Pixley ka Isaka, 416n

Sen, Amartya, 425n

servidão temporária, 206, 225, 241, 258, 266, 394, 408

Sevagram *ver* aldeia e ashram Sevagram

sexualidade, 33, 34, 54, 96, 106, 117, 299, 314, 315, 351; *ver também* voto de celibato

shamiana (tenda aberta), 285, 286, 405

Shankaranand, Swami, 130

Shembe, Isaiah, dito o Profeta, 90, 91

Shertok (depois Sharett), Moshe, 323, 324

Shirer, William L., 270, 415n, 429-30n

Shiyali, Tamil Nadu, 292

Shraddhanand, Swami (antes conhecido como Mahatma Munshi Ram), 190, 204, 205, 206, 207, 208, 209, 210, 211, 223

shuddi (rituais de purificação), 55, 207, 209, 210, 405

Sindi, 299, 305

Sindicato dos Extratores de Toddy do Taluk de Vaikom, 226

Singh, Gurbachan, 396, 424-6n, 434n

sionismo, 323, 324

siques, 219, 270, 308, 311, 370, 371, 372, 382, 391, 398

sírios, cristãos, 218, 311

Slade, Madeleine, renomeada Mirabehn, 172, 261, 429n, 432-3n

Smuts, Jan Christian, 48, 78, 107, 111, 122, 126, 127, 129, 131, 132, 133, 134, 135, 138, 139, 147, 149, 155, 156, 160, 162, 186, 187, 230, 240, 242, 252, 311, 327, 408, 413n, 420n, 422n

socialistas, 290, 293, 294

Sociedade Beneficente Tâmil, 42

Sociedade dos Servos da Índia, 176, 177

Sociedade Missionária de Londres, 311

Sociedade Vegetariana Londrina, 27

"sofrimento voluntário", 42, 330

Soorzai (indiano em servidão temporária), 155

Spion Kop, batalha de (1900), 71

Srirampur, Noakhali, 345, 346, *347*, 348, 349, 350, 352, 355, 357, 358, 363, 387

Stansfield, tenente, 71

Star, The (Johannesburgo), 74, 135, 144, 149

sudras, 54, 221

suffragettes, 137

Suhrawardy, Shaheed, 340, 341, 342, 345, 349, 350, 362, 376, 377, 379, 380, 382, 389, 438n

Suhrud, Tridip, 115

suicídios entre plantadores de algodão de Wardha, 298

sunitas, 179, 404

swadeshi (autossuficiência), 194, 196, 405

Swan, Maureen, 45, 137, 413n

swaraj (autonomia), 16, 17, 171, 173, 185, 187, 193, 195, 196, 199, 202, 210, 217, 226, 238, 239, 265, 266, 290, 303, 305, 306, 320, 321, 328, 329, 332, 401, 405, 408, 431-3n

swarajistas, 212, 213

tabligh (proselitismo muçulmano), 210, 405

Tablighi Jamaat (Sociedade para a Propagação da Fé Muçulmana), 189

Tagore, Rabindranath, 25, 199, 200, 201, 206, 208, 209, 272, 273, 276, 280, 291, 362, 382, 425n, 430n

Talbot, Phillips, 346, 365, 435n, 437n

"Talismã de Gandhiji", 401

Tambo, Oliver, 103

tâmeis, 42, 47, 68, 69, 73, 111, 112, 139, 140, 146, 163, 164, 394

tanga, 39, 40, 50, 105, 195, 196, 199, 260, 284, 286, 302, 404

tchecos, 325, 362

tecelagem, 196, 296, 302

Tendulkar, D. G., 401, 417n, 423n, 427-39n

teosofia, 22, 112

terceira classe, viagens em, 75, 76, 164, 172, 232, 408

terrorismo, 48, 60, 190

Thakkar, A. V., dito Thakkar Bapa, 181, 366

Thiruvarppu, 229

Thoreau, Henry David, 59

Times (Londres), 270

Times history of the war in South Africa, The, 71

Times of India, The, 205, 429-30n

tiyyas, 215

Tolstói, Lev, 33, 59, 60, 61, 64, 67, 73, 112, 117, 119, 132, 159, 324, 407, 408

Transvaal, 28-30, 32, 34, 36, 78-80, 83, 85, 96, 100, 102, 107-9, 112, 114, 120, 122, 125-8, 139, 145-7, 153, 154, 159-62, 185, 197, 206, 241, 319, 332, 394, 408, 415n, 421-2n

Transvaal Advertiser, 28

Transvaal Leader, 153, 154, 162, 421-2n

"tratado de separação", 336

Travancore, 211, 214, 215, 217, 218, 219, 222, 223, 224, 225, 227, 228, 229, 230, 231, 251, 287, 292, 311, 312, 314, 315, 316, 318, 433n

trens, 76, 82, 143, 148, *284, 329*

Turquia, 186, 209

Uka (intocável), 53, 56

"Últimos desejos e testamento, Os" (Gandhi), 395

União Cristã Esotérica, 27

União Sul-Africana, 30, 32, 99, 108, 134, 157

Universidade Hindu de Benares, 275

Usman, Mohammad, 376

vacas, 194, 217, 304, 315, 395

Vahed, Goolam, 149, 151, 418n, 421n

Vaikom, *168*, 211, 212, 213, 215, 216, 217, 218, 219, 222, 223, 224, 226, 229, 230, 231, 232, 233, 250, 251, 257, 272, 279, 311, 312, 426-7n; *satyagraha* de, 214, 219, 221, 228, 229, 259, 269, 311

valmikis *ver* balmikis

Varanasi *ver* Benares

varnashrama dharma (regras de castas), 56, 220, 309, 405

vegetarianismo, 22, 26, 33, 106

vias públicas, 51, 214, 217, 319

Vida de Maomé (Irving), 189

Vijayanath, Babu, 216, 229, 426-7n

Vitória, rainha, 30, 161, 373

Vivekananda, Swami, 75, 415n
Volksrust, 20, 80, 139, 145, 147, 148, 408
voto de celibato, 350, 403

Wahab, Abdue, 348, 349, 435n
Wardha, 168, 293, 294, 295, 297, 298, 299, 300, 301, 302, 303, 308, 319, 335, 400, 409
Washington, Booker T., 88
Wavell, lorde (vice-rei), 326, 330, 434n
Weizmann, Chaim, 324, 325
West, Albert, 129
Woodgate, general Edward, 70, 71

yajna (autossacrifício), 350, 353, 355, 366, 405, 436n
Yeravda, 210, 212, 241, 242, 245, 267, 268, 275, 276, 277, 278, 279, 282, 309, 382, 409
Young India (semanário de Gandhi), 172, 210, 213, 218, 234, 277, 408, 413n, 429n
Yunus, Muhammad, 432n

zamindars (proprietários de terras indianos), 183
Zululândia, 29, 92, 98
zulus, 14, 29, 77, 87, 88, 90, 92, 93, 95, 96, 97, 98, 100, 107, 114, 185, 326

1ª EDIÇÃO [2012] 1 reimpressão

ESTA OBRA FOI COMPOSTA POR ACOMTE EM
DANTE E IMPRESSA PELA PROL EDITORA GRÁFICA EM OFSETE SOBRE
PAPEL PÓLEN SOFT DA SUZANO PAPEL E CELULOSE PARA A
EDITORA SCHWARCZ EM AGOSTO DE 2017

A marca FSC® é a garantia de que a madeira utilizada na fabricação do papel deste livro provém de florestas que foram gerenciadas de maneira ambientalmente correta, socialmente justa e economicamente viável, além de outras fontes de origem controlada.